1+X 职业技术·职业资格培训教材

水电工 [中级]

主　　编　岑春骅

编写人员　岑春骅　匡荣辉　王成伟

　　　　　沈懋强　徐志强　陈志海

审　　稿　王光裕　孙让桐

图书在版编目（CIP）数据

水电工：中级/岑春骅主编. —北京：中国劳动社会保障出版社，2004
职业技术·职业资格培训教材
ISBN 7－5045－4944－4

Ⅰ. 水… Ⅱ. 岑… Ⅲ. ①水暖工－技术培训－教材 ②房屋建筑设备：电气设备－技术培训－教材 Ⅳ. ①TU832 ②TU85

中国版本图书馆 CIP 数据核字（2004）第 143587 号

中国劳动社会保障出版社出版发行
（北京市惠新东街 1 号 邮政编码：100029）
出 版 人：张梦欣
*
三河市华骏印务包装有限公司印刷装订 新华书店经销
787 毫米×1092 毫米 16 开本 22 印张 478 千字
2005 年 3 月第 1 版 2019 年 3 月第 9 次印刷

定价：34.00 元

读者服务部电话：（010）64929211/64921644/84626437
营销部电话：（010）64961894
出版社网址：http://www.class.com.cn

内容简介

本教材由劳动和社会保障部教材办公室、上海市职业培训指导中心依据上海 1+X 职业技能鉴定细目——水电工（中级）组织编写。本书从强化培养操作技能，掌握一门实用技术的角度出发，较好地体现了本职业当前最新的实用知识，对于提高从业人员基本素质，掌握水电工（中级）的核心知识有很好的帮助和指导作用。

本教材主要内容包括：交、直流电路和计算知识、管道工基础知识、晶体管电路、电力拖动、变压器知识、变配电知识、新型管道材料及安装、阀门和水泵、技术规程和质量检验知识等。

为便于读者巩固、提高所学知识，每单元后附有模拟测试题及答案，全书后附有模拟考试试卷及答案，另附有：给水管段设计秒流量计算表、三相异步电动机的主要技术参数、单相异步电动机的主要技术参数，供读者学习时参考使用。

本教材可作为水电工（中级）职业技能培训与鉴定考核教材，也可供中等职业学校师生及从事物业管理修缮的人员学习、掌握水电工（中级）的先进知识和技能或参加职业培训、岗位培训、就业培训使用。

前　　言

职业资格证书制度的推行，对广大劳动者系统地学习相关职业的知识和技能，提高就业能力、工作能力和职业转换能力有着重要的作用和意义，也为企业合理用工以及劳动者自主择业提供了依据。

随着我国科技进步、产业结构调整以及市场经济的不断发展，特别是加入世界贸易组织以后，各种新兴职业不断涌现，传统职业的知识和技术也愈来愈多地融进当代新知识、新技术、新工艺的内容。为适应新形势的发展，优化劳动力素质，上海市劳动和社会保障局在提升职业标准、完善技能鉴定方面做了积极的探索和尝试，推出了1+X的鉴定考核细目和题库。1+X中的1代表国家职业标准和鉴定题库，X是为适应上海市经济发展的需要，对职业标准和题库进行的提升，包括增加了职业标准未覆盖的职业，也包括对传统职业的知识和技能要求的提高。

上海市职业标准的提升和1+X的鉴定模式，得到了国家劳动和社会保障部领导的肯定。为配合上海市开展的1+X鉴定考核与培训的需要，劳动和社会保障部教材办公室、上海市职业培训指导中心联合组织有关方面的专家、技术人员共同编写了职业技术·职业资格培训系列教材。

职业技术·职业资格培训教材严格按照1+X鉴定考核细目进行编写，教材内容充分反映了当前从事职业活动所需要的最新核心知识与技能，较好地体现了科学性、先进性与超前性。聘请编写1+X鉴定考核细目的专家，以及相关行业的专家参与教材的编审工作，保证了教材与鉴定考核细目和题库的紧密衔接。

职业技术·职业资格培训教材突出了适应职业技能培训的特色，按等级、分模块单元的编写模式，使学员通过学习与培训，不仅能够有助于通过鉴定考核，而且能够有针对性地系统学习，真正掌握本职业的实用技术与操作技能，从而实现我会做什么，而不只是我懂什么。

本教材虽结合上海市对职业标准的提升而开发，适用于上海市职业培训和职业资格鉴定考核，同时，也可为全国其他省市开展新职业、新技术职业培训和鉴定考核提供借鉴或参考。

新教材的编写是一项探索性工作，由于时间紧迫，不足之处在所难免，欢迎各使用单位及个人对教材提出宝贵意见和建议，以便教材修订时补充更正。

劳动和社会保障部教材办公室

上海市职业培训指导中心

目　　录

第一单元　交、直流电路与计算知识

第一节　复杂直流电路的计算

一、基尔霍夫定律

分析和计算各种简单和复杂电路的最基本定律，除了欧姆定律外，还有基尔霍夫第一定律和第二定律。基尔霍夫第一定律应用于结点，第二定律应用于回路。

为了阐明该定律，先介绍几个电路的基本术语。

支路：电路中的每一分支称为支路，支路上流过的电流称为支路电流，图 1—1 所示的电路中共有三条支路。含有电源的支路称为有源支路，没有电源的支路称为无源支路。

节点：电路中三条或三条以上的支路相连接的点称为节点。图 1—1 所示的电路中共有两个节点。

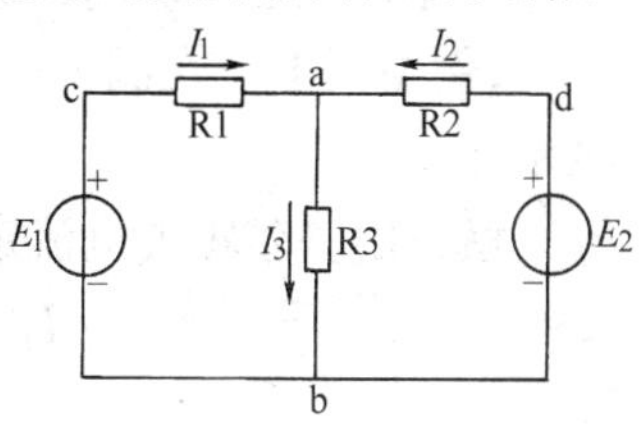

图 1—1　复杂直流电路

回路：电路中任一闭合路径都叫回路。一个回路可能只含一条支路，也可能包含几条支路。图 1—1 所示的电路中共有三个回路。

网孔：在回路中间不框入任何其他支路的回路叫网孔，电路中的网孔数等于独立回路数，如图 1—1 所示的电路中有 2 个网孔。

1. 基尔霍夫第一定律（节点电流定律）

基尔霍夫电流定律是用来确定连接在同一节点上的各支路电流间关系的。由于电流的连续性，电路中任何一点均不能堆积电荷。因此，在任一瞬间，流入某一节点的电流之和应该等于由该节点流出的电流之和。

在图 1—1 所示的电路中，对节点 a 可以写出：

$$I_1 + I_2 = I_3$$

或将上式改写成：

$$I_1 + I_2 - I_3 = 0$$

即：

$$\sum I = 0$$

就是在任一瞬间，一个节点上电流的代数和恒等于零。

如果规定参考方向指向节点取正号，背离节点取负号。根据计算的结果，有些支路的电流可能是负值，这是由于所选定的电流的参考方向与实际方向相反所致。

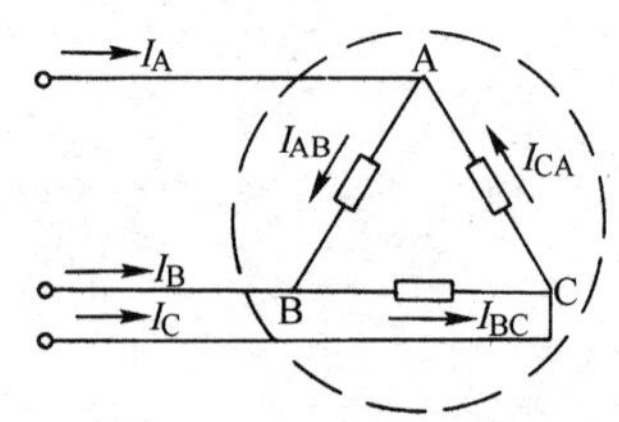

图 1—2　基尔霍夫电流定律推广应用

基尔霍夫电流定律通常应用于节点，也可以把它推广应用于包围部分电路的任一假设的闭合面。如图 1—2 所示的闭合面包围的是一个三角形电路，它有三个节点，应用电流定律列出：

$$I_A = I_{AB} - I_{CA}$$

$$I_B = I_{BC} - I_{AB}$$

$$I_C = I_{CA} - I_{BC}$$

三式相加，便得：

$$I_A + I_B + I_C = 0$$

或：

$$\sum I = 0$$

可见，在任一瞬间，通过任一闭合面的电流的代数和也恒等于零。

【例 1—1】　在图 1—3 中，$I_1 = 2$ A，$I_2 = -3$ A，$I_3 = -2$ A，试求 I_4。

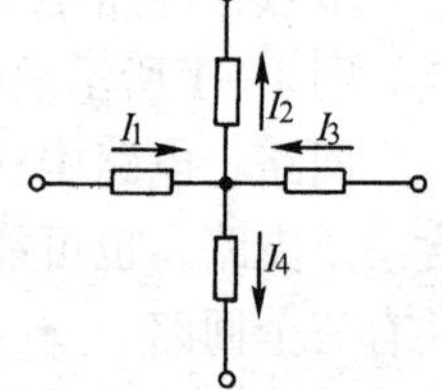

图 1—3　例 1—1 的电路

解：由基尔霍夫电流定律可列出：

$$I_1 - I_2 + I_3 - I_4 = 0$$

$$2 - (-3) + (-2) - I_4 = 0$$

得：

$$I_4 = 3\ \text{A}$$

由本例可见，式中有两类正负号，I 前的正负号是由基尔霍夫电流定律根据电流的参考方向确定的，括号内数字前的正负号则是表示电流本身数值的正负。

2. 基尔霍夫第二定律（回路电压定律）

基尔霍夫电压定律是用来确定回路中各段电压间关系的。如果从回路中任意一点出发，以顺时针方向或逆时针方向沿回路循行一周，则在这个方向上的电位降之和等于电位升之和。回到原来的出发点时，该点的电位是不会发生变化的，即电压为零。所以在电路的任何闭合回路中，各段电压的代数和等于零。这就是基尔霍夫第二定律。

用式表示为：

$$\sum U = 0$$

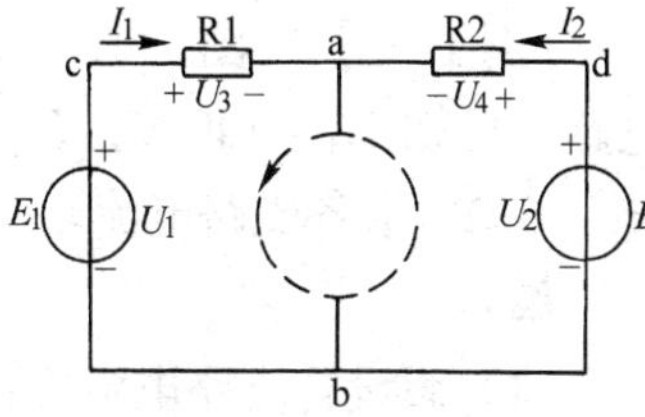

以图 1—4 所示的回路为例，图中电源电动势、电流和各段电压的参考方向均已标出。按照虚线所示方向循行一周，根据电压的参考方向可列出：

$$U_1 + U_4 = U_2 + U_3$$

图 1—4　回路

或将上式改写为：

$$U_1 - U_2 + U_4 - U_3 = 0$$

即：

$$\sum U = 0$$

就是在任一瞬时，沿任一回路循行方向（顺时针方向或逆时针方向），回路中各段电压的代数和恒等于零。如果规定电位降取正号，则电位升就取负号。

图 1—4 所示的回路是由电源电动势和电阻构成的，上式可改写成：

$$E_1 - E_2 - R_1 I_1 + R_2 I_2 = 0$$

或：

$$E_1 - E_2 = R_1 I_1 - R_2 I_2$$

即：

$$\sum E = \sum RI$$

此为基尔霍夫电压定律在电阻电路中的另一种表达式，就是在任一回路循行方向上，回路中电动势的代数和等于电阻上电压降的代数和。在这里，凡是电动势的参考方向与所选回路循行方向相反者取正号，一致者则取负号。凡是电流的参考方向与回路循行方向相反者，则该电流在电阻上所产生的电压降取正号，一致者则取负号。

3. 复杂直流电路的一般解法

一般求解复杂直流电路都是已知电源电动势和电阻值，求各支路中的电流。最常用的方法是支路电流法。

所谓支路电流法是以各支路的电流为未知量，依据基尔霍夫定律列出方程组，然后解联立方程得到各支路的电流值。

支路电流法解题步骤如下：

（1）先标出各支路的电流参考方向和独立回路的循行方向。支路电流参考方向和独立回路循行方向可以任意假设，一般与电动势方向一致；对具有二个以上电动势的回路，一般取电动势大的方向为循行方向。

(2) 用基尔霍夫定律列出节点电流方程式和回路电压方程式。一个具有 n 条支路、m 个节点（$n>m$）的复杂直流电路，需列出 n 个方程式来联立求解。由于 m 个节点只能列出（$m-1$）个独立的节点电流方程式，这样还缺 $n-(m-1)$ 个方程式。不足的方程式可由回路电压方程式补足，一般回路电压方程式在独立回路中列出。

(3) 代入已知数，解联立方程式求出各支路的电流，并确定各支路电流的实际方向。计算结果为正值时，实际方向与参考方向相同；计算结果为负值时，实际方向与参考方向相反。

【例 1—2】 图 1—5 所示是两个电源并联对负载供电的电路。已知 $E_1=140$ V，$E_2=90$ V，$R_1=20$ Ω，$R_2=5$ Ω，$R_3=6$ Ω，求各支路电流。

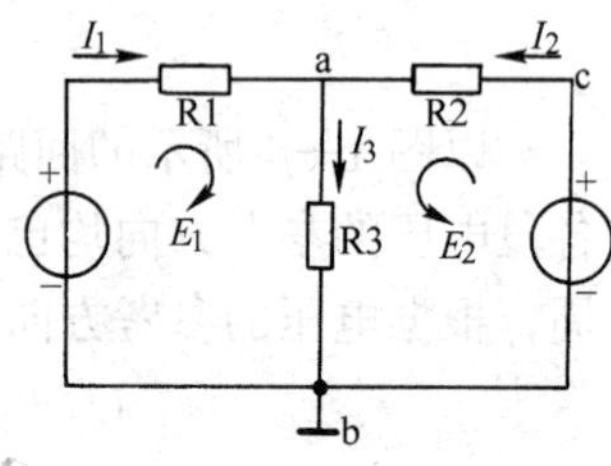

图 1—5 复杂电路

解：

(1) 假设各支路电流方向和循行方向如图所示。

(2) 电路中只有两个节点，所以只能列出一个独立的节点电流方程式。对节点 A 有：

$$I_1+I_2=I_3$$

电路中有三条支路，需列三个方程式。现已有一个，另外二个方程式由基尔霍夫第二定律列出。

对于回路 1 和回路 2 分别列出：

$$E_1=R_1I_1+R_3I_3$$

$$E_2=R_2I_2+R_3I_3$$

(3) 代入已知数，解联立方程式：

$$I_1+I_2-I_3=0$$

$$140=20I_1+6I_3$$

$$90=5I_2+6I_3$$

得：

$$I_1=4\text{ A}$$

$$I_2=6\text{ A}$$

$$I_3=10\text{ A}$$

二、电压源和电流源及其等效变换

电源（如发电机、电池等）工作时给负载提供电压和电流，所以电源常用两种等效电路来表示——电压源和电流源。

1. 电压源

实际的电源具有一定的电动势和内电阻。用电动势 E 和内电阻 R_0 串联形式表示的这种等效电路称为电压源电路，如图 1—6 所示。

负载的端电压为： $U=E-IR_0$

当电源内电阻为零时，则：　　　　　$U=E$

因为电动势 E 通常为常数，所以负载电阻或输出电流变化时，其输出电压 U 恒等于 E。因此把内电阻 $R_0=0$ 的电压源称为理想电压源，也称为稳压源。

理想电压源实际上并不存在，如果 R_0 远小于负载电阻 R，即内电阻上的电压 U_0 远小于负载电阻上的电压 U，于是 $U \approx E$ 基本上可看成理想电压源。常用的稳压电源可看成是理想电压源。

2. 电流源

用恒定电流 I_s 和内电阻 R'_0 并联形式表示的等效电路称为电流源电路，如图1—7所示。

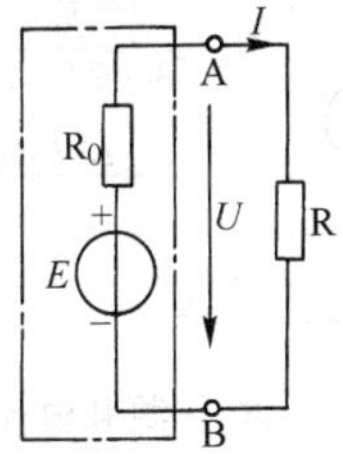

图1—6　电压源电路

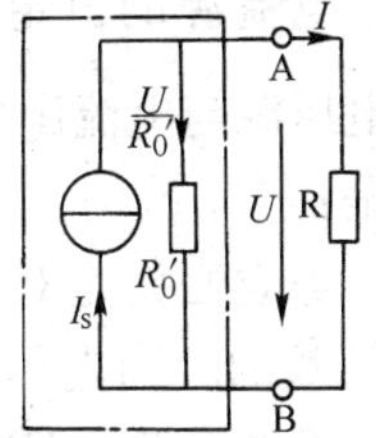

图1—7　电流源电路

负载上的电流为：

$$I=I_s-\frac{U}{R'_0}$$

式中的 $\frac{U}{R'_0}$ 为电源内电阻的分流电流，当电源内电阻 $R'_0=\infty$ 时，则：

$$I=I_s$$

因为恒定电流 I_s 通常为常数，所以负载电阻或输出电压变化时，其输出电流 I 恒等于 I_s。我们把内电阻 $R'_0=\infty$ 的电流源称为理想电流源，也称为恒流源。

理想电流源实际上并不存在，但如果电源内阻 R'_0 远大于负载电阻 R，即内电阻 R'_0 上的电流 $\frac{U}{R'_0}$ 远小于负载电阻R上的电流 I，于是 $I \approx I_s$ 基本恒定，可近似看成是理想电流源。通常，放大电路中的三极管可认为是理想电流源。

3. 电压源与电流源的等效变换

一个实际电源可用电压源表示，也可用电流源表示。

对于负载来说，如果用电压源时得到的电压和电流，与用电流源时得到的电压和电流相等，则它们是等效的。

在电压源电路中，负载R上得到的电流为：

$$I=\frac{E-U}{R_0}=\frac{E}{R_0}-\frac{U}{R_0}$$

在电流源电路中，负载R′上得到的电流为：

$$I=I_s-\frac{U}{R'_0}$$

根据等效的要求，上述两式的对应项应相等，由此得出电压源与电流源等效变换的条件为：

$$I_s=\frac{E}{R_0} \quad 或 \quad E=I_sR_0$$

$$R_0=R'_0$$

图1—8所示为电压源和电流源的等效变换。

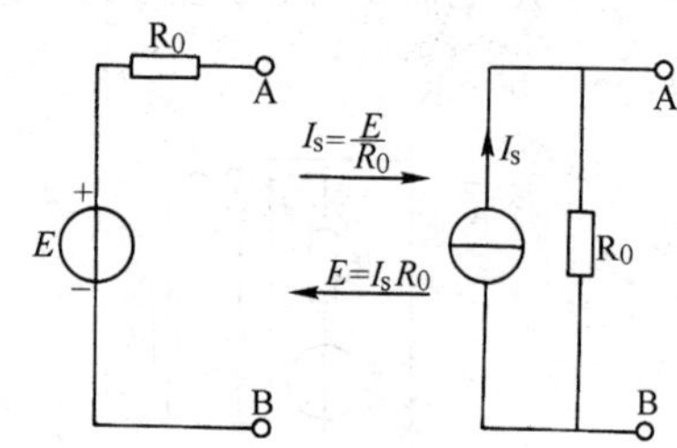

图1—8　电压源和电流源的等效变换

由此可见，电流源的恒定电流 $I_s=\dfrac{E}{R_0}$ 为电压源的短路电流；电压源与电流源变换时，内电阻不变。

需注意的是：

（1）电源的等效变换是对电源以外的负载而言，电源内部是不等效的。当电压源开路时，内电阻 R_0 上不损耗功率；而电流源开路时，内电阻 R'_0 上损耗功率。

（2）在变换时，应保持电压源的 E 和电流源的 I_s 方向一致。

（3）理想的电压源和电流源不能等效变换。因为理想电压源的内电阻 $R_0=0$，若将它变成电流源，I_s 将变为无穷大，不能得到有限值。同样，理想电流源的内电阻 R'_0 为无穷大，若将它变换成电压源，E 将变为无穷大，也不能得到有限值，故两者不能等效变换。

【例1—3】　有一电源的电动势 $E=25$ V，内电阻 $R_0=1\ \Omega$，负载电阻 $R=24\ \Omega$，试用两种等效电源求负载的电流和电压。

解：

（1）电压源等效电路：

$$I=\frac{E}{R_0+R}=\frac{25}{1+24}=1\ \text{A}$$

$$U=IR=1\times24=24\ \text{V}$$

（2）电流源等效电路：

$$I_s=\frac{E}{R_0}=\frac{25}{1}=25\ \text{A}$$

根据分流公式得：

$$I=\frac{R_0}{R_0+R}I_s=\frac{1}{1+24}\times25=1\ \text{A}$$

$$U=IR=1\times24=24\ \text{V}$$

由此可见，用两种电源计算的负载电流和电压是相同的，即对负载而言，两种电源是等效的。

运用电压源和电流源的等效变换，还可以分析和计算复杂电路。

三、戴维南定理

在有些情况下，只要求计算电路中某一条支路的电流或电压，这时用支路电流法和其他方法求解比较麻烦，若用戴维南定理，则比较方便。

如图 1—9a 所示，如果要求 R_3 中的电流 I_3，可先把被求支路 R_3 划出，这时的电路就成为含有电源的具有两个输出端的网络，为有源二端网络（见图 1—9b）。

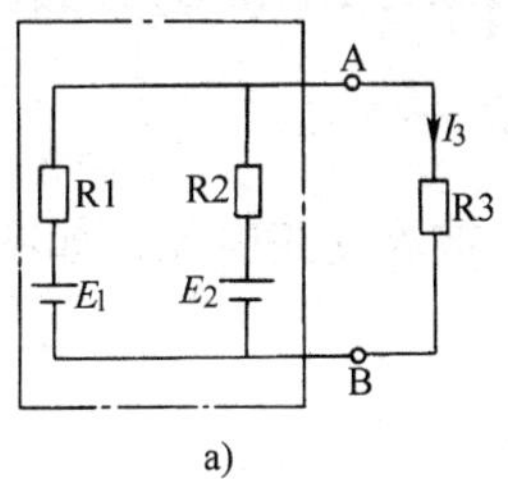

a)

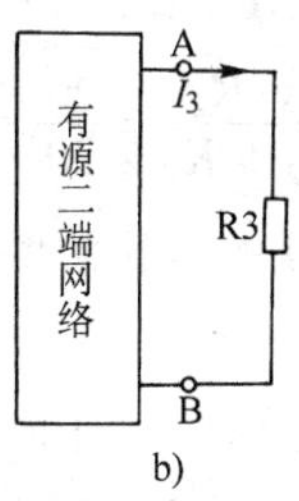

b)

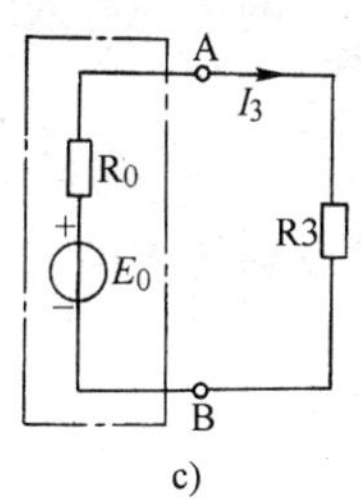

c)

图 1—9　戴维南定理

a）原电路　b）有源二端网络　c）等效电源

有源二端网络能给被求支路 R_3 提供电流，所以有源二端网络相当于一个电源，可简化成电动势 E_0 和内阻 R_0 相串联的电压源。这样复杂电路就成为等效电源与被求支路相串联的简单电路，如图 1—9c 所示。

被求支路 R_3 中的电流为：

$$I=\frac{E}{R_3+R_0}$$

戴维南定理为：任何线性有源二端网络都可用一个具有电动势 E_0 和内电阻 R_0 串联的等效电压源来代替。其中 E_0 为该有源二端网络的开路电压；R_0 为该有源二端网络除去电源后，从二端看进去的等效电阻，又称二端网络的输入电阻。

【例 1—4】　如图 1—10 所示电路，已知 $E_1=140$ V，$E_2=90$ V，$R_1=20\ \Omega$，$R_2=5\ \Omega$，$R_3=6\ \Omega$，用戴维南定理求 R_3 中的电流。

解：应用戴维南定理

（1）将被求支路划出，成为一有源二端网络，如图 1—10b 所示。

（2）求有源二端网络的开路电压 E_0。

首先求图 1—10b 中的电流：

$$I'=\frac{E_1-E_2}{R_1+R_2}=\frac{140-90}{20+5}=2\ \text{A}$$

$$E_0=U_{AB}=E_2+I'R_2=90+5\times 2=100\ \text{V}$$

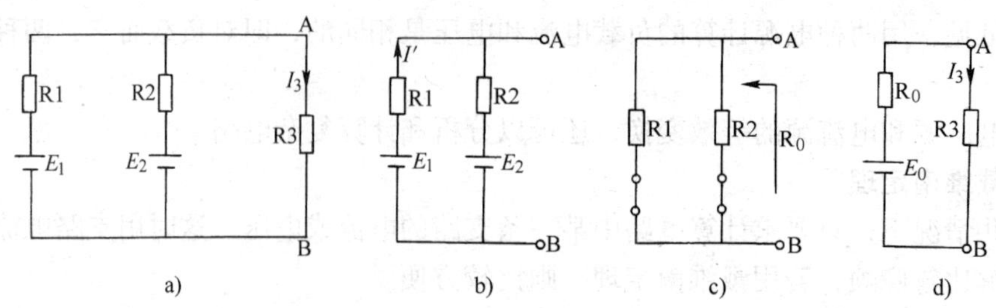

图 1—10　例题附图

（3）求二端网络的等效电阻，如图 1—10c 所示，电压源的 E_1 和 E_2 短路。

$$R_0=\frac{R_1R_2}{R_1+R_2}=\frac{20\times5}{20+5}=4\ \Omega$$

（4）被求支路接入由 E_0 和 R_0 串联的电压源两端，求被求支路电流，如图 1—10d 所示。

$$I_3=\frac{E_0}{R_3+R_0}=\frac{100}{6+4}=10\ \text{A}$$

计算结果与其他方法求解相同。

第二节　磁路及基本定律

一、磁性材料的磁性能

1. 高导磁性

由于磁性物质不同于其他物质，有其内部特殊性，所以磁性材料的磁导率很高，这就使它们具有被强烈磁化呈现磁性的特性。

我们知道电流产生磁场，在物质的分子中由于电子环绕原子核运动和本身自转运动而形成分子电流，分子电流产生磁场，这样每个分子相当于一个基本小磁铁。同时在磁性物质内部还分成许多小区域，由于磁性物质的分子间有一种特殊的作用力，从而使每一区域内的分子磁铁都排列整齐、显示磁性。这些小区域称为磁畴。在没有外磁场的作用时，各个磁畴排列混乱，磁场互相抵消，对外不显示磁性，如图 1—11a 所示。在外磁场作用下，磁畴顺外磁场方向转向，对外显示出磁性。随着外磁场的增强，磁畴就逐渐转到与外磁场相同的方向上，如图 1—11b 所示，这样，便产生了一个很强的与外磁场同方向的磁化磁场，而使磁性物质内的磁感应强度大大增加。

磁性物质的这一磁性能被广泛地应用于电工设备中，例如电动机、变压器及各种铁磁元件的线圈中都放有铁心，在线圈中通入不大的励磁电流，便可应生足够大的磁通和磁感

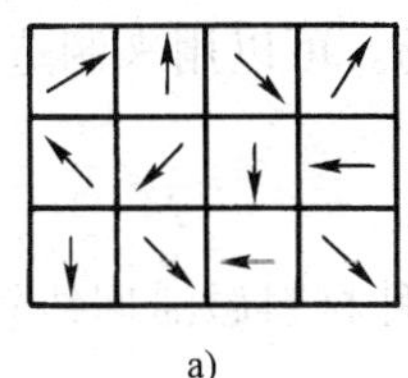
a)

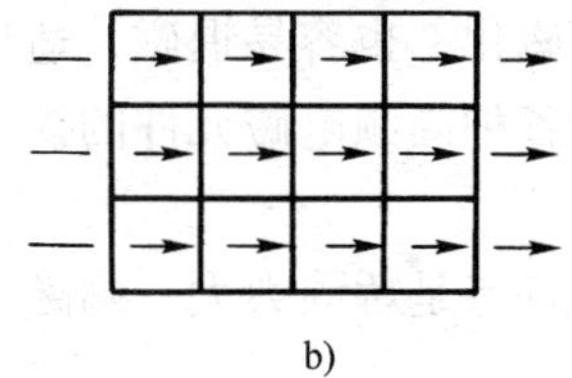
b)

图 1—11　磁性物质的磁化

应强度。

2. 磁饱和性

磁性物质由于磁化所产生的磁化磁场不会随着外磁场的增加而无限地增强。当外磁场增大到一定值时，全部磁畴的磁场方向都转向与外磁场的方向一致。这时磁化磁场的磁感应强度 B_J 即达饱和值，如图 1—12 所示。图中的 B_0 是在外磁场作用下，如果磁场内不存在磁性物质时的磁感应强度。将 B_J 曲线和 B_0 直线的纵坐标相加，便得出 $B—H$ 磁化曲线。各种磁性材料的磁化曲线可通过实验得出，在磁路计算上极为重要。这段曲线可分成三段：Oa 段——B 与磁场强度 H 差不多成正比地增加；ab 段——B 的增加缓慢下来；b 以后一段——B 增加得很少，达到了磁饱和。

3. 磁滞性

在铁磁性材料交变磁化过程中，磁感应强度 B 的变化始终滞后于磁场强度 H 的变化。铁磁材料在交变磁化时，由于磁畴不断反复翻转而发热，从而产生磁滞损耗，它是铁心损耗的一部分。

4. 剩磁性

铁磁性材料在交变磁化过程中，当磁场强度 H 减为零时，仍保留一定的剩磁 B_r。

永久磁铁就是利用剩磁很大的铁磁性材料制成的。

二、铁磁性材料的分类和应用

根据不同的磁滞回线，我们把铁磁材料分为软磁材料、硬磁材料和矩磁材料三类。

1. 软磁材料

软磁材料的主要特点是磁导率大，矫顽力小，磁滞损耗低。它的磁滞回线成细长条形状（见图 1—13）。

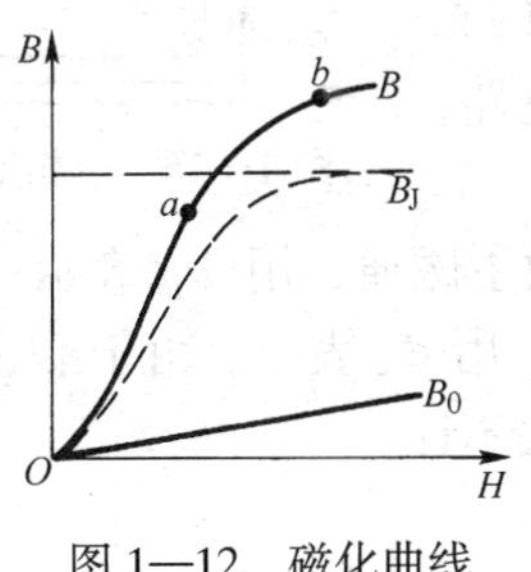

图 1—12　磁化曲线

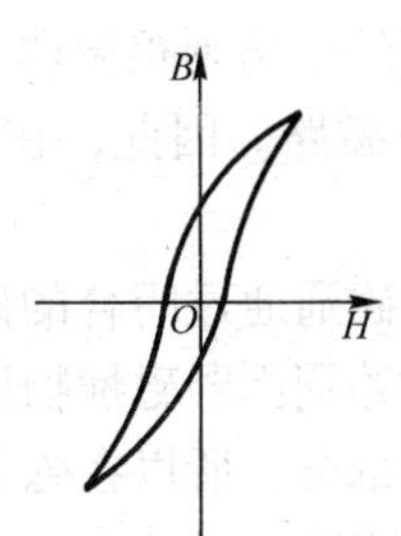

图 1—13　软磁材料的磁滞回线

这种材料容易磁化，也容易退磁，适用于交变磁场。可以用来制造变压器、继电器、电磁铁、电机以及各种高频电磁元件的铁心。

2．硬磁材料

硬磁材料主要特点是矫顽力大，剩磁 B_r 也大，这种材料磁滞回线较宽，磁滞特性显著（见图 1—14）。

硬磁材料充磁后，能保持很强的剩磁，并且不易消除，因此硬磁材料适合于制造永久磁铁。例如磁电式电表，永磁扬声器等。

3．矩磁材料

这是一种铁氧体材料，它的磁滞回线差不多呈矩形，故称为矩磁材料（见图 1—15）。

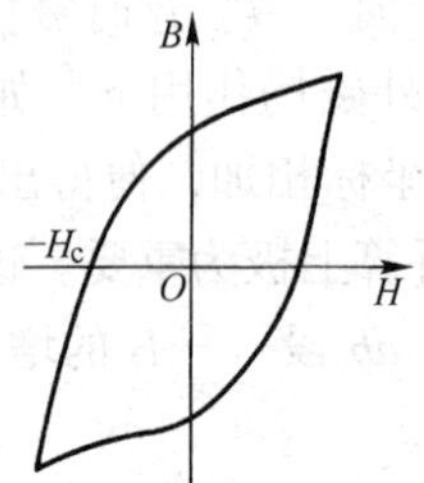

图 1—14　硬磁材料磁滞回线

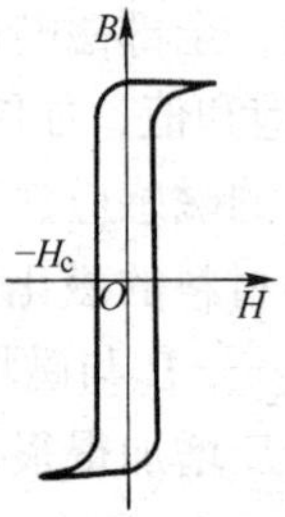

图 1—15　矩磁材料磁滞回线

矩磁材料的特点是剩余磁感应强度接近磁饱和值，矫顽力很小，在矫顽力附近的弱磁场中能迅速翻转处于 B_s 或 $-B_s$ 两种不同的剩磁状态。它的磁化曲线有陡直的上升部分和平直的饱和部分。因此在磁放大器中也得到广泛的应用。目前广泛采用锰—镁和锂—镁铁氧体两种矩磁材料。

三、磁路定律

1．磁路

很多电气设备，都用铁磁性材料做成各种形状的闭合铁心，这是由于铁磁性材料具有很高的磁导率，铁心线圈中只要通较小的电流，便能得到较强的磁场或较大的磁通。

如图 1—16 所示，由于高磁导率铁心的存在，电流产生的磁通或磁感线差不多都被约束在铁心的闭合路径中，周围弱磁性物质中的磁场则很微弱，这种限定在铁心范围内的磁通路径，称为磁路。因此，在电机、电气设备中既有电路，又有磁路。

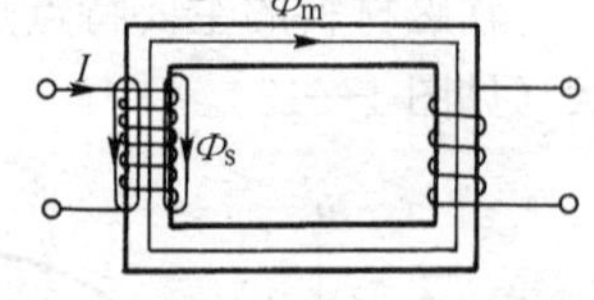

图 1—16　单相变压器磁路

绝大部分磁通通过闭合的磁路（包括空气隙），叫做主磁通，用 Φ_m 表示；少数穿出铁心，经过磁路周围弱磁性物质而闭合的磁通叫漏磁通，用 Φ_s 表示。由于漏磁通只占总磁通的很小一部分，所以在磁路分析和计算中，一般略去不计。

2．磁路欧姆定律

磁路和电路具有相似之处，因而磁路中的某些物理量和电路中的某些物理量有对应关系，如图 1—17 所示。

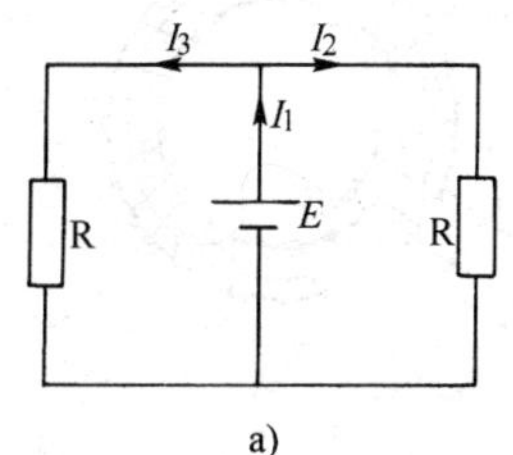

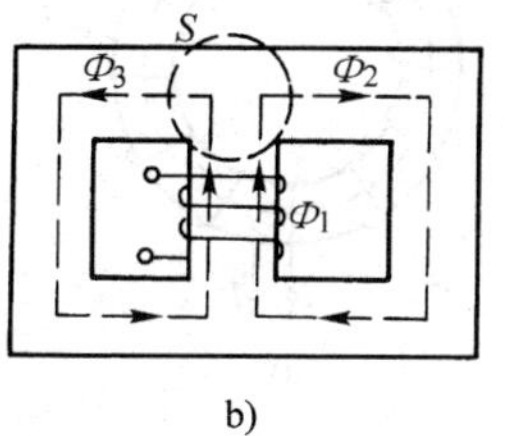

图 1—17　电路和磁路

a）电路　b）磁路

磁路和电路物理量之间的关系也有相似之处。与电路的欧姆定律相似，磁路的欧姆定律是：通过磁路的磁通与磁动势成正比，而与磁阻成反比，即：

$$\Phi=\frac{F_{\mathrm{m}}}{R_{\mathrm{m}}}=\frac{NI}{R_{\mathrm{m}}}$$

式中 F_{m} 为磁动势，磁路中的磁动势是产生磁通的原因。通电线圈产生的磁通与线圈的匝数 N 和通过电流 I 的乘积成正比，我们把 NI 称为磁动势，用符号 F_{m} 表示，即 $F_{\mathrm{m}}=NI$。

式中 R_{m} 为磁阻，电路中有电阻，磁路中有磁阻，磁阻是磁通通过磁路时受到的阻碍作用。与导体的电阻相似，磁路 R_{m} 的大小与磁路的长度 L 成正比，与磁路的横截面积 S 成反比，并与组成磁路材料的磁导率 μ 有关。即：

$$R_{\mathrm{m}}=\frac{L}{\mu S}$$

由于磁路常用几种铁磁性材料组成，且各段截面亦不相同，加上铁磁性材料的磁导率 μ 又不是常数，所以用磁阻来计算磁路是不方便的。磁路欧姆定律一般用来对磁路作定性分析。

3．磁路的基尔霍夫磁通定律

在图 1—17b 所示的分支磁路中，任意取一个闭合面 S，根据磁感线为闭合曲线的性质可知，进入闭合面的磁通等于离开闭合面的磁通。或者说，通过闭合面的磁通的代数和必为零，即：

$$\Phi_1=\Phi_2+\Phi_3$$

或：

$$\sum\Phi=0$$

上式就是磁路的基尔霍夫磁通定律。

4．磁路的基尔霍夫磁压定律

图 1—18 所示为一个环形螺线管，环形螺线管内的磁场强度为：

$$H=\frac{NI}{L}\quad 或\quad HL=NI$$

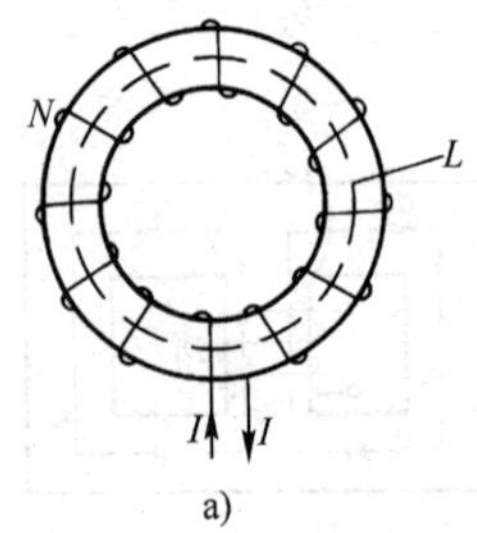

a)

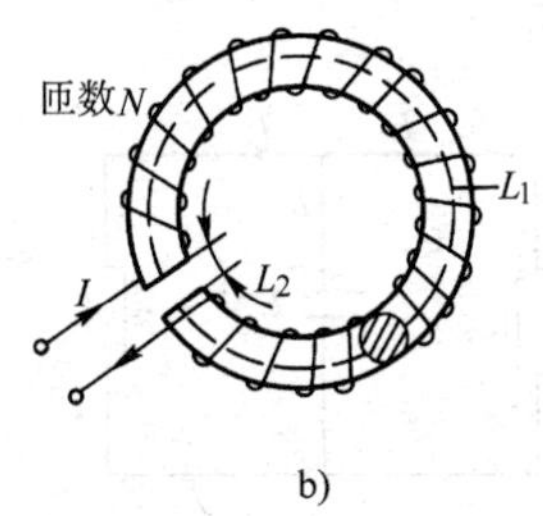

b)

图 1—18　环形螺线管

a）环形螺线管　b）开口的铁心线圈

我们把沿着磁路的磁场强度 H 和磁路的平均长度 L 的乘积 HL 称为磁路的磁压降。上式说明，闭合磁路内磁压降等于磁动势。

若线圈绕在开口的环形铁心上，如图 1—18b 所示，则磁压应按照铁心 L_1 和空气隙 L_2 两段来分别计算，这时有：

$$H_1L_1+H_2L_2=NI$$

或：

$$\sum HL=\sum NI$$

式中　H_1 ——铁心中的磁场强度；

L_1 ——铁心磁路的平均长度；

H_2 ——空气隙中的磁场强度；

L_2 ——空气隙的平均长度；

N ——线圈的匝数；

I ——线圈中的电流。

磁路的基尔霍夫磁压定律，不仅对环形螺线管的磁路适用，对任何闭合磁路都适用。即在任意闭合磁路中，磁压降的代数和等于磁动势的代数和。

综上所述，磁路和电路对应的物理量及其关系式，见表 1—1。

表 1—1　　磁路和电路对应的物理量及关系式

电　路	磁　路
电流 I	磁通 Φ
电阻 $R=\rho\dfrac{L}{S}$	磁阻 $R_m=\dfrac{L}{\mu S}$
电阻率 ρ	磁导率 μ
电动势 E	磁动势 $F_m=IN$
电路欧姆定律 $I=\dfrac{E}{R}$	磁路欧姆定律 $\Phi=\dfrac{F_m}{R_m}$
基尔霍夫电流定律 $\sum I=0$	磁路的基尔霍夫磁通定律 $\sum\Phi=0$
基尔霍夫电压定律 $E=U_1+U_2$	磁路的基尔霍夫磁压定律 $F_m=H_1L_1+H_2L_2$

第三节　正弦交流电路

一、正弦交流电的表示方法

正弦交流电就是指随时间按照正弦规律变化的电流和电压；表示正弦交流电的三要素是最大值、角频率和初相位。

为了便于研究交流电，常采用解析式、波形图和矢量图，这些方法都包含交流电的三要素，并能进行计算。

1. 解析式

$$e = E_m\sin(\omega t + \varphi_e)$$
$$u = U_m\sin(\omega t + \varphi_u)$$
$$i = I_m\sin(\omega t + \varphi_i)$$

最大值 E_m 表示交流电的大小，但交流电的最大值仅是某瞬时的值，故常用有效值 E 表示交流电的大小。有效值与最大值之间的关系为 $E = 0.707E_m$。

角频率 ω 用来表示交流电变化的快慢，它与周期 T、频率 f 的关系为 $\omega = \frac{2\pi}{T}$。

初相 φ 用来表示起始时（$t = 0$ 时）的相位。

2. 波形图

用正弦曲线来表示，如图 1—19 所示。横坐标表示时间 t 或电角度 ωt，纵坐标表示瞬时值。从图中还可以看出交流电的振幅、周期和初相角。

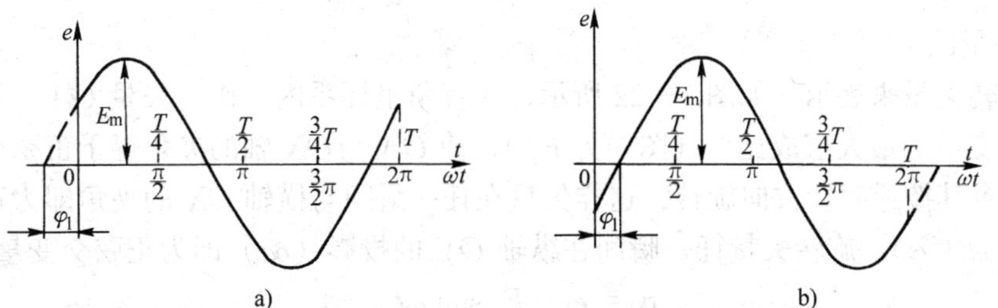

图 1—19　正弦交流电的波形图

a）初相角大于零　b）初相角小于零

用描点得出正弦量曲线的方法，在数学上叫做描点法。但是，描点法不可能把曲线中所有的点都描出来，按正弦量可以由三要素来确定的原则，一般在一个周期中，只要选五个特殊的点，由这五个特殊的点来画出正弦量在一个周期内的图形，再把这个图形延拓出去就得到整个正弦量波形。用特殊的五点来画出正弦量波形的方法，在数字上叫“五点法”。这五个点分别是相位角为 0，$\frac{\pi}{2}$，π，$\frac{3}{2}\pi$，2π 所对应的点，如图 1—20 中 A，B，C，D，E 就是这五个特殊点。

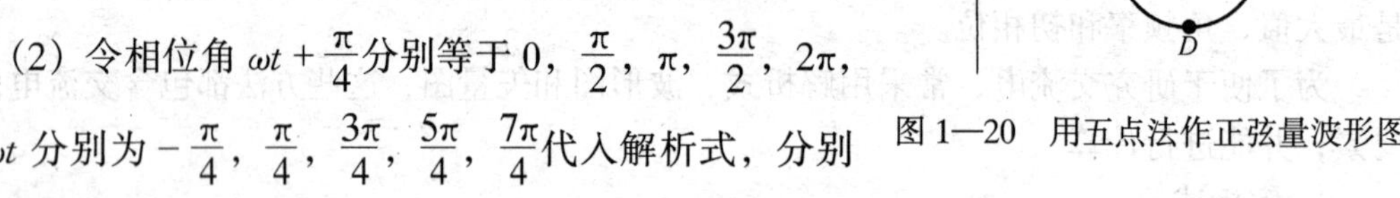

图 1—20　用五点法作正弦量波形图

【例 1—5】　用五点法画 $u=200\sin(\omega t+\frac{\pi}{4})$ 的波形图。

解：

(1) 以 ωt 为横坐标，u 为纵坐标建立直角坐标系。

(2) 令相位角 $\omega t+\frac{\pi}{4}$ 分别等于 0，$\frac{\pi}{2}$，π，$\frac{3\pi}{2}$，2π，即 ωt 分别为 $-\frac{\pi}{4}$，$\frac{\pi}{4}$，$\frac{3\pi}{4}$，$\frac{5\pi}{4}$，$\frac{7\pi}{4}$ 代入解析式，分别求出电压 u 为 0，200 V，0，－200 V，0。

(3) 列出数值对应表，见表 1—2。

(4) 把数值表中对应的数分别用直角坐标系中的点来表示，并用光滑曲线把五个点连成正弦曲线（见图 1—21）。

表 1—2　ωt—u 数值对应表

$\omega t+\frac{\pi}{4}$	0	π/2	π	3π/2	2π
ωt	－π/4	π/4	3π/4	5π/4	7π/4
u/v	0	200	0	－200	0

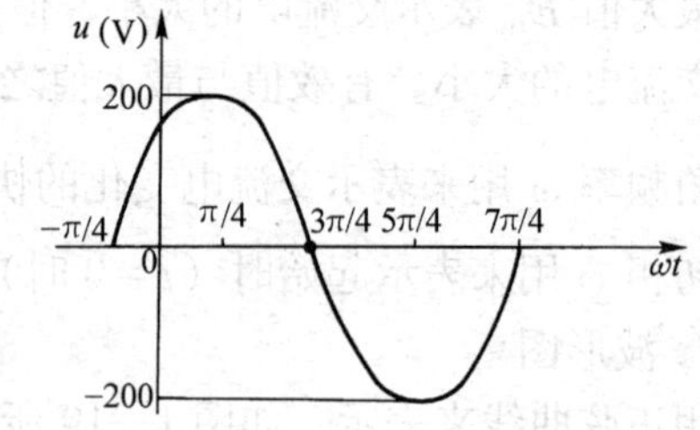

图 1—21　$u=200\sin(\omega t+\frac{\pi}{4})$ 的波形图

3. 矢量图

用旋转矢量来表示，如图 1—22 所示，在直角坐标系内，作一矢量 OA，并使其长度与正弦交变量的最大值成比例（图中为 E_m），使 OA 与 OX 轴的夹角等于正弦交变量的初相角 φ，令其按逆时针方向旋转，这样矢量在任一瞬间与横轴 OX 的夹角即为正弦交变量的相位（$\omega t+\varphi$），旋转矢量任一瞬间在纵轴 OY 的投影（oa）即为正弦交变量的瞬时值。

$$oa=e_1=E_m\sin(\omega t+\varphi)$$

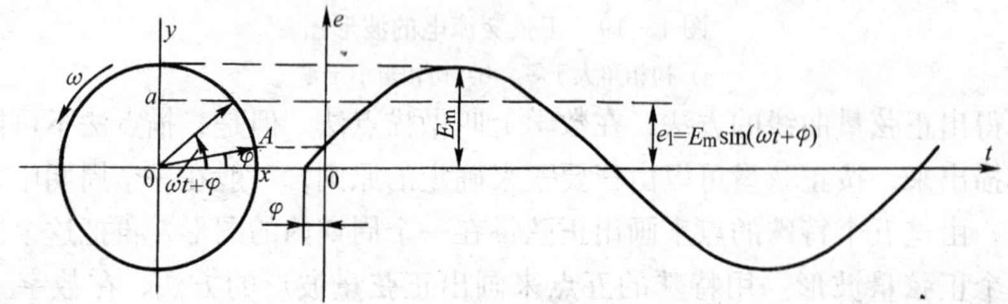

图 1—22　矢量表示法

把同频率的交流电画在同一矢量图上时，由于矢量的角频率相同，所以不管其旋转到什么位置，彼此之间的相位关系始终保持不变。因此，在研究矢量之间的关系时，一般只要按初相角作出矢量，而不必标出角频率，如图 1—23 所示，这样作出的图叫矢量图。

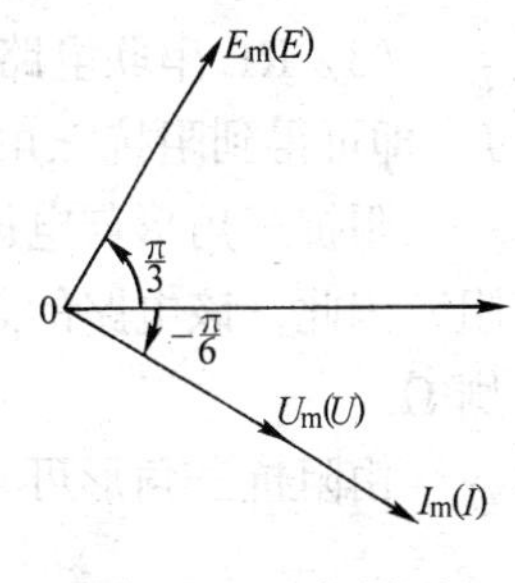

图 1—23　矢量图

采用矢量图表示正弦交流电，在计算和决定几个同频率的交流电的和或差的时候，比解析法和波形图要简单得多，而且比较直观，所以矢量图是研究交流电的重要工具之一。同时应该指出，旋转矢量法只适应于同频率正弦交流电的计算。

在实际工作中，往往采用有效值矢量图来计算交流电。

二、含有电阻、电感、电容的交流电路

1. 电阻与电感串联的交流电路

在实际中，电阻和电感串联的电路是很多的。例如变压器线圈、电动机绕组、日光灯电路中的镇流器等，这些线圈不但具有电感 L，而且具有一定的电阻 R，因此在一定的条件下，它们都可以被看作是 R 与 L 串联的电路，如图 1—24 所示。

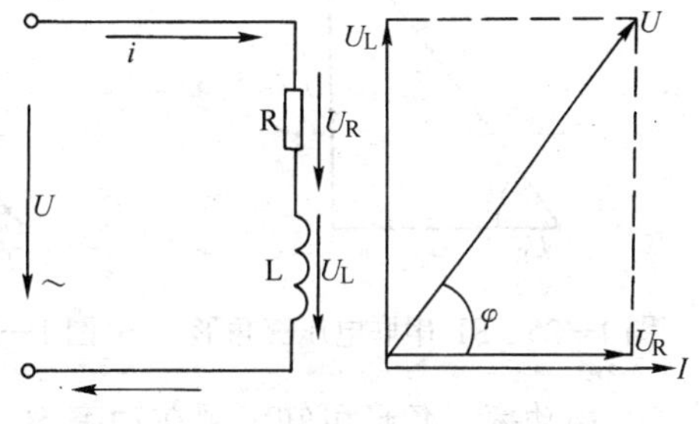

图 1—24　电阻电感串联交流电路

根据串联电路的特点，通过 R 和 L 上的电流相等。因此用矢量图分析串联交流电路时，以电流矢量为准比较方便。

(1) 总电压与总电流的相位关系。根据所设 $i = I_m\sin\omega t$ 先画出电流矢量 I，再根据纯电阻上电压 U_R 与电流同相，纯电感上电压 U_L 超前电流 90°，分别画出 U_R，U_L 矢量；然后再根据 U_R 与 U_L 矢量之和得出总电压 U 矢量，如图 1—24 所示。在 RL 串联交流电路中，总电压比总电流超前 φ 角。

在一个交流电路中，只要总电压比总电流超前 φ 角，这个电路就叫电感性电路，简称感性电路，φ 角的大小由 U_L 与 U_R 的大小所决定，或者说由感抗 X_L 与电阻 R 的大小所决定。一台交流电动机，其绕组既有电感 L，又有电阻 R，因此交流电动机接在交流电源上，可看成是 RL 串联交流电路，相位关系是 U 超前 I，因此交流电动机属于电感性负载。

(2) RL 串联电路中的电压三角形。如图 1—24 所示，如果 U_L 矢量向右平移，就可以得到电压三角形（见图 1—25）。

由于这三个矢量之间正好构成直角三角形，因此总电压 U 与分电压 U_L，U_R 之间的数量关系为：

$$U^2 = U_L^2 + U_R^2$$

或：

$$U = \sqrt{U_L^2 + U_R^2}$$

（3）RL 串联电路中的阻抗三角形。若将图 1—25 所示的电压三角形各边同除以电流 I，即可得到阻抗三角形（见图 1—26）。

阻抗三角形与电压三角形相似，也是直角三角形。在 RL 串联电路中既有感抗又有电阻，因此，该电路的总电压 U 与总电流 I 之比值就叫做总阻抗，用 Z 表示。单位也是欧姆 Ω。

由阻抗三角形可知，总阻抗 Z 与感抗 X_L、电阻 R 之间的数量关系为：

$$Z^2 = X_L^2 + R^2$$

或：

$$Z = \sqrt{X_L^2 + R^2}$$

（4）RL 串联电路中的功率三角形。若将图 1—26 所示的电压三角形各边同乘以电流 I，即可得到 RL 串联交流电路的功率三角图（见图 1—27）。

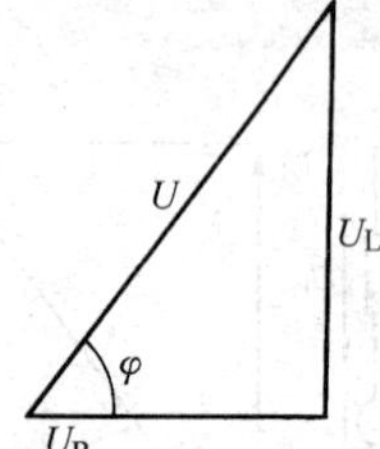

图 1—25　RL 串联电压三角形

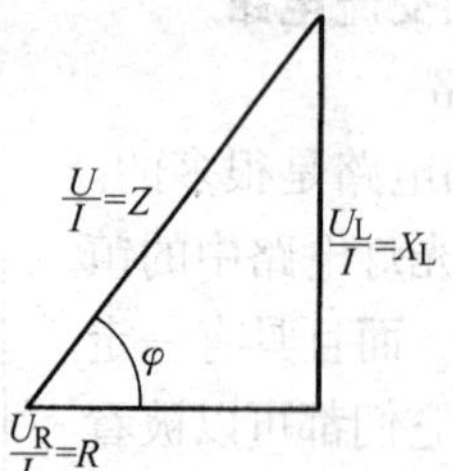

图 1—26　RL 串联阻抗三角形

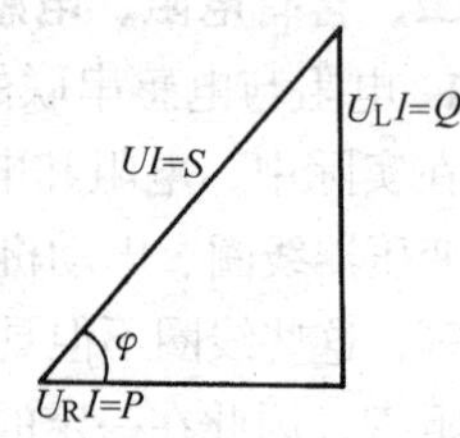

图 1—27　RL 电路功率三角形

由功率三角形可知，视在功率 S、有功功率 P、无功功率 Q 三者之间的数量关系为：

$$S^2 = P^2 + Q^2$$

或：

$$S = \sqrt{P^2 + Q^2}$$

（5）RL 串联电路中的电功率。我们知道，电阻是耗能元件，电感是储能元件，在 RL 串联电路中，电源输出的电能，一部分供电阻消耗，另一部分则与电感之间往返转换，因此在 RL 电路中，它包含着有功功率 P 和无功功率 Q 两部分。

1）电路中的有功功率 P。该电路中的有功功率即为电阻上的功率。即：

$$P = U_R I$$

从电压三角形可知：$U_R = U\cos\varphi$ 代入上式得：

$$P = UI\cos\varphi \text{（W）}$$

由于总电压 U 和电流 I 比较容易地用电表测得，所以通常都以总电压、总电流的数值代入计算。由上式 $P = UI\cos\varphi$ 可见，在感性电路中，有功功率的大小与 $\cos\varphi$ 有关，φ 角是总电压与总电流之间的相位差角，φ 角越小，$\cos\varphi$ 值越大，则有功功率也越大。

2）电路中的无功功率 Q。该电路中的无功功率即为电感上的功率。它是电感上电压 U_L 与电流 I 的乘积。即：

$$Q = U_L I$$

从电压三角形可知：$U_L = U\sin\varphi$ 代入上式得：

$$Q = UI\sin\varphi \text{（Var）}$$

由上式可知，在感性电路中，无功功率的大小与 $\sin\varphi$ 有关，φ 角越小，$\sin\varphi$ 值越小，则无功功率 Q 也越小。

2. 电阻和电容串联电路

电阻和电容串联电路如图 1—28 所示。

(1) 电压和电流的关系。设电路两端外加正弦电压，则电路中产生电流。因为是串联电路，流过电阻和电容的电流相同，电阻上的电压 U_R 与电流 I 同相、电容上的电压 U_C 滞后电流 I 90°。因为 U_R 与 U_C 的相位不同，总电压有效值不等于各元件上电压有效值之和，必须进行矢量相加，即 $\overline{U} = \overline{U}_R + \overline{U}_C$。如图 1—29 所示。

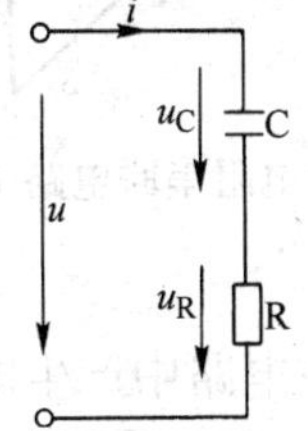

图 1—28　电阻、电容串联电路图

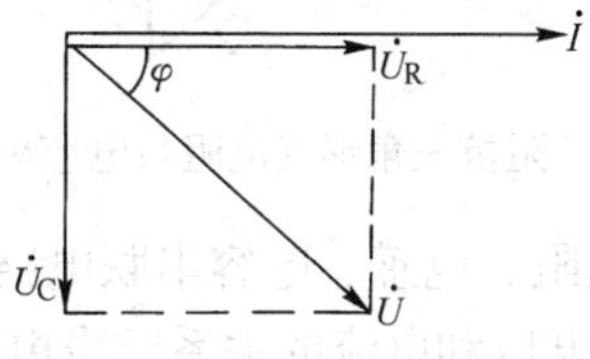

图 1—29　电阻、电容串联电路矢量图

电阻和电容上的电压有效值分别为：

$$U_R = IR \quad U_C = IX_C$$

总电压有效值为：

$$U = \sqrt{U_R^2 + U_C^2} = \sqrt{(IR)^2 + (IX_C)^2} = I\sqrt{R^2 + X_C^2} = I|Z|$$

由此可得：

1）RC 串联电路中，总电压滞后电流 φ 角。

2）电压和电流的关系为：$$I = \frac{U}{|Z|}$$

3）电路的阻抗为：$$|Z| = \sqrt{R^2 + X_C^2}$$

将电压三角形每边同除以 I，得由 R、X_C、$|Z|$ 构成的阻抗三角形，如图 1—30 所示。因阻抗不是正弦量，阻抗三角形无箭头。

(2) 电路的功率和能量转换

1）有功功率。指消耗在电阻 R 上的功率。即：

$$P = U_R I = I^2 R = UI\cos\varphi$$

2）无功功率。指电容中电场能与电源能转换的最大速率。即：

$$Q_C = U_C I = I^2 X_C = UI\sin\varphi$$

3）视在功率。指电源提供的总功率，又称电源的容量。即：

$$S=UI=I^2|Z|=\sqrt{P^2+Q^2}$$

4）功率因数。指有功功率与视在功率的比值，也就是电流与电压之间相位差的余弦。即：

$$\cos\varphi=\frac{P}{S}=\frac{U_R}{U}=\frac{R}{|Z|}$$

将电压三角形的两边同乘以 I，构成功率三角形，如图 1—31 所示。在同一电路中，电压三角形、阻抗三角形和功率三角形都是相似的。

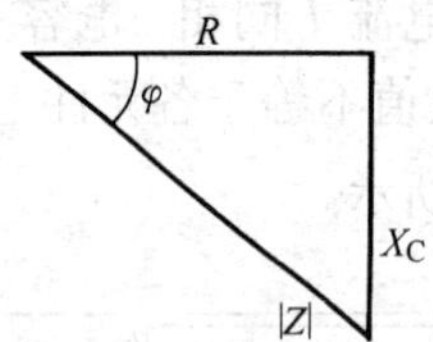

图 1—30　阻抗三角形（电阻与电容串联电路）

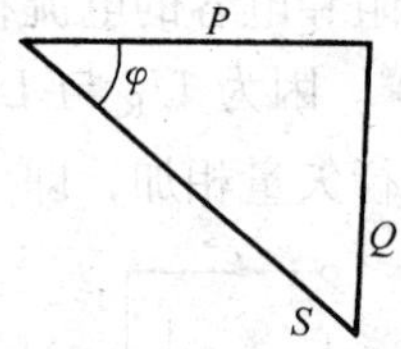

图 1—31　电容电阻串联电路中的功率三角形

3．电阻、电感、电容串联电路

（1）电压和电流的关系。设电路两端外加正弦电压，则在电路中产生电流，电阻上电压 $\overline{U}_R$ 与 $\overline{I}$ 同相，电感上电压 $\overline{U}_L$ 超前 $\overline{I}$ 90°，电容上电压 $\overline{U}_C$ 滞后 $\overline{I}$ 90°，如图 1—32 所示，总电压的矢量等于各元件上电压的矢量和。即：

$$\overline{U}=\overline{U}_R+\overline{U}_L+\overline{U}_C$$

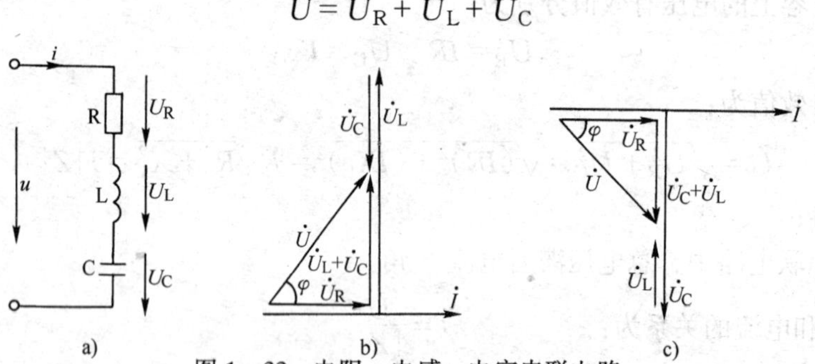

图 1—32　电阻、电感、电容串联电路

a）电路图　b）$U_L>U_C$ 矢量图　c）$U_L<U_C$ 矢量图

由于 $\overline{U}_L$ 与 $\overline{U}_C$ 反相，所以总电压为：

$$U=\sqrt{U_R^2+(U_L-U_C)^2}=I\sqrt{R^2+(X_L-X_C)^2}=I|Z|$$

由此可得：

1）电流和电压的关系为：　$I=\frac{U}{|Z|}$

2）电路的阻抗为：　$|Z|=\sqrt{R^2+(X_L-X_C)^2}$

（2）电路的性质

1）当 $X_L>X_C$ 时，$\varphi>0$，总电压超前电流 φ 角，这时负载呈电感性。

2）当 $X_L < X_C$ 时，$\varphi<0$，总电压落后电流 φ 角，这时负载呈电容性。

3）当 $X_L = X_C$ 时，$\varphi=0$，总电压与电流同相位，这时负载呈电阻性，称串联谐振。

（3）电路的功率

1）有功功率：

$$P = U_R I = I^2 R = UI\cos\varphi$$

2）无功功率：

$$Q = (U_L - U_C)I = I^2(X_L - X_C) = UI\sin\varphi$$

3）视在功率：

$$S = UI = \sqrt{P^2 + Q^2}$$

4．感性负载与电容并联

一台电动机（可看成 RL 串联）与一只电容器并联，接在交流电源上，即组成 RL 串联再与电容器 C 并联的交流电路（见图 1—33）。

电力系统中的负载很多是属于电感性负载（如电动机、镇流器、变压器等）。为了提高电路的功率因数，常采用并联电容器的方法。

图 1—33 所示的电路为两条支路并联的支流电路，因为并联电路中各支路两端电压具有相等的特点，所以在分析并联交流电路时，常以电压矢量为准，即设电压 $U = U_m\sin\omega t$。然后根据各支路的电流与电压的相位关系，分别画出各支路的电流矢量。再根据并联电路中总电流等于各支路电流矢量之和，利用矢量相加法得出总电流矢量。从而得出该电路的总电压 U 与总电流 I 之间的相位关系。

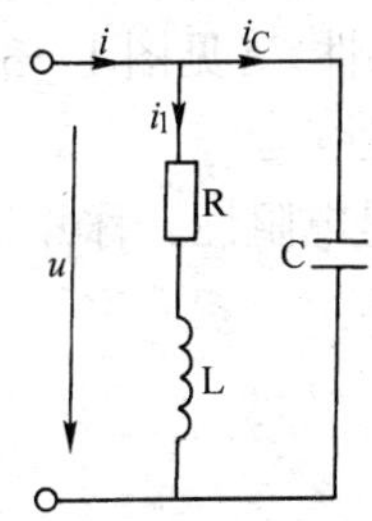

图 1—33　感性负载与电容并联的交流电路

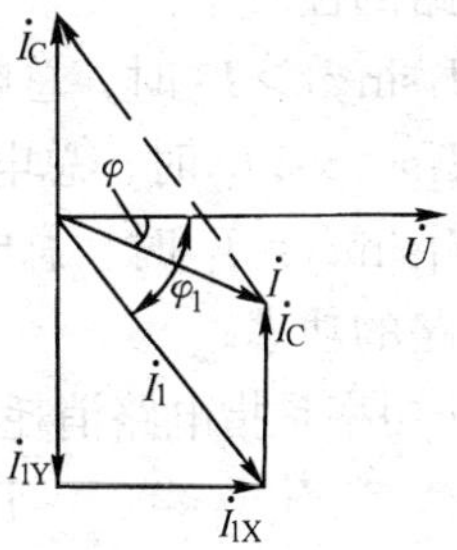

图 1—34　感性负载与电容并联的矢量图

如图 1—34 所示，当一个电感性负载没有并联电容器时，电路中的总电流就是 RL 串联支路中的电流 $\dot{I}_1$，这时总电流（即 $\dot{I}_1$）与总电压 U 的相位差为 φ_1；当电感性负载并联电容器时，电路中的总电流为 $\dot{I}$（即 $\dot{I}_1$ 与 $\dot{I}_C$ 的矢量和），这时总电流 $\dot{I}$ 与总电压 U 的相位差为 φ，φ 比 φ_1 小，而且总电流矢量 $\dot{I}$ 的长度也比原来总电流矢量 $\dot{I}_1$ 长度要小，即并联电容器后，电路中的总电流也减小了。

从以上电路分析可知：

（1）RL 支路产生的电流为：

$$I_1 = \frac{U}{|Z_1|} = \frac{U}{\sqrt{R^2 + X_L^2}}$$

I_1 滞后 U 的角度：
$$\varphi_1 = \arctan \frac{X_L}{R}$$

电容支路的电流为：

$$I_C = \frac{U}{X_C}$$

I_C 超前 U 90°。

由于两条支路电流 $\dot{I}_1$ 和 $\dot{I}_2$ 相位不同，总电流的有效值不等于各支路电流有效值之和，必须进行矢量相加，即：

$$\dot{I} = \dot{I}_1 + \dot{I}_C$$

为了便于计算，将 $\dot{I}_1$ 分解成两个分量：一个是水平分量 $\dot{I}_{1X}$，它与 $\dot{U}$ 同相，称 $\dot{I}_1$ 的有功分量；另一个是垂直分量 $\dot{I}_{1Y}$，它滞后 $\dot{U}$ 90°，称 $\dot{I}_1$ 的无功分量。

由图 1—34 可见，$I_{1X} = I_1\cos\varphi_1$，$I_{1Y} = I_1\sin\varphi_1$，$I_C$ 与 I_{1Y}的相位相反，于是电路的总电流为：

$$I = \sqrt{I_{1X}^2 + (I_{1Y} - I_C)^2} = \sqrt{(I_1\cos\varphi)^2 + (I_1\sin\varphi_1 - I_C)^2}$$

总电流与电压的相位差为：

$$\varphi = \arctan \frac{I_1\sin\varphi - I_C}{I_1\cos\varphi}$$

（2）电路的性质

1）当 $I_1\sin\varphi_1 > I_C$ 时，总电流 $\dot{I}$ 滞后电压 $\dot{U}$，电路呈感性，（见图 1—34）。

2）当 $I_1\sin\varphi < I_C$ 时，总电流 $\dot{I}$ 超前电压 $\dot{U}$，电路呈容性。

3）当 $I_1\sin\varphi_1 = I_C$ 时，总电流 $\dot{I}$ 与电压 $\dot{U}$ 同相，电路呈电阻性，称并联谐振。

（3）电路的功率

1）有功功率是指电路消耗的功率，即：

$$P = I_1^2 R = UI_1\cos\varphi_1 = UI\cos\varphi$$

2）无功功率是并联电容后，感性负载中的磁场能直接与电容中的电场能交换，这样电源就可少承担负载所需的无功功率。即：

$$Q = Q_L - Q_C = UI\sin\varphi$$

3）视在功率是指电路的总功率，或称电源的容量，即：

$$S = UI = \sqrt{P^2 + Q^2}$$

5. 提高功率因数的意义

我们已经知道 $\cos\varphi = \dfrac{P}{S}$，

即：
$$P = S\cos\varphi = UI\cos\varphi$$

下面用例题说明提高功率因数的意义。

【例 1—6】 已知某发电机的额定电压为 220 V，视在功率为 440 kVA，若用该发电机向额定工作电压为 220 V，有功功率为 4.4 kW、功率因数为 0.5 的用电器供电，问能供多少个负载？若把功率因数提高到 1 时，又能供多少个负载？（线路损耗忽略不计）。

解：

（1）发电机的额定电流：$I_e=\dfrac{S}{U_e}=\dfrac{440\times10^3}{220}=2\ 000\ \text{A}$

已知 $\cos\varphi=0.5$，$P=IU\cos\varphi$，

则每个用电器的电流：　$I=\dfrac{P}{U\cos\varphi}=\dfrac{4.4\times10^3}{220\times0.5}=40\ \text{A}$

供电负载数：　$\dfrac{I_e}{I}=\dfrac{2\ 000}{40}=50$ 个

（2）若 $\cos\varphi$ 提高到 1，

则每个用电器电流：$I'=\dfrac{P}{U\cos\varphi}=\dfrac{4.4\times10^3}{220}=20\ \text{A}$

供电负载数：　$\dfrac{I_e}{I'}=\dfrac{2\ 000}{20}=100$ 个

以上例题说明，发电厂输出的总功率中，有功功率和无功功率各占多少，不是由发电厂所确定的，而是取决于负载的需要，即取决于负载的功率因数。当电源提供的总功率为定值时，负载的功率因数越小，电源输出的有功功率就越小，这说明电源提供的能量只有少部分被负载利用了，而大部分是在负载与电源之间进行能量交换。

6. 提高功率因数的一般方法

电力系统的负载大多数是感性负载，这类负载的功率因数较低，为了提高功率因数，通常采用下面两种方法。

（1）提高自然功率因数。在电力系统中，提高自然功率因数主要是指合理选用电动机，即不要用大容量的电动机来带动小功率负载（俗话说不要用大马拉小车）。另外，应尽量不让电动机空转。

（2）并联补偿法。在感性电路两端并联容量适当的电容器。

第四节　三相交流电路

一、三相电压

图 1—35 所示为三相交流发电机的原理图，它的主要组成部分是电枢和磁极。电枢是固定的，亦称定子，定子铁心的内圆周表面冲有槽，用以放置三相电枢绕组。每相绕组是

同样的，它们的始端标以 U1，V1，W1，末端标以 U2，V2，W2。每个绕组的两边放置在相应的定子铁心的槽内。绕组的始端之间或末端之间彼此相隔 120°。

磁极是转动的，亦称转子。转子铁心上绕有励磁绕组用来直流励磁。选择合适的极面形状和合理布置励磁绕组，可使空气隙中的磁感应强度按正弦规律分布。

当转子由原动机带动，并以匀速按顺时针方向转动时，每相绕组依次切割磁感线，其中产生频率相同，幅值相等的正弦电动势 e_U，e_V，e_W。电动势的参考方向选定为绕组的末端指向始端。

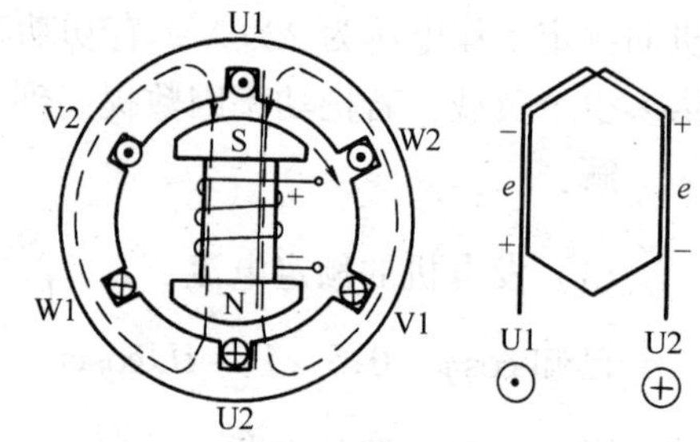

图 1—35　三相交流发电机原理图

如图 1—35 所示，当 S 极的轴线正转到 U1 处时，U 相的电动势达到正的幅值；经过 120°后 S 极轴线转到 V1 处，V 相的电动势达到正的幅值。同理，再由此经过 120°后，W 相的电动势达到正的幅值，这样周而复始。所以 e_U 比 e_V 在相位上超前 120°，e_V 比 e_W 也超前 120°，而 e_W 比 e_U 超前 120°。如以 U 相为参考，则可得出：

$$e_U = E_m \sin\omega t$$

$$e_V = E_m \sin(\omega t - 120°)$$

$$e_W = E_m \sin(\omega t - 240°) = E_m \sin(\omega t + 120°)$$

用矢量图和正弦波形来表示，如图 1—36 所示。

三相交流电出现正幅值的顺序称为相序。在此，相序是 U→V→W。

由此可见，三相电动势的幅值相等，频率相同，彼此间的相位差也相等。这种电动势称为对称电动势。显然它们的瞬时值或矢量之和为零。即：

$$e_U + e_V + e_W = 0$$

$$\dot{E}_U + \dot{E}_V + \dot{E}_W = 0$$

发电机三相绕组的接法如图 1—37 所示，即将三个末端连在一起，这一连接点称为中性点或零点，用 N 表示，这种连接法称为星形连接。从中性点引出的导线称为中性线或零线。从始端 U1，V1，W1 引出的三根导线称为相线或端线，俗称火线。相线与中性线

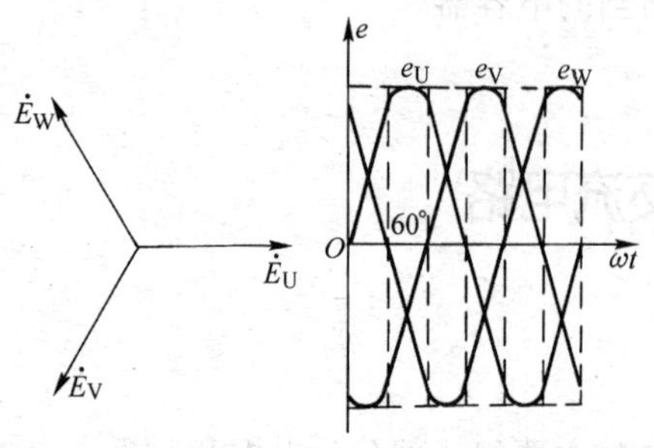

图 1—36　三相电动势矢量图和正弦波形

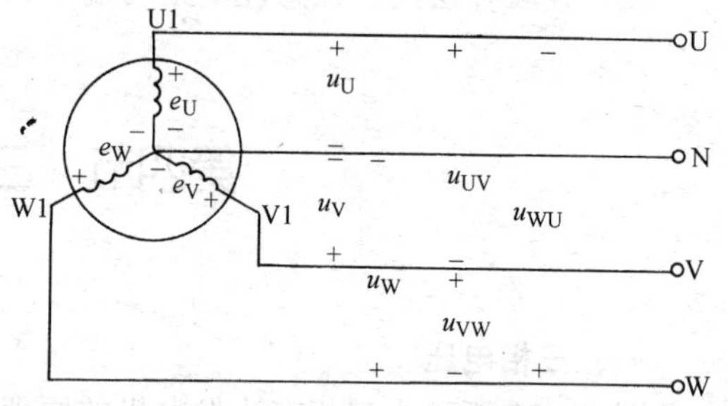

图 1—37　发电机的星形连接

间的电压，称为相电压，其有效值用 U_U，U_V，U_W 表示。两相线间的电压，称为线电压，其有效值用 U_{UV}，U_{VW}，U_{WU}表示。

各相电动势的参考方向，选定为自绕组的末端指向始端；相电压的参考方向，选定为自始端指向末端；线电压的参考方向，例如 U_{UV}是自 U 端指向 V 端。

当发电机的绕组连成星形时，相电压与线电压显然是不相等的。现在来确定它们之间的关系。

在图 1—34 中，U，V 两点间电压的瞬时值等于 U 相电压和 V 相电压之差，即：

$$U_{UV}=U_U-U_V$$

同理：

$$U_{VW}=U_V-U_W$$

$$U_{WU}=U_W-U_U$$

因为它们都是同频率的正弦量，所以可以用矢量和来表示：

$$\dot{U}_{UV}=\dot{U}_U-\dot{U}_V$$

$$\dot{U}_{VW}=\dot{U}_V-\dot{U}_W$$

$$\dot{U}_{WU}=\dot{U}_W-\dot{U}_U$$

图 1—38 是它们的矢量图，由于发电机绕组上的内阻抗压降同相电压比较是很小的，可以忽略不计，所以相电压和对应的电动势基本上相等，因此可以认为相电压是对称的。由图可见，线电压也是对称的，在相位上比相应的相电压超前 30°。

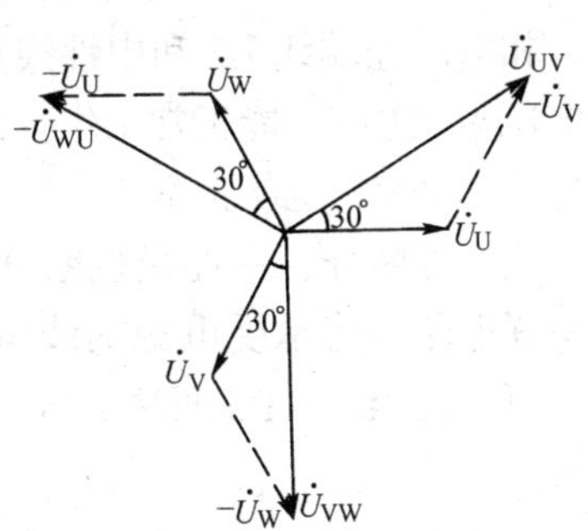

图 1—38 发电机绕组星形连接时，相电压和线电压的矢量图

线电压与相电压在大小上的关系，可从矢量图上得出。

$$\frac{1}{2}U_L=U_\varphi\cos30^\circ=\frac{\sqrt{3}}{2}U_\varphi$$

由此得：

$$U_L=\sqrt{3}U_\varphi$$

发电机（或变压器）的绕组连成星形时，可引出四根导线（三相四线制），这样就有可能给予负载两种电压。通常在低压配电系统中相电压为 220 V，线电压为 380 V。

当发电机（或变压器）的绕组连成星形时，不一定都引出中性线。

二、三相不对称负载的星形连接

图 1—39 所示为三相不对称负载的星形连接图。

由于各相照明灯的数量、功率和使用时间不可能完全相同，所以三相照明电路是属于不对称负载。

从图 1—39 可以看出，在各相电压 u_1，u_2，u_3 作用下，各端线上有线电流 i_1，i_2，i_3 从电源流向负载，各相负载上有相电流 i_1'，i_2'，i_3'流向中点，并经过中性线流回电源。由此可见，三相负载都经过中性线构成独立回路。所以，虽然各相负载不对称，而三相负

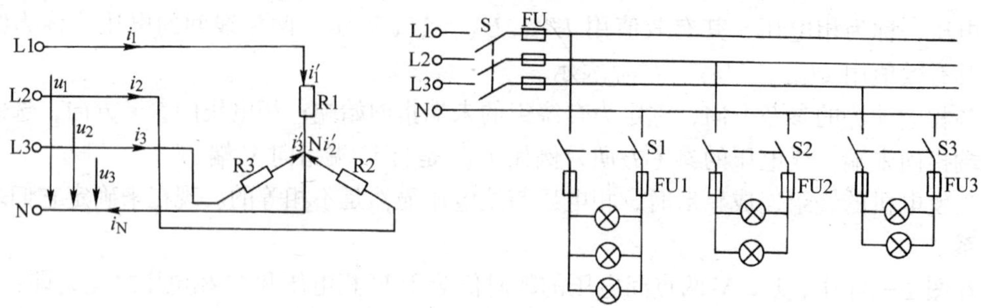

图 1—39　三相不对称负载的星形连接电路

载上的电压为三相电源的对称相电压，从而保证负载正常工作，这就是中性线的作用。

因此星形不对称负载必须接中性线，构成三相四线制。为了保证中性线不断开，中性线上不能安装熔断器或开关。如果中性线一旦断开，虽然电源线电压对称，但三相负载上的相电压变得不对称，有的负载电压低于额定电压，使负载不能正常工作，有的负载电压高于额定电压，将损坏电气设备。

当一相断开，但有中性线时，如图 1—40 所示，相电压经端线 L2 和中性线加在 R2 两端，其相电压为 220 V，能正常工作。同理 R3 上的相电压也为 220 V，也能正常工作。

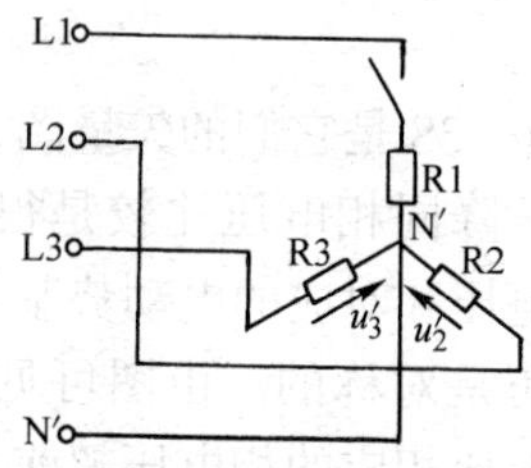

图 1—40　三相四线制电路图（某相断开）

当一相断开，中性线也断开时，R2 与 R3 形成串联电路，将承受电源的线电压，根据分压方式，可求出 R2 与 R3 两端电压分别为：

$$U_2=\frac{R_2}{R_2+R_3}U_{\mathrm{L}}=\frac{5}{5+20}\times 380=76\ \mathrm{V}$$

$$U_3=\frac{R_3}{R_2+R_3}U_{\mathrm{L}}=\frac{20}{5+20}\times 380=304\ \mathrm{V}$$

由此可见，接在第二相上的灯，实际电压小于额定电压而暗淡无光，不能正常工作。而接在第三相上的灯，实际电压大于额定电压而发出强光，很快损坏。因此，三相不对称负载星形连接，一定要接中性线，构成三相四线制。

三、三相对称负载的星形连接

如果三相负载对称，由于三相电源的相电压是对称的，所以三相相电流也是对称的。

由于中性线为三相电路的公共回路，所以中性线电流为三个相电流的矢量和。即：

$$\overline{I}_{\mathrm{N}}=\overline{I}_1+\overline{I}_2+\overline{I}_3$$

其矢量图如图 1—41 所示，因为三个相电流对称，矢量和等于零，所以中性线上没有电流通过，中性线可以省去。即成为星形连接的三相三线制。

也许有人会问，三个线电流均流向负载中点，此时又无中性线，电流如何构成回路。为了说明这个问题，我们对三相交流电路某一瞬间电流的具体流向作一分析。

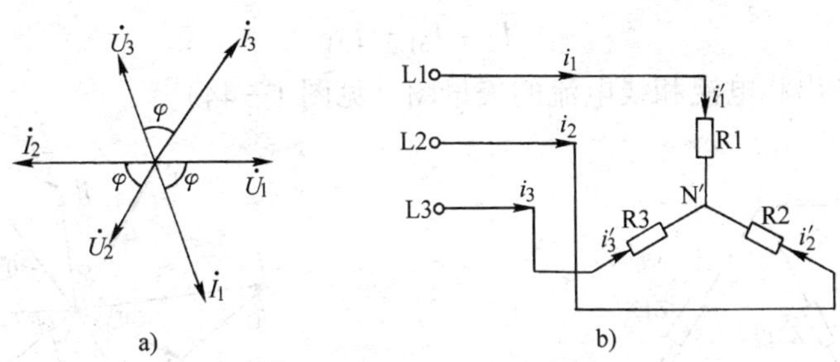

图 1—41　三相对称负载的星形连接矢量图

a）矢量图　b）三相三线制

如图 1—42 所示，实线箭头为电流的实际方向，例如在三相交流电的 t 瞬间，i_1 和 i_2 均为正，即 i_1 和 i_2 的真实方向为从端线流向负载，其大小各为$\frac{1}{2}I_m$，但在此时刻 i_3 为负，即 i_3 的真实方向为从负载流向端线，其大小为 I_m，因此 $i_1+i_2=i_3$，这样便构成了两条电流回路。

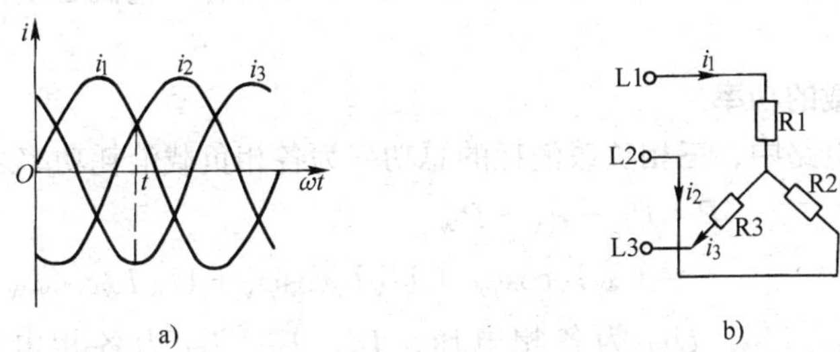

图 1—42　三相三线制星形连接的瞬间电流方向

a）电流波形　b）t 时刻电流实际方向

由此可见，三相三线制接法虽无中性线，但和三相四线制一样工作，各相负载的电压仍为对称的相电压，即 $U_\varphi=\frac{1}{\sqrt{3}}U_L$。

四、三相负载的三角形连接

三相负载三角形连接的电路如图 1—43 所示。各相负载直接接在电源的线电压上，所以不论负载是否对称，负载的相电压均为对称的电源线电压。即：

$$U_\varphi=U_L$$

下面以对称负载进行分析。因为各相负载对称，所以各相电流也对称。即：

$$I_\varphi=I_{12}=I_{23}=I_{31}$$

但流过端线的线电流不等于流过负载的相电流，线电流和相电流的关系，可在节点 1，2，3 上应用基尔霍夫电流定律得：

$$\overline{I}_1=\overline{I}_{12}-\overline{I}_{31}$$

$$\overline{I}_2=\overline{I}_{23}-\overline{I}_{12}$$

$$\overline{I}_3 = \overline{I}_{31} - \overline{I}_{23}$$

根据上式，作出相电流和线电流的矢量图（见图 1—44）。

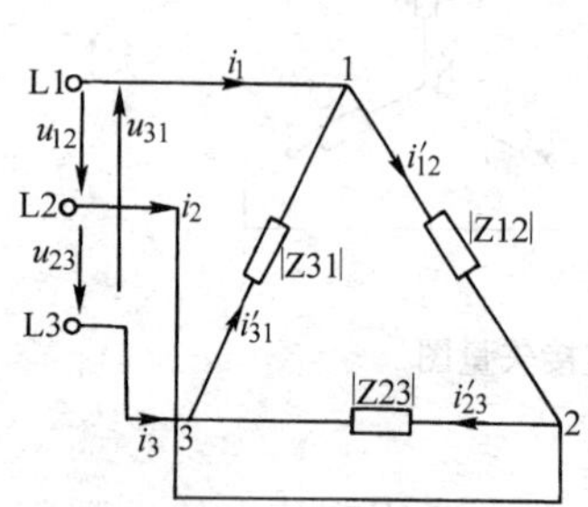

图 1—43　三相负载三角形连接

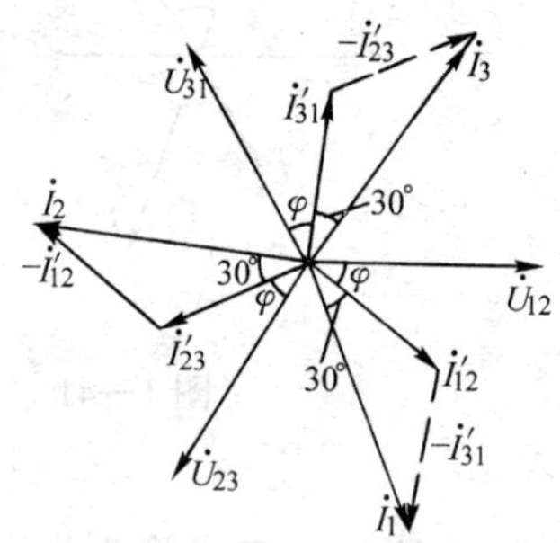

图 1—44　对称三相负载三角形连接的矢量图

应用矢量运算可得，对称三相负载三角形连接时，线电流等于相电流的$\sqrt{3}$倍，线电流比对应相电流滞后 30°。三个线电流也是对称的。

如果三相负载不对称，则不存在以上的关系，这时各线电流必须根据基尔霍夫电流定律计算。

五、三相负载的功率

在三相交流电路中，三相负载消耗的总功率为各相负载消耗功率之和。即：

$$\begin{aligned} P &= P_U + P_V + P_W \\ &= U_W I_V \cos\varphi_U + U_V I_V \cos\varphi_V + U_W I_W \cos\varphi_W \end{aligned}$$

上式中，U_U，U_V，U_W 为各相电压，I_U，I_V，I_W 为各相电流，$\cos\varphi_U$，$\cos\varphi_V$，$\cos\varphi_W$ 为各相功率因数。

在对称三相电路中，各相电压、相电流的有效值相等，功率因数也相等，因而总功率为：

$$P = 3U_\varphi I_\varphi \cos\varphi_\varphi = 3P_\varphi$$

在实际工作中，测量线电流比测量相电流要方便些（指三角形连接的负载），所以三相功率的计算式通常用线电流、线电压来表示。

当负载（对称）作星形连接时，有功功率为：

$$P_Y = 3U_\varphi I_\varphi \cos\varphi = 3\frac{U_L}{\sqrt{3}} I_L \cos\varphi = \sqrt{3} U_L I_L \cos\varphi$$

当负载（对称）作三角形连接时，有功功率为：

$$P_\triangle = 3U_\varphi I_\varphi \cos\varphi = 3U_L \frac{I_L}{\sqrt{3}} \cos\varphi = \sqrt{3} U_L I_L \cos\varphi$$

因此，对称负载不论是星形连接还是三角形连接，其总有功功率均为：

$$P = \sqrt{3} U_L I_L \cos\varphi$$

上式中的 φ 仍是相电压与相电流之间的相位差，而不是线电流与线电压间的相位差，这一点要注意。另外，负载作三角形连接时的线电流并不等于作星形连接时的线电流。

同理，可得到对称三相负载的无功功率和视在功率，它们分别是：

$$Q=\sqrt{3}U_{\mathrm{L}}I_{\mathrm{L}}\sin\varphi=3U_{\varphi}I_{\varphi}\sin\varphi$$

$$S=\sqrt{3}U_{\mathrm{L}}I_{\mathrm{L}}=3U_{\varphi}I_{\varphi}$$

单元测试题

（一）填空题（请将正确的答案填在横线空白处）

1. 复杂电路是指电阻不能按________化简的电路。

2. 基尔霍夫第二定律又称回路电压定律，它表明在任意回路中，电动势的代数和恒等于各电阻上________的代数和。

3. 电源常用两种等效电路来表示，即电压源和________。

4. 根据不同的磁滞回线，铁磁材料可分为软磁材料、________材料和矩磁材料三类。

5. 磁路欧姆定律的内容是：通过磁路的磁通与磁动势成正比，而与________成反比。

6. 楞次定律是用来确定________电动势的方向。

7. 在一个交流电路中，只要总电压比总电流超前一个 φ 角，这个电路就叫________电路。

8. RL 串联电路中，电阻是耗能元件，而电感是________元件。

9. 当三相不对称负载作星形连接时，为了使各相相电压保持对称，必须采用________制供电。

10. 提高功率因数的意义是为了提高________的利用率和提高输电效率。

（二）判断题（下列判断正确的请打“√”，错误的打“×”）

1. 在任意一个节点中的电流代数和恒等于零。（　　）

2. 在直流电路中，每一条电路中的元件，一定是电阻。（　　）

3. 凡是能用串、并联方法简化成无分支电路的都叫复杂电路。（　　）

4. 电路中任意一个网孔都可称为回路。（　　）

5. 一个理想电流源的内阻 R_0 等于无限大。（　　）

6. 一个理想电流源可以转换成一个理想电压源。（　　）

7. 根据不同的磁滞回线，铁磁材料分为软磁材料、硬磁材料和矩磁材料三类。（　　）

8. 我们把通过变压器铁心的磁通称为主磁通，铁心以外的磁通称为漏磁通。（　　）

9. 电动机、变压器的铁心是用硬磁材料制成的。（　　）

10. 交流电路中的电压、阻抗、功率三角形都是相似三角形。（　　）

11. 在正弦交流电路中，电感所占比重越大，则其功率因数就越高。（　）

12. 三相负载的相电流就是电源相线上流过的电流。（　）

13. 在三相四线制供电系统中，三根相线和一根中性线上都要安装熔断器。（　）

14. 功率因数可利用阻抗三角形、电压三角形、功率三角形中任意一个三角形的角边关系来求得。（　）

15. 在对称三相交流电路中，三个线电流的矢量和不一定为零。（　）

（三）单项选择题（下列每题的 4 个选项中，只有 1 个是正确的，请将其代号填在横线空白处）

1. 基尔霍夫第一定律又称________定律。

A. 节点电流　B. 回路电压　C. 节点电压　D. 回路电流

2. 基尔霍夫第二定律又称________定律。

A. 节点电流　B. 回路电压　C. 节点电压　D. 回路电流

3. 某电路计算结果为：$I_1 = 1$ A、$I_2 = -2$ A，它表明________。

A. 电流 I_1 与 I_2 方向相反　B. 电流 I_1 大于 I_2

C. 电流 I_1 小于 I_2　D. 电流 I_2 实际方向与参考方向相反

4. 在二端网络中，内电阻为零，并能供给恒定电压的电源称作________。

A. 电压源　B. 理想电压源　C. 多源网络　D. 一般二端网络

5. 用硅钢片做成各种形状的铁心，主要是利用硅钢片的________性能。

A. 磁饱和　B. 高导磁　C. 剩磁　D. 磁滞

6. 电感量一定的线圈，产生自感电动势大，说明该线圈中通过的电流________。

A. 数值大　B. 变化率大　C. 时间长　D. 变化率小

7. 一根通有大电流和一根无电流通过的相近两平行导线之间________。

A. 有吸引力　B. 有排斥力　C. 无任何力存在

D. 有力存在，但吸引力和排斥力不能确定

8. 在 RL 串联电路中，下列关系式正确的为________。

A. $U = U_R + U_L$　B. $U = U_R - U_L$

C. $U = U_R^2 + U_L^2$　D. $U^2 = U_R^2 + U_L^2$

9. 在 RL 串联电路中，当 RL 一定时，能改变阻抗三角形的形状方法是________。

A. 增加电源电压　B. RL 位置对调

C. 改变电源电压频率　D. 减小电源电压

10. 一个三相四线制供电系统中，相电压为 220 V，则线电压为________。

A. 220 V　B. 311 V　C. 380 V　D. 440 V

（四）简答题

1. 什么是自感现象、互感现象？

2. 什么是简单电路，什么是复杂电路？

3. 什么叫功率因数？

4. 正弦交流电的表示方法有几种？讲述其名称。

5. 在三相四线制供电系统中，中性线的作用是什么？

（五）计算题

1. 在闭合电路中，已知电源电动势 $E=24$ V，内电阻 $r=2\ \Omega$，外电阻 $R=3\ \Omega$，求电路中 I 和电源端电压 $U_{端}$。

2. 在 RL 串联电路中，已知 $R=30\ \Omega$，$X_L=40\ \Omega$，$U=220$ V，求 Z，I，U_R，U_L，S，P，Q，$\cos\varphi$ 各多少？

单元测试题答案

（一）填空题

1. 串并联　2. 电压降　3. 电流源　4. 硬磁　5. 磁阻　6. 感生　7. 电感性　8. 储能　9. 三相四线　10. 电源

（二）判断题

1. √　2. ×　3. ×　4. √　5. √　6. ×　7. √　8. √　9. ×　10. √　11. ×　12. ×　13. ×　14. √　15. ×

（三）单项选择题

1. A　2. B　3. D　4. B　5. B　6. B　7. C　8. D　9. C　10. C

（四）简答题

1. 答：电路中因自身的电流变化而引起电动势的现象，叫自感现象。电路中电流不发生变化，而在相邻的另一电路中引起感生电动势的现象，叫互感现象。

2. 答：凡是能用电阻串并联方法化简的电路，称为简单电路。凡是不能用电阻串并联方法化简的电路，称为复杂电路。

3. 答：在交流电路中，我们把有功功率与视在功率之比称为功率因数，用 $\cos\varphi$ 表示。

4. 答：正弦交流电的表示方法一般有三种。数学解析法、正弦曲线法、旋转矢量法。

5. 答：在三相四线制供电线路中，中性线的作用是平衡各相负载的相电压。

（五）计算题

1. 已知：$E=24$ V，$r=2\ \Omega$，$R=3\ \Omega$

求：I，$U_{端}$

解：

$$I=\frac{E}{R+r}=\frac{24}{3+2}=4.8\ \text{A}$$

$$U_{端}=E-Ir=24-4.8\times 2=14.4\ \text{V}$$

答：电路中电流为 4.8 A，电源端电压为 14.4 V。

2. 已知：$R=30\ \Omega$，$X_L=40\ \Omega$　$U=220\ V$

求：Z，I，U_R，S，P，Q，$\cos\varphi$，U_L。

解：
$$Z=\sqrt{R^2+X_L^2}=\sqrt{30^2+40^2}=50\ \Omega$$
$$I=\frac{U}{Z}=\frac{220}{50}=4.4\ A$$
$$U_R=IR=4.4\times30=132\ V$$
$$U_L=IX_L=4.4\times40=176\ V$$
$$S=IU=4.4\times220=968\ VA$$
$$P=IU_R=4.4\times132=580.8\ W$$
$$Q=IU_L=4.4\times176=774.4\ Var$$
$$\cos\varphi=\frac{P}{S}=\frac{580.8}{968}=0.6$$

第二单元　管道工基础知识

第一节　流体力学基础知识

流体分为气体和液体。流体力学是研究流体静止和运动的力学规律，以及在工程技术应用中的一门科学。建筑物中的给水、排水等都是以流体为工作介质，因此，掌握流体力学的有关基础知识相当重要。

一、流体的主要物理性质和常用名词

1. 惯性

流体和固体一样都具有惯性。惯性是物质的基本属性之一，它反映物体具有保持原有运动状态的性质。惯性的大小是用质量来度量的。质量越大，惯性也就越大。

2. 密度

单位体积内的流体质量称为流体的密度。其表达式为：

$$\rho=\frac{m}{V}$$

式中　ρ——流体的密度，kg/m^3；

m——流体的质量，kg；

V——流体的体积，m^3。

3. 重力密度（重度）

单位体积内的流体重量称为流体的重力密度。其表达式为：

$$\gamma = \frac{G}{V}$$

式中　γ——流体的重力密度，N/m³；

G——流体的重量，N；

V——流体的体积，m³。

流体的密度和重力密度的关系为：

$$\gamma = \rho g$$

式中　g——重力加速度，取 $g = 9.81\ m/s^2$。

流体的密度、重力密度都与体积有关，而体积又受外界压力和温度的影响。因此，当指出某种流体的密度或重力密度时，就必须指明其所处的环境压力和温度条件。如在一个标准大气压和温度为4℃时，水的密度为1 000 kg/m³。

4. 压缩性和膨胀性

当温度保持不变时，流体的体积随所受压强的增大而缩小的性质称为流体的压缩性。

当压强保持不变时，流体的体积随温度的升高而增大的性质称为流体的膨胀性。

在某些实际工程中，如生活给水，往往不考虑液体压缩性和膨胀性。这是因为液体和气体的压缩性和膨胀性有所不同，气体的压缩性和膨胀性较大，而液体则较小。但有些工程就必须考虑，如供热工程中的自然循环热水采暖系统。

5. 黏滞性

流体处于运动状态时，流体流层的流速不同，流层间出现的对流体流动产生阻碍作用的内摩擦力称为黏滞阻力。流体具有黏滞阻力的性质称为流体的黏滞性。

流体黏滞性的强弱与流体的种类有关，液体的黏滞性随温度的升高而减弱，气体的黏滞性随温度的升高而增强。

从日常生活中，我们可以观察到这些现象。如从瓶里倒水和倒油，水比油流得快。倒不同种油，流速不同。夏天和冬天，流速又不一样。以上这些都说明了流体具有黏滞性。

6. 压强

单位面积上受到的力称为压强，给水工程中称为压力。

国际单位制中，压强的单位用 N/m^2 或 Pa 表示。工程单位制中，压强的单位还惯用 kgf/cm^2 和 kgf/m^2 表示。在给水工程中，压力的单位用 Pa，kPa，MPa 及 $m \cdot H_2O$ 等表示。

$$1\text{个工程大气压} = 1\ kgf/cm^2$$

$$1\ mm \cdot H_2O = 9.81\ N/m^2$$

$$1\ mm \cdot H_2O = 1\ kgf/m^2$$

$$1\text{个工程大气压} = 10\ m \cdot H_2O$$

二、流体的静压强

1. 流体静压强及基本特性

我们知道多层住宅建筑往往存在着这样一种现象：顶层（以六楼为例）房屋住户安装煤气淋浴器时，通常需要安装一个增压水泵，五楼这种现象较少，而四楼就根本不需要。四、五、六层楼同样都是屋顶高位水箱下给式供水，为何存在这样的差异，这表明静止的流体随着距高位水箱水位的垂直距离不同，其不同层楼用水器所具有的压力也不同，垂直距离越大压力越大，反之压力越小，这种现象就体现了流体静压强的特性。

单位面积上流体受到的静压力，称为流体静压强，用 p 表示，单位为 Pa。

流体静压强分点静压强和平均静压强。点静压强精确地反映出作用面上各点的压强，平均静压强反映作用面上各点压强的平均值。

流体静压强的基本特性是：流体静压强的方向垂直指向作用面，静止流体中任意一点的静压强，在各个方向上均相等。

2. 流体静压强基本方程式

（1）自由表面和表面压强。自由表面是指液体与气体的交界面。在重力的作用下，自由表面是水平面。

作用于自由表面上的气体压强称为表面压强，用 p_0 表示。

（2）基本方程式。从物理知识中可知，深度为 h 处液体的压强为：γh 或 ρgh。已知自由表面的压强为 p_0，则流体静压强的基本方程为：

$$p = p_0 + \gamma h$$

或：

$$p = p_0 + \rho gh$$

式中　p ——静止液体中深度为 h 的压强，Pa；

p_0 ——自由表面的表面压强，Pa；

h ——自由表面下的液体深度，m；

γ ——液体的重力密度；

ρ ——液体的密度。

图 2—1 水箱中 A 点受到的静压力。

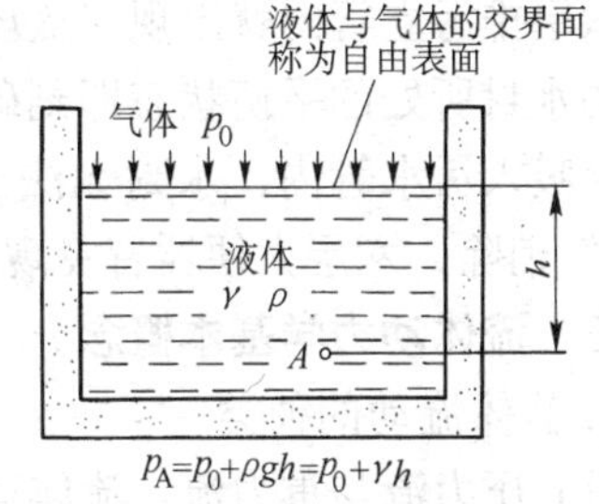

图 2—1　水箱中 A 点受到的静压力

3. 绝对压强、相对压强、真空度及相互关系

（1）绝对压强。以完全没有气体存在的绝对真空为零点起算的压强值。图 2—1 中，水箱深为 h 点的绝对压强值为：

$$p = p_0 + \gamma h$$

（2）相对压强。以大气压强为零点起算的压强值。相对压强也是一般压力表上所显示的压力，称表压力。因为压力表测量值不包括当地的大气压。压力表在未安装前压力指针指向 0 MPa 位置，没有指示当地的大气压强。

(3) 真空度。当流体中某一点的绝对压强小于大气压强时，则该点处于真空状态。处于真空状态的点的绝对压强比大气压强小的数值，称为真空度。

(4) 相互关系：

绝对压强 = 相对压强 + 大气压强

真空度 = 大气压强 − 绝对压强

任何一点的绝对压强不可能为负值。而相对压强可能会出现负值，也就是说出现真空。当相对压强的数值为正值时称为正压；当绝对压强小于大气压强时，相对压强的数值为负值，称为负压，图 2—2 为绝对压力、相对压力与真空度的关系图。下面举一例，解释负压概念。

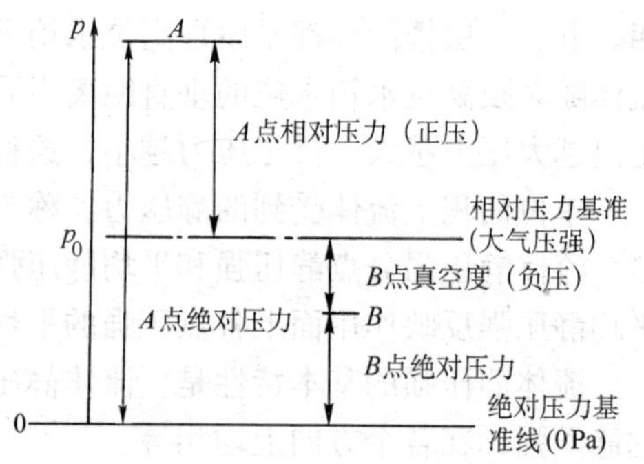

图 2—2　绝对压力、相对压力与真空度的关系图

某住宅为新建六层商品房，一至六层已销售入住。不久，六层业主到物业管理公司反映，其卫生间常有臭气冒溢，不知何故，请物业管理公司派员工上门查看。

物业管理公司接到报修后，立即派维修工上门，发现楼层内所有排水管道排水都畅通，未见异常。在经多次查勘后，终于发现六层卫生间大便器内水封时常被破坏，臭气从中冒出。此时维修工恍然大悟，立即上屋顶，检查排污系统的通气管，问题的答案轻而易举地就找到了。

原来问题出在室内排污系统在屋顶的通气管被人为堵塞，当五层业主用大便器后，五、六层排污立管内就出现“负压”。即管内绝对压力小于大气压力，使六层大便器内存水弯的水封所处的平衡状态即刻破坏，受大气压力和管内“负压”影响，存水弯内的存水部分被吸入污水管内，水封无法建立，臭气冒溢。当维修工上屋顶除掉堵塞物后，管内“负压”消除，六层大便器冒臭现象也随之解除。

三、流体动力学基本概念

1. 流体流动的种类

(1) 压力流与重力流。流体运动时，流体依靠压力作用而流动的称为压力流。生活给水管道中市政管网直接供水的水流属压力流。

液体运动时，只依靠液体本身的重力作用而流动的液流称为重力流。排水管道中的污水流属重力流。

(2) 理想流体。理想流体是指不考虑流体的黏滞性作用的流体。理想流体虽然在客观上是不存在的，但可简化分析过程。在分析流体运动时，先按理想流体分析，得出主要结论后，再考虑黏滞性对流体运动的影响并加以修正。

2. 流量和平均流速

(1) 过流断面。流体在管道中流动时，通常将垂直于流体流动方向的截面称为过流断面。当流体流动方向互相平行时，过流断面为平面；当流体流动方向互相不平行时，过流断面为曲面，图 2—3 为过流断面示意图。

（2）流速。流体流动时，由于流体的黏滞性，流体流过过流断面上各质点的流速不同。如图 2—4a 所示，由于过流断面上各质点的流速不等，计算流速很不方便，因此，需要引入过流断面的平均流速的概念。

流体的流速是指过流断面的平均流速，它是单位时间内流体所流动的距离，是一种假想的流速，用 v 表示，单位为 m/s。如图 2—4b 所示。

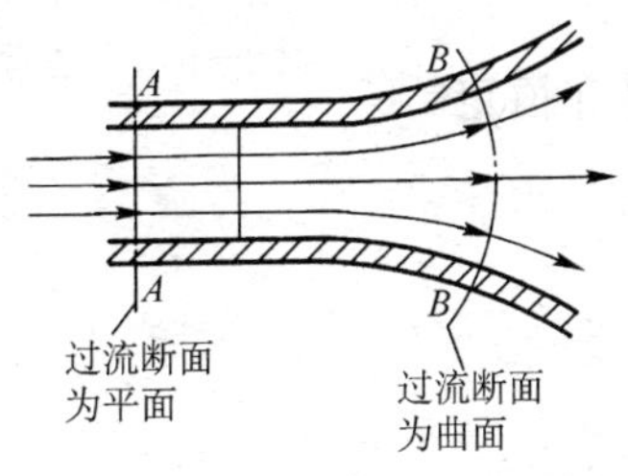

图 2—3 过流断面示意图

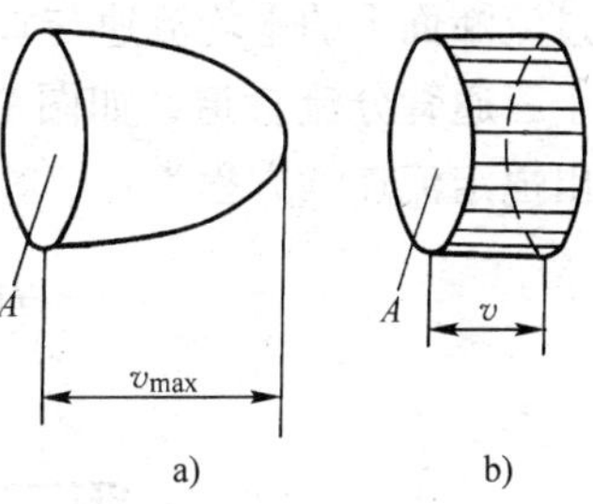

图 2—4 质点流速与平均流速

（3）流量。流量可分为体积流量和质量流量。

体积流量：单位时间内，通过任一过流断面的流体的体积。体积流量用 q_v 表示，单位为 m^3/s。在生活给水工程中，管道的设计秒流量用 q_g 表示，单位为 L/s。

圆形管道的体积流量为：

$$\begin{aligned} q_v &= v \cdot A \\ &= v \cdot \frac{1}{4}\pi d^2 \end{aligned}$$

式中 q_v——流体的体积流量，m^3/s；

v——过流断面的平均流速，m/s；

d——圆形管道的内径，m。

质量流量：单位时间内，通过任一过流断面的流体的质量。质量流量用 q_m 表示，单位为 kg/s。

若流体的密度为 ρ，则流体的质量流量为 $q_m = \rho q_v$。

3. 恒定流连续性方程

在实际工程中，认为液体的流动具有连续性和不可压缩性。因此，液体流过任意过流断面的流量相等。图 2—5 为管道中的任意两个过流断面。

图 2—5 管道中的任意两个过流断面

根据质量守恒定律得出：

$$A_1 v_1 = A_2 v_2$$

由于管道两端的过流断面是任意选取的，因此流过过流断面的流量为常数。恒定流连续方程为：

$$q_v = A \cdot v = 常数$$

恒定流连续方程又称不可压缩流体的连续性方程，它表明：

不论平均流速和过流断面如何变化，流过不同断面的流量是恒定的。

过流断面上的平均流速与过流断面面积成反比。对于圆形管道，过流断面上的平均流速与管径的平方成反比。

对于三通管分流管道，如图 2—6 所示。根据质量守恒定律可得出恒定流连续方程为：

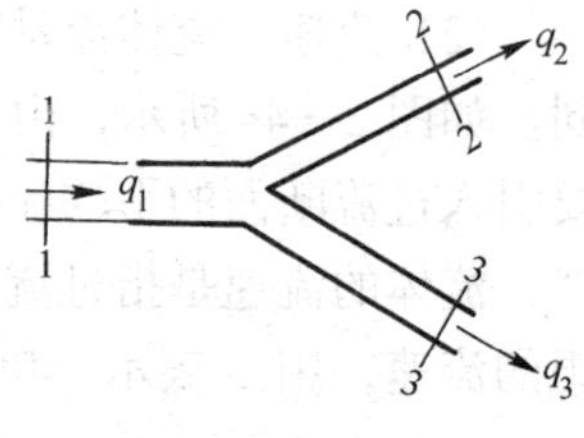

图 2—6　三通管分流

$$q_1 = q_2 + q_3$$

第二节　建筑给排水系统

建筑给水系统的任务是将来自室外给水管网的水，用引入管引入到建筑物内部，并把水送到各个配水点。从引入管至室内各配水点之间的给水管段，称为建筑室内给水系统。

建筑排水系统的任务是将建筑物内的卫生器具、生产设备排出水及雨雪水，通过排水管道排至室外排水管道中。从室内各排水口起至室外检查井之间的排水管道，称为建筑室内排水系统。

一、建筑给水系统

1. 建筑给水系统的分类与组成

（1）分类。一般室内给水系统按其用途可分为生活给水系统、生产给水系统和消防给水系统三大类。

生活给水系统是供民用与工业用建筑物内的饮用、盥洗等生活上用水的管道设施。生活给水其水质必须符合国家所规定的要求。

生产给水系统是供生产工艺用水，如机器设备冷却、原料和产品的洗涤、锅炉及生产过程用水的管道设施。生产给水其水质应根据生产性质和工艺要求而定。

消防给水系统是供建筑物扑灭火灾所需用水的消防管道设施。消防用水对水质要求不高，但必须按建筑防火规范保证有足够的水量和水压。

（2）组成。一般情况下，室内给水系统主要由引入管、水表节点、水平干管、立管、横支管、支管、配水龙头或配水设备，以及贮水设备和增减压设备等组成。

引入管又称进户管，是建筑室内和室外给水管网连接的管段，引入管通常采用埋地暗敷方式引入室内。

水表节点是引入管室外部分在离开建筑物适当距离的位置上设置的水表井或阀门井，便于对用户用水进行计量或总控制。

水平干管是从引入管至立管之间的水平总干管。

立管是从水平干管至各楼层横支管的垂直管段。

横支管是从立管接至各配水龙头支管间的水平管段。

支管是从横支管接至单个配水龙头之间的管段。

贮水设备用于储存水，如低位水箱（水池）、高位水箱，水塔等。

增压设备是增大管内水压，满足用户给水要求。如水泵给水等。

2. 室内给水系统的方式

室内给水系统的方式主要可分为直接给水系统，设有高位水箱的给水系统，设有低位水箱、高位水箱和水泵增压的给水系统，设有低位水箱和变频变量恒压给水系统，设有气压给水设备的给水系统，高层建筑竖向分区给水系统等给水方式。

(1) 直接给水系统方式。室外给水管网的流量和水压能直接保证室内给水需要时，室内给水系统直接由室外给水管网压力作用下工作的给水系统方式称为直接给水系统方式。如图 2—7 所示。

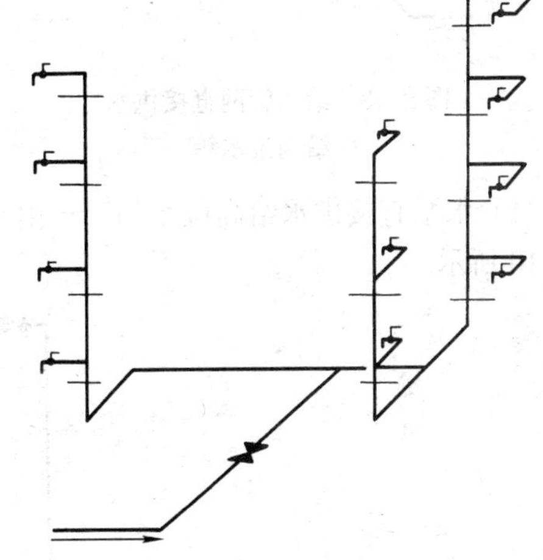

图 2—7　直接给水系统

直接给水系统方式的特点是充分利用管网压力能，管道系统结构简单、工程造价低且水质好。给水方式采用下行上给式，要求给水管网水压高，否则会造成在用水高峰时，较高楼层的配水最不利点出现供水压力低、水流小或断流现象。

(2) 设有高位水箱的给水系统方式。在建筑物顶部设有高位水箱的直接给水系统称为高位水箱的给水系统方式。它是直接给水系统方式的应用和改进。设有水箱的给水系统方式一般有两种。

1) 给水管网直接供水给高位水箱，再由高位水箱给水，给水方式采用上行下给式，如图 2—8 所示。

2) 较低楼层为直接给水系统方式，较高楼层由给水管网直接供水给高位水箱，再由高位水箱给水。较低楼层给水方式采用下行上给式，较高楼层给水方式采用上行下给式，如图 2—9 所示。

(3) 设有低位水箱、高位水箱和水泵的给水系统方式。当室外给水管网中水压低，或周期性低于室内所需要的给水压力，且前面两种给水系统方式都不能适应时，常采用设置压力泵和高位水箱贮存的给水方式。这种给水系统方式一般有以下几种。

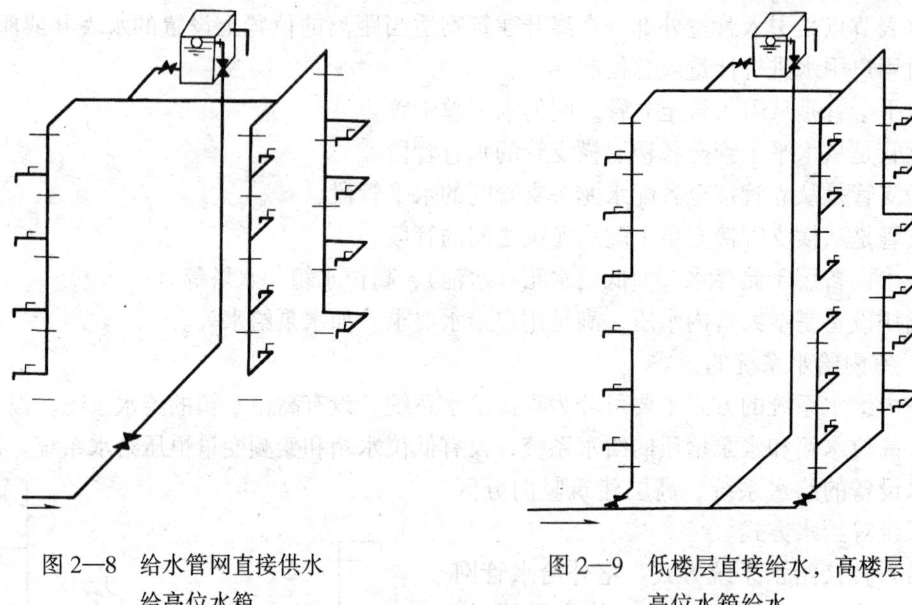

图 2—8　给水管网直接供水给高位水箱

图 2—9　低楼层直接给水，高楼层高位水箱给水

1）水泵直接供水给高位水箱，再由高位水箱给水。给水方式采用上行下给式。如图 2—10 所示。

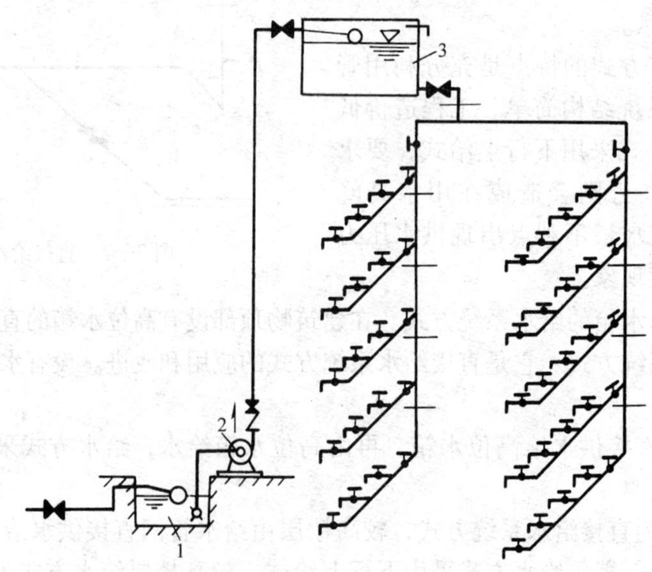

图 2—10　水泵直接供水给高位水箱

1—低位水箱（贮水池）　2—水泵　3—高位水箱

这种给水方式适用于给水管网压力低，建筑物楼层不太高的楼房。缺点是最高层与最低层给水压力相差较大。

2）水泵直接供水给高位水箱，高楼层由高位水箱供水，给水方式采用上行下给式。低楼层由室外给水管网直接给水，给水方式采用下行上给式。如图 2—11 所示。

这种给水方式充分利用了室外给水管网的压力能，但要求室外管网有一定的压力，否则当水泵运行时，低位水箱进水，将会造成低楼层的配水最不利点处出现压力骤降、流量减小，甚至断流现象。适用于给水管网压力较高的高层或小高层建筑。

3）在图 2—11 的基础上，低楼层供水管线上增加止回阀。当水泵运行时，水泵分别向高位水箱和低楼层给水，高楼层由高位水箱给水。这里必须指出：增压水泵运行时，低楼层用水点给水压力，必须符合建筑给水规范，低于或等于最高压力，如图 2—12 所示。给水方式：高楼层采用上行下给式，低楼层采用下行上给式。当水泵停止运行时，高楼层由高位水箱给水，低楼层为室外给水管网直接给水。

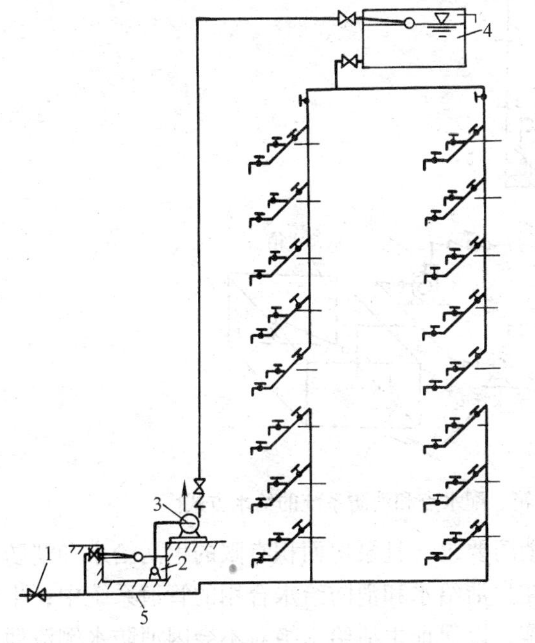

图 2—11　水泵供水给高位水箱和直接给水

1—阀门　2—低位水箱　3—水泵

4—高位水箱　5—低楼层直接给水管道

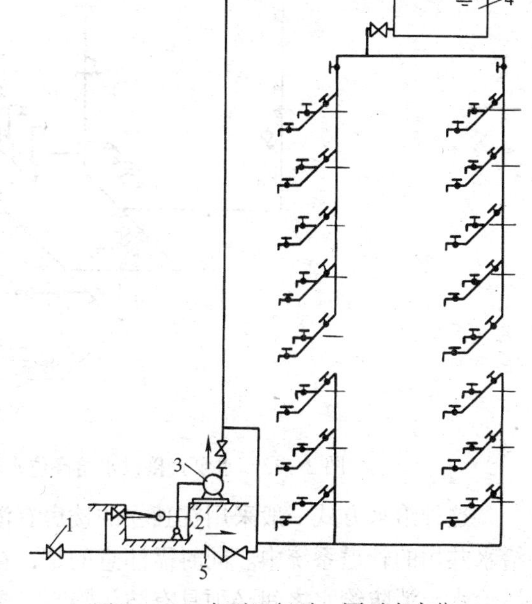

图 2—12　水泵运行时，同时向高位水箱和低楼层区域给水

1—阀门　2—低位水箱　3—水泵

4—高位水箱　5—止回阀

这种给水方式充分利用了室外给水管网的能源，同时，在水泵运行时又增大了低楼层区域的水压。对室外给水管网的压力要求不高，只要能满足低楼层配水最不利点的水压要求就可以。它适用于小区多层建筑、高层建筑的给水。

4）水泵直接供水给高位水箱、配水点和消防系统的给水方式。当水泵运行时，给水方式采用下行上给式。当水泵停止运行且室外给水管网压力低时，采用由高位水箱上行下给式。当室外给水管网压力高时，给水方式为下行上给。有火警时，可立即起动水泵灭火，如图 2—13 所示。

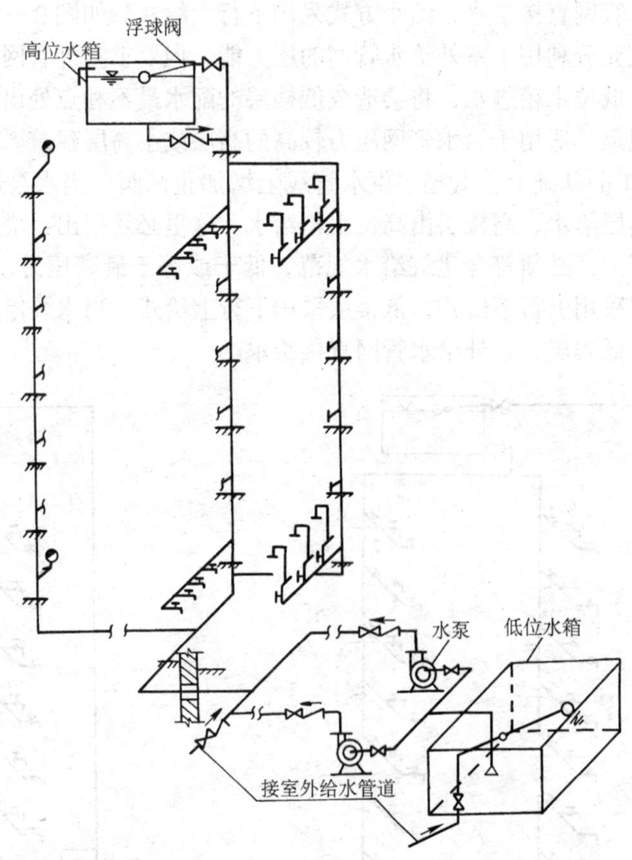

图 2—13　水泵直接供水给高位水箱、配水点和消防系统的给水方式

这种给水方式一般采用在独立的楼房有消防要求，且泵房面积有限的生活给水和消防给水共用的管道系统中。同时需注意的是，在生活给水和消防给水合用的管道系统中，生活给水、消防给水之间必须具有防污隔断措施，以保证生活给水绝对不会因消防水倒流而受到污染。

（4）高层建筑竖向分区给水系统方式。根据流体力学知识可知，水的静压强与高度成正比，因此，当高层建筑楼层较高时，楼层较低处管道所承受的压力远远高于楼层较高处管道所受的压力，如果管道系统承压过高，配水点超过允许压力，将会使系统无法正常运行甚至构成安全隐患。所以，高层建筑必须采用竖向分区给水。事实上，前面几种给水方式中，多数是分区给水方式。这里只对高层建筑的两种竖向分区供水方式作介绍。

1）设有中间水箱的竖向分区给水系统方式，如图 2—14 所示。

图 2—14 中，给水系统分为三个区。Ⅰ区为直接给水系统方式，给水方式采用下行上给式。Ⅱ区设中间水箱，给水方式采用上行下给式。Ⅲ区为高位水箱给水，给水方式采用

上行下给式。显然中间水箱的作用为Ⅱ分区减压后给水，如果没有中间水箱，三层楼的给水管道将承受很高压力，尤其是配水点上的设备（如洗衣机、淋浴器）的引入管将有发生超压爆管事故的危险。

2）设有减压阀的竖向分区给水系统方式，如图 2—15 所示。

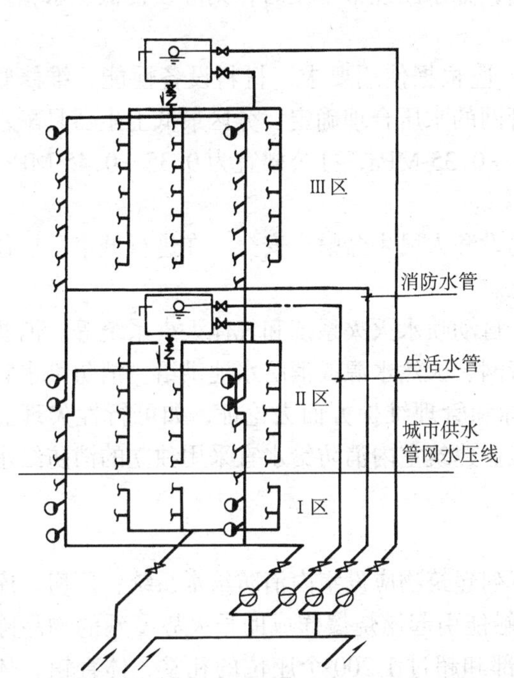

图 2—14 设有中间水箱的竖向分区给水系统方式

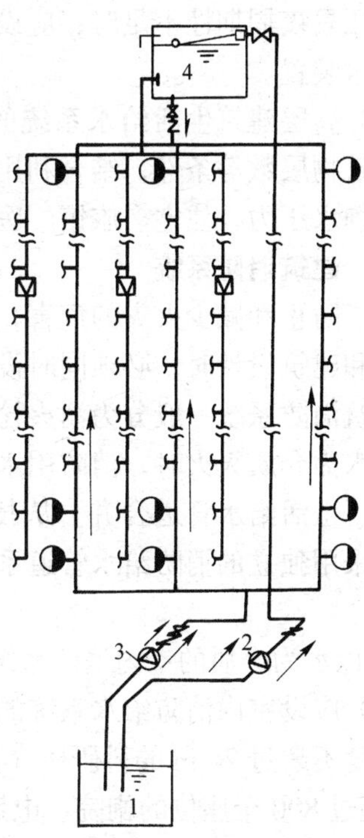

图 2—15 设有减压阀的竖向分区给水系统方式

1—低位水箱 2—生活水泵

3—消防水泵 4—高位水箱 5—减压阀

给水减压阀的作用是取代中间水箱，同时减压阀又能降低造房成本，提高得房率，减少二次污染，还能灵活调节给水压力。因此，目前给水减压阀已被广泛应用在高层建筑中。

（5）设有低位水箱和变频变量恒压给水系统方式。随着科技的进步与发展，变频技术的应用和推广，变频控制电机将逐步取代传统控制方式而广泛应用于给水系统中。无水箱、变频变量恒压给水系统正在住宅小区和旧区改造中应用。

这种给水方式其优点是给水压力恒定，无二次水质污染，缺点是设备出现故障时，会出现大面积停水，设备投资及设备维护费用较高。

3. 系统选择

给水系统的选择，应根据生活、生产、消防等各项用水对水质、水温、水压和水量的要求，结合室外给水系统等综合因素，经技术性、经济性比较而确定。

生活给水系统的确定应符合下列规定：

(1) 生活给水系统中，卫生器具配水点处的静水压力，不宜大于 0.45 MPa，特殊情况下不宜大于 0.55 MPa。

(2) 建筑物内部的给水系统，宜利用室外给水管网的水压直接给水。如室外给水管网中的水压昼夜周期性不足时，应设置高位水箱；如水压经常不足时，则应设置低位水箱及升压给水装置。

(3) 高层建筑生活给水系统的竖向分区，应根据使用要求、材料设备性能、维修管理、建筑物层数等条件，结合利用室外给水管网的水压合理确定。分区最低卫生器具配水点处的静水压力，住宅、旅馆、医院宜为 0.3～0.35 MPa，办公楼宜为 0.35～0.45 MPa。

二、建筑消防系统

为了防止和减少火灾的危害，保证国家建设和人民生命财产安全，在进行城市、居住区规划和建筑设计时，必须同时设计消防系统。

建筑消防系统一般分为消火栓灭火系统、自动喷水灭火系统和气体灭火系统等。消防系统以水为介质灭火时，消防用水可由给水管网、天然水源或消防水池供给。消防给水宜与生产、生活给水管道合并。从技术经济指标和管理维护方面去论证，如可行性欠理想时，可采用独立的消防给水管道系统。高层工业建筑室内消防给水宜采用独立的消防给水管道。

1. 以水为介质的室内消防系统

(1) 应设室内消防给水系统的建筑物。下列建筑物应设室内消防给水系统：厂房、库房、高度不超过 24 m 的科研楼（存有与水接触能引起燃烧爆炸成助长火势蔓延的物品除外）；超过 800 个座位的剧院、电影院、俱乐部和超过 1 200 个座位的礼堂、体育馆；体积超过 5 000 m^3 的车站、码头、机场建筑物以及展览馆、商店、病房楼、门诊楼、教学楼、图书馆等；超过七层的单元式住宅、超过六层的塔式住宅、通廊式住宅、底层设有商店网点的单元式住宅；超过五层或体积超过 10 000 m^3 的其他民用建筑；国家级文物保护单位的重点砖木或木结构的古建筑。

(2) 室内消防给水管道的要求。室内消火栓超过 10 个，且室外消防用水量大于 15 L/s 时，室内消防给水管道至少应用两条进水管与室外环状网连接，并应将室内管道连成环状或将进水管与室外管道连成环状。当环状管网的一条进水管发生事故时，其余的进水管应仍能供应全部用水量。七至九层的单元住宅，其室内消防给水管道可为枝状，进水管可采用一条。高层工业建筑室内消防竖直立管应成环状，且管道的直径不应小于 100 mm。室内消防给水管道应用阀门分成若干独立段，如某管段损坏时，停止使用的消火栓在一层中不应超过 5 个。高层工业建筑室内消防给水管道上阀门的布置，应保证检修管道时，关闭的竖直立管不超过一条。超过三条竖直立管时，可关闭两条，即保证一条竖直立管正常工作。阀门应在开启状态，并有明显的启闭标志。当生产、生活用水量达到最大，且市政给水管道仍能满足室内外消防用水量时，室内消防泵的进水管宜直接从市政管道取水。

(3) 对室内消防水箱的要求。室内消防水箱应贮存 10 min 的消防自救用水量，消防用水与其他用水合并的水箱，应有消防用水不作他用的技术措施。发生火灾后由消防水泵供给的消防用水，不应进入消防水箱，只在消防管网系统内，以保障消防用水量。

2. 消火栓灭火系统

(1) 消火栓灭火系统的组成。室内消火栓灭火系统主要由消防给水管道、消火栓、水龙带和水枪组成，当室外给水管网水压不能满足消防要求时，还须设置消防水箱和消防泵等。

室内消防管道是由进水管、干管、立管、支管和阀门等组成。其作用是给消火栓供水，并且必须保证消火栓工作时所需的水量和水压。当发生火灾时，消防泵启动后，水通过消防管道使高位箱下面消防管道上的止回阀关闭，保证了消火栓灭火时所必须的水量和水压。

消火栓是一种角形阀门，一端与消防管道接出的支管相连，另一端具有内扣的接口与水龙带承插旋转扣相连。室内消火栓出水管公称直径有 *DN*50 和 *DN*65 两种规格。

水龙带是用帆布、麻布或橡胶等材料制成的输水软管，其作用是连接消火栓和水枪，把具有一定压力的水流输送到灭火地点。连接方式均采用内扣式快速接口连接。水龙带直径有 50 mm 和 65 mm 两种，长度有 15 m，20 m，25 m，30 m 和 40 m 等几种。

水枪是直接灭火的工具。一般采用铝合金制成，其作用是将水龙带输送的水由喷嘴高速喷出。水枪喷嘴直径有 13 mm，16 mm 和 19 mm 三种，另一端与水龙带相连，其口径有 50 mm 和 65 mm 两种。消火栓、水龙带和水枪相互连接的口径应匹配。

消火栓箱体多为金属板制成，门常为钢质铝合金框玻璃门，门销采用便于开启的三角专用钥匙，消防水管从箱体下方进入箱内与消火栓相连。箱体的安装按与墙体的位置可分为外凸式、半凸式和内凹式三种（或明、暗两种）。箱内一般还有信号按钮。

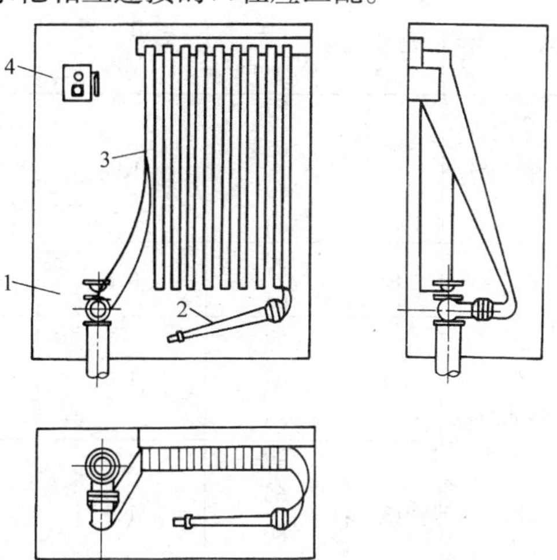

图 2—16 室内消火栓示意图

1—消火栓 2—水枪 3—水龙带 4—信号按钮

在高层建筑中，常采用一种小口径自救式消火栓，它包括小口径灭火枪、橡胶水龙带、金属圆卷盘、阀门、信号按钮等设备。金属圆卷盘可以从箱体内拉出与箱体垂直，并能自如转动，使水龙带快速拉长，操作方便，适用于非专业灭火人员自救。图 2—16 为室内消火栓示意图。表 2—1 为室内外消火栓规格及性能。表2—2

为消火栓水龙带规格及性能。表 2—3 为 SG 型室内消火栓箱体规格。

表 2—1　　室内外消火栓规格及性能

安装位置	名　称	型号	进水管 *DN*（mm）	出水管 *DN*（mm）	工作压力（MPa）	长×宽×高（mm）	质量（kg）
室内	直角单出口	SN50	50	50	1.6	168×120×190	4
		SN65	65	65	1.6	168×140×205	5
	45°单阀单出口	SNA50	50	50	1.6	200×120×190	4.5
		SNA65	65	65	1.6	228×140×205	6.5
	直角单阀双出口	SNS50	65	50	1.6	230×210×205	5.5
		SNS65	80	65	1.6	238×210×230	10.5
	60°双闸双出口	SNSS50	65	50	1.6	176×276×228	8
		SNSS65	80	65	1.6	182×324×255	10
室外	SS 系列地上式消火栓	SS150－16	150	65×2	1.6	335×450×1 600	191
		SS150－10		150×1	1.0		
		SS100－16	100	65×2	1.6	300×350×1 525	144
		SS100－10		100×1	1.0		
	SX 系列地下式消火栓	SX100－16	100	100×1	1.6	480×300×1 050	126
		SX100－10			1.0		
		SX65－16	65	65×2	1.6	475×300×1 050	114
		SX65－10			1.0		

表 2—2　　消火栓水龙带规格及性能

品　名	型号	管径 *DN*（mm）	工作压力（MPa）	爆破压力（MPa）	适应温度（℃）	长度（m）	单重（g/m）
苎麻水龙带		50	0.98	≥2.94		20	＜300
		65					＜370
		80					＜450
		90					＜570
衬胶水龙带	8	50	0.8	≥2.4	－30～50	20	260
		65					330
	10	50	1.0	≥3.0		20	300
		65					370
		80					480
	13	50	1.3	≥3.9		20	340
		65					430
		80					560
		90					660
环编水龙带		40	1.3	4.0		15	200
		50				20	230
		65	1.6	5.0		30	320
		80				40	380

续表

品　名	型号	管径 DN（mm）	工作压力（MPa）	爆破压力（MPa）	适应温度（℃）	长度（m）	单重（g/m）
涤纶聚氨酯衬里水龙带	8	50	0.8	2.55	-50～70	15，20，25	125
		65					220
	10	50	1.0	3.2			150
		65					220
	13	50	1.3	3.9			187
		65					260

表 2—3　　SG 型室内消火栓箱体规格

型　号	名　称	外形尺寸	消火栓		水枪		水龙带			消防按钮盒	
		高×宽×厚（mm）	型号	数量	型号	数量	规格（mm）	长（m）	数量	型号	数量
SG24/65－1	挂带式钢质门消火栓箱	800×650×240	SN65	1	QZ19	1	65	25	1		1
SG24/65－2	挂带式大玻璃门消火栓箱	800×650×240	SN65	1	QZ19	1	65	25	1		1
SG28/65－3	挂带式铝合金茶色玻璃门消火栓箱	800×550×280	SN65	1	QZ19	1	65	25	1		1
SG24/65－4	转盘式钢质门消火栓箱	800×650×240	SN65	1	QZ19	1	65	25	1		1
SG24/65－5	转盘式大玻璃门消火栓箱	800×650×240	SN65	1	QZ19	1	65	25	1		1
SG28/65－6	转盘式铝合金茶色玻璃门消火栓箱	800×650×280	SN65	1	QZ19	1	65	25	1		1
SG22/65－7 SG24/65－8	转框式钢质门消火栓箱	800×650×220 800×650×240	SN65	1	QZ19	1	65	25	1		1
SG24/65－9	转框式大玻璃门消火栓箱	800×650×240	SN65	1	QZ19	1	65	25	1		1
SG28/65－10	转框式铝合金茶色玻璃消火栓箱	800×650×280	SN65	1	QZ19	1	65	25	1		1
SG28/S65－1	挂带式钢质门双阀消火栓箱	1 200×700×280	SN65	2	QZ19	2	65	25	2		1
SG28/S65－2	挂带式大玻璃门双阀消火栓箱	1 200×700×280	SN65	2	QZ19	2	65	25	2		1
SG28/S65－3	挂带式铝合金茶色玻璃门双阀消火栓箱	1 200×700×280	SN65	2	QZ19	2	65	25	2		1
SG24/S65－4	转盘式钢质门双阀消火栓箱	1 200×700×240	SN65	2	QZ19	2	65	25	2		1
SG24/S65－5	转盘式大玻璃门双阀消火栓箱	1 200×700×240	SN65	2	QZ19	2	65	25	2		1
SG28/S65－6	转盘式铝合金茶色玻璃门双阀消火栓箱	1 200×700×280	SN65	2	QZ19	2	65	25	2		1
SG26/S65－7	转框式钢质门双阀消火栓箱	1 000×700×260	SN65	2	QZ19	2	65	25	2		1
SG26/S65－8	转框式大玻璃门双阀消火栓箱	1 000×700×260	SN65	2	QZ19	2	65	25	2		1
SG26/S65－9	转框式铝合金茶色玻璃门双阀消火栓箱	1 200×700×280	SN65	2	QZ19	2	65	25	2		1
SG28/Z65－1	自救、转盘式大玻璃门消火栓箱	1 200×700×280	SN65	1	QZ19	2	65	25	1		1
SG28/Z65－2	自救、转框式大玻璃门消火栓箱	1 200×700×280	SN65	1	QZ19	2	65	25	1		1
SG18/50		800×650×180	SN50	1	QZ16	1	50	25	1		1
SG24/S50	双出口消火栓箱	1 000×700×240	SN50	1	QZ16	2	50	25	2		1
SG21/65		800×650×210	SN65	1	QZ19	1	65	25	1		1
SG24/S65	双出口消火栓箱	1 000×700×240	SN65	1	QZ19	2	65	25	2		1

（2）室内消火栓设置的要求。设有消防给水的建筑物，其各层均应设置消火栓。室内消火栓的布置，应保证有两支水枪的充实水柱同时到达室内任何部位。建筑高度小于或等于 24 m，且体积小于或等于 5 000 m^3 的库房，可采用一支水枪充实水柱到达室内任何部位。水枪的充实水柱长度应由计算确定，一般不应小于 7 m，但甲、乙类厂房、超过六层的民用建筑、超过四层的厂房和库房内，不应小于 10 m；高层工业建筑、高架库房内，水枪的充实水柱不应小于 13 m。

室内消火栓栓口处的静水压力应不超过 80 m·H_2O，如超过 80 m·H_2O 时，应采用分区给水系统。消火栓栓口处的出水压力超过 50 m·H_2O 时，应用减压设施。

消防电梯前室应设室内消火栓。

室内消火栓应设在明显易于取用地点。栓口离地高为 1.2 m，其出水方向宜向下或设置消火栓与墙面成 90°角。

冷库的室内消火栓应设在常温穿堂或楼梯间内。

室内消火栓的间距应由计算确定。高层工业建筑不应超过 30 m，多层建筑不应超过 50 m。

设有室内消火栓的建筑，如为平屋顶时，宜在平屋顶上设置试验和检查用的消火栓。

高层工业建筑和高位水箱不能满足最不利点消火栓水压要求的其他建筑，应在每个室内消火栓处设置直接启动消防水泵的控制按钮，并应有保护设施。

3．自动喷水灭火系统

自动喷水灭火系统是人们在生产、生活和社会活动的各个主要场所中最普遍应用的一种固定灭火设备，具有工作性能稳定，造价低，维护方便，灭火效率高，早期控制火势和灭火，使用期长，不污染环境等优点。

自动喷水灭火系统一般由消防供水设备、管网、报警设备、控制装置及喷头等组成。

（1）系统的类型及工作原理。自动喷水灭火系统按喷头开闭形式分为闭式喷水灭火系统和开式喷水灭火系统。闭式喷水灭火系统按其工作原理分为湿式喷水灭火系统、干式喷水灭火系统和预作用喷水灭火系统；开式喷水灭火系统按工作原理分为雨淋喷水灭火系统、水幕系统和水喷雾灭火系统。

1）湿式喷水灭火系统。湿式喷水灭火系统是最早发明、最简单且应用最为广泛的一种自动喷水灭火系统。

湿式喷水灭火系统由闭式喷头、管道系统、湿式报警阀、报警装置和供水设施等组成，如图 2—17 所示。由于该系统在报警阀前后管道中的水始终充满压力，故称为湿式喷水灭火系统。

湿式喷水灭火系统的工作原理为：当火灾发生时，高温火焰或高温气流使闭式喷头的热敏感元件动作，喷头打开喷水。管网中的水由静止变为流动，水流指示器被流动的水感应后把水流信号转变成为电信号，送入报警控制器，在报警控制器上指示某一区域已在喷水。喷头持续喷水造成湿式报警阀的上部水压低于下部水压，这种压力差达到一定值时，

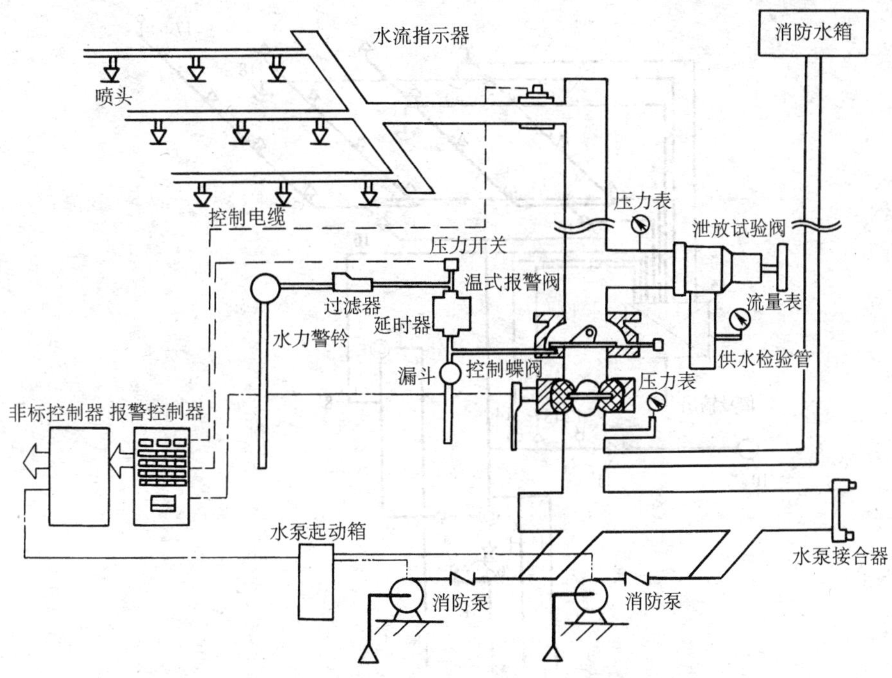

图 2—17　湿式自动喷水灭火系统组成示意图

原来处于关闭状态的阀片就自动开启。压力水通过湿式报警阀流向干管和配水管，同时水通过细管进入延时器，经延时确认，进入水力警铃和压力开关发出火警信号。此外，根据水流指示器和压力开关的信号或消防水箱的水位信号，控制器能自动起动消防水泵向管网加压供水，达到持续自动喷水灭火的目的。其工作原理流程如图 2—18 所示。

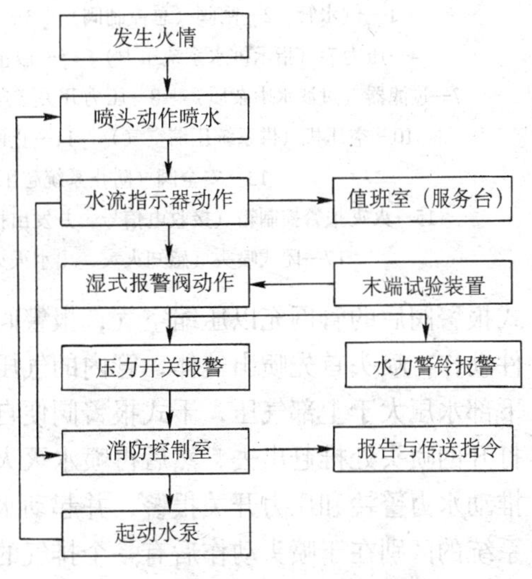

图 2—18　工作原理流程图

2）干式喷水灭火系统。干式喷水灭火系统是在湿式喷水灭火系统的基础上进行了改动，在报警阀后的管道内充以压缩空气代替压力水，报警前仍充以压力水，以适应环境温度的要求。

干式喷水灭火系统由闭式喷头、管道系统、干式报警阀、报警装置、充气设备、排气设备和供水设备等组成，如图 2—19 所示。由于报警阀与喷头之间的管网中不是充水，而是充以压缩空气，故称为干式喷水灭火系统。

干式喷水灭火系统的工作原理为：平时，干式报警阀前与水源相连并充满压力水，干

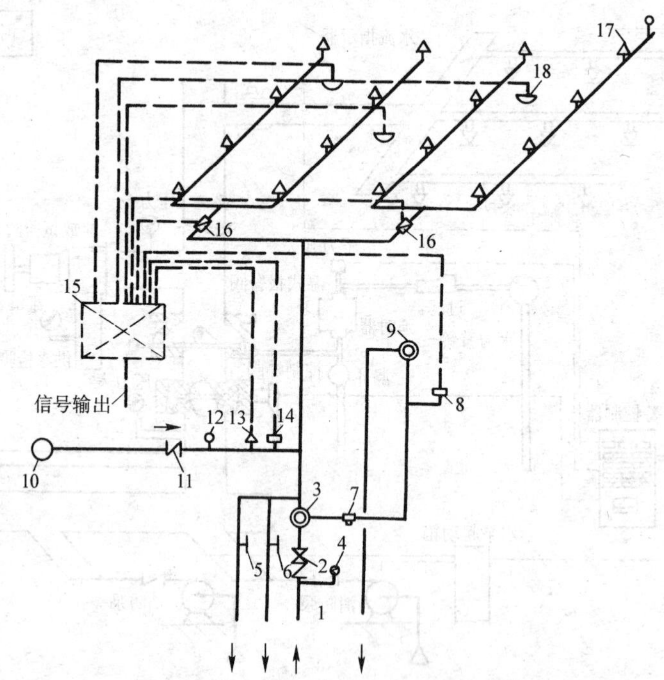

图 2—19　自动喷水干式系统干湿两用系统示意图

1—供水管　2—闸阀（总控制阀）　3—干湿两用阀、干式阀（系统控制阀，输出报警水流）
4—压力表（指示供水系统压力）　5—截止阀（试警铃阀）　6—截止阀（系统检修时，放空用）
7—过滤器（过滤水中杂质）　8—压力开关（自动报警或自动控制）　9—水力警铃（发出音响报警信号）
10—空压机（供系统压缩空气）　11—止回阀（维持系统气压）　12—压力表（测量系统气压）
13—安全阀（防止系统超压）　14—压力开关（控制空压机启停）
15—火灾报警控制箱（接收电信号，并发出指令）　16—水流指示器（输出电信号，指示火灾区域）
17—闭式喷头（感知火灾，出水灭火）　18—火灾探测器（感知火灾，自动报警）

式报警阀后的管网充以压缩空气，报警阀处于关闭状态。发生火灾时，闭式喷头热敏感元件动作，喷头首先喷出气体，管内的气压逐渐下降，当降到某一气压值时，干式报警阀的下部水压大于上部气压，干式报警阀便自动打开，压力水进入管网，将剩余压缩空气从已打开的喷头处推赶出去，然后再喷水灭火。干式报警阀处的另一路压力水进入信号通道，推动水力警铃和压力开关报警，并起动水泵加压供水。干式喷水灭火系统与湿式喷水灭火系统的区别在于喷头动作后有一个排气的过程，对一个较大的干式喷水灭火系统来说，将影响灭火的速度和效果。因此，通常在干式报警阀出口管道上设一个快速排气装置，目的是使干式报警阀迅速开启，使水迅速充满充气管网，进入灭火状态。这一过程在喷水开启后，只需几秒即可完成，而如果不设快速排气装置，这一过程往往需要几分钟。

干式自动喷水灭火系统的适用范围：由于干式喷水灭火系统在报警阀后的管道内充满压缩空气，所以它不怕冻结和高温，适用于环境温度低于 4℃或高于 70℃的建筑物、构筑物。

3）预作用喷水灭火系统。预作用喷水灭火系统是在干式喷水灭火系统上附加一套火灾自动报警装置，形成具有双重控制的喷水灭火系统。平时系统呈干式，在火灾发生时，由于火灾自动报警装置的报警温度较低，首先报警并通过控制触点联动电磁阀门，使其通电动作，迅速将管网内的压缩空气排出，使系统变为湿式后，准备灭火。系统的这种转变过程包含着预备作用的功能，故称为预作用喷水灭火系统。预作用喷水灭火系统兼有湿式和干式系统的优点，既克服了干式系统所存在的喷水灭火延时时间较长的缺点，又避免了湿式系统存在渗漏使室内装修造成损失的弊病，因而在现代建筑中被广泛应用。

预作用喷水灭火系统一般由闭式喷头、管道系统、雨淋阀、火灾探测器、报警控制装置、充气设备、控制组件和供水设备等组成，如图 2—20 所示。

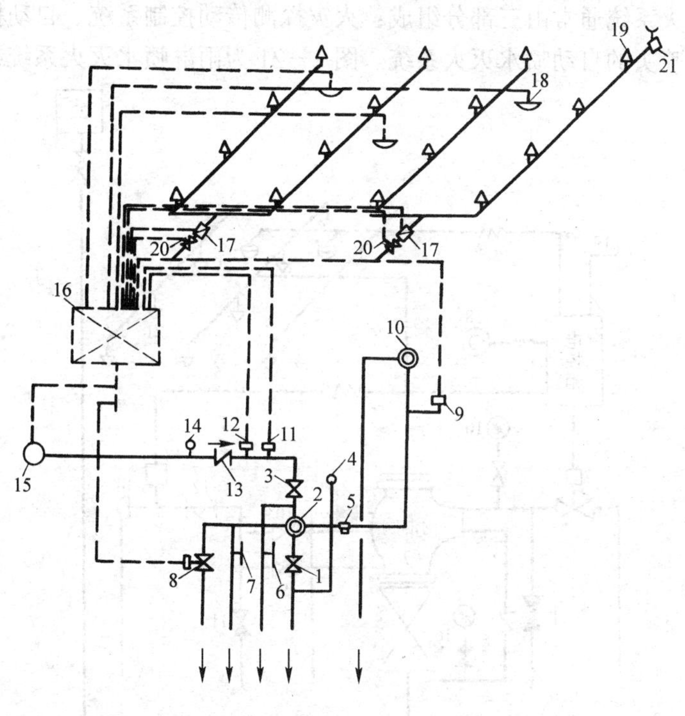

图 2—20　自动喷水预作用系统组成示意图

1—闸阀（总控制阀）　2—预作用阀（控制系统进水，先于喷头开启）　3—闸阀（检修系统用）
4—压力表（指示供水压力）　5—过滤器（过滤水中杂质）　6—截止阀（试验出水力量）
7—手动开启截止阀　（手动开启预作用阀）　8—电磁阀（电动开启预作用阀）　9—压力开关（自动报警或自动控制）
10—水力警铃（发出音响报警信号）　11—压力开关（控制空压机启停）　12—压力开关（气压报警开关）
13—止回阀（维持系统气压）　14—压力表（指示系统气压）　15—空压机（供给系统压缩空气）
16—火灾报警控制箱（接收电信号并发出指令）　17—水流指示器（输出电信号，指示火灾区域）
18—火灾探测器（感知火灾，自动报警）　19—闭式喷头（感知火灾，出水灭火）　20—安全信号阀　21—末端试水装置

预作用喷水灭火系统的工作原理为：系统在雨淋阀后的管道内，平时充以压缩空气，也可以是空管。当火灾发生时，火灾探测器感应到火的存在，发出报警信号，控制器将报

警信号转为声光显示的同时开启预作用阀（一般用雨淋阀代替预作用阀），使水进入管路，并在很短的时间内完成充水过程，将干式系统迅速变成湿式系统，完成预作用程序。从火灾探测器动作并开启预作用阀开始充水，到水流流到最远喷头的时间应不超过 3 min。

预作用系统的适用范围：预作用系统同时具备了干式和湿式喷水灭火系统的优点，而且还克服了干式系统控火灭火率低，湿式系统易产生水渍的缺点，提高了自动喷水灭火系统的安全性。因此，预作用系统适用于干式系统、湿式系统和干湿式系统所能使用的任何场所，而且还能用于一些对自动喷水灭火系统安全性要求较高的建筑物中。

4）雨淋喷水灭火系统。雨淋喷水灭火系统是一种提供整体保护的系统，系统所使用的喷头为开式喷头，发生火灾时，系统保护区域上的所有喷头一起喷水灭火。

雨淋喷水灭火系统通常由三部分组成：火灾探测传动控制系统、自动控制成组作用阀门系统、带开式喷头的自动喷水灭火系统。图 2—21 为雨淋喷水灭火系统组成示意图。

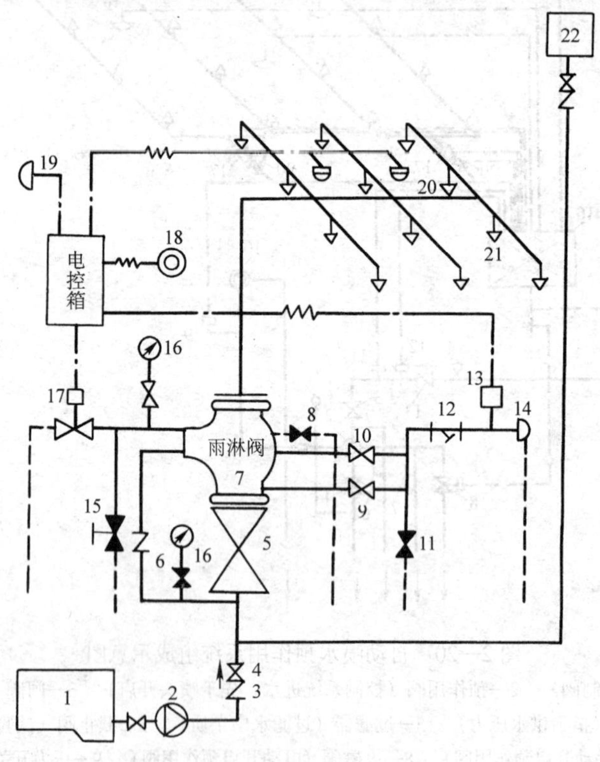

图 2—21　雨淋喷水灭火设备

1—水池　2—水泵　3—单向阀　4—闸门　5—供水闸阀　6—单向阀　7—雨淋阀
8，11—放水阀　9—试警铃阀　10—警铃管阀　12—滤网　13—压力开关　14—水力警铃　15—手动快开阀
16—压力表　17—电磁阀　18—紧急按钮　19—电铃　20—感温或感烟报警器　21—开式喷头　22—水箱

雨淋系统可分为空管式雨淋系统和充水式雨淋系统两大类型，充水式雨淋系统的灭火速度比空管式雨淋系统快。实际应用时，可根据保护对象的要求来选择合适的方式。

雨淋喷水灭火系统的工作原理：平时，雨淋系统传动管网中充满了与进水管中相同压力的水。此时，雨淋阀由于传动系统中的水压作用而紧紧关闭。发生火灾时，火灾探测器感受到火灾，便立即向控制器送出火灾信号，控制器将此信号转为声光显示的同时，发出控制信号打开传动管网上的传动阀门，放出压力水。此时传动管网中的水压骤然降低，于是雨淋阀在进水管水压的推动下瞬间自动开启，水便立即充满管网并经开式喷头喷水，使系统进入灭火状态。

适用范围：凡严重危险级的建筑物、构造物，均宜采用雨淋喷水灭火系统。

5）水幕系统。水幕系统是自动喷水灭火系统中唯一的一种不以灭火为主要目的的系统。它具有阻火、隔火作用，能阻隔火焰穿过开口部位，防止火势蔓延，降温冷却，增强其耐火性能，并能扑灭局部火灾。

水幕系统可分为充水式水幕系统和空管式水幕系统。其组成与雨淋系统相似，主要由三部分组成：火灾探测传动控制系统、控制阀门系统、带水幕喷头的自动喷水系统。图2—22为水幕系统组成示意图。

水幕系统的工作原理：其原理与雨淋系统基本相同，当发生火灾时，由火灾探测器或人发现火灾，自动或手动开启控制阀，然后系统通过水幕喷头，进入工作状态。其中控制阀可以是雨淋阀，也可以是电磁阀或手动闸阀。

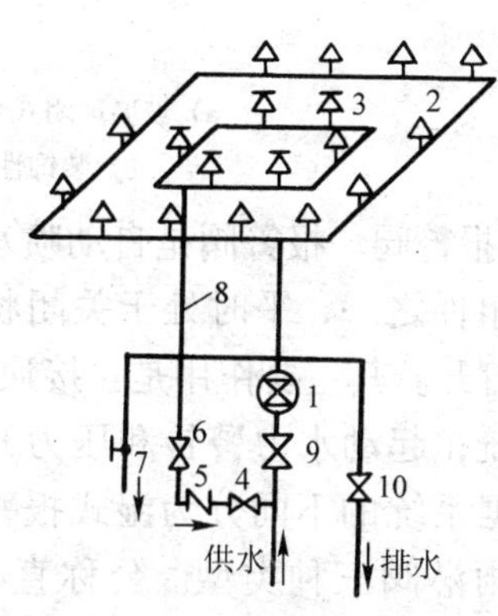

图2—22　水幕系统组成示意图

1—成组作用阀门　2—水幕喷水或开式喷头　3—闭式喷头　4—截止阀　5—止回阀　6—小孔闸阀　7—手动开关　8—传动管网　9—总控制阀　10—闸阀

水幕系统适用范围主要是：应设防火分隔，但由于工艺需要而无法设置防火分隔物的开口部位；用防火卷帘和防火幕来代替防火门、防火窗的部位；防火间距不能满足要求的相邻建筑物之间的门、窗、洞口处；剧院、大型会堂、礼堂的舞台口上部；石油化工企业中的各防火分区或设备之间，用来阻隔火灾产生的热辐射或对事故时泄漏的有害、易燃、易爆气体进行疏导和稀释。

（2）自动喷水灭火系统的主要组件

1）喷头。喷头担负着探测火灾、起动系统和喷水灭火任务，是系统的关键组件之一。

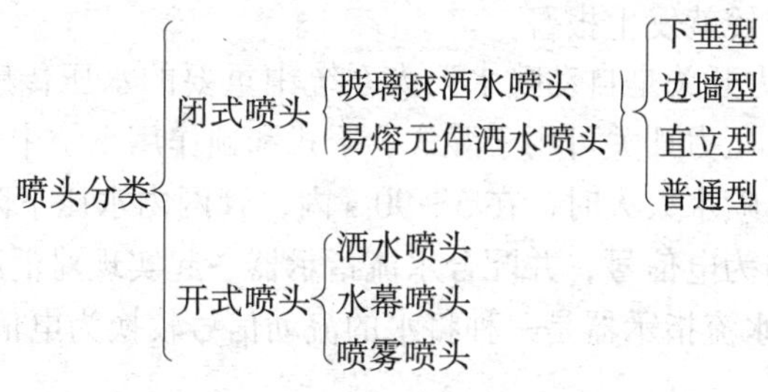

闭式喷头一般带有热敏感元件，其喷口由热敏感元件组成的释放机构封闭。当发生火灾时，热敏感元件感温后自动开启喷头喷水。玻璃球洒水喷头和易熔元件洒水喷头属闭式喷头。

开式喷头是一种敞开式的喷头，其结构与闭式喷头基本相似，所不同的是开式喷头无释放机构。

常用喷头的公称直径为 10 mm，15 mm 和 20 mm。图 2—23 为洒水喷头示意图。

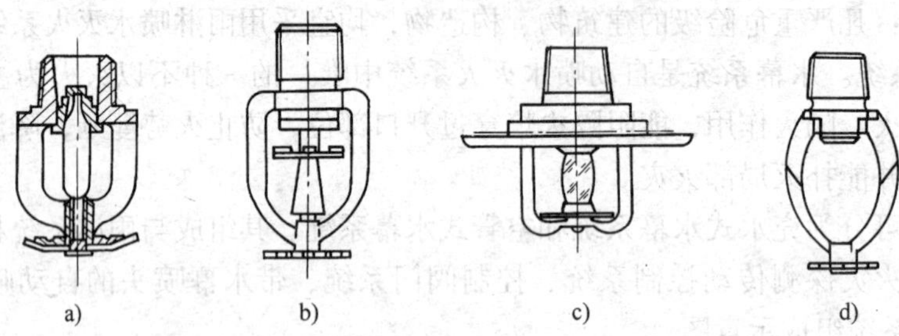

图 2—23　洒水喷头

a）玻璃球闭式普通型喷头　b）易熔合金闭式下垂型喷头

c）装饰性闭式喷头　d）开式双臂下垂型喷头

2）报警阀。报警阀是自动喷水灭火系统中重要的组件之一，平时处于关闭状态，只有火灾时才打开。其主要作用是：接通和切断水源；起动系统；起动水力警铃和压力开关报警。报警阀根据系统的不同分为湿式报警阀、干式报警阀和雨淋阀三种类型。公称直径有 50 mm，65 mm，80 mm，100 mm，125 mm，150 mm，200 mm 和 250 mm 八种规格。图 2—24 为报警阀示意图。图 2—25 为报警系统示意图。

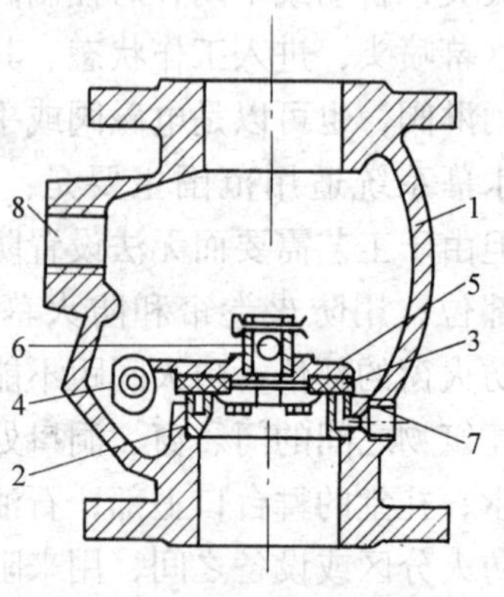

图 2—24　报警阀构造示意图

1—阀体　2—铜座圈　3—胶垫　4—锁轴　5—阀瓣　6—球形止回阀　7—延时器接口　8—放水阀接口

3）水力警铃。水力警铃是利用水流的冲击力发出声响的报警装置，一般安装在延时器之后。当管网内的水不断流动，延时器充满水后，水流就会向水力警铃和压力开关流动，这时在水流的冲击下，水力警铃就发生报警。

4）压力开关。压力开关是自动喷水灭火系统中重要的水压传感继电器，它与水力警铃统称为水力报警器。压力开关可用于湿式、干式和预作用系统中，一般将其安装在延时器的上部。当系统开启喷水灭火时，在 5～90 s 内，管网内水压下降到一定值时，压力开关动作将水压的变化转为电信号，并配合水流指示器一起实现对消防水泵的自动控制。

5）水流指示器。水流指示器是一种将水的流动信号较换为电信号的装置，一般安装

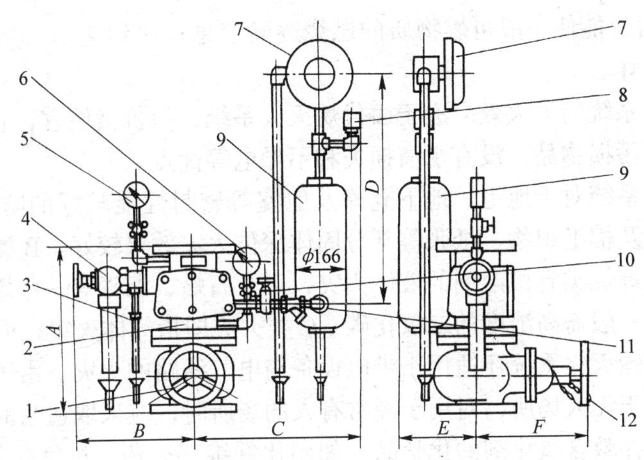

图 2—25　报警系统示意图

1—控制阀　2—报警阀　3—试警铃阀　4—放水阀　5，6—压力表　7—水力警铃　8—压力开关　9—延时器　10—警铃管阀门　11—滤网　12—软锁

在系统各分区的配水干管上。其作用是当发生火灾喷头开始喷水或管道发生泄漏故障时，水流就会流过水流指示器，指示器向报警控制器或控制中心发出电信号，使其显示喷头喷水区域，起辅助电动报警的作用。

6）延时器。延时器主要用于湿式喷水灭火系统，其作用是防止误报警。

7）水泵接合器。水泵接合器是自动喷水灭火系统的临时供水设备，设置在建筑物外便于消防车连接的位置。

8）火警紧急按钮。火警紧急按钮是自动喷水灭火系统的手动报警和起动消防水泵的装置。

4．气体灭火系统

以气体作为灭火介质的灭火系统称为气体灭火系统。气体灭火系统是根据灭火介质而命名的。气体灭火系统目前主要有卤代烷（哈龙）气体灭火系统、二氧化碳气体灭火系统和蒸汽灭火系统。

近年来人们认识到包括卤代烷在内的氯氟烃类物质在大气中排放，将导致大气臭氧层的破坏，危害人类生存环境，因此卤代烷灭火系统将被淘汰，故这里不作介绍。本书只介绍二氧化碳灭火系统。

二氧化碳灭火系统的作用主要在于窒息，其次是冷却。在灭火过程中，当二氧化碳从贮存系统中释放出来，由于压力骤然下降，二氧化碳迅速由液态变成气态（大约 1 kg 液态二氧化碳会产生 0.5 m^3 的二氧化碳气体），它会分布于燃烧物的周围，减少空气中的氧含量，使其达不到支持燃烧的浓度。这就是二氧化碳的窒息作用。另一方面，当温度降到 −56℃以下时，气态的二氧化碳有一部分转变成微细粒子——干冰，干冰吸取周围的热量而升华，即产生冷却作用。二氧化碳在空气中的含量达到 15％以上时能使人窒息死亡；

达到30%～35%时，能使一般可燃物质的燃烧逐渐窒息；达到43.6%时，能抑制汽油及其他易燃气体的爆炸。

二氧化碳灭火系统的灭火效果逊于卤代烷灭火系统，但价格便宜，它与水为介质的灭火系统相比具有不污损物品，没有水渍损失和不导电等优点。

二氧化碳灭火系统对于地上、地下仓库及舱室等密封性能较好的防护区空间的A类固体物质表面火灾及棉毛织物、纸张等部分固体深位火灾效果较好。B类火灾，即常见的汽油、煤油、柴油等烃类有机溶剂的液体火灾，以及石蜡、沥青等一些燃烧时可熔化的固体物质火灾，灭火一般需高浓度的二氧化碳。C类火灾即指气体火灾，灭火亦需高浓度的二氧化碳。二氧化碳灭火系统还适用于带电设备与电气线路的火灾。由于二氧化碳对人体有窒息作用，适用于无人场所，对用于经常有人的场所时，应采取适当的保护措施。

二氧化碳不能扑救含氧化剂的化学品（如硝化纤维、火药、过氧化氢等）、活泼金属（如钾、钠、镁、钴等）以及金属氰化物（如氰化钾、氰化钠等）的火灾。

（1）系统的组成。二氧化碳灭火系统一般为管网灭火系统。管网灭火系统由贮存容器、容器阀、集流管、选择阀、喷嘴、压力信号器、气起动器、管道及附件等组件组成。图2—26为二氧化碳管网灭火系统示意图。

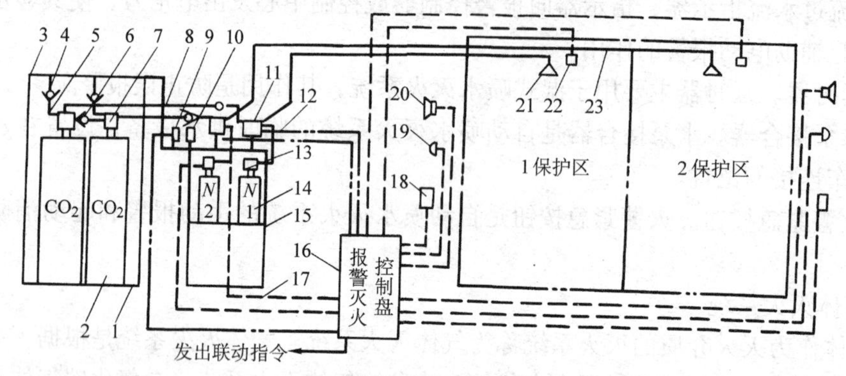

图2—26　二氧化碳管网灭火系统示意图

1—灭火剂贮瓶框架　2—灭火剂贮瓶　3—集流管　4—液流单向阀　5—连接软管　6—气流单向阀　7—瓶头阀　8—起动管道　9—压力信号器　10—安全阀　11—选择阀　12—信号反馈线路　13—电磁阀　14—起动钢瓶　15—起动瓶框架　16—报警控制盘　17—控制线路　18—手动控制盒　19—光报警器　20—声报警器　21—喷嘴　22—火灾探测器　23—灭火剂输送管道

1）灭火剂贮存装置。目前我国二氧化碳贮存装置均为贮存压力5.17 MPa，规格有32 L，40 L，45 L，50 L和82.5 L的无缝钢质容器。灭火剂贮存装置由钢瓶、容器阀和连接软管组成，其耐压值为22.05 MPa。

容器阀安装在钢瓶上，其结构可分为差动式和膜片式两种。图2—27为差动式容器阀结构示意图。差动式容器阀靠上下腔的压强差来封闭或释放气体灭火剂。

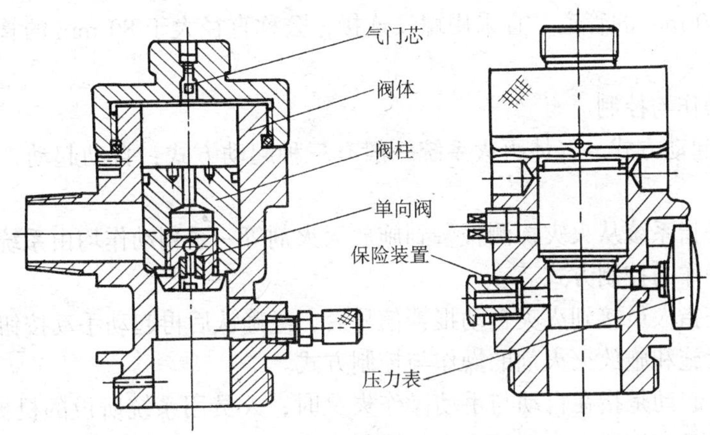

图 2—27　差动式容器阀结构示意图

2）选择阀。当有多个保护区时，在每个保护区的集流管上的排气支管上均应设置与该区域相对应的选择阀。选择阀在平时处于关闭状态，当该区域发生火灾时，由控制盘起动控制气源来开启选择阀。选择阀和防护区一一对应，选择阀应比容器阀先开启。

3）安全阀。安全阀一般设置在贮存器的容器阀上及组合分配系统中的集流管部分。由于选择阀平时处于关闭状态，在容器阀的出口处至选择阀的进口端之间形成了一个封闭的空间，因而在此空间内容易形成一个危险的高压区。为了防止贮存容器发生误喷射，在集流管末端设置一个安全阀或泄压装置，以保证管网系统的安全。

4）喷嘴。二氧化碳灭火系统的喷嘴安装在管网的末端，用于向防护区喷洒灭火剂。喷嘴是用来控制灭火剂的流速和喷射方向的组件。图 2—28 为二氧化碳灭火系统喷嘴示意图。

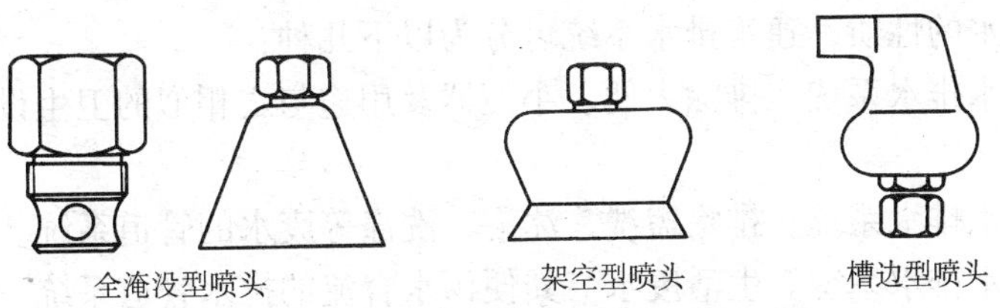

图 2—28　二氧化碳灭火系统喷嘴示意图

喷嘴的布置应根据防护区的大小、形状和制造厂商提供的喷嘴保护面积和高度条件确定。设置在粉尘场所的喷嘴应增设不影响喷射效果的防尘罩。

5）管道及其附件。管道及其附件应能承受最高环境温度下二氧化碳的贮存压力。管材应用无缝钢管并应内外镀锌，对镀锌层有腐蚀的环境，管道可采用不锈钢管、铜管或其他抗腐蚀的材料。挠性连接的软管必须能承受系统的工作压力，并宜采用符合现行国家标准《不锈钢软管》中规定的不锈钢软管。管道连接可采用螺纹连接、法兰或焊接。公称直径等于或小于 80 mm 的管道，宜采用螺纹连接；公称直径大于 80 mm 的管道，宜采用法兰连接。

（2）系统操作与控制

1）系统的起动方式。气体灭火系统一般有三种起动方式：自动起动、手动起动和机械式应急起动。

自动起动是指系统从火灾探测报警到施放灭火剂等一系列动作均由系统自己完成，不要人员介入的操作与控制方式。

手动起动是指人员接到火灾自动报警信号后，经确认后再起动手动按钮，通过灭火控制盘操作联动设施和施放灭火剂的操作与控制方式。

机械式应急起动是指在自动与手动操作失灵时，人员用系统所设的机械式起动机构，直接关闭联动设备和施放灭火剂的操作与控制方式。

2）操作与控制方式的要求。当气体灭火系统设置自动起动方式时，系统应在接收到两个独立的火灾信号后才能起动。根据人员疏散要求，系统宜延时起动，但延时时间不应大于 30 s。

手动操作装置应设在防护区外便于操作的地方，并能在一个地点完成系统起动的全部操作。

气体灭火系统的操作和控制应包括必须和灭火联动的设备，如关闭防护区开口装置、通风机械和防火阀等，以保证灭火的成功。

三、建筑排水系统

随着我国经济建设的飞速发展，人民生活水平日益提高，建筑排水也越来越受到人们的重视。因此我们有必要对建筑排水系统有一个比较系统性的了解和认识。

1. 建筑排水系统的分类

根据所排污水的性质，建筑排水系统可分为以下几种：

（1）粪便污水排水系统。排除大便、小便器及用途与之相似的卫生设备等污水的管道系统。

（2）生活废水排水系统。排除盥洗、沐浴、洗涤等废水的管道系统。

（3）生活污水排水系统。生活废水与粪便污水合流的排水管道系统。

（4）工业废水排水系统。可分为排除在工业生产中受污染，而改变性质且需要经过工艺处理后方可排放的生产污水排水管道系统，以及排除受轻度污染，只须经过简单处理就可循环使用或复用的生产废水排水管道系统。

（5）屋面雨水排水系统。排除降落在屋面的雨、雪水的管道系统。

2. 分流制和合流制

根据排水制度来分，排水可分为分流制和合流制两类。

分流制就是将不同性质的排放水，分别设置单独管道排放。其优点是将不同污染程度的水单独排放，有利于对污水的处理。但分流制排水要耗用较多管材，工程系统造价高。

合流制是将不同性质的排放水合起来，在同一根管道中排出。合流制的主要优点是排水系统简单，耗用管材少，但污水处理难度大。

3. 系统选择

分流制或合流制排水系统的选择，应根据排放污水性质，污染程度，结合建筑物外排水制度和有利于综合利用与处理要求确定。

（1）当生活污水需经化粪池处理时，其粪便污水宜与生活废水分流。当有污水处理厂时，粪便污水与生活废水宜合流排出。

（2）含有毒和有害物质的生产污水、含有大量油脂的生活洗涤废水，以及经技术性、经济性比较认为需要回收利用的生产废水、生活废水等均应分流排出。

（3）工业废水如不含有机物、而带有大量泥沙、矿物质时，应经机械处理后，方可排入建筑物外非密闭系统的雨水管道。

（4）污废水管道不得接入雨水密闭系统。

4. 生活污水排放的有关规定

（1）当生活污水经化粪池处理达不到污水排放标准时，应采用生活污水处理设施。

（2）生活污水处理设施的工艺流程应根据污水性质、排放条件确定。

（3）生活污水处理设施前应设置调节池，调节池的有效容积应经计算确定，也可取4～6 h的平均小时污水流量。

（4）生活污水处理设施应设置除臭系统。目前既经济又解决问题的方法有：设置排风机和排风管，将臭气引至屋顶以上高空排放；将臭气引至土壤层进行吸附除臭。

（5）为截留公共食堂和饮食业污水中的食用油脂，应设隔油井（池）。污水在井内的流速不得大于0.005 m/s，停留时间可采用2～10 min。井（池）内存油部分容积应根据顾客数量和清扫周期确定，且不宜小于该井（池）有效容积的25%。

5. 高层建筑排水系统

在《水电工（初级）》介绍了排水管道敷设安装方面的基本知识，这里重点介绍高层建筑排水系统的排气系统及安装要求。

高层建筑的排水工程有着不同于低层建筑的特点，在我国高层建筑迅速发展的今天，掌握高层建筑排水系统的特点非常重要。

在一般层数不太多的建筑排水系统中，多设伸顶通气管，以排除污浊气体，并向管里补气。但随着建筑层的增加，单靠这些通气管，不足以克服由于立管中出现的气压变化而带来的诸如水封被破坏等弊病。因此，目前的高层建筑中，通常采用在原有排水系统中增加辅助通气管的方法。辅助通气管通常包括专用通气立管、主通气立管、副通气立管、环形通气立管、器具通气管、共轭通气管以及它们之间相互结合等多种形式。图2—29为各种通气管排水系统示意图。

辅助通气管的通气效果虽然较好，但构造复杂，施工麻烦，而且使用管材较多，造价高。因此工程上常采用特殊的管道配件来简化排水系统，提高单立管的排水能力。

（1）工程上采用的特殊管道配件

1）气水混合器。气水混合器接头配件如图 2—30 所示，污水由上流入乙字弯后水流改变方向撞击隔板而分散，部分碎裂成无数小水滴，与周围空气混合，部分在下降过程中通过隔板上小孔抽吸混合室内的空气，使其呈水沫状的气水混合物，大大降低水流速度，减少挟气量，从而避免过大的抽吸负压，保证水封正常。应用气水混合器只需伸顶通气管就能满足要求。

2）气水分离器。气水分离器接头配件如图 2—31 所示，污水由立管流下的气水混合流，遇到突块后，迫使水流溅散并改变方向，冲击突块对面的斜面而分离出气体（约可分离 70％的气体），使气水混合液的体积减小，并且使水流速度减慢，分离出的空气通过跑气管而跑掉，避免造成过大的正压。因此工程上应用气水分离器具有良好的排水效果。

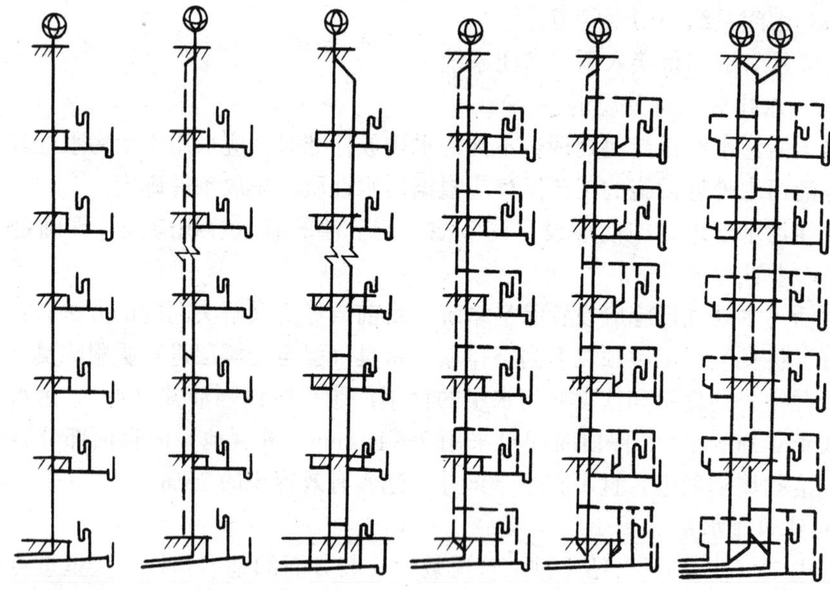

图 2—29　各种通气排水系统

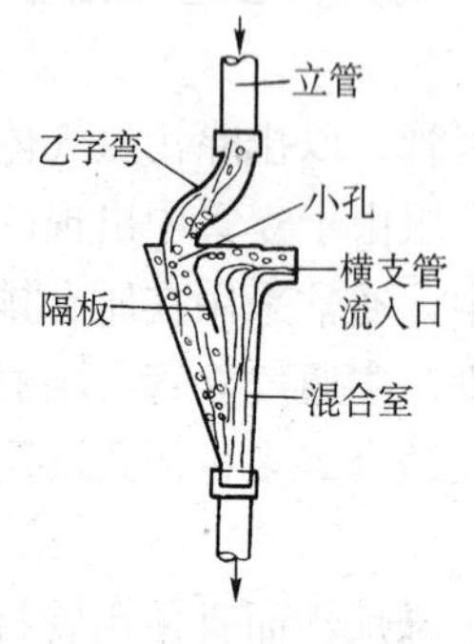

图 2—30　气水混合器

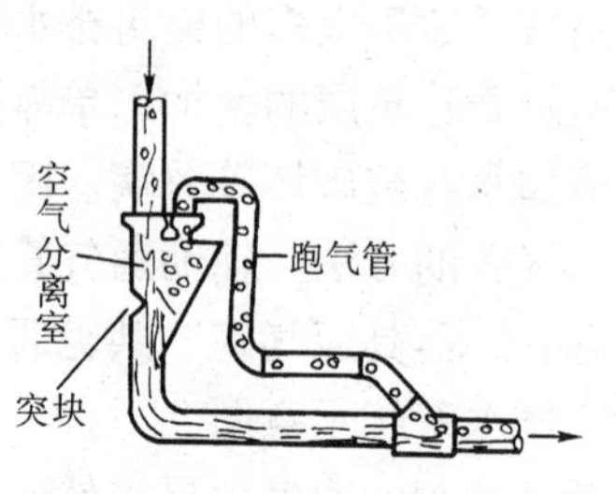

图 2—31　气水分离器

3）苏维托（Sovent）排水系统。苏维托排水系统如图2—32所示，这种排水系统是在各层排水横支管与立管的连接处采用气水混合器接头配件和在排水立管的底部设置气水分离器接头配件。这种单立管排水系统效果好，经济效益显著。除上述三种配件外，还有很多特殊接头配件，这里就不一一列举。

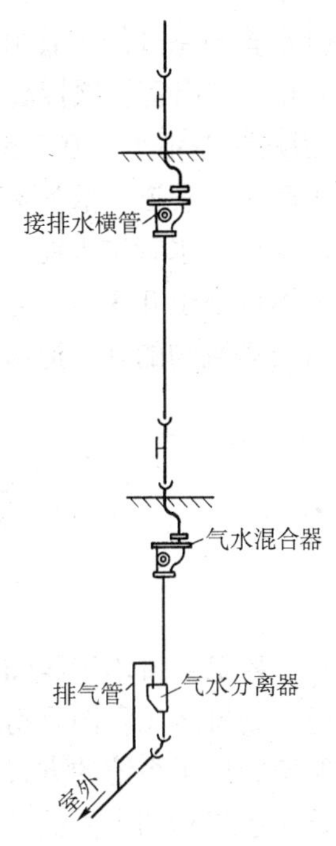

图2—32　苏维托立管排水系统

（2）高层建筑排水管道安装要求

1）在排水立管的选材上，应采用加厚管材，以提高管道强度。

2）高度超过100 m的高耸构筑物内，铸铁排水立管应采用柔性接口。

3）铸铁排水立管高度在50 m以上，或在抗震设防8度地区的高层建筑，应在立管上每隔两层设置柔性接口；在抗震设防9度地区，立管和横管均应设置柔性接口。

4）高层建筑内安装硬聚氯乙烯管道，当设计要求采取防止火灾贯穿措施时，应符合下列规定：立管管径大于或等于110 mm时，在楼板贯穿部位应设置阻火圈或长度不小于500 mm的防火套管，且在防火套管周围筑阻水圈；管径大于或等于110 mm的横支管与暗设立管相连时，墙体贯穿部位应设置阻火圈或长度不小于300 mm的防火套管，且防火套管的明露部分长度不宜小于200 mm；横干管穿越防火分隔墙时，管道穿越墙体的两侧应设置阻火圈或长度不小于500 mm的防火套管。

5）当有防噪声要求时，须在管道托架、支架及穿楼板处衬以橡胶垫或毛毡垫。

6．建筑排水管道布置和敷设的基本要求

建筑排水管道一般应地下埋设或在地面上、楼板下明设，如建筑或工艺有特殊要求时，可在管槽、管道井、管沟或吊顶内暗设，但应便于安装和检修。排水管道不得布置在遇水引起燃烧、爆炸或损坏的原料、产品和设备上面。排水管道不得布置在食堂、饮食业的主副食操作台的上方，如受条件限制时，应采取保护措施。排水管道不得穿过沉降缝、烟道和风道，并不得穿过伸缩缝，如受条件限制时，应采取相应的技术措施。

卫生器具和工业废水受水器与生活污水管道或其他可能产生有害气体的排水管道连接时，必须在排水口以下设存水弯（除卫生器具构造内已有存水弯外）。卫生器具排水管与排水横支管连接时，可采用90°斜三通。

排水立管应设在排放杂质最多的排水点附近，排水立管与横管连接时，宜采用45°三通或45°四通，90°斜三通或90°斜四通。排水立管与排出管端部的连接，宜采用两个45°弯头或弯曲半径不小于4倍管径的90°弯头。

排水管与室外排水管道的连接处应设检查井，检查井中心至建筑物外墙的距离不宜小于3.0 m。排出管管顶标高不得低于室外排水管管顶标高，其连接处的水流转角不得小于90°，当跌落差不小于0.3 m时，可不受角度限制。

生活污水管道或散发有害气体的生产污水管道，均应设置伸顶通气管。通气管的管径，应根据污水管排水能力、管道长度确定，一般不宜小于污水管管径的1/2。通气管高出屋面不得小于0.3 m，且必须大于最大积雪厚度。通气管顶端应装设风帽或网罩。通气管不得与建筑物的其他通风管或烟道连接。

第三节　管道施工图的识读

一、建筑给排水工程图内容组成

建筑给排水工程图是房屋设备施工图的重要组成部分。建筑给排水工程图包含了建筑给水系统和排水系统的方式、管道材料及设备的规格型号、安装方式和安装要求等内容。建筑给排水工程图是由设计说明、给排水平面图、给排水系统原理图、剖面图、轴测图和详图等几个部分组成。

1. 设计说明

设计说明是用文字形式表达有关必须要交待的技术内容。设计说明是图纸的重要组成部分，在识读图纸前，首先应对设计说明进行认真仔细的阅读，这对领会理解整套图纸有着十分重要的作用。

2. 给排水平面图

给排水平面图是在建筑平面图的基础上，根据给排水工程图的制图规定绘制的反映给排水管线及设备的平面布置状况的图样。

（1）给排水平面图绘制规定

要识读理解给排水平面图，首先必须对给排水平面图的绘制规定有一个了解，下面介绍给水、排水平面图的绘制规定。

1）建筑物轮廓线、轴线号、房间名称、绘图比例等均应与建筑专业图样一致，并用细实线绘制。

2）各类管道、用水器具及设备、消火栓、喷洒头、雨水斗、阀门、附件、立管位置等应按规定图例以正投影法绘制在平面图上，并按规定线型绘制。

3）安装在下层空间或埋地而为本层使用的管道，可绘制于本层平面图上。如有地下层，排出管、引入管、汇集横干管可绘于地下层内。

4）各类管道应标注管径，立管应按管道类别和代号自左至右分别进行编号，且各楼层相一致。消火栓可按需要分层按顺序编号。

5）引入管、排出管应注明与建筑轴线的定位尺寸、穿建筑外墙标高、防水套管形式。

6）0.000标高层平面图应在图上方绘制指北针图样。

（2）建筑给排水平面图主要反映的内容

1）房屋平面形式。

2）给排水设施在房屋平面中所处的位置。

3）给排水管道的平面走向、管道材料、规格尺寸、管道支架的平面位置。

4）给排水立管的编号、类别、所处平面的位置。

5）管道的敷设、连接方式、坡度和坡向。

6）管道剖面图的位置、剖切符号及投影方向。

7）与室外给排水管道的关系和平面位置。

8）屋面雨水管道的平面位置、水流方向、雨水斗汇水范围、分水线位置、坡度和屋顶水箱位置等情况。

3. 给排水系统原理图

给排水系统原理图简称系统图，是根据各层平面图中给排水设备、管道的平面布置及竖向标高用轴测投影原理绘制而成的，它是能够反映管道及设备三维空间关系的图样，具有生动形象、立体感强、直观易懂等特点。

（1）系统原理图绘制规定

1）多层建筑、中高层建筑和高层建筑的管道以立管为主要表示对象，按管道类别分别绘制立管系统原理图。

2）以平面图左端立管为起点，顺时针自左向右按编号依次顺序均匀排列，不按比例绘制。

3）横管以首根立管为起点，按平面图的连接顺序，水平方向在所在层与立管相连接，如水平呈环状管网，绘两条平行线并于两端封闭。

4）立管上的引出管在该层水平绘出。如支管上的用水或排水器具另有详图时，其支管可在分户水表后断掉，并注明详见图号。

5）楼地面线层高相同时应等距离绘制，夹层、跃层、同层升降部分应以楼层线反映，在图纸的左端注明楼层层数和建筑标高。

6）管道阀门及附件（过滤器、除垢器、水泵接合器、检查口、通气帽、波纹管、固定支架等），各种设备及构筑物（水池、水箱、增压水泵、气压罐、消毒器、冷却塔、水加热器、仪表等）均应示意绘出。

7）系统的引入管、排水管绘出穿墙轴线号。

8）立管、横管均应标注管径，排水立管上的检查口及通气帽要注明距楼地面或屋面的高度。

（2）室内给排水系统原理图主要反映的内容

1）与给排水平面图上一致的系统编号。如管道类别代号编号、设备编号等。

2）标高。系统原理图标高包括建筑标高、给排水管道的安装标高、卫生设备的安装标高等。

3）管径。系统原理图应标注出管道的管径。

4）管道的坡向及坡度，管道的转弯及交叉等情况。

5）反映与给排水管道相连的有关排水设施的空间位置关系及相关情况。如给水设备、水箱、室外阀门和水表井、室外排水检查井等。

6）反映给排水方式。如直接给水方式或竖向分区给水方式，排水制度等情况。

4. 剖面图和详图

当给排水系统较复杂时，则需要绘制剖面图；当需要对某点或某处进行放大处理后才能清楚其结构和安装情况时则要绘制详图。详图有两类，一类为设计人员设计，另一类为国家规定的标准详图，可以通过索引有关国家标准图册来选择。

剖面图和详图绘制有以下规定：

（1）设备和构筑物布置复杂，管道交叉多，轴测图不能表示清楚时，宜辅以剖面图。

（2）表示清楚设备、构筑物、管道、阀门及附件位置、形式和相互关系。

（3）注明管径、标高、设备及构筑物有关定位尺寸。

（4）建筑和结构的轮廓线应与建筑及结构专业图纸相一致。

（5）比例等于和大于 1:30 时，管道宜采用双线绘制。

（6）无标准设计图可供选用的设备、器具安装图及非标准设备制造图，宜绘制详图。

（7）安装或制造总装图上，应对零部件进行编号。

（8）零部件应按实际形状绘制，并标注各部尺寸、加工精度、材质要求和制造数量，编号应与总装图一致。

5. 识读给排水施工图的要点

给水排水施工图识读时，应对国家专业制图标准和安装图册有所了解。成套的专业施工图首先要看其图样目录，然后再根据目录索引具体图样，并应注意以下几点：

（1）给排水施工图所表示的设备和管道一般采用统一的图例，在识读图样时应查阅和掌握有关的文字符号和图例，知道其所代表的内容。

（2）给排水管道纵横交叉，平面图难以表明它们的空间走向，一般采用系统图来分析管道的空间位置关系及走向，识读时应将系统图和平面图对照识读，以了解管道系统全貌。

（3）系统原理图中图例符号和管线较多，看图时应按一定规律进行。一般给水系统原理图识读顺序为：给水引入管→给水阀、水表井→水平干管→给水立管→给水横支管→给水支管→卫生器具。排水系统原理图识读顺序为：卫生器具→排水支管→排水横管→排水立管→排出管→室外排水系统。

（4）根据平面图和系统原理图，以及剖面图、详图和设计说明，综合了解卫生器具的类型、安装形式、设备规格型号、配管形式、穿墙、穿楼板等位置处理情况，搞清给排水系统的详细构造及施工的具体要求，以及相关工种的配合情况等。

二、建筑给排水平面图

在底层管道平面图中，各种管道都要按系统编号，系统的划分一般给水管道以每一个引入管为一个系统，排水管道以每一个承接排出管的检查井为一个系统。表 2—4 为管道类别代号。图 2—33 为某住宅楼底层给排水管道平面图，图 2—34 为标准层给排水管道平面图（由于各楼层管道系统的布置相同，所以合并绘制一个楼层管道平面图）。

表 2—4　　**管道类别代号**

序号	名称	代号	序号	名称	代号
1	生活给水管	J	11	废水管	F
2	热水给水管	RJ	12	压力废水管	YF
3	热水回管	RH	13	通气管	T
4	中水给水管	ZJ	14	污水管	W
5	循环给水管	XJ	15	压力污水管	YW
6	循环回水管	XH	16	雨水管	Y
7	热煤水管	RM	17	压力雨水管	YY
8	热煤回水管	RMH	18	膨胀管	PZ
9	蒸汽管	Z	19	空调凝结水管	KN
10	凝结水管	N			

1. 底层给排水平面图的识读

（1）给水部分的识读。给水部分首先要确定给水系统的个数。以图 2—33 为例来分析。图中$\frac{J}{2}$为第二个给水系统：*DN*40 为引入管，经阀门井，穿墙转弯至给水立管 JL－2，至底层单元一用户，经用户阀门、水表后转弯接厨房洗涤盆龙头，再沿厨房墙壁敷设至转角处转弯，通向卫生间，转弯后分别接浴盆、坐便器和洗脸盆。$\frac{J}{2}$和$\frac{J}{3}$分别为第二和第三个给水系统，分析同上。$\frac{J}{4}$为第四个给水系统：*DN*50 为引入管，经阀门井，穿墙至给水立管 JL－4。

（2）排水部分的识读。底层有三个单元，第一单元有一个排水系统$\frac{W}{1}$，第二单元有二个排水系统$\frac{W}{2}$和$\frac{W}{3}$，第三单元有两个排水系统$\frac{W}{4}$和$\frac{W}{5}$。排水系统$\frac{W}{1}$有八根排出管，其中 *DN*75 和 *DN*100 为楼层厨房洗涤盆排污总管和卫生间排污总管，其余六根排出管为底层排出设备分别单独排出，这种排出方式便于疏通维修。排水系统$\frac{W}{2}$有三根排出管，一根 *DN*100 为底层卫生间大便器粪便排污管，一根 *DN*75 为底层卫生间浴盆、洗脸盆和两只地漏的排污管，再一根 *DN*100 为楼层卫生间排污总管。排水系统$\frac{W}{3}$有两根排出管，一根 *DN*50 为底层厨房洗涤盆排污管，另一根 *DN*75 为楼层厨房洗涤盆排污总管。第三单元分析同上。

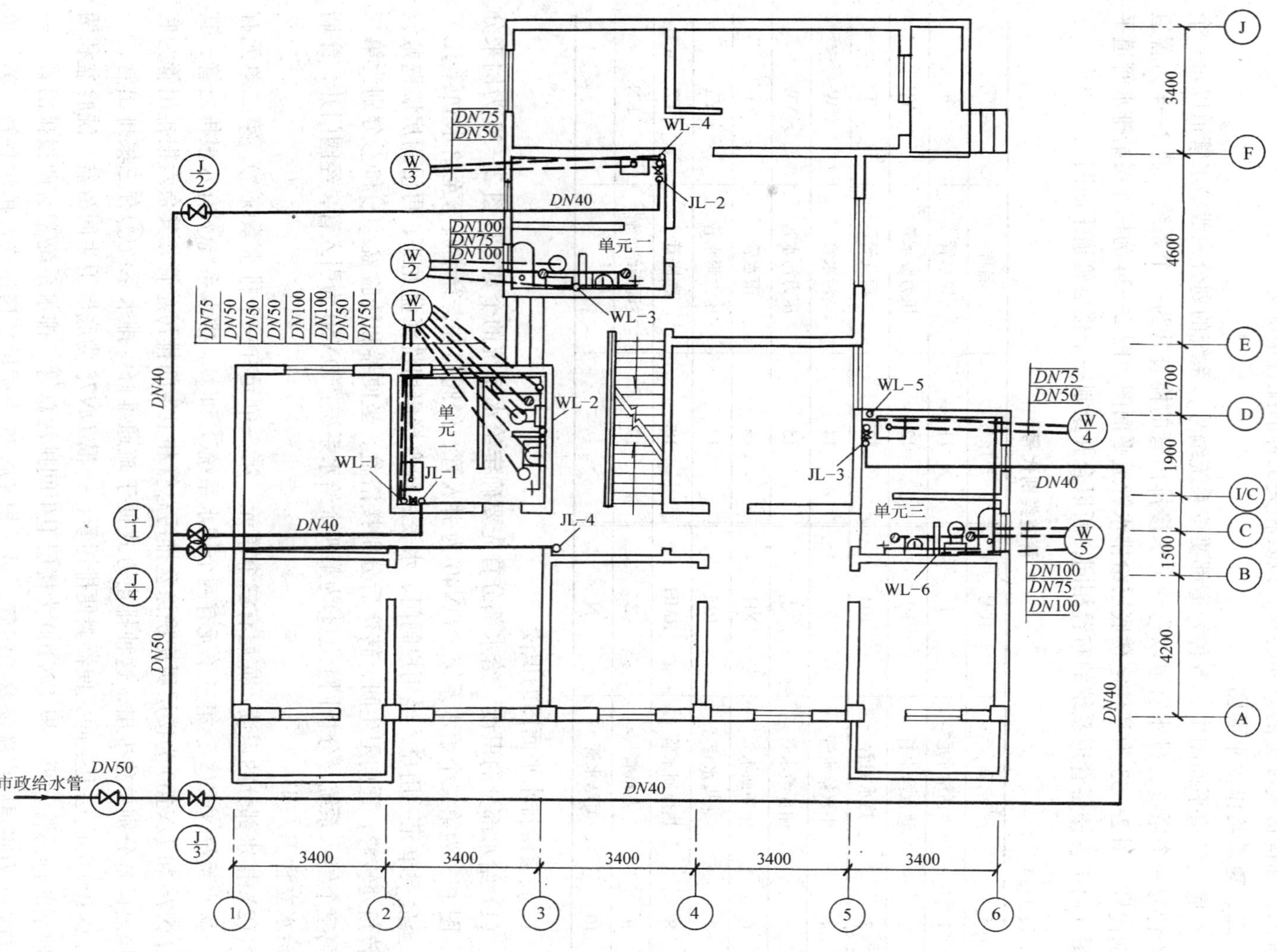

图 2—33　某住宅楼底层给排水管道平面图

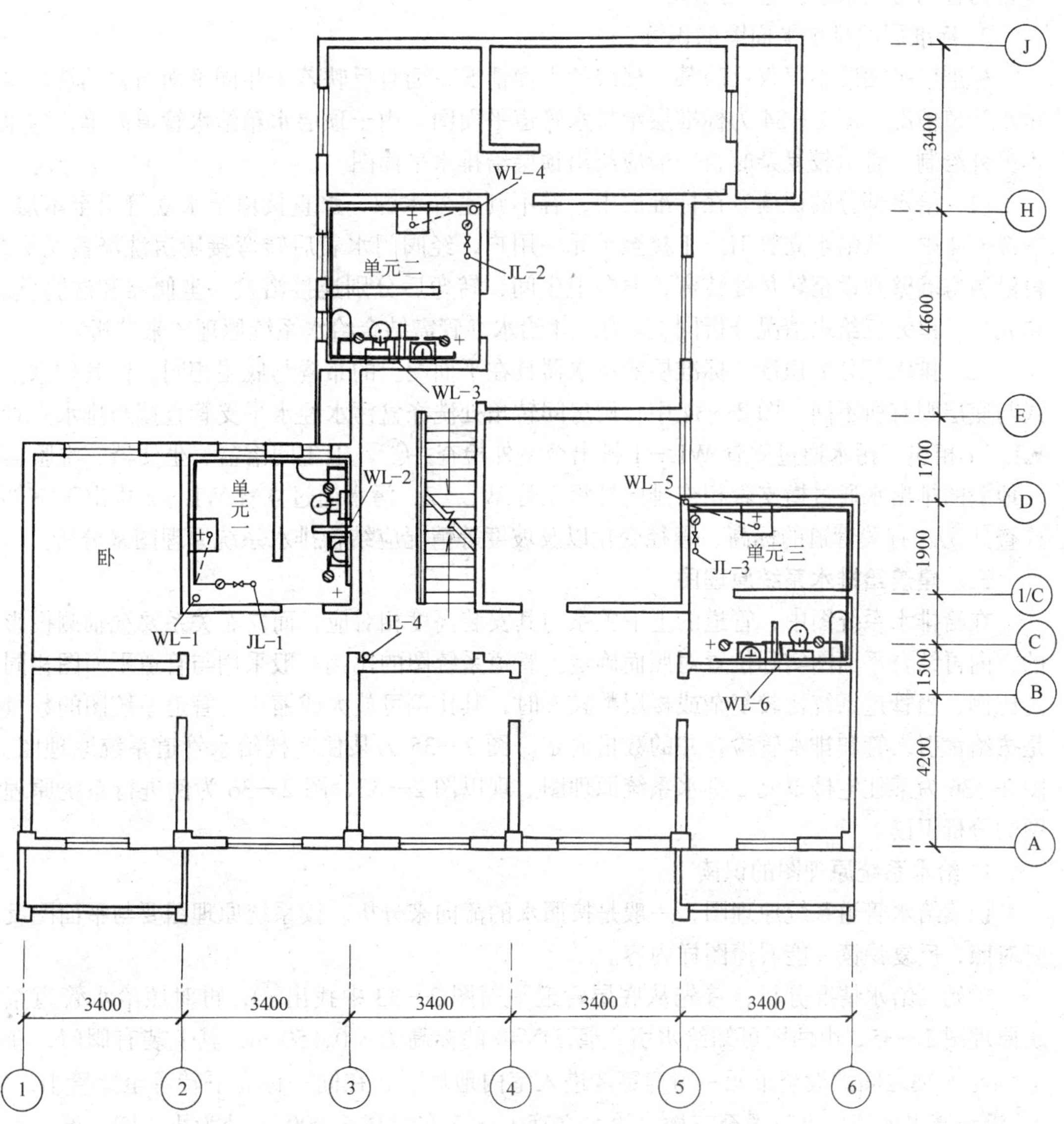

图 2—34　某住宅楼标准层给排水平面图

这里要说明的一点是：为了确保不会因水平排出管堵塞而造成楼层污水从底层卫生间或厨房间用水设备排污口溢出，一般底层所有污水管与楼层污水管不连通，而采用单独设置排污管的方法来解决这一问题。

2. 标准层给排水平面图的识读

标准层平面图不仅仅反映某一楼层的平面情况，而且反映若干相同平面布置的楼层给排水管道情况。图 2—34 为标准层给排水管道平面图。由于顶层水箱给水管道简单，这里不另外绘制。管道较复杂时，一般应绘出顶层给排水平面图。

（1）给水部分的识读。在标准层中，看不到室外水源，水直接由给水立管引至本层。图 2—34 中，从给水立管 JL－1 接至单元一用户，经阀门水表后转弯接厨房洗涤盆龙头，再沿厨房墙壁敷设至转角处转弯，通向卫生间，转弯后分别连接浴盆、坐便器和洗脸盆。单元二、单元三给水情况分析同上。JL－4 给水立管需结合给水系统原理图来分析。

（2）排水部分的识读。标准层的排水器具在平面图上的布置与底层相同，但其排水方式与底层则有所不同。图 2—34 中，厨房间转角处洗涤盆污水经水平支管直接与排水立管 WL－1 相连，污水通过立管 WL－1 排出至室外检查井$\frac{W}{1}$。卫生间浴盆、坐便器、洗脸盆及地漏的排出水通过横支管相连排向排污立管 WL－2，污水通过立管 WL－2 排出至室外检查井$\frac{W}{2}$。有关管道的标高、管径变化以及坡度等情况应结合排水系统原理图来分析。

三、建筑给排水系统原理图

在给排水系统图中，管道的上下关系与其安装高度相对应，而左右关系要视轴测投影的方向再结合平面图实际位置对照而确定。管道系统图的比例一般采用与管道平面图相同的比例，当管道系统比较复杂或楼层数较多时，其比例可放大或缩小。管道系统图的数量是按给水引入管和排水管检查井的数量而定。图 2—35 为某住宅楼给水管道系统原理图。图 2—36 为某住宅楼单元二排水系统原理图。现以图 2—35、图 2—36 为例进行系统原理图的分析识读。

1. 给水系统原理图的识读

识读给水管道系统原理图，一般是按照水的流向来分析。读系统原理图要与平面图反复对照，反复识读才能看懂图样内容。

单元二给水情况分析，首先从底层管道平面图 2—33 中找出$\frac{J}{2}$，再对照给水管道系统原理图 2—35，由两图可知给水引入管 *DN*40 的标高为－0.650 m，其上装有阀门，在Ⓔ轴与Ⓕ轴之间敷设至单元一厨房穿墙进入室内地坪下，在同一标高下转弯至立管 JL－2，沿墙穿出地坪向上直通至三楼，给水立管 JL－2 在标高 6.900 m 处为止。四、五、六层单元二给水为高位水箱给水，高位水箱的水，经过阀门、三通、*DN*50 管道、弯头、三直、*DN*40 管道、弯头、阀门、弯头至立管 *DN*40、*DN*32 至 *DN*25 为止。因此单元二给水一、二、三层为直接给水方式；四、五、六层为高位水箱给水方式。现以三楼为例分析单元二室内给水情况。在标高为 6.900 m 处管道转弯，变径为 *DN*20，经过室内阀门、小水

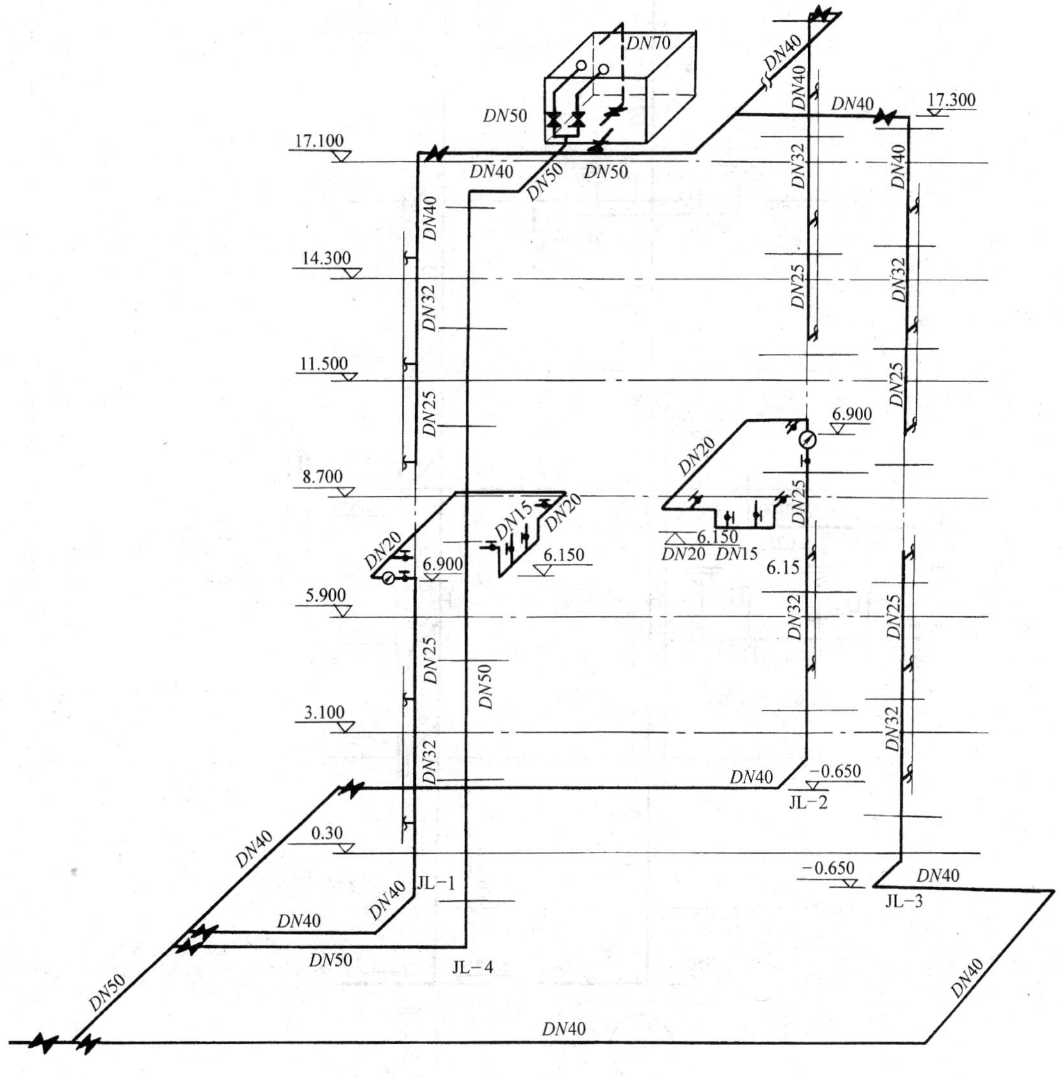

图 2—35　某住宅楼给水系统原理图

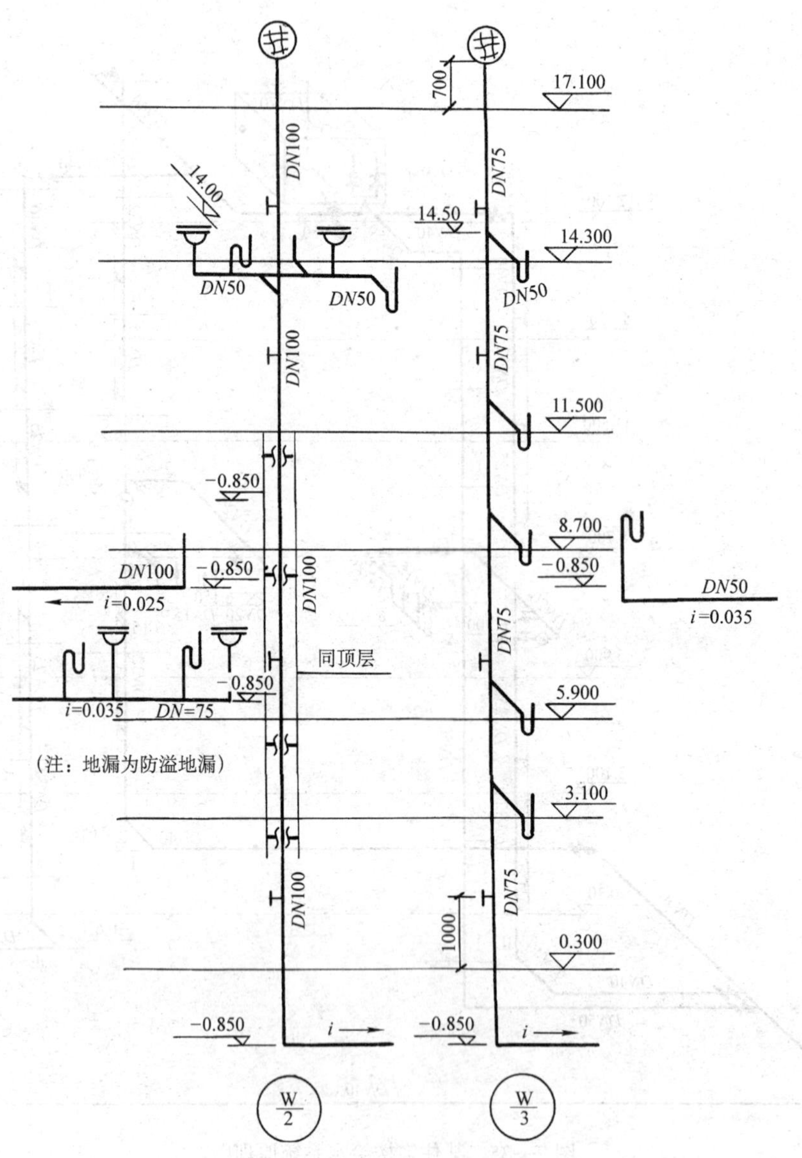

图 2—36　某住宅楼单元二排水管系统原理图

表后转弯，沿厨房墙壁敷设，先接厨房洗涤盆龙头，再转弯沿厨房墙壁敷设并穿至卫生间，然后再转弯沿卫生间墙壁敷设，在接通浴盆龙头后，管道转弯向下，在标高 6.150 m 处水平敷设，并分别接通坐便器进水角阀、洗脸盆龙头，最后再向上接洗衣机进水龙头。单元一和单元三给水情况分析同上，请读者自行识读。

2．排水系统原理图的识读

识读排水管道系统原理图的方法和给水管道系统图一样，也是按照水流方向的顺序进行。读图时，要求弄懂水流经过的管道的管径、位置和坡度等情况。现以图 2—36 排水管道系统原理图为例来分析单元二污水的排放情况。

首先从底层管道平面图 2—33 中找出单元二$\frac{W}{2}$、$\frac{W}{3}$的排出管位置，然后再与排水管道系统原理图对照分析。图 2—36 中，$\frac{W}{3}$为单元二厨房间的排水系统。污水立管 WL－1 管径为 *DN*75，为单元一二层至六层厨房间洗涤盆排污总管，同时伸出屋顶 700 mm 起通气作用，在标高－0.850 m 处转弯通向检查井$\frac{W}{3}$。立管 WL－1 在一、三、五、六层距地坪1 000 mm处分别设有检查口。底层单元二厨房间洗涤盆污水排放，单独设一根 *DN*50 的排出管，在标高－0.850 m 处转弯，坡度为 $i=0.350$ 的坡向通向检查井$\frac{W}{3}$。$\frac{W}{2}$为单元一卫生间的排水系统。污水立管 WL－3 管径为 *DN*100，为单元二二层至六层卫生间排污总管，同时伸出屋顶 700 mm 起通气作用，在标高－0.850 m 处转弯通向检查井$\frac{W}{2}$。立管 WL－3 在一、三、五、六层距地坪 1 000 mm 处分别设有检查口。底层单元二卫生间浴盆、地漏和洗脸盆单独设一根管径为 *DN*75 的排气管，在标高－0.850 m 处转弯，坡弯为 $i=0.035$ 的坡向通向检查井$\frac{W}{2}$。同样，底层单元二卫生间坐便器也单独设一根管径为 *DN*75 的排出管，在标高－0.850 m 处转弯，坡度为 $i=0.025$ 的坡向通向检查井$\frac{W}{2}$。这里要说明一点，卫生器的排出管均应设置存水弯。图 2—36 中，地漏本身具有防臭功能，同样坐便器自身结构也具有防臭气冒溢功能，因此其排出管就无须再设存水弯。

四、小区给排水施工图的识读

前面重点讲解了建筑室内给排水施工图的识读。现在对室外小区给排水施工图及其识读方法作一个简要介绍。

1．室外小区给排水平面图的内容与识读

室外给水排水管道平面图主要反映物业小区或厂区等给排水管网布置情况。识读的主要内容和方法如下：

（1）弄清管道平面布置与走向。根据国家标准规定：给水管道用中粗实线或中粗虚线，排水管道用粗实线或粗虚线。给水管道的走向是从大管径到小管径，通向建筑物。排水管道的走向则是从建筑物出来通到检查井，管道在各检查井之间沿水流方向从高标高到低标高敷设，管径是从小到大的。

（2）对室外小区给水管道要弄清管道的安装标高及管径。室外小区给排水管道的标高常用绝对标高，根据地面标高推算出管道的埋设深度。

（3）识读室外小区排水管道时，要注意检查井的位置和检查井进出管的管径、标高、距离等情况，必要时还需查看有关详图，如检查井采用什么形式（流槽式或沉底式）等。

2．室外小区给排水剖面图的内容与识读

为了详细地了解给排水管道的纵断面布置情况，有的工程需要绘制管道纵剖面示意图（管道高程图），并以表格形式表示。

应用图、表对照的方法，了解管道、检查井的纵断面情况，如检查井编号、检查井与检查井之间的距离、管径、地面标高、管底标高和管道坡度等。识读图样时，要认真检查这些数据是否正确。否则一旦产生差错就会给工程造成损失。

3．室外小区给排水施工图的识读

图 2—37 和图 2—38 为某一大楼室外小区给排水管道平面图和雨水管纵剖面图。现以此为例进行识读。

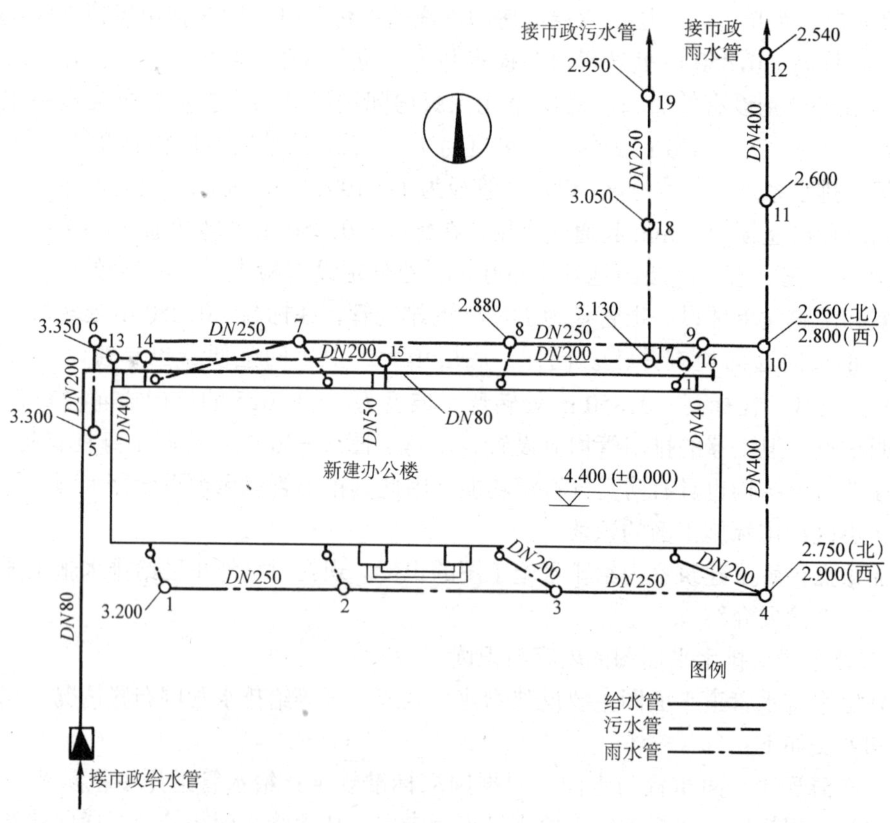

图 2—37　室外给水排水管网平面图

注：埋地排水用聚乙烯双壁缠绕管材

在大楼外面，围绕大楼四周布置有三种管道：室外给水管道、室外生活污水管道和室外雨水管道，各种管道均用不同的图例（线型）表示。

室外小区给水管道在大楼西南角由市政给水管接进，经水表井后沿大楼西侧走向，从

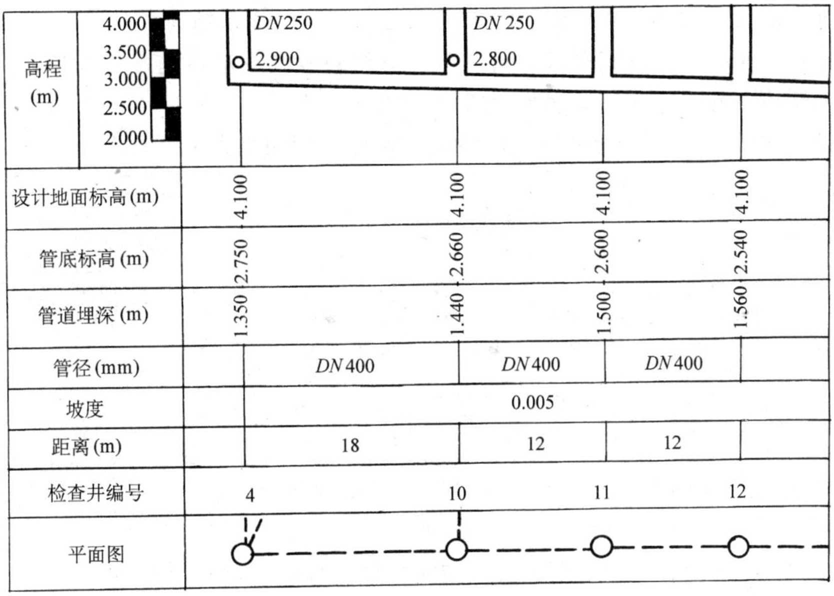

高程 (m)	4.000 3.500 3.000 2.500 2.000		DN250 2.900		DN 250 2.800			
设计地面标高 (m)		4.100		4.100		4.100		4.100
管底标高 (m)		2.750		2.660		2.600		2.540
管道埋深 (m)		1.350		1.440		1.500		1.560
管径 (mm)			*DN*400		*DN*400		*DN*400	
坡度			0.005					
距离 (m)			18		12		12	
检查井编号		4		10		11		12
平面图								

图 2—38　雨水管道纵剖面图

大楼西北角转 90°弯向东，在大楼北墙外平行北墙敷设，管径为 *DN*80，在该管上接出三根引入管，管径为 *DN*40，*DN*50 和 *DN*40 分别向大楼供水。

生活污水管道在大楼北面有四根排出管，分别排向 13 号、14 号、15 号、16 号检查井。生活污水管道沿大楼北墙平行敷设管径为 *DN*200，生活污水汇集到 17 号检查井后，向北排入市政污水管道。

室外小区雨水管用作收集大楼屋面雨水，大楼南面设四根雨水立管分别排向 1 号，2 号、3 号、4 号检查井，北面设四根雨水立管排向 7 号，8 号，9 号检查井，大楼西面设 5 号和 6 号检查井。南北两条雨水管管径均为 *DN*250，雨水总管管径为 *DN*400，由大楼东侧向北排向市政雨水管道。

第四节　生活给水管网计算

建筑生活给水管网计算包括设计秒流量和管道水力计算。

一、用水定额和水压

居住小区的居民生活用水量，应按小区人口、住宅类别和卫生器具设置标准等因素而确定。住宅的卫生器具设置标准直接反映了社会经济的发展水平，也是决定居民生活用水定额的主要因素。居民的生活习惯、气候条件、缺水区与丰水区的水费政策不同等，都对居民生活用水定额产生影响。此外，用水定额还与小时变化系数有关。

小时变化系数是指最高日用水时间内，一小时的最大用水量与平均时用水量的比值。表 2—5 为住宅最高日生活用水定额及小时变化系数。

表 2—5　　住宅最高日生活用水定额及小时变化系数

住宅类别		卫生器具设置标准	用水定额 [L/（人·d）]	小时变化系数 K_h
普通住宅	Ⅰ	有大便器、洗涤盆	85～150	3.0～2.5
	Ⅱ	有大便器、洗脸盆、洗涤盆、洗衣机、热水器和沐浴设备	130～300	2.8～2.3
	Ⅲ	有大便器、洗脸盆、洗涤盆、洗衣机、集中热水供应（或家用热水机组）和沐浴设备	180～320	2.5～2.0
别墅		有大便器、洗脸盆、洗涤盆、洗衣机、洒水栓，家用热水机组和沐浴设备	200～350	2.3～1.8

注：1. 当地主管部门对住宅生活用水定额有具体规定时，应按当地规定执行。
2. 别墅用水定额中含庭院绿化用水和汽车抹车用水。

集体宿舍、旅馆和公共建筑用水量，应按其使用性质、规模以及卫生器具的完善程度而定。表 2—6 为集体宿舍、旅馆和公共建筑生活用水定额及小时变化系数。

表 2—6　　集体宿舍、旅馆和公共建筑生活用水定额及小时变化系数

序号	建筑物名称	单位	最高日生活用水定额（L）	使用时数（h）	小时变化系数 K_h
1	单身职工宿舍、学生宿舍、招待所、培训中心、普通旅馆			24	3.0～2.5
	设公用盥洗定	每人每日	50～100		
	设公用盥洗室、淋浴室	每人每日	80～130		
	设公用盥洗室、淋浴室、洗衣室	每人每日	100～150		
	设单独卫生间、公用洗衣室	每人每日	120～200		
2	宾馆客房			24	2.5～2.0
	旅客	每床位每日	250～400		
	员工	每人每日	80～100		
3	医院住院部				
	设公用盥洗室	每床位每日	100～200	24	2.5～2.0
	设公用盥洗室、淋浴室	每床位每日	150～250	24	2.5～2.0
	设单独卫生间	每床位每日	250～400	24	2.5～2.0
	医务人员	每人每班	150～250	8	2.0～1.5
	门诊部、诊疗所	每病人每次	10～15	8～12	1.5～1.2
	疗养院、休养所住房部	每床位每日	200～300	24	2.0～1.5
4	养老院、托老所				
	全托	每人每日	100～150	24	2.5～2.0
	日托	每人每日	50～80	10	2.0

续表

序号	建筑物名称	单位	最高日生活用水定额（L）	使用时数（h）	小时变化系数 K_h
5	幼儿园、托儿所 有住宿 无住宿	 每儿童每日 每儿童每日	 50～100 30～50	 24 10	 3.0～2.5 2.0
6	公共浴室 淋浴 浴盆、淋浴 桑拿浴（淋浴、按摩池）	 每顾客每次 每顾客每次 每顾客每次	 100 120～150 150～200	 12 12 12	2.0～1.5
7	理发室、美容院	每顾客每次	40～100	12	2.0～1.5
8	洗衣房	每 kg 干衣	40～80	8	1.5～1.2
9	餐饮业 中餐酒楼 快餐店、职工及学生食堂 酒吧、咖啡馆、茶座、卡拉 OK 房	 每顾客每次 每顾客每次 每顾客每次	 40～60 20～25 5～15	 10～12 12～16 8～18	 1.5～1.2 1.5～1.2 1.5～1.2
10	商场 员工及顾客	每 m^2 营业厅面积每日	5～8	12	1.5～1.2
11	办公楼	每人每班	30～50	8～10	1.5～1.2
12	教学、实验楼 中小学校 高等院校	 每学生每日 每学生每日	 20～40 40～50	 8～9 8～9	 1.5～1.2 1.5～1.2
13	电影院、剧院	每观众每场	3～5	3	1.5～1.2
14	健身中心	每人每次	30～50	8～12	1.5～1.2
15	体育场（馆） 运动员淋浴 观众	 每人每次 每人每场	 30～40 3	 — 4	 3.0～2.0 1.2
16	会议厅	每座位每次	6～8	4	1.5～1.2
17	客运站旅客、展览中心观众	每人次	3～6	8～16	1.5～1.2
18	菜市场地面冲洗及保鲜用水	每 m^2 每日	10～20	8～10	2.5～2.0
19	停车库地面冲洗水	每 m^2 每次	2～3	6～8	1.0

注：1. 除养老院、托儿所、幼儿园的用水定额中含食堂用水，其他均不含食堂用水。
2. 除注明外，均不含员工生活用水，员工用水定额为每人每班 40～60 L。
3. 医疗建筑用水中已含医疗用水。
4. 空调用水应另计。

居住小区绿化浇洒用水定额可按浇洒面积 1.0～3.0 L /(m^2·d) 计算，干旱地区可酌情增加。

居住小区道路、广场的浇洒用水定额可按浇洒面积 2.0～3.0 L/m^2·d 计算。

建筑物室内、外消防用水量，供水延续时间，供水水压等，应根据现行有关消防规范执行。

工业企业建筑，管理人员的生活用水定额可取 30～50 L /(人·班)；车间工人的生活用水定额应根据车间性质确定，一般宜采用 30～50 L /(人·班)。用水时间为 8 h，小时变化系数为 1.5～2.5。

工业企业建筑淋浴用水定额，应根据《工业企业设计卫生标准》中的车间卫生特征分级确定，一般可采用 40～60 L/（人·次），延续供水时间为 1 h。

汽车冲洗用水定额，应根据车辆用途、道路路面等级和沾污程度，以及采用冲洗方式而定。表 2—7 为汽车冲洗用水量定额。

表 2—7　　汽车冲洗用水量定额[L/(辆·次)]

冲洗方式	软管冲洗	高压水枪冲洗	循环用水冲洗	抹车
轿车	200～300	40～60	20～30	10～15
公共汽车 载重汽车	400～500	80～120	40～60	15～30

卫生器具的给水额定流量、当量、连接管径和最低工作压力应按表 2—8 确定。

表 2—8　　卫生器具的给水额定流量、当量、连接管公称管径和最低工作压力

序号	给水配件名称	额定流量（L/s）	当量	连接管公称管径（mm）	最低工作压力（MPa）
1	洗涤盆、拖布盆、盥洗槽 单阀水嘴 单阀水嘴 混合水嘴	 0.15～0.20 0.30～0.40 0.15～0.20（0.14）	 0.75～1.00 1.50～2.00 0.75～1.00（0.70）	 15 20 15	0.050
2	洗脸盆 单阀水嘴 混合水嘴	 0.15 0.15（0.10）	 0.75 0.75（0.50）	 15 15	0.050
3	洗手盆 感应水嘴 混合水嘴	 0.10 0.15（0.10）	 0.50 0.75（0.50）	 15 15	0.050
4	浴盆 单阀水嘴 混合水嘴（含带淋浴转换器）	 0.20 0.24（0.20）	 1.00 1.20（1.00）	 15 15	 0.050 0.050～0.070
5	淋浴器 混合阀	 0.15（0.10）	 0.75（0.50）	 15	 0.050～0.100
6	大便器 冲洗水箱浮球阀 延时自闭式冲洗阀	 0.10 1.20	 0.50 6.00	 15 25	 0.020 0.100～0.150
7	小便器 手动或自动自闭式冲洗阀 自动冲洗水箱进水阀	 0.10 0.10	 0.50 0.50	 15 15	 0.050 0.020
8	小便槽穿孔冲洗管（每 m 长）	0.05	0.25	15～20	0.015
9	净身盆冲洗水嘴	0.10（0.07）	0.50（0.35）	15	0.050
10	医院倒便器	0.20	1.00	15	0.050

续表

序号	给水配件名称	额定流量 (L/s)	当量	连接管公称管径 (mm)	最低工作压力 (MPa)
11	实验室化验水嘴（鹅颈）				
	单联	0.07	0.35	15	0.020
	双联	0.15	0.75	15	0.020
	三联	0.20	1.00	15	0.020
12	饮水器喷嘴	0.05	0.25	15	0.050
13	洒水栓	0.40	2.00	20	0.050～0.100
		0.70	3.50	25	0.050～0.100
14	室内地面冲洗水嘴	0.20	1.00	15	0.050
15	家用洗衣机水嘴	0.20	1.00	15	0.050

注：1. 表中括弧内的数值系在有热水供应时，单独计算冷水或热水时使用。

2. 当浴盆上附设淋浴器时，或混合水嘴有淋浴器转换开关时，其额定流量和当量只计水嘴，不计淋浴器。但水压应按淋浴器计。

3. 家用燃气热水器，所需水压按产品要求和热水供应系统最不利配水点所需工作压力确定。

4. 绿地的自动喷灌应按产品要求设计。

表2—8中，当量是指给水支管直径为15 mm的水龙头，以额定流量为0.2 L/s为标准，即定义为1个当量的流量值。其他卫生器具的额定流量是0.2 L/s的多少倍，则它的给水当量就是多少。最低工作压力是指在此压力下，卫生器具基本可以满足使用要求，它与额定流量无对应关系。

二、设计秒流量和管道水力计算

1. 设计秒流量

生活给水管道设计秒流量计算按用水特点分两种类型：一种为分散型，如住宅、集体宿舍、旅馆、医院、幼儿园、办公楼、学校等。其用水特点是用水时间长，用水设备使用不集中，卫生器具的同时出流百分数（出流率）随卫生器具的增加而减少；另一种是密集型，如工业企业的生活间、公共浴室、洗衣房、公共食堂、实验室、影剧院、体育场等。其用水特点是在同一时间内用水集中。

住宅建筑的生活给水管道的设计秒流量，应按下列步骤和方法计算。

（1）根据住宅配置的卫生器具给水当量、使用人数、用水定额、使用时数及小时变化系数，按下列计算式计算出最大用水时卫生器具给水当量平均出流概率：

$$U_0=\frac{q_0 m K_{\mathrm{b}}}{0.2\cdot N_{\mathrm{g}}\cdot T\cdot 3\,600}\ (\%)$$

式中 U_0——生活给水管道最大用水时卫生器具给水当量平均出流概率，%；

q_0——最高用水日的用水定额，按表2—5选取；

m——每户用水人数；

K_b ——小时变化系数，按表 2—5 选取；

N_g ——每户设置的卫生器具给水当量数；

T ——用水时数，h；

(2) 根据计算管段上的卫生器具给水当量总数，按下列计算式计算出该管段的卫生器具给水当量的同时出流概率：

$$U=\frac{1+\alpha_c\,(N_g-1)^{0.49}}{\sqrt{N_g}}\ (\%)$$

式中 U ——计算管段的卫生器具给水当量同时出流概率，%；

α_c ——对应于不同 U_0 的系数，按表 2—9 选取；

N_g——计算管段的卫生器具给水当量总数。

(3) 根据计算管段上的卫生器具给水当量同时出流概率，按下列计算式计算出管段的设计秒流量：

$$q_g=0.2\cdot U\cdot N_g\quad (L/s)$$

式中 q_g——计算管段的设计秒流量，L/s。

为了计算快速、方便，在计算出 U_0 后，即可根据计算管段的 N_g 值从附录 1 的计算表中直接查出给水设计秒流量。该表可用内插法。当计算管段的卫生器具给水当量总数超过附录 1 中的最大值时，其流量应取最大用水时平均秒流量，即 $q_g=0.2\cdot U_0\cdot N_g$。

(4) 有两条或两条以上支管具有不同最大用水时，该管段的最大时卫生器具给水当量平均出流概率按下列计算式计算：

$$\overline{U_0}=\frac{\sum U_{0i}\cdot N_{gi}}{\sum N_{gi}}$$

式中 $\overline{U_0}$ ——给水干管的卫生器具给水当量平均出流概率；

U_{0i}——支管的最大用水时卫生器具给水当量平均出流概率；

N_{gi} ——相应支管的卫生器具给水当量总数。

表 2—9 为 U_0～α_c 值对应表。

表 2—9 **U_0～α_c 值对应表**

U_0 (%)	α_c
1.0	0.003 23
1.5	0.006 97
2.0	0.010 97
2.5	0.015 12
3.0	0.019 39
3.5	0.023 74
4.0	0.028 16
4.5	0.032 63

续表

U_0（%）	α_c
5.0	0.037 15
6.0	0.046 29
7.0	0.055 55
8.0	0.064 89

【例 2—1】　生活给水管道计算草图如图 2—39 所示。

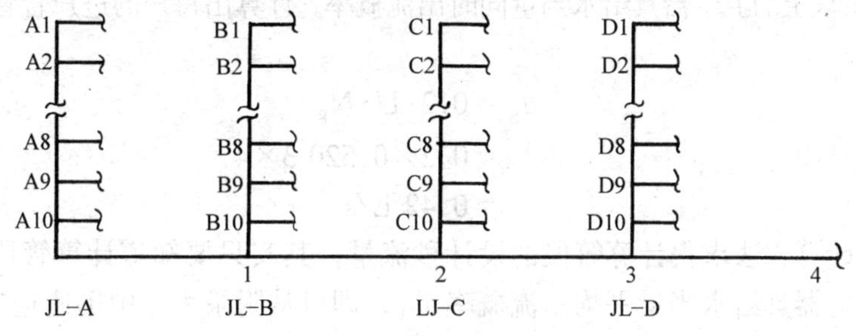

图 2—39　计算草图

立管 A 和 B 服务于每层六户的 10 层普通住宅Ⅱ型，每户的卫生器具及当量为：洗涤盆 1 只（$N=1.0$）；坐便器 1 具（$N=0.5$）；洗脸盆 1 只（$N=0.75$）；淋浴器 1 具（$N=0.75$）；洗衣机水嘴 1 个（$N=1.0$）。取用水定额：250 L/(人·d)；户均人数：3.5 人。用水时数：24 h；时变化系数 $K_b=2.8$。

立管 C 和 D 服务于每层四户的 10 层普通住宅Ⅲ型，每户的卫生器具及当量为：洗涤盆 1 只（$N=1.0$）；坐便器 2 具（$N=0.5\times2=1.0$）；洗脸盆 2 只（$N=0.75\times2=1.5$），浴盆 1 只（$N=1.2$）；淋浴器 1 具（$N=0.75$）；洗衣机水嘴 1 个（$N=1.0$）。取用水定额：280 L/(人·d)；户均人数：4 人。用水时数：24 h；时变化系数 $K_b=2.5$。

求各管段的设计秒流量。

解：给水立管 A 和 B 上，每户卫生器具的当量数为：

$$N_g=4.0$$

根据最大用水时卫生器具给水当量平均出流概率计算式得：

$$\begin{aligned}U_0&=\frac{q_0\cdot m\cdot K_b}{0.2\cdot N_g\cdot T\cdot 3\ 600}\\&=\frac{250\times3.5\times2.8}{0.2\times4\times24\times3\ 600}\\&=0.035\ 4\end{aligned}$$

取 $U_0=3.5\%$，查表 2—9 得 $\alpha_c=0.023\ 74$。

根据计算管段上的卫生器具给水当量总数，计算出每户的进户管管段的卫生器具给水当量的同时出流概率：

$$U=\frac{1+\alpha_c(N_g-1)^{0.49}}{\sqrt{N_g}}$$

$$=\frac{1+0.023\,74(4-1)^{0.49}}{\sqrt{4}}$$

$$=0.520\,3$$

$$=52.03\%$$

根据计算管段上的卫生器具给水当量同时出流概率，计算出每户的进户管管段的设计秒流量：

$$q_g=0.2\cdot U\cdot N_g$$

$$=0.2\times0.520\,3\times4$$

$$=0.42\ \text{L/s}$$

以上是用计算方法求得计算管段的设计秒流量，其实只要知道计算管段的总当量 N_g 和该管段上卫生器具给水当量平均出流概率 U_0，即可从附录表 1 中迅速查出 q_g。

给水立管 C 和 D 上，每户卫生器具的当量数为：

$$N_g=6.45$$

根据最大用水时卫生器具给水当量平均出流概率计算式得：

$$U_0=\frac{q_0\cdot m\cdot K_b}{0.2\cdot N_g\cdot T\cdot 3\,600}$$

$$=\frac{280\times4\times2.5}{0.2\times6.45\times24\times3\,600}$$

$$=0.025\,1$$

取 $U_0=2.5\%$，查表附录 1 可迅速查出 $q_g=0.53$ L/s。

管段 2～3 的最大用水时卫生器具给水当量平均出流概率为：

$$\overline{U}_{2\sim3}=\frac{\sum U_{0i}\cdot N_{gi}}{\sum N_{gi}}$$

$$=\frac{4\times6\times10\times2\times0.035\,4+6.45\times4\times10\times0.025\,1}{4\times6\times10\times2+6.45\times4\times10}$$

$$=0.031\,8$$

取 $\overline{U}_0=3.18\%$，用内插法查表附录 1 或用计算法（这里要提醒的是：内插法要用二次才能求出管段 2～3 的 q_g）。

管段 3～4 的最大用水时卫生器具给水当量平均出流概率为：

$$\overline{U}_{3\sim4}=\frac{\sum U_{0i}\cdot N_{gi}}{\sum N_{gi}}$$

$$=\frac{4\times6\times10\times2\times0.035\,4+6.45\times4\times10\times2\times0.025\,1}{4\times6\times10\times2+6.45\times4\times10\times2}$$

$$=0.030$$

取 $\overline{U}_0=3.0\%$，查表附录 1。

根据验算结果列表，见表 2—10 所示。

表 2—10　　　　管段设计秒流量表

管段编号	N_g	q_g (L/s)	管段编号	N_g	q_g (L/s)	管段编号	N_g	q_g (L/s)
入户管 A	4.0	0.42	A9～A10	216.0	3.91	C6～C7	154.8	2.93
A1～A2	24.0	1.09	A10～1	24.00	4.17	C7～C8	180.6	3.21
A2～A3	48.0	1.60	1～2	480.0	6.52	C8～C9	206.4	3.46
A3～A4	72.0	2.02	入户管 C	6.45	0.53	C9～C10	232.2	3.71
A4～A5	96.0	2.39	C1～C2	25.8	1.09	C10～2	258.0	3.95
A5～A6	120.0	2.73	C2～C3	51.6	1.59	2～3	738	8.33
A6～A7	144.0	3.05	C3～C4	77.4	1.98	3～4	996	991
A7～A8	168.0	3.35	C4～C5	103.2	2.33			
A0～A9	192.0	3.63	C5～C6	129.0	2.64			

集体宿舍、旅馆、宾馆、医院、疗养院、幼儿园、养老院、办公楼、商场、客运站、会展中心、中小学教学楼、公共厕所等建筑的生活给水设计秒流量，应按下式计算：

$$q_g = 0.2\alpha\sqrt{N_g}$$

式中　q_g——计算管段的给水设计秒流量，L/s；

N_g——计算管段的卫生器具给水当量总数；

α——根据建筑物用途而定的系数，应按表 2—11 选取。

注：

1）如果计算值小于该管段上一个最大卫生器具给水额定流量时，应采用一个最大的卫生器具给水额定流量作为设计秒流量。

2）如果计算值大于该管段上按卫生器具给水额定流量累加所得流量值时，应按卫生器具给水额定流量累加所得流量值选取。

3）有大便器延时自闭冲洗阀的给水管段，大便器延时自闭冲洗阀的给水当量均以 0.5 计算，计算得到的 q_g 附加 1.10 L/s 的流量后，为该管段的给水设计秒流量。

4）综合楼建筑的 α 值应按加权平均法计算。

表 2—11 为根据建筑物用途而定的系数值（α 值）。

表 2—11　　　　根据建筑物用途而定的系数值（α 值）

建筑物名称	α 值
幼儿园、托儿所、养老院	1.2
门诊部、诊疗所	1.4
办公楼、商场	1.5
学校	1.8
医院、疗养院、休养所	2.0
集体宿舍、旅馆、招待所、宾馆	2.5
客运站、会展中心、公共厕所	3.0

工业企业的生活间、公共浴室、职工食堂或营业餐馆的厨房、体育场馆运动员休息室、剧院的化妆间、普通理化实验室等建筑的生活给水管道的设计秒流量，应按下式计算：

$$q_g = \sum q_0 N_0 b$$

式中　q_g——计算管段的给水设计秒流量，L/s；

q_0——同类型的一个卫生器具给水额定流量，L/s；

N_0——同类型卫生器具数；

b——卫生器具的同时给水百分数，应按表2—12至表2—14选取。

注：

1）如果计算值小于该管段上一个最大卫生器具给水定额流量时，应采用一个最大的卫生器具给水定额流量作为设计秒流量。

2）大便器自闭式冲洗阀应单列计算：当单列计算值小于1.2 L/s时，以1.2 L/s计；大于1.2 L/s时，以计算值计。

表2—12为工业企业生活间、公共浴室、剧院化妆间、体育场馆运动员休息室等卫生器具同时给水百分数。表2—13为职工食堂、营业餐馆厨房设备同时给水百分数。表2—14为实验室化验水嘴同时给水百分数。

表2—12　工业企业生活间、公共浴室、剧院化妆间、体育场馆运动员休息室等卫生器具同时给水百分数

卫生器具名称	同时给水百分数（%）			
	工业企业生活间	公共浴室	剧院化妆间	体育场馆运动员休息室
洗涤盆（池）	33	15	15	15
洗手盆	50	50	50	50
洗脸盆、盥洗槽水嘴	60～100	60～100	50	80
浴盆	—	50	—	—
无间隔淋浴器	100	100	—	100
有间隔淋浴器	80	60～80	60～80	60～100
大便器冲洗水箱	30	20	20	20
大便器自闭式冲洗阀	2	2	2	2
小便器自闭式冲洗阀	10	10	10	10
小便器（槽）自动冲洗水箱	100	100	100	100
净身盆	33	—	—	—
饮水器	30～60	30	30	30
小卖部洗涤盆	—	50	—	50

注：健身中心的卫生间，可采用本表体育场馆运动员休息室的同时给水百分率。

表2—13　职工食堂、营业餐馆厨房设备同时给水百分数

厨房设备名称	同时给水百分数（%）
污水盆（池）	50
洗涤盆（池）	70
煮锅	60
生产性洗涤机	40
器皿洗涤机	90
开水器	50
蒸汽发生器	100
灶台水嘴	30

注：职工或学生食堂的洗碗台水嘴，按100%同时给水，但不与厨房用水叠加。

表 2—14 实验室化验水嘴同时给水百分数

化验水嘴名称	同时给水百分数（%）	
	科学研究实验室	生产实验室
单联化验水嘴	20	30
双联或三联化验水嘴	30	50

2. 计算管径

根据流体力学知识可知，流量、流速和过流截面三者之间的关系为：$q_g = vA$，再按圆面积公式，即可求得管道内径。表 2—15 为给水管流量、流速与管径的关系表。

由：

$$q_g = v \cdot \frac{\pi}{4} d_j^2$$

得：

$$d_j = 2\sqrt{q_g / v \cdot \pi}$$

式中 d_j——计算管段的内径，m；

q_g——管段的设计秒流量，m^3/s；

v——水流速度，m/s。

表 2—15 给水管流量、流速与管径的关系表

流量 q_g（L/s）；流速 v（m/s）；管径 d（mm）

q_g	$d=15$	$d=20$	$d=25$	$d=32$	$d=40$	$d=50$	$d=70$	$d=80$	$d=100$
	v	v	v	v	v	v	v	v	v
0.05	0.28								
0.07	0.40	0.22							
0.10	0.57	0.32							
0.12	0.68	0.38	0.24						
0.14	0.70	0.45	0.29						
0.16	0.91	0.51	0.33						
0.18	1.02	0.57	0.37						
0.20	1.13	0.64	0.41	0.25					
0.25	1.41	0.80	0.51	0.31	0.20				
0.30	1.70	0.95	0.61	0.37	0.24				
0.35		1.11	0.71	0.44	0.28				
0.40		1.27	0.81	0.50	0.32				
0.45		1.43	0.97	0.56	0.36	0.23			
0.50		1.59	1.02	0.62	0.40	0.25			
0.55		1.75	1.12	0.68	0.44	0.28			
0.60		1.91	1.22	0.75	0.48	0.31			
0.65		2.07	1.32	0.81	0.52	0.33			
0.70			1.43	0.87	0.56	0.36	0.18		
0.75			1.53	0.93	0.60	0.38	0.19		
0.80			1.63	0.99	0.64	0.41	0.21		
0.85			1.73	1.06	0.68	0.43	0.22		
0.90			1.83	1.12	0.72	0.46	0.23		
0.95			1.94	1.18	0.76	0.48	0.25		

续表

q_g	$d=15$	$d=20$	$d=25$	$d=32$	$d=40$	$d=50$	$d=70$	$d=80$	$d=100$
	v	v	v	v	v	v	v	v	v
1.00			2.03	1.24	0.80	0.51	0.26	0.2	
1.10			2.24	1.33	0.88	0.56	0.29	0.22	
1.20				1.49	0.95	0.61	0.31	0.24	
1.30				1.62	1.03	0.66	0.34	0.26	
1.40				1.74	1.11	0.71	0.36	0.28	
1.50				1.87	1.19	0.76	0.39	0.30	
1.60					1.27	0.81	0.42	0.32	
1.70					1.35	0.87	0.44	0.34	
1.80					1.43	0.92	0.47	0.36	
1.90						0.97	0.49	0.38	
2.00						1.02	0.52	0.40	0.25
2.20						1.12	0.57	0.44	0.28
2.40						1.22	0.62	0.48	0.31
2.60						1.32	0.68	0.52	0.33
2.80							0.73	0.56	0.36
3.00							0.78	0.60	0.38
3.50							0.91	0.70	0.45
4.00							1.04	0.80	0.51
4.50								0.90	0.57
5.00								1.00	0.64
5.50								1.09	0.70
6.60								1.19	0.76

注：液体在管道中流动时，因黏滞阻力作用影响，流经某管段过程中，会产生一定的能量损失，这样给水管在同等的流量和管径技术条件下，其流速比表 2—15 计算值要略小。

当管道内径以 mm 为计算单位、设计秒流量以 L/s 为计算单位时，计算内径为：

$$d_j = \sqrt{4q_g \times 10^6 / \pi v \times 10^3}$$
$$= 35.68\sqrt{q_g / v}$$

式中 d_j——计算管段的内径，mm；

q_g——管段的设计秒流量，L/s；

v——水流速度，m/s。

在实际工程中，管道管径的确定要满足水流速度规定以及水压要求。

3. 管道水力计算

我国建筑给水管道由于过去多使用镀锌钢管和铸铁管，因此，其水力计算采用以旧钢管、旧铸铁管为研究对象建立的舍维列夫公式。近年来，铜管、不锈钢管的使用日趋普遍，各种化学管材的使用也日趋成熟。多种管材的使用，分别采用各自的水力计算公式很不方便。因此，2003 年国家标准采用海澄—威廉公式作为各种管材的水力计算公式。

（1）速度选择。管内水流速度的大小与管径有关，水流速度大，管径就小；反之水流速度小，管径就大。同时，水流速度又与压力损失有关，水流速度大，压力损失就大。在设计时，要考虑到工程投资及使用经费等，因此要综合平衡选择最经济最合理的流速。

给水管道的水流速度，应符合下列规定：

1）生活或生产给水管道的水流速度，不宜大于 2.0 m/s。

2）消火栓系统消防给水管道的水流速度，不宜大于 2.5 m/s。

3）自动喷水灭火系统给水管道的水流速度，不宜大于 5 m/s。配水支管内的水流速度在个别情况下，不得大于 10 m/s。

4）当有防噪声要求，且管径小于或等于 25 mm 时，生活给水管道内的水流速度，可采用 0.8～1.2 m/s。表 2—16 为生活给水管道的水流速度。

表 2—16　　生活给水管道的水流速度

公称直径（mm）	15～20	25～40	50～70	≥80
水流速度（m/s）	≤1.0	≤1.2	≤1.5	≤1.8

（2）压力损失。流体流动时，会遇到流动阻力。为克服流动阻力，流体就要消耗掉自身所具有的部分能量，这部分被消耗的能量称为压力损失或水头损失，单位用 Pa，kPa 或 $m\cdot H_2O$ 等表示。管道的压力损失分沿程压力损失和局部压力损失。

1）沿程压力损失。流体在直管中流动时，由于流体的黏滞性以及管壁具有一定的表面粗糙度，流体在流动过程中产生的摩擦阻力称为沿程阻力。流体克服沿程阻力消耗的能量称为沿程压力损失，用 H_f 表示。沿程压力损失可按下式计算：

$$H_f = iL$$

式中 H_f——沿程压力损失，Pa，kPa 或 $m\cdot H_2O$ 等；

L——管段长度，m；

i——单位长度管段的沿程压力损失，Pa/m，kPa/m 或 $m\cdot H_2O/m$ 等。

给水管道的沿程压力损失 i 可按下式计算：

$$i = 105 C_h^{-1.85} d_j^{-4.87} q_g^{1.85}$$

式中 i——单位长度管段的沿程压力损失，kPa/m；

d_j——管道计算内径，m；

q_g——给水设计流量，m^3/s；

C_h——海澄—威廉系数。

各种塑料管、内衬（涂）塑管：$C_h = 140$；

铜管、不锈钢管：$C_h = 130$；

衬水泥、树脂的铸铁管：$C_h = 130$；

普通钢管、铸铁管：$C_h = 100$。

2）局部压力损失。流体通过管道的附件，如水表、弯头、三通、阀门等时，由于流速的大小和方向发生了变化所造成的阻力称为局部阻力。流体克服局部阻力所消耗的能量称为局部压力损失，用 H_j 表示。在工程中，生活给水管道的配水管的局部压力损失，宜按管道的连接方式，采用管（配）件当量长度法计算。当管道的管（配）件当量长度资料不足时，可按下列管件的连接状况，按管网的沿程压力损失的百分数取值：

管（配）件内径与管道内径一致，采用三通分水时，取25%～30%；采用分水器分水时，取15%～20%。

管（配）件内径略大于管道内径，采用三通分水时，取50%～60%；采用分水器分水时，取30%～35%。

管（配）件内径略小于管道内径，管（配）件的插口插入管口内连接，采用三通分水时，取70%～80%；采用分水器分水时，取35%～40%。

管（配）件采用标准管（配）件螺纹连接时，按表2—17的数据计算。表2—17为阀门和螺纹管件的摩阻损失的折算补偿长度。

水表的压力损失，应按选用产品所给定的压力损失值计算。在未确定具体产品时，可按下列情况选取：

住户入户管上的水表，宜取0.01 MPa；

建筑物或小区引入管上的水表，在生活用水工况时，宜取0.03 MPa；在校核消防工况时，宜取0.05 MPa。

比例式减压阀的压力损失，阀后动水压宜按阀后静水压的80%～90%选取。

管道过滤器的压力损失，宜取0.01 MPa。

管道倒流防止器的压力损失，宜取0.025～0.04 MPa。

表2—17　　阀门和螺纹管件的摩阻损失的折算补偿长度

管件内径（mm）	各种管件的折算管道长度（m）						
	90°标准弯头	45°标准弯头	标准三通90°转角流	三通直向流	闸板阀	球阀	角阀
9.5	0.3	0.2	0.5	0.1	0.1	2.4	1.2
12.7	0.6	0.4	0.9	0.2	0.1	4.6	2.4
19.1	0.8	0.5	1.2	0.2	0.2	6.1	3.6
25.4	0.9	0.5	1.5	0.3	0.2	7.6	4.6
31.8	1.2	0.7	1.8	0.4	0.2	10.6	5.5
38.1	1.5	0.9	2.1	0.5	0.3	13.7	6.7
50.8	2.1	1.2	3.0	0.6	0.4	16.7	8.5
63.5	2.4	1.5	3.6	0.8	0.5	19.8	10.3
76.2	3.0	1.8	4.6	0.9	0.6	24.3	12.2
101.6	4.3	2.4	6.4	1.2	0.8	38.0	16.7
127.0	5.2	3	7.6	1.5	1.0	42.6	21.3
152.4	6.1	3.6	9.1	1.8	1.2	50.2	24.3

注：本表的螺纹接口是指管件无凹口的螺纹，即管件与管道在连接点内径有突变，管件内径大于管道内径。当管件为凹口螺纹，或管件与管道为等径焊接，其折算补偿长度取本表值的二分之一。

4. 校验给水压力是否满足工作要求

建筑给水系统所需要的水压，应能满足室内最不利点用水设备的最低工作压力，通常按下式计算。

$$H \geqslant H_1 + H_2 + H_3$$

式中　H——建筑物给水管道系统所需的总压力；

H_1——给水总管与最高处用水点（最不利点）高差所需压力；

H_2——管道的压力损失，等于沿程压力损失、局部压力损失之和；

H_3——最不利点用水设备所需的最低工作压力。

注：计算时 H_1，H_2 与 H_3 单位要统一，通常用 Pa，kPa，MPa，m·H_2O 或 mm·H_2O 表示。

【例 2—2】　某诊所给水系统如图 2—40 所示，每层卫生间设污水池（$N=1.0$）一个，小便槽 2 m 长（每米 $N=0.25$）一个，蹲式大便器（$N=0.5$）四个，室外给水管网压力为 200 kPa。试确定该系统为普通钢管时，各管段的设计秒流量，并选择合理的管径。

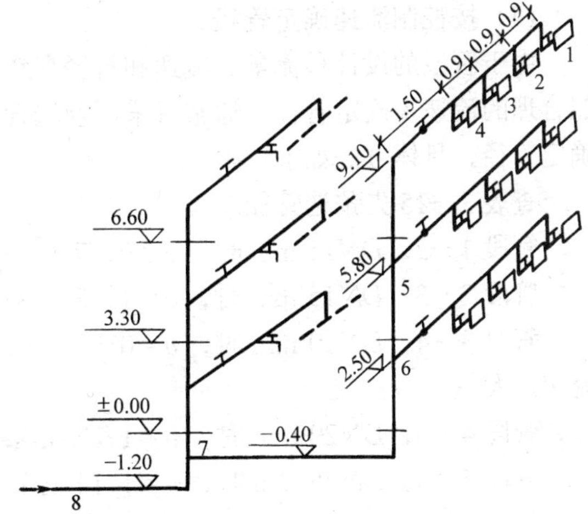

图 2—40　某医疗诊所给水系统

解：(1) 首先分析图中用水设备的分布情况，确定最远点用水设备为蹲式大便器，从进水管开始编号，流量改变处是各管段的分界点，一直编至引入管为止，如图 2—40 所示。

(2) 计算各管段的当量数：

管段 1～2，$N=0.5$；管段 2～3，$N=1.0$；管段 3～4，$N=1.5$；

管段 4～5，$N=2.0$；管段 5～6，$N=4.0$；管段 6～7，$N=6.0$；

管段 7～8，$N=10.5$；

(3) 计算各管段的设计秒流量：

管段 1～2，设计秒流量为 0.1 L/s；

管段 2～3，$q_g = 0.2\,\alpha\,\sqrt{N_g}$

$= 0.2 \times 1.4 \times \sqrt{1}$

$= 0.28$ L/s

（由于管段 2～3 供二只大便器，每只大便器 $q_g = 0.1$，因此设计秒流量不可能超过 0.2 L/s）。

取管段 2～3 设计秒流量为 0.2 L/s。

管段 3～4，设计秒流量为 0.3 L/s。

管段 4～5，设计秒流量为 0.4 L/s。

管段 5~6，$q_g = 0.2 \times 1.4 \times \sqrt{4}$

0.56 L/s

管段 6~7，$q_g = 0.2 \times 1.4 \times \sqrt{6}$

$= 0.69$ L/s

管段 7~8，$q_g = 0.2 \times 1.4 \times \sqrt{10.5}$

$= 0.91$ L/s

（4）按控制流速确定管径：

由于管段的设计秒流量、流速和管径存在着一定的关系，因此可根据设计秒流量，按照合理的流速来确定管径。通常可采用预选管径，求得流速，看此流速是否满足要求，来确定管径，具体方法如下：

查表 2—15 先预选管径。

管段 1~2，DN15 mm 时，$v = 0.57$ m/s;

管段 2~3，DN15 mm 时，$v = 1.13$ m/s;

管段 3~4，DN20 mm 时，$v = 0.95$ m/s;（如果取 DN15 mm 时，$v = 1.70$ m/s，此流速过大）;

管段 4~5，DN20 mm 时，$v = 1.27$ m/s;

管段 5~6，DN25 mm 时，$v = 1.14$ m/s（选取计算或内插法查表）;

管段 6~7，DN25 mm 时，$v = 1.40$ m/s（选取计算或内插法查表）;

管段 7~8，DN32 mm 时，$v = 1.13$ m/s（选取计算或内插法查表）。

（5）计算压力损失：

沿程压力损失：

管段 1~2，$i = 105 C_h^{-1.85} d_j^{-4.87} q_g^{1.85}$

$= 105 \times 100^{-1.85} \times 0.015^{-4.87} \times 0.0001^{1.85}$

$= 0.636$ kPa/m

管段 2~3，$i = 105 \times 100^{-1.85} \times 0.015^{-4.87} \times 0.0002^{1.85}$

$= 2.294$ kPa/m

管段 3~4，$i = 105 \times 100^{-1.85} \times 0.020^{-4.87} \times 0.0003^{1.85}$

$= 1.196$ kPa/m

管段 4~5，$i = 105 \times 100^{-1.85} \times 0.020^{-4.87} \times 0.0004^{1.85}$

$= 2.037$ kPa/m

管段 5~6，$i = 105 \times 100^{-1.85} \times 0.025^{-4.87} \times 0.00056^{1.85}$

$= 1.280$ kPa/m

管段 6~7，$i = 105 \times 100^{-1.85} \times 0.025^{-4.87} \times 0.00069^{1.85}$

$= 1.884$ kPa/m

管段 7~8，$i = 105 \times 100^{-1.85} \times 0.032^{-4.87} \times 0.00091^{1.85}$

$=0.945\ kPa/m$

列计算数据表，见表2—18。

表2—18　计算数据

管段编号	N_g	q_g (L/s)	DN (mm)	v (m/s)	i (kPa/m)	L (m)	h_f (kPa)
1~2	0.5	0.1	15	0.57	0.636	0.9	0.572
2~3	1.0	0.2	15	1.13	2.294	0.9	2.065
3~4	1.5	0.3	20	0.95	1.196	0.9	1.076
4~5	2.0	0.4	20	1.27	2.037	4.8	9.778
5~6	4.0	0.56	25	1.14	1.280	3.3	4.224
6~7	6.0	0.69	25	1.40	1.884	6.5	12.246
7~8	10.5	0.91	32	1.13	0.945	3.0	2.835
合计							32.796

沿程压力损失为32.796 kPa。

局部压力损失：为计算方便，局部压力损失取沿程压力损失的30%，即：

$$\sum h_j = \sum h_f \cdot 30\% = 32.796\times0.3 = 9.839\ kPa$$

压力损失：

$$H_2 = \sum h_f + \sum h_j = 32.796+9.839 = 42.635\ kPa$$

（6）校验给水压力是否满足工作要求kPa，根据 $H\geqslant H_1+H_2+H_3$ 公式论证得：

$$H_1 = \gamma h = 9.810\times[9.10-(-1.20)] = 101.043\ kPa$$

$$H_2 = 42.635\ kPa$$

查表：

$$H_3 = 20\ kPa$$

由　$H=H_1+H_2+H_3$，得：

$$H = 101.043+42.635+20 = 163.678\ kPa$$

室外给水管网压力为200 kPa，满足给水系统要求，不需调整管径。

单元测试题

（一）填空题（请将下列正确的答案填在横线空白处）

1. 液体的黏滞性随________的升高而减弱，气体则相反。

2. 过流断面是指与流体运动方向相________的流体横剖面。

3. 沿程压力（水头）损失可按公式 $H_f = iL$ 来计算，其中 i 表示为________管段的沿程压力（水头）损失。

4. 处于真空状态的点的________压强比大气压强小的数值，称为真空度。

5. 静止流体中任意一点的静压强，在________方向上均相等。

6. 高层建筑设有中间水箱或减压阀的给水方式属于________给水系统方式。

7. 高层工业建筑室内消防系统管网应成________，且管道的直径不应小于 100 mm。

8. 设有室内消火栓的建筑，如为平屋顶时，宜在平屋顶上设置________用的消火栓。

9. 湿式喷水灭火系统由________喷头、管道系统、湿式报警系统等组成。

10. 火灾发生时，预作用阀动作到水流流到最远喷头的时间不应超过________ min。

11. 在雨淋喷水灭火系统中，系统所使用的喷头为________喷头。

12. 水幕系统是自动喷水灭火系统中唯一的一种不以________为主要目的的系统。

13. 在二氧化碳管网灭火系统中，选择阀在平时处于________状态。

14. 根据________来分，排水可分为分流制和合流制。

15. 住宅建筑的生活给水管道的设计秒流量计算式 $q_g =$ ________。

（二）判断题（下列判断正确的请打“√”，错误的打“×”）

1. 流体的体积随温度的升高而增大的性质称为流体的膨胀性。（ ）

2. 过流断面是指与流体运动方向相平行的流体剖面。（ ）

3. 流体克服阻力消耗的能量称为沿程压力损失。（ ）

4. 当绝对压强大于大气压强时，相对压强的数值为负值称为负压。（ ）

5. 流动的液体在重力作用下压强的基本方程式为：$p = p_o + \gamma h$。（ ）

6. 设有高位水箱（不设水泵）的给水系统方式一般有两种。（ ）

7. 高层工业建筑室内消防给水，宜采用独立的消防系统。（ ）

8. 室内消火栓栓口处的静水压力应不超过 100 m 水柱。（ ）

9. 在自动喷水灭火系统中，雨淋喷头、水幕喷头和喷雾喷头均为开式喷头。（ ）

10. 水力警铃是利用水压信号转为电信号使电铃发出声响的报警装置。（ ）

11. 延时器主要用于干式喷水灭火系统中，其作用是防止误报警。（ ）

12. 二氧化碳灭火系统适用于扑救活泼金属的火灾。（ ）

13. 生活污水排水系统，是指排除人们日常生活中所产生的粪便污水的管道系统。（ ）

14. 给排水平面图、系统原理图均应按一定比例绘制。（ ）

15. 生活或生产给水管道的水流速度，不宜大于 2.0 m/s。（ ）

（三）单项选择题（下列每题的 4 个选项中，只有 1 个是正确的，请将其代号填在横线空白处）

1. 流体具有黏滞力，其黏滞力的强弱与流体的________有关。

A. 阻力　　B. 体积　　C. 质量　　D. 种类

2. 流体的流速是指过流断面的________流速。

A. 平均　　B. 瞬时　　C. 中心点　　D. 实际

3. 在工程中，________损失一般不做详细的计算，而按规定采用沿程压力损失的百分比来计算。

A. 压力　　B. 沿程压力　　C. 局部压力　　D. 压头

4. 当流体中某一点的绝对压强________大气压强时，则该点处于真空状态。

A. 小于等于　　B. 小于　　C. 大于　　D. 大于等于

5. 直接给水系统的给水方式采用________式。

A. 上供上给　　B. 下供下给　　C. 上供下给　　D. 下供上给

6. 生活给水系统中，卫生器具配水点处的静水压，不得大于________。

A. 0.6 kPa　　B. 1.0 kPa　　C. 600 kPa　　D. 1 000 kPa

7. 室内消防水箱应储存________的消防自救用水量。

A. 10 min　　B. 15 min　　C. 20 min　　D. 30 min

8. 室内温度________的建筑物、构造物，宜采用干式喷水灭火系统。

A. 低于 0℃或高于 100℃；　　B. 低于 −4℃或高于 70℃

C. 低于 4℃或高于 70℃；　　D. 低于 4℃或高于 100℃

9. 在自动喷水灭火系统中，快速排气装置的目的是使________迅速开启。

A. 湿式报警阀　　B. 干式报警阀　　C. 预作用阀　　D. 雨淋阀

10. 水幕系统的工作原理与________基本相同。

A. 雨淋系统　　B. 湿式系统　　C. 干式系统　　D. 预作用系统

11. 二氧化碳灭火系统不能扑救________等物品的火灾。

A. 棉质　　B. 毛织　　C. 带电设备　　D. 硝化纤维

12. 在苏维托排水系统中，气水分离器接头配件安装在排水立管的________。

A. 底部　　B. 顶部　　C. 中部　　D. 底部和顶部

13. 给排水系统图是以平面图左端立管为起点，顺时针自左向右按编号依次顺序均匀排列，且________绘制而成的。

A. 不按比例　　B. 按比例　　C. 按 1∶30 比例　　D. 按 1∶500 比例

14. 检查井中排水管的水流转角不得小于 90°，当有跌落差并________时，可不受角度限制。

A. 不大于 0.3 m　　B. 大于 0.3 m　　C. 小于 0.3 m　　D. 不小于 0.3 m

15. 自动喷水灭火系统给水管道的水流速度，不宜大于________。

A. 2.0 m/s　　B. 2.5 m/s　　C. 5.0 m/s　　D. 10 m/s

（四）问答题

1. 什么叫流体的黏滞性?

2. 室内给水系统的方式主要有哪些？

3. 室内消防水箱应符合哪些要求？

4. 为什么国家标准采用海澄—威廉公式作为各种管材的水力计算公式？

单元测试题答案

（一）填空题

1. 温度 2. 垂直 3. 单位长度 4. 绝对 5. 任意 6. 竖向分区 7. 环状 8. 试验和检查 9. 闭式 10. 3 11. 开式 12. 灭火 13. 关闭 14. 排水制度 15. $0.2UN_g$

（二）判断题

1. √ 2. × 3. × 4. × 5. × 6. √ 7. √ 8. × 9. √ 10. × 11. × 12. × 13. × 14. × 15. √

（三）选择题

1. D 2. A 3. C 4. B 5. D 6. C 7. A 8. C 9. B 10. A 11. D 12. A 13. A 14. B 15. C

（四）问答题

1. 答：流体处于运动状态时，流体流层的流速不同，流层间出现的对流体流动产生阻碍作用的内摩擦力称为黏滞阻力。流体具有黏滞阻力的性质称为流体的黏滞性。

2. 答：室内给水系统的方式主要可分为直接给水系统；设有高位水箱的给水系统；设有低位水箱（贮水池）、高位水箱和水泵增压的给水系统；设有低位水箱和变频变量恒压给水系统；设有气压给水设备的给水系统和高层建筑竖向分区给水系统等给水方式。

3. 答：室内消防水箱应储存 10 min 的消防自救用水量；消防用水与其他用水合并的水箱，应有消防用水不作他用的技术设施；发生火灾后由消防水泵供给的消防用水，不应进入消防水箱。

4. 答：这是由于计算多年的舍维列夫公式是以旧钢管、旧铸铁管为研究对象而建立的。近年来我国铜管、不锈钢管的使用日趋普遍，各种塑料管的使用也日趋成熟。多种管材的使用分别采用各自的水力计算式很不方便。

第三单元　晶体管电路

第一节　晶体二极管

一、半导体材料

1. 半导体材料

在自然界中，物质若按导电性能来划分有导体，如铜、银、铝、铁等金属；有绝缘体，如橡胶、塑料、石英、云母等材料；还有一些物质，其导电性能介于导体和绝缘体之间，这类物质称为半导体。例如，锗、硅、硒等物质都属于半导体。

纯净的半导体其内部的原子排列整齐并形成单晶体结构，因此往往又把半导体材料称为晶体，而半导管称为晶体管。

在半导体的晶体结构中，每一个原子又是由一个带正电的原子核和许多带负电的电子组成。原子核的正电荷和电子的负电荷相互吸引，使电子受原子核的束缚，按一定的规律围绕原子核运动。电子在核外是分层分布的，最外层的电子叫“价电子”。在晶体中各原子核之间有相互排斥的力量，每个原子核除吸引住自己的价电子外，还吸引着相邻原子的价电子。相邻两个原子的两个价电子同时受到两个原子核的束缚，而这两个原子核又被这两个价电子联系起来，这两个电子起的连接作用称为“键”，这两个电子合在一起称为“共价键”。目前制造半导体器件所用的原材料大部分是锗和硅的单晶体，这类原子有四个价电子，分别和相邻四个原子中的每一个原子的一个价电子形成共价键（见图 3—1）。

在共价键结构中，原子最外层虽然具有八个电子而处于较为稳定的状态，但是共价键中的电子还不像在绝缘体中的价电子被束缚得那样紧，在获得一定能量（温度增高或受光照）后，即可挣脱原子核的束缚，成为自由电子。温度越高，晶体中产生的自由电子便越多。

在电子挣脱共价键的束缚成为自由电子后，共价键中就留下一个空位，称为“空穴”。在一般情况下，原子是中性的。当电子挣脱共价键的束缚成为自由电子后，原子的中性便被破坏，而显出带正电。

在外电场的作用下，有空穴的原子可以吸引相邻原子中的价电子，填补这个空穴。同时，在失去了一个价电子的相邻原子的共价键中出现另一个空穴，它也可以由相邻原子中的价电子来递补，而在该原子中又出现一个空穴（见图3—2）。如此继续下去，就好像空穴在运动。而空穴运动的方向与价电子运动的方向相反，因此空穴运动相当于正电荷的运动。

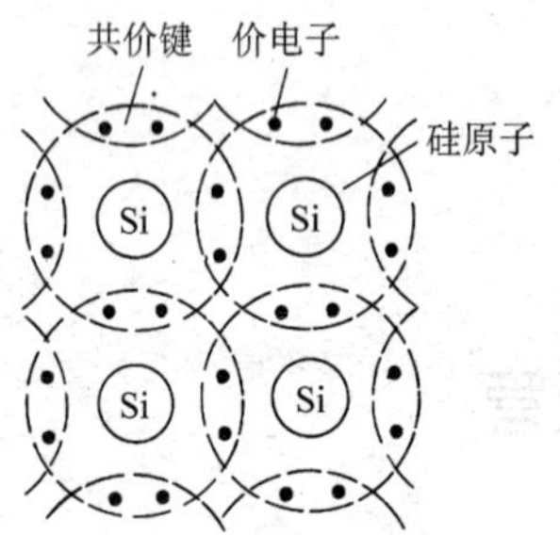

图3—1　硅单晶中的共价键结构

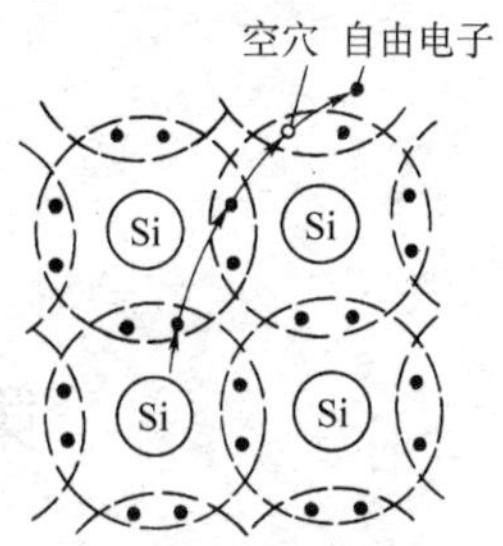

图3—2　空穴和自由电子的形成

因此，当半导体两端加上外电压时，半导体中将出现两部分电流：一是自由电子作定向运动所形成的电子电流，二是仍被原子核束缚的价电子（注意，不是自由电子）递补空穴所形成的空穴电流。在半导体中，同时存在着电子导电和空穴导电，这就是半导体导电方式的最大特点，也是半导体和金属在导电原理上的本质差别。

自由电子和空穴都称为载流子。

在纯净的半导体中，自由电子和空穴是成对出现的，半导体内载流子的多少，决定了半导体导电性能的好坏。半导体内载流子数目越多，其导电性能越好。自由电子和空穴同时又不断地复合。在一定温度下，载流子的产生和复合达到动态平衡，于是半导体中的载流子便维持一定数目。温度越高，载流子数目越多，导电性能也就越好。所以，温度对半导体器件性能的影响很大。

上面讨论的是完全纯净的，具有晶体结构的半导体导电特性，这种半导体又叫做本征半导体。

2．P型半导体和N型半导体

本征半导体虽然有自由电子和空穴两种载流子，但由于数量极少，导电能力仍很低。如果在其中掺入微量的杂质（某种元素），将使掺杂后的半导体（杂质半导体）的导电性能大大增强。

由于掺入的杂质不同，杂质半导体可分为两大类。

一类是在硅或锗的晶体中掺入硼（或其他三价元素）。每个硼原子只有三个价电子（见图3—3）。故在构成共价键结构时，将因缺少一个电子而产生一个空位。当相邻原子中的价电子受到热或其他的激发而获得能量时，就有可能填补这个空位，而在该相邻原子中便出现一个空穴（见图3—4）。每一个硼原子都能提供一个空穴，于是在半导体内形成了大量空穴。这种以空穴导电作为主要导电方式的半导体称为空穴半导体或P型半导体，其中空穴为多数载流子，自由电子是少数载流子。

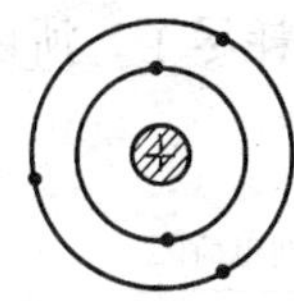

图3—3 硼原子的结构

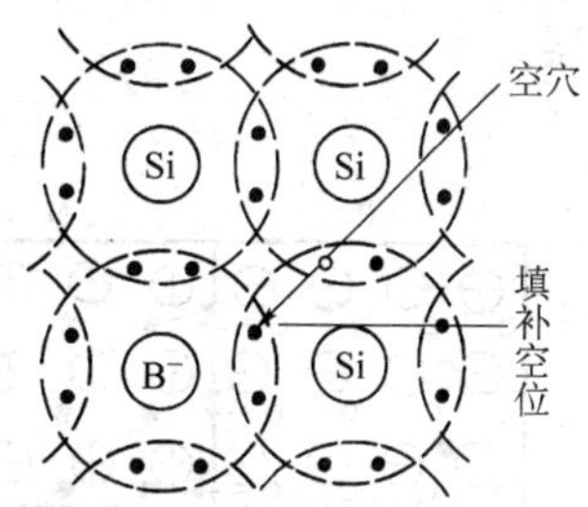

图3—4 硅晶体中掺入硼出现空穴

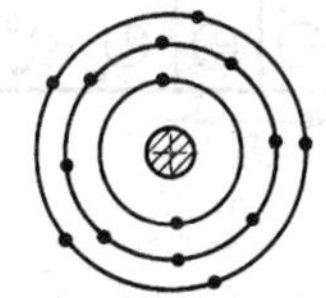

图3—5 磷原子的结构

另一类是在硅或锗的晶体中掺入磷（或其他五价元素）。磷原子最外层有五个价电子（见图3—5）。由于掺入硅晶体的磷原子数比硅原子数少得多，因此整个晶体结构基本不变，只是某些位置上的硅原子被磷原子取代。磷原子参加共价键结构只需要四个价电子，多余的第五个价电子很容易挣脱磷原子核的束缚而成为自由电子（见图3—6）。由于半导体中的自由电子数目大量增加，自由电子导电成为这种半导体的主要导电方式，故称它为电子半导体或N型半导体。在N型半导体中，自由电子是多数载流子，而空穴则是少数载流子。

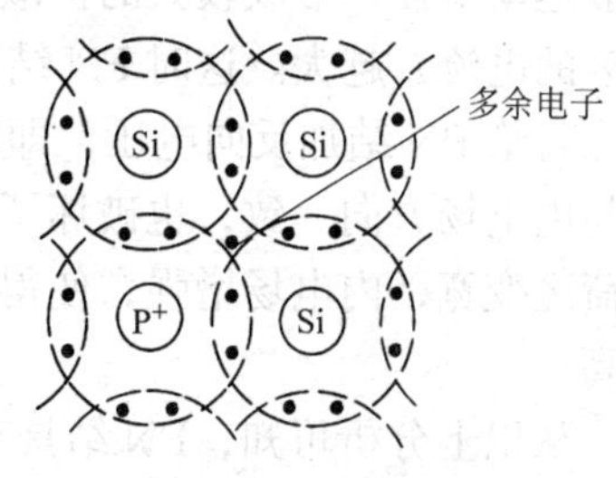

图3—6 硅晶体中掺入磷出现自由电子

应注意，不论是P型半导体和N型半导体，虽然它们都有一种载流子占多数，但是整个晶体仍然是不带电的。

二、半导体二极管的特性

1. PN结及其特性

P型或N型半导体的导电能力虽然大大增强，但并不能直接用来制造半导体器件。通常是在一块N型（或P型）半导体的局部再掺入浓度较大的三价（或五价）杂质，使其成为P型（或N型）半导体。在P型半导体和N型半导体的交界面就形成PN结。这个 PN 结便是构成各种半导体器件的基础。PN 结的形成如图 3—7 所示。图示为一块晶片，两边分别形成 P 型和 N 型半导体。图中㊀代表掺入三价杂质（例如硼），留下大量空穴；㊉代表失去一个电子的五价杂质（例如磷）带正电，留下大量自由电子。由于 P 区存有大量空穴（浓度大），而 N 区的空穴极少（浓度小），因此空穴要从浓度大的 P 区向浓度小的 N 区扩散。首先是交界面附近的空穴扩散到 N 区，在交界面附近的 P 区留下一些带负电的三价杂质离子，形成负空间电荷区。同样，N 区的自由电子要向 P 区扩散，在交界面附近的 N 区留下带正电的五价杂质离子，形成正空间电荷区。这样，在 P 型半导体和 N 型半导体交界面的两侧就形成了一个空间电荷区，这个空间电荷区就是 PN 结。由于该区域内多数载流子已扩散到对方并复合掉了，或者说消耗尽了，所以空电荷区有时称为耗尽层。

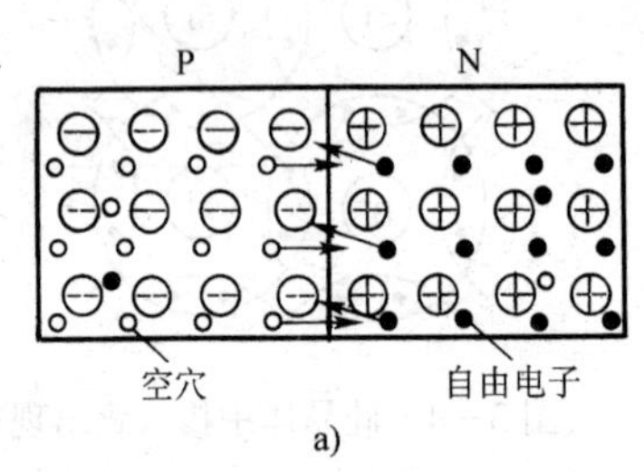

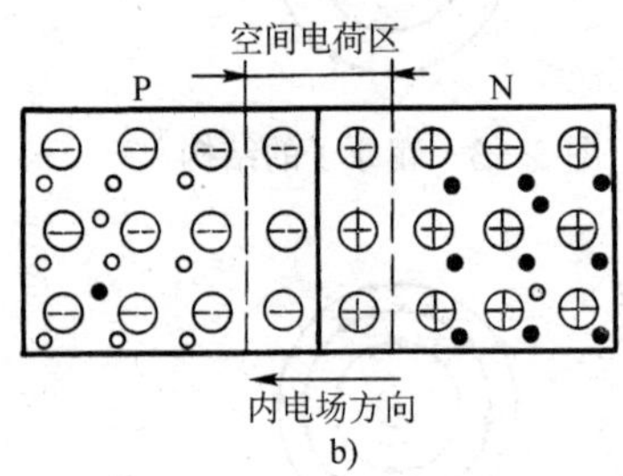

图 3—7　PN 结的形成

正负空间电荷在交界面两侧形成一个电场，称为内电场，内电场对电子扩散运动起阻挡的作用，所以空间电荷区又称阻挡层。

如果在 PN 结上加正向电压，即外电源的正极接 P 区，负极接 N 区（见图 3—8）。由于外电场与内电场的方向相反，于是整个空间电荷区变窄，内电场被削弱，多数载流子的扩散运动增强，形成较大的扩散电流（正向电流）。外电场越强，正向电流（由 P 区流向 N 区的电流）越大。这时 PN 结呈现的电阻很低。

若给 PN 结加反向电压，即外电源的正极接 N 区，负极接 P 区（见图 3—9），则外电场与内电场方向一致，也破坏了扩散与漂移运动的平衡。外电场驱使空间电荷增加，空间电荷区变宽，内电场增强，使得多数载流子的扩散运动难于进行。PN 结呈现的反向电阻很高。

从以上分析可知，PN 结具有单向导电性。即在 PN 结上加正向电压时，PN 结电阻很低，正向电流较大（PN 结处于导通状态）；加反向电压时，PN 结电阻很高，反向电流很小（PN 结处于截止状态）。

2．半导体二极管及其伏安特性

（1）半导体二极管。将 PN 结两端加上相应的电极引线，就成为半导体二极管。半导体二极管按结构分，有点接触型和面接触型两类。点接触型二极管（一般为锗管，见图 3—10a）。它的 PN 结结面积很小，因此不能通过较大电流，但其高频性能好，故一般适用于高频下作整流或小功率整流，也用作数字电路的开关元件。面接触型二极管（一般为硅管，见图 3—10b）。它的 PN 结结面积大，故可通过较大电流，但其工作频率较低，一般作整流。图 3—10c 是二极管的表示符号。

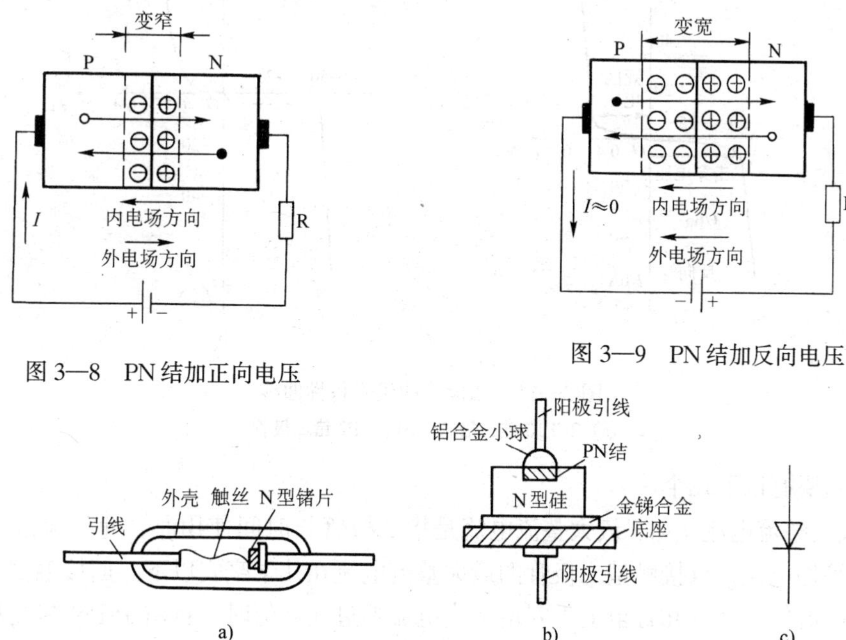

图 3—8　PN 结加正向电压

图 3—9　PN 结加反向电压

图 3—10　半导体二极管

a）点接触型　b）面接触型　c）表示符号

（2）伏安特性。加在二极管两端的电压和流过二极管的电流之间的关系称为二极管的伏安特性。其伏安特性曲线如图 3—11 所示。

当外加正向电压很低时，由于外电场还不能克服 PN 结内电场对多数载流子扩散运动的阻力，故正向电流极小，几乎为零。当正向电压超过一定数值后，内电场被大大削弱，电流增长很快。这一定数值的正向电压称为死区电压，其大小与材料及环境温度有关。通常，硅管的死区电压约为 0.5 V，锗管约为 0.1 V。导通时的正向压降，硅管约为 0.6～0.8 V。锗管约为 0.2～0.3 V。

在二极管上加反向电压时，由于少数载流子的漂移运动，形成很小的反向电流。该反向电流具有两大特点：一是在反向电压不超过某一范围时，反向电流的大小基本恒定，而与反向电压的高低无关，故通常称它为反向饱和电流；二是它随温度的上升增长很快。当二极管两端所加的反向电压过高时，反向电流将突然增大，二极管将失去单向导电性，这种现象称击穿。二极管被击穿后，就会造成不可逆的损坏，便失去了作用。产生击穿时加在二极管上的反向电压称为反向击穿电压 U_{BR}。

（3）主要参数。二极管的特性除了用伏安特性曲线表示外，还可用一些参数来说明，

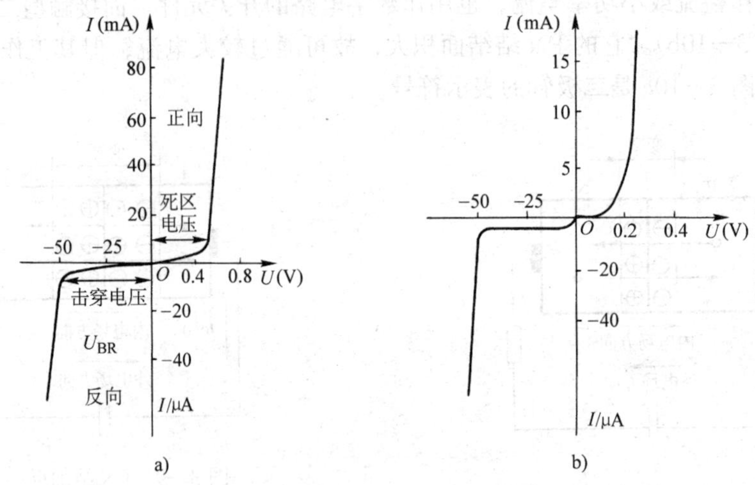

图 3—11　二极管的伏安特性曲线

a）2CP10 硅二极管　b）2AP2 锗二极管

这些参数主要有以下几个。

1）最大整流电流 I_{OM}。最大整流电流是指二极管长时间使用时，允许流过二极管的最大正向平均电流。点接触型二极管的最大整流电流在几十毫安以下。面接触型二极管的最大整流电流较大，为几百至上千安培。当电流超过允许值时，将由于 PN 结过热而使管子损坏。最大整流电流 I_{OM}又称额定电流。

2）反向工作峰值电压 U_{RWM}。它是保证二极管不被击穿而给出的反向峰值电压，一般是反向击穿电压的一半或三分之二。如硅二极管 2CP10 的反向工作峰值电压为 25 V，而反向击穿电压约 50 V（见图 3—11）。点接触型二极管的反向工作峰值电压一般是数十伏，面接触型二极管可达数百伏以上。反向工作峰值电压也称额定工作电压。

3）反向峰值电流 I_{RM}。它是指在二极管上加反向工作峰值电压时的反向电流值。反向电流大，说明二极管的单向导电性能差，并且受温度的影响大。硅管的反向电流较小，一般在几微安以下。锗管的反向电流较大，为硅管的几十到几百倍。

3. 二极管极性判别方法

使用二极管时，首先要识别管脚的正负极性，否则电路不仅不能正常工作，甚至可能烧毁管子和其他元件。

目前国产二极管中，有的已在管壳外面一端上有色标，有的在管壳上打上二极管符号。另外，可利用万用电表，通过测量正、反向电阻来识别其正负极。

测量方法是将万用表放在欧姆挡，一般用 R×100 或 R×1 k 这两挡来进行测量。因为 R×1 挡电流太大，小功率二极管可能被烧毁；R×10 k 挡电压太高，管子可能被反向击穿，因此不能盲目使用。

用二根表棒分别对二极管进行正向和反向电阻测试。若正反向电阻都为零，则说明这个二极管已被击穿；若正、反向电阻都为极大，说明这个二极管内部断路，这两种情况下二极管都不能使用。若二极管正向导通，反向电阻极大则说明这个二极管是好的。在电阻很小时，黑表棒接的是二极管的正极，或在电阻很大时，红表棒接的是二极管的正极，这是因为万用表内部电池的极性与插孔相反的缘故（见图 3—12）。

对于晶体二极管来说，正向电阻和反向电阻相差越大，则说明其单向导电性越好。一般大功率的二极管其正、反向电阻相差较小。

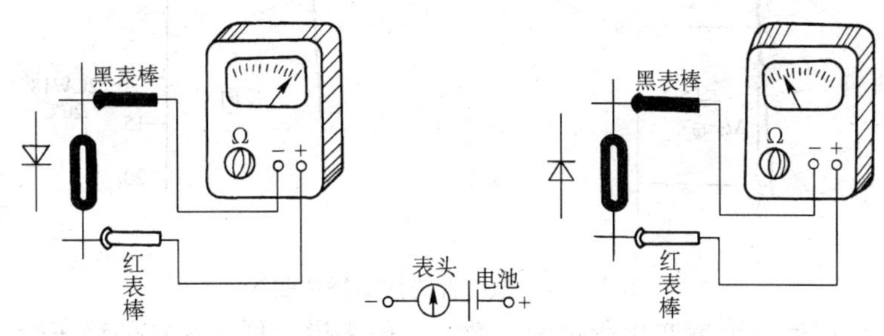

图 3—12 晶体二极管极性的判别

三、稳压二极管及其特性

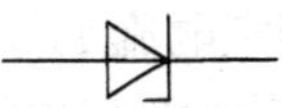

图 3—13 稳压管的表示符号

稳压管是一种特殊的面接触型硅半导体二极管。由于它在电路中与适当数值的电阻配合后能起稳定电压的作用，故称为稳压管。其表示符号如图 3—13 所示。

稳压管的伏安特性曲线与普通二极管类似（见图 3—14），其差异是稳压管的反向特性曲线比较陡。

稳压管工作于反向击穿区。从反向特性曲线上可以看出，反向电压在一定范围内变化时，反向电流很小。当反向电压增高到击穿电压时，反向电流突然剧增，稳压管反向击穿。此后，电流虽然在很大范围内变化，但稳压管两端的电压变化很小。利用这一特性，稳压管在电路中能起稳压作用。稳压管与一般二极管不一样，它的反向击穿是可逆的。当去掉反向电压之后，稳压管又恢复正常。但是，如果反向电流超过允许范围，稳压管将会发生热击穿而损坏。

稳压管的主要参数有：

1. 稳定电压 U_Z

稳压电压就是稳压管在正常工作下管子两端的电压。手册中所列的都是在一定条件下的数值，即使是同一型号的稳压管，由于工艺方面和其他原因，稳压管的稳压值也有一定的分散性。

2. 电压温度系数 α_U

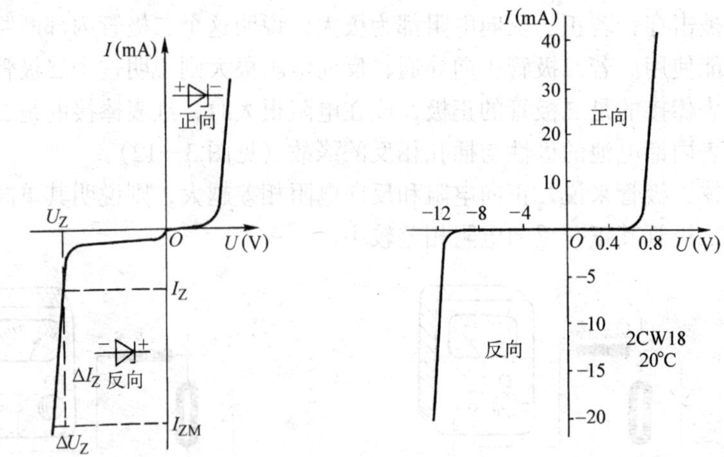

图 3—14　稳压管的伏安特性曲线

这是说明稳压值受温度变化影响的系数。一般来说，低于 6 V 的稳压管，它的电压温度系数是负的；高于 6 V 的稳压管，电压温度系数是正的；而在 6 V 左右的管子，稳压值受温度的影响就比较小。

3. 稳定电流 I_Z

稳压管的稳定电流只是一个参考数值，设计选用时要根据具体情况来考虑。但对每一种型号的稳压管，都规定有一个最大稳定电流 I_{ZM}。

4. 最大允许耗散功率 P_{ZM}

稳压管的最大允许耗散功率是指管子不致发生热击穿的最大功率损耗，$P_{ZM}=U_ZI_{ZM}$。

第二节　晶体管整流电路

一、单相半波整流电路

1. 单相半波整流电路及输出电压

单相半波整流电路如图 3—15 所示。图中 T 是整流变压器，变压器次级绕组上有 $\sqrt{2}U_2\sin\omega t$ 正弦交流电压。V 为整流二极管，R_L 是纯电阻负载。

半波整流电路的电压、电流波形如图 3—16 所示。

半波整流电路输出直流电压 U_O 的大小为：

$$U_O=0.45U_2$$

流过负载的电流 I_L 大小为：

$$I_L=0.45U_2/R_L$$

2. 二极管的电流和耐压

在单相半波整流电路中，流过二极管的电流 I_V 等于流过负载的电流 I_L，即：

$$I_V=I_L$$

二极管承受的反向最大电压 U_{RWM}为：

$$U_{RWM}=\sqrt{2}U_2$$

3. 半波整流电路的特点

单相半波整流电路的特点是，线路简单，节省元件，但整流效果不好，电源利用率和变压器利用率都很低。所以，一般只用在对直流电要求不高的场合。

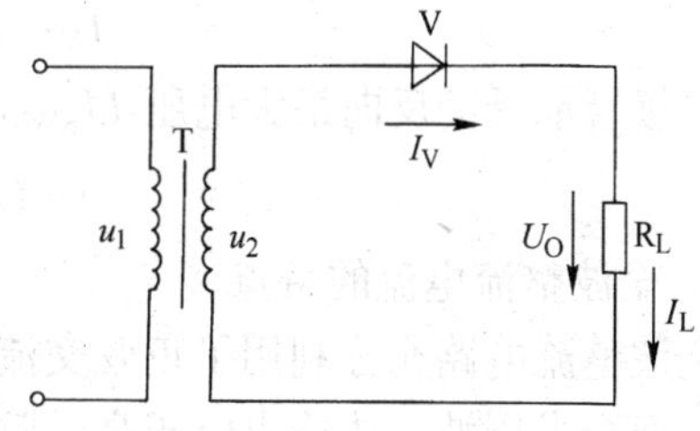

图 3—15 单相半波整流电路

【例 3—1】 在图 3—15 所示半波整流电路中，已知变压器次级电压为 60 V，工作电流为 50 mA，试选用整流二极管。

解： $U_{RWM}=\sqrt{2}U_2=\sqrt{2}\times60=85\ \text{V}$

$I_V=50\ \text{mA}$

查手册选用 2CP14，其参数为：最大整流电流 100 mA，最高反向工作电压 200 V。

半导体二极管其过载能力极差，所以在选择时电流要放大 1.5～2 倍，耐压要放大 2～3 倍。

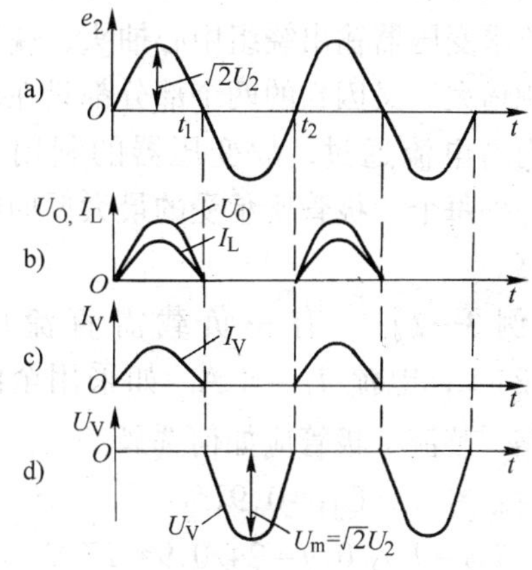

图 3—16 半波整流电路的电压、电流波形图

a）变压器 T 次级交流电动势 e_2 的波形

b）负载 R_L 上电压 U_O 和电流 I_L 的波形

c）流过二极管 V 的电流 I_V 的波形

d）二极管 V 的电压 U_V 的波形

二、单相全波整流电路

1. 单相全波整流电路及输出电压

单相全波整流电路（见图 3—17），实际上就是两个半波整流电路的组合。它是由次级绕组具有中心抽头的电源变压器T 和两个整流二极管 V1 和 V2 组成，R_L 仍为要求直流供电的纯电阻负载。

在单相全波整流电路中，采用具有中心抽头的电源变压器，目的是在 a、b 两端相对于 O 点形成两个交变电压，其值大小相等，相位差互为 180°，并且使 U_{2a}和 U_{2b}的有效值都等于 U_2。使输入的交流电在正负变化时整流二极管 V1 和 V2 轮流导通，其输出波形如图 3—18 所示。

全波整流电路输出直流电压 U_O 的大小为：

$$U_O=0.9U_2$$

流过负载的电流 I_L 大小为：

$$I_L = 0.9U_2/R_L$$

2. 二极管的电流和耐压

在单相全波整流电路中，由于流过负载的电流由二极管 V1 和 V2 轮流提供，所以每只二极管承担负载电流 I_L 的一半，即：

$$I_V = I_L/2 = 0.45U_2/R$$

二极管承受的反向最大电压 U_{RWM}为：

$$U_{RWM} = 2\sqrt{2}U_2$$

3. 全波整流电流的特点

全波整流电路充分利用了正弦交流电的正、负两个半周波，故输出电压高、整流效率和输出脉动都比半波整流好，但全波整流电路要求变压器输出绕组中心抽头，使变压器体积增大。又因它的两个部分都只在半个周期内有电流通过，故变压器的利用率不高。另外每个二极管所承受的最大反向电压也较高。

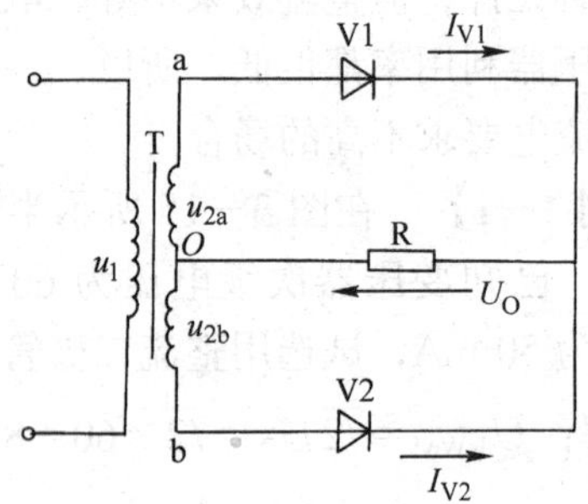

图 3—17 单相全波整流电路

【例 3—2】 有一负载需直流电压 $U_O = 24$ V，电流 $I_L = 4$ A。如采用全波整流电路，整流二极管应如何选择？

解：$U_O = 0.9U_2$

$$U_2 = U_O/0.9 = 24/0.9 = 27 \text{ V}$$

$$U_{RWM} = 2\sqrt{2}U_2 = 2\sqrt{2}\times 27 = 76 \text{ V}$$

$$I_V = I_L/2 = 4/2 = 2 \text{ A}$$

查手册选用 2CZ12C，其参数为：最大整流电流 3 A，最高反向工作电压 200 V。

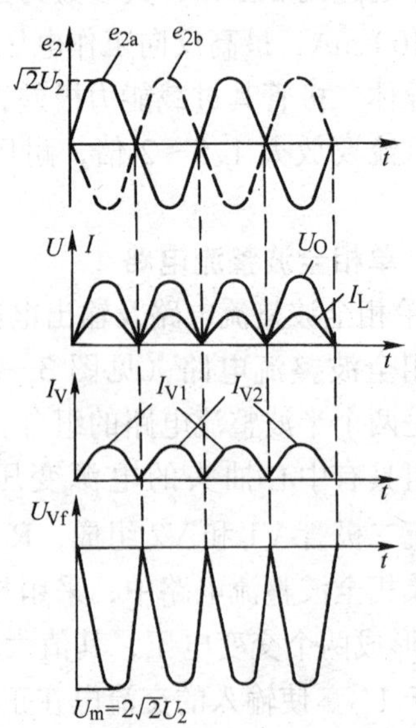

图 3—18 单相全波整流电路电压、电流波形图

三、单相桥式整流电路

1. 单相桥式整流电路及输出电压

在单相半波整流和全波整流电路中，变压器次级绕组中只有单方向的电流流过。为了提高变压器的利用率，采用四只二极管接成电桥形式，通常称为桥式整流电路（见图 3—19）。

在桥式整流电路中，四只二极管分成两组，轮流导通（正半周时如实线箭头所示方向，负半周时如虚线箭头所示方向），负载两端的电流始终均为从上到下，其极性为上正下负。

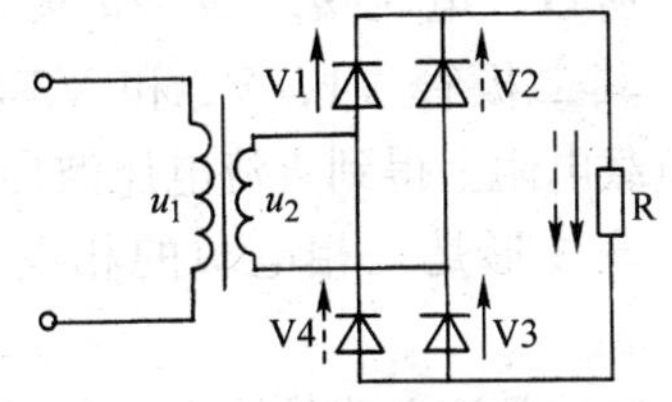

图 3—19 单相桥式整流电路

单相桥式整流电路的电压、电流波形图与全波整流电路的波形图相同。

单相桥式整流电路的输出电压与全波整流电流相同，即：

$$U_O = 0.9U_2$$

流过负载的电流大小为：

$$I_L = 0.9U_2/R_L$$

2. 二极管的电流和耐压

在单相桥式整流电路中，由于流过负载的电流是由两组二极管轮流供电，所以每只二极管承担负载电流 I_L 的一半，即：

$$I_V = I_L/2 = 0.45U_2/R_L$$

二极管承受反向最大电压 U_{RWM}为：

$$U_{RWM} = \sqrt{2}U_2$$

3. 桥式整流电路的特点

单相桥式整流电路所用的变压器不需要有中心抽头，变压器的次级绕组在整个周期的正、负半周内都有电流流过，从而提高了变压器的利用率。在输出直流电压相同时，每个二极管所承受的反向电压的最大值比全波整流小了一半，但使用的元件比全波整流多了一倍。在单相整流场合中应用较为广泛。

【例 3—3】 有一直流负载需要直流电压 $U_O = 24$ V，电流 $I_L = 4$ A。若采用单相桥式整流电路，应如何选用整流二极管？

解：

$$U_O = 0.9U_2$$

$$U_2 = U_O/0.9 = 24/0.9 = 27 \text{ V}$$

$$I_V = I_L/2 = 4/2 = 2 \text{ A}$$

$$U_{RWM} = \sqrt{2}U_2 = \sqrt{2} \times 27 = 38 \text{ V}$$

查手册选用 2CZ12B，其主要参数为：最大整流电流 3 A，最高反向工作电压 100 V。

四、三相半波整流电路

1. 三相半波整流电路及输出电压

三相半波整流电路实际上就是三个半波整流电路的组合（见图 3—20）。

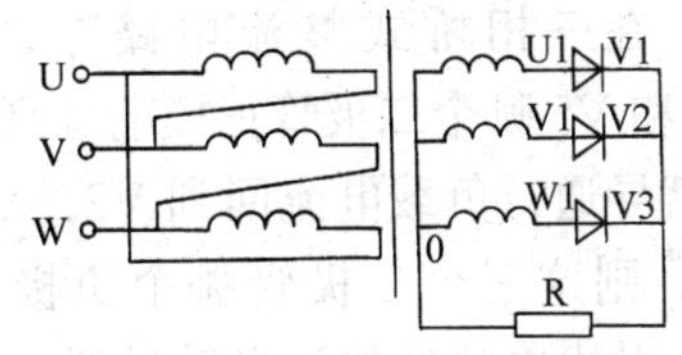

图 3—20 三相半波整流电路

在三相整流电路中，三只二极管的负极接在一起成为同电位点，其导通条件是正极电位高的二极管优先导通，而其他两只二极管则受到反向电压而截止。所以，电压 u_a，u_b 和 u_c 电位轮流升高，其二极管 V1，V2 和 V3 轮流导通，在负载电阻上得到直流电压波形（见图 3—21），该波形是三相电源的相电压包络线。

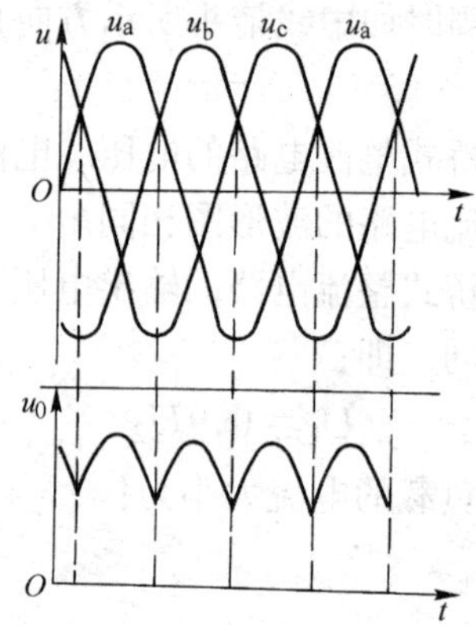

图 3—21　三相半波整流电路输出波形图

三相半波整流电路的输出电压 U_O 的大小为：

$$U_O = 1.17U_2$$

流过负载的电流 I_L 大小为：

$$I_L = 1.17U_2/R_L$$

2. 二极管的电流和耐压

在三相半波整流电路中，三只二极管轮流导通向负载供电，所以每只二极管承担负载电流的 1/3，即：

$$I_V = I_L/3$$

二极管承受反向最大电压 U_{RWM} 为：

$$U_{RWM} = \sqrt{2} \times \sqrt{3}\,U_2 = \sqrt{6}\,U_2$$

3. 三相半波整流电路的特点

三相半波整流电路使用元件少，输出电压脉动情况比单相桥式整流电路好，但此电路会造成电源利用率低，变压器容量要加大。

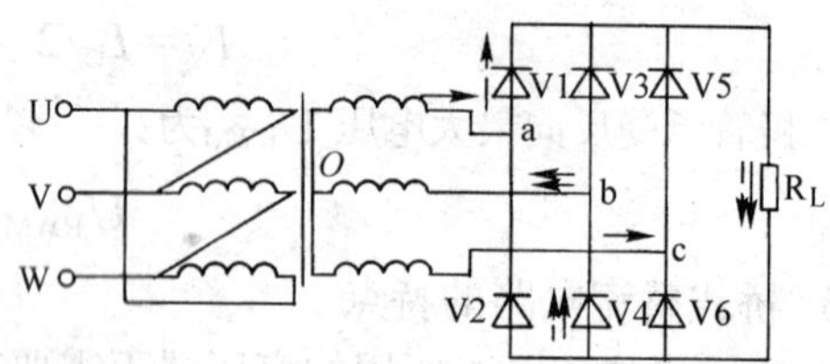

图 3—22　三相桥式整流电路

五、三相桥式整流电路

1. 三相桥式整流电路及输出特性

在需要较大直流容量的场合，往往采用三相桥式整流电路（见图 3—22）。实际上是由两个三相半波整流电路组合而成。

在三相桥式整流电路中，V1，V3 和 V5 哪个二极管正极电位高，那个就导通；负载电流回到 V2，V4 和 V6，则这三个二极管哪个负极电位低，就由电位低的二极管导通，负载上的电压波形如图 3—23 所示。

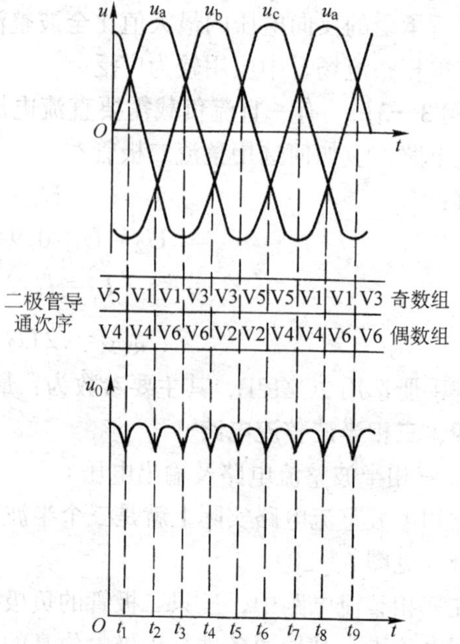

图 3—23　三相桥式整流电路输出波形图

三相桥式整流电路输出电压 U_O 的大小为：

$$U_O = 2.34U_2$$

流过负载的电流 I_L 的大小为：

$$I_L = 2.34U_2/R_L$$

2. 二极管的电流和耐压

在三相桥式整流电路中，二极管中流过的电流与三相半波整流电路一样，也是负载电流的三分之一，即：

$$I_V = I_L/3$$

二极管承受反向最大电压 U_{RWM}为：

$$U_{RWM} = \sqrt{2} \times \sqrt{3}U_2 = \sqrt{6}U_2$$

3. 三相桥式整流电路的特点

三相桥式整流电路的变压器利用率较高、输出电压大、脉动较小，因此在大型设备上得到广泛的应用；它的缺点是所需要的整流元件数目较多。

【例 3—4】　现有一个由三相桥式整流电源，负载电压和电流分别为 48 V 和 300 A。求整流二极管的实际工作电流和反向工作电压各为多少？

解：

$$I_V = I_L/3 = 300/3 = 100 \text{ A}$$

$$U_2 = U_O/2.34 = 48/2.34 = 21 \text{ V}$$

$$U_{RWM} = \sqrt{6}U_2 = \sqrt{6} \times 21 = 51 \text{ V}$$

第三节　晶体三极管

一、三极管特性

1. 特性曲线

三极管特性曲线是用来表示该三极管各极电压和电流之间相互关系的，它反映出三极管的性能，是分析放大电路的重要依据。最常用的是共发射极接法时的输入特性曲线和输出特性曲线。这些特性曲线可用晶体管特性图示仪直观地显示出来，也可以通过如图 3—24 所示的实验电路进行测绘。实验电路中，用的是 NPN 型硅三极管 3DG6。

(1) 输入特性曲线。输入特性曲线是指当集—射极电压 U_{CE}为常数时，输入电路（基极电路）中基极电流 I_B 与基—射极电压 U_{BE}之间的关系曲线 $I_B = f(U_{BE})$，如图 3—25 所示。

对硅管而言，当 $U_{CE} \geqslant 1$ V 时，集电结已反向偏置，如果此时再增大 U_{CE}，只要 U_{BE}

保持不变，I_B 也就不再明显地变化。就是说 $U_{CE}>1$ V 后的输入特性曲线基本上是重合的。所以，通常只画出 $U_{CE}\geqslant 1$ V 的一条输入特性曲线。

由图 3—25 可见，和二极管的伏安特性一样，三极管输入特性也有一段死区。只是在发射结外加电压大于死区电压时，三极管才会出现 I_B。硅管的死区电压约为 0.5 V，锗管的死区电压约为 0.1 V。在正常工作情况下，NPN 型硅管的发射结电压 $U_{BE}=0.6\sim0.7$ V，PNP 型锗管的 $U_{BE}=-0.2\sim-0.3$ V。

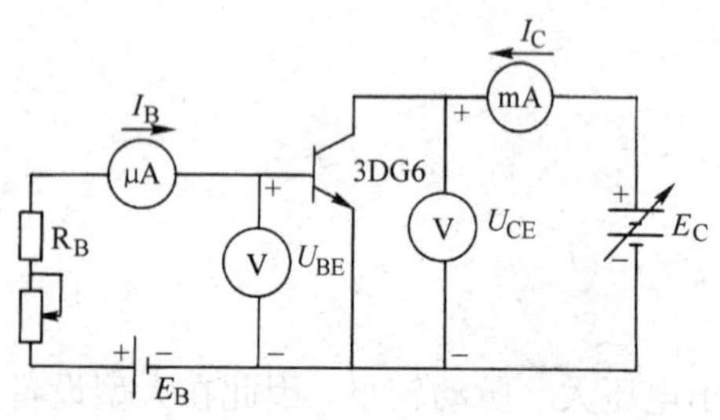

图 3—24　测量晶体管特性的实验电路

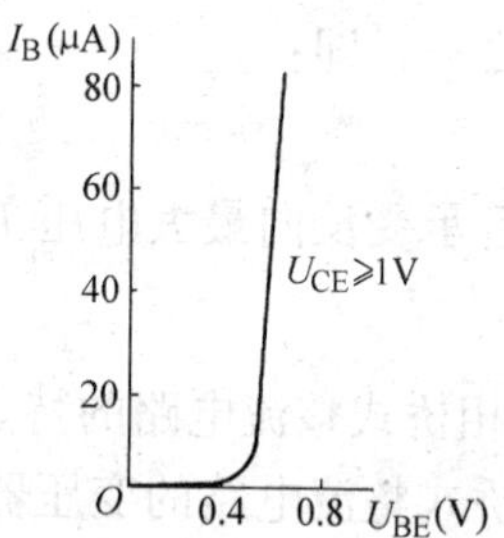

图 3—25　3DG6 晶体管的输入特性曲线

（2）输出特性曲线。输出特性曲线是指当基极电流 I_B 为常数时，输出电路（集电极电路）中集电极电流 I_C 与集—射极电压 U_{CE}之间的关系曲线 $I_C=f(U_{CE})$。在不同的 I_B 下，可得出不同的曲线，所以三极管的输出特性曲线是一组曲线（见图 3—26）。

当 I_B 一定时，从发射极扩散到基极区的电子数大致是一定的。在 U_{CE}超过一定数值（约 1 V）以后，这些电子的绝大部分被拉入集电极区而形成 I_C，以致当 U_{CE}继续增高时，I_C 也不再有明显的增加，具有恒流特性。

从图中可以看出，在 U_{CE}一定时，增大 I_B，相应的 I_C 也增大，曲线上移，而且 I_C 比 I_B 增加得多得多，这就是三极管的电流放大作用。

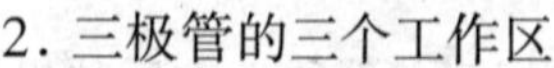
2. 三极管的三个工作区

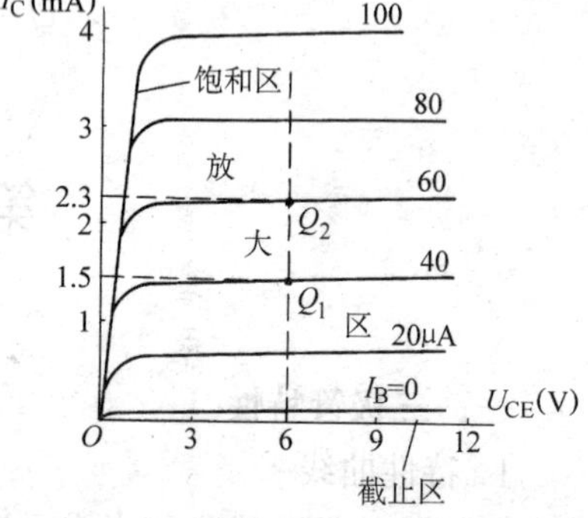

图 3—26　3DG6 晶体管的输出特性曲线

从三极管输出特性曲线可以看到，三极管输出特性曲线分为放大、截止和饱和三个工作区，如图 3—26 所示。

（1）放大区。输出特性曲线的近于水平部分是放大区。在放大区，$I_C=\bar{\beta}I_B$，其中 $\bar{\beta}$ 为共发射极直流电流放大系数。放大区也称为线性区，因为 I_C 和 I_B 成正比的关系。如果三极管工作于放大状态时，发射结处于正向偏置，集电结处于反向偏置，即对 NPN 型管而言，应使 $U_{BE}>0$，$U_{BC}<0$。

（2）截止区。$I_B=0$ 的曲线以下的区域称为截止区。$I_B=0$ 时，$I_C=I_{CEO}$，此时三极管的发射结处于反向偏置，集电结也处于反向偏置。对 NPN 型硅管而言，当 $U_{BE}<$

0.5 V时，即已开始截止，但是为了截止可靠，常使 $U_{BE} \leqslant 0$。

(3) 饱和区。当 $U_{CE} < U_{BE}$时，集电结处于正向偏置，三极管工作于饱和状态。在饱和区，I_B 的变化对 I_C 的影响较小，两者不成正比，放大区的 $\bar{\beta}$ 不能适用于饱和区。饱和时，发射结也处于正向偏置。

二、三极管的主要参数

三极管的特性除用特性曲线表示外，还可用一些数据来说明，这些数据就是三极管的参数。三极管的参数也是设计电路、选用三极管的依据。三极管的主要参数有：

1. 电流放大系数 $\bar{\beta}$，β

当三极管接成共发射电路时，在静态（无输入信号）时集电极电流 I_C（输出电流）与基极电流 I_B（输入电流）的比值称为共发射极静态电流（直流）放大系数：

$$\bar{\beta} = I_C / I_B$$

当三极管工作在动态（有输入信号）时，基极电流的变化量为 ΔI_B，它引起集电极电流的变化量为 ΔI_C。ΔI_C 与 ΔI_B 的比值称为动态电流（交流）放大系数：

$$\beta = \Delta I_C / \Delta I_B$$

【例 3—5】 从图 3—26 所给出的 3DG6 晶体管的输出特性曲线上。(1) 计算 Q_1 点处的 $\bar{\beta}$；(2) 由 Q_1 和 Q_2 两点，计算 β。

解：

(1) 在 Q_1 点处，$U_{CE} = 6$ V，$I_B = 0.04$ mA，$I_C = 1.5$ mA。

故：$\bar{\beta} = I_C / I_B = 1.5/0.04 = 37.5$

(2) 由 Q_1 和 Q_2 两点（$U_{CE} = 6$ V）：

$$\beta = \Delta I_C / \Delta I_B = (2.3 - 1.5)/(0.06 - 0.04) = 40$$

由上述可见，$\bar{\beta}$ 和 β 的含义是不同的，但在输出特性曲线近于平行等距，并且在 I_{CEO} 较小的情况下，两者数值较为接近。在估算时，常用 $\bar{\beta} \approx \beta$ 这个近似关系。

由于三极管的输出特性曲线是非线性的，只有在特性曲线的近于水平部分，I_C 随 I_B 成正比地变化，β 值才可认为是基本恒定的。

由于制造工艺的分散性，即使同一型号的三极管，β 值也有很大差别。常用的三极管的 β 值在 20～100 之间。

2. 极间反向电流

三极管的极间反向电流包括：集—基极反向截止电流 I_{CBO}和集—射极反向电流 I_{CEO}两种。

(1) 集—基极反向截止电流 I_{CBO}。I_{CBO}是当发射极开路时，集电结处于反向偏置，从集电极流向基极的电流。I_{CBO}受温度影响很大。在室温下，小功率锗管的 I_{CBO}约为几微安到几十微安，小功率硅管在 1 μA 以下。I_{CBO}越小，三极管的温度稳定性越好。硅管在温度稳定性方面胜于锗管。

(2) 集—射极反向截止电流 I_{CEO}。I_{CEO}是当基极开路，集电结处于反向偏置和发射结处于正向偏置时的集电极电流。又因为它好像是从集电极直接穿透到发射极，所以又称为穿透电流。

由于穿透电流近似为 $\bar{\beta}I_{CBO}$，而 I_{CBO}受温度影响很大，当温度上升时，I_{CBO}增加很快，而 I_{CEO}增加得也快，I_C 也就相应增加。所以，三极管的温度稳定性差。这是它的一个主要缺点。因此，在选管时，要求 I_{CBO}尽可能小些，而 $\bar{\beta}$ 以不超过 100 为宜。

3. 极限参数

三极管的极限参数包括：集电极最大允许电流 I_{CM}、集—射极反向击穿电压 $U_{(BR)CEO}$、集电极最大允许耗散功率 P_{CM}。

（1）集电极最大允许电流 I_{CM}。集电极电流 I_C 超过一定值时，三极管的 β 值要下降。当 β 值下降到正常数值的三分之二时的集电极电流，称为集电极最大允许电流 I_{CM}。

（2）集—射极反向击穿电压 $U_{(BR)CEO}$。基极开路时，加在集电极和发射极之间的最大允许电压，称为集—射极反向击穿电压 $U_{(BR)CEO}$。当三极管的集—射极电压 U_{CE} 大于 $U_{(BR)CEO}$时，I_{CEO}突然大幅度上升，说明三极管已被击穿。手册中给出的 $U_{(BR)CEO}$一般是常温（25℃）时的值，三极管在高温下，其 $U_{(BR)CEO}$值将要降低，使用时应特别注意。

（3）集电极最大允许耗散功率 P_{CM}。由于集电极电流在流经集电结时产生热量，使结温升高，从而会引起晶体管参数变化。当三极管因受热而引起的参数变化不超过允许值时，集电极所消耗的最大功率，称为集电极最大允许耗散功率 P_{CM}。

P_{CM}主要受结温的限制，一般来说，锗管允许结温约为 70～90℃，硅管约为 150℃。

以上所讨论的几个参数，其中 β 和 I_{CBO}（I_{CEO}）是表明三极管优劣的主要指标；I_{CM}，$U_{(BR)CEO}$和 P_{CM}都是极限参数，用来说明三极管的使用限制。

三、三极管测试方法

三极管测试方法通常有两种：一是采用晶体管图示仪来直接显示三极管的输入特性曲线，输出特性曲线，及 I_{CBO}，I_{CEO}，$U_{(BR)CEO}$等技术参数；二是用图 3—24 所示的实验电路采用描点法作出其特性曲线。

第四节　晶体管放大电路

一、共发射极放大电路

1. 放大电路的组成

图 3—27a 是共发射极接法的基本交流放大电路。输入端接交流信号源。输入电压为 u_i 输出端接负载电阻 R_L。电路中各个元件分别起如下作用：

（1）基极电阻 R_B。给三极管基极提供大小适当的基极电流 I_B，使放大电路获得合适的工作点。R_B 的阻值一般为几十千欧到几百千欧。

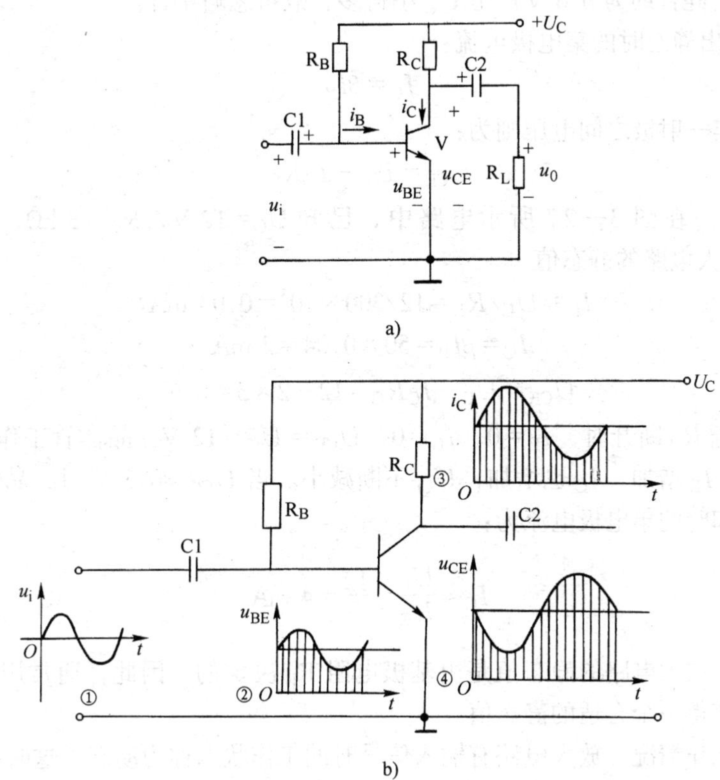

图 3—27

a）晶体管放大电路 b）动态工作情况

(2) 集电极电阻 R_C。它主要将集电极电流的变化变换为电压的变化，以实现电压放大。R_C 的阻值一般为几千欧到几十千欧。

(3) 耦合电容 C1，C2。C1 用来隔断放大电路与信号源之间的直流通路，而 C2 则用来隔断放大电路与负载之间的直流通路，使三者之间无直流联系，互不影响。另一方面又起到交流耦合作用，保证交流信号畅通无阻地经过放大电路，沟通信号源、放大电路和负载三者之间的交流通路。

(4) 三极管 V。是放大电路中的放大元件，利用它的电流放大作用，用较小的基极电流去控制较大的集电极电流，使信号得到放大，这就是放大器的工作原理。

2. 放大电路的工作原理

(1) 静态工作情况。放大电路处在静态时，其输入没有信号，静态分析是要确定放大电路在静态时的工作值 I_B，I_C 和 U_{CE}，称为静态工作点。

对图 3—27b 所示的共发射放大电路，其静态工作点计算如下：

$$I_B=\frac{U_C-U_{BE}}{R_B}\approx\frac{U_C}{R_B}$$

由于 U_{BE}（硅管约为 0.6 V）比 U_C 小得多，故可忽略不计。

由 I_B 可得出静态时的集电极电流：

$$I_C = \bar{\beta} I_B$$

静态时的集—射极之间电压则为：

$$U_{CE} = U_C - I_C R_C$$

【例 3—6】 在图 3—27 所示电路中，已知 $U_C = 12$ V，$R_C = 3$ kΩ，$R_B = 300$ kΩ，$\bar{\beta} = 50$。试求放大电路的静态值。

解：

$$I_B \approx U_C / R_B = 12/300 \times 10^3 = 0.04 \text{ mA}$$

$$I_C = \bar{\beta} I_B = 50 \times 0.04 = 2 \text{ mA}$$

$$U_{CE} = U_C - I_C R_C = 12 - 2 \times 3 = 6 \text{ V}$$

本例中，若 R_B 断开时，$I_B = 0$，$I_C = 0$，$U_{CE} = U_C = 12$ V，晶体管工作在截止状态。若 R_B 减小时，I_B 增加，I_C 也增加，U_{CE} 不断减小。当 $U_{CE} \approx 0.3$ V 时，晶体管进入饱和工作状态，饱和时的集电极电流为：

$$I_C \approx \frac{U_C}{R_C} = \frac{12}{3} = 4 \text{ mA}$$

由此可见，放大电路的静态值是由基极电阻 R_B 决定的。因此，通常用调节 R_B 的方法使放大电路获得一个合适的静态值。

（2）动态工作情况。放大电路有输入信号时的工作状态称为动态。这时放大电路在直流电源 U_C 和输入交流信号 u_i 的共同作用下，电路中的电流和电压既有直流分量，又有交流分量，如图 3—27b 所示。

例如输入信号 u_i 为正弦波①，则基、射极间的总电压 u_{BE} 是直流 U_{CE} 和交流 u_i 的叠加（如波形②），即：

$$u_{BE} = U_{BE} + u_i$$

基极电流 i_B 也是直流 I_B 和交流 i_b 的叠加，即：

$$i_B = I_B + i_b$$

集电极的总电流 i_C 为：

$$i_C = \beta i_B = I_C + \beta i_b$$

i_C 也是直流 I_C 和交流 βi_b 的叠加，如波形③。

晶体管集、射极间的电压为：

$$u_{CE} = U_C - i_C R_C$$

u_{CE} 也是直流电压 U_{CE} 和交流电压 $i_C R_C$ 的叠加，如波形④。由于电容 C2 的隔直流作用，故在输出端得到了被放大的交流电压，如波形⑤所示。

3. 放大电路图解法

三极管的静态值也可以用图解法来解定，并能直观地分析和了解静态值的变化对放大电路工作的影响。

图解法需要首先画出三极管输出特性曲线（见图 3—28），然后在图中作出直流负载线，根据 $U_{CE}=U_C-I_CR_C$ 来确定直流负载线在横轴上和在纵轴上的截距。由公式：

$$U_{CE}=U_C-I_CR_C$$

当 $I_C=0$ 时，在横轴上截距为 $U_{CE}=U_C$；当 $U_{CE}=0$ 时，在纵轴上截距为 $I_C=U_C/R_C$。在输出特性曲线上与直流负载线的交点 Q，称为放大电路的静态工作点，由它确定放大电路的电压和电流的静态值。

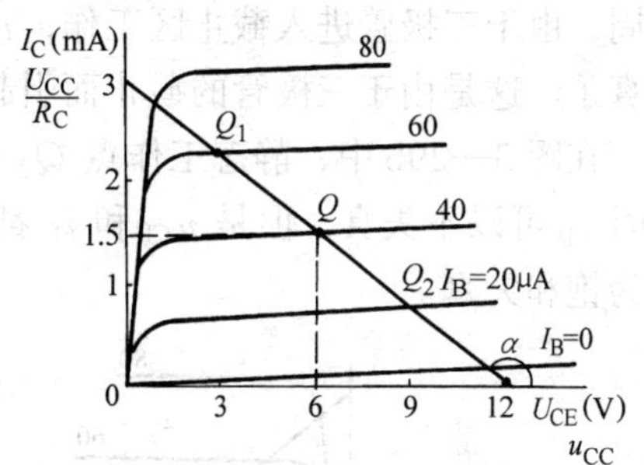

图 3—28 用图解法确定放大电路的静态工作点

从图 3—28 可见，基极电流 I_B 的大小不同，静态工作点在负载线上的位置也就不同。根据对晶体管工作状态的要求不同，要有一个相应不同的合适的工作点，这可以通过改变 I_B 的大小来获得。因此，I_B 是一个很重要的参数，它确定晶体管的工作状态，通常称之为偏置电流（简称偏流）。可以通过改变 R_B 的阻值来调整偏流 I_B 的大小。

【例 3—7】 在图 3—27 电路中，已知 $U_C=12$ V，$R_C=4$ kΩ，$R_B=300$ kΩ。三极管的特性曲线组已给出（图 3—28）。(1) 作直流负载线；(2) 求静态值。

解：

(1) 根据图 3—27a 的直流通路，有：

$$U_{CE}=U_C-I_CR_C$$

可得出：

$$I_C=0\text{ 时}\quad U_{CE}=U_C=12\text{ V}$$

$$U_{CE}=0\text{ 时}\quad I_C=U_C/R_C=12/4=3\text{ mA}$$

根据计算结果就可在图 3—28 的三极管输出特性曲线组上作出直流负载线。

(2) 根据公式得：

$$I_B\approx U_C/R_B=12/300=0.04\text{ mA}$$

由此得出静态工作点 Q（图 3—28），静态值为：

$$I_B=40\ \mu\text{A}$$

$$I_C=1.5\text{ mA}$$

$$U_{CE}=6\text{ V}$$

用图解法求静态值的一般步骤如下：给出三极管的输出特性曲线组→作出直流负载线→由直流通路求出偏流 I_B→得出合适的静态工作点→找出静态值。

4. 静态工作点的合理选择

对放大电路有一基本要求，就是输出信号尽可能不失真。所谓失真，是指输出信号的波形不像输入信号的波形。引起失真的原因有多种，其中最主要的是由于静态工作点不合适，使放大电路的工作范围超出了三极管特性曲线上的线性范围。这种失真通常称为非线性失真。

在图 3—29a 中，静态工作点 Q_1 的位置太低，即使输入的是正弦电压，但在它的负半周，由于三极管进入截止区工作，i_B 的负半周和 u_{CE}的正半周被削平，i_B 和 u_{CE}都严重失真了。这是由于三极管的截止而引起的，故称为截止失真。

在图 3—29b 中，静态工作点 Q_2 太高，在输入电压正半周，三极管进入饱和区工作，这时 i_B 可以不失真，但是 u_{CE}和 i_C 都严重失真了。这是由于三极管的饱和而引起的，故称为饱和失真。

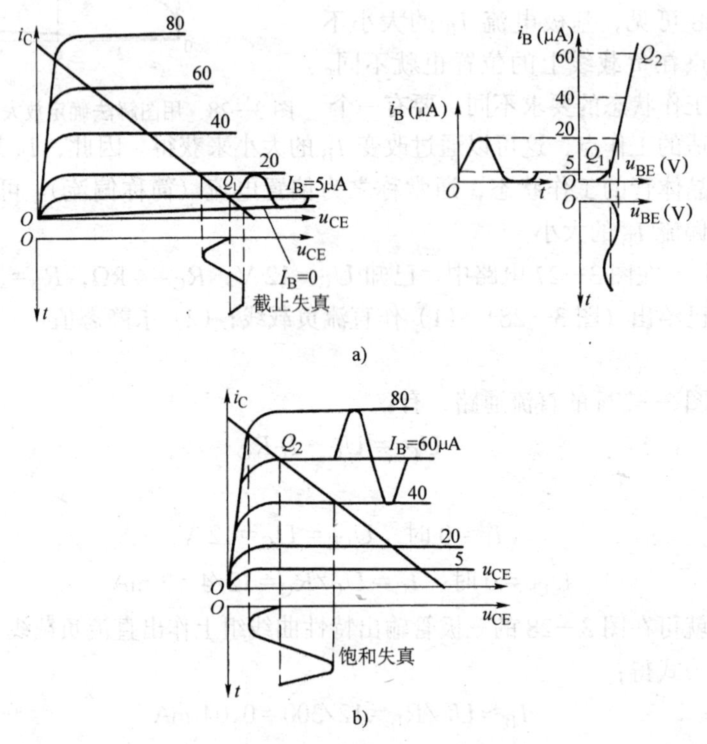

图 3—29　工作点不合适引起输出电压波形失真

因此，要使放大电路不产生非线性失真，必须要有一个合适的静态工作点。此外，输入信号的幅值不能太大，以避免放大电路的工作范围超出特性曲线的线性范围。在小信号放大电路中，此条件一般都能满足。

5. 放大电路微变等效电路

所谓放大电路的微变等效电路，就是把非线性元件三极管所组成的放大电路等效为一个线性电路，也就是把三极管线性化，等效为一个线性元件。这样，就可以像处理线性电路那样来处理三极管放大电路。线性化的条件，就是三极管在小信号（微变量）情况下工作。这样才能在静态工作点附近的小范围内用直线段近似地代替三极管的特性曲线。

（1）三极管的微变等效电路。图 3—30a 是三极管的输入特性曲线，是非线性的。但当输入信号很小时，在静态工作点 Q 附近的工作段可以认为是直线（线性的）。当三极管的 U_{CE}为常数时，ΔU_{BE}与 ΔI_B 之比称为三极管的输入电阻，它表示三极管的输入特性。

$$r_{be}=\frac{\Delta U_{BE}}{\Delta I_B}$$

在小信号的情况下，r_{be}是一个常数，由它确定 u_{be}和 i_b 之间的关系。因此，三极管的输入电路可用 r_{be}等效代替。

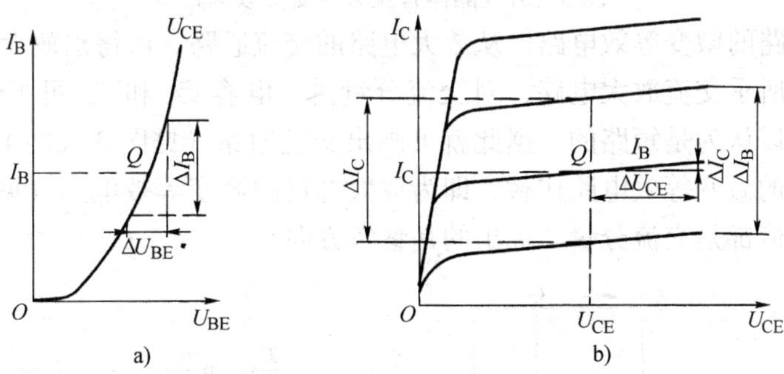

图 3—30　从晶体管的特性曲线求 r_{be}，β 和 r_{ce}

低频小功率三极管的输入电阻常用下式估算：

$$r_{be}\approx 300+(1+\beta)\frac{26\ (\text{mV})}{I_E\ (\text{mA})}$$

r_{be}一般为几百欧到几千欧。

图 3—30b 是三极管的输出特性曲线组，在线性工作区是一组近似等距离的平行直线。当 U_{CE}为常数时，ΔI_C 与 ΔI_B 之比即为三极管的电流放大系数。

$$\beta=\frac{\Delta I_C}{\Delta I_B}$$

在小信号的条件下，β 是一常数，由它确定 i_c 受 i_b 控制的关系。因此，三极管的输出电路可用一等效恒流源 $i_c=\beta i_b$ 代替，β 值一般在 20～200 之间，在手册中常用 h_{fe}代表。

此外，在图 3—30b 中还可见到，三极管的输出特性曲线不完全与横轴平行，当 I_B 为常数时，ΔU_{CE}与 ΔI_C 之比称为三极管的输出电阻。

$$r_{ce}=\frac{\Delta U_{CE}}{\Delta I_C}$$

在小信号的条件下，r_{ce}也是一个常数。如果把三极管的输出电路看作电流源，r_{ce}也就是电源的内电阻，故在等效电路中与恒流源 βi_b并联。由于 r_{ce}的阻值很高，约为几十千欧到几百千欧，所以在后面的微变等效电路中都把它忽略不计。

图 3—31b 为得出的三极管微变等效电路。

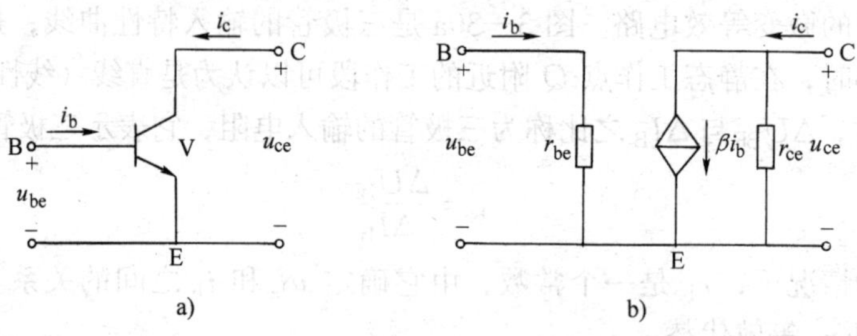

图 3—31　晶体管及其微变等效电路

（2）放大电路的微变等效电路。从放大电路的交流通路，可得出放大电路的微变等效电路。图 3—27 所示交流放大电路，对交流分量讲，电容 C1 和 C2 可视作短路；对交流讲直流电源也可以认为是短路的。据此就可画出交流通路（见图 3—32a）。再把交流通路中的三极管用它的微变等效电路代替，即为放大电路的微变等效电路（见图 3—32b）。电路中的电压和电流都是交流分量，标出的是参考方向。

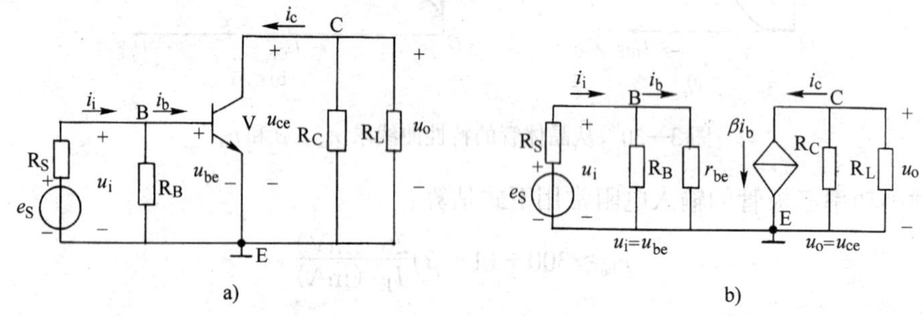

图 3—32

a）交流放大电路的交流通路　b）微变等效电路

（3）放大电路输入电阻的计算。一个放大电路的输入端总是与信号源（或前级放大电路）相连的，其输出端总是与负载（或后级放大电路）相连的。因此放大电路与信号源和负载之间，都是互相联系，互相影响的。如果放大电路的输入电阻较小，第一，将从信号源取用较大的电流，从而增加信号源的负担；第二，经过信号源内电阻和输入电阻分压，使实际加到放大电路的输入电压减小，从而减小输出电压；第三，后级放大电路的输入电阻，就是前级放大电路的负载电阻，将会降低前级放大电路的电压放大倍数。因此，通常希望放大电路的输入电阻能高一些。

以图 3—27 的放大电路为例，其输入电阻可从它的微变等效电路图 3—31b 计算：

$$r_i = R_B // r_{be} \approx r_{be}$$

实际 R_B 的阻值比 r_{be} 大得多，所以可以忽略不计。

(4) 放大电路输出电阻的计算。如果放大电路输出电阻较大，会造成带负载的能力较差。因此，通常希望放大电路输出级的输出电阻低一些。

从图 3—32b 所示微变等效电路看，因为三极管的输出电阻 r_{ce}很高（和恒流源βi_b并联，图中已略去），故：

$$r_o \approx R_C$$

R_C一般为几千欧，因此共发射放大电路的输出电阻较高。

(5) 电压放大倍数的计算。下面以图 3—27 所示的交流放大电路为例，用它的微变等效电路图 3—32b 来计算电压放大倍数。

$$u_i = i_b r_{be}$$

$$u_o = -i_c R'_L = -\beta i_b R'_L$$

式中　$R'_L = R_C /\!/ R_L$。

负号表示输出电压与输入电压相位相反。

故放大电路的电压放大倍数为：

$$A_u = \frac{u_o}{u_i} = -\beta \frac{R'_L}{r_{be}}$$

当放大电路输出端开路（未接 R_L）时，

$$A_u = -\beta \frac{R_C}{r_{be}}$$

比接 R_L 时高。可见 R_L 越小，则电压放大倍数越低。

【例 3—8】　在图 3—27 中，$U_C = 12$ V，$R_C = 3$ kΩ，$R_B = 300$ kΩ，$\beta = 50$，$R_L = 3$ kΩ，试求电压放大倍数 A_u。

解：

$$I_B = U_C / R_B = 12/300 = 0.04 \text{ mA}$$

$$I_C \approx I_E = \beta I_B = 50 \times 0.04 = 2 \text{ mA}$$

$$r_{be} = 300 + (1+\beta)\frac{26}{I_E}$$

$$= 300 + (1+50)26/2$$

$$= 963\ \Omega$$

$$R'_L = R_C /\!/ R_L = 3 /\!/ 3 = 1.5 \text{ k}\Omega$$

$$A_u = -\beta R'_L / r_{be} = -50 \times 1.5/0.963 = -77.9$$

6. 放大电路静态工作点的稳定

前面说过，放大电路应该有一个合适的静态工作点，能保证有较好的放大效果和不引起非线性失真。而静态工作点在电源电压 U_C 和集电极负载电阻 R_C 的大小确定后，其位置由偏置电流 I_B 的大小来确定，当 R_B 一经选定，I_B 也就固定不变，故其电路称为固定偏置电路。固定偏置电路虽然简单和容易调整，但在外部因素的影响下，将引起静态工作点的变动，严重时使放大电路不能正常工作，其中影响最大的是温度的变化。下面讨论温度对静态工作点影响。

（1）温度对三极管参数的影响。当温度升高时，三极管的 I_{CBO}和 $\bar{\beta}$ 等参数随着增大，这都导致集电极的电流 I_C 增大，同时三极管的静态工作点向上移动，原来静态工作点在 Q 点，工作范围在 Q_1 到 Q_2，温度上升后，静态工作点移到 Q'位置，工作范围移到 Q'_1 到 Q'_2 而进入饱和区（见图 3—33），这对放大电路的工作显然有很大的影响。为此，需要改进偏置电路，以使工作点稳定。当温度升高后，偏流能自动减小。下面介绍两种稳定工作点的偏置电路。

（2）电压负反馈偏置电路。将图 3—27 的基本放大电路中 R_B 不接到 U_C，而是接到三极管的集电极上（见图 3—34）。当温度升高时，I_C 上升，I_C 在 R_C 上的压降增加，使 U_{CE}降低，由于电路中：

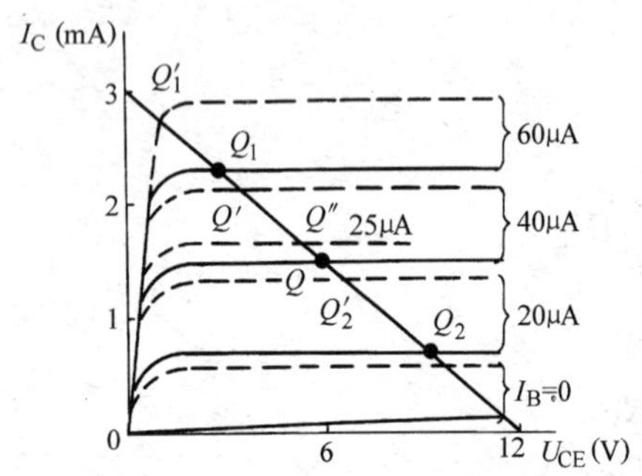

图 3—33　温度对静态工作点的影响

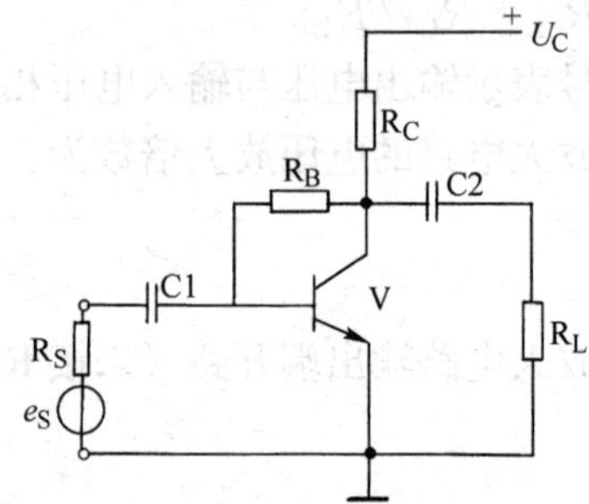

图 3—34　电压负反馈偏置电路

$$I_B = U_{CE} - U_{BE}/R_B \approx U_{CE}/R_B$$

$$U_{CE} = U_C - I_C R_C$$

故 I_B 随着 U_{CE}的减小而自动减小，I_C 也就随着减小，使静态工作点的偏移受到限制。

由此可见，此电路的 I_B 受控于 U_{CE}的变化。其工作点的稳定效果与电阻 R_C 和 R_B 的大小有关，R_C/R_B 越大，电路稳定作用就越好。

（3）分压式偏置电路。前述电压负反馈偏置电路虽然对直流状态有稳定作用，但它的应用范围有局限性。另外，当有交流信号输入时，它对交流信号同样有负反馈作用，使放大倍数减小。为了克服这些缺点，常用图 3—35 所示的分压式偏置电路。

分压式偏置电路由 R_{B1} 和 R_{B2}构成偏置电路，由图 3—35b 所示的直流通路可列出：

$$I_1 = I_2 + I_B$$

若使：

$$I_2 \gg I_B$$

则：

$$I_1 \approx I_2 \approx \frac{U_C}{R_{B1} + R_{B2}}$$

基极电位：

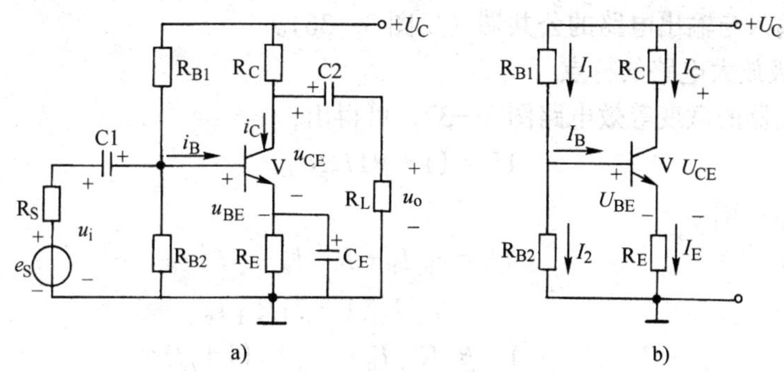

图 3—35　分压式偏置放大电路

a）放大电路　b）直流通路

$$V_B = R_{B2} I_2 \approx \frac{R_{B2}}{R_{B1} + R_{B2}} U_C$$

可认为 V_B 与三极管的参数无关，不受温度影响，而仅为 R_{B1} 和 R_{B2} 的分压电路所固定。

引入发射极电阻 R_E 后，由图 3—35 可列出：

$$U_{BE} = V_B - V_E = V_B - I_E R_E$$

若使：

$$V_B \gg U_{BE}$$

则：

$$I_C \approx I_E = \frac{V_B - U_{BE}}{R_E} \approx V_B / R_E$$

也可以认为 I_C 不受温度影响。

分压式偏置电路能稳定静态工作点的物理过程可表示如下：

$$\text{温度升高} \rightarrow I_C \uparrow \rightarrow V_E \uparrow \rightarrow U_{BE} \downarrow \rightarrow I_B \downarrow \rightarrow I_C \downarrow$$

即当温度升高使 I_C 和 I_E 增大，$V_E = I_E R_E$ 也增大。由于 V_B 已受 R_{B1} 和 R_{B2} 的分压电路所固定，故 U_{BE} 减小，从而引起 I_B 减小而使 I_C 自动下降，静态工作点大致恢复到原来的位置。R_E 越大，稳定性能越好。但 R_E 太大时将使 V_E 增高，因而减小放大电路输出电压的幅值。R_E 在小电流情况下为几百欧到几千欧，在大电流时为几欧到几十欧。R_E 不仅对直流起稳定作用，另一方面对交流也会有影响，为此，可在 R_E 两端并联电容 C_E（见图 3—35a）。只要 C_E 的容量足够大，对交流信号的容抗就很小，故 C_E 称发射极电阻交流旁路电容，其容量一般为几十微法到几百微法。

二、共集电极放大电路

前面介绍的放大电路都是从集电极输出，是共发射极放大电路。以下介绍的是从发射极输出，称共集电极放大电路，又可称射极输出器。

共集电极放大电路，集电极直接接电源 U_C，而电源 U_C 对交流信号来说相当于短路，故集电极成为输入与输出电路的公共端（见图 3—36）。

1. 共集电极放大电路的特点

由射极输出器的微变等效电路图 3—37，可得出：

$$U_o=(1+\beta)I_bR'_L$$

式中　$R'_L=R_E/\!/R_L$。

$$U_i=r_{be}I_b+R'_LI_e$$
$$=r_{be}I_b(1+\beta)R'_LI_b$$

$$A_u=\frac{U_o}{U_i}=\frac{(1+\beta)R'_LI_b}{r_{be}I_b+(1+\beta)R'_LI_b}=\frac{(1+\beta)R'_L}{r_{be}+(1+\beta)R'_L}$$

由上式可知，由于 $\beta R'_L\gg r_{be}$，所以电压放大倍数接近 1，但恒小于 1。输出电压与输入电压同相，具有跟随作用。

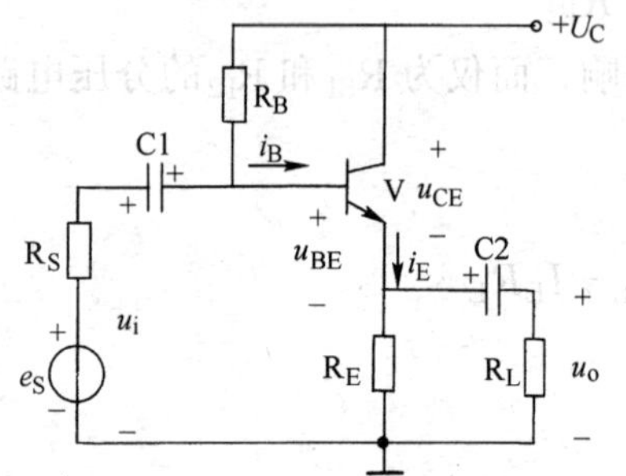

图 3—36　射极输出器

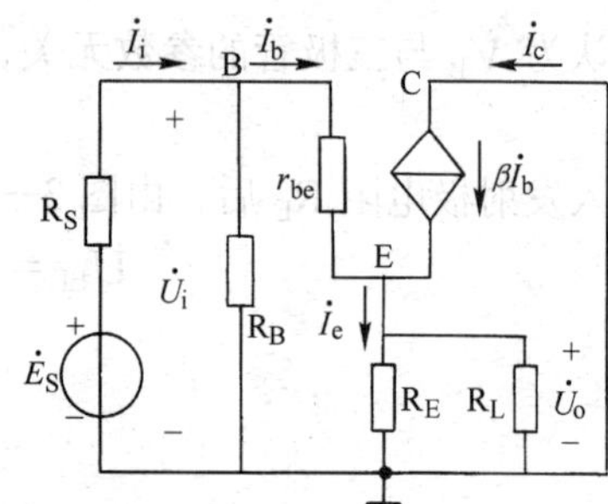

图 3—37　射极输出器的微变等效电路

输入电阻也可由图 3—37 所示的微变等效电路经过计算得出，即：

$$r_i=R_B/\!/[r_{be}+(1+\beta)R'_L]$$

通常 R_B 的阻值很大，同时电阻 $[r_{be}+(1+\beta)R'_L]$ 也比上述的共发射极放大电路的输入电阻大得多。因此，共集电极放大电路的输入电阻很高，可达几十千欧到几百千欧。

输出电阻同样通过图 3—37 可得：

$$r_o\approx(r_{be}+R'_S)/\!/\beta$$

式中　$R'_S=R_S+R_B$。

综上所述，共集电极输出电路主要特点是：电压放大倍数接近 1；输出电压与输入电压相位相同；输入电阻高；输出电阻低。

2. 共集电极放大电路的应用

由于具有高输入电阻和低输出电阻的特点，所以共集电极放大电路的应用十分广泛。因为其输入电阻高，所以常被用作多级放大电路的输入级，这对于高内阻的信号源来说更有意义，可以减少信号在内阻上的损失。如测量仪器中的放大电路要求有高的输入电阻，以减小仪器接入时对被测电路产生的影响。其次，放大电路中输出电阻低，则当负载接入后或当负载增大时，输出电压的下降就较小，或者说它带负载的能力较强。所以共集电极放大电路也常用作多级放大电路的输出级。有时用作两级共发射极放大电路之间作为隔离极（或称缓冲级），这对前级放大电路而言，它的高输入电阻对前级的影响甚小（前级提供的信号电流小）；而对后级放大电路而言，由于它的输出电阻低，正好与输入电阻低的共发射极电路匹配。这就是共集电极的阻抗变换作用。

三、反馈放大电路

1. 反馈电路

反馈电路是指通过一定的电路，把放大电路输出信号的一部分或全部送回到放大电路的输入端。

根据反馈信号相位的不同，可分成正反馈和负反馈两种。如果反馈的电量使输入信号的电量增强，这种反馈称正反馈。正反馈显然可以增大放大倍数，但同时也会增加失真和不稳定性，故在一般放大电路中不采用，多用于振荡电路中。当反馈电量使有效的输入电量减小时，这种反馈称为负反馈。引入负反馈显然将放大电路的电压放大倍数减小，但提高了放大电路的稳定性，可以改善波形失真和展宽通频带，所以广泛应用于各种放大电路中。

负反馈电路的形式很多，但根据反馈信号取得方式的不同，可分为电压负反馈和电流负反馈两种。

2. 电压负反馈电路

当反馈电量的大小与放大电路的输出电压成正比时叫电压负反馈电路。如前面所介绍的共集电极放大电路就是电压负反馈电路（见图 3—38）。

当该电路输入正弦信号 U_i 正半周时，则由它产生的电流 I_E、输出电压 U_O 和反馈电压 U_F 的瞬时极性如图所示。不难看出，U_F 与 U_i 的方向相反，所以是负反馈。另外，反馈信号以电压的形式与输入信号串联后加到三极管 B 和 E 极上，因此这种电路属于电压串联负反馈电路。

图 3—39 所示电路在偏置电路里已介绍过，该电路也是电压负反馈电路，反馈信号是流过 R_B 的反馈电流 I_F。当输入信号在正半周时，输入电压 U_i 所引起的电流方向和电压极性如图所示。不难看出，输出电压和输入电压的瞬时极性相反，反馈电流 I_F 与输出电压成正比；而且净输入电流 I_B 小于输入电流 I_i。又因为反馈信号以反馈电流的形式与输入电流并联叠加后输入三极管的基极，所以该电路为电压并联负反馈电路。

3. 电流负反馈电路

反馈电量的大小与放大器的输出电流成正比的负反馈叫做电流负反馈。图 3—40 所示的电路就是前述分压式电流负反馈偏置电路。当输入信号为正半周时，电路中的电流方向与电压的瞬时极性如图所示。不难看出，反馈信号是 R_E 上的电压 U_F，并且：

$$U_F = I_E R_E \approx I_C R_E$$

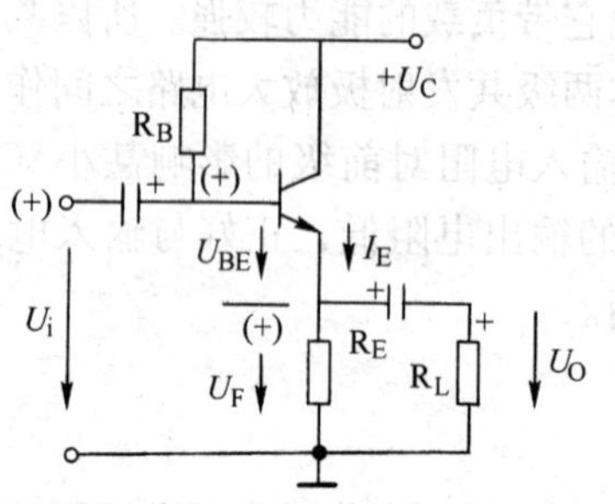

图 3—38　电压串联负反馈

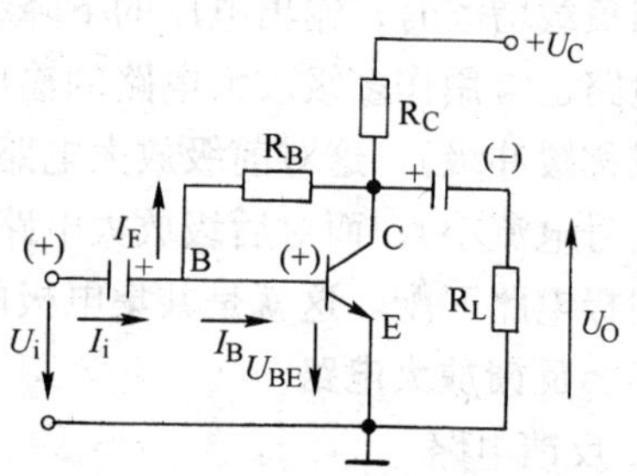

图 3—39　电压并联负反馈电路

所以，反馈电压 U_F 与三极管的输出电流 I_C 成正比，故是电流反馈。由于反馈电压 U_F 是与输入电压 U_i 串联起来加到三极管的 B 和 E 极之间，且反馈电压对输入电压起削弱作用，因此它属于电流串联负反馈。

图 3—41 所示电路也是一种电流负反馈。当输入信号为正半周时，电流方向和电压瞬时极性如图所示。反馈信号取自 V2 管的发射极电阻 R_{E2} 上的电压 U_{E2}，并经 R_F 送回到放大电路的输入端，反馈电流 I_F 与 V2 管的输出电流成正比，且 I_F 是与 I_i 并联叠加后输入 V1 管基极的，净输入电流 I_B 小于输入电流 I_i，所以它是电流并联负反馈。

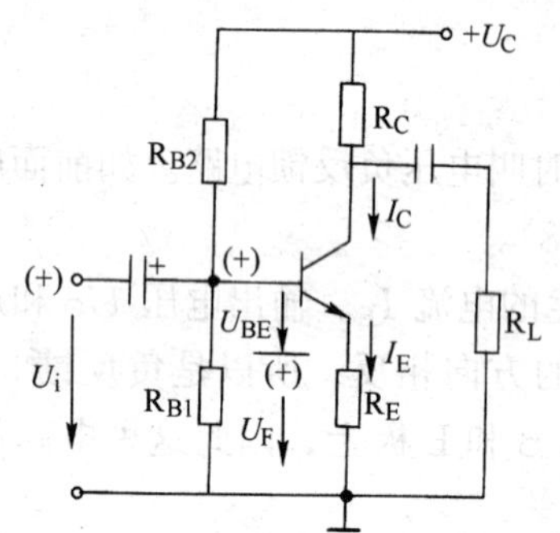

图 3—40　电流串联负反馈

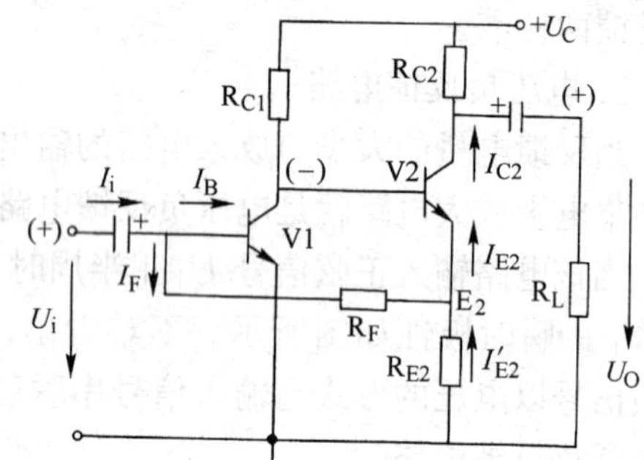

图 3—41　电流并联负反馈电路

在三极管放大电路中，采用电压负反馈具有稳定输出电压的作用，采用电流负反馈具有稳定输出电流的作用。而串联负反馈使放大电路的输入电阻增高，并联负反馈使放大电路的输入电阻减低。

四、多级放大电路

在实际应用中，被放大的信号往往是非常微弱的，有时只有几微伏，要把这样微弱的信号放大到足够带动负载，单靠一级放大器往往是不够的，所以必须采用多级放大电路。

1. 多级放大器耦合方式

放大器级与级之间的连接叫做级间耦合。常见的耦合方式有阻容耦合、变压器耦合和直接耦合三种。阻容耦合主要用于电压放大器，变压器耦合主要用于功率放大器，直接耦合主要用于直流放大器。

2. 多级放大电路的耦合要求

多级放大电路在耦合后都必须满足两个条件。第一，必须尽量保证被放大的信号能够不失真地由前级送到后级；第二，级间连接后，要保证晶体管仍工作在正常的工作点。

3. 多级放大电路的输入电阻、输出电阻及电压放大倍数

阻容耦合就是用电阻和电容把放大器连接起来，图 3—42 所示就是典型的两级阻容耦合放大电路。第一级和第二级放大器分别由三极管 V1 和 V2 组成的分压式偏置电路构成，它们之间通过电容 C2 和电阻 R_{C1}，R_{21}，R_{22}组成耦合电路。耦合电容的隔直作用，它可以使前后的直流工作状态相互无影响，而使级间的交流信号可以从上一级传递到下一级去。

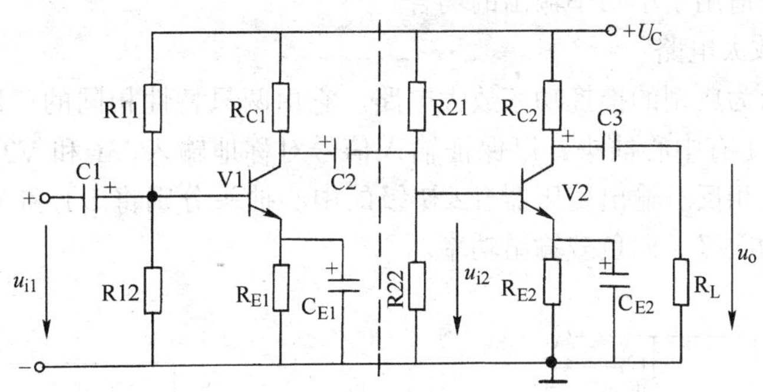

图 3—42　阻容耦合多级放大器

在阻容耦合放大器中，前级放大器的输出信号 u_{o1}就是后级放大器的输入信号 u_{i2}。前级放大器的输出电阻 R_{o1}就是后级放大器信号源的内阻，而后级放大器的输入电阻 R_{i2}就是前级放大器的负载电阻。根据放大倍数的定义，可确定多级放大器的总放大倍数等于各级电压放倍数的乘积，即：

$$A_u = A_{u1} \cdot A_{u2} \cdots A_{un}$$

阻容耦合放大电路的主要优点是结构简单、轻便、成本低、频率特性比较好，并可以获得较大的电压放大倍数。

五、功率放大电路

功率放大器是一种以功率放大为主要功能的放大器。因此它不仅要有较大的电压输出，还应有较大的电流输出。由于功率放大器要输出足够大的功率，因此管子一般工作在极限状态。功率放大器主要有单管功率放大器、推挽功率放大器和无变压器的功率放大器三种，下面分别介绍。

1. 单管功率放大电路

如图 3—43 所示为单管功率放大电路。T1 为输入变压器，起阻抗变换作用，在前后

级之间起匹配作用。T2 为输出变压器，起阻抗变换和能量传输作用。

当有交流输入信号 u_i 时，基极电流 i_b 随之变化，使得流过 T2 初级的电流 i_c 也随之变化，T1 的次级中就有交流电流流过负载。

单管功率放大电路中，由于 T2 的线圈是电感元件，当感应电动势的极性与电源的极性一致时，集电极的电压就比电源电压高，所以在选择功放管时，反向击穿电压 $U_{(BR)CEO}$ 应大于 $2U_{CC}$。在理想情况下，单管功率放大电路三极管输出的最高效率为 50%，实际上由于变压器总有一定损耗，三极管也有一定的管压降，因此单管功率放大电路的效率总是小于 50%。

单管功率放大器的特点是在信号变化的一周内，三极管始终处于放大状态，通常把这种工作状态的放大器叫做甲类功率放大器。它的优点是只用一只三极管，结构简单；缺点是耗损大，因此只适用于小功率输出的场合。

2. 推挽功率放大电路

图 3—44 所示为典型的推挽功率放大电路。它由两只特性相同的三极管 V1 和 V2 组成，输入变压器 T1 有中心抽头，以保证输入信号对称地输入 V1 和 V2 管，使其基极信号大小相等、相位相反。输出变压器 T2 初级的中心抽头分别将 V1 和 V2 管的集电极电流耦合到变压器的次级，向负载输出功率。

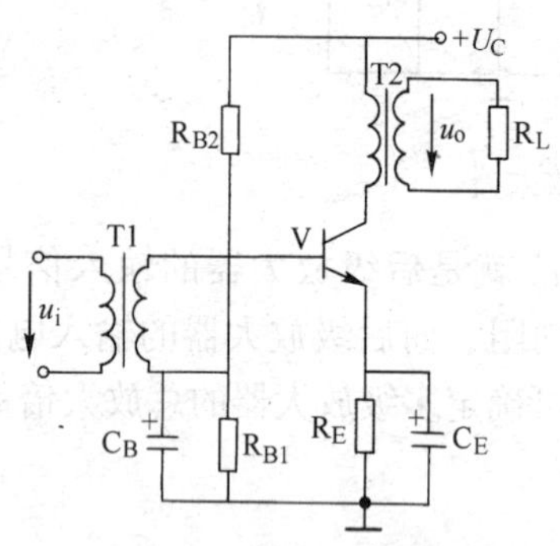

图 3—43　单管功率放大电路

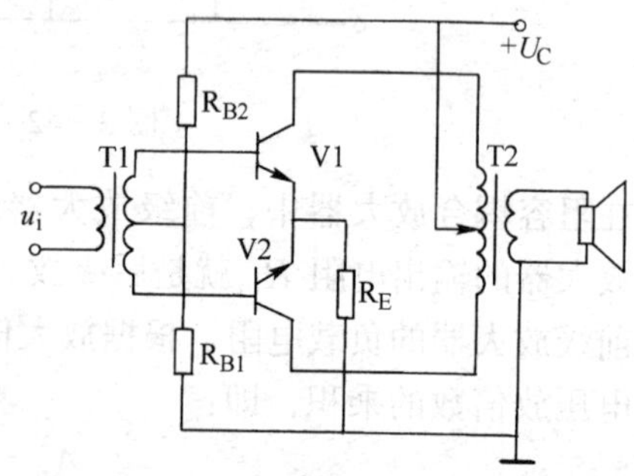

图 3—44　具有偏置电路的推挽功率放大器

当交流信号送入 T1 的初级时，在 T1 次级中就会感应出两个大小相等、相位相反的电压 u_{i1} 和 u_{i2}。当输入信号的正半周时，V1 管的发射结因正偏而导通，径放大后的集电流 i_{c1} 通过输出变压器 T2 的上半个初级绕组，在次级绕组中就有半个周期的电压输出。此时 V2 管的发射结因反偏而截止，没有输出。当输入信号的负半周时，V1 管截止，V2 管工作，T2 就有另外半个周期的电压输出。于是在负载上就获得一个被放大了的完整信号波形。

由此可见，在输出波形的一个周期内，两只管子交替工作，即一只管子承担正半周的放大，另一只管子承担负半周的放大。由于两只管子像拉锯一样的一推一挽（拉）地工作，所以称这种电路为推挽功率放大器。

由于三极管的输入特性是非线性的，若 V1 和 V2 管的静态基极电流为零，将在两管交接工作的时候产生交越失真（见图 3—45）。为了改善这种失真，通常为两只三极管提供适当的静态工作电流，使三极管在静态时工作点稍高于截止点，所以这类放大电路也叫甲乙类放大电路。若静态时工作点 Q 在截止点，这种状态就称为乙类放大电路。

推挽放大电路在理想情况下效率可达到 78%左右。实际上由于变压器和三极管等损耗，一般只能达到 60%左右。

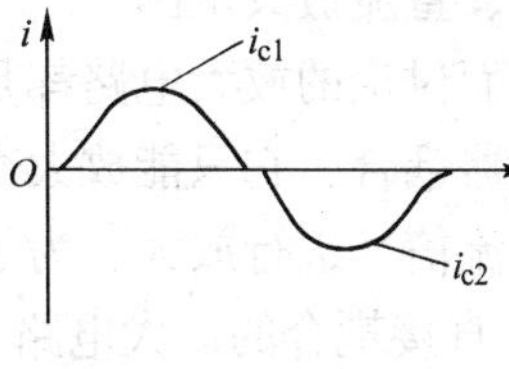

图 3—45 交越失真

3. 无变压器的功率放大电路

推挽功率放大器虽然有很多优点，但由于变压器体积大、频率响应差、不适用电路集成化，因此可采用无变压器的功率放大电路。

图 3—46 所示为既无输入变压器也无输出变压器的功放电路。由于 PNP 和 NPN 型管的发射结偏置极性正好相反，能自行完成反相作用，因此可省掉输入变压器。此种电路又称互补对称功放电路。

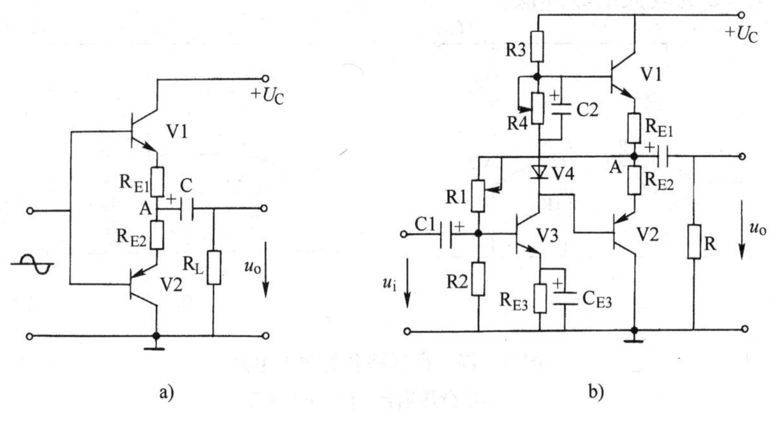

图 3—46 互补对称功放电路

a）原理电路 b）实用电路

在静态时，两只三极管都处于截止状态，仅有很小的穿透电流 I_{CEO}通过。由于 V1 和 V2 的对称性，并设 $R_{E1}=R_{E2}$，故 A 点电位为 $U_{CC}/2$，电容 C 上的电压也等于 $U_C/2$。

当输入信号在正半周时，V1 管的发射结因正偏而导通，V2 管的发射结因反偏而截止。此时电源通过 V1 管向电容 C 充电，其电压为 $U_C/2$。当输入信号的负半周时，V1 管截止，V2 管导通，此时电容 C 通过 V2 管和负载放电。若电容 C 的容量足够大时，就能保证 $i_{c1}=i_{c2}$，且其方向相反。由此可见，在输入信号的一个周期内，电流 i_{c1}和 i_{c2}以正反不同的方向交替流过负载电阻 R_L，在 R_L 上合成一个不失真的输出信号电压 u_o。

图 3—46b 所示为一种实用电路，前置放大器送来的信号电压经 V3 管放大后再去推动输出级 V1 管和 V2 管。为了消除交越失真，必须给 V1 管和 V2 管加上适当的偏置电压，图中 R_4 的大小可调节 V1 管和 V2 管的静态电流，调节 V3 的偏置电阻 R_1，可以使 A 点的电位稳定在 $U_C/2$ 上。

六、直流放大电路

前面讨论的放大电路都是交流放大电路。从电路连接方式上看，级间多采用阻容耦合或变压器耦合，它只能放大交流信号。但是，在实际使用中往往需要对直流信号或变化缓慢的交流信号进行放大，为了解决这个矛盾，需要采用直流放大电路。

1. 直接耦合的放大电路

图 3—47 是直接耦合的放大电路图。为了解决前级与后级的工作点配合，图 a 采用了电阻分压式耦合方式，在图 a 中将 V1 的输出电压通过电阻 R，R_{B2} 分压使 U_{B2}（0.7 V）传到 V2。这种连接方式增益损失最大。图 b 电路是将 V1 的集电极直接接到 V2 的基极，由于 V1 集电极电位较高，所以必须相应提高 V2 发射极的电位，以保证 V2 的偏置适当。通常是在 V2 的发射极串接几个二极管，使发射极电位略小于 V1 的集电极电位。也可以用稳压管代替二极管，以保证恒定的发射极电位，但不采用电阻，因为它对信号也产生电流负反馈，使 V2 的放大倍数降低。

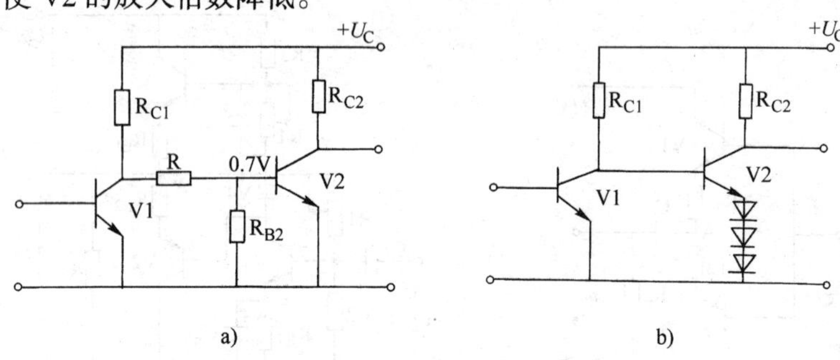

图 3—47　直接耦合的放大电路

a）电阻分压耦合　b）直接耦合

2. 差动放大电路

在放大直流信号时，采用直接耦合很难抑制零点漂移，而抑制零点漂移，最有效的电路是差动放大电路。因此，要求较高的多级直接耦合放大电路的前置级广泛采用这种电路。

(1) 差动放大电路工作原理。图 3—48 所示为两个三极管组成的最简单的差动放大

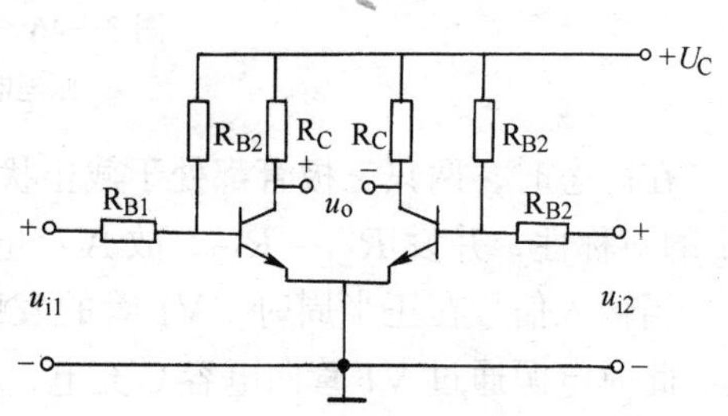

图 3—48　差动放大原理电路

电路。信号电压 u_{i1}和 u_{i2}由两管基极输入，输出电压 u_o则取自两管的集电极之间。电路结构对称，在理想的情况下，两管的特性及对应电阻元件的参数值都相同，因而它们的静态工作点也必然相同。

1）零点漂移的抑制。在静态时，$u_{i1}=u_{i2}=0$，所以两边的集电极电流和集电极电位也相等，即：

$$I_{C1}=I_{C2},\ V_{C1}=V_{C2}$$

故输出电压：　$U_o=V_{C1}-V_{C2}=0$

当温度升高时，两管的集电极电流都增大，集电极电位都下降，并且两边的变化量相等，即：

$$\Delta I_{C1}=\Delta I_{C2},\ \Delta V_{C1}=\Delta V_{C2}$$

虽然每个管都产生了零点漂移，但是，由于两集电极电位的变化是互相抵消的，所以输出电压依然为零，即：

$$U_o=V_{C1}+\Delta V_{C1}-(V_{C2}+\Delta V_2)=0$$

零点漂移完全被抑制了。对称差动放大电路对两管所产生的同向漂移（不管是什么原因引起的）都具有抑制作用，这是它的突出优点。

2）放大差模信号。当两个输入电压的大小相等，而极性相反，即 $u_{i1}=-u_{i2}$，这样的输入称为差模输入。

设 $u_{i1}>0$，$u_{i2}<0$，则 u_{i1}使 V1 的集电极电流增大了 ΔI_{C1}，V1 的集电极电位因而降低了 ΔV_{C1}（负值）；而 u_{i2}却使 V2 的集电极电流减小了 ΔI_{C2}，V2 的集电极电位因而增高了 ΔV_{C2}（正值）。这样，两个集电极电位一增一减，呈现异向变化，其差值即为输出电压：

$$u_o=\Delta V_{C1}-\Delta V_{C2}$$

例如，$\Delta V_{C1}=-1$ V，$\Delta V_{C2}=1$ V，

则：$u_o=-1-1=-2$ V

可见，在差模输入信号的作用，差动放大电路的输出电压为两管各自输出的电压变化量的 2 倍。

（2）典型差动放大电路。上面讲到，差动放大电路所以能抑制零点漂移，是由于电路的对称性。实际上，完全对称的理想情况并不存在，所以单靠提高电路的对称性来抑制零点漂移是有限的。另外，上述差动电路每一个三极管的集电极电位的漂移并未受到抑制，因此对上述差动放大器的基本电路还必须作进一步的改进才有实用意义。常用的改进电路叫做恒流源差动放大器（见图 3—49）。

研究了差动放大器的基本电路之后，可以发现电路在放大差模信号的时候，一个管子的电流 I_{C1}在增大，而另一个管子的电流 I_{C2}在减小，增大量和减小量是相同的，也就是说两个管子的集电极电流之和 $I_{C1}+I_{C2}$是不变的。因此，只要在两个管子的发射极的公

共端上串联一个公用的恒流源，这样既能稳定每个管子的静态电流，使之不产生漂移，又不会影响到电路对差模信号的放大作用。图 3—49 中增加了一个三极管 V3 就是起到了恒流源的作用。由于恒流源的作用使 V1 和 V2 在静态时 $I_{C1}=I_{C2}=I_{C3}/2$，并使得这两个管的电流也基本恒定下来，这样就大大地减小了每个管的零点漂移。电路中为了不减小放大管的动态范围，设置了负电源 $-U_{EE}$ 作为恒流源的工作电源。

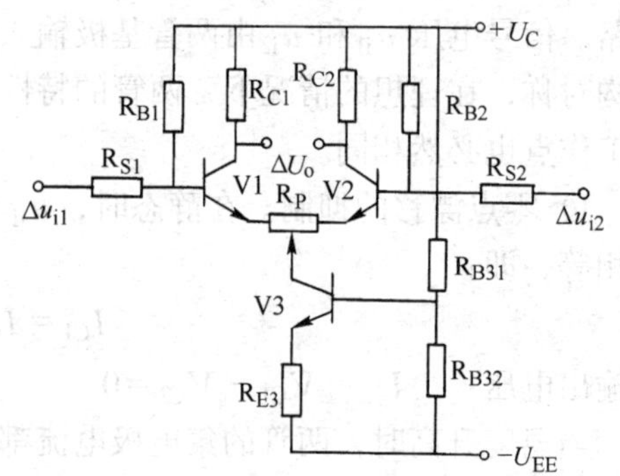

图 3—49　恒流源差动放大电路

为了克服电路元件的不绝对对称，电路在两个放大管的发射极之间接了一个阻值很小的电位器 R_P，这个电位器称为调零电位器，用来调节静态输出电压 ΔU_o 为 0 伏。

（3）差动放大器共模抑制比。对差动放大电路来说，差模信号是有用信号，要求对它有较大的放大倍数；而共模信号是需要抑制的，因此对它的放大倍数要越小越好。对共模信号的放大倍数越小，就意味着零点漂移越小，抗共模干扰能力越强。为了全面衡量差动放大电路放大差模信号和抑制共模信号的能力，通常引用共模抑制比 K_{CMR} 来表征。其定义为放大电路对差模信号的放大倍数 A_d 与对共模信号的放大倍数 A_C 之比，即

$$K_{CMR}=\frac{A_d}{A_C}$$

显然，共模抑制比越大，差动放大电路分辨所需要的差模信号的能力越强，而受共模信号的影响越小。

（4）差动放大器的输入、输出方式。差动放大器并不是仅有双端输入与双端输出这一种输入与输出方式。差动放大器的输出方式可以是双端输出，也可以是单端输出；差动放大器的输入方式可以是双端输入，也可以是单端输入。

在差动放大器中，若使用单端输入方式，虽然另一端是接地的，但由于 R_{E3} 的耦合作用，仍然起到差模输入的效果，即输入信号的一半加入 V1 管，另一半加入 V2 管，并且极性相反。

双端输出的电压放大倍数等于单管放大电路的电压放大倍数。单端输出只利用了一个管子的放大作用，另一个管子的电压变化没有被利用。所以，单端输出的电压放大倍数应为双端输出的一半，也就是等于单管放大电路电压放大倍数的一半。

第五节　晶闸管及其应用

一、晶闸管

1. 晶闸管简介

晶闸管（原称可控硅）是半导体闸流管的简称，它是在二极管的基础上发展起来的一种新型大功率半导体器件。它可以实现以微小的电信号（触发脉冲）对大功率电能进行控制或变换。例如，用几十至一二百毫安的电流或2～3 V的电压就可以控制几百安或千余伏的工作电流和电压。

晶闸管的出现，使半导体器件从弱电领域进入了强电领域。它具有体积小、重量轻、效率高、动作迅速、寿命长等许多优点；但也存在过载能力差、抗干扰能力差、控制比较复杂等缺点。

在最近三十年时间内，晶闸管的制造和应用技术发展很快，在各个工业部门获得了广泛应用，主要用于可控整流、逆变、调压、开关四个方面。目前应用得最多的还是晶闸管整流。

2. 晶闸管的结构

晶闸管是一种大功率半导体器件，它是具有三个PN结的四层结构（见图3—50a）。由最外层的P层和N层引出两个电极，分别为阳极A和阴极K，由中间的P层引出控制极（或称门极）G。如图3—50b所示为晶闸管的表示符号。图3—51是晶闸管的外形图。

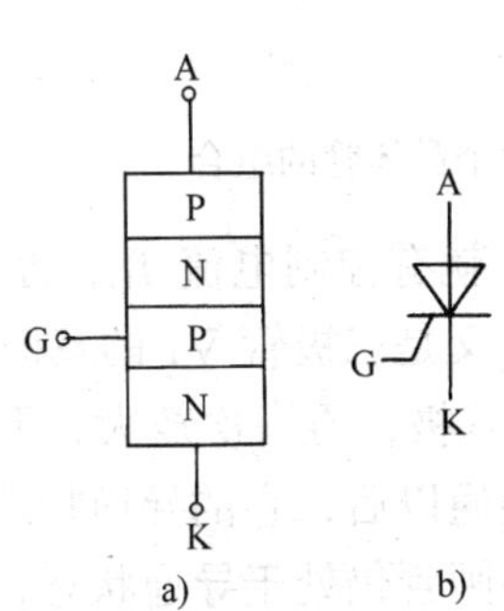

图3—50　晶闸管的结构及其表示符号

a）晶闸管的结构　b）表示符号

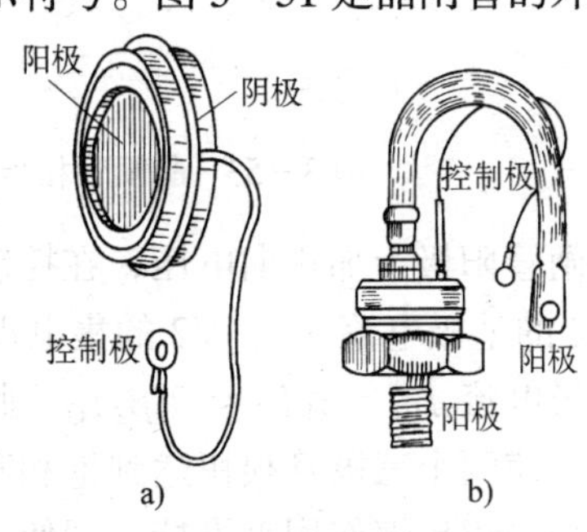

图3—51　晶闸管的外形

a）平板式　b）螺旋式

3. 晶闸管的特性

（1）晶闸管导电特性实验。为了说明晶闸管的导电特性，可按图3—52所示的电路做一个简单的实验。

1）晶闸管控制极的开关S2在断开时，晶闸管的阳极开关S1无论放在直流电源的正极或负极，晶闸管都不导通。

2）晶闸管的阳极开关 S1 放在直流电源的正极，同时控制极开关 S2 只有放在直流电源的正极时，电路中的灯亮，说明晶闸管导通。

3）晶闸管导通后，如果去掉控制极上的电压，灯仍然亮。这表明晶闸管在导通后，控制极就失去了控制作用。

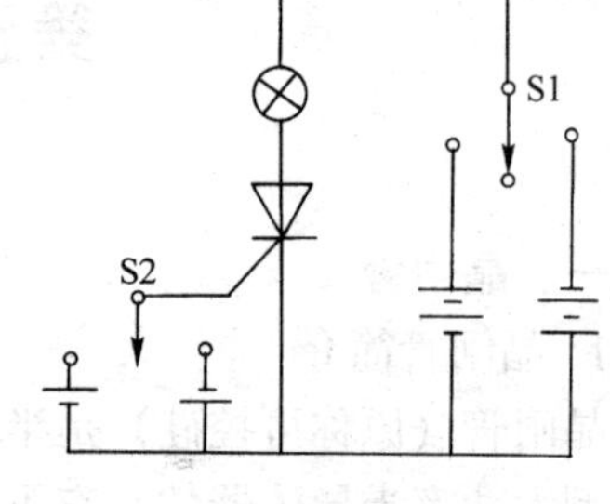

图 3—52 晶闸管实验电路

（2）晶闸管导通的条件。从上述实验可以看出，晶闸管导通必须同时具备下列条件：

1）晶闸阳极电路加正向电压。

2）控制极电路加适当的正向电压（在实际使用中，控制极上加正向脉冲的电压）。

（3）晶闸管的工作原理。为了说明晶闸管的工作原理，把晶闸管看成是由 PNP 型和 NPN 型两个三极管连接而成（见图 3—53）。

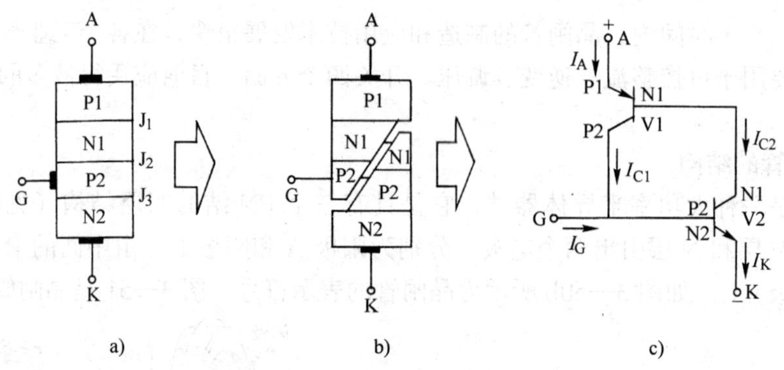

图 3—53 晶闸管相当于 PNP 型和 NPN 型两个晶体管的组合

晶闸管阳极上加正向电压，在控制极也加正向电压，就有控制电流 I_G，控制电流 I_G 就是 V2 的基极电流 I_{B2}，V2 的集电极 $I_{C2}=\beta_2 I_G$。而 I_{C2}又是三极管 V1 的基极电流，V1 的集电极电流 $I_{C1}=\beta_1 I_{C2}=\beta_1\beta_2 I_G$。此电流又流入 V2 的基极，再一次放大，形成强烈的正反馈，使两个三极管很快达到饱和和导通。在晶闸管导通以后，它的导通状态完全依靠管子本身的正反馈作用来维持，即使控制极电流消失，晶闸管仍处于导通状态，控制极失去控制作用。要想关断晶闸管，必须将阳极电流减小到使之不能维持正反馈过程。当然也可以将阳极电源断开或者在晶闸管的阳极和阴极间加一个反向电压。

晶闸管的导通和截止这两个工作状态是由阳极电压 U、阳极电流 I 及控制极电流 I_G 等决定的，而这几个量又是互相有联系的。在实际应用上常用实验曲线来表示它们之间的关系，这就是晶闸管的伏安特性曲线。图 3—54 所示的伏安特性曲线是在 $I_G=0$ 的条件下作出的。

当晶闸管的阳极和阴极之间加正向电压时，由于控制极未加电压，晶闸管内有一个 PN 结处于反向偏置，因此其中只有很小的电流流过，这个电流称为正向漏电流。这时，晶闸管阳极和阴极之间表现出很大的内阻，处于阻断状态，如图 3—54 中曲线的下部所示。当正向电压增加到某一数值时，漏电流突然增大，晶闸管由阻断状态突然导通。晶闸管导通后，就可以通过很大电流，而它本身的管压降只有 1 V 左右，因此特性曲线靠近纵轴而且陡直。晶闸管由阻断状态转为导通状态所对应的电压称为正向转折电压 U_{BO}。在晶闸管导通后，若减小正向电压，正向电流就逐渐减小。当电流小到某一数值时，晶闸管又从导通状态转为阻断状态，这时所对应的最小电流称为维持电流 I_H。

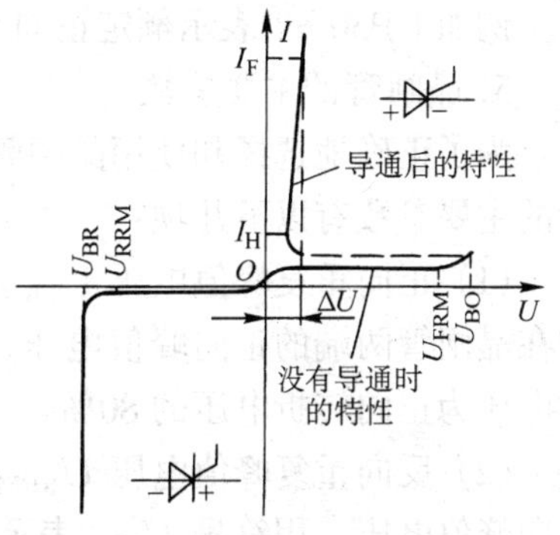

图 3—54　晶闸管的伏安特性曲线

当晶闸管阳极和阴极之间加反向电压时（控制极仍不加电压），其伏安特性与二极管类似，电流也很小，称反向漏电流。当反向电压增加到某一数值时，反向漏电流急剧增大，使晶闸管反向导通，这时所对应的电压称为反向转折电压 U_{BR}。此时晶闸管已被击穿，造成不可逆的损坏。同样在加正向电压超过正向转折电压 U_{BO}时，也会造成击穿损坏。晶闸管的正常导通受控制极电流 I_G 的控制，当控制极加正向电压时，控制极电路就有电流 I_G，晶闸管就容易导通，其正向转折电压降低，特性曲线左移，控制极电流越大，正向转折电压越低。

当晶闸管阳极与阴极之间加 6 V 直流电压，能使元件导通的控制极最小电流（电压）称为触发电流（电压）。触发电压过低，则晶闸管容易受干扰电压的作用而造成误触发；如果太高，又会造成触发电路上设计的困难。因此，规定了在常温下各种规格的晶闸管的触发电压和触发电流的范围。例如对 KP50 型的晶闸管，触发电压和触发电流分别为小于 3.5 V 和 8～150 mA。

4．晶闸管的型号

目前我国生产的晶闸管的型号及含义如下：

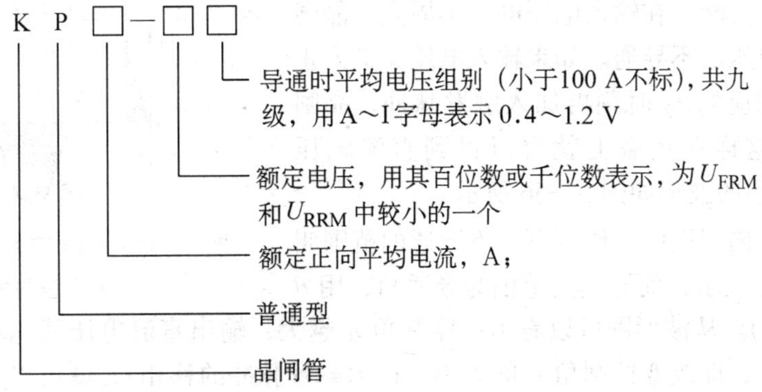

例如 KP50—7 表示额定正向平均电流为 50 A，额定电压为 700 V 的晶闸管。

5. 晶闸管的主要参数

为了正确地选择和使用晶闸管，还必须了解它的电压、电流等主要参数的意义。晶闸管的主要参数有以下几项：

（1）正向重复峰值电压 U_{FRM}。在控制极断路和晶闸管正向阻断的条件下，可以重复加在晶闸管两端的正向峰值电压，称为正向重复峰值电压，用符号 U_{FRM} 表示。按规定，此电压为正向转折电压的 80%。

（2）反向重复峰值电压 U_{RRM}。就是在控制极断路时，可以重复加在晶闸管元件上的反向峰值电压，用符号 U_{RRM} 表示。按规定，此电压为反向转折电压的 80%。

（3）正向平均电流 I_F。在环境温度不大于 40℃ 和标准散热及全导通条件下，晶闸管可以连续通过的工频正弦半波电流平均值，称为正向平均电流 I_F，简称正向额定电流。

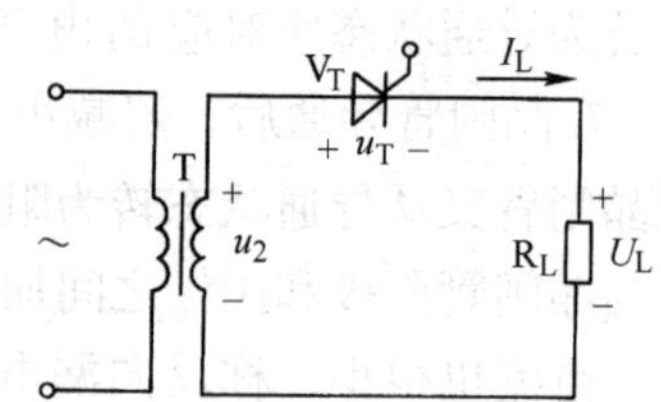

图 3—55　单相半波可控整流电流

（4）维持电流 I_H。在规定的环境温度和控制极断路时，维持元件继续导通的最小电流称为维持电流 I_H。当晶闸管的正向电流小于这个电流时，晶闸管将自动关断。

二、晶闸管整流电路

1. 单相半波可控整流电路

将单相半波整流电路中的二极管用晶闸管来代替就成为单相半波可控整流电路（见图 3—55）。

如果在晶闸管的控制极上不加触发电压，那么不论输入电压在正半周还是在负半周，晶闸管均不导通。

当在输入电压正半周内的 t_1 时刻，给控制极上加上触发电压，晶闸管就触发导通。在输入电压下降到零时，晶闸管关断。在输入电压的负半周内，晶闸管因承受反向电压而不导通。如果输入电压又进入正半周时，并在相应的 t_2 时刻再加入触发脉冲，晶闸管就又导通。这样在负载上就可以得到直流电压 U_L，其输出电压的波形如图 3—56 所示。

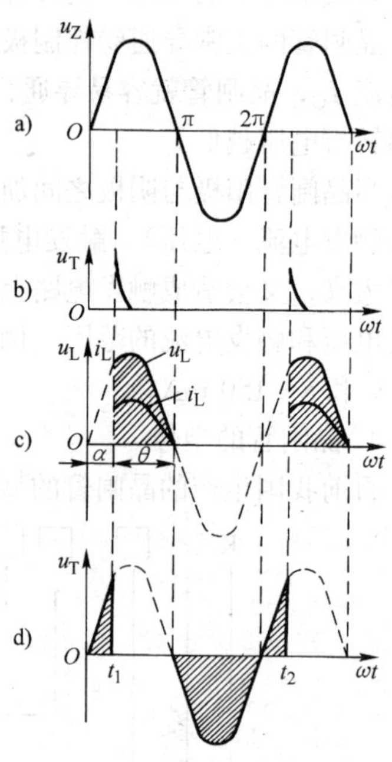

图 3—56　单相半波可控整流电路的电压与电流的波形

晶闸管在正向阳极电压作用下，不导通的范围叫做控制角，用 α 表示；而导通的范围为导通角，用 θ 表示（$\theta = \pi - \alpha$）。从波形图可以看出：控制角 α 越大，输出直流电压就越小；改变触发脉冲的输出时刻，即改变控制角 α 的大小（称为触发脉冲的移相），就可以改变输出直流

电压 U_L 的大小，实现可控整流的目的。

在单相半波可控整流电路中，晶闸管移相的范围是180°。即控制角 α 为180°时，导通角 θ 为0°，晶闸管全关断；当控制角 α 为0°时，导通角 θ 为180°，晶闸管全导通，输出直流电压最大。

单相半波可控整流电路在负载 R_L 上所得到的直流电压平均值为：

$$U_L = 0.45U_2\frac{1+\cos\alpha}{2}$$

式中的 U_2 为变压器次级电压有效值。

流过负载 R_L 的直流电流平均值为：

$$I_L = \frac{U_L}{R_L} = 0.45\frac{U_2}{R_L}\frac{1+\cos\alpha}{2}$$

当控制角 $\alpha=0$，即晶闸管全导通时，输出直流电压平均值为 $U_L=0.45U_2$。当控制角 $\alpha=180°$时，晶闸管截止，输出直流电压为0。

单相半波可控整流电路中，晶闸管承受的最大正向电压为：

$$U_{FM} = U_{RM} = \sqrt{2}U_2$$

式中 U_{FM}为晶闸管所承受的最高正向电压，U_{RM}为晶闸管所承受的最高反向电压。

单相半波可控整流电路虽然简单，调整也最容易，但整流后的波形不稳，是断续的，而且整流后的输出直流电压小。因此，这种电路一般只用于极小功率、对波形要求不高的场合。

2. 单相半控桥式整流电路

在小功率可控整流中较常用的是半控桥式整流电路（简称半控桥）。电路与单相桥式整流电路相似，只是其中二个桥臂中的二极管被晶闸管所取代（见图3—57）。

在变压器输出电压 U_2 的正半周（a端为正）时，V_{T1}和 V_{D2}承受正向电压。这时如对晶闸管 V_{T1}引入触发脉冲，则 V_{T1}和 V_{D2}导通，电流的通路为：

$$a \to V_{T1} \to R_L \to V_{D2} \to b$$

这时 V_{T2}和 V_{D1}都因受反向电压而截止。同样在负半周时，V_{T2}和 V_{D1}都承受正向电压。这时，如对晶闸管加入触发脉冲，则 V_{T2}和 V_{D1}导通，电流的通路为：

$$b \to V_{T2} \to R_L \to V_{D1} \to a$$

这时 V_{T1}和 V_{D2}处于截止状态。

单相半控桥式整流电路输出电压和电流的波形（见图3—58）。显然，与单相半波可控整流电路图3—56c相比，桥式整流电路的输出电压的平均值要大一倍，即：

$$U_L = 0.9U_2\frac{1+\cos\alpha}{2}$$

输出电流的平均值为：

$$I_L=\frac{U_L}{R_L}=0.9\frac{U_2}{R_L}\frac{1+\cos\alpha}{2}$$

晶闸管所承受的最高正向电压 U_{FM}、最高反向电压 U_{RM}和二极管所承受的最高反向电压都等于：

$$U_{RM}=U_{FM}=\sqrt{2}U_2$$

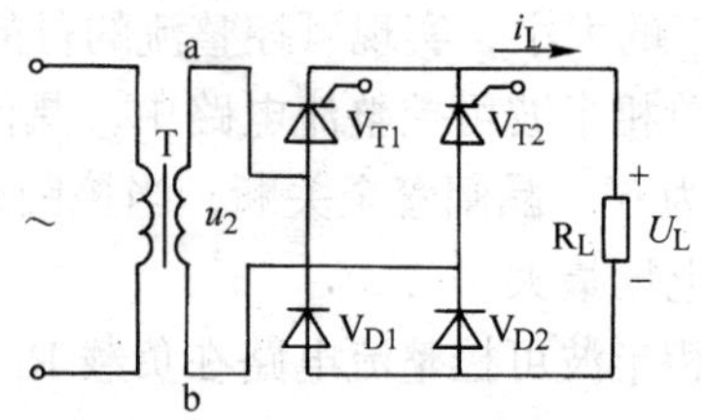

图 3—57　单相半控桥式整流电路

由于在一个周期内二组晶闸管及二极管轮流工作，所以流过晶闸管和二极管的平均电流为：

$$I_{VT}=I_{VD}=\frac{1}{2}I_L$$

单相半控桥式整流电路控制角 α 的移相范围与单相半波可控整流电路一样，为 0°～180°。

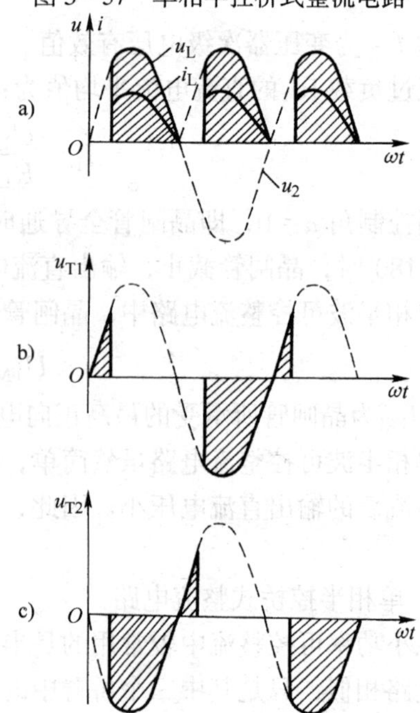

图 3—58　单相半控桥式整流电路的电压与电流波形

【例 3—9】　有一只电阻负载，需要可调的直流电源，电压 $U_L=0\sim180$ V，电流 $I_L=10$ A。现采用单相半控桥式整流电路（见图 3—55）。试求交流电压 U_2 值，并选择整流元件。

解：设晶闸管导通角 θ 为 180°（控制角 $\alpha=0°$）时，$U_L=180$ V，$I_L=10$ A。

交流电压 U_2 为：

$$U_2=\frac{U_L}{0.9}=\frac{180}{0.9}=200\text{ V}$$

实际上考虑电网电压波动，晶闸管的压降及导通角达不到 180°（一般约为 160°～170°左右）等因素，交流电压要增加 10%左右，即大约为 220 V。

晶闸管所承受的最高正向电压 U_{FM}，最高反向电压 U_{RM}和二极管最高反向电压都等于：

$$U_{FM}=U_{RM}=\sqrt{2}U_2=\sqrt{2}\times220=310\text{ V}$$

为了保证晶闸管在出现瞬间过电压时不致损坏，通常要扩大 2～3 倍，则：

$$U_{FRM}=U_{RRM}=(2\sim3)U_{FM}=(2\sim3)\times310=620\sim930\text{ V}$$

流过晶闸管和二极管的电流为：

$$I_{VT}=I_{VD}=\frac{1}{2}I_L=\frac{1}{2}\times10=5\text{ A}$$

考虑到晶闸管过载能力极差和浪涌电流的影响，一般要放宽到 1.5～2 倍，则：

$$I_F=(1.5\sim2)I_{VT}=(1.5\sim2)\times5=7.5\sim10\ \text{A}$$

根据上面计算，晶闸管可选择 KP10—7，二极管可选择 2CZ10/400 型。因为二极管的反向工作峰值电压一般是取反向击穿电压的一半，已有较大的余量，所以选 400 V 已足够。

三、单结晶体管触发电路

1. 晶闸管对触发电路的要求

由晶闸管的特性可知，要使晶闸管导通，除了必须加正向阳极电压外，还应在控制极加触发信号，该触发信号一般为触发脉冲。向晶闸管提供触发脉冲的电路就称为触发电路。为了保证晶闸管准确、适时、可靠地被触发，触发电路应满足下列要求：

（1）应有足够大的触发电压和触发电流，一般触发电压为 4～10 V。

（2）触发脉冲要有一定的宽度，一般为 10 μs 以上。

（3）脉冲前沿要陡，以免受外界因素变化的影响。

（4）触发信号必须与主电路电源频率同步，并保持一定的相位关系，移相范围应足够宽。

触发电路的形式多种多样，均由电压形成、移相、脉冲形成和输出几个环节组成。现在常用的触发电路有单结晶体管触发电路和晶体管触发电路。

2. 单结晶体管触发电路

（1）单结晶体管。单结晶体管也称为双基极二极管，因为它有一个发射极和两个基极。它的外形和普通三极管相似。图 3—59 是单结晶体管的结构示意图、符号图和等效电路。在一块高电阻率的 N 型硅片一侧的两端各引出一个电极，分别称为第一基极 B1 和第二基极 B2。在硅片另一侧靠近 B2 处掺入 P 型杂质，形成 PN 结，并引出一个电极称发射极 E。两个基极之间电阻为 R_{BB}，一般约为 2～15 kΩ。$R_{BB}=R_{B1}+R_{B2}$，其中 R_{B1} 和 R_{B2} 分别为两个基极至 PN 结之间的电阻，R_{B1}数值随发射极电流 I_E 的变化而变化，R_{B2}数值基本维持不变。发射极因具有整流特性，故以二极管等效代之。下面结合图 3—60 所示单结晶体管的特性曲线进行分析。

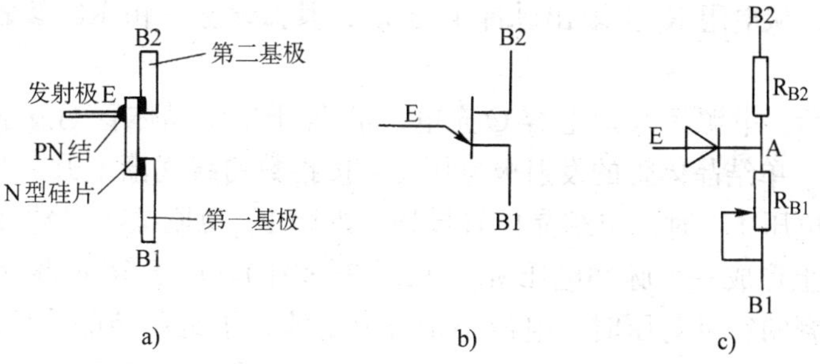

图 3—59　单结晶体管结构、符号及等效电路

a）结构　b）符号　c）等效电路

如果单结晶体管的两个基极间加入一个电压 U_{BB}（B1 接负，B2 接正），则此电压在 A 点（图 3—59）的电压为：

$$U_A=\frac{R_{B1}}{R_{B1}+R_{B2}}\cdot U_{BB}=\eta U_{BB}$$

式中　η——单结晶体管的分压比。它是单结晶体管的重要参数，一般在 0.3～0.9 之间。

如果在发射极 E 上外加一个正向电压 U_E，当 $U_E<\eta U_{BB}$时，由于 PN 结上承受反向电压，故发射极上只有很小的反向电流流过，R_{B1}呈现很大的电阻。这时单结晶体管处于截止状态，对应于这一段的伏安特性称为截止区（见图 3—60）。

当 $U_E\geqslant U_P$ 峰点电压（$U_P\approx\eta U_{BB}$）时，PN 结承受了正向电压，发射极电流 I_E 大大增加，这是因为 PN 结沿电场方向向 N 型硅片注入大量空穴至 B1 并与电子复合，致使电阻 R_{B1}急剧减小，随着电流的增加，电阻 R_{B1}就更小，呈现出负阻特性。所谓负阻特性，就是当通过某一器件的电流增加时，该器件上的电压降不但不增加，反而是减小的，即该器件上的电压增加是负的。

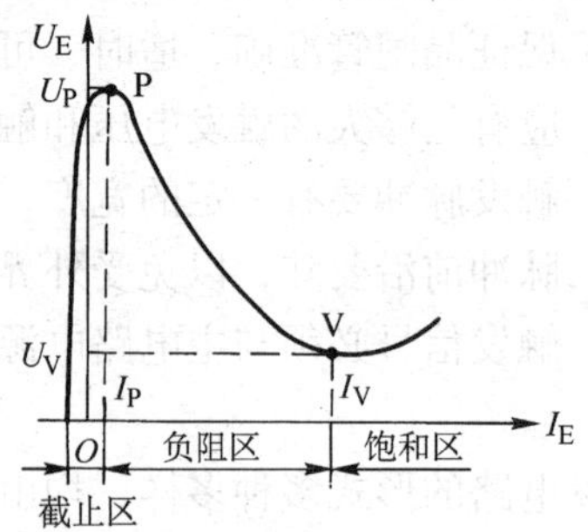

图 3—60　单结晶体管的伏安特性曲线

随着发射极电流的不断增加，发射极电压 U_E 也不断下降。当 U_E 下降到谷点电压 U_V 时就不再下降，对应于这一段的伏安特性称为负阻区。此后，再继续增加 U_E 时，I_E 便以饱和电导率线性增加，即 U_E 开始从 U_V 线性地上升，对应于这一段的特性称饱和区。

伏安特性曲线中的 P 点和 V 点分别叫做单结晶体管的峰点和谷点，对应于 P 点的电压和电流称为峰点电压 U_P 和峰点电流 I_P，对应于谷点的电压和电流称为谷点电压 U_V 和谷点电流 I_V。

（2）单结晶体管触发电路。利用单结晶体管的负阻特性和 RC 的充放电特性，可以组成弛张振荡电路，从电阻 R_1 上取出脉冲电压 u_g，其振荡频率由 RC 参数决定，图 3—61 是其基本电路。

当接通电源后，电源经 R 对电容 C 充电，u_c 等于单结晶体管的发射极电压 U_E。随着电容 C 的充电，单结晶体管的发射极电压 U_E 按指数曲线逐渐上升。当 u_c 升高达到单结晶体管的峰点电压 U_P 时，单结晶体管导通，电阻 R_{B1}急剧减小（约 20 Ω），电容器向 R1 放电，在 R1 上形成一个脉冲电压 u_g（见图 3—61b）。由于 R 取得较大，当电容电压下降到单结晶体管的谷点电压时，电流小于谷点电流，于是单结晶体管截止，电容 C 又通过电阻 R 再充电，重复上述过程。于是在电阻 R1 上得到一系列脉冲电压 u_g。但由于图 3—61a 的电路起不到后述的“同步”作用，不能用来直接触发晶闸管，若在这种振荡电路中加入相应的同步电压，即可作为晶闸管的触发电路。

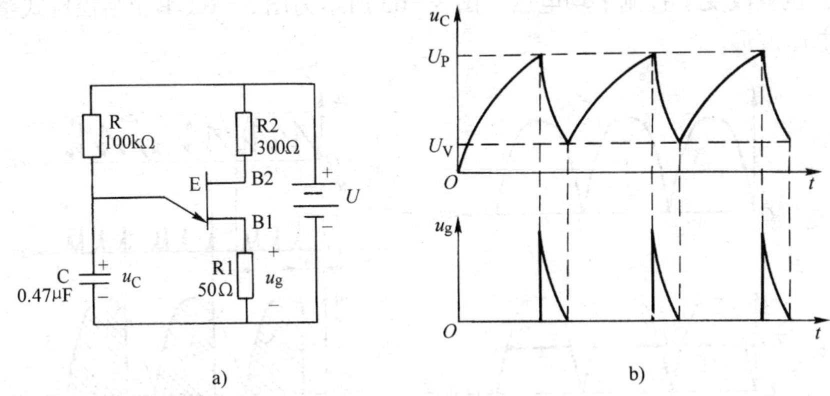

图 3—61　单结晶体管弛张振荡电路
a）电路　b）电压波形

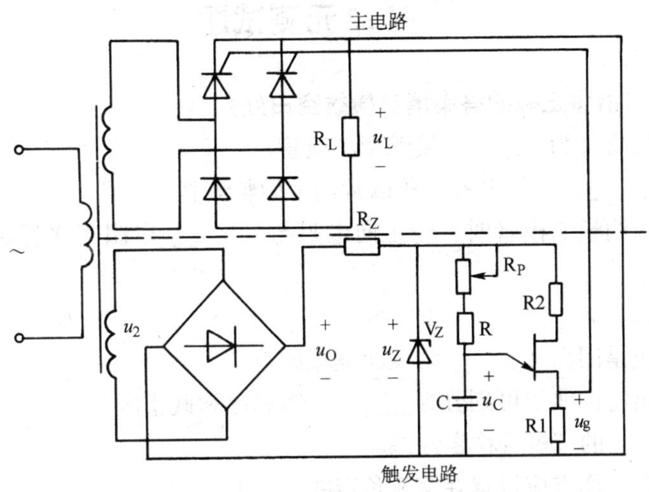

图 3—62　由单结晶体管触发的单相半控桥式整流电路

图 3—62 是由单结晶体管触发的单相半控桥式整流电路，电阻 R1 上的脉冲电压 u_g 就是用来触发晶闸管的。

电源电压经过同步变压器降压为 u_2，u_2 经整流后由 R_Z 和 V_Z 组成的限幅电路，输出近似为梯形波的电压 u_Z，此电压既作为电路的直流电源，又作为振荡电路的同步电压。当 u_Z 过零时，单结晶体管的两基极间电压为零，发射极电压 U_E 也迅速下降为零，单结晶体管停止振荡，如果此时电容 C 上的电压不为零，必然要通过单结晶体管的 E－B1 和 R1 放电，从而保证电容 C 每次充电都由零电压开始，获得了与主电路同步的关系。

改变电位器 R_P 的数值，可以改变脉冲频率从而调节控制角 α 的大小，使晶闸管导通

角 θ 改变，也就改变了直流平均电压。图 3—63 所示为图 3—62 单相半控桥式整流电路有关各点的电压波形。

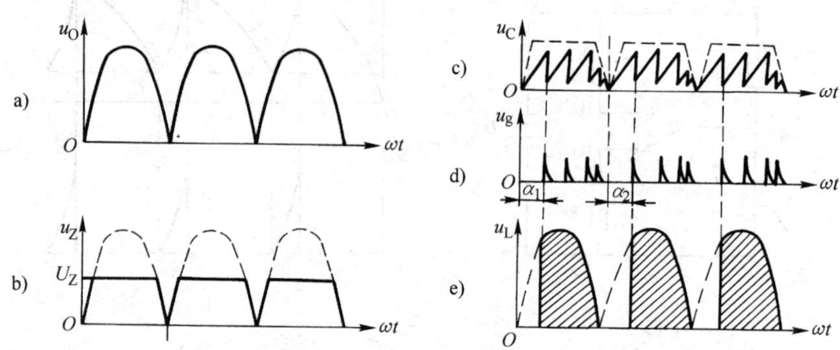

图 3—63　单相半控桥式整流电路的电压波形

单元测试题

（一）填空题（请将正确的答案填在横线空白处）

1. 整流用二极管都为________接触型二极管。

2. PN 结具有________导电性，所以常用来做整流管。

3. 用万能表来测量二极管时，若正向电阻与________电阻很接近时，说明二极管性能很差。

4. 晶体三极管具有________个 PN 结。

5. 三极管截止是因为________结反向偏置所致。

6. 三极管输出特性曲线可划分为________饱和区和截止区。

7. I_{CEO}________的三极管稳定性差。

8. 晶体管静态工作点应设置在交流负载线____上。

9. 共集电极放大电路输出电压相位与输出信号相位是________。

10. 差动放大器具有抑制________信号，放大差模信号的作用。

（二）判断题（下列判断正确的请打“√”，错误的打“×”）

1. 半导体二极管采用硅材料制成。（　）

2. 整流管为面接触型。（　）

3. 二极管加正向电压超过死区电压后才会导通。（　）

4. 二极管反向击穿，说明管子已经损坏。（　）

5. 稳压管的反向特性曲线比较陡。（　）

6. 在输出平均电压相等时，全波整流二极管所承受的反向电压比桥式整流电路二极管所承受的反向电压要高。（　）

7. 三极管工作在饱和区，其发射结为正偏，集电结为反偏。 ( )

8. 三极管静态工作点过低将会产生饱和失真。 ( )

9. 推挽功率放大电路产生交越失真是由于三极管的 β 太小。 ( )

10. 单结晶体管又称双基极三极管。 ( )

（三）单项选择题（下列每题的 4 个选项中，只有 1 个是正确的，请将其代号填在横线空白处）。

1. 当正向电压超过二极管的________电压后，二极管就导通了。

A. 击穿　　B. 饱和　　C. 截止　　D. 死区

2. 在稳压管稳压电路中，硅稳压管工作于________状态。

A. 饱和　　B. 导通　　C. 放大　　D. 击穿

3. 三极管内部有________个 PN 结。

A. 1　　B. 2　　C. 3　　D.4

4. NPN 型三极管是________。

A. 硅管　　B. 锗管　　C. 可能是硅管也可能是锗管　　D. 晶闸管

5. 整流二极管最高工作电压为 200 V，则其反向击穿电压为________。

A. 200 V　　B. 300 V　　C. 400 V　　D. 250 V

6. 三极管如果发射结正偏，集电结正偏，则三相处于________状态。

A. 放大　　B. 截止　　C. 饱和　　D. 阻断

7. 放大电路设置静态工作点的目的是________。

A. 提高放大电路稳定性　　B. 提高放大电路电压放大倍数

C. 提高放大电路电流放大倍数　　D. 避免放大电路非线性失真

8. 多级放大电路中，前级的集电极电阻是后级的________。

A. 输出电阻　　B. 负载电阻　　C. 信号源内阻　　D. 动态电阻

9. 直接耦合的放大电路产生零漂的主要原因是________影响。

A. 压力　　B. 温度　　C. 湿度　　D. 电压

10. 抑制直流放大器的零点最有效方法是________。

A. 减小静态工作电流　　B. 减小电压放大倍数

C. 采用差动放大电路　　D. 增加放大电路的级数

（四）问答题

1. 晶体管输出特性曲线分哪三个区？其特点如何？

2. 三极管静态工作点过低过高有什么危害？

3. 射极输出器的主要特点是什么？

4. 多级放大电路耦合方式有哪些？使用在哪些场合？

5. 什么叫反馈？常用负反馈有几种？

（五）计算题

1. 有一直流负载需要直流电压 110 V，电流 5 A。若采用单相桥式整流电路，应如何选择整流二极管。

2. 单级电压放大器（见图 3—64），电压 $U_{CC}=12$ V，$\beta=50$。求：

（1）若使静态工作点 $I_C=2$ mA，$U_{CE}=6$ V 试确定 R_B，R_C 的值。

（2）放大器输入电阻 R_i 和输出电阻 R_o。

（3）若 $R_L=3$ kΩ，试确定电压放大倍数 A_u。

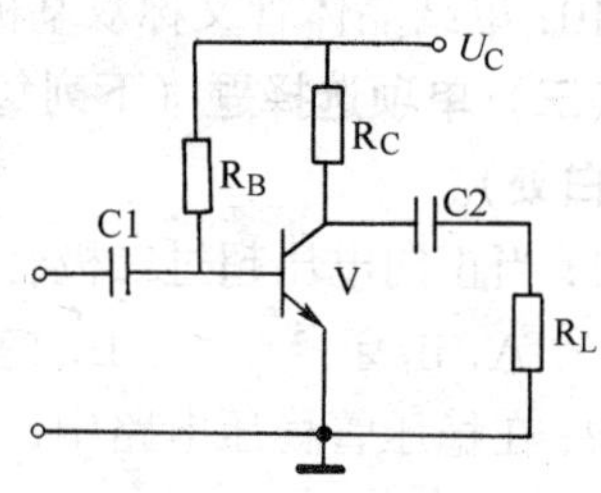

图 3—64　计算题 2

3. 已知单相桥式半控整流电路交流输入 $U_2=100$ V，负载 $R_L=10$ Ω。

（1）计算 $\alpha=90°$时负载上的平均电压 U_o。并画出其波形。

（2）计算晶闸管平均电流和所承受的最大反向电压。

单元测试题答案

（一）填空题

1. 面　2. 单向　3. 反向　4. 2　5. 发射　6. 放大区　7. 大　8. 中点　9. 相同　10. 共模

（二）判断题

1. ×　2. √　3. √　4. √　5. √　6. √　7. ×　8. ×　9. ×　10. ×

（三）单项选择题

1. D　2. D　3. B　4. C　5. C　6. C　7. D　8. C　9. B　10. C

（四）问答题

1. 答：晶体管输出特性分为截止区，放大区和饱和区。截止区发射结和集电结都反偏；放大区发射结正偏集电结反偏；饱和区发射结和集电结都正偏。

2. 答：三极管静态工作点过低，则在输入信号为负半周时，三极管会产生截止失真；三极管静态工作点过高，则在输入信号正半周时会产生饱和失真。

3. 答：电压放大倍数接近 1，输出电压与输入电压同相，输入电阻高，输出电阻低。

4. 答：耦合方式有阻容耦合、变压器耦合、直接耦合。

阻容耦合使用在电压放大电路中，变压器耦合使用在功率放大电路中，直接耦合使用在直流放大电路中。

5. 答：把放大电路输出信号的一部分或全部送回到放大电路的输入端称反馈。常用负反馈有：电压串联负反馈，电压并联负反馈，电流串联负反馈，电流并联负反馈。

（五）计算题

1．解：

$$U_2=\frac{U_o}{0.9}=\frac{110}{0.9}=122\ \text{V}$$

$$I_V=I_L/2=5/2=2.5\ \text{A}$$

$$U_{RWM}=\sqrt{2}U_2=122\times\sqrt{2}=173\ \text{V}$$

答：二极管额定电流为 3 A，额定电压为 200 V。

2．解：（1）

$$R_C=\frac{U_{CC}-U_{CE}}{I_C}=\frac{12-6}{2}=3\ \text{k}\Omega$$

$$I_B=\frac{I_C}{\beta}=\frac{2}{50}=0.04\ \text{mA}$$

$$R_B\approx\frac{U_{CC}}{I_B}=\frac{12}{0.04}=300\ \text{k}\Omega$$

（2）
$$r_{be}=300+(1+\beta)\frac{26}{I_E}$$
$$\approx300+(1+50)\frac{26}{2}$$
$$\approx963\ \Omega$$
$$R_i\approx r_{be}=963\ \Omega$$
$$R_o=R_C=3\ \text{k}\Omega$$

（3）$A_u=-\beta\frac{R'_L}{r_{be}}=-50\frac{3/\!/3}{0.963}=-78$

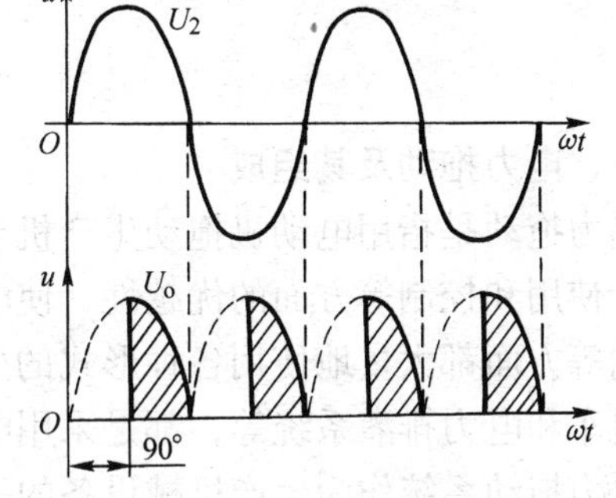

图 3—65　$\alpha=90^\circ$时负载上的电压波形

3．解：（1）$U_o=0.9U_2\frac{1+\cos\alpha}{2}$
$$=0.9\times100\times\frac{1+\cos90^\circ}{2}$$
$$=45\ \text{V}$$

（2）$I_{VT}=\frac{1}{2}I_L=\frac{U_o}{2R_L}=\frac{45}{2\times10}=2.25\ \text{A}$　（取 5 A）

$U_{RM}=\sqrt{2}U_2=\sqrt{2}\times100=141.4\ \text{V}$

第四单元　电力拖动知识

第一节　电力拖动概述

一、电力拖动及其组成

电力拖动是指用电动机拖动生产机械的工作机构使之运转。由于电力在生产、传输、分配、使用和控制等方面的优越性，使电力拖动得到了广泛应用。目前在工业、农业和交通运输等方面都大量地使用各种形式的生产机械，如各种类型的机床、造纸机、轧钢机、电力机车和电力排灌系统等，都是采用电力拖动。

电力拖动系统作为生产机械设备的一部分，一般由电源、电动机、控制设备和传动机构四个部分组成。各个部分在电力拖动系统中起着不可替代的作用。

电源是电动机和控制设备的能源，分为交流电源和直流电源。

电动机是生产机械的原动机，其作用是将电能转换成机械能。电动机根据使用电源性质不同，可分为交流电动机和直流电动机。

控制设备是用来控制电动机运转的，它是由各种控制电机、低压电器、自控元件和工业控制计算机等组成。

传动机构是在电动机与生产机械的工作机构之间传递动力的装置，如减速箱、传动带和联轴器等。

二、电力拖动的特点

1. 方便经济

电能的生产、变换、输送都比较经济，分配、检测和使用比较方便。

2. 效率高

电力拖动比蒸汽、汽（柴）油发动机的拖动效率要高，且传动机构简单。

3. 调节性能好

电动机的类型很多，其机械特性也各不相同，能够适应不同生产机械的需要。而且电力拖动系统的起动、制动、反转和调速等控制简便、迅速，能实现较理想的控制目的。

4. 易于实现生产过程的自动化

由于电力拖动可以实现远距离控制与自动调节，且各种非电量（如位移、压力、速度和温度等）都可以通过传感器转变为电量作用于拖动系统，因而能实现生产过程的自动化。

三、电力拖动的发展过程

电力拖动的发展经历了成组拖动、单电动机拖动和多电动机拖动三个阶段。

从电力拖动的控制方式来看，可有断续控制系统和连续控制系统两种。最早产生的是由手动控制电器来控制电动机运转或断续控制的方式，随后逐步发展到由继电器、接触器和主令电器等组成的继电接触式有触点断续控制方式。这种控制系统结构简单、工作稳定、成本低、维护方便，不仅可以方便地实现生产过程的自动化，而且可以集中控制和远距离控制。所以，目前在生产机械中仍广泛采用，但这种控制只有通和断两种状态。其控制作用是断续的，即只能控制信号的有无，而不能连续地控制信号的变化。为了适应控制信号连续变化的场合，又出现了直流电动机连续控制。这种控制方式便是利用了直流电动机良好的调速性能，以得到高精度、宽范围的平滑调速系统。

第二节　三相异步电动机的主要特性

三相异步电动机的主要特性包括机械特性和工作特性，前者指的是电动机轴上输出机械能的特性，后者指的是电动机在运行时的特性。

一、机械特性

三相异步电动机的机械特性是指当定子的电压和频率为额定值时，电磁转矩 T 和转速 n 之间的关系，即 $T_{em}=f(n)$。

1. 三相异步电动机的机械特性曲线

由于三相异步电动机的电磁转矩 T_{em} 随着电动机转差率 S 而变化，其变化的关系可用 $T_{em}=f(s)$ 曲线（简称 $T-S$ 曲线）来表示。根据理论分析或实际测试，可以得到三相异步电动机的 $T-S$ 曲线，如图 4—1 所示。

由于电动机的转差率 S 与转子的转速 n 之间关系为 $n=n_1(1-S)$，因此 $T-S$ 曲线也间接反映出 T 和 n 之间的关系。为了使用上的方便，可以把 $T-S$ 曲线转换成机械特性曲线，如图 4—2 所示。

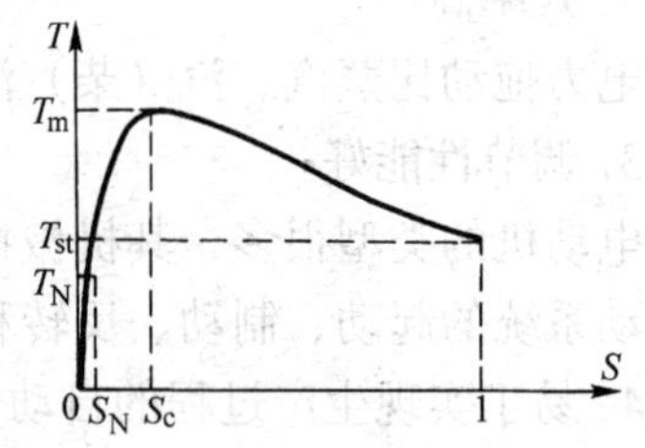

图 4—1 三相异步电动机的 $T-S$ 曲线

电动机的机械特性曲线也反映出电动机的起动过程。从图 4—2 中可知，当 $n=0$ 开始，随着转速的增加（也就是转差率 S 的减小），其转矩 T 也从起动转矩 T_{st} 逐渐增大；当 $n=n_c$ 时，电动机的转矩具有最大值 T_m，我们把 n_c 称为临界转速。过此点后，随着转速 n 的继续上升，转矩迅速下降，直至 $n=n_N$ 时，电动机的转矩为额定

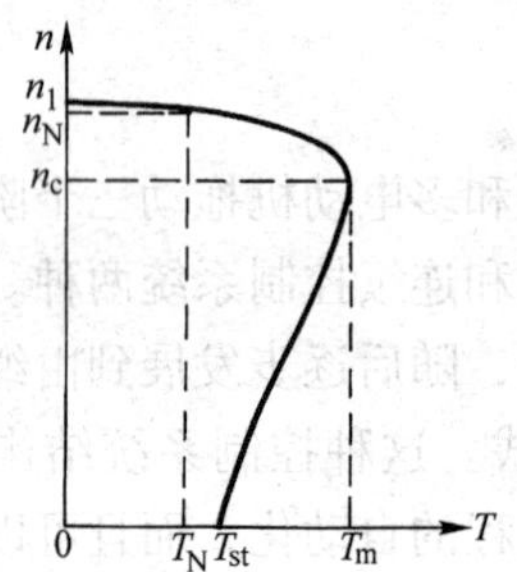

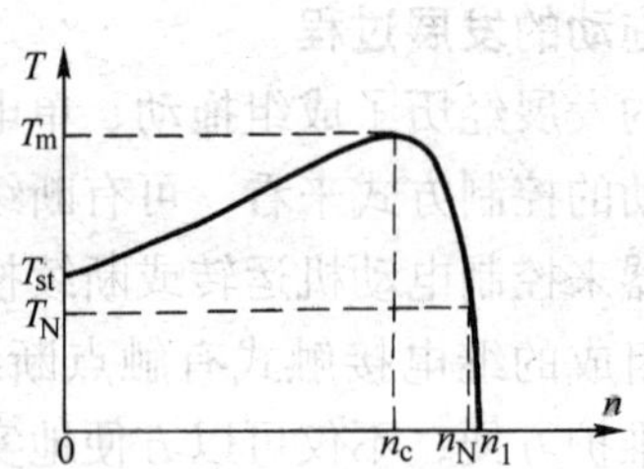

图 4—2 三相异步电动机的机械特性曲线

转矩 T_N，电动机若满负荷工作时，便在此工作点上运行。当转子转速 n 等于同步转速 n_1 时，电动机的转矩 $T=0$。

2. 三相异步电动机机械特性曲线的特点

在图 4—2 所示的机械特性曲线中，有三个数值对三相异步电动机的运行具有重要的意义。第一个是额定转矩 T_N，第二个是最大转矩 T_m，第三个是起动转矩 T_{st}。这三个转矩都是异步电动机的重要性能指标。

电动机在长时间正常运行时，负载的转矩不能超过电动机的额定转矩，否则长时间的过载运行，会使电动机温升超过电动机的额定温升，造成电动机过热而烧毁。

电动机在正常运行时，有时会遇到冲击性负载（如冲床、剪床和颚式破碎机等），只要这种冲击转矩不超过电动机的最大转矩，电动机就不会因此造成停转，仍可继续运行。最大转矩 T_m 与额定转矩 T_N 值之比，称为最大转矩倍数，用 K_m 表示。即：

$$K_m=\frac{T_m}{T_N}$$

通常异步电动机的 $K_m=2.0\sim2.2$。K_m 越大，则电动机过载能力越强。在转速 n_c 和 n_1 之间的区域为三相异步电动机的稳定工作区，只要电动机的转速在这个区域内，就能稳定地工作。

三相异步电动机在接通电源瞬间，转子转速仍为零，此时的转矩称为起动转矩，用 T_{st} 表示。当 T_{st} 大于负载转矩 T 时，电动机就能拖动负载起动，一直到稳定运行区工作，

否则，电动机将无法起动。因此，把起动转矩 T_{st} 和额定转矩 T_N 值之比称为起动转矩倍数，用 K_{st} 表示。即：

$$K_{st}=\frac{T_{st}}{T_N}$$

Y 系列 M 型异步电动机起动转矩倍数在 1.7～2.2 之间，高起动转矩电动机的起动转矩倍数一般在 2.2～2.8 之间。K_{st} 越大，表示电动机起动能力越强，电动机起动速度越快，起动时间越短。

三相异步电动机的最大转矩倍数和起动转矩倍数与电动机起动电流倍数一样，可以从电动机样本或手册上查到。

二、人工机械特性曲线

图 4—2 所示的机械特性曲线是指电动机定子电压为额定电压，电源的频率是额定频率，转子回路中不串接任何电阻的情况下所得的曲线，称自然特性曲线（又称固有特性曲线）。如果人为地改变上述三个参数中任意一个参数，其机械特性曲线将会发生改变，此时机械特性曲线称人工机械特性曲线。

1. 降低定子电压时的人工特性曲线

当降低定子的电压时，电动机的最大转矩 T_m 将随 U^2 成正比而下降，但产生最大转矩的临界转速 n_c 与定子电压的大小无关，且保持不变。因此，降低定子电压的人工机械特性，为一组 n_c 不变而 T_m 改变的曲线簇。图 4—3 所示为 $U=U_N$ 的自然特性曲线和 $U=0.9U_N$，$U=0.7U_N$，$U=0.5U_N$ 时的人工机械特性曲线。

从人工机械特性曲线中可以看出，当电源电压下降时，若负载转矩保持不变，会立即造成电动机过负荷运行，严重时会使电动机堵转而烧毁。

2. 改变电源频率时的人工特性曲线

当改变电动机定子电源时，便可得到如图 4—4 所示的人工特性曲线。从图中可以看出，电源频率在变化时其同步转速 n_1 同时跟着变化，而最大转矩 T_m 仍保持不变，特性曲线的硬度也保持不变。

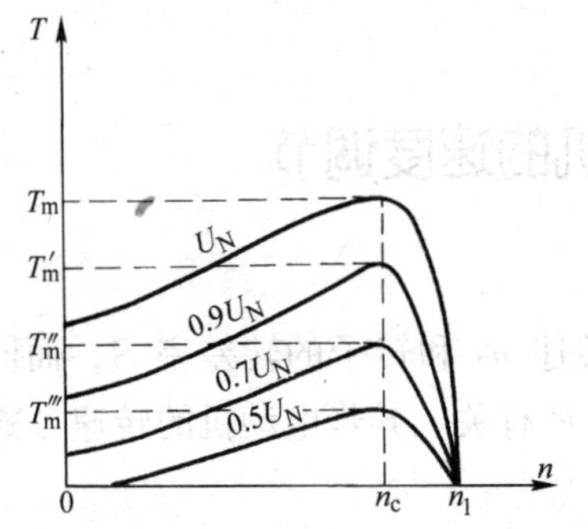

图 4—3　降低定子电压时的人工机械特性曲线

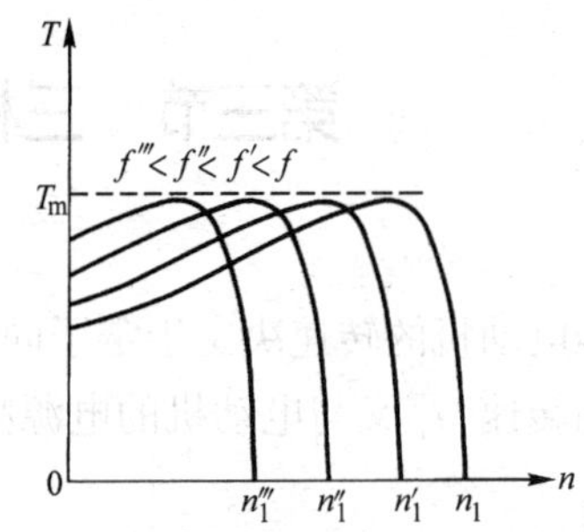

图 4—4　改变电源频率时的人工特性曲线

3. 绕线式异步电动机的人工机械特性曲线

在绕线式异步电动机的转子回路串接三相附加电阻后，即可得到另一种人工特性曲线。图 4—5 就是在转子回路中串接不同阻值的三相附加电阻后，机械特性曲线的变化情况。从绕线式异步电动机的人工机械特性曲线可看出：

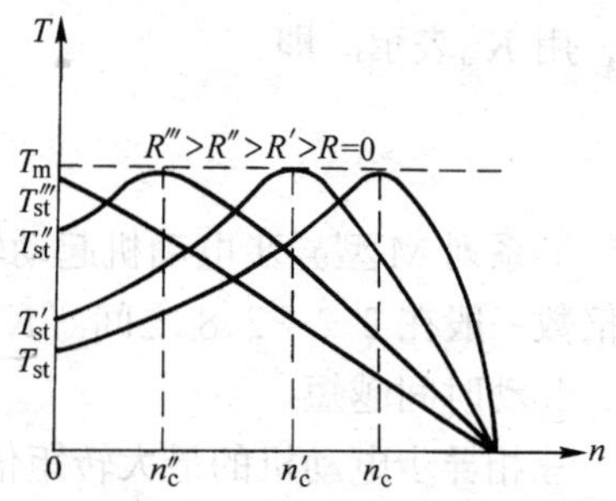

图 4—5　绕线式异步电动机的人工机械特性曲线

（1）串接电阻后，最大转矩 T_m 没有变化，但是对应于 T_m 的 n_c 值发生位移，使电动机的机械特性变软，在对应某一负载转矩下的转速降低了。因此，可利用改变串接电阻值的办法来调节异步电动机的转速。

（2）串接电阻后，起动转矩 T_{st}增大了。当阻值适当时，可使 T_{st}等于 T_m。因此可利用在转子回路中串接电阻的方法提高异步电动机的起动转矩。由于笼型异步电动机不可能在转子回路中串接电阻，因此不可能得到这样的人工机械特性。

三、三相异步电动机的工作特性

三相异步电动机的工作特性是指在额定电压及额定频率下，电动机的输入功率 P_1、转差率 S、定子电流 I、效率 η 以及功率因数 $\cos\varphi$ 等与输出功率P_2 的关系。各种工作特性可以应用分析计算方法算出，也可以通过试验的方法获取。图 4—6 为三相异步电动机的各种工作特性曲线。从图中可看出异步电动机在空载或轻载运行时，其功率因数和效率都是极低的，所以要避免电动机长期工作在空载或轻载状态。

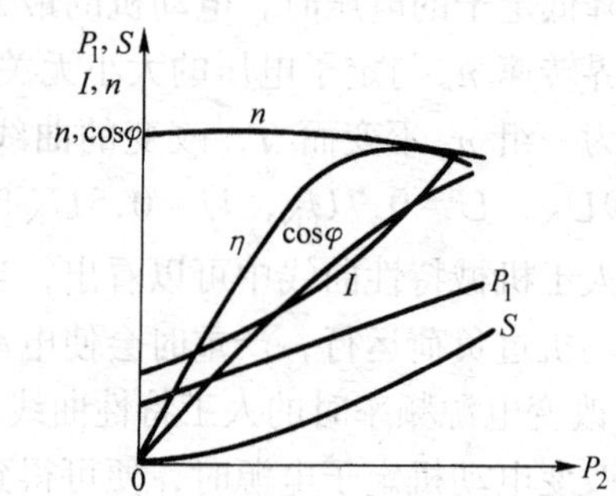

图 4—6　三相异步电动机的各种工作特性曲线

第三节　三相异步电动机的速度调节

异步电动机的转速决定于定子同步旋转磁场的转速 n_1 和转子的转差率 S，而同步旋转磁场的转速 n_1 又与电动机的电源频率和磁极对数 P 有关。异步电动机的转速公式为：

$$n=\frac{60f}{P}(1-S)$$

从上式可知改变磁场极对数 P、转差率 S 和电源频率 f 都可以改变电动机的转速。

因此其调速方法有变极、变转差率和变频三种。

一、变极调速

变极调速是通过改变电动机定子绕组的磁极对数，使同步旋转磁场转速 n_1 改变，由于异步电动机转子转速 n 比同步旋转磁场转速 n_1 慢一个转差率，所以在改变 n_1 的同时，n 也会跟着改变。变极调速由于需要定子磁极和转子磁极同时改变，而笼型异步电动机转子磁极对数是通过定子磁极感应得到，所以变极调速只适用于笼型异步电动机。

变极调速有两种方法：一是双绕组法，二是反向变极法。

1. 双绕组法变极调速

双绕组法变极调速是在定子槽内安放两套不同极对数的独立绕组。当一套绕组运行时，另一套绕组被闲置。两套绕组均采用 Y 形接法，在运行中可以相互不影响，如果是△形接法，则在不工作时必须成开口状态，免得另一套绕组在通电运行时会由于在△绕组内产生环流而烧毁。

2. 反向变极法调速

这种变速方法是在定子槽内只有一套绕组的电动机时使用。通过改变连接的方法，将每相绕组中的一半电流反向，以达到改变极对数的目的。

异步电动机反向变极原理如图 4—7 所示。在制造时，将每相绕组分成相等的两部分。当 A1X1 与 A2X2 顺次串联时（见图 4—7a），电流的流通路径为 A1→X1→A2→X2，此时所产生的磁场为四极。如果把两个绕组按图 4—7b 所示方法相并联，电流由 A2X1 流进，A1X2 流出，这样 A1X1 部分的电流被反向，此时所产生的磁场则变为两极。

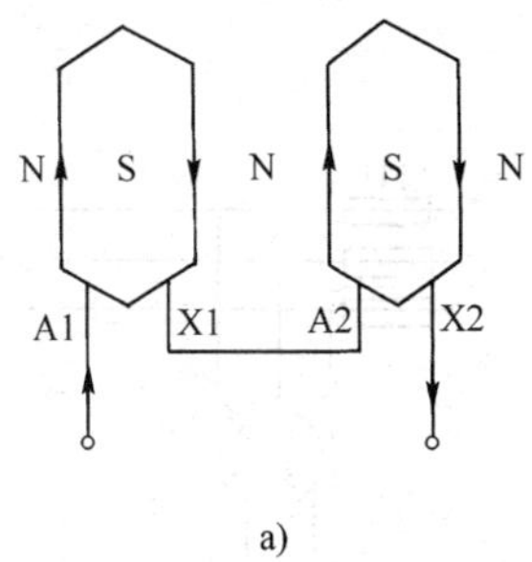

a)

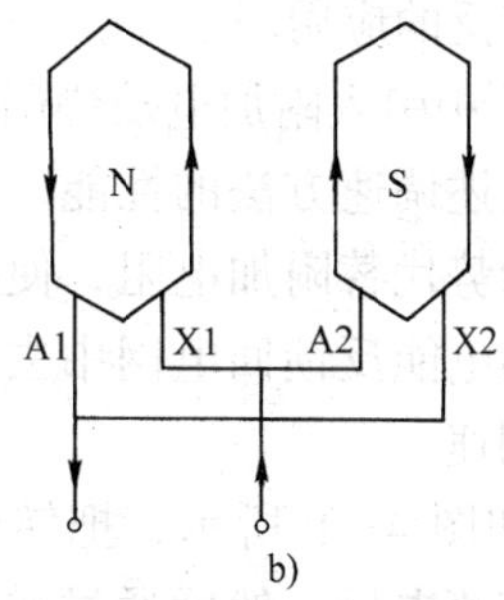

b)

图 4—7　异步电动机的反向变极原理图

反向变极法在双速电机中使用最普遍，用来成倍地改变电机的极对数。

变极调速按输出功率和转矩不同，有恒功率变极调速和恒转矩调速两种形式，定子绕组的接法也不相同。恒功率变极调速在输出转速改变时输出功率近似不变，由 $T = 9\,550\,\frac{P_N}{n_N}$ 可知，转速增加一倍时，功率不变，输出转矩要减小一半，在输出转速降低时其输出转矩可增大，这种调速方法适合金属切削机床中。其定子绕组在低速时接成△形，高速时接成 YY 形。恒转矩变极调速在改变转速时输出转矩近似保持不变，所以电动机由低速变为高速时，输出功率可以增加一倍，这种调速方法适用于起重运输机械和通风机等设备中。其定子绕组在低速时接成Y形，高速时接成YY形。

用反向变极法必须注意的是，由于极对数成倍地改变，空间电角度也发生成倍的变化，使原来两相绕组之间的电角度从120°变为60°（极数减少一半）或240°（极数增加一倍），绕组在空间的相序方向变成相反，从而使旋转磁场的转向相反。要保持原来的转向，就必须对调任意两相的端头。

变极调速具有操作简单、机械特性好、效率高等优点，但只能有级调速，辐且级差也较大，适用于不要求平滑调速的场合。

二、改变转差率调速

改变电动机的转差率可以使电动机的转速改变，常用的方法有转子回路中串接可变电阻、转子回路中引入附加电动势和改变电动机定子电压等方法。

1. 转子回路中串接可变电阻调速

这种方法适用于绕线式转子电动机中。从图4—5所示的绕线式异步电动机的人工机械特性曲线中可以看出，在转子回路中串入电阻后机械特性变软，在某一负载下电动机的转速将发生改变，转子回路中串入电阻增大时，转子转速就降低，所以改变转子回路的电阻时就可获得不同的转速。由于笼型式转子的异步电动机转子回路中无法串入可变电阻，所以不能用此种方法来调速。

转子回路中串入可变电阻调速使机械特性变软，稳定性差，在电阻上要消耗大量的电能，效率降低，但由于其方法简单，能均匀调节转速，所以在起重运输等重复短时负载设备上得到比较广泛的应用。

2. 转子回路中引入附加电动势调速

为了改善上述调速方法的性能，在转子中引入一附加电动势代替附加电阻，使原来消耗在附加电阻上的电能反馈回电网中去，这种方法又称为串级调速。

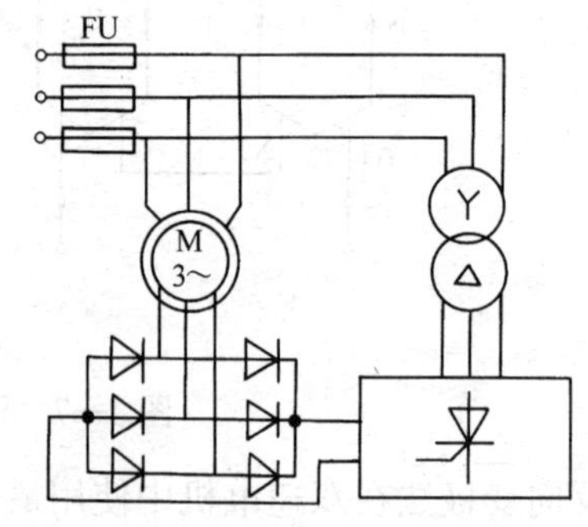

图4—8 转子回路引入附加电动势调速原理图

串级调速如图4—8所示，把转子回路中电动势整流成直流电压，然后通过逆变器反馈到三相电网上。当改变逆变角或改变逆变直流电压时，异步电机转子电流随之改变，便可达到调节转速的目的。目前串级调速通常用晶闸管变流技术来实现。

这种调速方法具有能量损耗小、效率高、机械特性硬度不变、调节范围较宽，并有平滑无级调速等优点。

3. 改变电动机定子电压调速

当改变电动机定子电压时，$T_m \propto U^2$ 而变化（见图4—3），当电压降低时，其输出转矩会成平方下降且机械特性变软，转速会有降低，但输出功率却迅速减小，造成电动机过载而烧毁，所以在机床设备中不能使用此方法。而通风机负载在转速降低时，输入功率可减小，所以在风机类负载中广泛使用改变定子电压来调节转速。

三、变频调速

当电源频率变化时，可以平滑地调节同步转速 n_1 的大小，从而达到电动机调速的目的。变频调速范围大、调速平滑性好、特性硬度不变又可改善起动特性，近年来随着电力、电子技术的发展，在很多领域中都使用变频调速。

第四节　三相异步电动机的制动

在运行中的电动机若要迅速停止转动就必须采用制动方法。常见的制动方法有机械制动和电气制动。

一、机械制动

机械制动是利用机械装置使电动机在切断电源后迅速停转。按控制方法不同有断电制动和通电制动两种。

1. 用电磁制动器的断电制动

用电磁制动器的断电制动控制原理如图 4—9 所示。应用较普遍的是电磁抱闸装置，其结构如图 4—10 所示。

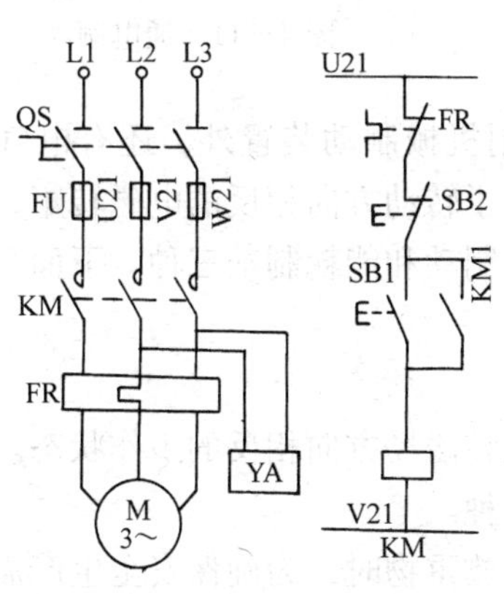

图 4—9　断电制动

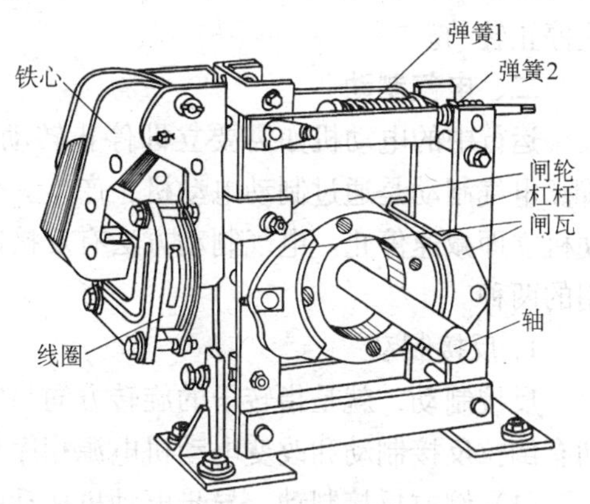

图 4—10　电磁抱闸

电磁抱闸主要由制动电磁铁和闸瓦制动器两部分组成。电磁铁中线圈接到电动机定子线圈端子上，闸瓦制动器中闸轮与电动机装在同一根转轴上。

电磁抱闸的制动原理如下：

（1）起动运转。合上电源开关 QS，按下起动按钮 SB2，接触器 KM 线圈通电吸合并且自锁，电动机得电运转，同时电磁铁线圈 YA 也通电，铁心吸合，通过弹簧、杠杆使闸瓦松开，电动机可正常运行。

(2) 制动停转。按下停止按钮 SB1，接触器线圈失电，其自锁触点和主触点分离，电动机 M 失电，同时电磁铁线圈 YA 也失电，衔铁与铁心分开，在弹簧拉力的作用下，杠杆带动闸瓦紧紧抱住闸轮，使电动机被迅速制动而停转。

电磁抱闸制动装置在起重机械中被广泛采用，这种制动方法不但可以准确定位，还可以避免在发生突然断电时造成重物坠落而发生事故。

在起重机械设备中，把机械制动装置和电动机制成一体，成为磁制动式电动机和锥形转子制动异步电动机。当电动机定子绕组接通电源时，转子绕组产生磁场吸动制动盘或锥形转子产生轴向位移，松开风扇制动轮，使电动机正常运转。断电后在弹簧作用下制动盘紧紧压在制动器外壳上，使电动机转子停止转动。

2. 用电磁离合器的通电制动

用电磁离合器的通电制动电气原理如图 4—11 所示。机床电气控制中由于机床的制动是按实际需要而使用的，加上电动机在停止后要能调整工件的位置，所以不能采用断电制动控制装置，而使用通电制动控制装置。通电制动装置最常用的是电磁离合器，其工作原理和断电制动相仿，不同的是通过电磁线圈产生吸力把制动盘紧紧压在制动摩擦盘片上，使电动机迅速停止转动。

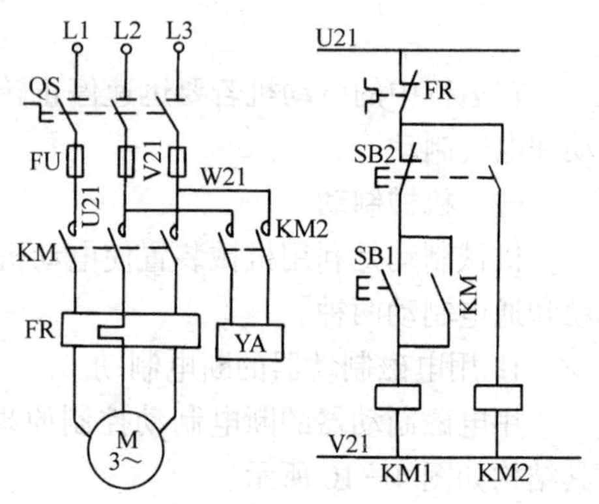

图 4—11 通电制动

二、电气制动

运行中的电动机如需要立即停止转动，除了可用机械制动装置外，还有电气制动装置。电气制动是通过制动电动机，产生一个与原来转子转动方向相反的电磁转矩，迫使电动机立即减速停止。电气制动方法有反接制动、再生制动和能耗制动三种。下面介绍最常用的两种。

1. 反接制动

反接制动，就是指转子的旋转方向与定子同步旋转磁场方向相反的工作状态。反接制动有倒拉反接制动和改变电动机电源相序反接制动两种。

(1) 倒拉反接制动。异步电动机拖动的起重机下放重物时，为确保安全生产需限制重物下降时的速度，这时的运行状态便是倒拉反接状态。

定子绕组接通电源时，电动机处于提升重物状态，而转子回路中串入足够大的电阻，使转子回路的电流及产生电磁转矩大为减小，因而电磁转矩 T 小于负载转矩 T_L，结果造成转子反向转动——负载倒拉转子转动，使同步旋转磁场 n_1 的方向与转子转动方向相反，改变转子回路电阻便可改变重物下降的速度。此种制动只有在位能性负载中才能实现，在金属切削机床中广泛使用改变电源相序的反接制动方法。

(2) 改变电源相序的反接制动。当异步电动机正常运行时，若将其定子绕组任意两相对调连接，使同步旋转磁场方向立即改变为相反的方向，这时转子由于机械惯性还来不及改变转向，故与旋转磁场方向相反。根据电磁感应原理，转子绕组上的感应电动势、感应电流及电磁转矩方向随之改变，电动机进入反接制动状态（见图 4—12b）。在反向电磁转矩与负载转矩的共同作用下，使电动机转速很快地降低。当转子转速接近零时应立即切断电源，使电动机停车，否则会造成电动机反向起动。为了使电动机及时地正确地切断电源，在电动机制动控制电路中采用速度继电器（JY1）或反接制动继电器（JFZ0）来实现自动控制。

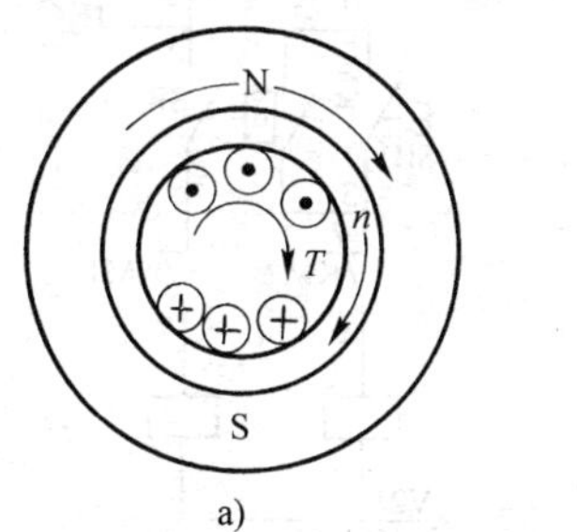

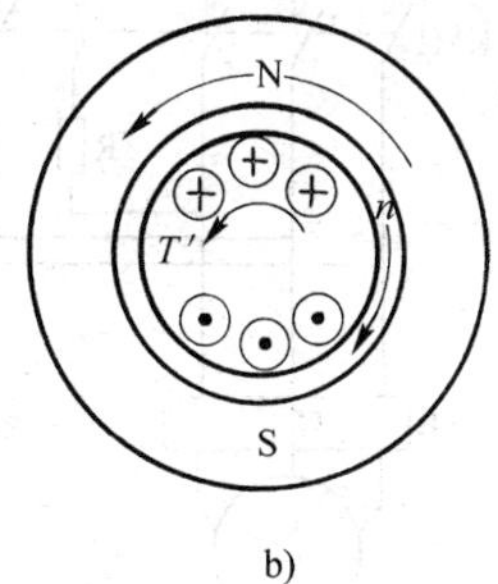

图 4—12　改变电源相序的反接制动

a）电动机工作状态　b）反接制动状态

不论是倒拉反接制动还是改变电源相序反接制动，其共性是：电动机都是在转子旋转方向与定子旋转磁场方向相反时进入反接制动状态，故其转差率应为：

$$S=\frac{-n_1-n}{-n_1}=\frac{n_1+n}{n_1}>1$$

(3) 反接制动控制电路。电动机反接制动控制电路关键是在电动机将要停止前及时切断电动机的电源，防止电动机反向起动。因此，必须采用速度继电器或反接制动继电器对电动机转速进行控制。

速度继电器由永久磁铁转子、笼型式外转子及触点等三个主要部分构成（见图 4—13）。永久磁铁的转子通过轴与电动机轴相连，笼型式外转子带动胶木摆杆。当电动机旋转时，带动速度继电器的永久磁铁转子旋转，相当于在空间产生一个旋转磁场。根据异步电动机工作原理，笼型式外转子也要同向转动（由于挡块限制只能转动一定角度），外转子带动胶木摆杆，推动对应方向的动触点弹簧片，

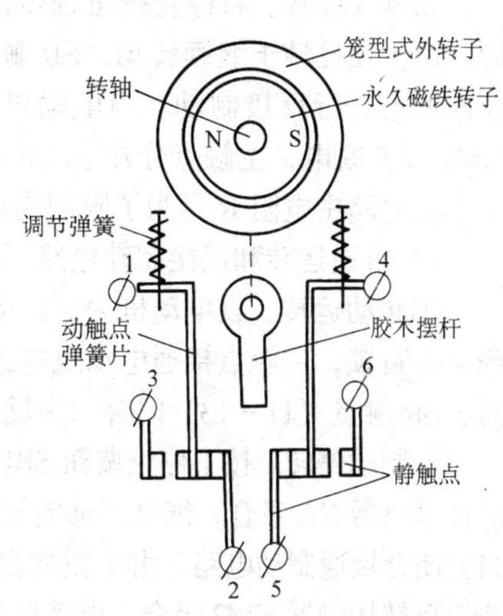

图 4—13　速度继电器结构示意图

使动断触点断开，动合触点闭合。动作时的转速可以通过调节弹簧松紧来控制，一般动作转速约在 100 r/min 左右。把速度继电器的触点接在控制电路中，就能正确实现反接制动。

1）单向运转和反接制动电路。图 4—14 所示的电路是单向运转和反接制动电路。

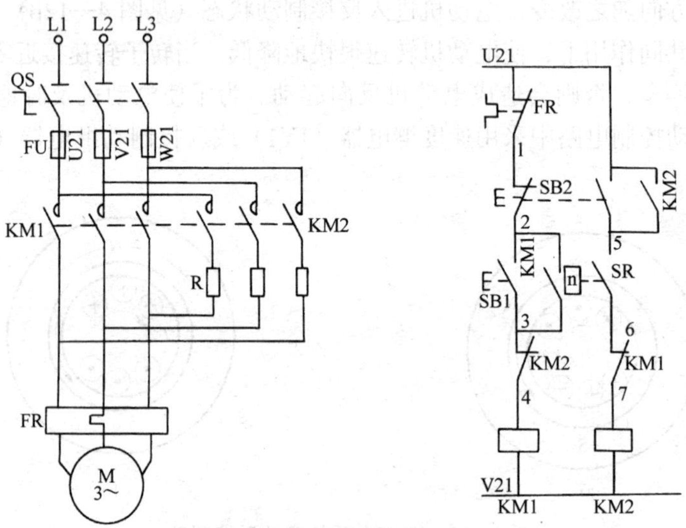

图 4—14　单向运转反接制动

①起动运转。按下起动按钮 SB2，接触器 KM1 线圈通电吸合，主触点接通电动机定子电源，动合辅助触点闭合自锁。电动机转速上升到 120 r/min 左右，其动合触点 SR 闭合，为制动做准备。

②制动停转。将停止按钮 SB1 按到底，接触器 KM1 线圈失电，主触点断开电动机电源。由于惯性转子继续转动，SR 触点仍闭合，所以接触器 KM2 线圈得电吸合，主触点反向通电进行反接制动。当电动机转速降到 120 r/min 以下时，SR 触点断开，接触器 KM2 线圈断电，主触点分开电动机断电制动结束。

主电路中电阻 R 是为了限制制动电流而设置的。

2）可逆运转和反接制动电路。图 4—15 所示的电路是可逆运转和反接制动电路。

①起动运转。设电动机为正向运转，按下正向起动按钮 SB2，正转接触器 KM1 线圈吸合并自锁，主触点接通电动机电源，电动机正向起动并运转。当转速上升到 120 r/min 时，SR 触点（11－13）闭合，为反接制动做好准备。

②制动停转。按下停止按钮 SB1，正转接触器 KM1 线圈失电切断电动机正向电源，同时使继电器 KA 吸合，继电器动断触点（3－5）断开，切断起动控制电路。动合触点（1－11）闭合接通制动电路，由于惯性作用电动机仍转动，速度继电器触点（11－13）仍闭合，所以反转接触器 KM2 吸合，电动机反向通电实现反接制动。到电动机转速降到 120 r/min

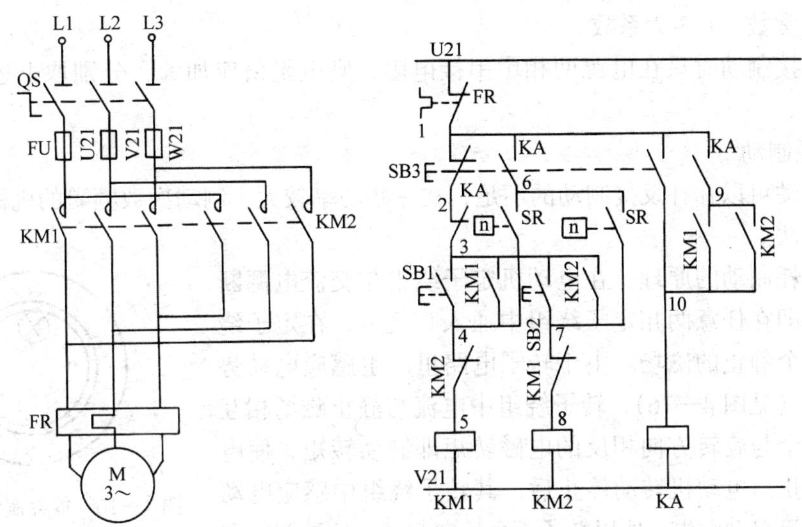

图 4—15　可逆运转反接制动

及以下时，速度继电器触点（11－13）断开，反转接触器 KM2 线圈失电，主触点断开，电动机电源被切断，制动结束。同理在反转时，速度继电器触点 SR（11－7）闭合为反接制动做准备，反接制动时正转接触器 KM1 吸合，实现反接制动。

（4）反接制动的特点。反接制动方法比较简单可靠，常用于电动机容量比较小，而且起动与制动次数不太频繁的场合。由于反接制动时振动和冲击力较大，影响机床的精度，所以使用时受到一定限制。10 kW 以上的电动机就不大采用反接制动法。

因电动机反接制动电流很大，故在定子制动回路中一般应串入限流电阻来限制反接制动电流。

（5）反接制动限流电阻的计算。反接制动时，由于旋转磁场与转子的相对转速（n_1+n）很高，故使转子笼型绕组中感应电流很大，致使定子绕组中的电流也很大，一般约为电动机额定电流的 10 倍左右。因此，反接制动适用于 10 kW 以下小容量电动机的制动，并且对 4 kW 以上的电动机进行反接制动时，需要在定子回路中串入限流电阻 R，以限制反接制动电流。限流电阻 R 的大小可参考下述的经验公式进行估算。

在电源电压为 380 V 时，若使反接制动电流等于电动机直接起动时起动电流的 1/2 时，则三相电路每相应串入的电阻 R（Ω）值可取为：

$$R\approx 1.5\frac{220}{I_{st}}$$

其中 220 为常数，1.5 为系数。

若使反接制动电流等于起动电流 I_{st}，则每相串入的电阻 R（Ω）值可取为：

$$R\approx 1.3\frac{220}{I_{st}}$$

其中 220 为常数，1.3 为系数。

如果反接制动时只在电源两相中串接电阻，则电阻值应加大，分别取上述电阻值的 1.5 倍。

2. 能耗制动

能耗制动可以弥补反接制动的不足，在一些功率较大、制动次数频繁的机械上较多地采用这种方法。

（1）能耗制动的原理。在电动机定子绕组与交流电源断开之后，立即在任意两相定子绕组中通入直流电，在定子绕组中产生一个静止的磁场。由于转子电路里产生感应电动势和感应电流（见图 4—16），转子绕组中电流与静止磁场相互作用产生一个与旋转方向相反的电磁转矩即制动转矩，使电动机迅速停止。电动机转动停止后，其转子绕组中感应电动势和感应电流自动消失，所以转子不会反向起动。这种制动方法，实质上是把转子原来储存的机械能（动能）转变成电能，又消耗在转子的制动上，所以叫做能耗制动。

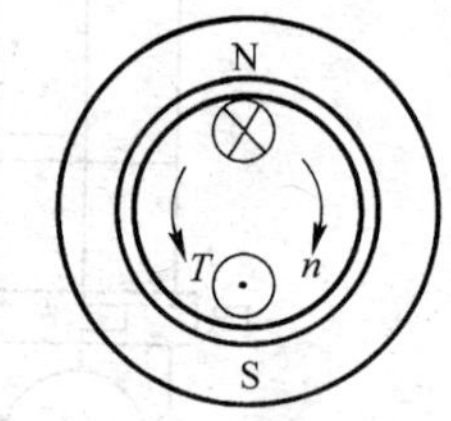

图 4—16　能耗制动工作原理

（2）能耗制动方法及直流电源计算

1）有变压器单相桥式整流能耗制动自动控制电路。对于 10 kW 以上容量的电动机，多采用这种制动电路。如图 4—17 所示电路，其中直流电源由单相桥式整流器 VC 供给，整流变压器 TC 提供适当的制动电压。

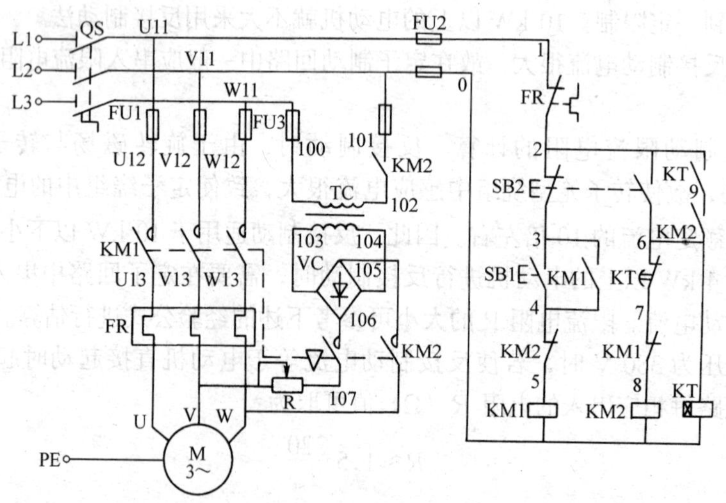

图 4—17　有变压器单相桥式整流单向起动能耗制动控制电路图

电路的工作原理如下：

起动运转。先合上电源开关 QS，按下起动按钮 SB1，接触器 KM1 线圈通电，主触点接通电动机电源使电动机起动运转，辅助触点完成自锁和联锁作用。

能耗制动。按下制动按钮 SB2，运转接触器 KM1 线圈失电，断开电动机三相电源，能耗制动接触器和时间继电器同时吸合并自锁。制动接触器主触点接通制动电源，交流电经变压器降压、整流器整流成直流，经过调节电阻 R 通入到电动机的定子绕组，实现能耗制动。到电动机停止转动，时间继电器延时时间也到，切断接触器 KM2 控制回路，制动结束。

电阻 R 是用来调节直流电流的大小，从而调节制动强弱。

2）无变压器半波整流能耗制动控制电路。如果电动机功率较小，且对制动要求不高，可以采用无变压器半波整流能耗制动控制电路（见图 4—18）。该线路采用单相半波整流作为直流电源，所用附加设备较少、线路简单、成本低，常用于 10 kW 以下小功率电动机。

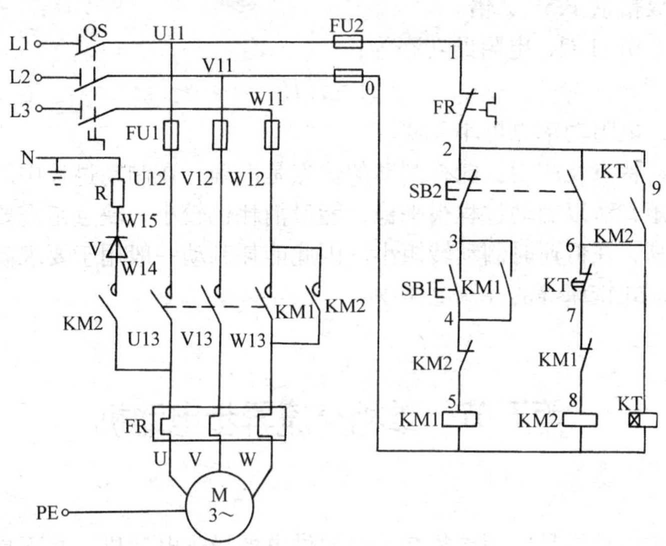

图 4—18　无变压器单相半波整流单向起动能耗制动控制电路图

图 4—18 与图 4—17 的控制电路相同，所以其工作原理也相同，读者可自行分析。

3）直流电源的估算方法。以常用的单相桥式整流电路为例，其估算步骤如下：

首先用电桥测量出电动机任意二相之间的直流电阻（R）。

能耗制动的直流电流为：

$$I_L = I_N \sim 1.6 I_N$$

当传动装置转速高、惯性大时，系数可取其上限。

整流变压器的二次电压为：

$$U_2 = 1.11 I_L R$$

整流变压器的二次电流为：

$$I_2 = 1.11 I_L$$

变压器计算容量为：

$$S = U_2 I_2$$

如果制动不频繁，可取变压器实际容量为：

$$S' = \left(\frac{1}{4} \sim \frac{1}{3}\right) S$$

二极管的额定电流为：

$$I_V = 0.5 I_L$$

实际计算时放裕量 1.5～2 倍。

二极管的额定电压为：

$$U_V = \sqrt{2} U_2$$

实际计算时放裕量 1.5～2 倍。

可调电阻 $R = 0 \sim 1\ \Omega$，电阻的功率为：

$$P = I_L^2 R$$

实际选用时，电阻功率也可小一些。

（3）能耗制动特点及应用。能耗制动的优点是准确，在制动过程中能随电动机转速自动调节其制动转矩，所以制动过程很平稳，能量消耗也较小。缺点是需要附加直流电源装置，设备费用较高，在低速时制动转矩小。因此能耗制动一般用于要求制动准确、平稳的场合，如磨床、立式铣床等的控制电路中。

第五节　单相交流异步电动机

单相交流异步电动机是应用单相交流电源供电的异步电动机，并不是只指单相单绕组异步电动机。由于单相单绕组异步电动机是无法自行起动的，所以目前使用的单相异步电动机都有起动装置。

一、单相交流异步电动机的气隙磁场

为了便于分析，假设单相交流异步电动机的定子绕组由一个匝数为 W_1 的绕组 A－X 组成（见图 4—19）。转子为笼型绕组，当绕组 A－X 中通入交流电流以后，在气隙中产生如图 4—19 所示的磁场。由于这种磁场的强弱和方向是随交流电流而变化的（见图 4—20），所以这个磁场具有脉振特性，因此称之为脉振磁场。产生脉振磁场的磁势称脉振磁势 F，其值 $F = F_m \sin\omega t$。

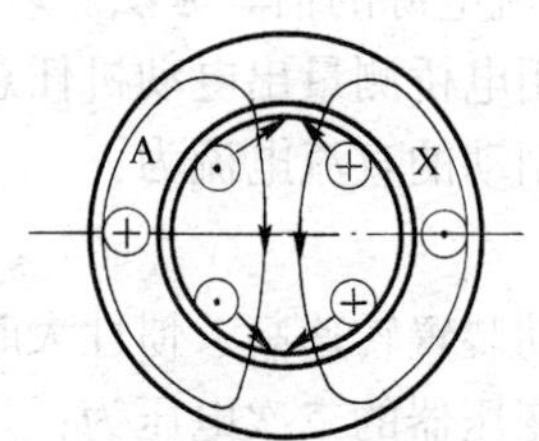

图 4—19　单相单绕组异步电动机的定子磁场

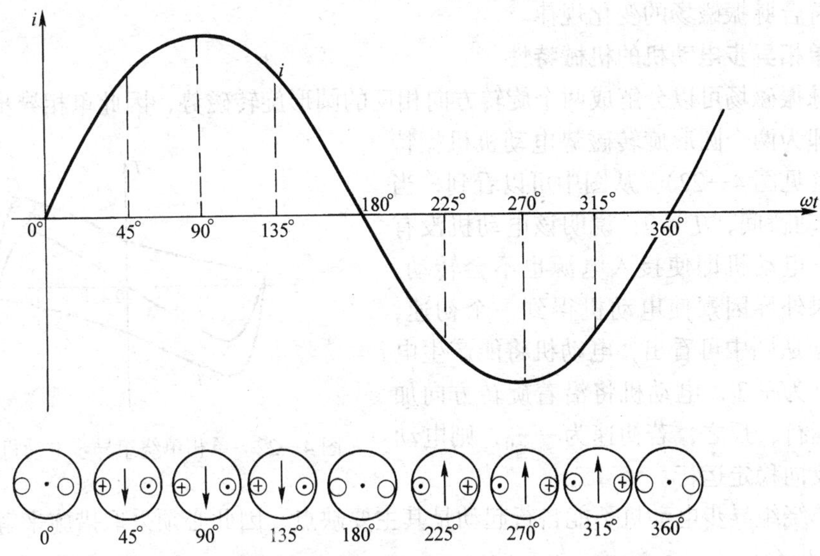

图 4—20　单相单绕组定子气隙磁场

随时间作正弦变化的脉振磁势，用数学方法证明它可以分解成两个旋转方向相反的圆形旋转磁势 F_+ 和 F_-，它们的大小均为脉振磁势最大幅值的一半，转速均为同步转速 $n_0=\dfrac{60f}{P}$。

图 4—21 所示为两个旋转方向相反的圆形旋转磁势 F_+ 和 F_- 所产生的 $F_合$ 随时间变化

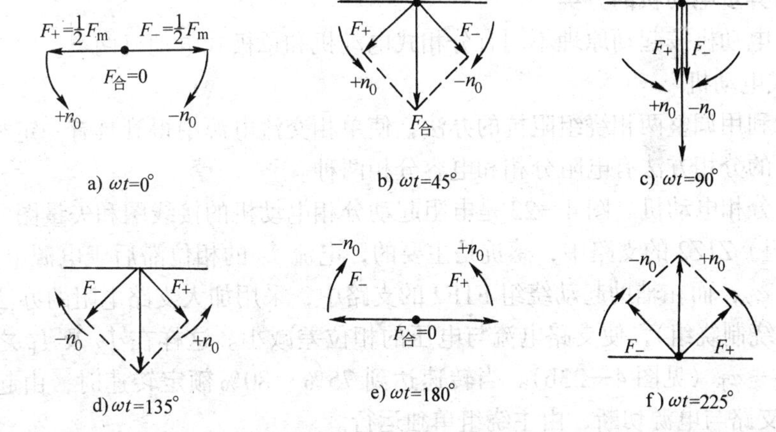

ωt	0°	45°	90°	135°	180°	225°	270°	315°	360°
$F=F_m\sin\omega t$	0	$-0.707F_m$	$-F_m$	$-0.707F_m$	0	$0.707F_m$	F_m	$0.707F_m$	0
$F_合=\|F_++F_-\|$	0	$-0.707F_m$	$-F_m$	$-0.707F_m$	0	$0.707F_m$	F_m	$0.707F_m$	0

图 4—21　脉振磁势随时间变化规律

的情况，符合脉振磁场的变化规律。

二、单相异步电动机的机械特性

由于脉振磁场可以分解成两个旋转方向相反的圆形旋转磁势，因此单相异步电动机的机械特性即为两个圆形旋转磁势电动机机械特性的叠加（见图 4—22）。从图中可以看到，当 $S=1$ 即起动瞬间，$T=0$，说明该电动机没有起动转矩，电动机即使接入电源也不会转动。但是，如果外界因素使电动机得到一个初速，例如 $+n_0$，从图中可看出，电动机将能产生电磁转矩，且为 $+T$，电动机将沿着旋转方向加速至稳定运行；反之，若初速为 $-n_0$，则电动机最终可反向稳定运行。

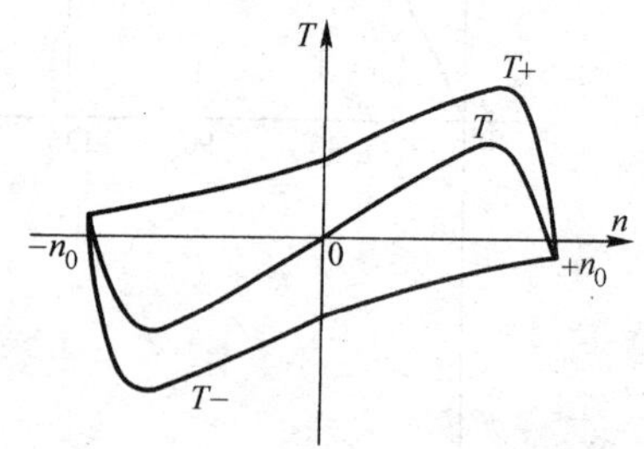

图 4—22　单相单绕组异步电动机机械特性

单相单绕组异步电动机不能自行起动是其主要缺点，因此必须采取措施来解决这个问题。

为了使单相异步电动机能像三相异步电动机那样自行起动，就需要在气隙中产生一个旋转磁场。其办法是在空间位置上相差 90°电角度的两相绕组中通入相位差 90°的两相电流，就会产生旋转磁场。假定两相绕组的匝数相等，电流的最大值相等，合成磁势矢量顶端的轨迹为圆形旋转磁场。如果两相匝数不等，电流的最大值不相等或两相电流的相位差不等于 90°，则合成磁势矢量顶端的轨迹将变为椭圆形，这种磁场称为椭圆形旋转磁场。圆形旋转磁场具有最好的起动性能与运行性能。

三、单相异步电动机的分类

单相异步电动机按起动原理不同有分相式电动机和罩极式电动机两类。

1. 分相式电动机

分相是指利用调整两相绕组阻抗的办法，使单相交流电源中得到具有一定相位差的两相电流。常用的分相方法有电阻分相和电容分相两种。

（1）电阻分相电动机。图 4—23 是电阻起动分相电动机的接线图和矢量图。在主绕组（又称工作绕组）Z1Z2 的支路中，感抗是主要的，电流 $\dot{I}_Z$ 的相位滞后于电源电压 $\dot{U}$ 一个较大的相位角 φ_Z；而在辅助起动绕组 F1F2 的支路中，采用加大支路电阻的办法（如采用绝缘的电阻丝绕制绕组），使支路电流与电压的相位差减小。这样在 $\dot{I}_Z$ 及 $\dot{I}_F$ 之间产生一相位差 $\varphi=\varphi_Z-\varphi_F$（见图 4—23b）。当转速达到 75％～80％额定转速时，由起动控制开关 SA 将辅助支路与电源切断，由主绕组单独运行。

起动控制开关可采用电磁继电器、离心开关、重锤式继电器和 PTC 热敏变阻器。这种电动机称电阻分相电动机或单相电阻起动异步电动机。国产常用有 BO_2 系列、JZ 系列等。

（2）电容分相电动机。图 4—24 是几种电容分相电动机的接线图和矢量图。辅助起动绕组 F1F2 与电容器串联后和主绕组 Z1Z2 并接到电源上。如果绕组设计得合适，并选择适

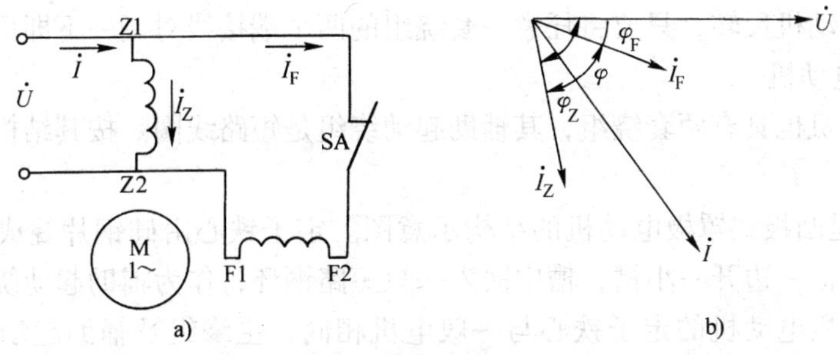

图 4—23　电阻起动异步电动机的电气接线图和矢量图

a) 接线图　b) 矢量图

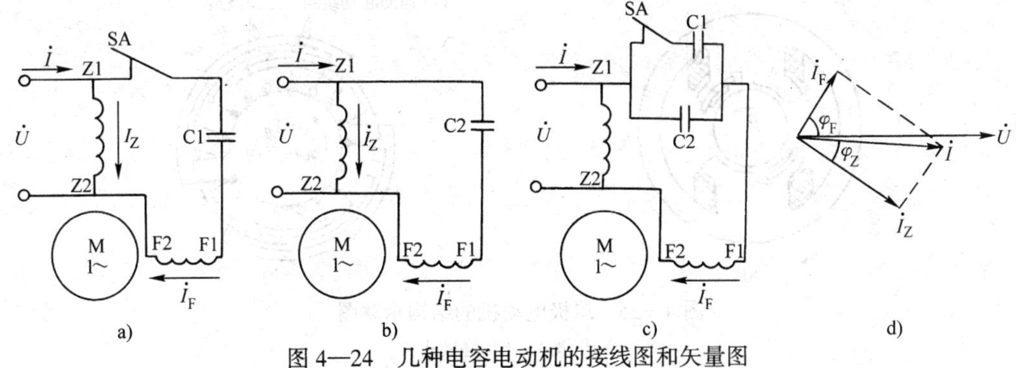

图 4—24　几种电容电动机的接线图和矢量图

a) 电容起动电动机　b) 电容运行电动机　c) 电容起动和运行电动机　d) 矢量图

当容量的电容器，可使起动时的 $\dot{I}_F$ 正好超前 $\dot{I}_Z$ 90°，并使两相绕组的磁势幅值相等或接近相等，从而获得圆形旋转磁场。

图 4—24a 中的辅助起动绕组及电容器 C1 只在起动时使用，当电动机转速升高后，由起动控制开关 SA 将辅助绕组电路切断，由主绕组单独工作。这种电动机称为电容起动异步电动机。国产有 CO_2 系列和 JY 系列。

电容起动电动机起动转矩较大，多适用于要求满载起动的机械设备上。

图 4—24b 中的辅助起动绕组与电容器 C2 串联后与主绕组并联，长期接在电路中，称单相电容运转异步电动机。国产有 DO_2 系列和 JX 系列。

单相电容运转异步电动机，功率因数较高，运转平稳，适用于起动转矩要求较低的机械。

图 4—24c 中的辅助起动绕组电路中串联了两个并联电容 C1 和 C2。考虑到电动机在起动和运行两种状态下需要不同的电容量，起动时 C1 和 C2 均接在电路中，当进入正常运行时，将 C1 切除令 C2 单独参加运行。这种电动机叫做单相电容起动及运行的电动机。

单相电容起动及运行的电动机有较高的起动转矩和功率因数，适用于满负荷起动的机械设备中。

欲使分相电动机反转，只要将任意一套绕组的两个端接线对调一下即可。

2. 罩极式电动机

罩极式电动机也具有两套绕组，其辅助起动绕组是短路线圈。按其结构可分为凸极式和隐极式两种。

图 4—25a 是凸极式罩极电动机的结构示意图。定子铁心由硅钢片叠成，每个极上绕有主绕组，在磁极一边开一小槽，槽中嵌入一只短路铜环，作为辅助起动绕组，转子为笼型式。隐极式罩极电动机的定子铁心与一般电机相同，主绕组及辅助起动绕组均嵌在槽内，两者相距约 45°电角度（见图 4—25b）。辅助起动绕组的匝数较少，用粗导线制成，自成闭路。这种电动机性能远差于分相式，故目前应用越来越少。

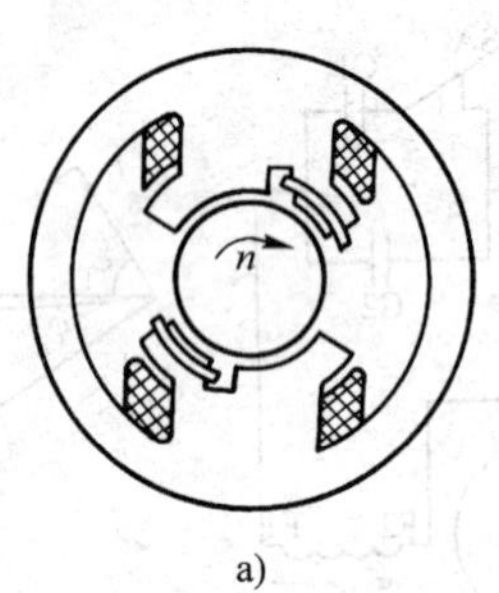

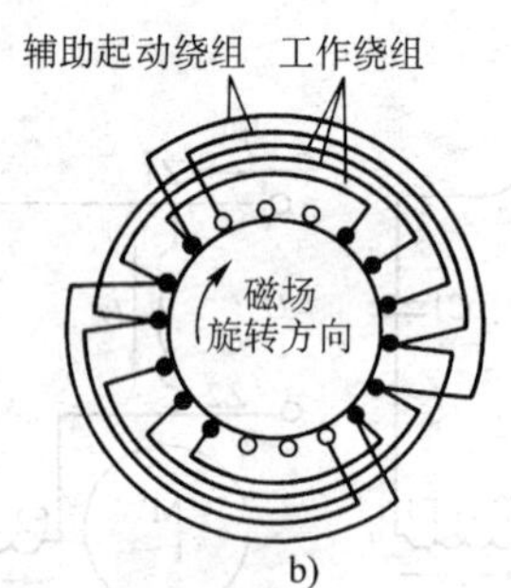

图 4—25　罩极电动机的结构示意图

a）凸极式　b）隐极式

图 4—26 是罩极电动机的接线原理图和矢量图。当主绕组 Z1Z2 上接通电源后，便有电流 $\dot{I}$ 流过。$\dot{I}$ 产生的脉振磁通 $\dot{\Phi}$分为 $\dot{\Phi}_1$ 及 $\dot{\Phi}_2$ 两部分。$\dot{\Phi}_1$ 不穿过短路环；$\dot{\Phi}_2$ 穿过短路环。在短路环中有感应电动势 $\dot{E}_K$，$\dot{E}_K$ 落后 $\dot{I}$ 及 $\dot{\Phi}_2$ 90°。$\dot{E}_K$ 在短路环中产生电流 $\dot{I}_K$，由于短路环中有感抗存在，使 $\dot{I}_K$ 滞后 $\dot{E}_K$ 一个 φ_K 相角。$\dot{I}_K$ 产生的磁通 $\dot{\Phi}_K$ 与 $\dot{I}_K$ 同相。因此短路环中的合成磁通 $\dot{\Phi}_3=\dot{\Phi}_2+\dot{\Phi}_K$。

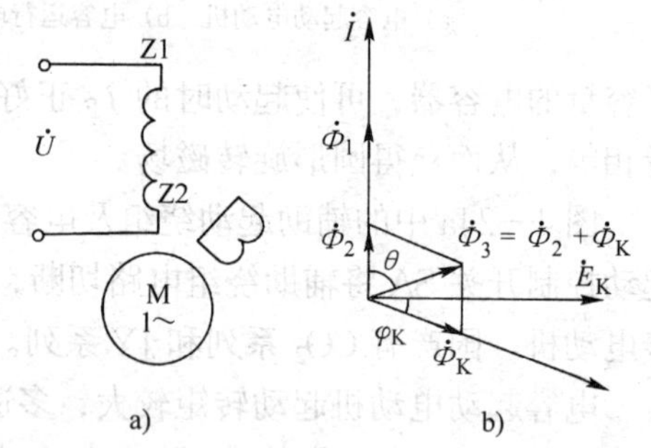

图 4—26　罩极电动机的接线原理图和矢量图

a）接线原理图　b）矢量图

从矢量图可以看出，由于短路环的作用，使磁通 $\dot{\Phi}$变为在时间上有一相位差 θ 的 $\dot{\Phi}_1$ 和 $\dot{\Phi}_3$ 两个分量。这两个脉振磁通在电动机气隙中构成一个椭圆形的旋转磁场，产生一定的起动转矩，其转向是从 $\dot{\Phi}_1$ 的轴线转向 $\dot{\Phi}_3$ 的轴线（即从无短路环一端转向短路环一端）。

罩极式异步电动机由于短路环的作用，所以其效率很低，起动转矩很小，但结构很简单，所以应用在极小功率机械上。

第六节　同步电机及其控制

电动势频率与转速之比为恒定值的交流电机称同步电机。

我国电力系统的标准频率为 50 Hz。在这种频率下，电机的转速与极对数的关系为：

$$n=\frac{60f}{P}=\frac{3\,000}{P}\ \text{(r/min)}$$

不同极对数的同步电机的转速见表 4—1。

表 4—1　　不同极对数同步电机的转速

极对数 P	1	2	3	4	5	6	8	10	12	14
转速 r/min	3 000	1 500	1 000	750	600	500	375	300	250	214.3

一、同步电机的分类和用途

同步电机按照转子的结构可分凸极式与隐极式两类。

同步电机按照用途不同，可分为发电机、电动机及调相机三类。

1. 发电机

发电机有以下几种：

(1) 汽轮发电机。汽轮发电机以汽轮机等高速动力机械作为原动机，通常转速为 3 000 r/min 及 1 500 r/min 两种。

(2) 水轮发电机。以水轮机作为动力的发电设备，转速为 50～1 500 r/min。

(3) 汽（柴）油发电机。以汽（柴）油机作动力，功率较小，转速为 250～3 000 r/min。

(4) 中频发电机。频率范围为 100～10 000 Hz，功率为 2～1 000 kW。

2. 电动机

当电网频率为恒定时，同步电动机的转速也为恒定值，不随负载大小而变动，其运行时功率因数可以从感性状态调节到容性状态。

3. 调相机

实质上是不带机械负载的同步电动机（即为空载运行的同步电动机）。可以通过改变转子的直流励磁电流调节定子电流的相位，用来改善电网的功率因数。

二、同步电机的基本结构

同步电机与异步电机在定子结构上没有什么差异，不同之处在转子，其转子分为隐极式与凸极式两种。

高速同步电机转子为圆柱形，没有显露的磁极，称稳极式（见图 4—27）。

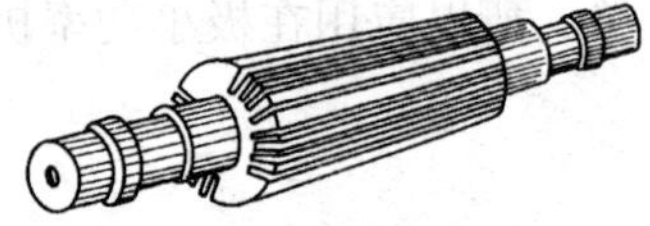

图 4—27　同步电机隐极转子

对于低速同步电机，因磁极对数较多，多做成凸极式，直径相对较大，其结构如图 4—28 所示。

小功率同步电动机的磁极线圈用电磁线多层绕制而成。大、中型同步电机的磁极线圈采用扁铜带绕成。绕组的两个出线头连接在集电环上。磁极在转子磁轭上为 N，S 极间隔排列。

不少同步电机在磁极沿外圆的极面处穿以铜质导杆，并通过端环组成笼型绕组，可减少电机的机械和电气振荡，并可作起动绕组。

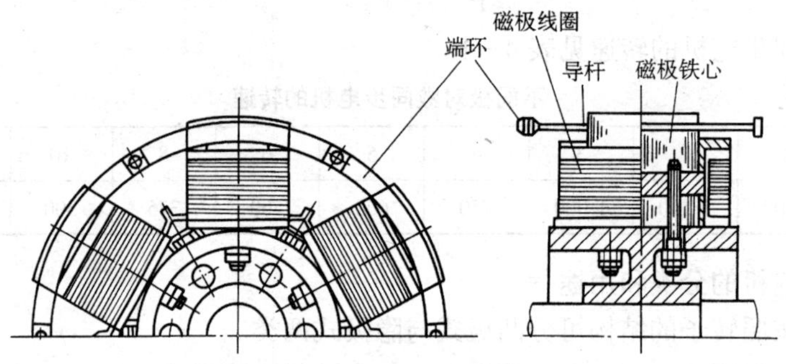

图 4—28　同步电机凸极转子

三、同步电动机的工作原理

图 4—29 所示为一台极对数 $P=2$ 的同步电动机，如果在三相定子绕组中通入三相对称交流电后，则在电动机气隙中将产生旋转磁场，其转速为：

$$n_1=\frac{60f}{P}$$

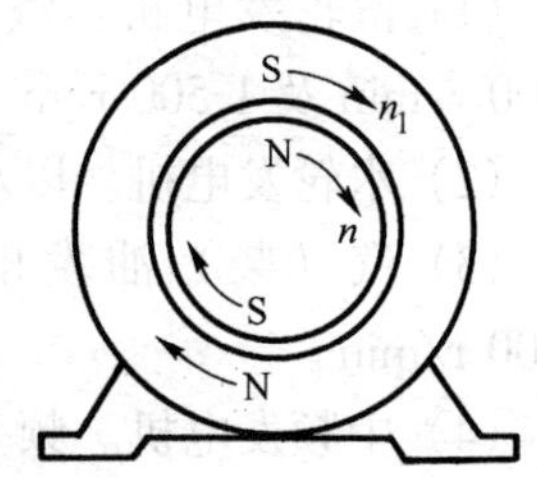

图 4—29　三相同步电机原理图

由于定子旋转磁场与转子磁场的极对数相同，而且都呈 N，S 间隔排列，所以定子旋转磁场吸引着转子磁极共同旋转。转子的转速与定子旋转磁场的转速相同，即：

$$n=n_1=\frac{60f}{P}$$

这就是同步电动机的运行原理。由于旋转磁场的转速与转向与转子完全相同，因此定子磁场与转子磁场也是相对静止的。

四、同步电动机的功角特性和运行特性

1. 同步电动机的功角特性

同步电动机稳定运行时，磁路中有两个磁势，一为励磁磁势 F_f，另一为定子磁势

F_a。两者均以同步转速旋转，分别在定子绕组中产生空载电势 $\dot{E}_0$ 及电枢反应电势 $\dot{E}_a$。另外定子绕组还有漏磁通 Φ_σ 存在，它也在定子绕组中产生漏磁电势 $\dot{E}_\sigma$。同步电动机一相定子电路的电势平衡方程式为：

$$\dot{U} = \dot{E}_0 + \dot{E}_a + \dot{E}_\sigma + \dot{I} r_a$$

式中　r_a——一相定子绕组的电阻。

上式又可写成：

$$\begin{aligned}\dot{U} &= \dot{E}_0 + j\dot{I}X_a + j\dot{I}X_\sigma + \dot{I}r_a \\ &= \dot{E}_0 + j\dot{I}X_t + \dot{I}r_a\end{aligned}$$

式中　$X_t = X_a + X_\sigma$——同步电抗。

由上式可画出同步电动机的等值电路图及矢量图（见图 4—30 及图 4—31）。

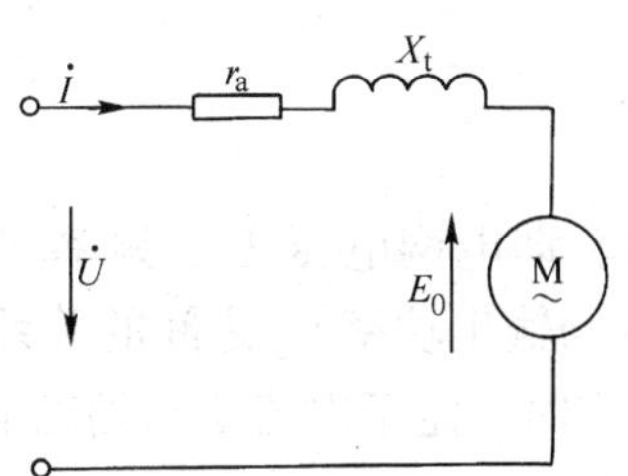

图 4—30　同步电机等值电路图

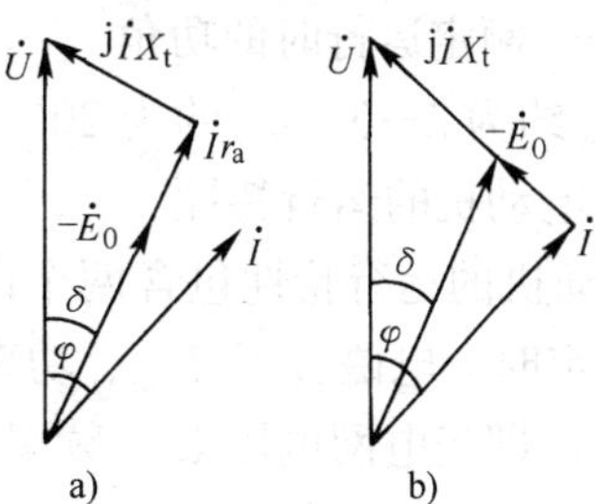

图 4—31　同步电机的矢量图

a）考虑定子绕组的电阻 r_a 的影响　b）不计 r_a 的影响

对同步电动机来说，电压 $\dot{U}$ 超前 E_0 一个 δ 角。δ 角是同步电动机的一个重要数据，它与电磁功率密切相关，称为功率角或功角。

同步电动机在确定的电网电压及频率下，如果励磁电流维持不变，电磁转矩 T_{em} 只与功角 δ 有关。由此得到的 $T_{em} = f(\delta)$ 关系曲线，称为功角特性曲线（见图 4—32）。当 $\delta = \pi/2$ 时，T_{em} 有最大值 T_{max}。

由图 4—31 可知，功角 δ 是 $\dot{U}$ 超前 E_0 的角度。$\dot{E}_0$ 是由主磁通 Φ_0 感应产生的，而 $\dot{U}$ 也可看成是由主磁场、电枢反应磁场及漏磁场的合成磁通 Φ 感应产生的。由于主磁场及合成磁场均以同步转速在空间旋转，因此 $\dot{U}$ 与 E_0 之间的夹角 δ 就代表这两个磁场轴线之间的空间夹角（见图 4—33）。

同步电动机在低负载时 δ 角很小，随着负载增大，功角 δ 也增大。但是当负载转矩超过最大电磁转矩时，电动机便无法适应，不能再保持同步转速运行，这种现象称为“失步”。

为了衡量同步电动机的过载能力，常以 $\delta = \pi/2$ 时的最大电磁转矩与额定电磁转矩之比值来计算，即：

$$\lambda_m = \frac{T_{max}}{T_N} = \frac{1}{\sin\delta_N}$$

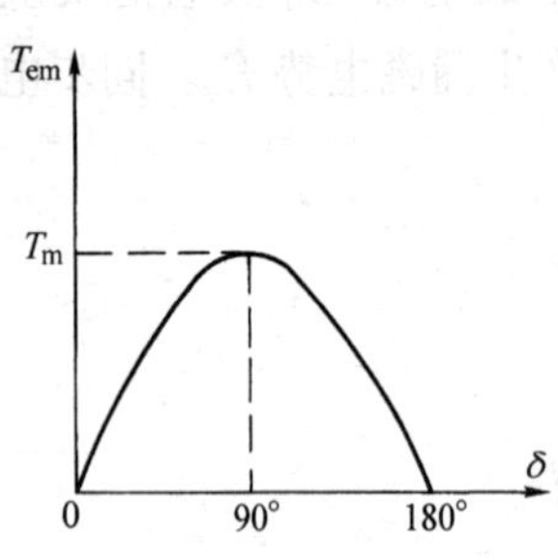

图 4—32　功角特性曲线

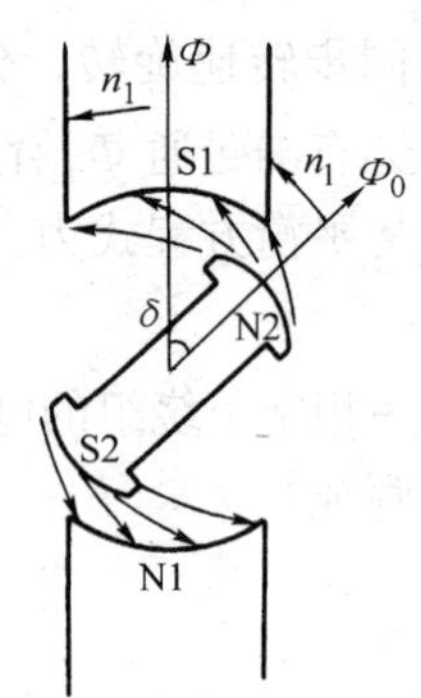

图 4—33　功角的物理意义

式中　λ_m——过载能力倍数；

δ_N——额定运行时的功角。

一般 λ_m 约为 2～3，δ_N 约为 20°～30°。

2. 同步电动机的运行特性

同步电动机的运行特性包含两个内容：一是工作特性，即电网电压 U、频率 f 及励磁电流 I_f 恒定时，电磁转矩 T_{em}、功率因数 $\cos\varphi$ 和效率 η 与输出功率 P_2 之间的关系；二是 V 形曲线，即当电网电压 U、频率 f 和电磁功率 P_{em} 恒定时，定子电流 I 与励磁电流 I_f 之间的关系，$I=f(I_f)$ 曲线。

(1) 工作特性。电动机输出功率 P_2 与负载转矩 T_2 之间的关系为 $P_2=\omega T_2$，由于同步电机转速恒定，ω 为常数，所以 P_2 与 T_2 成正比关系，如图 4—34 中的直线 1 所示。电磁转矩 T_{em} 为负载转矩 T_2 与机械摩擦转矩 T_m 之和，$T_{em}=T_2+T_m$，其中机械摩擦转矩 T_m 为一常数（转速不变），因此 T_{em} 和 P_2 的关系也为正比，是一条与直线 1 平行的直线 2。

同步电动机的效率曲线与变压器效率曲线相似，如图 4—34 中的曲线 3 所示。

当同步电动机的励磁电流不变时，其定子电流的相位角随输出功率 P_2 的增加而逐步落后。图 4—35 表示不同励磁电流时的功率因数特性曲线。由图可见，同步电动机的功率

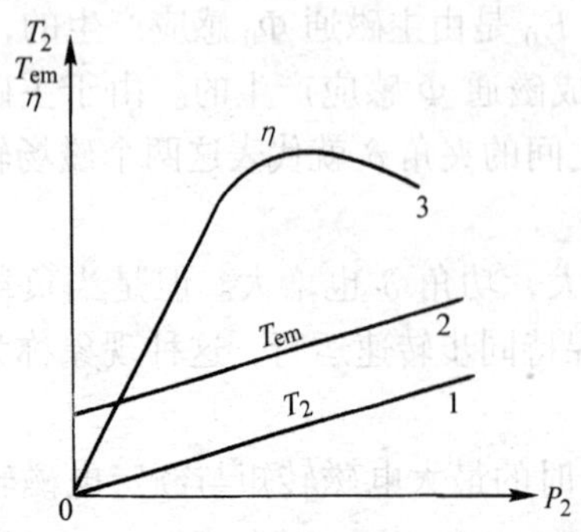

图 4—34　输出功率与负载转矩、电磁转矩及效率之间关系

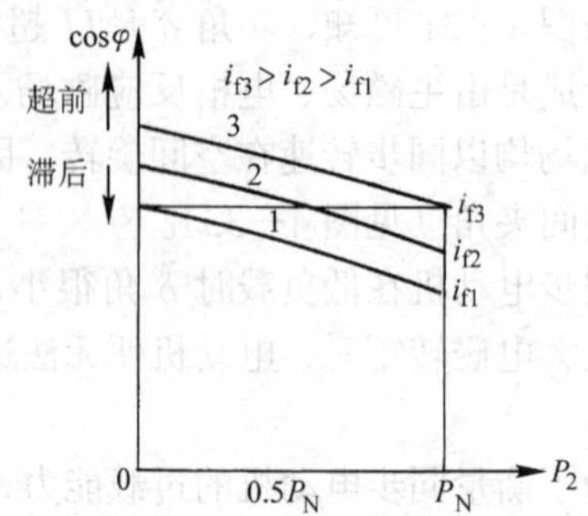

图 4—35　不同励磁电流时的功率因数

因数可以是滞后的，也可以是超前的，即电流可能滞后于电压，也可能超前于电压，这一点与异步电动机只能有滞后的功率因数是完全不同的。图中曲线1表示励磁电流较小时的情况，这时只能使空载时的功率因数等于1。随着负载的增加，功率因数随之下降。曲线2表示增大励磁电流后的情况，这时在50％负载情况下，功率因数为1，低载时的功率因数可为超前值。如果进一步增加励磁电流，可以使同步电动机从空载到额定负载都具有超前的功率因数值，这就是同步电动机的可贵的性能之一。

（2）V形曲线。V形曲线是一条恒功率、变励磁时的特性曲线。也就是在电动机负载恒定下，改变励磁电流大小时，定子电流变化的曲线，即$I=f(I_f)$曲线（见图4—36）。

从图4—36中可以看出，在正常励磁下电动机的功率因数为1，定子的电流全部为有功电流，电流值为最小；减小励磁电流（称欠励磁），电动机的功率因数为滞后的，定子电流会上升，这是无功电流增大的缘故；当励磁电流超过正常励磁电流时（称过励磁），电动机的功率因数为超前的，定子电流也会上升（里面包含容性无功电流）。所以在恒定负载下，改变电动机励磁电流就可以改变电动机的运行状态。因$I=f(I_f)$曲线的形状呈现V字形，故称V形曲线。

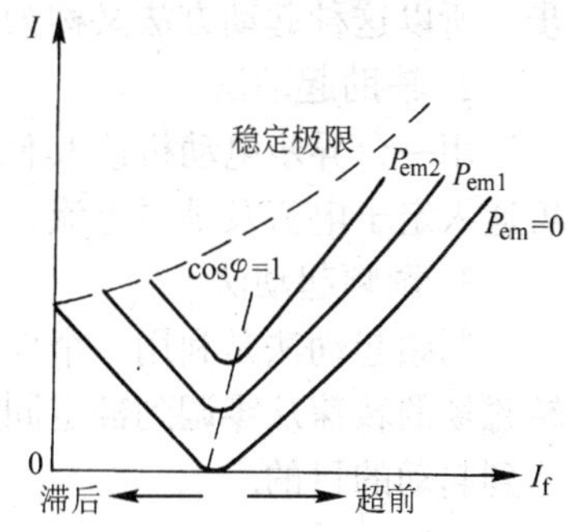

图4—36 V形曲线

V形曲线中虚线以上部分，其功率角已超出稳定极限，为不稳定区。

五、同步电动机的起动

同步电动机本身没有起动转矩（见图4—37）。当电动机定子通入三相电流后，产生旋转磁场，方向如图中箭头所示。在图4—37a所示瞬间，定子磁场牵引转子逆时针旋转，存在一个电磁转矩，但由于惯性原因，转子不能立刻以同步转速旋转。当定子旋转磁场转过180°（即定子电流过了半个周期）后，定子磁场位置变为图4—37b所示。这时定子磁场对转子产生一个反向牵引转矩，使转子顺时针旋转。因此，转子上受到交变转矩的作用，其平均转矩为零，所以电动机无法起动。

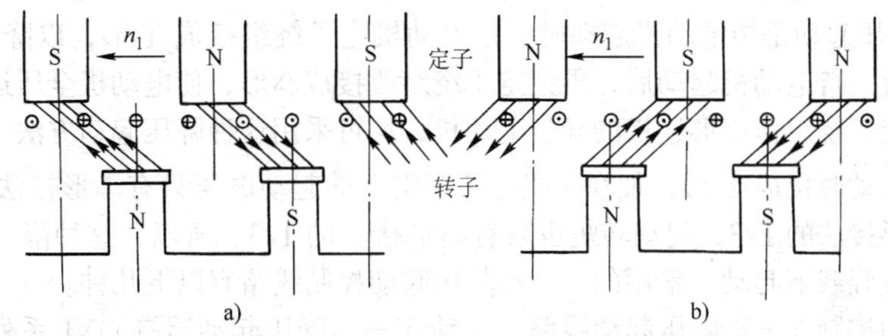

图4—37 同步电动机的起动转矩

因此必须采取措施，使转子达到亚同步的转速，才能将其牵入同步运转状态。通常有以下几种方法。

1. 在转子上另加笼型起动绕组起动

起动绕组是由导杆与端环组成的（见图 4—28）。在起动时，为了避免转子绕组中产生极高的感应电势击穿绝缘，通常在起动过程中，用电阻将励磁绕组加以短接（见图 4—38 1 位置），然后接通三相电源，同步电动机以异步电动机工作原理起动。当转子升速到亚同步转速（约为同步转速 95%左右）时，再将 S2 合在“2”的位置，给转子加上励磁电流，靠同步转矩把转子牵入同步。所以这种起动方法又称为异步法起动。

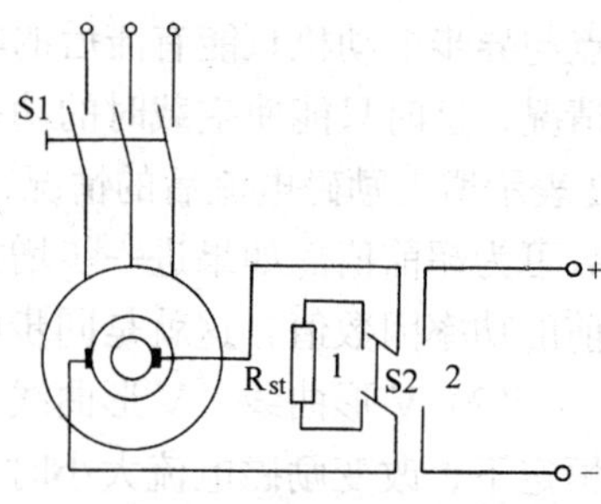

图 4—38　同步电动机的异步起动

2. 辅助起动法

用一台异步电动机或其他动力（如柴油机），把转子加速到接近亚同步转速后脱开，再通入定子电流及励磁电流，将电动机牵入同步。

3. 调频起动法

调频起动法是利用一个变频电源，将电源频率从零逐步调节到额定频率。这样可把旋转磁场的转速从零调到额定同步转速，转子的转速始终与定子旋转磁场的转速同步，从而达到起动的目的。

第七节　常用电力拖动控制线路

一、三相异步电动机的降压起动控制

三相异步电动机如果不能全电压起动时，可采用降压起动。常用方法有 Y－△降压起动、自耦变压器降压起动和延边三角形降压起动。如果是绕线式异步电动机，可以在转子回路中串联电阻或频敏变阻器起动。

1. Y－△降压起动

Y－△降压起动是指电动机起动时，把电动机定子绕组接成 Y 形，以降低起动电压，限制起动电流。待电动机起动后，再把定子绕组改接成△形，使电动机全压运行。凡是在正常运行时定子绕组作△形连接的异步电动机，均可采用这种降压起动方法。

电动机起动时接成 Y 形，加在每相定子绕组上的起动电压只有△形接法的 $1/\sqrt{3}$，起动电流为△形接法的 1/3，起动转矩也只有△形接法的 1/3。所以，这种降压起动方法只适用于空载或轻载下起动。常用的 Y－△降压起动控制线路有以下几种。

(1) 手动控制 Y－△降压起动线路。手动 Y－△降压起动器有 QX1 系列，按控制电动机的容量分为 13 kW 和 30 kW 两种。QX1 型手动 Y－△起动器的外形图、接线图和触点分合图如图 4—39 所示。起动器正常操作频率为 30 次/小时。从图 4—39b、c 所示接线图和触点分合图对应看出，起动器有停止（0）、起动（Y）和运行（△）三个位置，当手

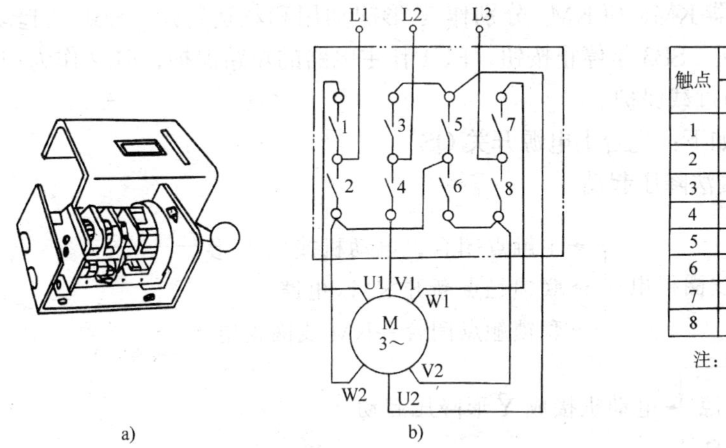

触点	手柄位置		
	0	Y	△
1		×	×
2			×
3			×
4		×	×
5		×	
6		×	
7		×	×
8			×

注：×—接通

c)

图 4—39 QX1－13 手动 Y－△起动器

a）外形图 b）接线图 c）触点分合图

柄处在“0”位置时，八对触点都分断，电动机脱离电源而停转；当手柄扳到“Y”位置时，1，4，5，6，7 触点闭合接通，定子绕组末端 W2，U2，V2 通过触点 5，6 接成 Y 形，始端 U1，V1，W1 则分别通过触点 1，4，7 接入三相电源 L1，L2，L3，电动机进行 Y 形降压起动；当电动机转速上升并接近额定转速时，将手柄扳到“△”位置，这时 1，2，3，4，7，8 触点闭合，定子绕组 U1，W2 通过触点 1，2 合并接到 L1；V1，U2 通过触点 3，4 合并接到 L2；W1，V2 通过触点 7，8 合并接到 L3，接成△形全电压正常运转。

（2）按钮和接触器控制 Y－△降压起动线路。用按钮和接触器控制 Y－△降压起动的电路如图 4—40 所示。该线路使用了三只接触器、一个热继电器和三个按钮。接触器 KM

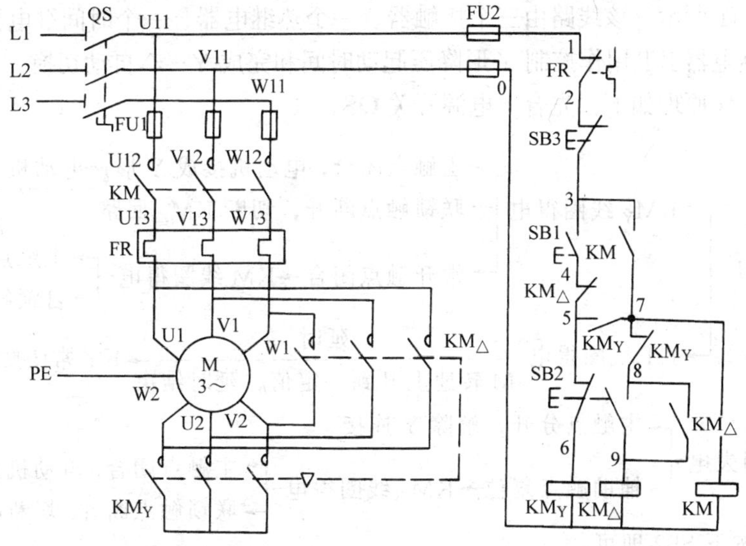

图 4—40 按钮、接触器控制 Y－△降压起动电路图

作电源控制用，接触器 KM_Y 和 $KM_\triangle$ 分别作 Y 形起动用和△运行用，SB1 是起动按钮，SB2 是 Y－△切换按钮，SB3 是停止按钮，FU1 作主电路的短路保护，FU2 作为控制电路的短路保护，FR 作为过载保护。

线路的工作原理如下：先合上电源开关 QS。

1）电动机 Y 形接法降压起动。

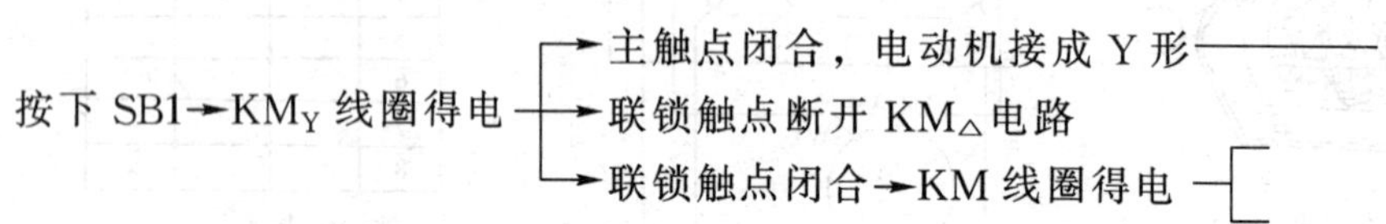

→主触点接通三相电源 →电动机接成 Y 形降压起动

→KM 自锁触点闭合自锁

2）电动机△形接法全压运行。当电动机转速上升并接近额定值时，

按 SB2→KM_Y 线圈失电 →主触点分断，解除 Y 连接；→联锁触点复位→$KM_\triangle$ 线圈得电—

→主触点闭合 →电动机接成△形全电压运行

→自锁触点闭合自锁

→联锁触点断开，切断 Y 起动回路

停止时按下 SB3 即可实现。

（3）时间继电器自动控制 Y－△降压起动线路。时间继电器自动控制 Y－△降压起动电路如图 4—41 所示。该线路由三个接触器、一个热继电器、一个时间继电器和两个按钮组成。时间继电器 KT 用作控制 Y 形降压起动时间和完成 Y－△自动切换。

线路的工作原理如下：先合上电源开关 QS。

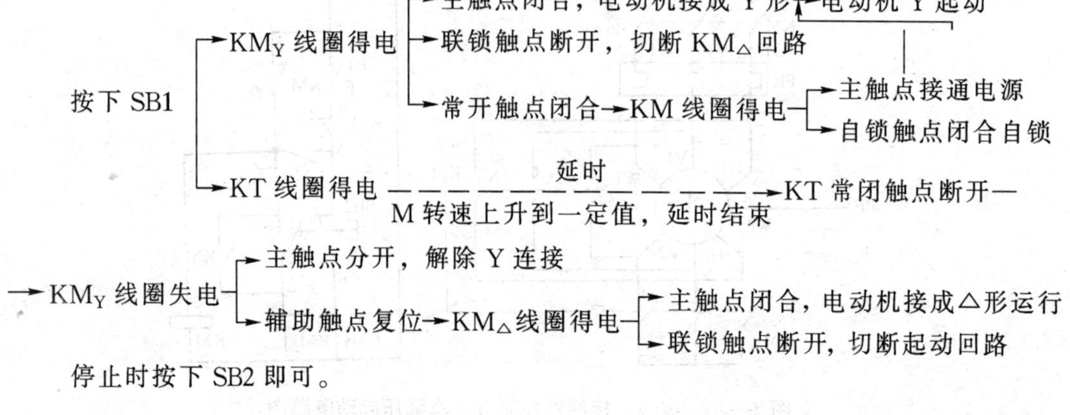

停止时按下 SB2 即可。

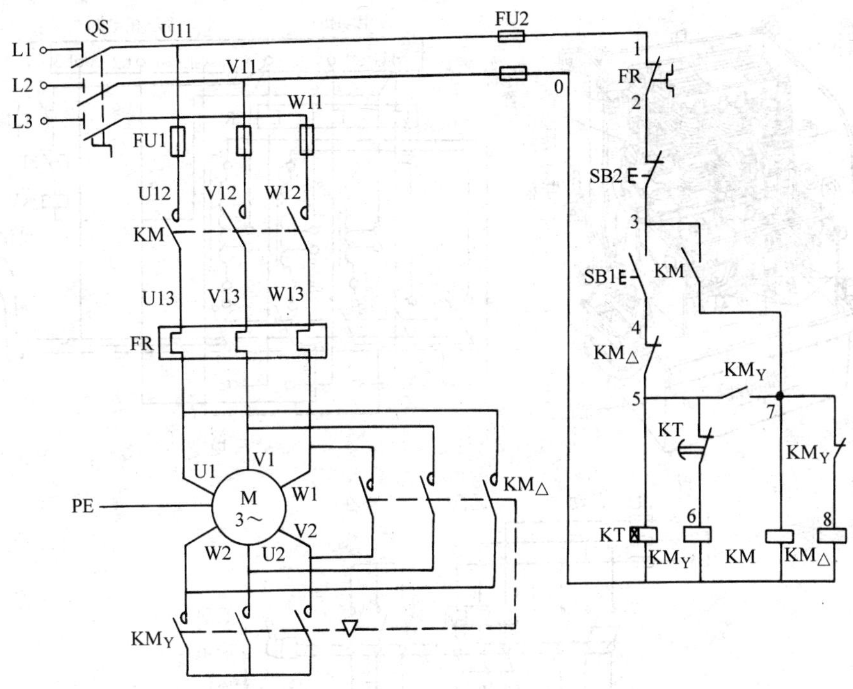

图 4—41　时间继电器自动控制 Y－△降压起动电路图

该线路中，接触器 KM_Y 得电以后，通过 KM_Y 的常开辅助触点使接触器 KM 得电动作，这样 KM_Y 的主触点是在无负载的条件下进行闭合的，故可延长接触器 KM_Y 主触点的使用寿命。

2．自耦变压器（补偿器）降压起动控制线路

自耦变压器降压起动是指电动机起动时，利用自耦变压器来降低加在电动机定子绕组上的起动电压。待电动机起动后，再使电动机与自耦变压器脱离，从而在全压下正常运行。

自耦变压起动器又称补偿器，是利用自耦变压器来进行降压的起动装置，其产品有手动式和自动式两种。

（1）手动控制补偿器降压起动线路。常用的手动补偿器有 QJ3 系列油浸式和 QJ10 系列空气式两种。QJ3 属应淘汰产品，但仍有相当数量的补偿器在使用中。QJ3 系列手动控制补偿器的结构如图 4—42a 所示，主要由箱体、自耦变压器、保护装置、触点系统和手柄操作机构五部分组成。

自耦变压器、保护装置和手柄操作机构装在箱架的上部。自耦变压器的抽头电压有两种，分别是电源电压的 65％和 80％（出厂时接在 65％），使用时可以根据电动机起动时负载的大小来选择不同的起动电压。自耦变压器是按短时通电设计的，15 kW 及以下起动时间为 30 s，18.5～30 kW 起动时间为 40 s，37 kW 以上为 60 s。起动时间超过规定，会造成自耦变压器过热损坏。

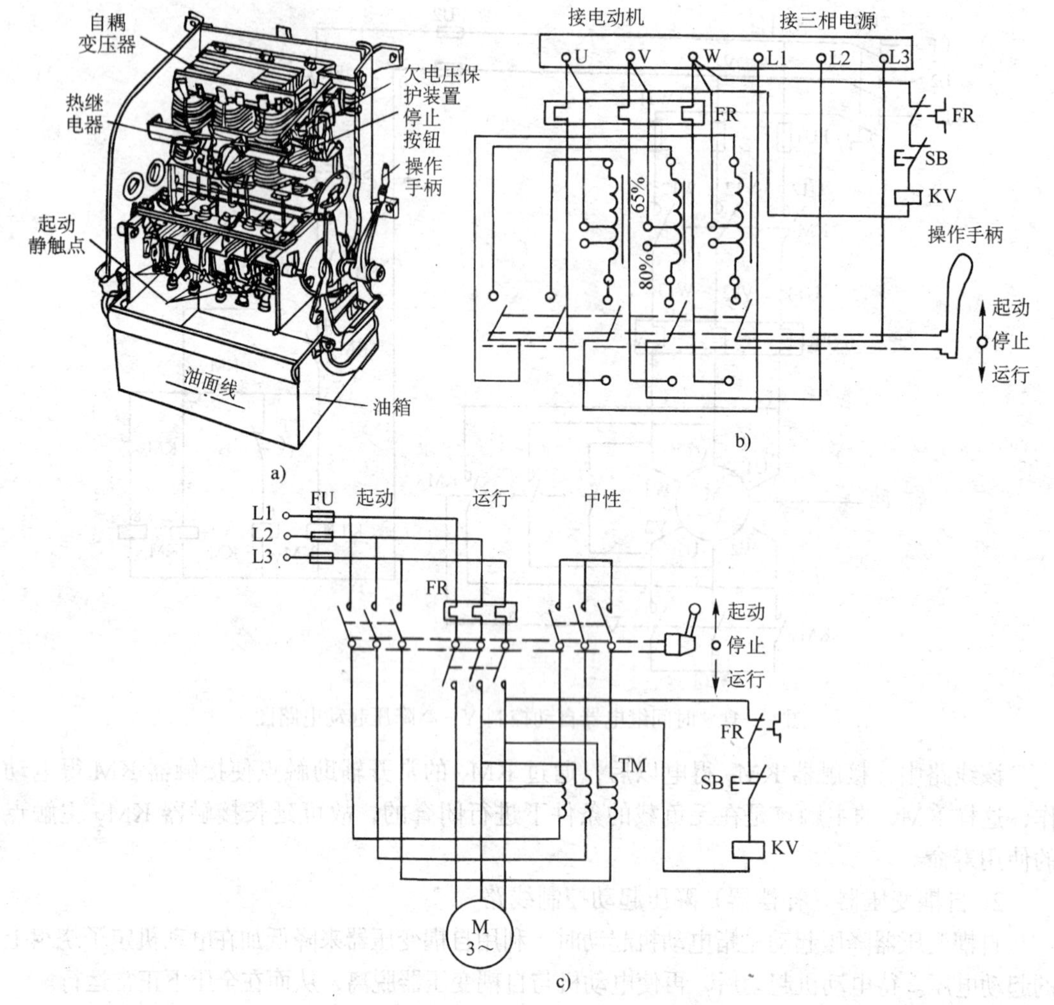

图 4—42 QJ3 系列手动控制补偿器

a）结构图 b）电路图 c）电路图

保护装置有欠压保护和过载保护两种。欠压保护采用欠压脱扣器，它由线圈、铁心和衔铁组成。其线圈 KV 跨接在 U、W 两相之间。在电源电压正常情况下，线圈得电能使铁心吸住衔铁。但当电源降低到 85％以下时，线圈中的电流减小，使铁心吸力减弱而吸不住衔铁，故衔铁下落，并通过操作机构使补偿器掉闸，切断电动机电源，起到欠压保护作用。同理，在电源突然断电时，补偿器同样会掉闸，从而避免了电源恢复供电时电动机自行全压起动。过载保护采用热继电器，其常闭触点与欠压脱扣线圈 KV、停止按钮 SB 串接在一起。当电动机过载时，热继电器 FR 动作，切断脱扣线圈的电路，使补偿器掉闸，切断电源。

手柄操作机构包括手柄、主轴和机构联锁装置等。

触点系统包括两排静触点和一排动触点，并全部装在补偿器的下部，浸没在绝缘油内。绝缘油的作用是熄灭触点分断时产生的电弧。上面一排静触点共有五个，称起动静触点，其中右边三个在起动时，与动触点接触，通电到自耦变压器输入端，左边两个将自耦变压器的三相绕组接成 Y 形，电动机在自耦变压器输出电压下起动。当手柄扳到运行位置时，右边三个动触点与下面一排运行静触点接触，这时自耦变压器脱离，电动机与三相电源 L1，L2，L3 直接接触全电压运行。

QJ3 系列油浸式自耦减压起动器适用于交流 50 Hz 或 60 Hz，电压 440 V 及以下，容量 75 kW 及以下的不频繁起动和停止的三相笼型电动机。

QJ10 系列空气式手动补偿器是已达到 IEC 标准，国家标准改进型产品，适用于交流 50 Hz，电压 380 V 及以下，容量 75 kW 及以下的三相笼型异步电动机作不频繁起动和停止用。QJ10 系列补偿器的三相自耦变压器装在箱体的下部，触点系统采用带灭弧罩的桥式双断触点构成，省了绝缘油（见图 4—42c）。其工作原理与 QJ3 系列相同。

（2）自动控制补偿器。XJ01 系列自动控制补偿器适用于交流 50 Hz，电压为 380 V，功率为 14～300 kW 的三相笼型异步电动机的降压起动用。对于 14～75 kW 的产品，采用自动控制方式；100～300 kW 的产品，具有手动和自动两种控制方式，由转换开关进行切换。

XJ01 型自动控制补偿器降压起动电路如图 4—43 所示。虚线框内的按钮是异地控制按钮。

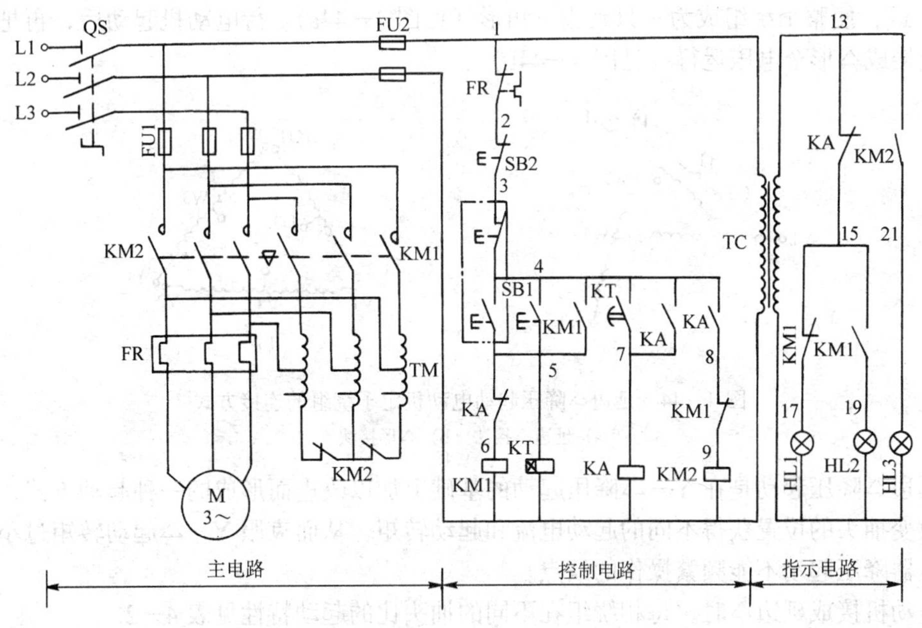

图 4—43　XJ01 型自动控制补偿器电路图

整个控制线路分为三个部分：主电路、控制电路和指示电路。线路的工作原理如下：合上电源开关 QS。指示灯 HL1（红色）亮，表示电源已接通。

1）降压起动

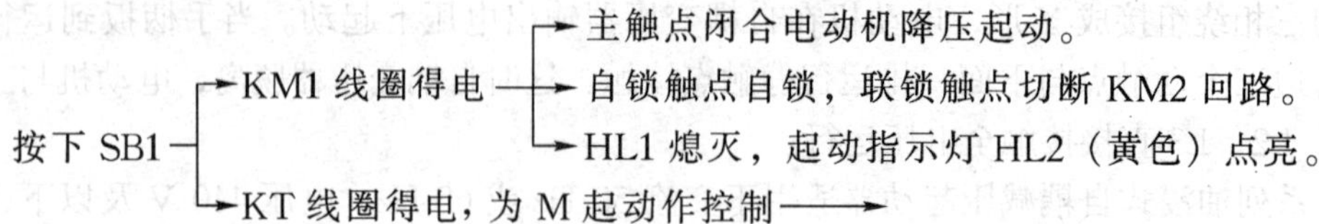

2）全压运转

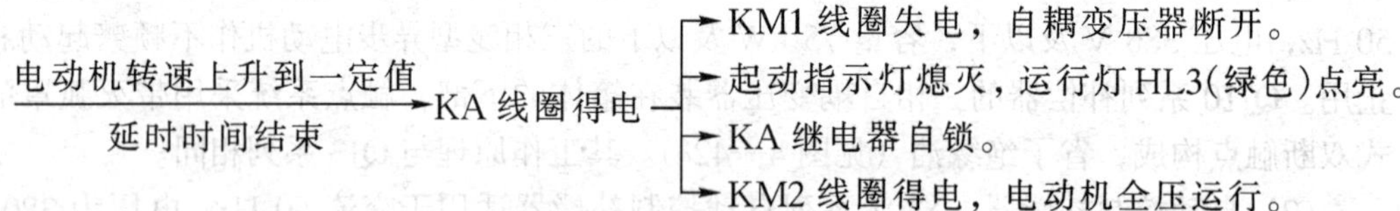

停止时，按下停止按钮 SB2，控制电路失电，电动机停转。

自耦变压器降压起动的优点是起动转矩大，缺点是设备成本大，不能频繁起动。适用于重载起动设备上。

3. 延边三角形起动控制

延边三角形降压起动是指电动机起动时，把定子绕组的一部分接成“△”，另一部分接成“Y”，使整个绕组成为一只延边三角形（见图 4—44a）。待电动机起动后，再把定子绕组改接成△形全电压运行（见图 4—44b）。

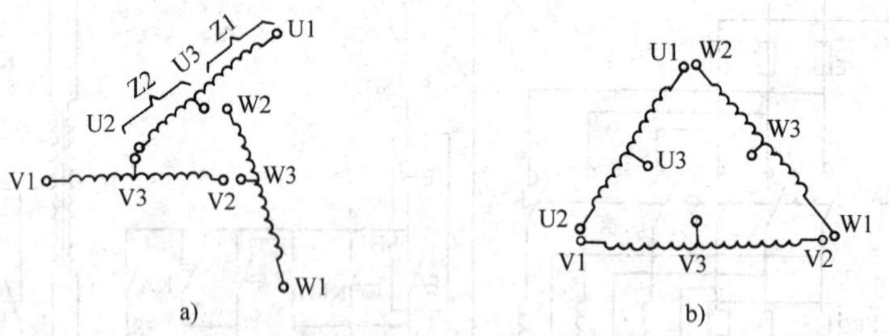

图 4—44 延边△降压起动电动机定子绕组的连接方式

a）延边△接法 b）△形接法

延边△降压起动是在 Y－△降压起动的基础上加以改进而形成的一种起动方式，它可以通改变抽头的位置获得不同的起动电流和起动转矩，从而克服 Y－△起动转矩过小，自耦变压器降压起动不能频繁操作的缺点。

电动机接成延边△时，每相绕组在不同的抽头比的起动特性见表 4—2。

延边三角形起动的定型产品是 XJ1 系列减压起动控制箱，可允许频繁操作，并可作 Y－△降压起动。

表 4—2　　延边△电动机定子绕组不同抽头比的起动特性

定子绕组抽头比 $K=Z_1:Z_2$	相似于自耦变压器的抽头百分比	起动电流为额定电流的倍数 I_{st}/I_N	延边△起动时每相绕组电压（V）	起动转矩为全压起动时的百分比
1:1	71%	3～3.5	270	50%
1:2	78%	3.6～4.2	296	60%
2:1	66%	2.6～3.1	250	42%
当 Z_2 绕组为 0 时即为 Y 形连接	58%	2～2.3	220	33.3%

XJ1 系列减压起动控制箱的电路如图 4—45 所示。当三相电源接入时，指示灯 HL1 亮。工作原理如下：

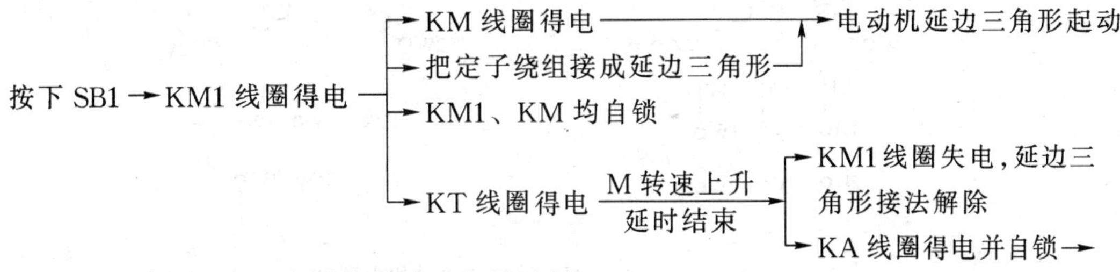

—→KM△线圈得电，电动机接成三角形运行。

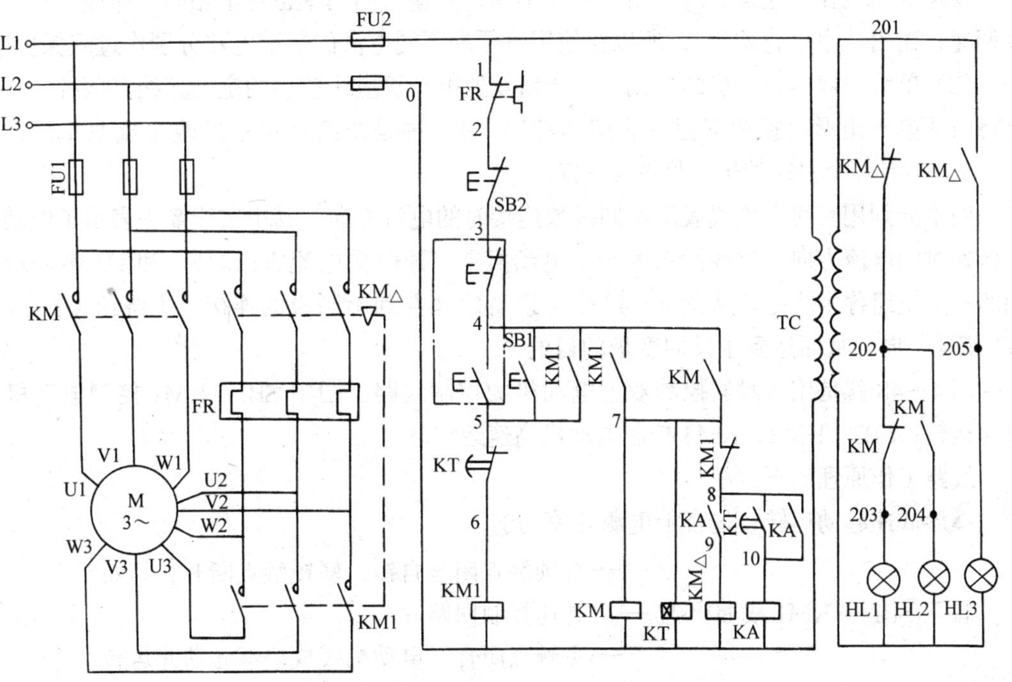

图 4—45　XJ1 系列减压起动控制箱的电路图

二、三相异步电动机的变极调速控制

三相异步电动机的变极调速分单绕组变速和双绕组变速两种。下面介绍常见的几种方法。

1. 双速异步电动机的控制

(1) 双绕组双速电动机的控制。双速双绕组变速电动机采用两套绕组，其低速和高速相差转速较多，两套绕组均接成 Y 形，例如电梯中曳引电动机 YTD 系列就是这种形式，其高速为 6 极供正常运行用，低速为 24 极供平层用。电气原理图如图 4—46 所示。

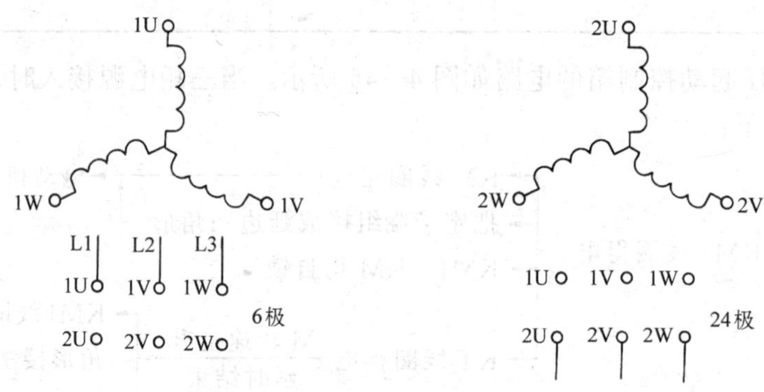

图 4—46　双绕组双速异步电动机电路图

变速电动机在变速运转时，由于转速不同，其输出的功率也各不相同（即使恒功率变极调速，输出功率也有差异），所以在使用时须配不同电流的热继电器分别作过载保护用。

(2) 单绕组双速电动机的控制。单绕组双速电动机应用较多的定子接线有两种，一种是绕组从单三角形改接成双星形，即△/2Y；另一种是绕组从单星形改接成双星形，即 Y/YY。共有 6 个引线端子（见图 4—47）。

图中分别用实线和虚线表示不同极数连接时的电流方向。其中实线箭头表示了电动机在低速时的电流方向，虚线箭头表示了电动机在高速时的电流方向。U1 和 U2 各表示 U 相的一半绕组称半绕组，从图 4—47 中可以清楚地看到不同极的连接，半绕组 U1，V1，W1 都反了向，从而达到了反向变极的目的。

图 4—48 就是用接触器控制双速电动机的控制线路。图中 SB1，KM1 控制电动机的低速运转；SB2，KM2，KM3 控制电动机高速运转。

线路工作原理如下：

△形低速起动运转，先合上电源开关 QS。

按下 SB1 → KM1 线圈得电 —— → 自锁触点闭合自锁，联锁触点断开，切断高速控制回路
　　　　　　　　　　　　　　　→ 主触点闭合，电动机接成单△起动并运转

YY 形高速起动运转：

按下 SB2 → KM2，KM3 线圈得电 ┬→ 自锁触点闭合自锁，联锁触点断开，切断低速控制回路
　　　　　　　　　　　　　　　└→ 主触点闭合，电动机接 2Y 起动并运转

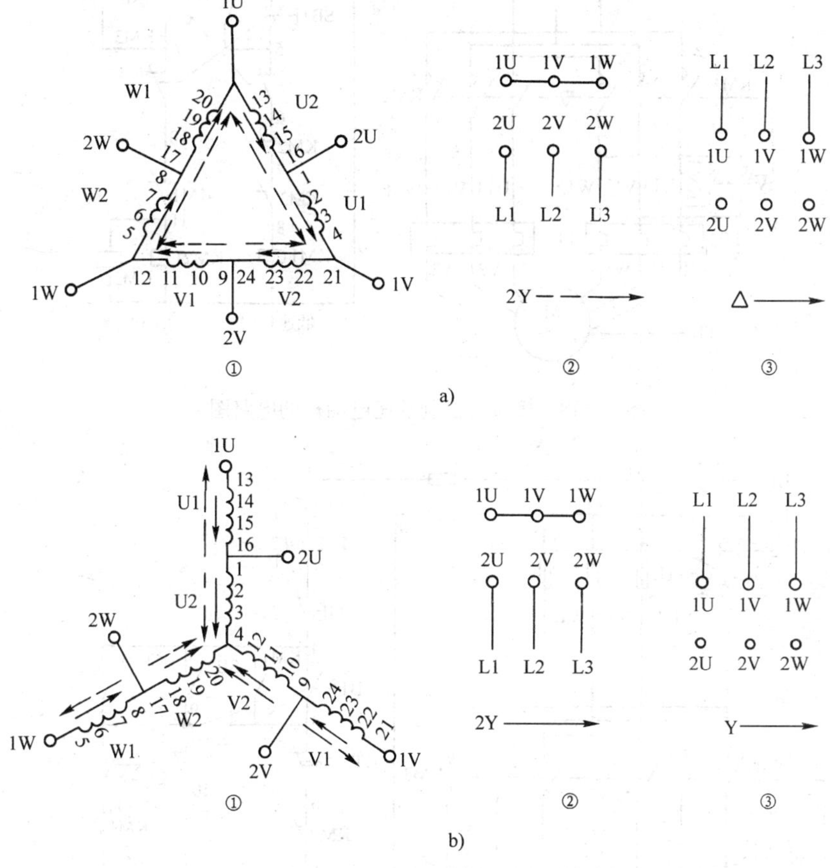

图 4—47　双速异步电动机定子绕组连接线图

a）2/4 极 YY/△连接　①—电流方向　②—两极时　③四极时

b）2/4 极 YY/Y 连接　①—电流方向　②—两极时　③四极时

如果要求电动机在高速前先低速起动，然后再切换到高速运转，可用时间继电器来实现控制（见图 4—49）。

在低速起动运转时工作原理与图 4—48 一样，在高速时按钮 SB2 采用有两常开的按钮如 LA18，LAY1，LAY3 等，其动作原理可自行分析。

2. 三速异步电动机的控制

（1）双绕组三速异步电动机的控制。双绕组三速电动机有两套定子绕组，分两层安放

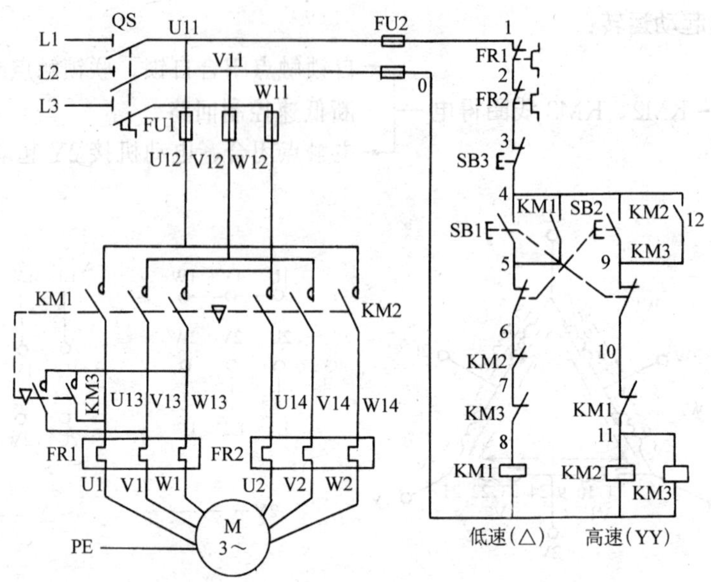

图 4—48　接触器控制双速电动机的电路图

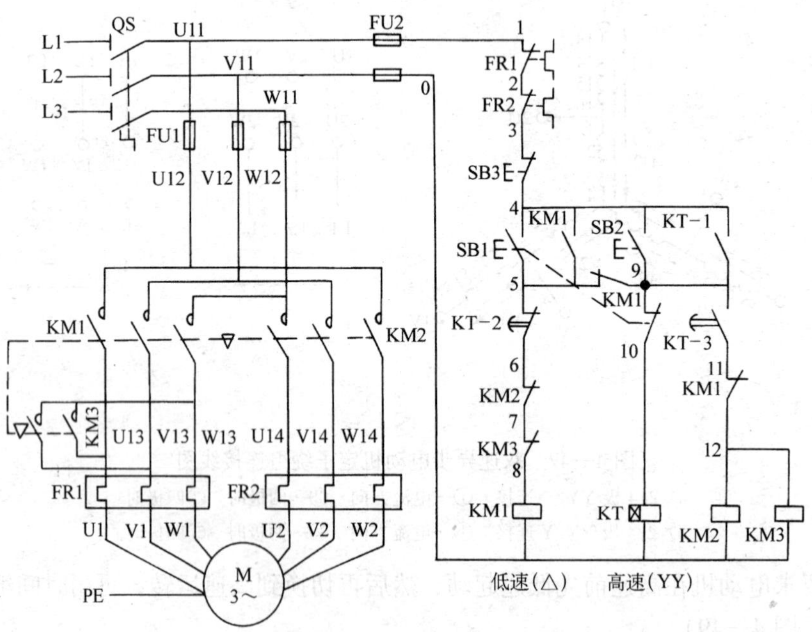

图 4—49　按钮和时间继电器控制双速电动机电路图

在定子槽内，第一套绕组（双速）有 7 个引出线端子，可用△或 YY 形连接；第二套绕组（单速）有 3 个引出线端子，只作 Y 形连接。三速电动机在不同转速时定子绕组接法见图 4—50 所示。从图中可看出电动机在低、中、高三种转速时，绕组接法分别为△/Y/YY。

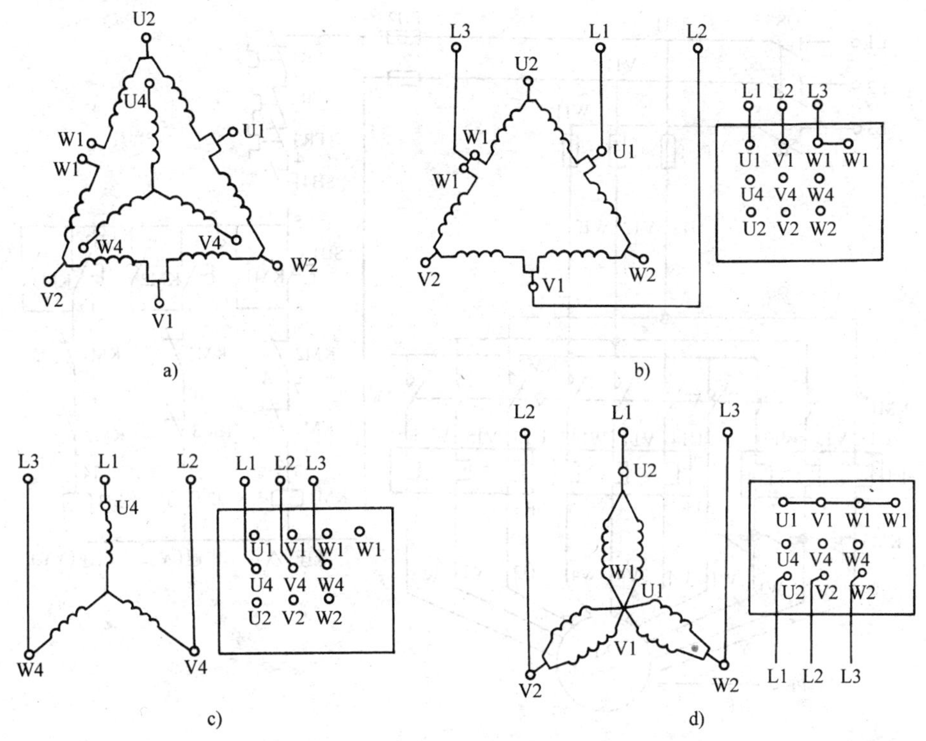

图 4—50　三速电动机定子绕组接线图

a）三速电动机的两套定子绕组　b）低速－△形接法　c）中速－Y 形接法　d）高速－YY 接法

用接触器控制三速异步电动机的控制线路如图 4—51 所示。其中 SB1，KM1 控制电动机△形接法下低速运转，其中 KM1 采用两只接触器并联使用；SB2，KM2 控制电动机 Y 形接法下中速运转；SB3，KM3 控制电动机 YY 接法下高速运转，同样 KM3 也是两只接触器并联使用。其控制回路与单向运转相仿，只不过在相互之间加了联锁，只允许有一种转速运转。其控制回路也可改成图 4—52 所示电路。这种控制可以减少辅助常闭触点的数量，在接触器有 4 只及以上时而只允许一个接触器工作。采用该种控制电路可节约中间继电器。

三速电动机还可以用万能转换开关和接触器组成控制电路（见图 4—53）。图中 SA 为万能转换开关，由 SA 预先选择好电动机的转速，由 KM1 或 KM2 来确定电动机的转动方向，这种控制方法可减少接触器的数量，同时还可以简化电路的接线。

用时间继电器自动控制三速异步电动机的电路如图 4—54 所示。其中 SB1，KM1 控制电动机△形接法下低速起动运转；SB2，KT1，KM2 控制电动机从△形接法下低速起动到 Y 形接法下中速运转的自动变换；SB3，KT1，KT2，KM3 控制电动机从△形接法下低速起动到 Y 形接法，中速过渡到 YY 接法下高速运转的自动变换。

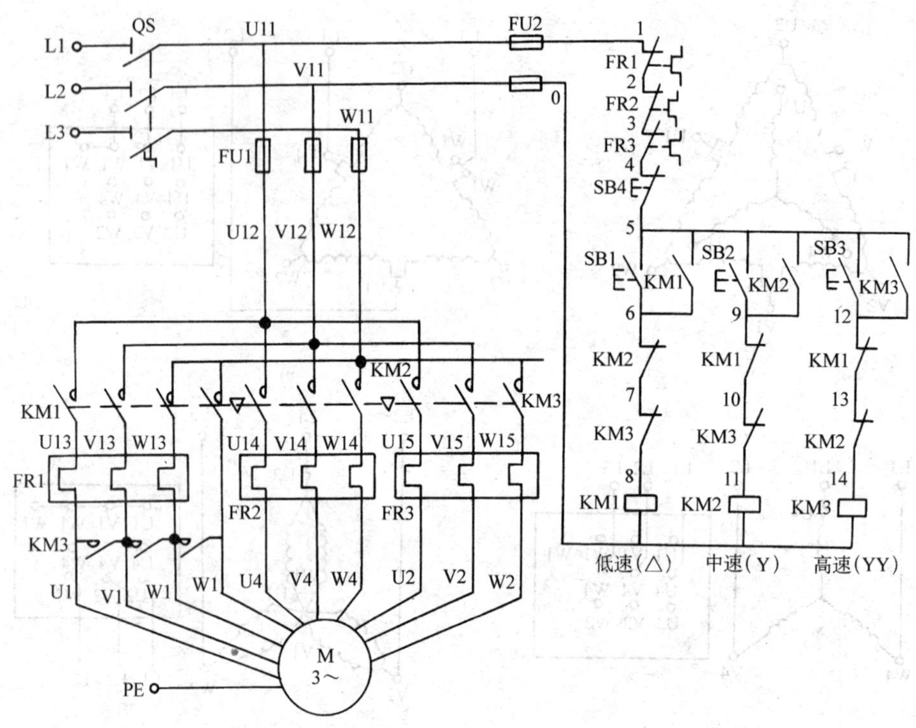

图 4—51　接触器控制三速电动机的电路图

线路工作原理如下：

△形低速起动运转，先合上电源开关 QS。

按下 SB1→KM1 线圈得电→主触点闭合，电动机接成△形低速运转；→自锁触点自锁，联锁触点切断 KM2，KM3 回路

△形低速起动，Y 形中速运转：

按下SB2→先断开KM2回路后接通KT1线圈→KM1线圈得电→主触点闭合，电动机接成△形低速运转；→自锁触点自锁，联锁触点切断KM2，KM3 回路

→KT1延时触点整定时间到→KM1线圈失电，KM2 吸合自锁，电动机由低速△形切换到Y形中速运转

△形低速起动到 Y 形，中速运转过渡到 YY 高速运转：

按下 SB3→先断开 KM2 回路，后接通 KT2 线圈→KT2 瞬时触点接通 KT1 线圈→

→KT1 瞬时触点接通 KM1 线圈→
- →主触点闭合，电动机接成△形低速起动运转
- →自锁触点闭合自锁，同时也使KT1，KT2线圈得电→
- →联锁触点切断 KM2，KM3 回路

→KT1整定时间到→KM1线圈失电，KM2线圈得电→
- →主触点闭合，电动机由△形接法切换到 Y 形中速运转
- →自锁触点闭合，同时仍使 KT1，KT2 线圈得电→KT2 整定时间到→KM2 线圈失电，KM3线圈得电→
- →联锁触点切断KM1，KM3回路

→
- →KM3 主触点闭合，电动机由 Y 形接法切换到 YY 形高速运转
- →自锁触点闭合自锁
- →联锁触点使 KM1，KM2，KT1 断电

停止时，按下 SB4 即可。

三速电动机绕组中，W1 出线端子分开的目的是当电动机定子绕组接成 Y 形中速运转时，避免在△形接法定子绕组中产生感生电流。

(2) 单绕组三速异步电动机的控制。单绕组三速异步电动机常用的接线方法有 YY/YY/YY 和△△/△△/YY 两种，一般有 9 个出线端子。也有接成△△/YY/YY 的，共有 12 个出线端子。下面主要介绍 9 个出线端的三速电动机的接线方法。

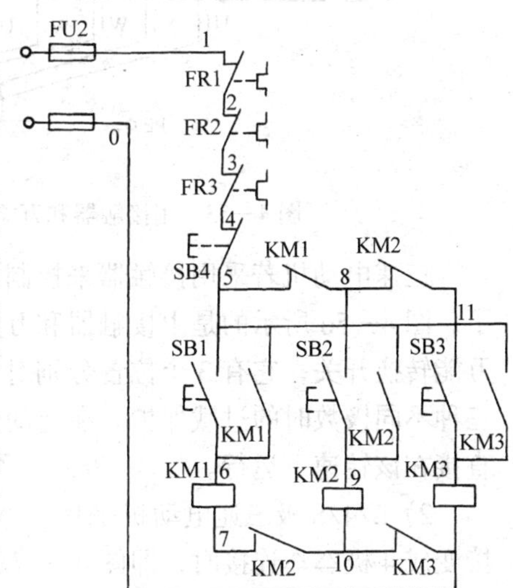

图 4—52　三速电动机控制电路图

1) 4/6/8 极三速电动机采用 YY/YY/YY 接线方法（见图 4—55）。图中 1，2～11，12 分别表示三相线圈的组号，每一个线圈按照一定的规律由几个槽中的线圈串接组成。图中标有“＊”记号者，为反向记号，由 4 极 YY 连接变成 6 极 YY 连接。图 4—55a 中的 4 极和 6 极线圈 2，3，5，8，9，12 中的电流均已反向，满足了各相线圈中有一半的电流反向的要求。由 6 极的 YY 连接变成 8 极的 YY 连接时，图 4—55a 中的 6 极和 8 极，线圈中 1，2，5，6，9，10 中的电流均已反向，也满足了各相线圈中有一半线圈的电流反向的要求。

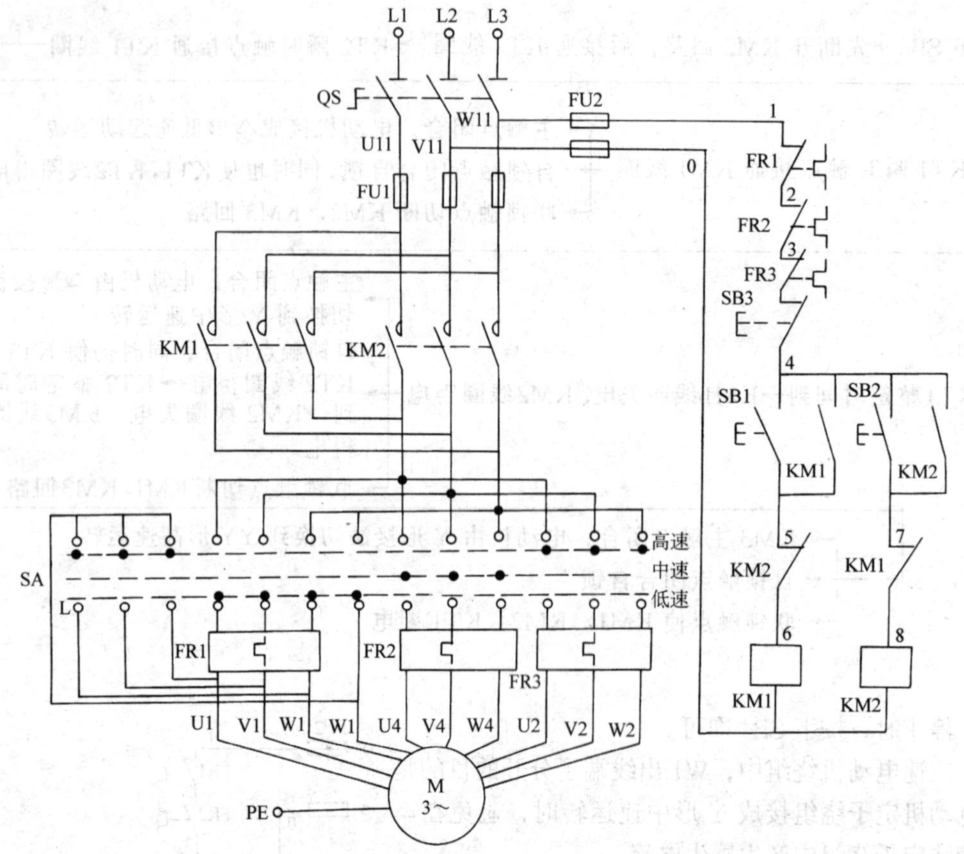

图 4—53　用接触器和万能转换开关组成的正反转三速电动机控制电路

三速电动机若采用接触器来控制则需很多个接触器，如果用万能转换开关则简单得多了，图 4—56 所示的是由接触器和万能转换开关所组成的三速电机控制电路。图中 SA 是万能转换开关，它有 3 个位置分别对应为 4 极、6 极和 8 极，而 FR1，FR2 和 FR3 分别为三种不同极数时的过载保护。在起动前先通过 SA 选择好极数，然后接通接触器使电动机直接在该转速下运行。

2）2/4/8 极三速电动机采用△△/△△/YY 接线方法（见图 4—57）。由 2 极△△连接变成 4 极△△连接时，即图 4—57a 中 2 极和 4 极线圈组 3，4，7，8，11，12 反向，因此由 2 极变成 4 极。由 4 极变成 8 极时，图 4—57a 中 4 极和 8 极线圈组 2，4，5，7，9，11 反向，因此由 4 极变成 8 极。三速电动机的接线端子如图 4—57b 所示，根据接线图利用接触器和万能转换开关同样可组成变极调速的控制电路。

三、绕线式异步电动机的起动和调速控制

在实际工作中如果电源容量较小，采用降压起动不能带动机械时，可采用绕线式异步电动机来拖动机械，因为绕线式异步电动机可以通过滑环在转了绕组中串接电阻来改变电

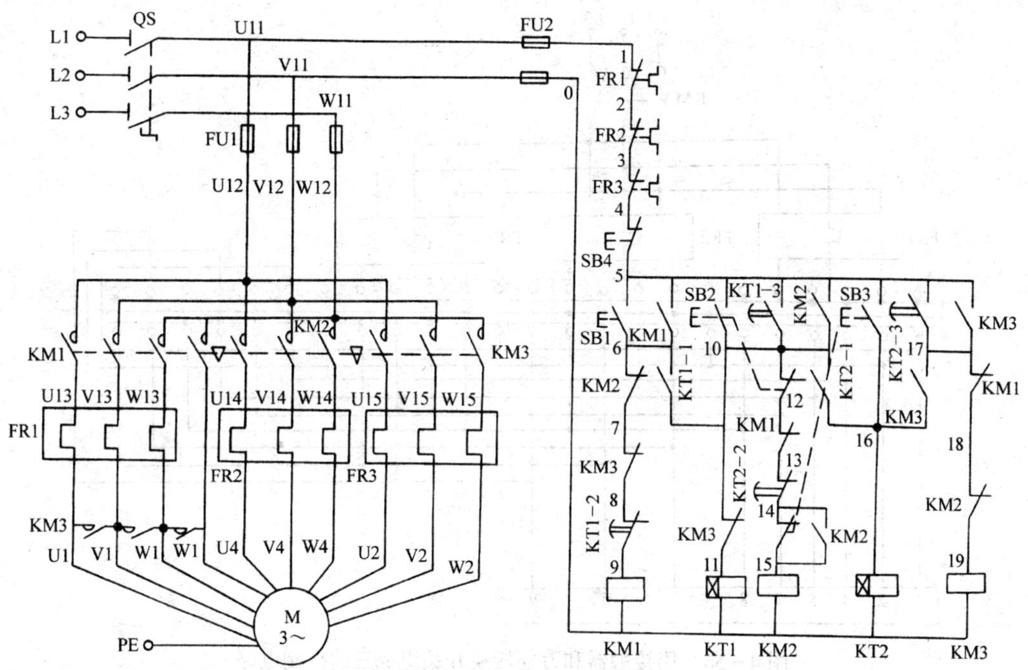

图 4—54　时间继电器自动控制三速异步电动机的电路图

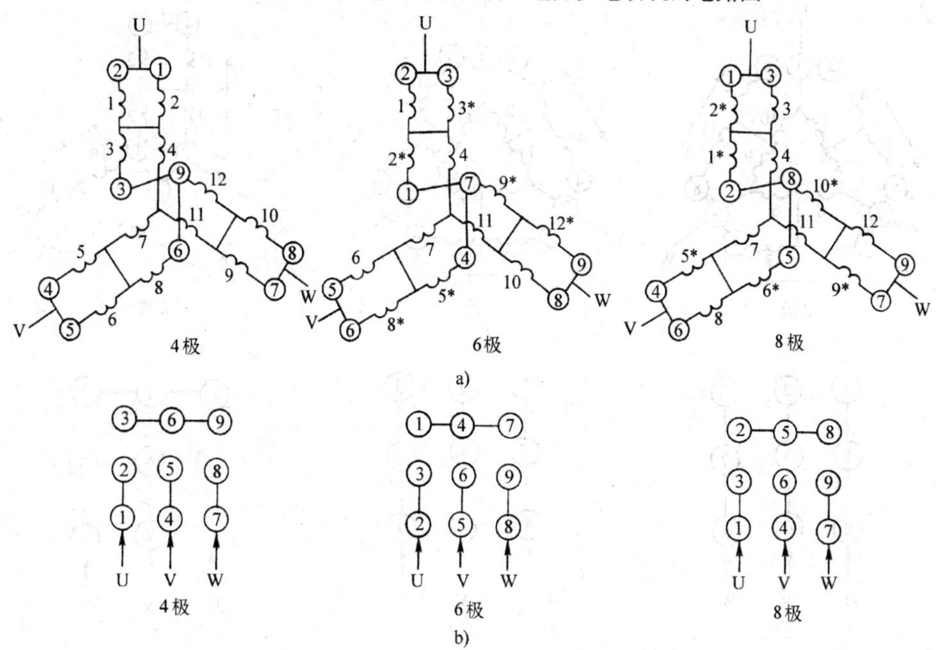

图 4—55　4/6/8 极 YY/YY/YY 三速电动机连接图

a）4/6/8 极 YY/YY/YY 三速电动机变极原理图　b）4/6/8 极 YY/YY/YY 三速电动机接线原理图

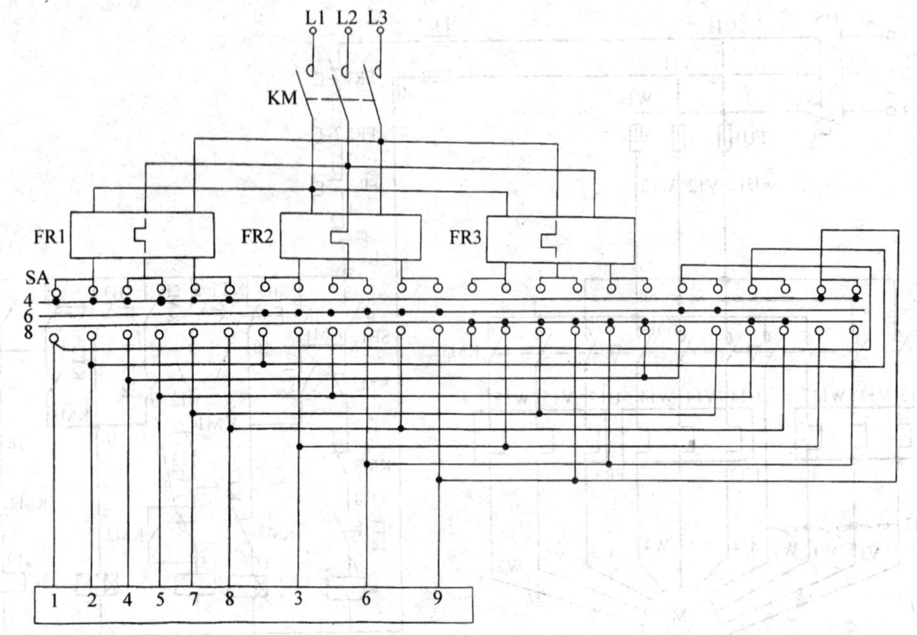

图 4—56　用接触器和万能转换开关组成三速控制电路

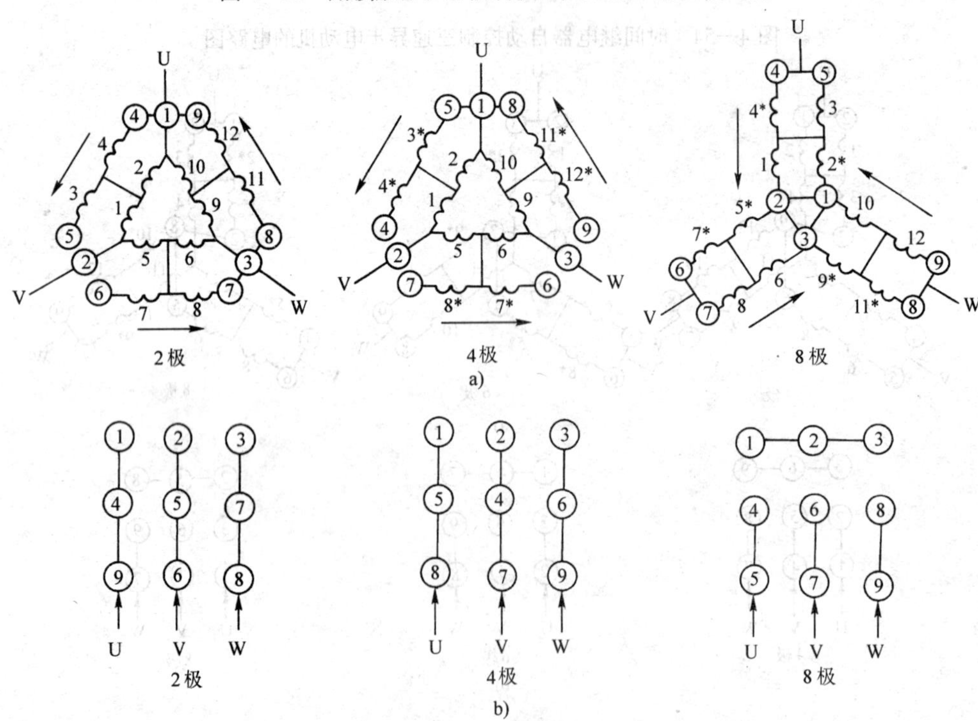

图 4—57　2/4/8 极 2△/2△/YY 三速电动机连接图

a）2/4/8 极 2△/2△/YY 三速电动机变极原理图　b）2/4/8 极 2△/2△/YY 三速电动机接线图

动机的机械特性，所以不仅能减小起动电流，增大起动转矩，而且能平滑调速。

起动时，在转子回路中接入作 Y 形连接的三相起动电阻器，并且将电阻器放到最大值位置，以减小起动电流，获得最大的起动转矩。随着电动机转速的升高，可变电阻逐渐减小。起动完毕后，可变电阻减小到零，转子绕组被直接短接，电动机便在额定状态下运行。

转子回路串电阻时，若每相电阻都相等，三相电阻在每段切除前和切除后始终是对称的，称三相对称电阻器（见图 4—58a）。起动过程依次切除 R1，R2，R3 最后全部电阻被切除。与上述相反，起动时串入的全部三相电阻是不对称的，而每段切除后三相仍不对称，称三相不对称电阻器（见图 4—58b）。起动过程中依次切除 R1，R2，R3，R4 最后全部电阻被切除。

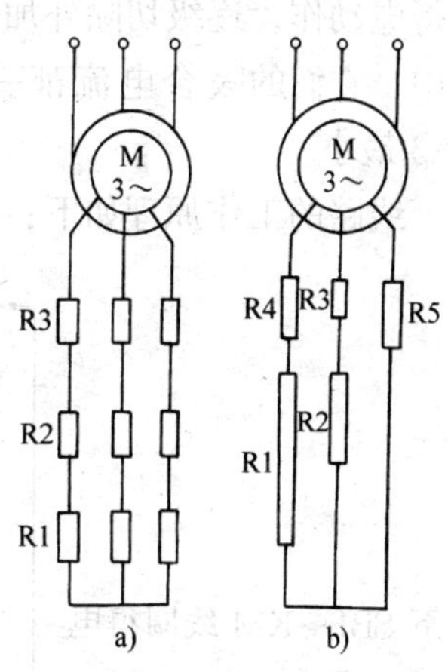

图 4—58　转子串接三相电阻

a）转子串接三相对称电阻器

b）转子串接三相不对称电阻器

如果电动机要调速，则将可变电阻调到相应的位置即可，这时可变电阻便可成为调速电阻。

1. 转子绕组中串接电阻起动控制线路

转子绕组中串接的电阻用电流继电器自动控制（见图 4—59）。该线路是用 3 个过电流

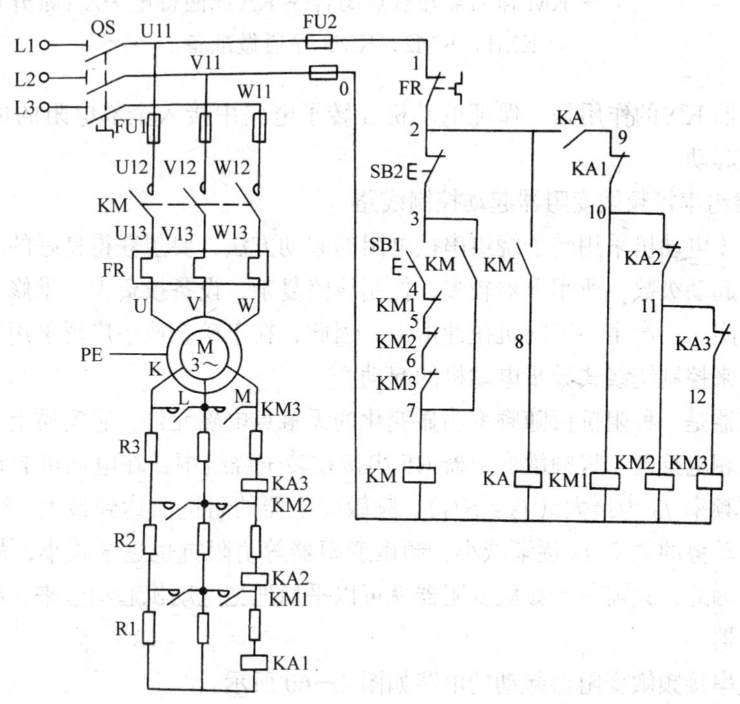

图 4—59　转子绕组中串电阻用电流继电器自动控制电路

继电器 KA1，KA2 和 KA3 根据电动机转子电流变化，控制接触器 KM1，KM2 和 KM3 依次得电动作，逐级切除外加电阻。3 个电流继电器 KA1，KA2，KA3 的线圈串接在转子回路中，它们的吸合电流都一样，但释放电流不同。KA1 的释放电流最大，KA2 次之，KA3 最小。

线路的工作原理如下：先合上电源开关 QS。

按下 SB1→KM 线圈得电 —

→KM 主触点闭合→电动机串全部电阻起动，起动电流使 KA1，KA2，KA3 动作，其常闭触点全部断开，$\xrightarrow[I_2\downarrow]{n\uparrow}$转子电流减小至 KA1 的释放电流时，KA1 首先释放→KM1 线圈得电，主触点切除 R1 $\xrightarrow[I_2\downarrow]{n\uparrow}$ 当转子电流减小至 KA2 的释放电流时，KA2 释放→KM2 线圈得电，主触点切除 R2 $\xrightarrow[I_2\downarrow]{n\uparrow}$ KA3 释放→KM3 线圈得电，主触点切除 R3，电动机进入到正常的运转状态。

→KM 辅助常开触点闭合自锁。

→KM 辅助常开触点闭合→KA 线圈得电→KA 常开触点闭合，为 KM1，KM2，KM3 导通做准备。

中间继电器 KA 的作用是，保证电动机在转子电路中接入全部电阻的情况下开始起动，避免直接起动。

2. 转子绕组串接频敏变阻器起动控制线路

绕线式异步电动机采用转子绕组串接电阻的起动方法，要想获得良好的起动特性，一般需要较多的起动级数，所用电器较多，控制线路复杂，设备投资大，维修不便，同时由于逐级切除电阻，会产生一定的机械冲击力。因此，在工矿企业中广泛采用频敏变阻器代替起动电阻，来控制绕线式异步电动机的起动。

频敏变阻器是一种阻抗值随频率明显变化的无触点电磁元件，它实质上是一个铁心损耗非常大的三相电抗器。将频敏变阻器 RF 串接在转子绕组中，在电动机起动时，转子中感应电动势的频率 f_2 为最大（$f_2=Sf_1$），频敏变阻器的阻抗值达到最大，随着转子转速上升，转子电动势的频率 f_2 逐渐减小，频敏变阻器等值阻抗也逐渐减小，从而达到自动变阻的目的。因此，只需一台频敏变阻器就可以平稳地把电动机起动起来，起动完毕短接切除频敏变阻器。

转子绕组串接频敏变阻器起动的电路如图 4—60 所示。

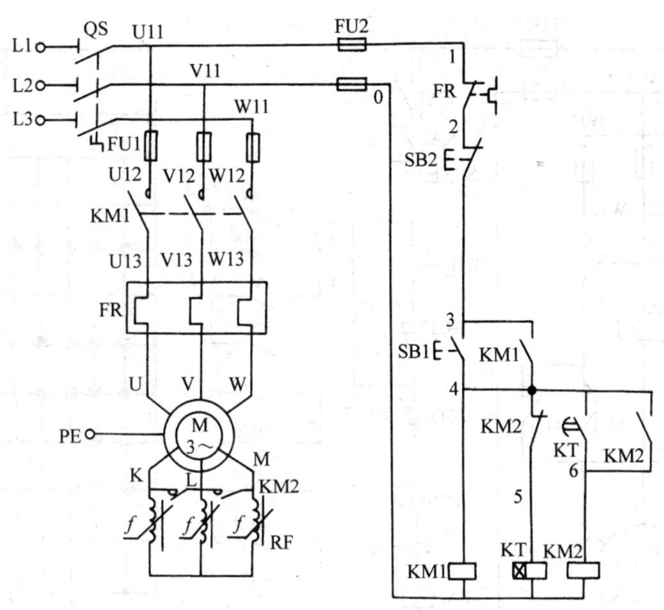

图 4—60 串接频敏变阻器自动起动电路图

线路的工作原理如下：先合上电源开关 QS。

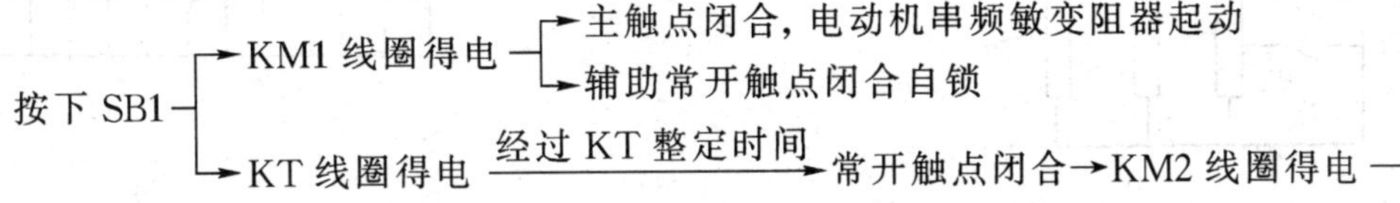

停止时，按下 SB2 即可。

3. 凸轮控制器控制线路

若绕线式异步电动机要频繁地起动、调速及正反转的控制，常常采用凸轮控制器来实现，尤其在容量不太大的绕线式异步电动机中用得更多，如桥式起重机上大部分采用这种控制线路。

绕线式异步电动机凸轮控制器控制电路如图 4—61a 所示。图中转换开关 QS 作引入电源用；熔断器 FU1 和 FU2 分别作为主电路和控制电路的短路保护；接触器 KM 控制电动机电源的通断，同时起欠压、失压保护作用；位置开关 SQ1 和 SQ2 分别作为电动机正反转时工作机构运动的限位保护；过电流继电器 KA1 和 KA2 作为电动机的过载保护；R 是电阻器；AC 是凸轮控制器，它有 12 对触点（见图 4—61b 左面）。图 4—61 中 12 对触点的分合状态是凸轮控制器手柄处于“0”位时的情况，在图中用“·”表示触点闭合。AC1～AC4 3 对触点作电动机正反转控制，AC5～AC9 5 对触点作电动机起动和调速；AC10～AC12 作位置保护和零位保护。

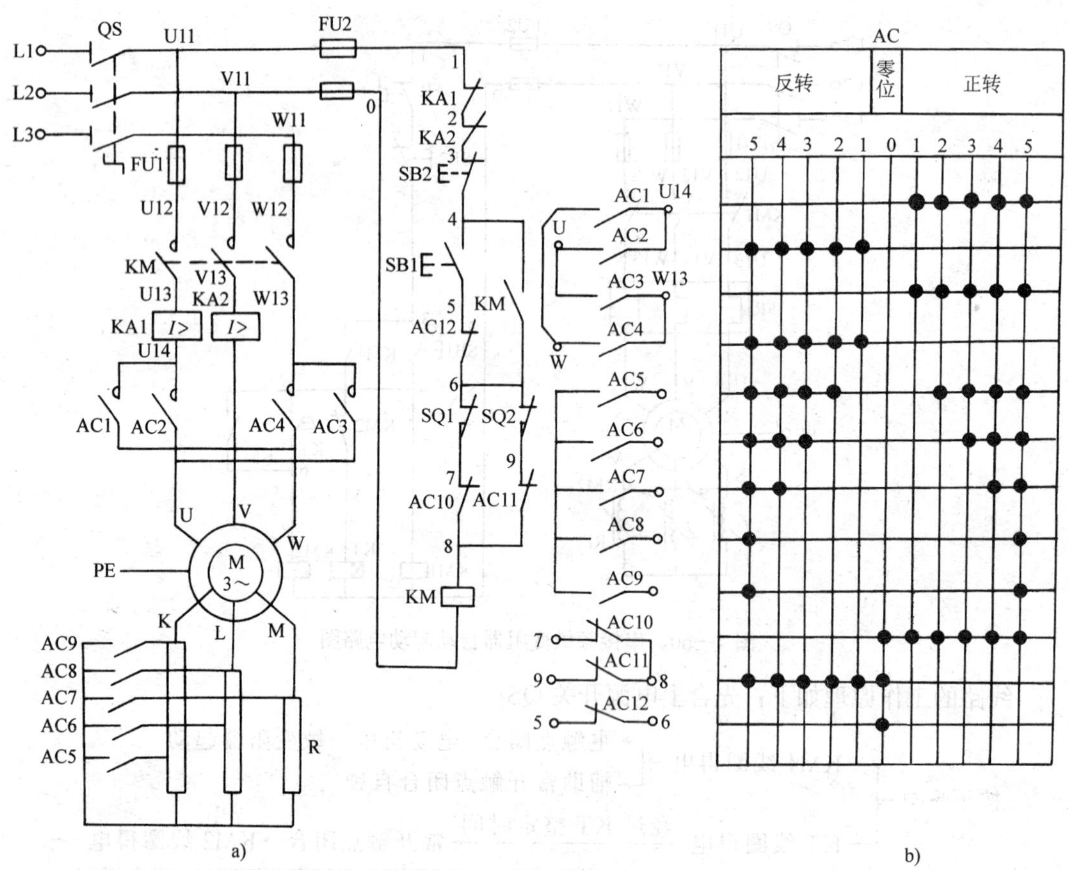

图4—61　绕线转子异步电动机凸轮控制器控制线路

a）电路图　b）触点分合表

线路工作原理如下：先合上电源开关QS，然后将AC手柄置于0位。按下SB1，KM线圈得电，接触器吸合并自锁，主触点接通电源，为电动机起动做准备。将AC手柄从0位转到正转1位置，AC1，AC3，AC10闭合，电动机M接通三相电源正转起动。此时转子绕组串全部电阻所以起动电流极小，同时将位置开关SQ1串入控制回路中作位置保护。当AC手柄从正转1位转到2位置时，触点AC1，AC3，AC10仍闭合，增加AC5闭合，把电阻R上的一级电阻短接切除，使电动机M正转加速。同理，当AC手柄依次转到正转3，4，5位置时，触点依次增加AC5，AC6，AC7，AC8，AC9闭合，把相应电阻逐级切除，电动机起动完毕后全速运转。当手柄停留在某挡位置时，转子绕组就串入某级电阻，电动机就在该级转速上运行，达到了调速的目的。

当把手柄转到反转的1～5位置时，触点AC2和AC4闭合，接入电动机的三相相序改变，电动机反转。AC11闭合把位置开关SQ2接入控制电路作保护。凸轮控制器反向起动和调速的程序及工作原理与正转相同，读者可自行分析。

当外界突然断电后再来电时，由于接触器 KM 的吸合必须是凸轮控制器在零位才能实现（此时 AC12 是闭合），从而避免了电动机自行起动和直接起动。

第八节 应用实例——水泵的控制

在一般工业及民用建筑中要对水箱、水塔补给水泵和水池排水泵的水位自动控制。水箱、水塔中水位低于规定值时，要及时起动补给水泵进行补水，水位升高到规定值时要停止补水；反之水池排水时，水位升高到规定值时，要及时起动排水泵进行排水，当水位降低到规定值时要停止排水。这种控制方法要能自动进行，考虑到检修，保养方便还要有备用泵，在重要场所还需要能够在工作泵损坏时，备用泵自动投入运行。

水泵的自动控制依靠液位控制器来实现，液位控制器有许多种类，按输出形式不同可分有触点输出和无触点输出两大类。目前普遍使用的是有触点控制，本节主要介绍有触点的液体控制。

水泵电动机在小容量时可直接起动，大容量时可采用降压起动，为了简化控制系统有条件直接起动时应该采用直接起动。

一、水位控制器

水位控制器是用来检测水位高低的电气元件，当被检测的水位达到预定值时便发出信号，使电动机起动，带动水泵进行给水或排水。

水位控制器种类很多，下面是最常用的几种型式。

1．UQK－72 系列磁性浮球液位控制器

UQK－72 系列磁性浮球液位控制器由接线盒、插入管、浮球和限位圈组成，外形如图 4—62 所示。

插入管内在一定位置上装有 JAG－5 型大功率干簧管，插管外套有带磁钢的浮球。浮球随液面升降时，磁力线作用于干簧管，使干簧管吸合，产生液面信号，由引线经接线盒引出后自动控制水泵的开关。当出现过高、过低液位时还能发出越限报警信号。

UQK－72 系列磁性浮球液位控制器适用于清水，不适用于含导磁物质或漂浮物的污水。控制幅度为 0～5.5 M。介质最高温度：不锈钢导管为 100℃；尼龙管为 55℃；硬聚氯乙烯管为 40℃。

UQK－72 系列磁性浮球液位控制器的内部干簧管接线如图 4—63 所示。

UQK－72 系列磁性浮球液位控制器在给水控制系统和排水控制系统中的布置位置如图 4—64 所示。

从图中可以看出，只要交换高水位干簧管和低水位干簧管的位置，给水控制系统就可以方便地更换成排水系统控制，液位控制电路可以不作任何变动。

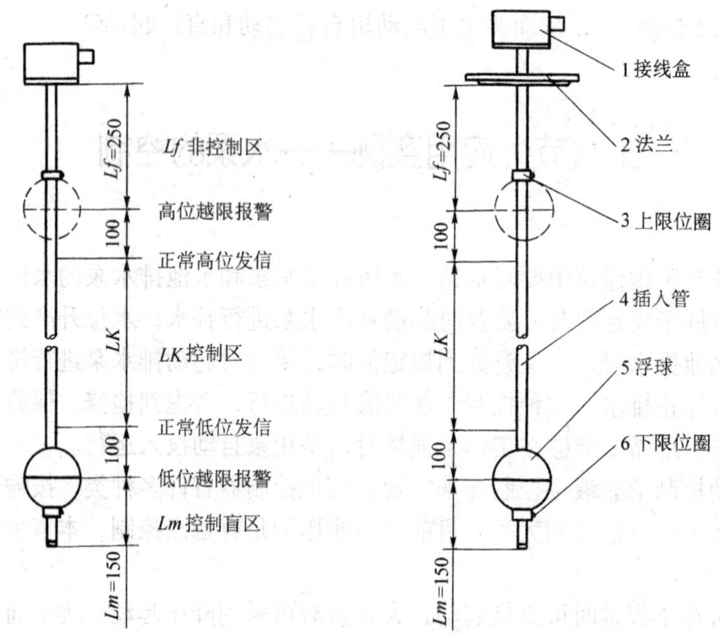

图 4—62　UQK－72 系列磁性浮球液位控制器外形图

UQK－72 系列磁性浮球液位控制器有多种形式，如超高、超低报警等可根据实际需要进行增补。

(1) 用 UQK－72 控制水泵电动机直接起动，备用泵自动投入电路。用 UQK－72 控制器控制水泵电动机直接起动工作。当工作泵发生故障后，经延时备用泵自动投入运行，并且事故信号灯显示。其水位控制电路如图 4—65 所示，水泵电动机控制回路如图 4—92 所示。

(2) 用 UQK－72 控制水泵电动机自耦式补偿器起动或 Y－△降压起动，备用泵自动投入电路。当水泵电动机功率较大时或者电源容量不允许直接起动时，可采用自耦式补偿器或 Y－△降压起动。其液位控制电路如图 4—66 所示。

电动机控制电路若采用自耦式补偿器起动时如图 4—93 所示；若采用 Y－△降压起动时如图 4—94 所示。

(3) UQK－72 系列磁性浮球液位控制器的安装。UQK－72 系列磁性浮球液位控制器的安装可分为水箱（水池）壁安装和水箱（水池）顶部安装两种情况。具体的安装方法和要求如图 4—67，图 4—68，图 4—69 和图 4—70 所示。

UQK－72 系列磁性浮球液位控制器的触点容量为：交流 220 V、最大电流 2 A、最大断开功率 200 W。所以不宜直接控制交流接触器，需要经中间继电器转换。电气寿命为 5×10^4 次。

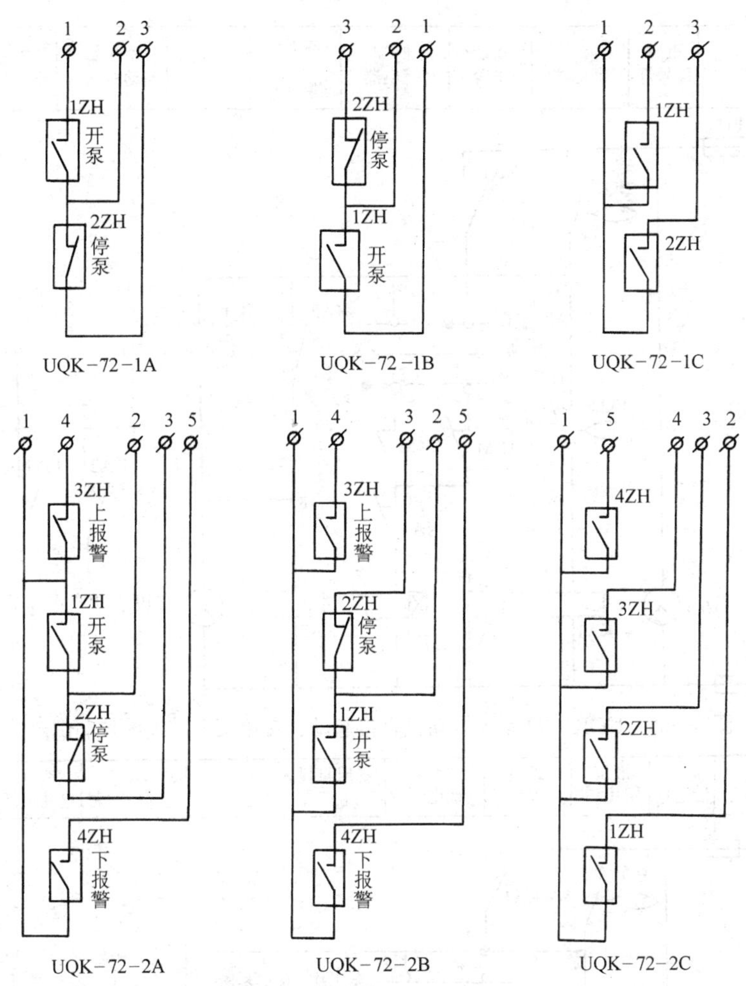

图 4—63　UQK－72 系列磁性浮球液位控制器干簧管接线图

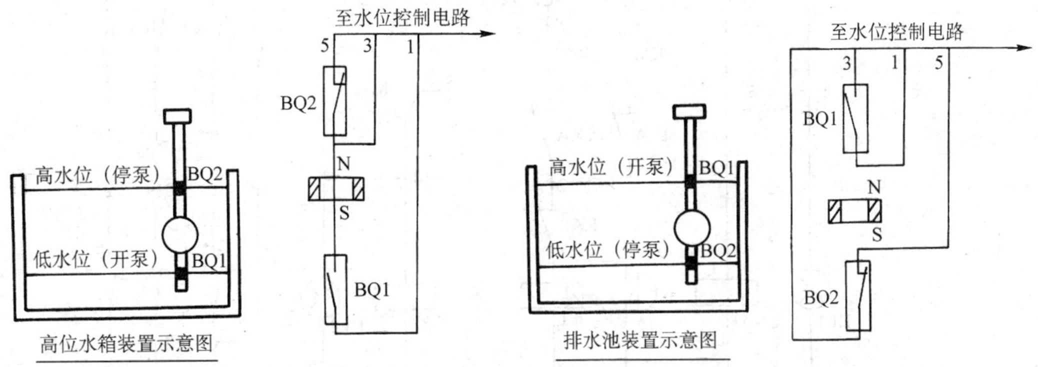

图 4—64　UQK－72 系列磁性浮球液位控制器在给、排水控制系统中的位置示意图

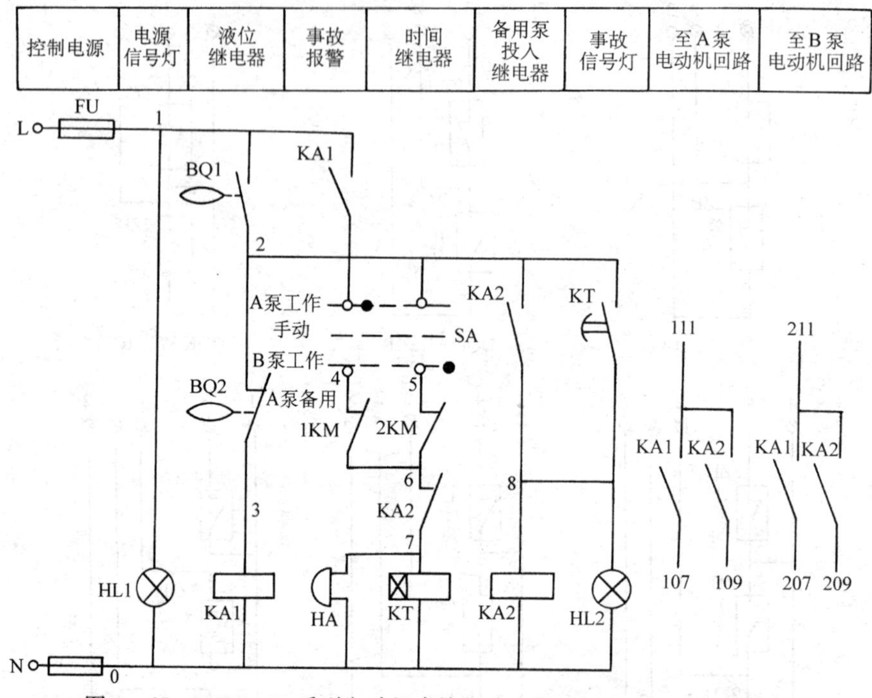

图 4—65　UQK－72 系列电动机直接起动，备用泵自动投入控制电路

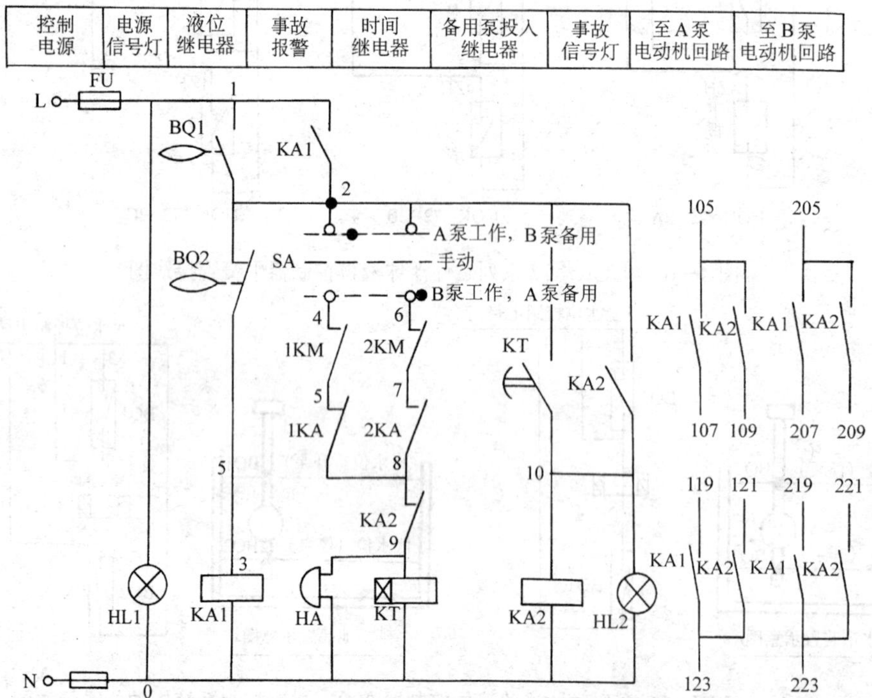

图 4—66　UQK－72 系列电动机自耦补偿器或 Y－△起动，备用泵自动投入控制电路

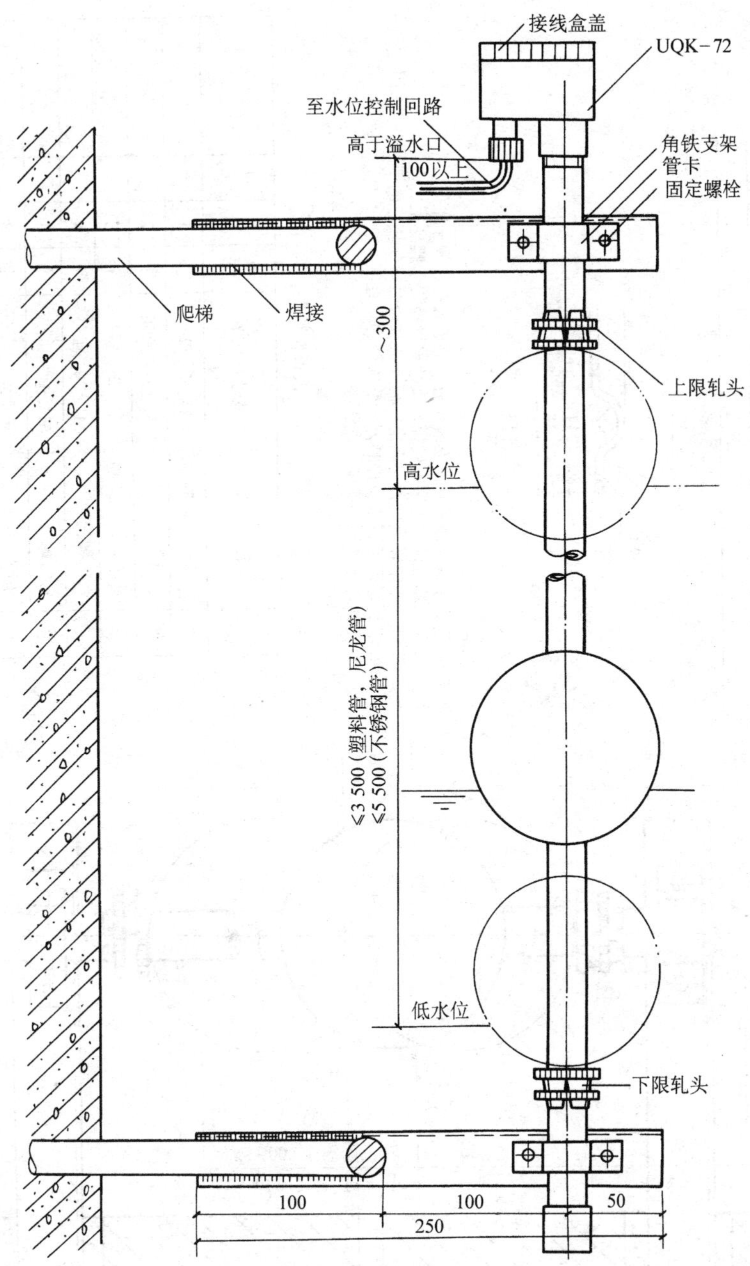

图 4—67　UQK－72 系列磁性浮球液位控制器在水箱（水池）壁安装方法（一）

2．UQK－03 和 UQK－12 型浮球液位控制器

（1）UQK－03 型浮球液位控制器。UQK－03 浮球液位控制器适用清水及工业生产过程中敞开或承压容器内的液位控制。当液位到高低极限时，控制器触点发出通断开关信号。

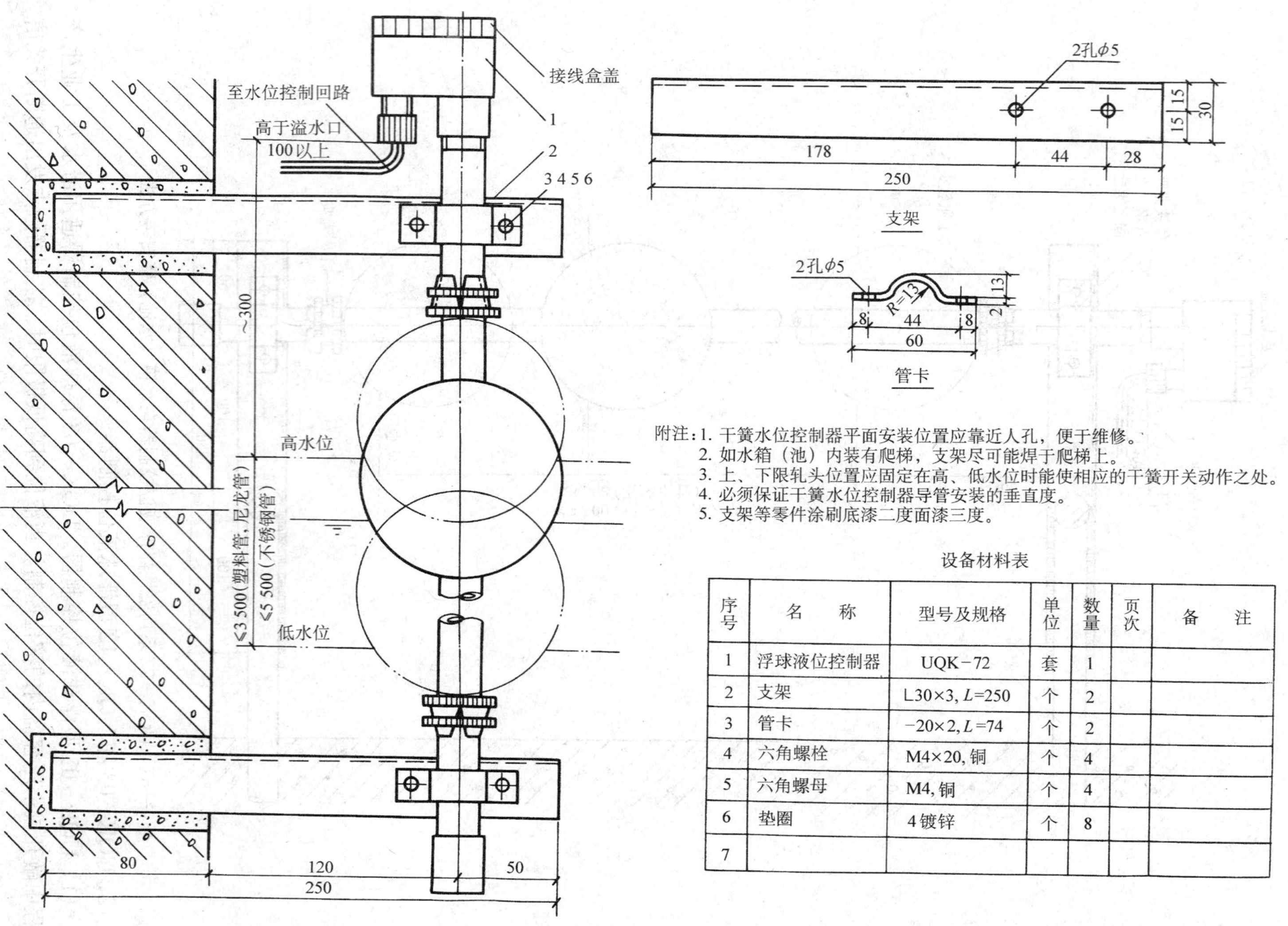

附注：1. 干簧水位控制器平面安装位置应靠近人孔，便于维修。
2. 如水箱（池）内装有爬梯，支架尽可能焊于爬梯上。
3. 上、下限轧头位置应固定在高、低水位时能使相应的干簧开关动作之处。
4. 必须保证干簧水位控制器导管安装的垂直度。
5. 支架等零件涂刷底漆二度面漆三度。

设备材料表

序号	名　称	型号及规格	单位	数量	页次	备　注
1	浮球液位控制器	UQK－72	套	1		
2	支架	L30×3, L=250	个	2		
3	管卡	−20×2, L=74	个	2		
4	六角螺栓	M4×20, 铜	个	4		
5	六角螺母	M4, 铜	个	4		
6	垫圈	4 镀锌	个	8		
7						

图 4—68　UQK－72 系列磁性浮球液位控制器在水箱（水池）壁安装方法（二）

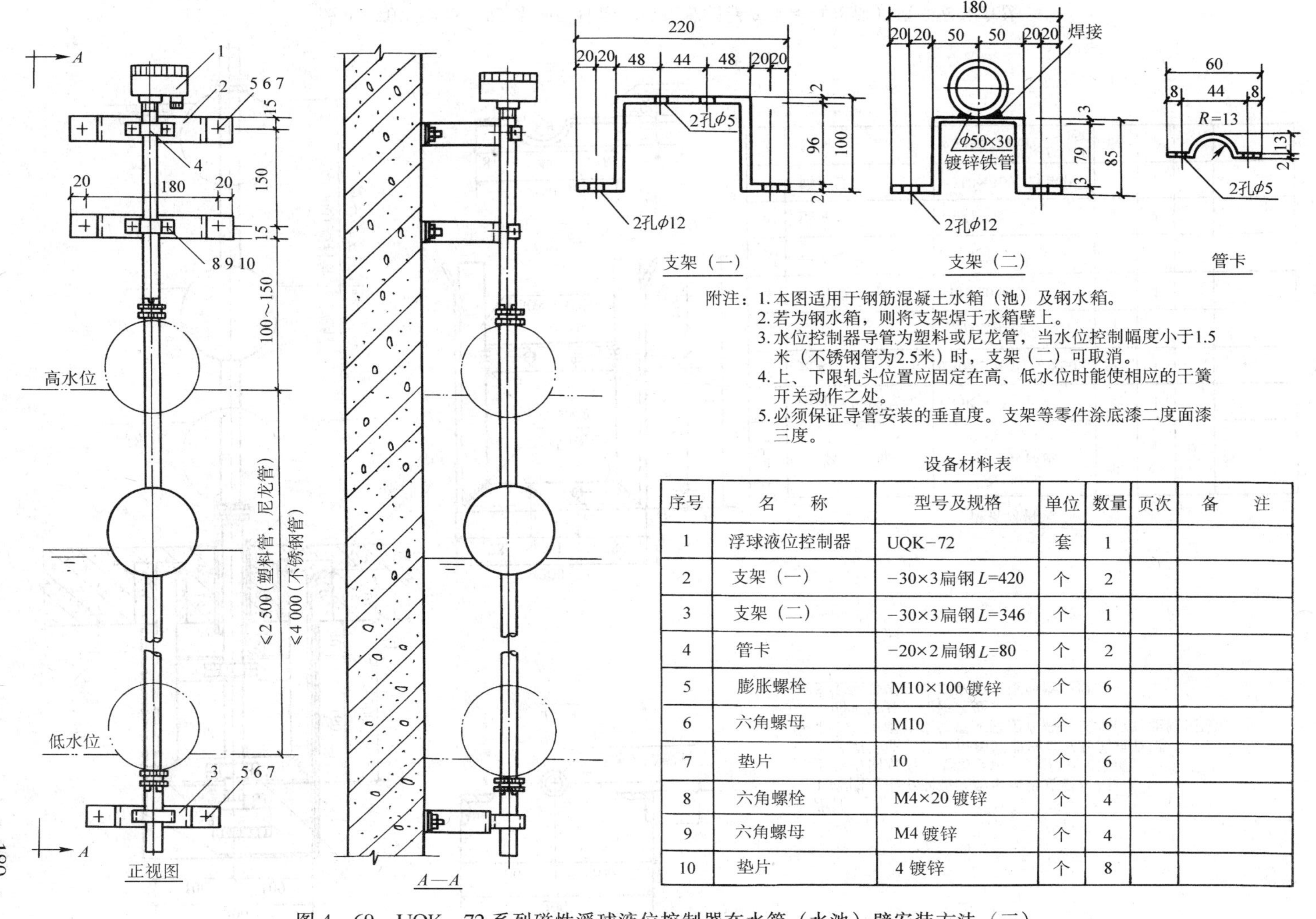

附注：1. 本图适用于钢筋混凝土水箱（池）及钢水箱。
2. 若为钢水箱，则将支架焊于水箱壁上。
3. 水位控制器导管为塑料或尼龙管，当水位控制幅度小于1.5米（不锈钢管为2.5米）时，支架（二）可取消。
4. 上、下限轧头位置应固定在高、低水位时能使相应的干簧开关动作之处。
5. 必须保证导管安装的垂直度。支架等零件涂底漆二度面漆三度。

设备材料表

序号	名　称	型号及规格	单位	数量	页次	备　注
1	浮球液位控制器	UQK−72	套	1		
2	支架（一）	−30×3扁钢 L=420	个	2		
3	支架（二）	−30×3扁钢 L=346	个	1		
4	管卡	−20×2扁钢 L=80	个	2		
5	膨胀螺栓	M10×100镀锌	个	6		
6	六角螺母	M10	个	6		
7	垫片	10	个	6		
8	六角螺栓	M4×20镀锌	个	4		
9	六角螺母	M4镀锌	个	4		
10	垫片	4镀锌	个	8		

图4—69　UQK－72系列磁性浮球液位控制器在水箱（水池）壁安装方法（三）

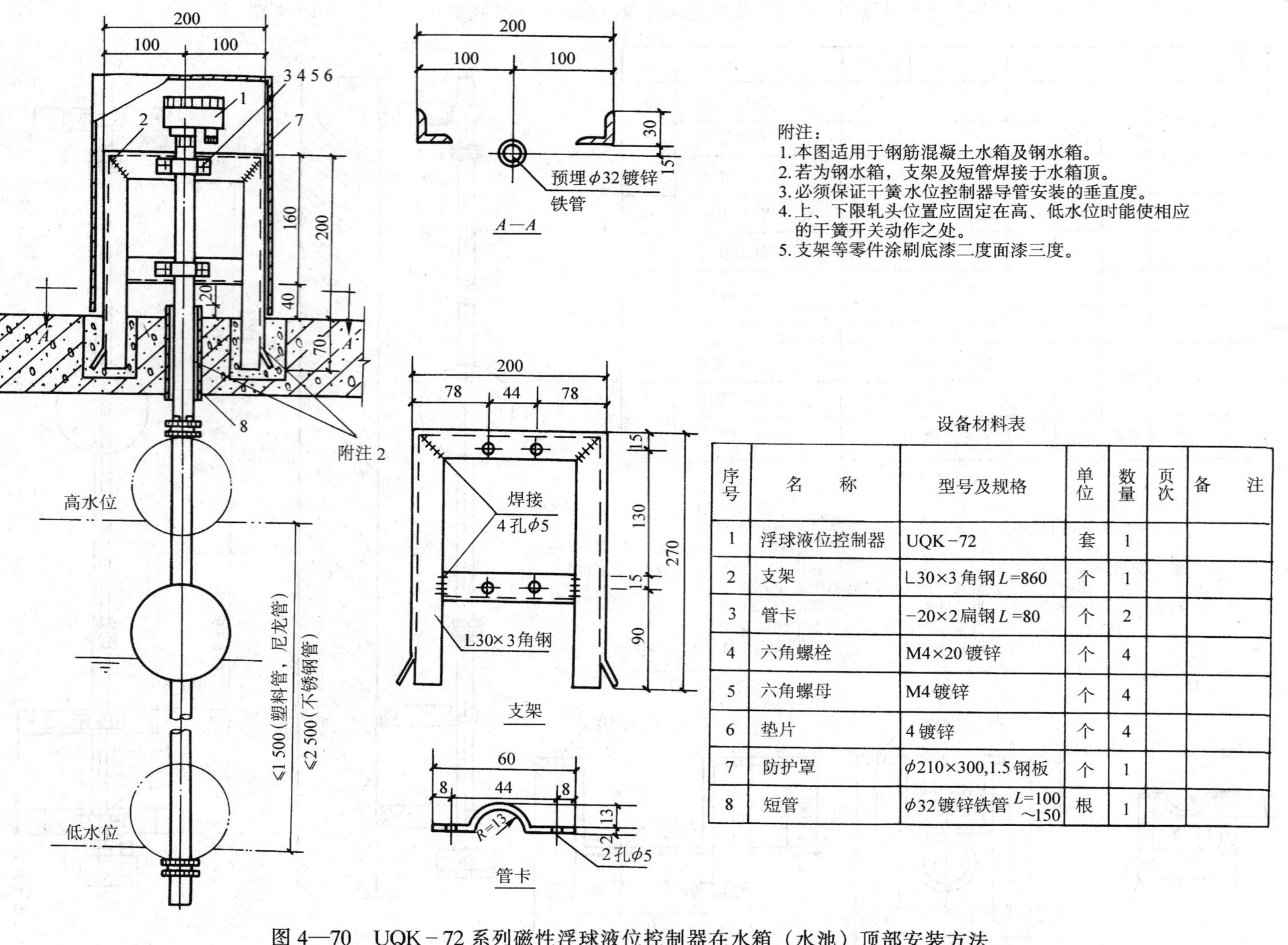

附注：
1. 本图适用于钢筋混凝土水箱及钢水箱。
2. 若为钢水箱，支架及短管焊接于水箱顶。
3. 必须保证干簧水位控制器导管安装的垂直度。
4. 上、下限轧头位置应固定在高、低水位时能使相应的干簧开关动作之处。
5. 支架等零件涂刷底漆二度面漆三度。

设备材料表

序号	名　称	型号及规格	单位	数量	页次	备　注
1	浮球液位控制器	UQK－72	套	1		
2	支架	L30×3角钢 L=860	个	1		
3	管卡	−20×2扁钢 L=80	个	2		
4	六角螺栓	M4×20镀锌	个	4		
5	六角螺母	M4镀锌	个	4		
6	垫片	4镀锌	个	4		
7	防护罩	ϕ210×300，1.5钢板	个	1		
8	短管	ϕ32镀锌铁管 L=100～150	根	1		

图 4—70　UQK－72系列磁性浮球液位控制器在水箱（水池）顶部安装方法

控制器最大控制幅度为 1.5 m，介质最高温度为 150℃，被控介质的最高工作压力为 1 MPa，其输出触点容量：交流 220 V，200 W；直流 100 V，150 W。

控制器不适用于对黄铜等材料有较强腐蚀作用及含有导磁杂质的介质。液面波动频率不能太大。

控制器的结构组成及外形如图 4—71 所示。

UQK－03 型浮球液位控制器由互为隔离的浮球组和触点组两大部分组成，经由浮球感受液位的变化，通过轴的传动，实现对液位的报警和控制。

工作原理如下（见图 4—72）：

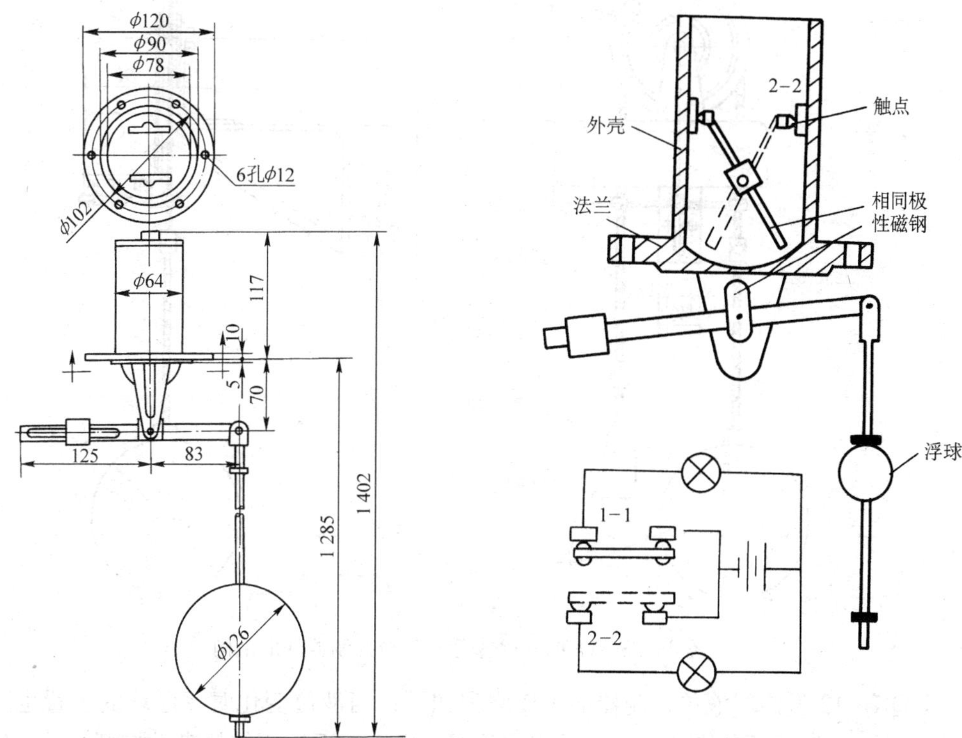

图 4—71　UQK－03 浮球式液位控制器外形结构图　　图 4—72　UQK－03 浮球式液位控制器工作原理

当被测液位升高或降低时，浮球随之升降，使其端部的磁钢上下摆动，通过磁力推斥安装在外壳内相同磁极的磁钢上下摆动，其另一端的动触点便在静触点 1－1 及 2－2 间连通或断开，随即由电路中的信号装置发出光或声的信号，或起停水泵供液或放液。

浮球在随液位升降时，只有在其处于动作范围上、下两个最大位置时，动触点才会与静触点连通或断开，随即发出信号。而在升、降动作过程中，并无信号产生。

控制器的浮球动作部分与触点组是互为隔离的，因此避免了一般液位仪器容易渗漏的缺陷，所以可以使用在密闭有压力的容器中作液位控制。

（2）UQK－12 型浮球液位控制器。UQK－12 型浮球液位控制器适用开口容器的液位控制。当液位面超过或低于给定的控制液位时，发出控制信号，以达到自动控制液位之目的。

控制器适用于对清水或无漂浮物的污水的液位控制，被控制介质温度≤150℃，其控制幅度可在 0.5～10 m 范围，触点容量：直流或交流电压 220 V，允许通过电流 3 A。

UQK－12 型液位控制器的外形如图 4—73 所示。

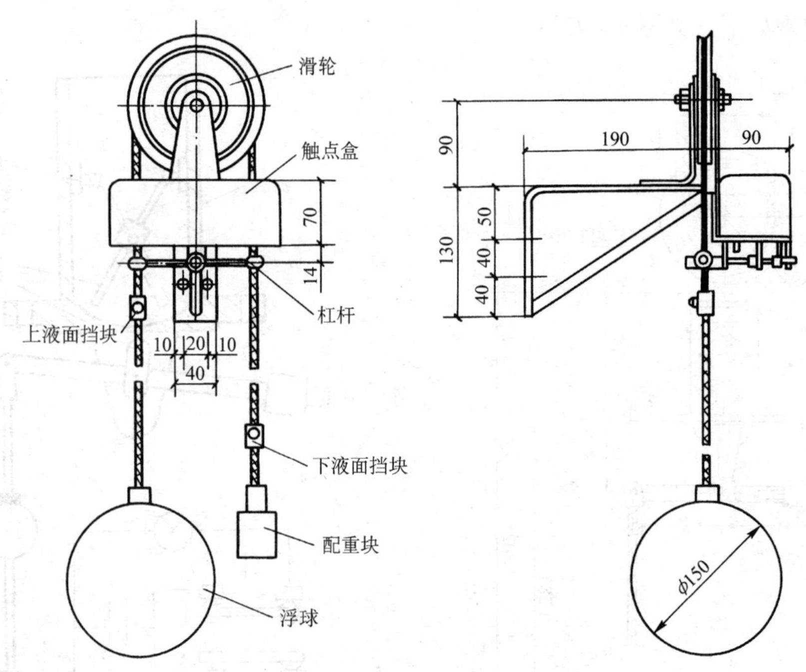

图 4—73　UQK－12 型浮球液位控制器外形结构

UQK－12 型浮球液位控制器的工作原理如下：当液位变化时，浮球的位置也随之升高或降低，当液位面分别达到上、下规定位置，由上、下液面挡块带动杠杆转动，使触点盒内触点接通或断开，此种液位控制器也只有在上、下两个限位时才能发出控制信号，所以其液位控制电路与 UQK－03 型相同。

（3）UQK－03 型和 UQK－12 型液位控制器的控制电路。UQK－03 型和 UQK－12 型液位控制器在高位水箱（给水系统）和排水池装置中的位置如图 4—74 所示。

控制器在补给水控制系统中，浮球在低水位时触点应闭合，以便起动水泵进行补给水；浮球在高水位时触点应断开及时停泵。在排水池控制系统中，触点的通断正好与给水控制系统相反，在高水位时触点应闭合，使排水泵电动机起动及时排水，当水池中水位降低到规定值时及时停泵，所以在采用控制触点时要注意两者不一样。

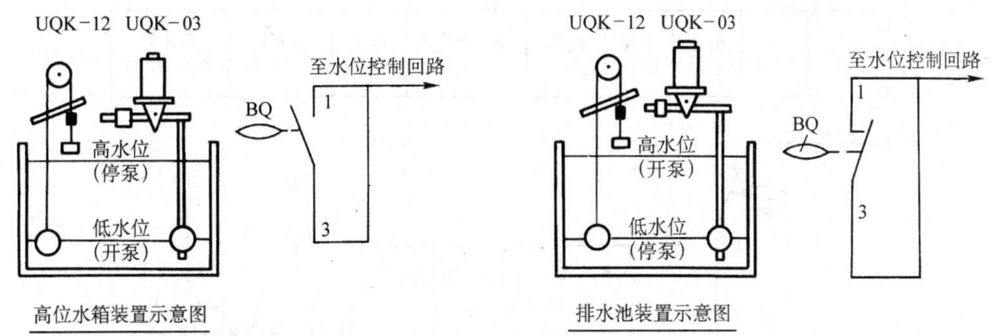

图 4—74　UQK－03，UQK－12 在给排水控制系统中示意图

1）UQK－03 型和 UQK－12 型浮球液位控制器控制水泵电动机直接起动，备用泵自动投入的控制电路。其电路如图 4—75 所示。图中液位控制触点在给水和排水控制中采用不同的状态触点（见图 4—74）。

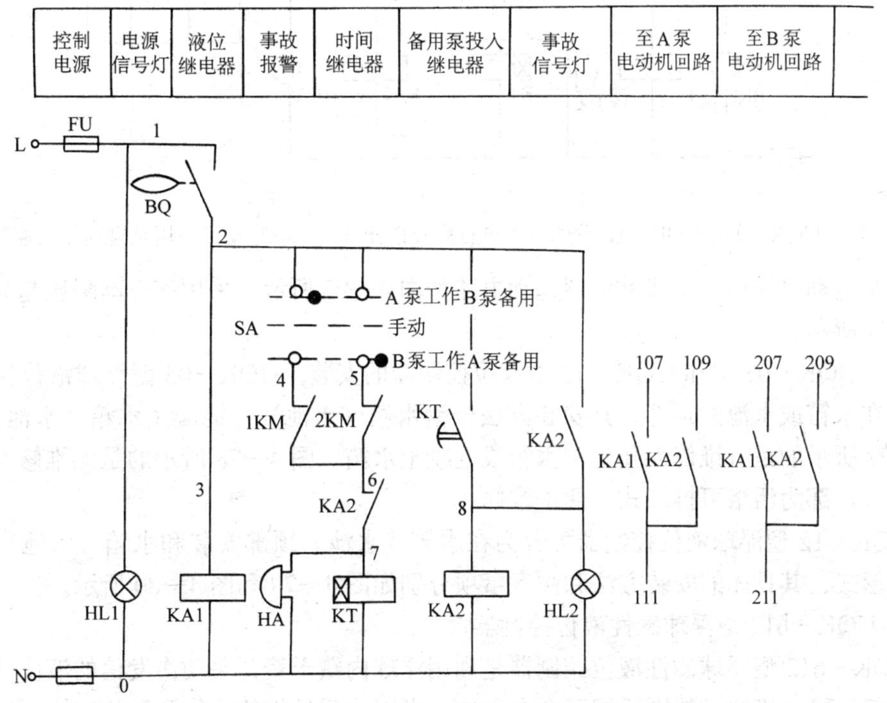

图 4—75　UQK－03，UQK－12 系列电动机直接起动，备用泵自动投入控制电路

水泵电动机的控制电路如图 4—92 所示。

2）UQK－03 型和 UQK－12 型浮球液位控制器控制水泵电动机降压起动控制电路。如果电动机的功率较大时或者电源容量不够时，可采用降压起动方法。具体有自耦式补偿器起动和 Y－△降压起动，其液位控制电路如图 4—76 所示。

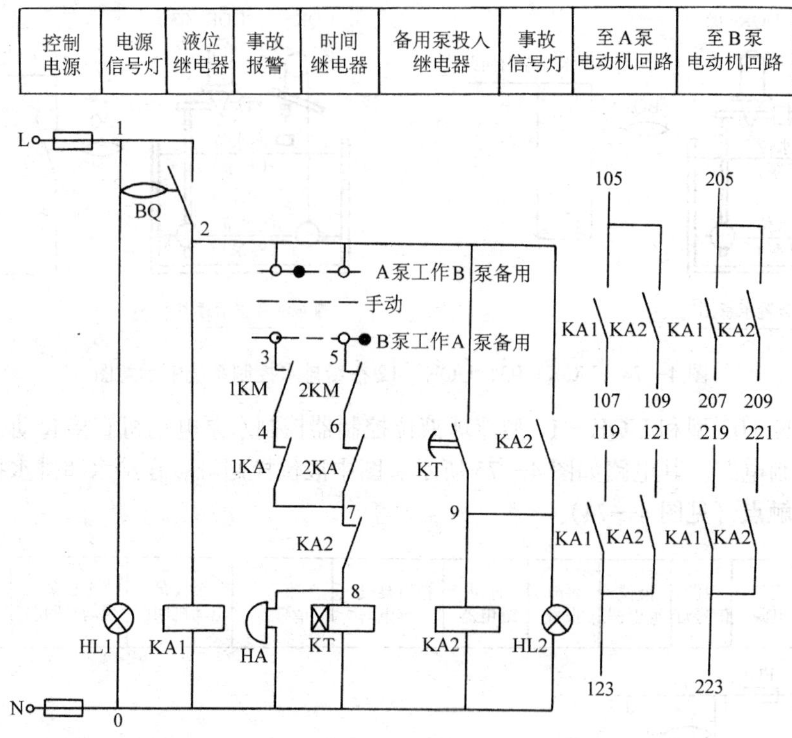

图 4—76　UQK－03，UQK－12 系列电动机自耦补偿器或 Y－△起动，备用泵自动投入控制电路

水泵电动机采用自耦式补偿器起动电路如图 4—93 所示，采用 Y－△降压起动电路如图 4—94 所示。

（4）UQK－03 型和 UQK－12 型液位控制器的安装。UQK－03 型浮球液位控制器一般安排在水箱或水池的顶部，其安装方法分钢水箱（水池）及混凝土水箱（水池）两种。图 4—77 所示的是有维修人孔的钢水箱或混凝土水箱。图 4—78 所示的是无维修人孔的钢水箱，其顶部为活络可拆卸式，便于维修。

UQK－12 型浮球液位控制器可分为在水箱（水池）顶部安装和水箱（水池）壁上安装两种形式，其具体的安装方法和注意事项分别如图 4—79 和图 4—80 所示。

3．UQK－612 型浮球磁性液位控制器

UQK－612 型浮球磁性液位控制器是利用浮球内藏干簧开关动作发信的液位开关，因外部无任何可动机构，特别适用于含有固体、半固体浮悬物的液位及黏状液体。如生活污水、工厂废水及其他液体槽液位自动报警和控制，不适用于含有导磁物质的介质。

UQK－612 型浮球磁性液位控制器控制液位幅度为 0.3～4 m，其触点的工作电压可达 220 V，工作电流为 1 A。考虑到长期使用后导线绝缘劣化，其控制电路最好采用交流 24 V 或 36 V 的安全工作电压。其触点在浮球下垂状态时是常开的。

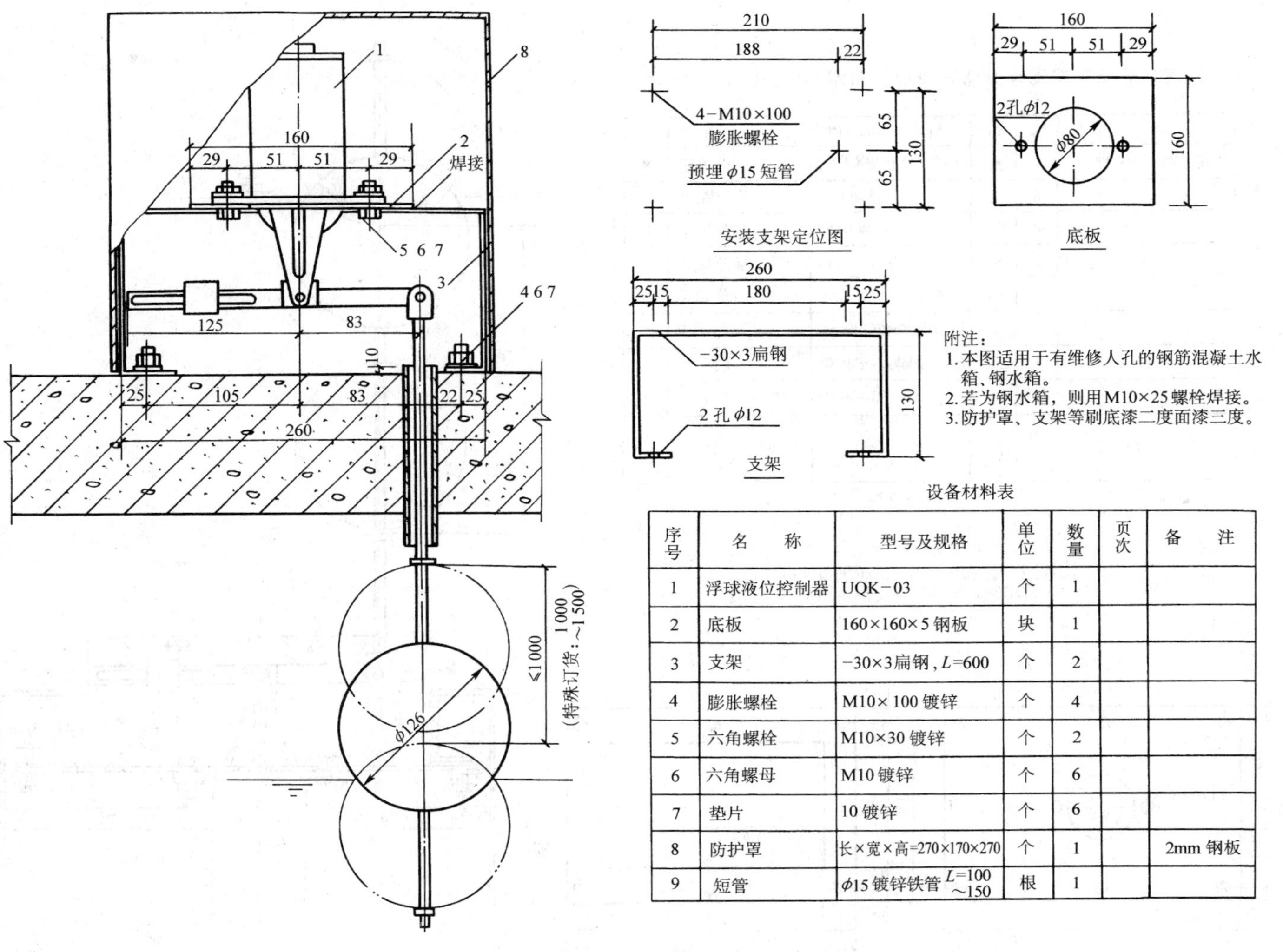

附注：
1. 本图适用于有维修人孔的钢筋混凝土水箱、钢水箱。
2. 若为钢水箱，则用M10×25螺栓焊接。
3. 防护罩、支架等刷底漆二度面漆三度。

设备材料表

序号	名　　称	型号及规格	单位	数量	页次	备　　注
1	浮球液位控制器	UQK-03	个	1		
2	底板	160×160×5 钢板	块	1		
3	支架	-30×3扁钢，L=600	个	2		
4	膨胀螺栓	M10×100 镀锌	个	4		
5	六角螺栓	M10×30 镀锌	个	2		
6	六角螺母	M10 镀锌	个	6		
7	垫片	10 镀锌	个	6		
8	防护罩	长×宽×高=270×170×270	个	1		2mm 钢板
9	短管	φ15 镀锌铁管 L=100~150	根	1		

图 4—77　UQK-03 浮球液位控制器在水箱（水池）顶部安装方法（一）

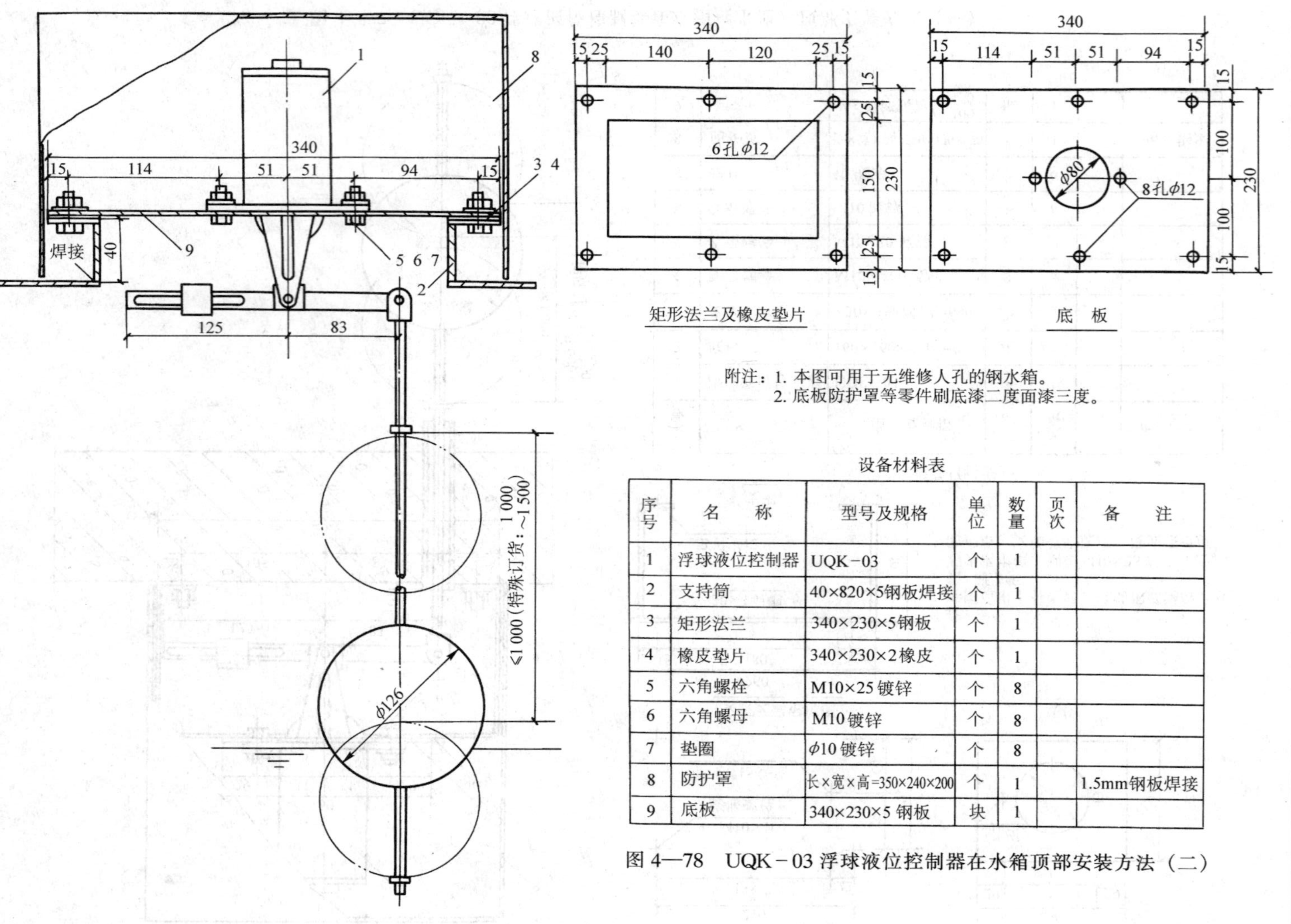

附注：1. 本图可用于无维修人孔的钢水箱。
2. 底板防护罩等零件刷底漆二度面漆三度。

设备材料表

序号	名　称	型号及规格	单位	数量	页次	备　注
1	浮球液位控制器	UQK－03	个	1		
2	支持筒	40×820×5钢板焊接	个	1		
3	矩形法兰	340×230×5钢板	个	1		
4	橡皮垫片	340×230×2橡皮	个	1		
5	六角螺栓	M10×25 镀锌	个	8		
6	六角螺母	M10 镀锌	个	8		
7	垫圈	φ10 镀锌	个	8		
8	防护罩	长×宽×高=350×240×200	个	1		1.5mm钢板焊接
9	底板	340×230×5 钢板	块	1		

图 4—78　UQK－03 浮球液位控制器在水箱顶部安装方法（二）

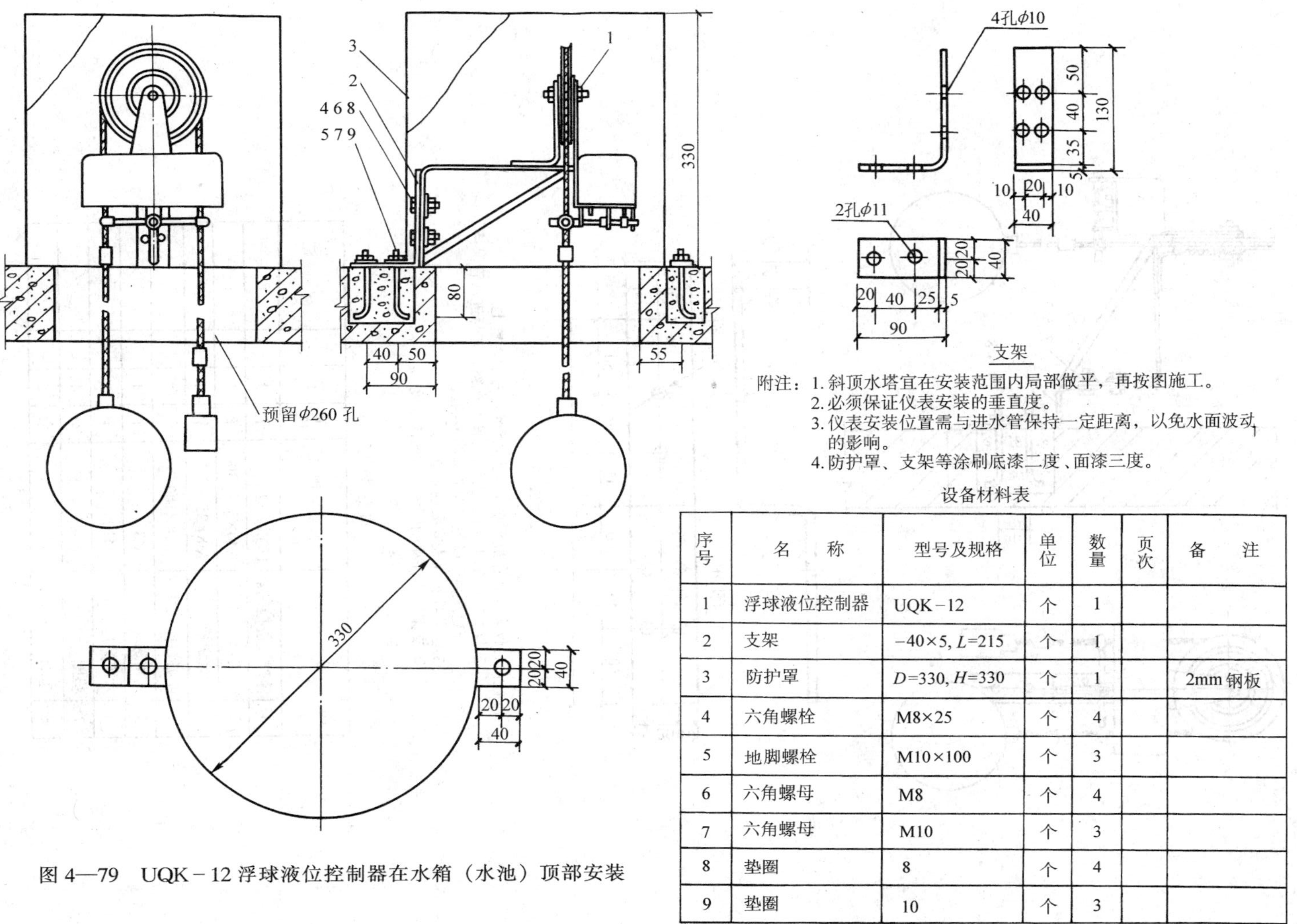

附注：1. 斜顶水塔宜在安装范围内局部做平，再按图施工。
2. 必须保证仪表安装的垂直度。
3. 仪表安装位置需与进水管保持一定距离，以免水面波动的影响。
4. 防护罩、支架等涂刷底漆二度、面漆三度。

设备材料表

序号	名　　称	型号及规格	单位	数量	页次	备　　注
1	浮球液位控制器	UQK－12	个	1		
2	支架	-40×5, L=215	个	1		
3	防护罩	D=330, H=330	个	1		2mm 钢板
4	六角螺栓	M8×25	个	4		
5	地脚螺栓	M10×100	个	3		
6	六角螺母	M8	个	4		
7	六角螺母	M10	个	3		
8	垫圈	8	个	4		
9	垫圈	10	个	3		

图 4—79　UQK－12 浮球液位控制器在水箱（水池）顶部安装

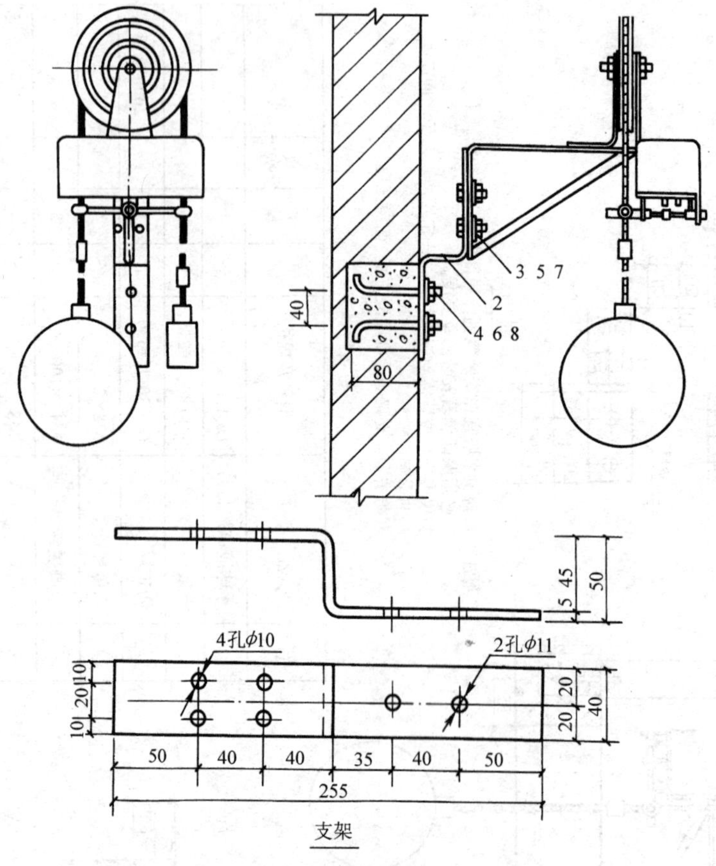

支架

附注：1. 仪表安装在最高水位以上0.5 m左右的内壁上。
2. 仪表安装的平面位置需考虑便于观察，并与进水管保持一定距离，以免水面波动的影响。
3. 必须保证仪表安装的垂直度。
4. 支架等零件涂刷底漆二度面漆三度。

设备材料表

序号	名　　称	型号及规格	单位	数量	页次	备　　注
1	浮球液位控制器	UQK－12	个	1		
2	支架	−40×5, *L*=300	个	1		
3	六角螺栓	M8×25	个	4		
4	地脚螺栓	M10×100	个	2		
5	六角螺母	M8	个	4		
6	六角螺母	M10	个	2		
7	垫圈	8	个	4		
8	垫圈	10	个	2		

图 4—80　UQK－12 浮球液位控制器在水箱（水池）壁上安装

UQK－612 型浮球磁性液位控制器是双球式，也有单球、三球和四球式（见图 4—81），其工作原理如下：

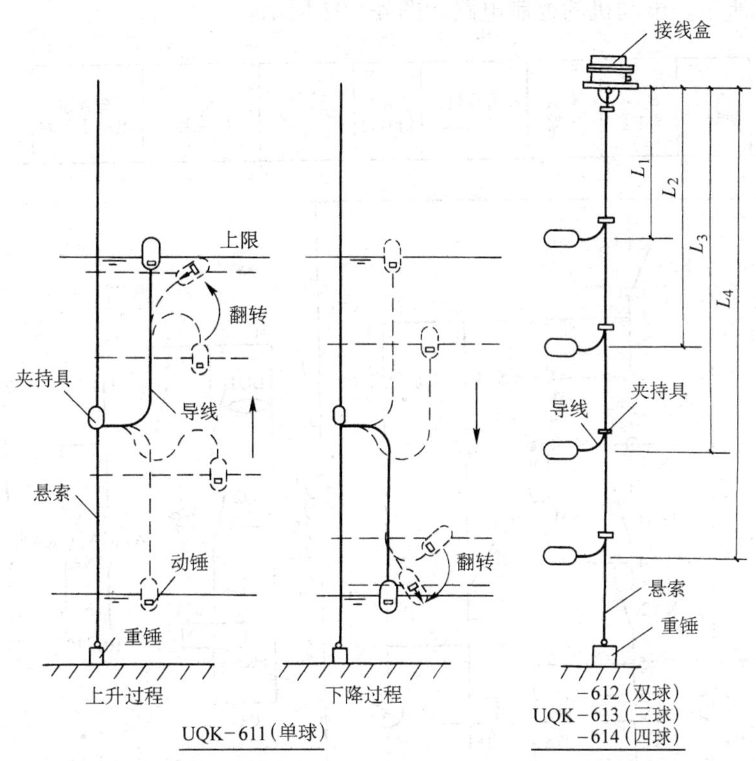

图 4—81　UQK－611，612，613，614 型浮球磁性液位控制器的工作原理

在液位下降到最低位置前时，由于导线长度不够迫使浮球翻转，使输出触点断开，排水泵停止工作；液位面逐渐升高时，浮球同时上浮而浮球方向保持不变，所以输出触点仍保持着断开的状态，当液位面接近上限时，由于导线长度限止浮球开始逐渐翻转，一旦液面上升到上限时浮球正好翻转，触点变为接通，起动排水泵电动机进行排水，达到了液位控制的目的。

图 4—82 是 UQK－612 型在排水系统中安装示意图，图中采用双球的道理是由于水位幅度较大，采用双球形式可以减小浮球与夹持具之间的导线长度。若采用单球可能会因导线过长造成缠绕打结而影响液位的控制。

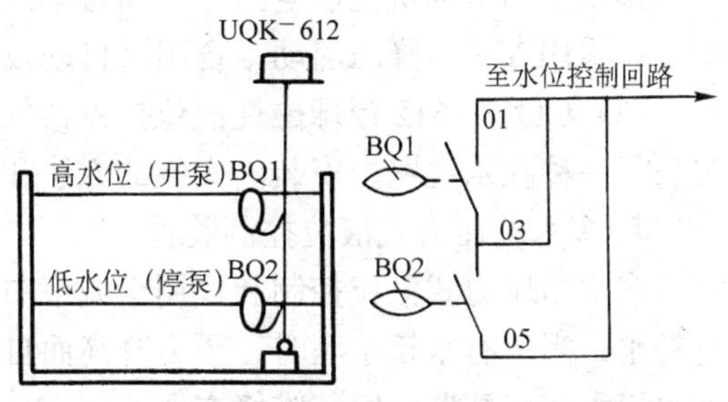

图 4—82　UQK－612 在排水系统中安装示意图

（1）UQK－612 型浮球磁性液位控制器控制电动机直接起动，备用泵自动投入的控制电路。用 UQK－612 型浮球磁性液位控制

器对排水泵电动机直接起动进行控制，当工作泵发生故障时，备用排水泵能够自动投入并且故障灯显示报警。为了安全起见，浮球的控制电路采用交流低压 24 V，其液位控制电路如图 4—83 所示。电动机的控制电路如图 4—92 所示。

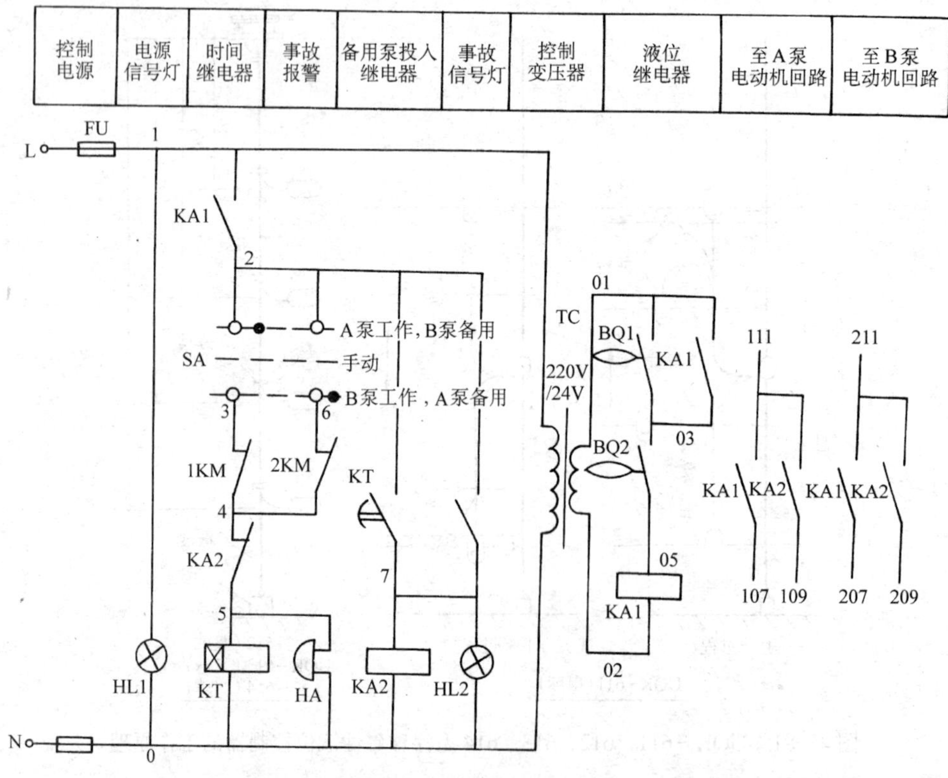

图 4—83　UQK－612 系列电动机直接起动，备用泵自动投入控制电路

（2）UQK－612 型浮球磁性液位控制器控制电动机降压起动，备用泵自动投入的控制电路。如果排水泵电动机不能直接起动，则可以采用降压起动。同样可以采用自耦式补偿器起动或 Y－△降压起动来解决，其液位控制电路如图 4—84 所示。

排水泵的电动机控制电路，采用自耦式补偿器起动，备用泵自动投入电路如图 4—93 所示。采用 Y－△降压起动，备用泵自动投入电路如图 4—94 所示。

（3）UQK－612 浮球磁性液位控制器的安装。其安装方式有两种，一种在水池顶上安装，另一种在水池壁上安装。安装的方法和要求如图 4—85 和图 4—86 所示。

4. 多水箱压力式液位控制装置

多水箱压力式液位控制装置用于城市中供水管网水压低于整定值时，起动补给水泵进行补水，当所有水箱水满时，压力升高而自动停泵。其优点是泵房外部无控制线，不需要设水箱水位传感器，安装维修方便。

多水箱压力式液位控制方案的供水系统装置图如图 4—87 所示。

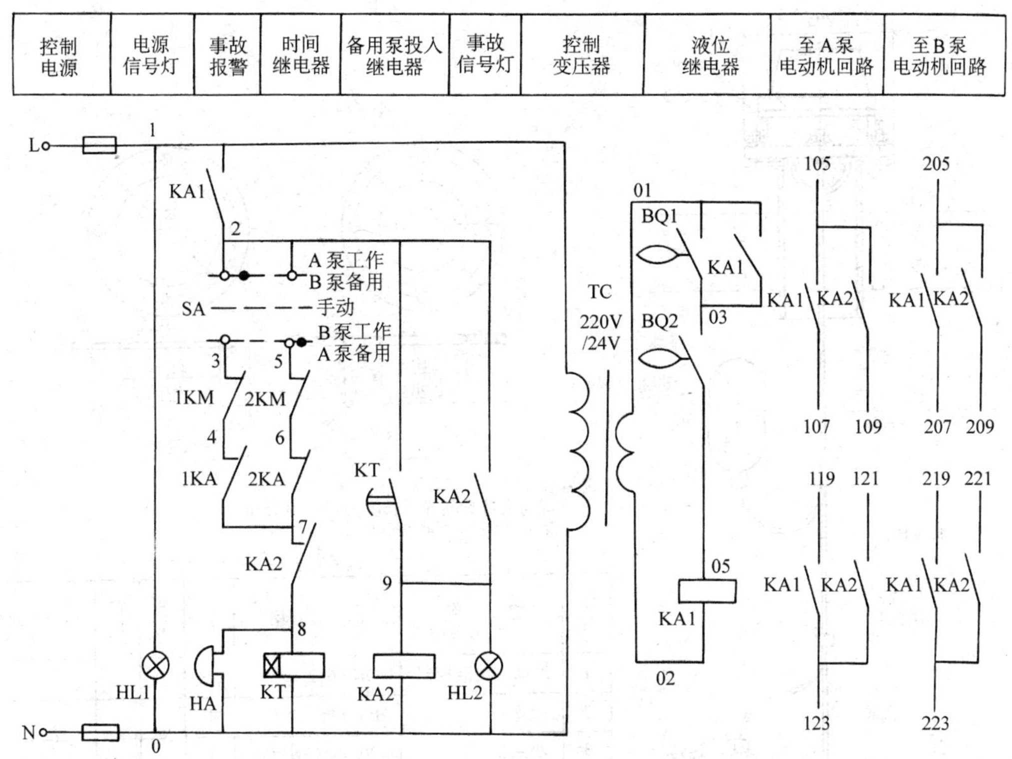

图 4—84　UQK－612 系列电动机自耦补偿器或 Y－△起动，备用泵自动投入控制电路

压力式液位控制装置的核心是管网中一只指针式电接触压力表，型号为 YXC－150，量程为 0～0.4 MPa 或 0～0.6 MPa。电接触压力表的接线如图 4—88 所示。表中有三根指针，一根为绿色指针，其作用为设置压力下限整定值 P_0；一根为红色指针，其作用为设置压力上限整定值 P_2；第三根为黑色指针，其大小表示当前管网中压力 P_1（水泵没有起动时为城市供水管网中压力，水泵起动后为出水管的动力压力）。当实测压力低于下限整定值时，压力表黑针与绿针重合（即 P_1 与 P_0 相通），起动给水泵对水箱补给水。随着水箱内水位升高，浮球逐渐关小进水阀使管内压升高，到所有水箱都注满水，进水阀门全部关闭使压力升到最大，压力表黑针与红针重合（即 P_1 与 P_2 相通），水泵电动机电源被切断停止工作。

压力式水位控制装置关键是如何来整定 P_0 值和 P_2 值，其大小应以先计算、后现场调试实测为准。P_0 和 P_2 的大小可按下列算式计算：

$$P_0=0.01[(n+1)\times h+2\sim4]\ (\text{MPa})$$

式中　n——建筑层数；

　　　h——建筑层高，m。

六层民用住宅 P_0 值约为 0.22～0.24 MPa。

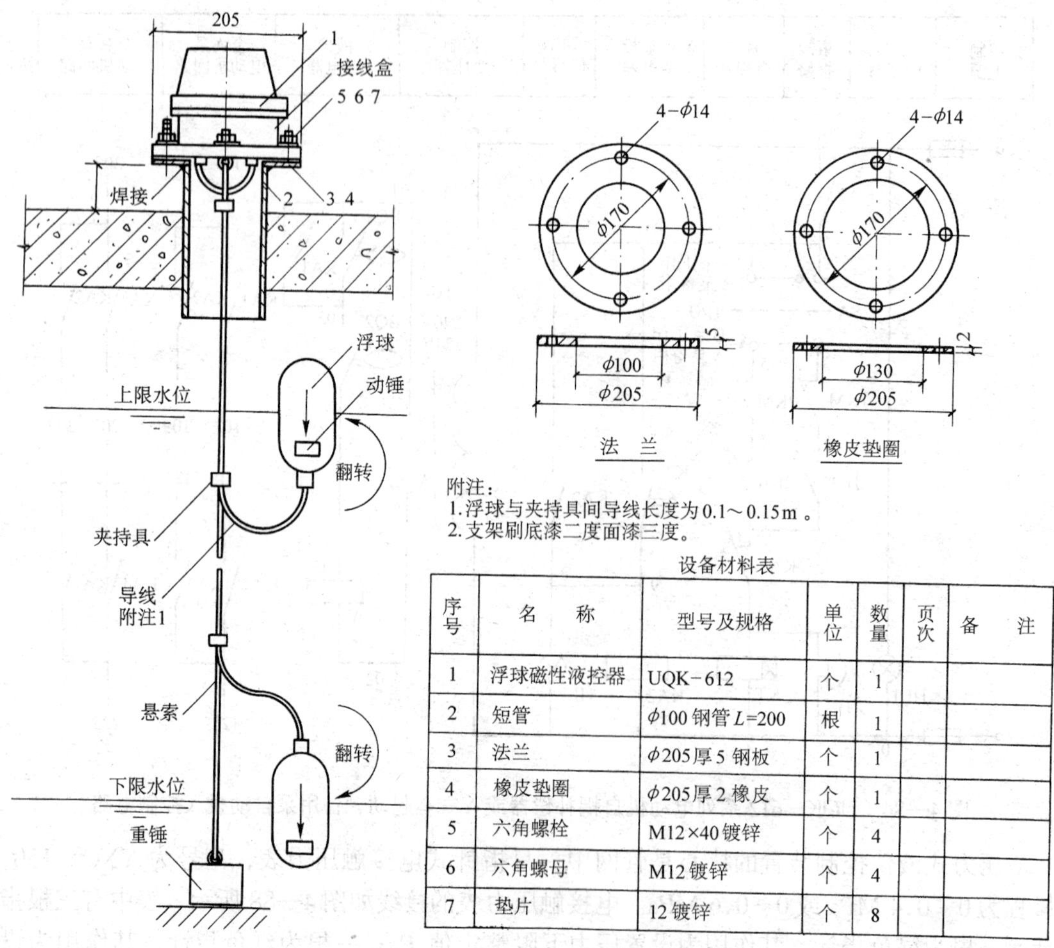

设备材料表

序号	名称	型号及规格	单位	数量	页次	备注
1	浮球磁性液控器	UQK−612	个	1		
2	短管	φ100 钢管 L=200	根	1		
3	法兰	φ205 厚 5 钢板	个	1		
4	橡皮垫圈	φ205 厚 2 橡皮	个	1		
5	六角螺栓	M12×40 镀锌	个	4		
6	六角螺母	M12 镀锌	个	4		
7	垫片	12 镀锌	个	8		

图 4—85 UQK−612 型浮球磁性液位控制器在水池顶部安装

$$P_1 = P_0 + 0.08 \sim 0.12 \text{ (MPa)}$$

式中 P_1——水泵起动后出水管的动水压力，以调试时实测的压力为准。

$$P_2 = P_1 + 0.03 \sim 0.05 \text{ (MPa)}$$

式中 P_2——所有水箱灌满时，出水管的动水压力，以调试时实测的压力为准。

（1）多水箱压力式液位控制装置直接起动水泵电动机的控制电路。当工作泵发生故障时，备用泵自动投入。图 4—89 是其控制电路，图中 KA1 是起动水泵的继电器，KA3 为停泵继电器，KT1 是通电延时的时间继电器。在水泵起动时暂时不接通停泵继电器电路，其目的是防止开泵冲击水压引起黑针 P_1 与红针 P_2 相碰而引起 KA3 误动作，造成水泵停止工作。

水泵电动机的控制电路如图 4—92 所示。

（2）多水箱压力式液位控制装置降压起动水泵电动机的控制电路。当水泵电动机不能

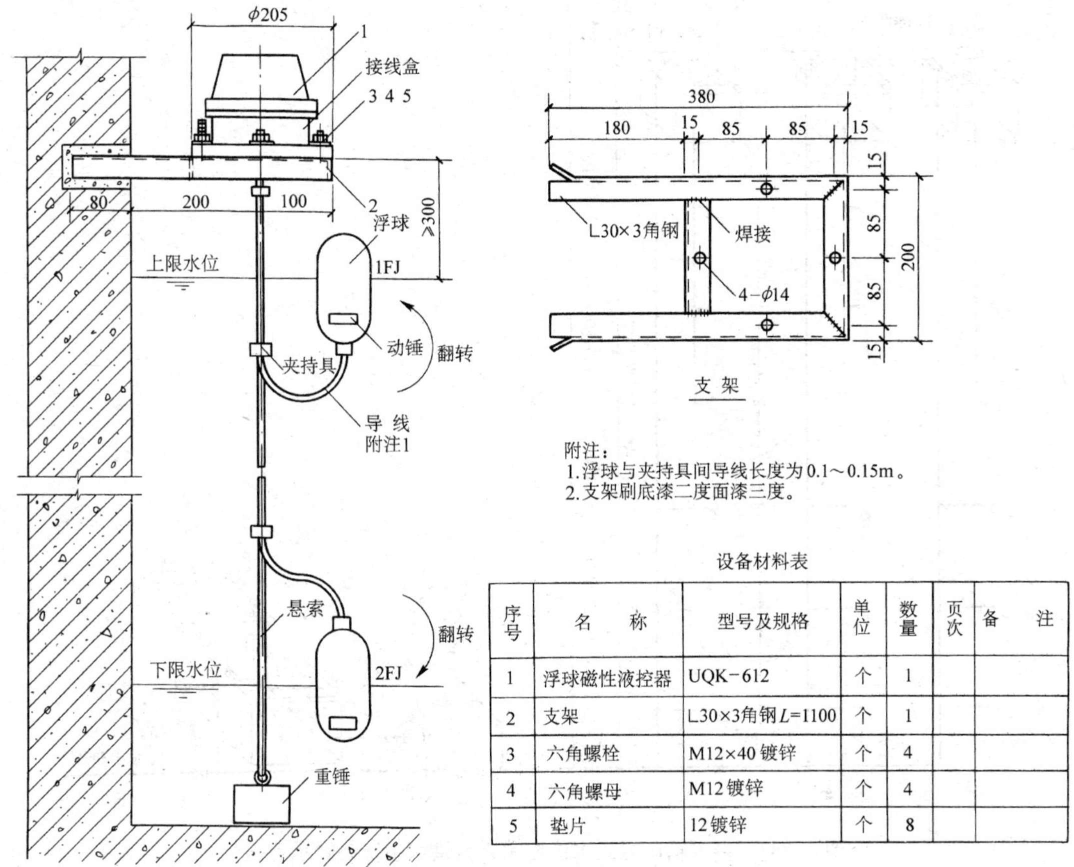

设备材料表

序号	名　称	型号及规格	单位	数量	页次	备　注
1	浮球磁性液控器	UQK－612	个	1		
2	支架	∟30×3角钢L=1100	个	1		
3	六角螺栓	M12×40 镀锌	个	4		
4	六角螺母	M12 镀锌	个	4		
5	垫片	12 镀锌	个	8		

图 4—86　UQK－612 型浮球磁性液位控制器在水池壁上安装

直接起动时，可采用降压起动。降压起动分自耦式补偿器起动和 Y－△降压起动两种，其液位控制电路如图 4—90 所示。

水泵电动机采用自耦式补偿器起动电路如图 4—93 所示，采用 Y－△降压起动电路如图 4—94 所示。

5. 电极式水位控制装置

电极式水位控制装置由电极装置和 JYB 液位控制器组成（见图 4—91）。

工作原理如下：在高位水箱中设置三根长度不同的电极，电极 a 为高水位控制，电极 b 为低水位控制。在 JYB 液位继电器座上 1 和 8 端子接入交流电（有 380 V，220 V 和 36 V 三种），若水箱中水位低于 b 时，晶体管 V1 截止，V2 导通，继电器 KA 吸合，触点 2 与 3 之间闭合，控制水泵电动机补给水，同时 6 与 7 之间也闭合，使 V1 保持截止状态。当水位升到 b 点时，由于 6 与 7 闭合，所以 V1 无法导通，直至水位升高到 a 点，晶体管 V1 有基极电流而导通且饱和，同时晶体管 V2 截止，其输出触点 2 与 3 之间断开，水泵电动机停止。

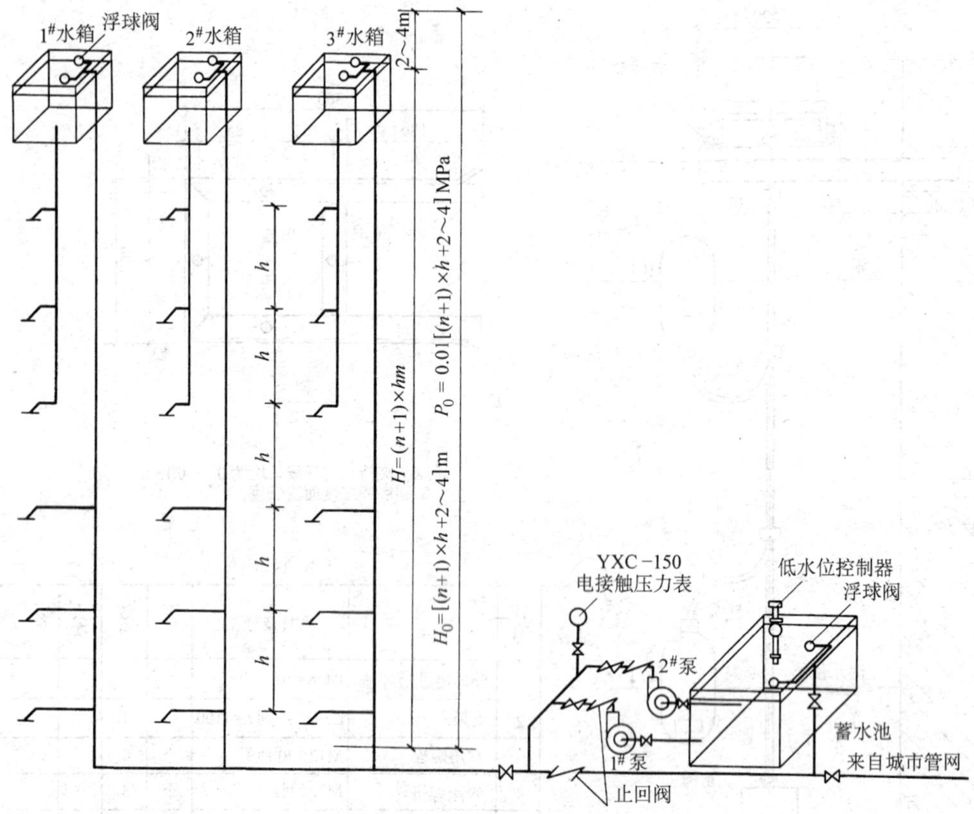

图 4—87　多水箱压力式水位控制方案供水系统装置示意图

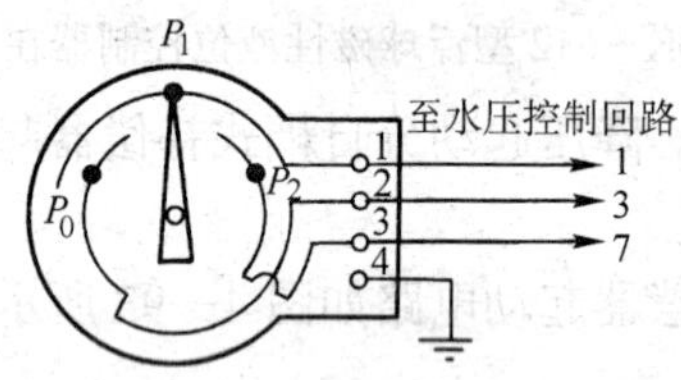

图 4—88　YXC－150 电接触压力表接线图

改变 JYB 液位继电器输入触点端子，同样可用于排水控制系统中。

二、水泵电动机的控制电路

水泵电动机的起动与停止受液位控制器控制，按电动机的起动方式不同，可分直接起动和降压起动两类。下面介绍常用的起动方法。

1. 水泵电动机直接起动，备用泵自动投入电路如图 4—92 所示。

2. 水泵电动机自耦式补偿器起动，备用泵自动投入电路如图 4—93 所示。

3. 水泵电动机 Y－△起动，备用泵自动投入电路如图 4—94 所示。

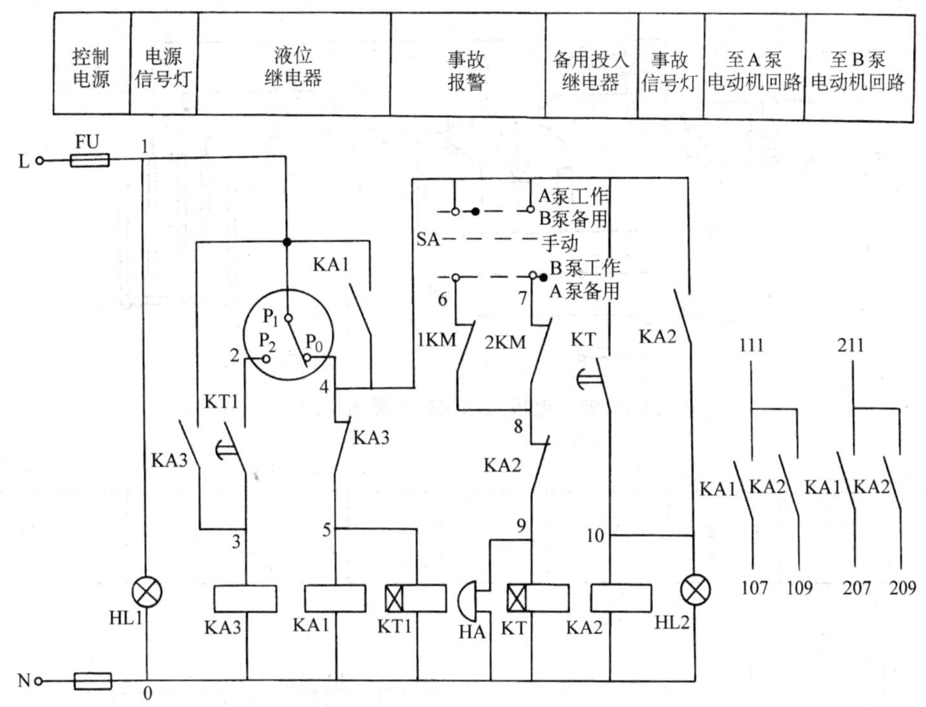

图 4—89　多水箱压力式电动机直接起动，备用泵自动投入控制电路

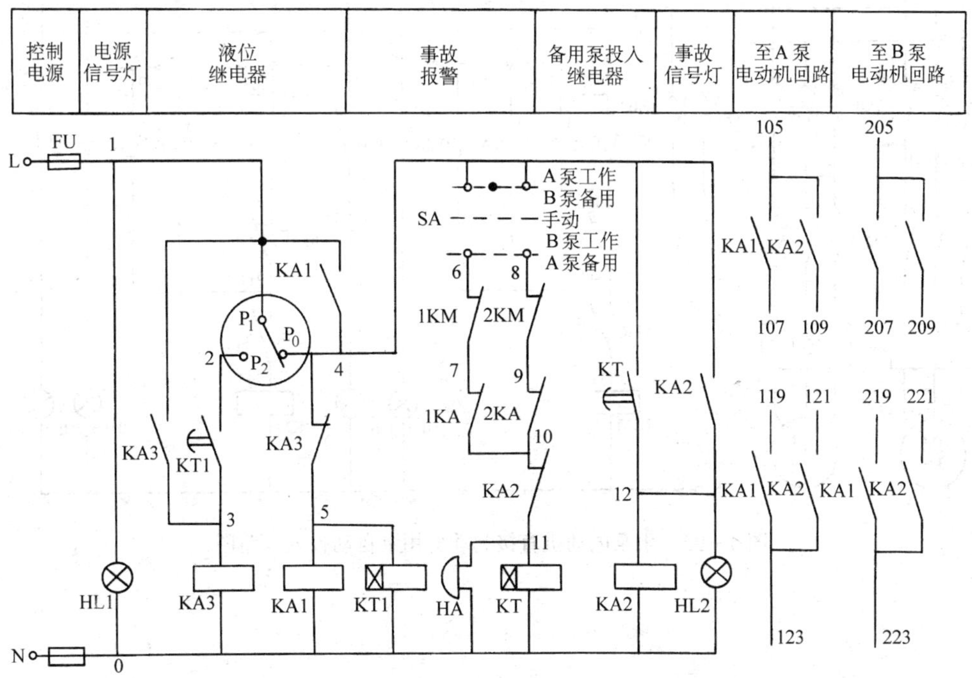

图 4—90　多水箱压力式电动机自耦补偿器或 Y－△起动，备用泵自动投入控制电路

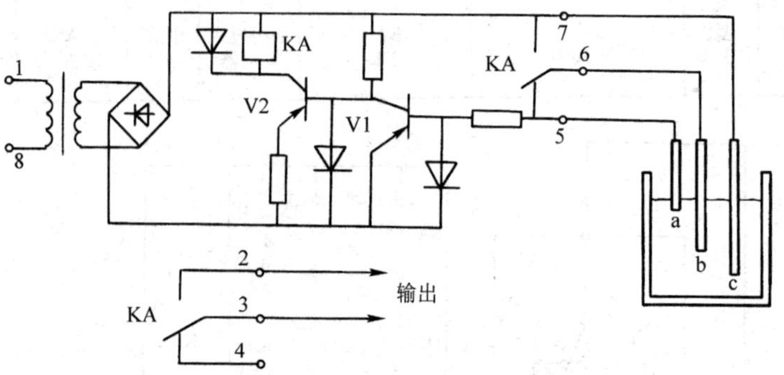

图 4—91　电极式水位控制装置电路图

A泵 电动机	B泵 电动机	液位控制器 电源	A泵 手动控制	自动 控制	备用泵 投入	开泵 信号	停泵 信号	B泵 手动控制	自动 控制	备用泵 投入	开泵 信号	停泵 信号

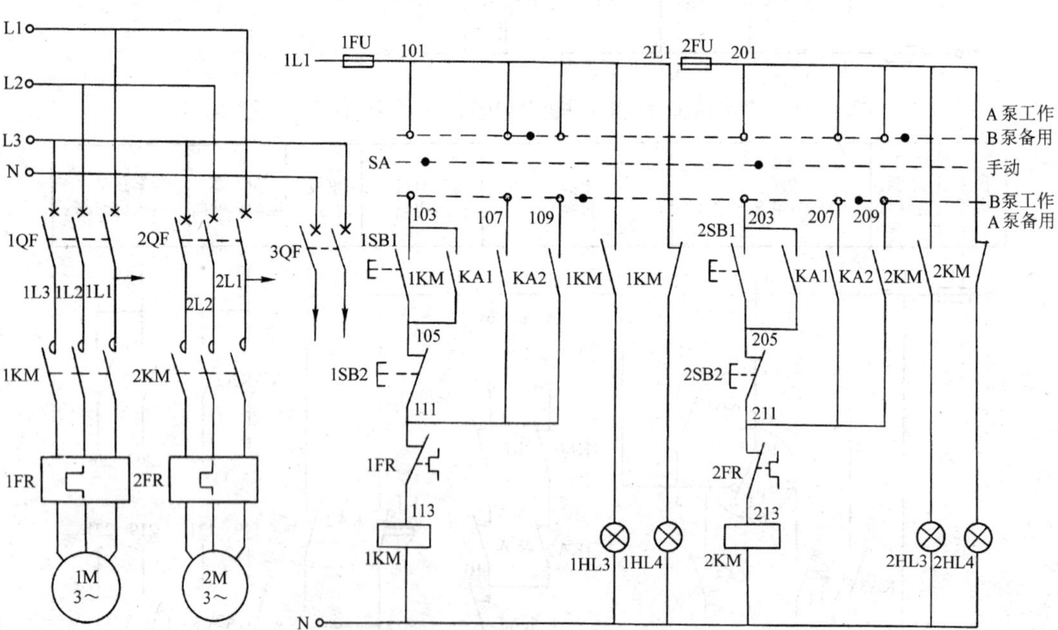

图 4—92　水泵电动机直接起动备用泵自动投入电路图

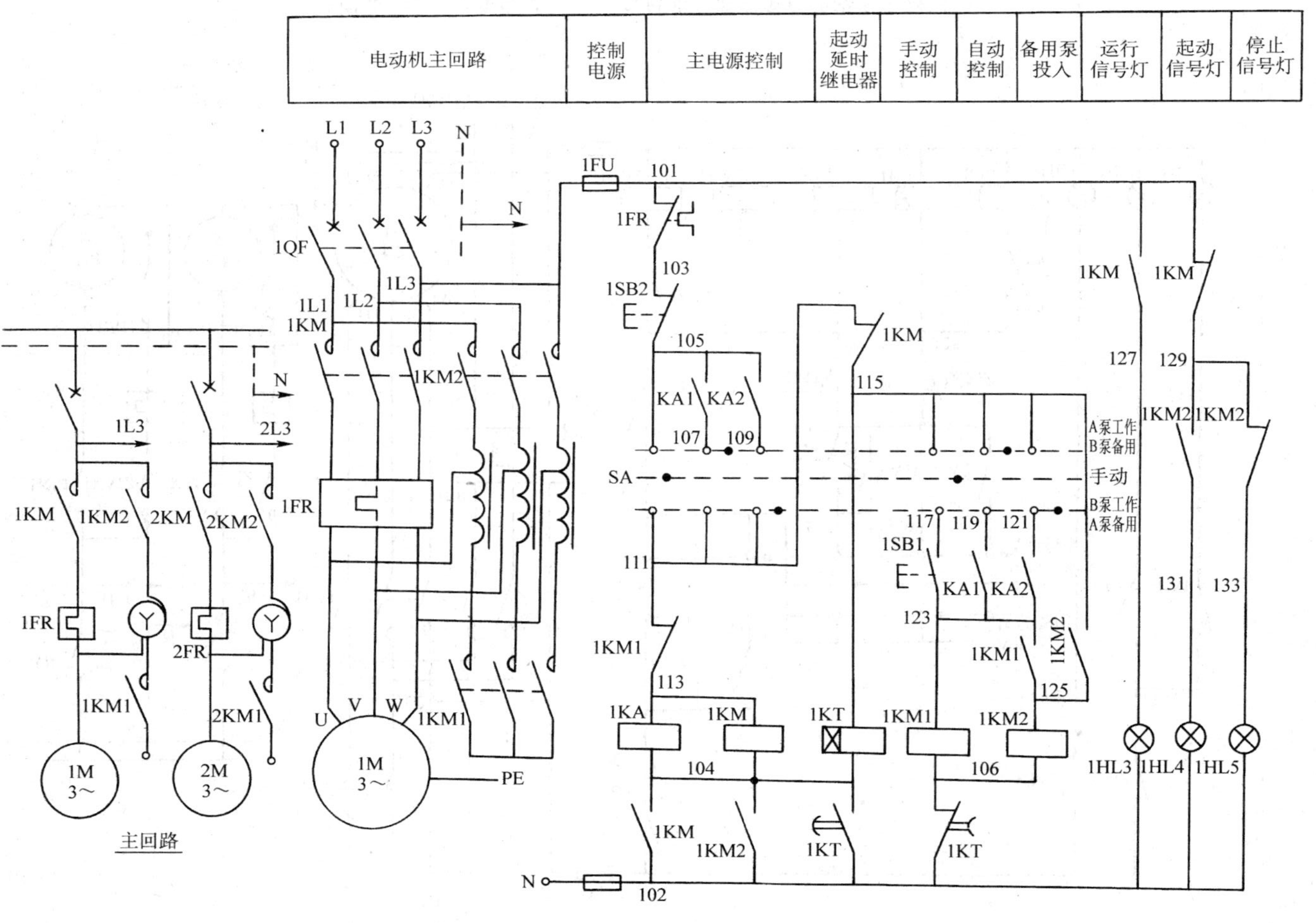

图4—93　水泵电动机自耦式补偿器起动，备用泵自动投入电路图

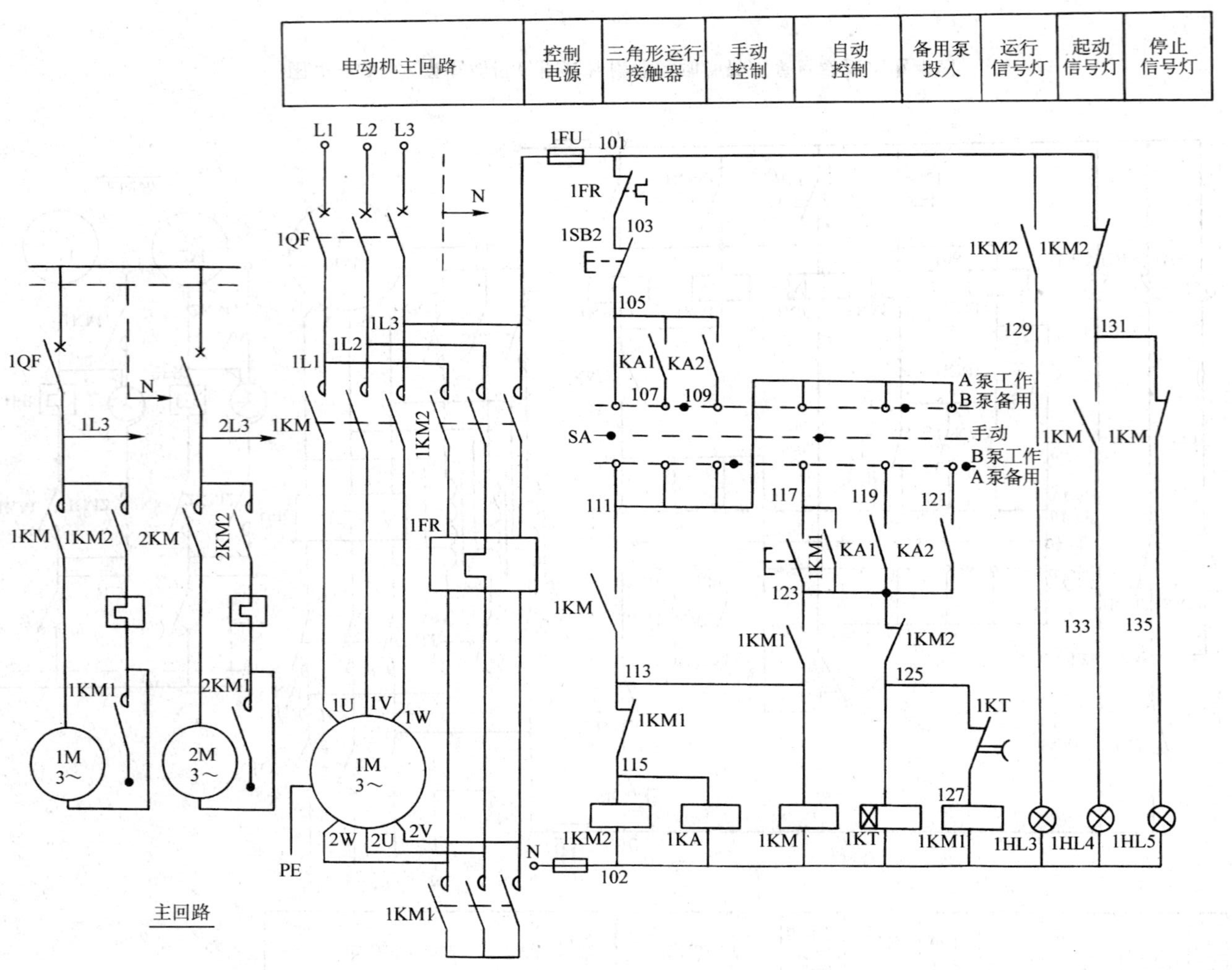

图 4—94　水泵电动机 Y－△起动，备用泵自动投入电路图

单元测试题

（一）填空题（请将正确的答案填在横线空白处）

1. 电力拖动主要包括________、生产机械、传动机构、控制设备及电源。

2. 异步电动机的机械特性是指________与转速之间的关系。

3. 异步电动机要保持稳定运行，则其转差率 S 应该________。

4. 绕线式异步电动机转子回路中串接附加电阻后最大转矩将____。

5. 异步电动机的工作特性指在额定电压及频率下，________、________、________、________与输出功率之间的关系。

6. 笼型异步电动机采用________和________可以改变磁极对数。

7. 三相绕线式异步电动机转子回路中串接电阻属于________方法调速。

8. 提高笼型电动机的电源频率，会使电动机____升高。

9. 变频调速使电动机的机械特性________。

10. 能耗制动在一些功率较大，________频繁的生产机械上较多采用。

11. 能耗制动方法实质上是把转子原来储存的机械能转变成____，又消耗在转子的制动上。

12. 异步电动机的反接制动利用____________来实现停止。

13. 电动机制动方法有________和电气制动两大类。

14. 同步电动机在负载增加时其____保持不变。

15. 同步电动机在起动时受到交变转矩作用，其________为零，所以无法起动。

（二）判断题（下列判断正确的请打“√”，错误的打“×”）

1. 由于电动机控制方便，因此目前生产机械都用电动机来拖动。（　　）

2. 电力拖动指用电动机来拖动生产机械。（　　）

3. 异步电动机的主要特性包括机械特性和外特性。（　　）

4. 异步电动机的机械特性是指当定子电压和频率为定值时，电磁转矩和转速之间的关系。（　　）

5. 异步电动机在 $S=1$ 时，电磁转矩称最大转矩。（　　）

6. 绕线式异步电动机转子回路中串接附加电阻后的机械特性曲线叫人工机械特性曲线。（　　）

7. 三相笼型电动机磁极对数减小时电动机转速会下降。（　　）

8. 三相笼型电动机可用反向变极法来改变磁极对数。（　　）

9. 三相绕线式异步电动机转子回路中增加电阻可以使转速下降。（　　）

10. 增加笼型电动机定子电源频率会使转子转速升高。（　　）

11. 异步电动机的能耗制动，需要在定子绕组中通入交流电。（　　）

12. 异步电动机的反接制动利用时间继电器可实现正确的停车。（　　）

13. 同步电动机在运行时转速严格保持不变。（　　）

14. 同步电动机起动时受到反向转矩，所以无法起动。（　　）

15. 同步电动机可以采用异步法来起动。（　　）

（三）单项选择题（下列每题的4个选项中，只有1个是正确的，请将其代号填在横线的空白处）

1. 电力拖动是指用________来拖动生产机械。

A. 发电机　B. 汽油机　C. 电动机　D. 汽轮机

2. 异步电动机在起动瞬间时的转矩称为________。

A. 电磁转矩　B. 额定转矩　C. 最大转矩　D. 起动转矩

3. 绕线式异步电动机转子回路中串附加电阻后机械特性将________。

A. 变软　B. 变硬　C. 不能确定　D. 不稳定

4. 从异步电动机工作特性可知，当输出功率 P_2 增加时，转速将________。

A. 上升　B. 下降　C. 保持不变　D. 不稳定

5. 三相笼型电动机可以通过改变________来调速。

A. 转子回路电阻　B. 定子回路电阻

C. 磁极对数　D. 定子电流

6. 三相绕线式异步电动机转子回路电阻改变时，转速将________。

A. 升高　B. 降低　C. 不变　D. 升高或降低

7. 笼型电动机可采用________方法来实现制动。

A. 反馈制动　B. 变频制动　C. 串电阻制动　D. 能耗制动

8. 同步电动机本身没有________转矩。

A. 调速　B. 起动　C. 制动　D. 反向

9. 用改变定子电源频率的方法来起动同步电动机称________。

A. 异步起动法　B. 辅助起动法　C. 调频起动法　D. 直接起动法

10. 同步电动机采用异步起动法，是依靠________来产生起动转矩。

A. 电枢绕组　B. 单层绕组　C. 双层绕组　D. 笼型绕组

（四）多项选择题（下列每题的选项中，至少有2个正确的，请将其代号填在横线空白处）

1. 绕线式异步电动机转子回路中串接电阻后将使________。

A. 机械特性变硬　B. 转速下降

C. 起动转矩减小　D. 最大转矩不变

2. 三相笼型电动机的转速改变可用________。

A. 抽头调速　B. 串电阻调速

C. 变极调速　D. 变频调速

3. 异步电动机常用的制动方法有________。

A. 能耗制动　　B. 机械制动

C. 变转差率制动　　D. 串接限流电阻制动

4. 反接制动适合________的场合。

A. 电动机容量不大　　B. 电源电压稳定

C. 起动与制动不太频繁　　D. 要求冲击较小

5. 同步电动机无起动转矩，可以采用________方法起动。

A. 直接起动　　B. 异步起动

C. Y－△降压起动　　D. 辅助起动

单元测试题答案

（一）填空题

1. 电动机　2. 电磁转矩　3. 小于临界转差率　4. 不变　5. 输入功率　转差率　定子电流　效率　6. 双绕组法　反向变极法　7. 改变转差率　8. 转速　9. 基本不变　10. 制动次数　11. 电能　12. 速度继电器　13. 机械制动　14. 转速　15. 起动转矩

（二）判断题

1. √　2. √　3. ×　4. √　5. ×　6. √　7. ×　8. √　9. √　10. √　11. ×　12. ×　13. √　14. √　15. √

（三）单项选择题

1. C　2. D　3. A　4. B　5. C　6. D　7. D　8. B　9. C　10. D

（四）多项选择题

1. BD　2. CD　3. ABD　4. AC　5. BD

第五单元　变压器知识

第一节　变压器的基本原理和特性

一、变压器的工作原理

变压器主要由绕组和铁心两部分组成，接受电能的一侧叫做一次侧绕组，输出电能的一侧叫二次侧绕组，一、二次侧绕组套在铁心上（见图5—1）。

当变压器一次侧绕组通以交流电源 $\dot{U}_1$ 时，一次侧绕组有交流电流 $\dot{I}_1$ 流过并产生磁势。在磁势的作用下，铁心中便产生交变磁通 Φ。由电磁感应定律得知，一次侧、二次侧绕组中产生了感应电动势，其大小与对应绕组的匝数成正比。改变匝数，就可以得到各种不同的电压。

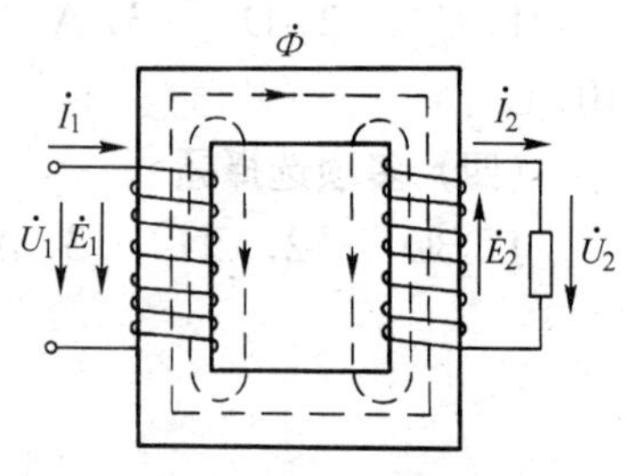

图5—1　变压器磁路

二、变压器的特性

变压器对电网而言是一个用电设备，对负载而言相当于一个电源，变压器主要特性指标就是电压的稳定性，它包括外特性曲线、电压调整率和效率。

1. 变压器的外特性曲线和电压调整率

变压器加上负载后，随负载电流 I_2 的增加，在二次侧绕组内部的阻抗压降也会增加，引起输出电压 U_2 也发生变化。由于一次侧电流 I_1 随二次侧电流 I_2 的增加而增加，一次侧漏抗压降也增加，使一次侧、二次侧电势也会下降，同时，也会影响输出电压。用来描述二次侧电压 U_2 随负载电流 I_2 的变化而变化的特性就称为变压器的外特性。

在电源电压 U_1 和二次侧的负载功率因数 $\cos\phi_2$ 为一定时，二次侧电压 U_2 随二次侧电流 I_2 变化的关系曲线称为变压器的外特性曲线（见图 5—2）。当 $\cos\phi_2=1$ 时，输出电压 U_2 随 I_2 增加而下降得并不多；当 $\cos\phi_2$ 降低时（感性负载），输出电压 U_2 随 I_2 增加而下降的程度加大，滞后的无功电流对磁路中的主磁通的去磁作用更为显著；当 $\cos\phi_2$ 上升时（容性负载），输出电压 U_2 随 I_2 的增加而升高，超前的无功电流有助磁作用，主磁通会有所增加。

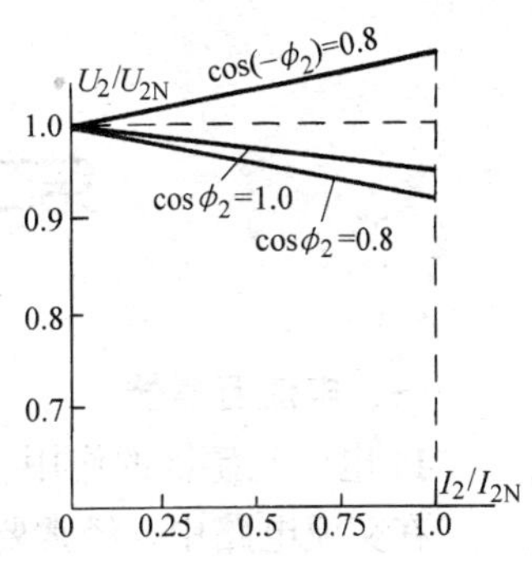

图 5—2　变压器外特性

变压器的负载大多数是感性的，负载增加时，输出电压 U_2 总是下降的，其下降的幅度可以用电压调整率来描述。所谓电压调整率，就是当变压器从空载到额定负载运行时，二次侧输出电压的变化值 ΔU 与空载电压 U_{20} 之比的百分值，用 $\Delta U\%$ 来表示。即：

$$\Delta U\%=\frac{U_{20}-U_2}{U_{20}}\times100\%=\frac{\Delta U}{U_{20}}\times100\%$$

电力变压器中，当 $\cos\phi_2$ 接近于 1 时，电压调整率大约为 2%～3%。其原因是变压器绕组的电阻和漏抗均很小，所以电压下降也很小。当负载功率因数 $\cos\phi_2$ 下降到 0.8 时，$\Delta U\%$ 约为 5%～8%，电压调整率增加。因此，提高功率因数也起到减小电压调整率的作用。

$\cos\phi_2$ 过低而使 $\Delta U\%$ 过大时，负载电流的波动会引起供电电压的波动，给负载运行带来不良的影响。当波动范围超过 ±5%时，就必须进行调整。

2．变压器的损耗和效率

变压器在传递能量时，存在着一定损耗。一是铜损耗，是电流在绕组中的损耗；另一是铁损耗，有涡流损耗和磁滞损耗两部分。如果电压不变，磁通也不变，因而与磁通幅值有关的铁损耗也不变，近似为空载损耗。另外还有些其他损耗，称为附加损耗。变压器的总损耗 $\sum P$ 为：

$$\sum P=P_{\mathrm{Cu}}+P_{\mathrm{Fe}}+P_{\mathrm{o}}$$

式中　P_{Cu}——变压器铜耗；

P_{Fe}——变压器铁损耗；

P_{o}——变压器其他损耗。

按功率平衡关系，总的输入功率 P_1 等于输出功率 P_2 与总损耗功率 $\sum P$ 之和，即：

$$P_1=P_2+\sum P=P_2+P_{\mathrm{Cu}}+P_{\mathrm{Fe}}+P_{\mathrm{o}}$$

变压器的效率用 η 来表示，它是变压器的输出功率 P_2 与输入功率 P_1 的比值。即：

$$\eta=\frac{P_2}{P_1}=\frac{P_2}{P_2+\sum P}=1-\frac{\sum P}{P_2+\sum P}$$

第二节　电流互感器和电压互感器

一、电流互感器

1. 电流互感器的作用

在交流电路中，经常要对大电流进行测量，若用电流表直接测量很困难（量程不够），也很危险。通常用电流互感器来转换成小电流，然后再进行测量，保证了仪表设备和人身的安全。

2. 工作原理

电流互感器的接线（见图 5—3a）与普通双绕组变压器相似。它的一次侧绕组的匝数（N_1）很少，只有一匝到几匝，且串接于被测电路中；二次侧绕组匝数（N_2）很多，与电流表等设备相接。由于电流线圈阻抗很小，所以二次侧绕组近似短路。

若忽略励磁电流，由磁势平衡原理得：

$$\dot{I}_1 \cdot N_1 = -\dot{I}_2 \cdot N_2$$

即：

$$I_1 = -\frac{N_2}{N_1} I_2 = -n_{\mathrm{i}} I_2$$

式中　$n_{\mathrm{i}} = \frac{N_2}{N_1}$，叫做电流互感器的额定电流比。

若知道了电流比就可以求得一次侧电流。

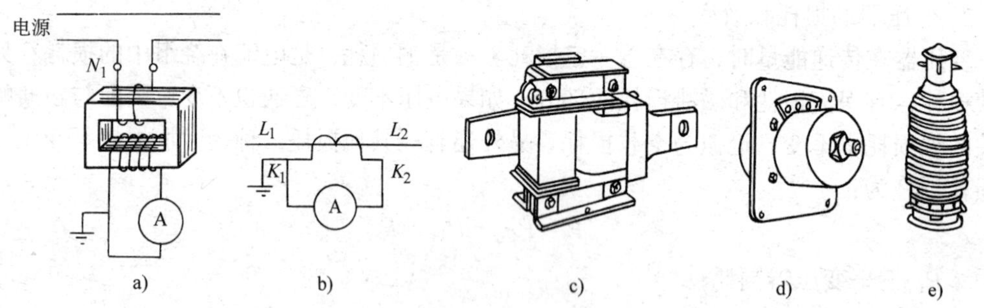

图 5—3　电流互感器

a）原理接线图　b）符号图　c）干式　d）浇注绝缘式　e）油浸式

3. 电流互感器的选择

电流互感器按结构分类有干式、油浸式、浇注绝缘式、窜心式等多种。其型号由汉语拼音字母和数字组成，左起第一个字母为 L（表示电流互感器）；第二个字母为绕组型式，有 D（贯穿单匝式），F（贯穿复匝式），Q（绕组式），C（瓷箱式）等；第三个字母为绝缘形式，有 Z（浇注绝缘），C（瓷绝缘），W（户外装置）等；第四个字母为特殊要求，有 D（差动保护），J（接地保护或加大容量）等；横线后的数字代表电压等级。

例如：

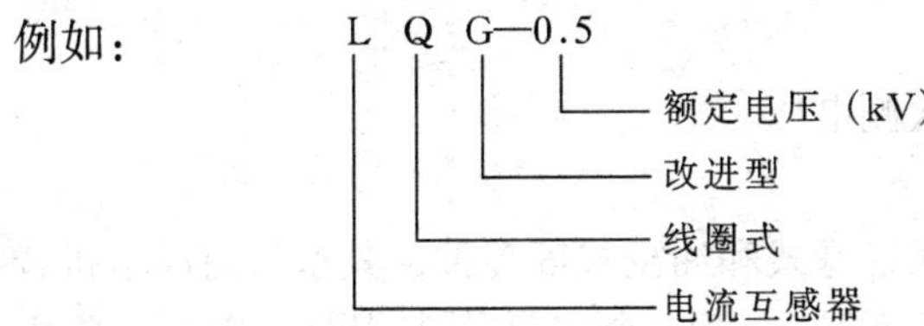

4．使用时的注意事项

(1) 电流互感器在运行时，绝不允许二次侧开路。

(2) 电流互感器的铁心和二次侧绕组的一端要可靠接地，以免在高压绝缘击穿时危及仪表设备或人身安全。

(3) 电流互感器接线时要注意同名端标记和极性。

(4) 电流互感器的负载与测量的准确度有关。所以，电流互感器二次侧的负载阻抗必须小于要求阻抗，且准确度等级比所接仪表的准确度等级高两级，以保证测量的准确度。

二、电压互感器

1．电压互感器的作用

在交流电路中，经常要对高电压进行测量，若用电压表直接测量很困难（量程不够），也很危险。通常用电压互感器将高电压转换成低电压，然后经仪表测量，保证了仪表设备及人身的安全。

2．工作原理

电压互感器接线（见图 5—4a）与小型的降压变压器相似，但它有更准确的变压比。它的一次侧与被测电路并接，二次侧与电压表或其他电器的电压线圈并联，由于电压表的线圈阻抗均很大，因此其运行近似变压器的空载状态。则：

$$\frac{U_1}{U_2}=\frac{N_1}{N_2}=n_u$$

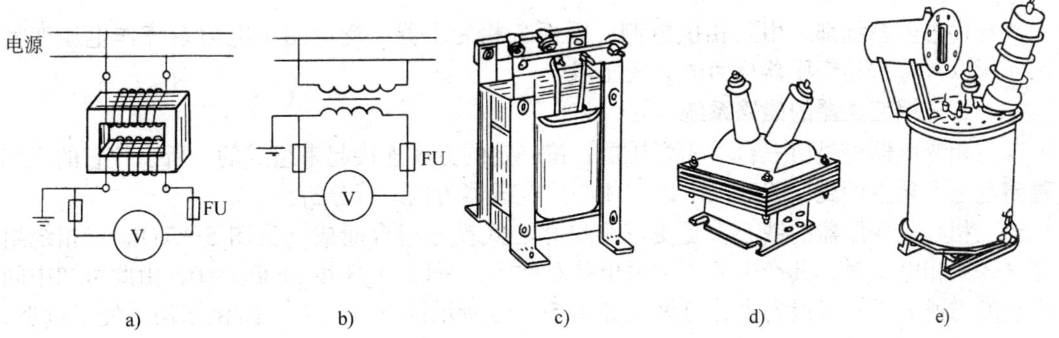

图 5—4　电压互感器

a) 原理接线图　b) 符号图　c) 干式　d) 浇注绝缘式　e) 油浸式

式中　n_u——电压互感器的变压比；
N_1，N_2——一、二次绕组匝数。

若知道电压比则可求得一次侧或二次侧电压。

3. 电压互感器的选择

电压互感器按结构分类有干式、浇注绝缘式和油浸式等多种，其型号由汉语拼音字母和数字组成，左起第一个字母 J（电压互感器）；第二个字母代表相数，有 D（单相），S（三相）；第三个字母为结构类型，有 J（油浸式），G（干式），Z（浇注式），C（瓷箱式）等；第四个字母为特殊要求，有 J（接地保护），F（胶封型），W（五柱三绕组）等；横线后边数字代表电压等级。

例如：

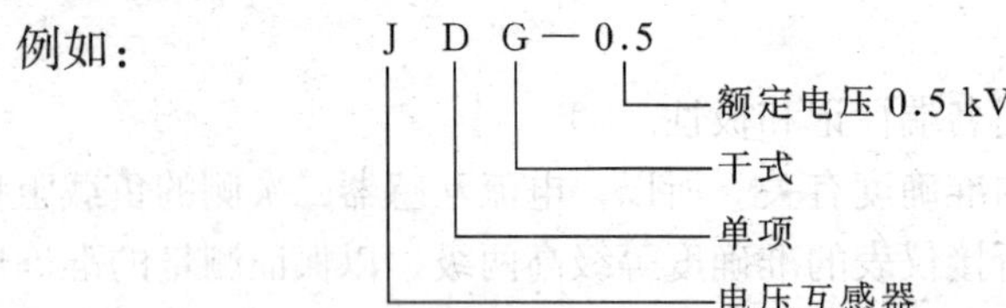

4. 使用时的注意事项

（1）电压互感器在运行时，绝不允许二次侧短路。

（2）电压互感器的二次侧接线时，必须注意其极性。

（3）电压互感器的铁心和二次侧绕组的一端必须可靠接地，以防止高压绕组绝缘损坏时，二次侧绕组和铁心带上高压电而造成事故。

（4）二次侧负载电流的总和不得超过二次侧电流额定值。

第三节　三相变压器

现代电力系统都采用三相供电制，因而三相变压器广泛应用于电力系统作电压变换用，所以常将三相变压器称为电力变压器。

一、三相变压器的磁路系统

三相变压器组是由三台单相变压器，按一定的方式连接起来组成的。所以，它的三相磁路是三个独立的磁回路。以下以三相心式变压器为例进行分析。

三相心式变压器的铁心，是由三个单相心式铁心组合而成（见图 5—5a）。三相绕组在通入三相电源时，其产生的主磁通也是对称的，所以 $\Phi_U+\Phi_V+\Phi_W=0$，由此可知中间心柱的磁通为零，可以省去，可做成如图 5—5b 所示的形式。为了简化结构，便于制造，将铁心做成日字型（见图 5—5c）。

二、三相变压器的电路系统

1. 绕组极性的判别方式

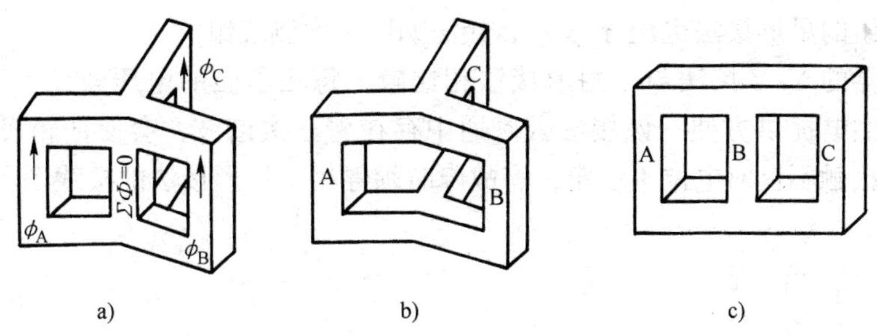

图 5—5　三相心式变压器的铁心

a）有中间心柱　b）无中间心柱　c）常用型

变压器两个绕组之间的极性，是指变压器一次侧绕组和二次侧绕组在同一磁通量的作用下所产生的感应电动势之间的相位关系，也就是一次侧绕组与二次侧绕组间相对应的极性。当一次侧绕组的某一端瞬时电位为正极性时，二次侧绕组也同时有一端为正极性。这两个极性相同的端也称为同名端，反之则称为异名端。

设一次侧绕组中的感应电动势 A 端为正，二次侧绕组中的感应电动势也是 a 端为正，则 A 与 a 是同名端，另外两端 X 与 x 也是同名端；A 与 x 是异名端。当同名端通入电流时，它们所产生的磁通方向相同；若从异名端通入电流时，其两绕组产生的磁通则相互抵消。为了便于记识，在电路中常用“ * ”或“·”来表示绕组间的同名端。若将两绕组异名端相连接，则电势相加，反之则电势相减（见图 5—6）。

另外，变压器的同名端与绕向有关，绕向改变，极性也会随之改变。

极性判断方法可以用瞬时极性法。

2．三相变压器的绕组连接

三相变压器的绕组连接可以接成三角形或星形，无论何种接法，都有一定的规定和要求。

（1）星形接法。星形接法的符号用 Y 表示，是将三相绕组的各一端连接在一起，而各绕组的另一端分别接 U、V、W 三相电源（见图 5—7）。当电流流进任一相，从另两相流出时，各相磁通所产生的方向是一致的，在铁心中形成一个闭合磁路，绕组中的各相感应电动势相同。若有一绕组接反时，会引起空载电流增大许多，是不允许的。因此通电运行前要认真检查接法。

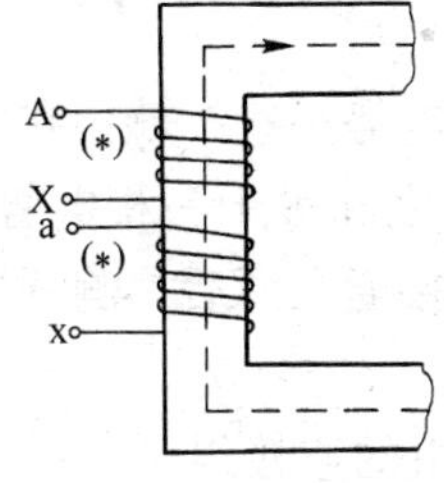

图 5—6　变压器的极性

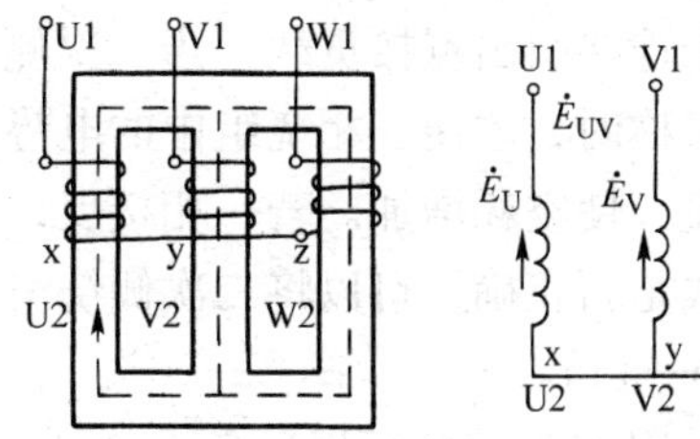

图 5—7　三相变压器星形接法

二次侧绕组的星形接法也用 Y 表示，接法如同一次侧绕组。

三相变压器的 Y/Y 接法与三角形接法相比较，每相承受的电压较低，又有中性点，为三相四线制供电提供方便。该接法因磁通中存在着三次谐波，会使油箱发热而影响效率，且中性点接触不良时电位不稳定，有故障时须停用。星形接法的接线图和矢量图如图 5—8 所示。

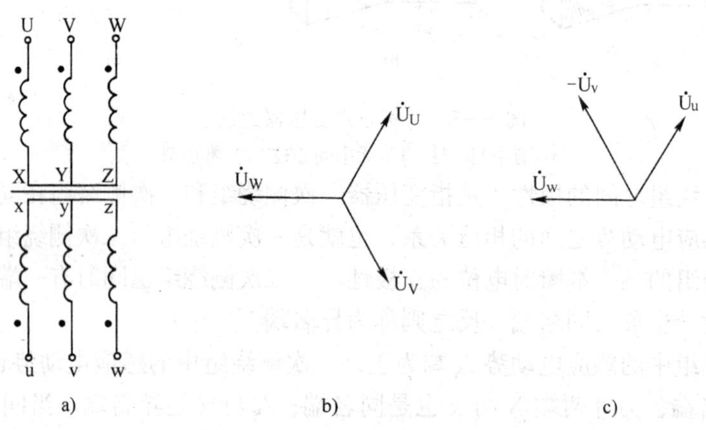

图 5—8　绕组的星形连接

a）接线图　b）正确接线矢量图　c）一相接反矢量图

（2）三角形接法。三角形接法的符号用 D 表示，是将三相绕组的首尾端依次连接而成，再从三个连接点上接上 U，V，W 三相电源。其接法可分为正、反相序两种（见图 5—9）。无论何种接法，其目的是保证铁心中所产生的磁通方向一致。若一相绕组接反，则空载电流急剧增大，比星形接法的电流更大。后果不堪设想。

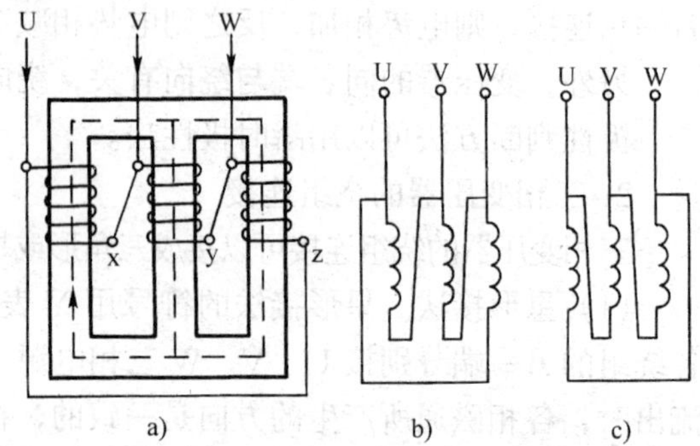

图 5—9　三相变压器三角形接法

a）一次侧绕组连接与磁路　b）正相序　c）反相序

二次侧绕组的三角形接法也如同一次侧绕组一样，但表示方法用 d。接线如图 5—10 所示。其三个连接引出点接负载，当二次侧三相电势完全对称时，才使三相绕组中的电势之和为零。若一相电势小些，就会在三角形回路中产生环流，使空耗增加。若一相接反，二次侧的三相电势之和等于一相电势的两倍。若要判断接线是否正确，可以将二次侧绕组接成开口三角形，接通电源后，测开口处的电压值（见图 5—11）。

变压器采用 Y/d 接法可以避免 Y/Y 接法的缺点，改变绕组的连接组别，以适应并联运行要求，在同样线径条件下，可以使输出电流达到星形接法输出电流的$\sqrt{3}$倍。

3. 三相变压器的连接组别

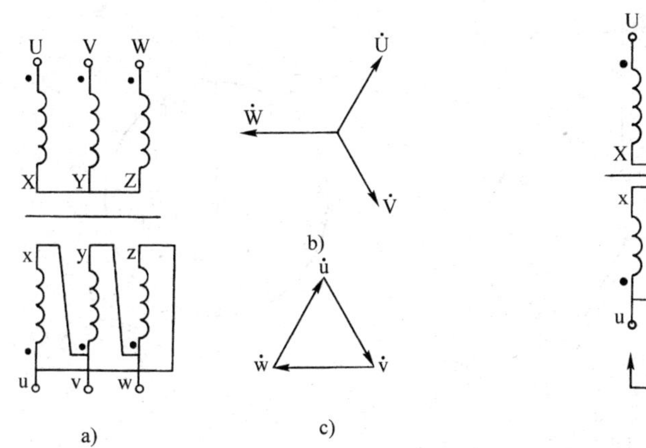

图 5—10　绕组的三角形连接

a）接线图　b）一次侧矢量图　c）二次侧矢量图

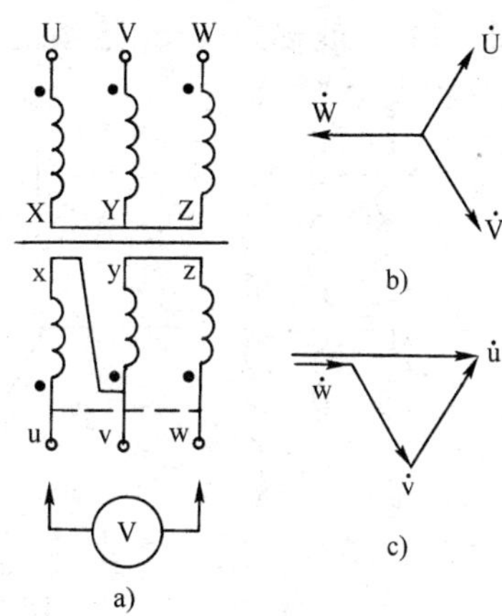

图 5—11　二次侧一相接反测试

a）接线图　b）一次侧矢量图　c）二次侧矢反接

三相变压器的一、二次侧绕组所用不同方式连接和对应的线电压间的相位关系，称为三相变压器的连接组别。用时钟表示法来画矢量图。规定高压侧的线电压矢量为时钟长针，永远固定在时钟面的“12”上，低压侧对应的线电压矢量为时钟短针，该短针指向哪个数，则变压器的连接组别就为该数的标号。

（1）Y/Y 接法。按图 5—12 所示，一、二次侧绕组都接成星形，且首端为同名端，末端也为同名端相连接，因此它们间的线电势相位也相同，短针都指向“12”。该接法称为 Y/Y_0 连接组别；若按图 5—13 所示接法，一、二次侧首端不是同名端，而是异名端，则二次侧的线电势反相，短针指“6”时，成为 Y/Y_6 连接组别。

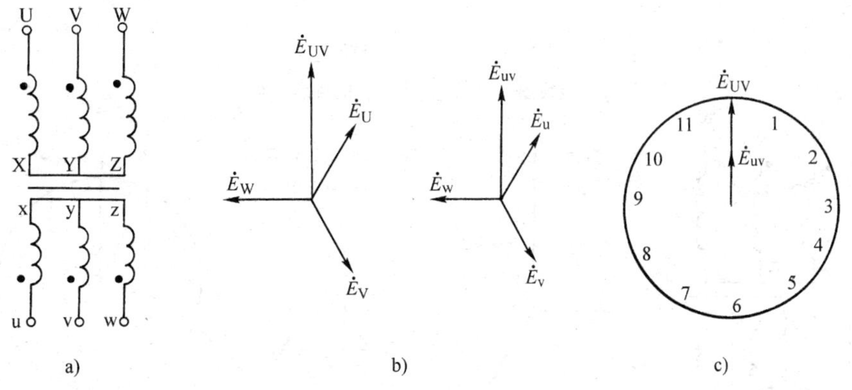

图 5—12　Y/Y_0 连接组

a）接线图　b）相量图　c）时钟表示

（2）Y/d 接法。图 5—14 所示的二次侧绕组按正序接法，连成闭合回路，一、二次侧绕组的首端为同名端，其对应二次侧电势滞后一次侧电势 30°，短针指向“1”，故称为 Y/d_1 连接组别；若按图 5—15 中所示的二次侧绕组按反序接法，则对应的二次侧电势超前 30°，短针指向“11”，故称为 Y/d_{11}连接组别。

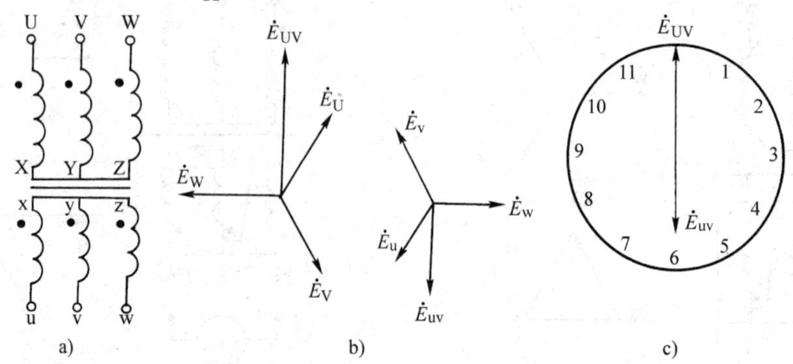

图 5—13　Y/Y_6 连接组

a）接线图　b）矢量图　c）时钟表示图

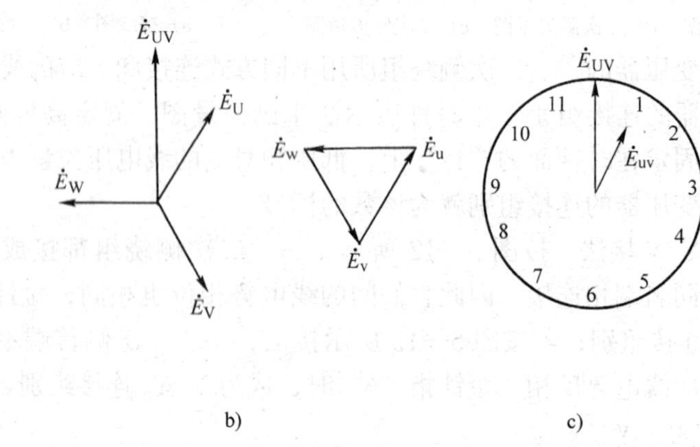

图 5—14　Y/d_1连接组

a）接线图　b）矢量图　c）时钟表示图

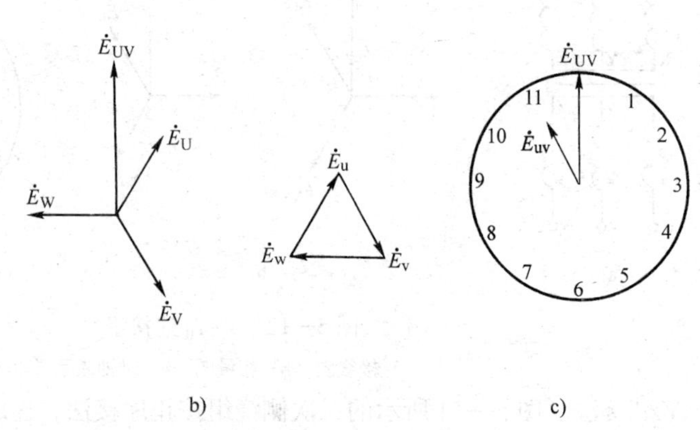

图 5—15　Y/d_{11}连接组

a）接线图　b）矢量图　c）时钟表示图

我国三相电力变压器规定了五种连接标准，分别为 Y/Y_{n0}，Y_N/d_{11}，Y_N/Y_0，Y/Y_0，Y/d_{11}。此外，少数场合需要用 D/Y 连接法和 D/d 连接法的三相变压器连接组别。

三、变压器的并联运行

1. 变压器并联运行的意义

(1) 满足随着现代化设施的发展，对供电质量和稳定性提出的更高要求。

(2) 当负载有波动时，可以根据需要投入或切断一些变压器，以提高运行效率。

(3) 当某一台变压器有故障或检修时，可以换下，接上备用的变压器投入并联运行，提高供电的可靠性。

2. 三相变压器并联运行的条件

将两台或多台变压器的一次侧和二次侧绕组同一相的引线连接在一起的运行方式，称为变压器的并联运行（见图 5—16）。为了保证并联运行的准确性，并联运行的变压器必须满足以下条件：

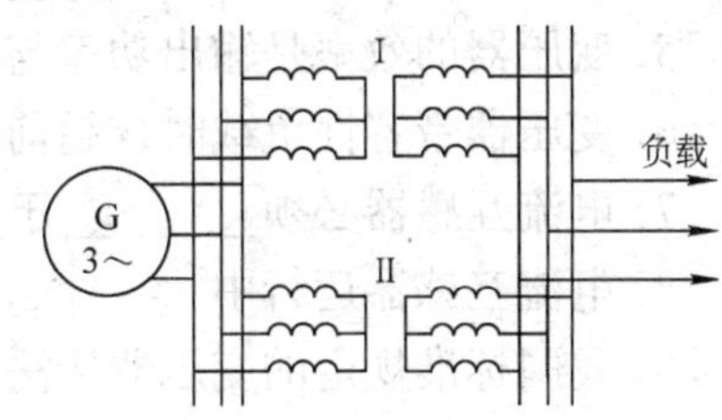

图 5—16　两台 Y/Y 连接变压器的并联运行

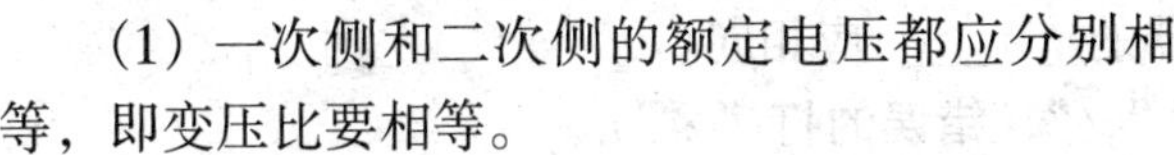
(1) 一次侧和二次侧的额定电压都应分别相等，即变压比要相等。

(2) 短路阻抗相等，即阻抗电压百分值相等。

(3) 各变压器的连接组别相同。

3. 三相变压器的并联运行条件不理想时的运行

在实际的并联运行中，并非要求绝对相等的变压比和短路阻抗，允许有差别，但差别不允许太大，以免影响正常运行。而各变压器的连接组别一定要相同。

(1) 变压比不等时的并联运行。两台容量相等的变压器并联运行，当其变压比有差别时，由于变压比的不等，二次侧电势产生差异，在二次侧的两绕组间形成环流，增大了损耗。变压器带负载时，二次侧电势高的一台电流增大，会超过额定电流而过载。因此，规定变压器在并联运行中，其变压比误差不超过±0.5%。

(2) 短路阻抗不等时的并联运行。其他条件相同，短路阻抗不等，并联运行时负载电流分配与各台变压器的短路阻抗成反比，变压器输出电流有差异，使它们的容量得不到充分利用。因此，规定变压器并联运行时，其短路电压比不应超过 10%。当两台变压器的容量有差别时，要合理分配负载较难，小容量的变压器易过载。因此，规定变压器在并联运行时，其最大容量与最小容量之比不准超过 3:1。

(3) 连接组别不同时变压器的并联运行。若两台变压器的组别不同时进行并联运行，后果严重。因为连接组别的不同，它们二次侧电压的相位差就不同，在两绕组中产生比额定电流还要大的空载环流，将变压器烧坏。因此，变压器连接组别不同时，绝不允许并联运行。

单元测试题

一、填空题（请将正确的答案填在横线空白处）

1. 变压器的负载电压可以通过改变________得到不同的电压值。
2. 变压器的外特性是二次侧电压随________的变化而变化的。
3. 提高功率因数可以减小________。
4. 变压器的损耗主要包括________和铁损耗两大类。
5. 变压器的效率是输出功率与________之比。
6. 变压器带容性负载时，超前的无功电流具有________作用。
7. 电流互感器必须________于电路中。
8. 电流互感器运行中________开路。
9. 我国标准规定的变压器接法常用的有________种连接组别。
10. 多台变压器并联运行时，变压器的________应相同。

二、判断题（下列判断正确的请打"√"，错误的打"×"）

1. 变压器负载运行的功率因数过低，会引起供电电压波动，给负载运行带来不良影响。（　）
2. 电压调整率是输出电压与负载电压的比值。（　）
3. 互感器是一种特殊变压器，可以将危险的大电流、高电压转换成小电流、低电压进行测量。（　）
4. 电压互感器与线路连接时必须串接于电路中。（　）
5. 为了防止短路、烧坏仪表，电流互感器的二次侧必须串接熔断器。（　）
6. 电压互感器的铁心和一次侧绕组必须可靠接地。（　）
7. 三相变压器是由三个单相变压器组合成的，因此在运行时，电压、电流都随负载而变化。（　）
8. 变压器的同名端是指两绕组中电势极性相同的两个端点。（　）
9. 三相变压器并联运行时，其变压比一定要相等。（　）
10. 两台以上变压器并联运行时，其连接组别一定要相同。（　）

三、单项选择题（下列每题有4个选项，其中只有1个是正确的，请将其代号填在横线空白处）

1. 当变压器带容性负载运行时，其电压调整率$\Delta U\%$________。

A. 大于零　B. 等于零　C. 小于零　D. 大于1

2. 电流互感器的________要可靠接地。

A. 一次侧绕组　B. 二次侧绕组　C. 铁心　D. 铁心和二次侧绕组的一端

3. 电压互感器运行时，其二次侧________。

A. 不允许开路　　B. 不允许短路　　C. 不允许装熔丝　　D. 不允许接地

4. 变压器绕组极性是指一、二次侧绕组在同一________作用下，所产生的感生电动势之间的相位关系。

A. 电压　　B. 电流　　C. 磁通　　D. 磁场力

5. 多台变压器并联运行，其短路阻抗的电压比不应超过________%。

A. 5　　B. 10　　C. 20　　D. 25

6. 投入并联运行的各变压器，最大容量与最小容量之比不宜超过________比例。

A. 3∶1　　B. 4∶1　　C. 5∶1　　D. 2∶1

四、简答题

1. 变压器的效率与损耗有关，变压器的损耗有哪些？

2. 电流互感器有何特点？

3. 变压器组的并联运行条件有哪些？

五、计算题

单相变压器额定电压为 10 kV/238 V，额定电流为 5/218 A，$I_0=0.5$ A，$P_0=400$ W，$P_K=1$ kW，满载时 $U_2=220$ V，$\cos\phi_N=0.8$，求：（1）电压比；（2）空载时功率因数 $\cos\phi$；（3）电压调整率 $\Delta U\%$；（4）满载时 P_2，P_1，η。

单元测试题答案

一、填空题

1. 匝数　　2. 负载电流　　3. 电压调整率　　4. 铜损耗　　5. 输出功率　　6. 助磁　　7. 串接　　8. 二次侧不允许　　9. 5　　10. 连接组别

二、判断题

1. √　　2. ×　　3. √　　4. ×　　5. ×　　6. ×　　7. ×　　8. √　　9. √　　10. √

三、单项选择题

1. C　　2. D　　3. B　　4. C　　5. B　　6. A

四、简答题

1. 答：有空载时的铁损耗（包括涡流损耗和磁滞损耗两部分），以及带上负载后的铜损耗和其他附加损耗。

2. 答：电流互感器一次侧绕组匝数少而导线粗，二次侧绕组匝数多而导线细，一次侧绕组串接于被测电路中。

3. 答：变压比相等；短路阻抗相等；必须同一连接组别。

五、计算题

解：（1）$K=\dfrac{U_1}{U_2}=\dfrac{10\ 000}{238}=42$

（2）$\cos\phi=P_0/U_{1N}I_0=400/10\ 000\times0.5=0.08$

（3）$\Delta U\%=(U_{2N}-U_2)/U_{2N}=\dfrac{238-220}{238}=7.56\%$

（4）$P_2=U_2I_2\cos\phi_N=238\times218\times0.8=38.368\ \text{kW}$

$P_1=P_2+P_0+P_K=38.368+0.4+1=39.768\ \text{kW}$

$\eta=\dfrac{P_2}{P_1}\times100\%=38.368/39.768\times100\%=96.5\%$

第六单元　变配电知识

第一节　供电基本要求

一、电力系统的组成

电力系统是由发电、输电、变配电和电力用户所组成的整体。

发电：即电能的生产，生产电能的工厂称为发电厂；输电：输电是指电力的输送。在电力系统中，都采用高电压、小电流来输送电力。输电的距离越长，则输电电压就越高；变电即变换电网的电压等级。变电可分为输电变电和配电变电两种。配电是指电力的分配，分为电力系统对用户的电力分配和用户内部对用电设备的电力分配两种。

二、对电力系统的供电要求

中小型电力系统供电的任务是从电网接受电能，变换电压和分配电能，为工业生产和生活服务。

1. 保证供电的可靠性

在电能的供应、分配和使用中为了避免发生人身和设备事故，在电力系统的设计和运行必须满足供电的可靠性要求。

2. 保证良好的电能质量

电压和频率是电能质量的两个重要指标。电压偏移超过允许范围，用电设备的正常运行就会受到影响。因此，用电设备最理想的工作电压就是它的额定电压。各种用电设备在额定电压下运行时，其技术性能和经济效果最好。一般用电设备的额定电压等于供电线路的额定电压。由于线路有损耗，因此线路始端比末端的电压要高。一般采用线路始端电压

U_1 和末端电压 U_2 的算术平均值 $U=(U_1+U_2)/2$ 作为用电设备的额定电压，这个电压也就是电力网的额定电压，所以用电设备的额定电压等于电力网的额定电压。用电设备的电压一般允许在额定电压的±5%以内变化，而线路允许的电压损失一般为10%。所以线路始端电压 U_1 比额定电压高5%，而线路末端电压 U_2 则比额定电压低5%。对于频率的要求有如下规定：频率应为50 Hz，允许偏差应为±0.2～0.5 Hz。电力系统应保证在各种运行方式下电力用户对电能质量的要求。

3. 保证电力系统运行的经济性

经济性是指电能在生产、传送、分配的过程中耗费少、效率高，尽可能降低电能成本。主要体现在应根据用户的规模、电力负荷等级等不同而采用相应的配电方式，来满足电力用户的需要。

4. 要有一定的灵活性和方便性

电力系统接线要力求简单，能适应负荷变化的需要而灵活、简便、迅速地由一种状态转换到另一种状态，避免发生误操作。并能保证安全、方便地进行正常维护和检修工作。

三、供电的级别

电力负荷分为三类，即一级负荷、二级负荷和三级负荷。

一级负荷是指突然中断供电将造成人身伤亡及重大设备损坏，对国民经济带来巨大损失的，在经济上造成重大影响的电力负荷。如炼钢厂等。对一级负荷的用户所提供的电力应来自两个独立电源供电，其中一个为备用电源。

二级负荷是指突然中断供电将会造成大量产品报废或减产，因处理不当而发生人身和设备事故以及中断供电将会造成重要公共场所秩序的混乱的电力负荷。如体育场等。应尽量由不同变压器供电。

三级负荷是指除一、二级负荷以外的其他用户。

对一、二级负荷，要求供电系统当线路发生故障停电时，仍保证其连续供电。对三级负荷所提供的电力，允许供电系统暂时停电。

四、电力线路的配电方式

常用的低压配电方式有三种：即放射式、树干式和环形接线等几种。

1. 放射式配电方式

由低压母线引出若干条厂区配电线路供给各车间或大容量设备，在车间内部又从低压干线上分别引出配电支线至设备配电的方式，称为放射式配电（见图6—1）。

由于放射式配电的各配电线路彼此独立，当任何一条线路发生故障时并不影响其他线路的正常供电，所以可靠性较高，但耗用设备较多。适用于要求供电可靠性较高的车间或大型设备的供电。

2. 树干式配电方式

在变压器输出干线上分别接配电支线，在支线上接用电设备。显然，当任一支线上发生故障时，就会引起全线停电，所以供电可靠性较低，但耗用设备较少。该配电方式在工厂配电中很少单独应用（见图 6—2）。

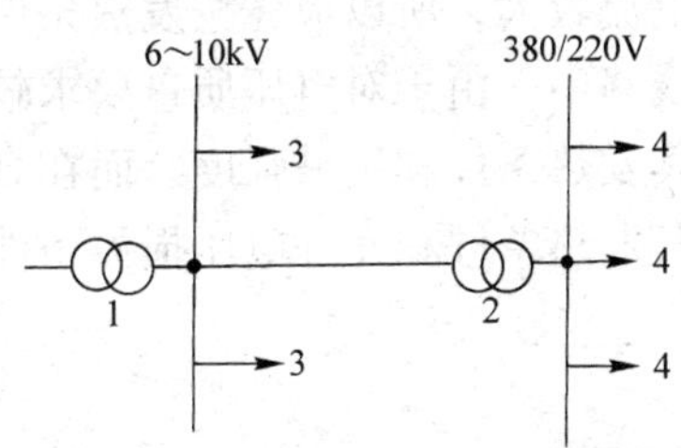

图 6—1　单回路放射式配电方式
1—总降压变电所　2—车间变电所
3—高压用电设备　4—低压用电设备

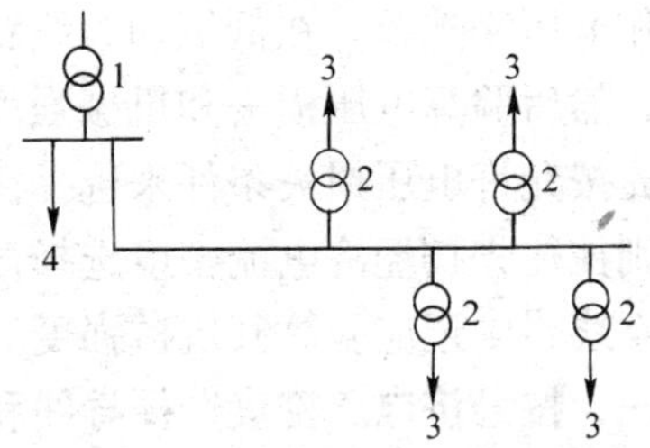

图 6—2　直接连接树干式配电方式
1—总降压变电所　2—车间变电所
3—低压用户　4—高压用户

3. 环形接线方式

380/220 V 环形接线供电可靠性高，当任一段线路发生故障或检修时，都不至于中断供电，即使暂时中断供电，只要完成切换电源的操作就能恢复供电。环形接线还可以减少电能损耗或电压损耗，即能节约电能，又易保证电压质量。实际上，低压环形接线也多采用“开口”方式运行，发生故障时能及时由另一端供电（见图 6—3）。

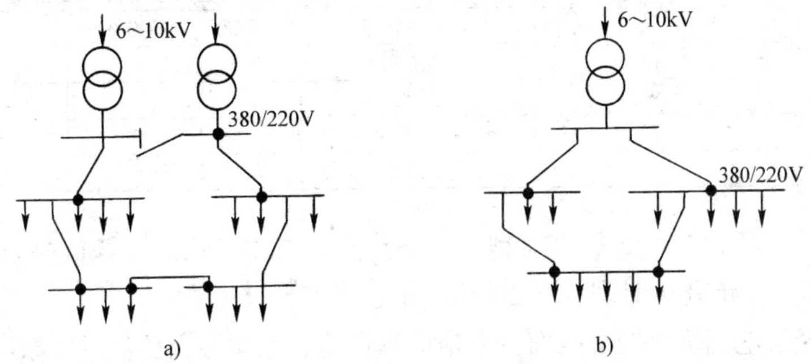

图 6—3　环形接线方式
a）两台变压器供电　b）一台变压器供电

第二节　导线和电缆截面的选择

合理地选择电力线路的导线截面，从技术上、经济上来说都是必要的。因为导线截面选择过大，会增加线路建设的投资；导线截面选择过小，线路在运行中会造成过大的电压降和电能损失，甚至会引起事故。因此，为保证供电和用电系统安全、可靠、经济、合理地运行，导线和电缆截面的选择必须适当。

导线和电缆截面的选择通常按导线发热条件、电压的损失、经济电流密度、机械强度和工作电压来选择。在低压动力线路中，因为负荷电流较大，所以应先按发热条件来选择截面，然后验算电压损失和机械强度。在低压照明线路中，由于对电压质量要求较高，所以应先按允许电压损失条件来选择截面，然后验算其发热条件和机械强度。而在高压线路中，则往往先按经济电流密度选择截面，然后验算其发热条件和允许电压损失条件，在高压架空线路中还应验算其机械强度。

一、按经济电流密度选择导线和电缆的截面

电力线路应按规定的经济电流密度来选择导线和电缆截面，其计算方法为：先求出线路上流过的电流 I_j，按线路上流过的最大负荷的年利用小时数，由表 6—1 中查出经济电流密度 j，根据公式求出经济截面 S（一般只适用于高压线路）：

$$S = I_j / j$$

式中 S——经济截面（mm^2）；

I_j——计算电流（A）；

j——经济电流密度（A/mm^2）。

表 6—1　　我国规定的导线和电缆经济电流密度　　A/mm^2

线路类别	导线材料	年最大负荷利用小时的电流密度		
		<3 000 h	3 000～5 000 h	>5 000 h
架空线路	铝	1.65	1.15	0.90
	铜	3.00	2.25	1.75
电缆线路	铝	1.92	1.73	1.54
	铜	2.50	2.25	2.00

【例 6—1】 10 kV 铜绞线（TJ 型）架空线路，长 10 km，计算负荷为 1 200 kW，功率因数 $\cos\phi = 0.9$，年利用时间为 4 200 h。试选择其经济截面。

解：根据经济电流选择经济截面。根据计算负荷、电压等级和功率因数求出计算电流：

$$I_j = \frac{P}{\sqrt{3}U\cos\phi} = \frac{1\,200 \times 10^3}{\sqrt{3} \times 10 \times 10^3 \times 0.9} \approx 77\ \text{A}$$

由表 6—1，根据导线为铜绞线，年利用时间为 4 200 h，查得经济电流密度为 2.25 A/mm^2，代入公式计算得经济截面：$S = \frac{I_j}{j} = \frac{77}{2.25} = 34.22\ mm^2$

故选相近标称截面为 35 mm^2 的 TJ 型铜绞线。

二、按发热条件选择导线和电缆的截面

1. 安全载流量及其与安全的关系

电流通过导线时，导线由于电阻的存在就会发出热量，电流越大，发热也越大，如果导线发热超过一定限度时，其绝缘物就迅速老化、损坏，严重时要发生火灾事故，因此必须限制导线发热温升的程度。根据导线敷设的方式不同，环境温度不同，允许的载流量也不同。通常把允许通过的最大电流值称为允许电流值，也称作安全载流量。因此，必须将导线的工作电流限制在安全载流量内。

2. 导线和电缆的安全载流量

导线的安全载流量与导线的截面积、绝缘材料的种类、环境温度、敷设方式等因素有关。各种技术资料、手册所列表格，由于条件不同而有所差异，使用时应当注意。

(1) 绝缘导线的安全载流量（见表6—2）。表中的安全载流量按环境温度+35℃。当实际环境温度不是+35℃时，应按表6—3中的修正系数进行修正。

表6—2　塑料绝缘铜导线允许载流量 (A)

截面 mm^2	明线敷设		穿管敷设（二线）		穿管敷设（三、四线）	
	PVC	XLPE	PVC	XLPE	PVC	XLPE
1.5	25	—	17	22	15	19
2.5	33	—	23	30	20	27
4	43	—	30	40	26	36
6	56	—	39	52	34	46
10	77	—	54	72	47	63
16	105	—	71	96	64	84
25	137	175	95	128	84	112
35	170	217	118	157	103	138
50	206	264	142	190	126	158
70	264	339	180	243	161	213
95	321	413	218	294	195	258
120	372	480	253	340	225	300
150	429	554	288	—	259	—
185	490	635	331	—	294	—
240	578	749	—	—	—	—
300	666	866	—	—	—	—
400	801	1 041	—	—	—	—
500	923	1 203	—	—	—	—

注：1. 本表中的允许载流量是根据线芯允许长期工作温度为PVC：70℃；XLPE为90℃，环境温度为35℃规定的。

2. 表中PVC为聚氯乙烯；XLPE为交联聚乙烯。

表6—3　不同环境温度时的绝缘导线载流量的修正系数

环境温度（℃）	15	20	25	30	35	40	45	50
修正系数	1.29	1.22	1.15	1.08	1.00	0.91	0.83	0.71

(2) 电缆的安全载流量。电缆的安全载流量与电缆的种类、型号、截面积、环境温度、敷设方式等诸多因素有关。低压氯乙烯电缆的安全载流量见表6—4。表中的安全载流量按环境温度+35℃；地温为30℃。当实际地温不是+30℃时，应按表6—5中的修正系数进行修正。其他类型的电缆在不同敷设条件下的载流量，详见有关手册及资料。

三、按机械强度选择

导线安装后在运行过程中，要受到外力的影响（如导线本身的自重、敷设方式的不同、支持点距离的不同、导线受到张力的不同），如果导线不能承受到张力作用，就会造成

表 6—4　　低压氯乙稀电缆电力电缆的允许载流量　　A

标称截面 mm²	二芯				三芯（四芯）			
	空气中敷设		埋地敷设		空气中敷设		埋地敷设	
	铜芯	铝芯	铜芯	铝芯	铜芯	铝芯	铜芯	铝芯
1.5	21		23		17	—	18	—
2.5	28	22	30	23	24	18	24	18
4	38	29	39	30	32	24	32	22
6	48	37	48	37	40	31	40	31
10	66	51	64	39	56	43	53	41
16	88	69	83	63	75	57	69	53
25	112	84	107	82	95	73	86	68
35	139	104	128	98	118	90	106	82
50	169	127	152	116	144	110	125	97
70	218	163	187	144	184	141	154	120
95	265	197	221	170	224	172	183	141
120	378	229	252	193	259	139	208	161
150	356	265	284	219	300	230	236	182
185	483	303	320	246	342	263	265	205
240	567	357	369	283	404	310	305	236
300	—	413	416	321	467	358	344	266

注：计算条件：线芯允许长期工作温度为70℃；环境温度为35℃规定的；地温为30℃；土壤热阻系数为1.2 K·m/W。

表 6—5　　不同环境温度时的绝缘导线载流量的修正系数

地温（℃）	15	20	25	30	35	40
修正系数	1.14	1.10	1.05	1	0.95	0.89

断线停电。所以在选择导线时，必须考虑导线的机械强度。导线在线路中允许最小截面如下：

1. 室内线路允许最小截面

铜芯线：主干线为2.5 mm²；分支1 mm²。

2. 室外架空线路允许最小截面

钢芯铝绞线：主干线为70 mm²；分支35 mm²。铜绞线：主干线为50 mm²；分支16 mm²。

四、按允许电压损失选择导线的截面

由于线路的阻抗的存在，当电流流过线路时，会产生一定的电压损失。如果电压损失过大，供电电压不能满足规范要求，则需适当调整导线的截面。对于低压线路常用方法如下：

单相制：
$$S=\frac{2PL}{\gamma\ (220)^2\Delta U\%}\times 100\ (\mathrm{mm}^2)$$

式中　P——用电设备功率（W）；

L——导线长度（m）；

γ——导线导电率（$\gamma_{铜}=54\ \mathrm{m/mm^2\cdot\Omega}$），（$\gamma_{铝}=32\ \mathrm{m/mm^2\cdot\Omega}$）。

三相四线制时电压损失应按表6—6选用。

表 6—6　**380 V 导线的电压损失**

线芯材料	截面 mm^2	导线明敷时的电压损失（相间距离 150 mm）[%/A·Km]						导线穿管时的电压损失（相间距离 150 mm）[%/A·Km]					
		cosϕ						cosϕ					
		0.5	0.6	0.7	0.8	0.9	1.0	0.5	0.6	0.7	0.8	0.9	1.0
铜	1.5	3.321	3.945	4.565	5.181	5.789	6.351	3.230	3.861	4.490	5.118	5.743	6.351
	2.5	2.045	2.415	2.782	3.145	3.500	3.810	1.995	2.333	2.709	3.083	3.455	3.810
	4	1.312	1.538	1.760	1.978	2.189	3.357	1.226	1.458	1.689	1.918	2.145	2.357
	6	0.918	1.067	1.212	1.353	1.487	1.580	0.834	0.989	0.143	1.295	1.441	1.580
	10	0.596	0.670	0.751	0.828	0.898	0.930	0.508	0.597	0.686	0.773	0.858	0.930
	16	0.399	0.447	0.493	0.535	0.570	0.569	0.325	0.379	0.431	0.483	0.532	0.569
	25	0.293	0.321	0.347	0.369	0.385	0.367	0.223	0.256	0.289	0.321	0.350	0.367
	35	0.237	0.255	0.271	0.284	0.290	0.264	0.169	0.193	0.216	0.237	0.256	0.264
	50	0.190	0.200	0.209	0.214	0.213	0.181	0.127	0.142	0.157	0.170	0.181	0.181
	70	0.162	0.168	0.172	0.172	0.168	0.133	0.101	0.118	0.122	0.130	0.137	0.133
	95	0.141	0.144	0.145	0.142	0.135	0.099	0.085	0.092	0.098	0.104	0.107	0.099
	120	0.127	0.128	0.127	0.123	0.115	0.078	0.071	0.077	0.082	0.085	0.087	0.078
	150	0.117	0.116	0.114	0.109	0.099	0.063	0.064	0.068	0.071	0.073	0.073	0.063
	185	0.108	0.107	0.104	0.098	0.087	0.051	0.058	0.060	0.062	0.063	0.062	0.051
	240	0.099	0.096	0.092	0.086	0.075	0.039	0.051	0.053	0.053	0.053	0.051	0.039

注：导线工作温度为 60℃。

第三节　架空线路的施工方法

一、电杆及其组成

电杆是用来架设架空导线和避雷线（又称架空地线）。电杆必须具备有足够的机械强度，造价低，寿命长。电杆一般指的是一根杆，当有多根杆组成时，称为杆塔。电杆一般有杆身、横担、绝缘子和金具等元件组成（见图 6—4）。电杆按其材质不同可分为水泥杆、木杆和金属杆三种。

1. 水泥电杆

水泥电杆又称钢筋混凝土杆，它具有使用寿命长、美观、不受气候影响、维护工作量小等优点，但笨重、搬运和架设不便。由于采用钢筋混凝土可节约大量木材和钢材，目前在我国城乡 35 kV 及以下的架空线路上被广泛使用。在水泥杆中使用最多的是锥形水泥杆，也称为拨梢杆。拨梢杆分普通杆和预应力杆两种。

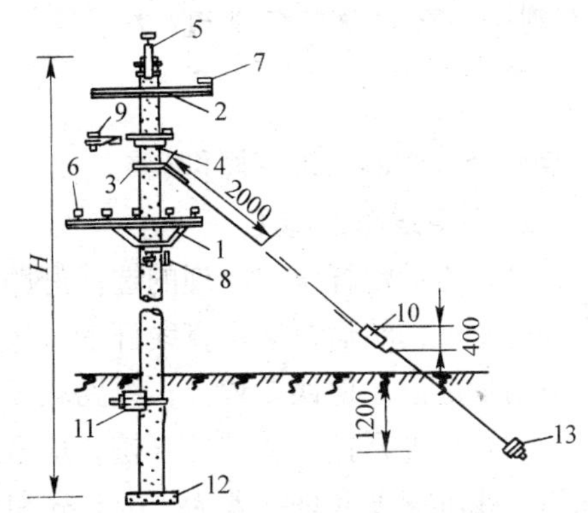

图 6—4　电杆装置示意图

1—低压五线横担　2—高压二线横担　3—拉线抱箍　4—双横担　5—高压杆顶　6—低压针式绝缘子　7—高压针式绝缘子　8—蝶式绝缘子　9—悬式绝缘子及高压蝶式绝缘子　10—花篮螺栓　11—卡盘　12—底盘　13—拉线盘

2. 木杆

木杆质量轻，便于运输与施工，绝缘性能较好，但机械强度低，使用年限较短，日常的维修工作量也偏大。我国由于木材资源不足，一般不推广使用。目前仅用于低压配电线路。

3. 金属杆

金属杆有铁塔、钢管杆和型钢杆等。金属杆一般由角铁用螺栓连接或焊接与铆接，其结构复杂，但机械强度大、使用年限长，多用在高压线路上。

二、基础施工

1. 架空线路的施工程序

架空线路的架设分杆位定位、挖坑、排杆、组杆和架线等工作程序。

电杆的架设主要包括杆坑、杆长、挡距、弧垂的确定。

杆坑的定位和划线时，为了防止坑壁塌方和施工方便，坑口尺寸要大于坑底尺寸，加大数值视土质情况而定。

电杆的长度包括地上和地下两部分，在地形平坦地带，电杆长度应按下式计算：

电杆长度 = 电杆埋深 + 导线对地距离 + 导线弧垂 + 横担至杆顶距离

在架空线路中，相邻两根电杆之间的距离叫挡距；弧垂是架空导线最低点与悬挂点间的垂直距离，当相邻两悬挂点等高时，该挡距有一个弧垂；当相邻两悬挂点不等高时，该挡距有两个弧垂，一个为最大弧垂，一个为最小弧垂（见图 6—5）。设计线路挡距时，要兼顾导线的弧垂对地距离和电杆高度等条件（见表 6—7）。

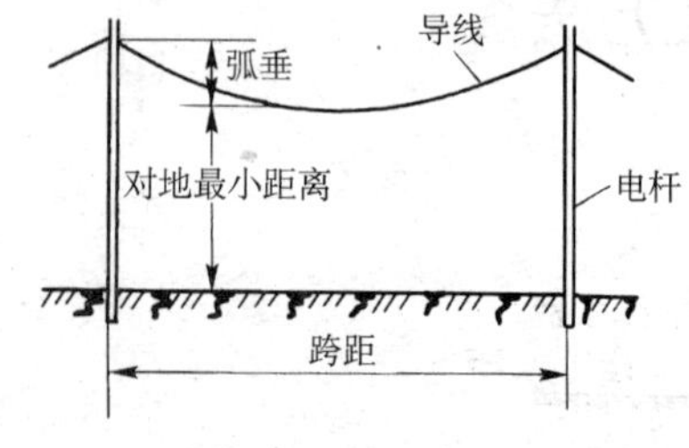

图 6—5　架空线路的跨距和弧垂

表 6—7　配电线路的挡距　m

线路电压	高压	低压
城镇和村庄	40～60	40～50
田间	60～100	50～70

2. 架空线路的施工

（1）测量定杆位。合理的选择好路径以后，要首先确定耐张杆、转角杆、终端杆等特殊杆的位置，然后再确定直线杆的位置。定杆位有两种基本方法：线路不长时可用花杆目测法测量定位，但误差较大；线路较长时，应使用经纬仪测量定位。

（2）基础开挖。基础的开挖，应根据测定的线路和杆位，按电杆的埋设要求进行。杆坑和拉线坑深度允许误差为 +0.1 m 和 −0.05 m；坑底的宽度：无底盘时，可比杆根直径大 0.4 m；有底盘时，应大于底盘 0.2 m，以便调整底盘（见图 6—6 和表 6—8）。

三、立杆

立杆主要有三个步骤，即立杆、杆身调整、涂防腐油及夯实。

1. 立杆

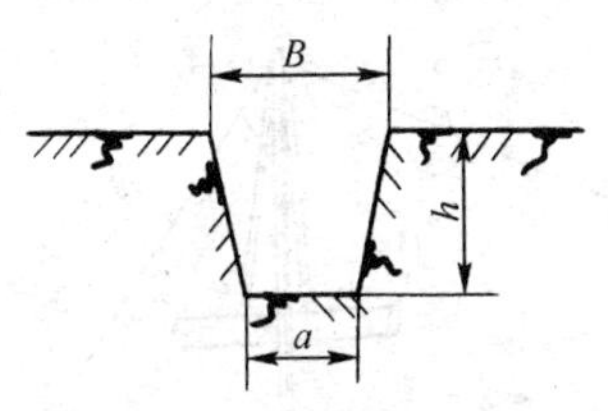

图 6—6 杆坑及拉线尺寸

a—坑底尺寸 h—坑的深度

B—坑口尺寸

表 6—8 坑口尺寸加大的公式 m

土质情况	坑壁坡度	坑口尺寸
一般黏土、砂质黏土	10%	$B=b+0.4+0.1h\times2$
沙砾、松土	30%	$B=b+0.4+0.3h\times2$
需用挡土板的松土	—	$B=b+0.4+0.6$
松石	15%	$B=b+0.4+0.15h\times2$
坚石	—	$B=b+0.4$

注：a—坑底尺寸，m；$a=b+0.4$；h—坑的深度，m；b—杆根宽度，m。

常用的有架脚立杆和抱杆立杆两种。

(1) 架脚立杆。主要工具是两副架脚，架脚用长度为 5～7 m、梢径为 80～100 mm 的木杆做成。在两条架脚的顶部，用铁丝或钢丝绳连接起来（见图 6—7）。

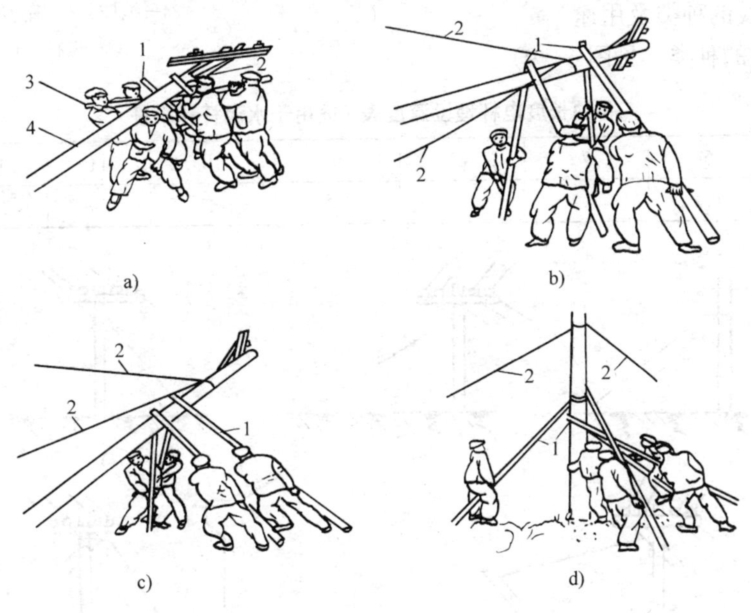

图 6—7 架脚立杆

1—架脚 2—拉绳 3—木杆 4—电杆

(2) 抱杆立杆。抱杆由两根梢径为 100～150 mm，长度为 6～7 mm 的长杆组成。顶端用金属帽套在一起，成人字形立在杆坑附近，两脚间的距离约为 2.5 m，顶端向前倾斜，顶部垂直杆坑的中心位置（见图 6—8）。

2. 杆身调整

(1) 高压配电线路的要求。电线在两电杆中间的垂直距离不得小于 5.5 m（居民点不得小于 6.5 m）。电杆长度应保证电线的对地距离，电杆梢不得小于 150 mm，电杆根部的埋入深度见表6—7。两根电杆之间的距离，一般不得大于100 m（居民点不应大于40 m）。

（2）低压配电线要求。在一般情况下，电杆挡距不得大于60 m。电杆长度应保证电线的对地距离，梢径不得小于150 mm，埋地深度见表6—9。

（3）高、低压同杆架设的配电线路。高压线路应架在杆顶，高、低压配电线路之间的距离在1.2～1.5 m。其他技术要求，参照高、低压配电线路的有关内容。

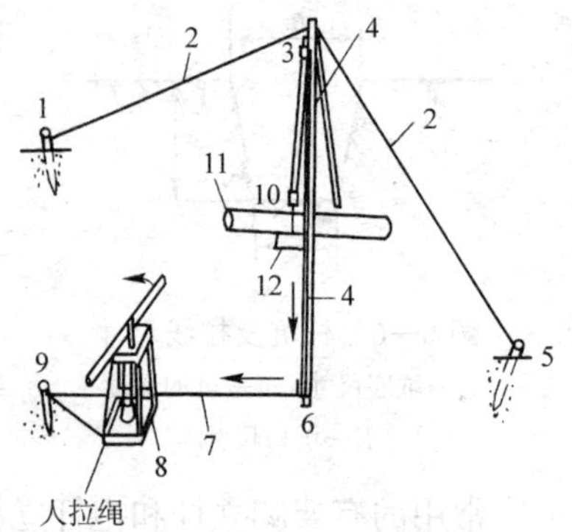

图6—8　抱杆立杆

1、5、9—地钎　2—晃绳　3、6、10—滑轮　4—抱杆　7—钢丝绳　8—绞磨　11—电杆　12—杆坑

四、拉线与撑杆施工

1．拉线施工

（1）电杆拉线作用。是为了平衡电杆所受到的各方面的作用力，并抵抗风压等，以防止电杆倾倒。

（2）拉线的种类及用途

1）拉线的种类（见图6—9）。

表6—9　各种长度电杆埋设深度表（适用于水泥杆和木杆）　m

杆长	6	7	8	9	10	11	12	13
埋深	1.2	1.2	1.4	1.5	1.7	1.8	2.0	2.2

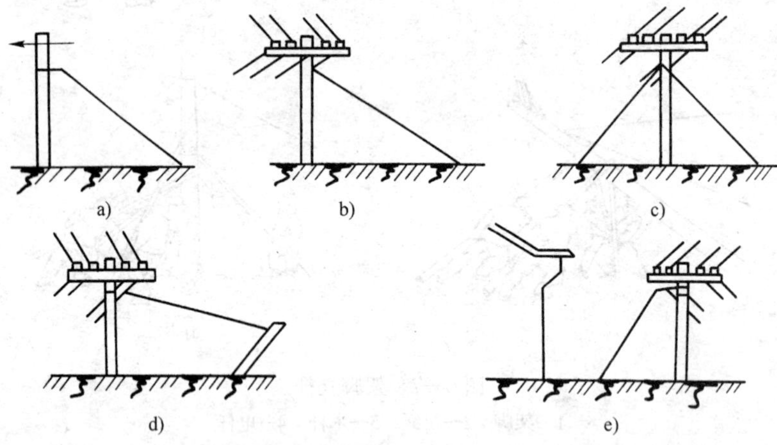

图6—9　拉线的种类

a）终端拉线　b）转角拉线　c）人字拉线　d）高桩拉线　e）自身拉线

2）拉线的用途。终端拉线用于终端和分支杆；转角拉线用于转角杆；人字拉线用于基础不坚固和加高杆及较大耐张段中间的直线杆上；高桩拉线用于跨越公路和渠道等处；自身拉线用于受地形限制不能采用一般拉线处，它的强度有限，不宜用在负载重的电杆上。

（3）拉线的材料。在地面以上部分，其最小截面不应小于25 mm^2，可采用2股直径为4 mm的镀锌绞合铁丝；在地下部分的（即地锚柄），其最小截面积不应小于35 mm^2，可用3股直径为4 mm的镀锌绞合铁丝；如用圆钢做地锚时，圆钢的直径不应小于12 mm。

（4）拉线的结构。主要由拉线上把、拉线中把和拉线下把组成（见图6—10）。

拉线上把：应选用图6—11所示的三种形状，其中绑扎上把的绑扎长度应在150～200 mm之间；U形轧上把必须用三副U形轧，每两副U形轧之间应相隔150 mm。安装上把的作用是避免导线与拉线触碰时而使拉线带电。拉线中把：中把一般都应用绑扎或U形轧结构，安装要求与上把相同。低压架空线路拉线所用的中把绝缘子，多数采用J—45型隔离绝缘子，它能承受4 500 kg的拉力，若需承受更大拉力时，可选用J—9型。拉线下把：下把应选用图6—12所示的三种形式。其中，花篮轧下把与地锚连接时，要用铁丝绑扎定位，以免被人误弄而松动。

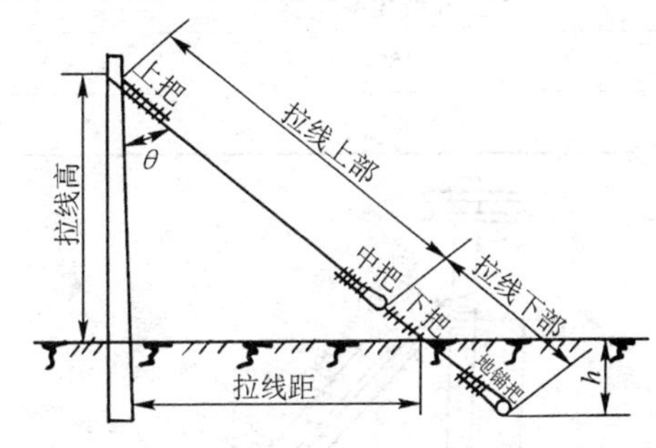

图6—10　拉线的结构

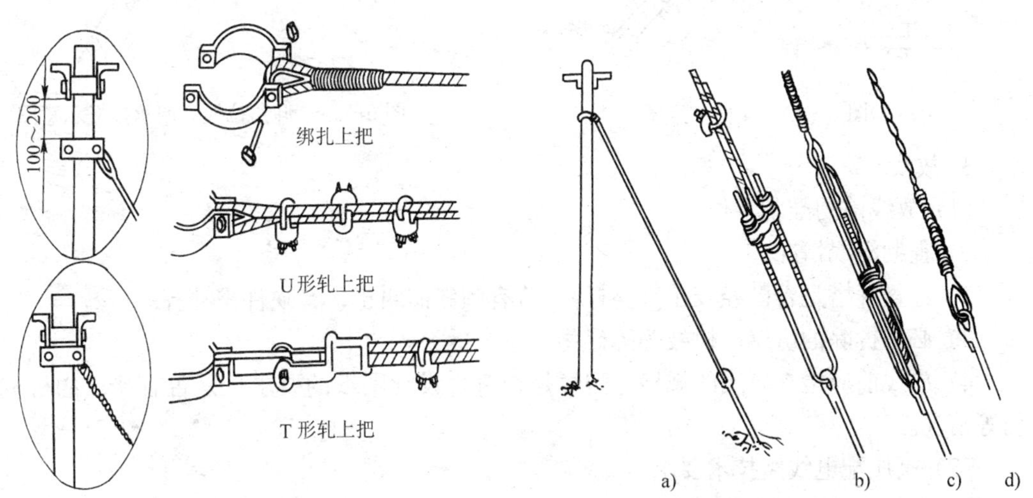

图6—11　拉线上把的结构形式　　图6—12　拉线下把的结构形式

（5）拉线组装。拉线一般用钢绞线制作，通过拉线棒与拉线盘连接在一起。拉线与地面的夹角，有45°和60°两种。承力拉线为45°，辅助拉线为60°。不同杆高和角度的拉线长度见表6—10。

2. 撑杆施工

撑杆的作用是代替拉线，在地形受到限制无法装设拉线时使用（见图6—13）。

建在高低相差悬殊的地方，电线成仰角时用拉线，成俯角时用撑杆，拉线或撑杆都应设在电线垂直角的等分线上（见图 6—14）。

表 6—10　拉线长度查找表　（m）

拉线高度 / 拉线角度	6	8	10	12	14
45°	8.5	11.4	14.2	17	19.8
60°	7	9.3	11.6	13.9	16.2

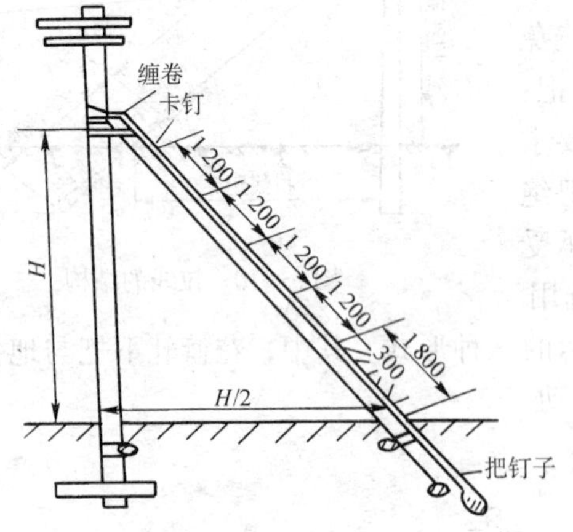

图 6—13　撑杆示意图

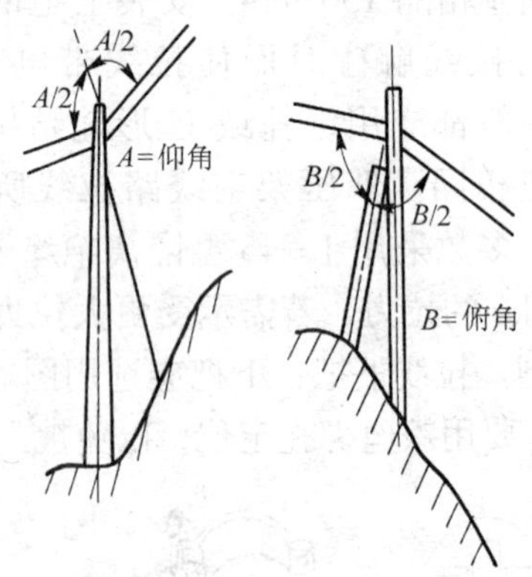

图 6—14　仰角拉线、俯角撑杆示意图

3．放线

（1）放线前的准备工作

1）查勘沿线情况。

2）检查杆塔是否已经校正（整杆），若有倾斜需纠正，有缺件需补齐。

3）必须拆除的房屋、树枝等障碍物，应先拆除。

4）放线前应检查导线的规格、型号是否符合设计图纸的要求，是否有严重的机械损伤等情况。

（2）高压配电线路技术要求

1）电线必须采用多股绞合的铝线或铜线，规格必须按安全载流量的大小来选配，但最小截面不得小于：铝线 25 mm^2；铜线 16 mm^2。

2）电线与树枝顶梢的距离不得小于：水平方向 2 m；垂直方向 1.5 m（包括树梢摆动的最小距离）。

3）电线在电杆上排列时的最小线间的相互距离见表 6—11。

4）电线和电杆中心之间的距离不应小于 600 mm。

（3）低压配电线路技术要求。低压配电线路一般采用架空形式。它是从低压配电中心到线路末端的最后一只配电箱。根据用户用电需要，线路可以从配电中心向四方延伸，并在每一线路上分接支线。但为了保证线路末端的电压质量及供、用电设备的安全，每一线路的长度（包括干线起端至每一支线终端）不应超过 1.5 km。它的主要技术要求是：

表 6—11　　电线在电杆上排列时的最小线间的相互距离　　(m)

电压	电杆挡距						
	40 以下	50	60	70	80	90	100
10 kV 高压	0.60	0.65	0.70	0.75	0.85	0.90	1.00
380 V 低压	0.30	0.40	0.45	0.50	—	—	—

1）电线的选用规格。最小截面积不得小于：铝线 16 mm^2；铜线 4.5 mm^2，并采用多股绞线，不可用单股线。

2）电线离地最低点不得低于 5 m（居民点不得低于 6 m）。

3）电线间的距离见表 6—11。

4）电线与电杆之间的距离不得小于 200 mm。

4. 导线的连接

导线连接的好坏，直接影响导线的机械强度和电气接触。

(1) 架空配电线路的导线连接方法。室外架空线路靠电杆支持电线，两电杆之间的电线完全处于悬垂状态，再加上风、雨、雪的外力影响，所以电线受力很大。因此，电线的连接必须十分牢固可靠。电线有以下几种连接方法：

1）直线连接的机械压接法。其连接步骤如图 6—15 所示。采用直线连接的机械压接法，应根据电线规格选择相适应的压模和钳接管；用钢丝刷清除电线表面和钳接管内壁的污物和氧化层，接着把两线端相对穿入钳接管，并应使互相各穿插出钳接管 25～30 mm；压接时，每个压坑应一次压完，中途不能间断，并应压到规定深度；按规定的压口数压完后，取出压好的接头，将连接管的管口涂以防潮漆。

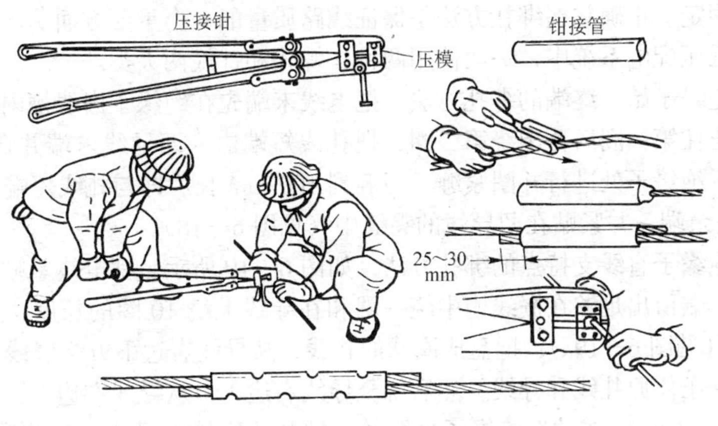

图 6—15　直线连接的机械压接法

2）直线连接的缠绕法。采用缠绕法连接电线，虽然施工简便，但只适用于电流容量小的低压配电线路上。

单股导线的缠接如图 6—16 所示。适用于 6 mm^2 以下的铜芯导线，不适用于铝导线。

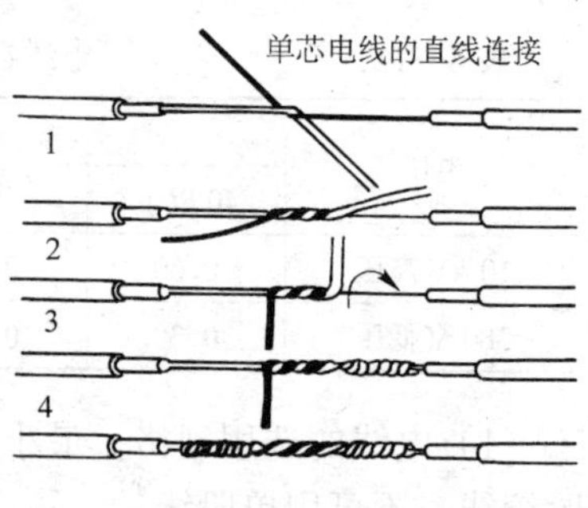

图 6—16　单股导线的缠接

多股导线的缠接。其连接步骤为：

把两个线头分别钳直，并标出连接所需的线头长度，在操作时按照图 6—17 中的 1～12 步骤；把连接所需部分的线头松散；把线头根部（占连接部分全长的三分之一）重新绞紧，并把其余部分的每股电线扳成伞形；把两伞形线头隔股对叉到底；把对叉后的伞形钳平；先缠绕一端，然后再缠绕另一端。

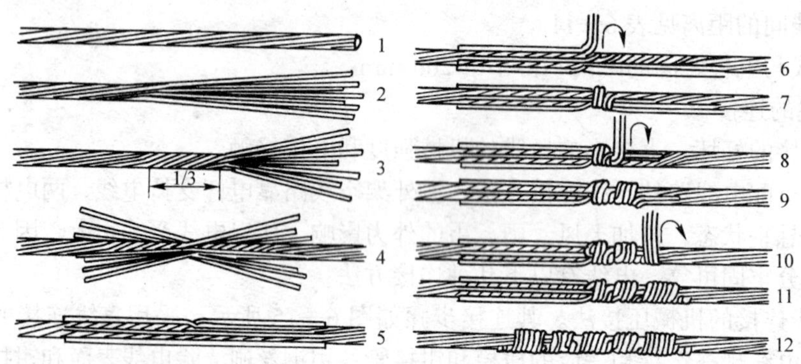

图 6—17　多股导线直接连接的缠绕法

5. 导线在绝缘子上的固定

电线杆上的瓷瓶（俗称白料）是支持电线的绝缘体，电线和瓷瓶之间通常都采用扎线绑扎的方法来固定。正确掌握绑扎方法是保证线路质量的一个重要方面。

绝缘子在低压配电系统中，一般使用两种：蝶式和针式两大类。

（1）蝶式绝缘子始、终端的绑扎方法。把电线末端先在绝缘子嵌线槽内围绕一圈，接着把导线末端压住第一圈后再围绕第二圈，把扎线短端嵌入两导线末端并合处的凹缝中，扎线长端在贴近绝缘子处进行并圈紧缠，当缠到 100 mm 长后即与扎线短端用钢丝钳紧绞 6 圈，然后剪去余端，并紧贴在两导线的夹缝中（见图 6—18）。

（2）蝶式绝缘子直线支持点的绑扎方法，如图 6—19 所示。把电线紧贴在绝缘子嵌线槽内，把扎线一端留出足够在嵌线槽中绕一圈和在导线上绕 10 圈的长度，并使扎线和导线成 X 状相交（见图 6—19a）；把盘成圈状的扎线，从导线右边下方绕嵌线槽背后缠至导线左边下方，并压住原扎线和导线，然后绕至导线右边，再从导线右边上方围绕至导线左边下方（见图 6—19b）；在贴近绝缘子处开始，把扎线紧缠在导线上，缠满 10 圈后剪去余端（见图 6—19c）；把扎线的另一端围绕到导线右边下方，也要贴近绝缘子处开始，紧

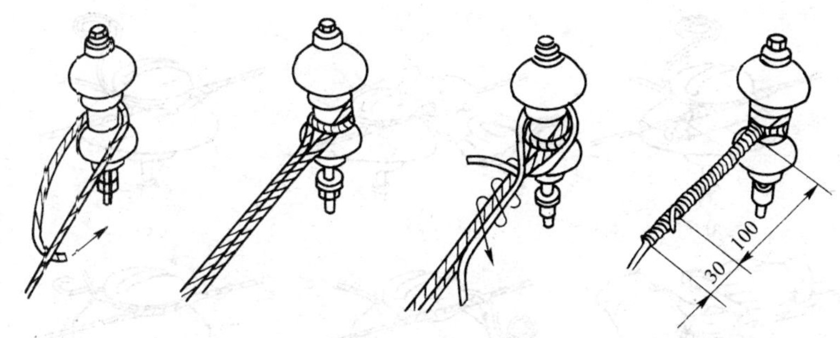

图 6—18　蝶式绝缘子始、终端支持点的绑扎方法

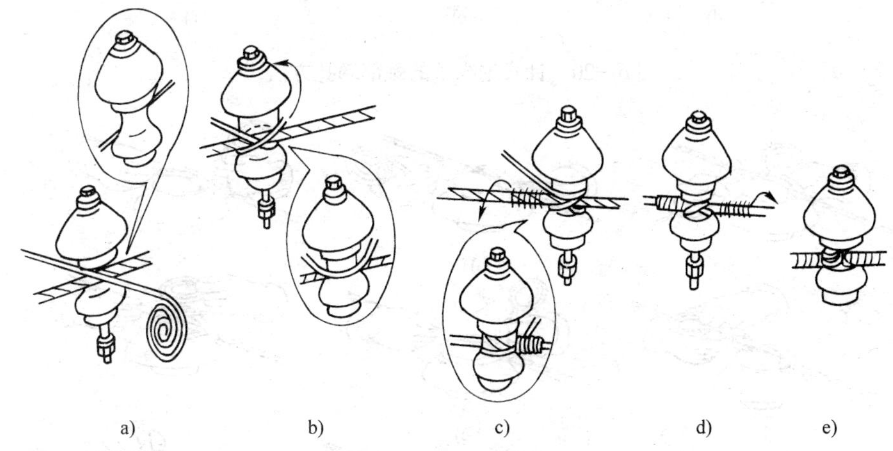

图 6—19　蝶式绝缘子直线支持点的绑扎方法

缠在导线上，缠满 10 圈后剪去余端（见图 6—19d)；绑扎完毕（见图 6—19e)。

(3) 针式绝缘子的颈部绑扎方法，如图 6—20 所示。把扎线短端先在贴近绝缘子处的导线右边缠绕三圈，接着与扎线长端互绞 6 圈，并把导线嵌入绝缘子颈部的嵌线槽内（见图 6—20a)；一手把导线扳紧在嵌线槽中，另一手把扎线长端从绝缘子背后紧紧地围绕到导线左下方（见图 6—20b)；接着把扎线长端从导线的左下方围绕至导线的右上方，并如同上法再把扎线长端绕扎绝缘子一圈（见图 6—20c)；然后，把扎线长端再围绕到导线左上方，并继续绕到导线的右下方，使扎线在导线上形成 X 形的交叉形状（见图 6—20d)；再把扎线如上法绑扎转绕至导线左上方（见图 6—20e)；最后把扎线长端在贴近绝缘子处紧缠导线三圈后，向绝缘子背部绕去与扎线短端紧绞 6 圈后，剪去余端（见图 6—20f)。

(4) 针式绝缘子的顶部绑扎方法，如图 6—21 所示。把导线嵌入绝缘子顶嵌线槽内，并在导线右边绝缘子处加上扎线，在导线上绕三圈（见图 6—21a)；接着把扎线长端按顺时针方向从绝缘子颈槽中围绕到导线左边内侧（见图 6—21b)；接着贴近绝缘子处在导线上缠绕三圈（见图 6—21c)；然后再按顺时针方向围绕到导线外侧，并在导线上再缠绕三

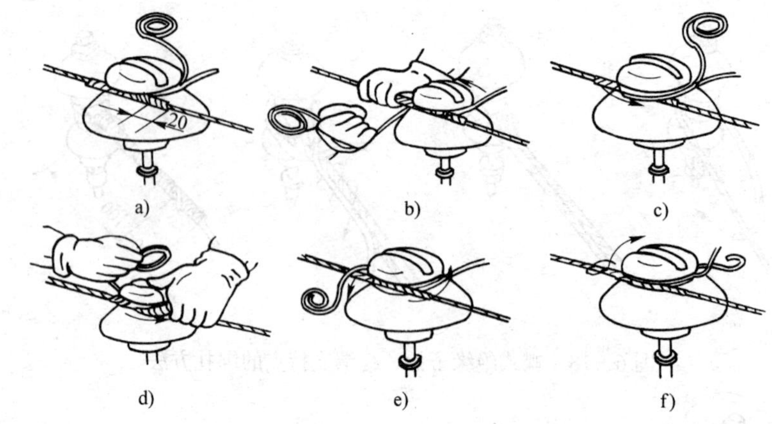

图 6—20　针式绝缘子的颈部绑扎方法

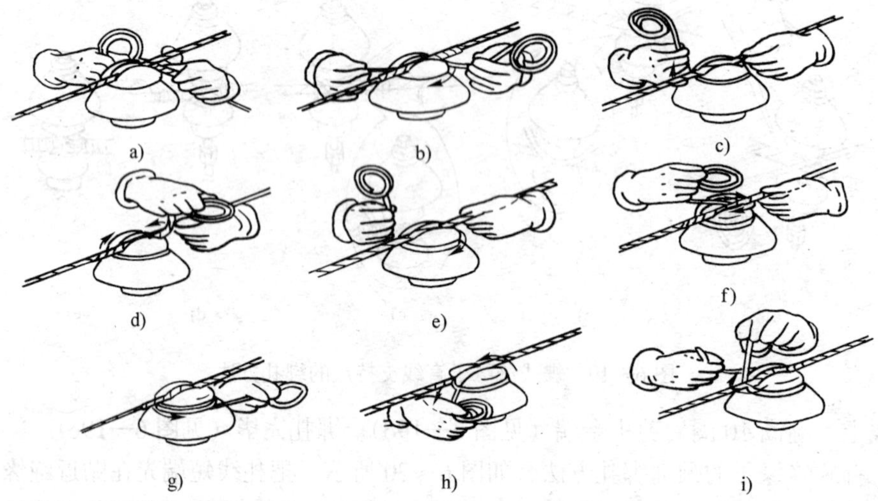

图 6—21　针式绝缘子的顶部绑扎方法

圈（位置排在原三圈外侧，见图 6—21d）；然后，再围绕到导线左边，继续缠绕三圈（也排在原三圈外侧，见图 6—21e）；此后重复图 6—21d 所示方法，把扎线围绕到导线右边外侧，并斜压压住顶槽中导线，继续扎到导线左边内侧（见图 6—21f）；接着从导线左边内侧按逆时针方向围绕到导线右边内侧（见图 6—21g）；然后把扎线从导线右边内侧斜压压住顶槽中的导线，并绕到导线左边外侧，使顶槽中导线被扎线压成 X 状（见图 6—21h）；最后扎线从导线右边外侧按顺时针方向围绕到扎线短端处，并相交于绝缘子中间进行互绞 6 圈后剪去余端（见图 6—21i）。

（5）导线与横担绝缘子的绑扎方法。也分颈绑和顶绑两种，均与针式绝缘子绑扎方法一样。

(6) 导线与长棒绝缘子的绑扎方法。方法和要求类似低压绝缘子始终端绑扎。

(7) 对各种绑扎方法的要求。绑扎必须平服、整齐和牢固，并要防止钢丝钳钳伤导线扎线。

(8) 扎线材料的要求。铜芯裸导线要用铜扎线，铝芯裸导线要用铝扎线。导线截面积在 50 mm^2 及以下，宜采用直径为 2 mm 扎线；在 70 mm^2 及以上时，宜采用直径为3 mm 扎线。绝缘导线要用表面有塑层的专用铝合金扎线，规格分有 ϕ2 mm，ϕ2.5 mm 和 ϕ3 mm等多种。

五、桥架施工

随着科学技术的发展，桥架配线使用越来越广泛，它配合电线、电缆、管线的敷设，做到了标准化、系列化、通用化水平，为设计、安装和维护线路，提供了很大的方便。

电缆桥架适用于电力电缆、控制电缆、照明配线等室内、室外架空电缆沟和隧道内的敷设。电缆桥架的使用，克服了在电缆沟敷设电缆时存在的积水、积灰、易损坏电缆等多种弊病，改善了运行条件，且具有占用空间少、投资省、建设周期短、便于采用全塑电缆和工厂系列化生产等优点。

目前常用桥架型式有：槽式桥架、组合式桥架、托盘式桥架和梯级式桥架。

槽式电缆桥架是一种全封闭桥架，适用于敷设计算机电缆、通信电缆、热电偶电缆及其他高灵敏系统的控制电缆等，对控制电缆的屏蔽干扰和重腐蚀环境中电缆的防护都有较好的效果（见图 6—22）；组合式电缆桥架可以任意组装、转向、变宽、分支、引上、引下，而且不需焊接，分支线可以用铁管引出（见图 6—23）；梯级桥架通风性能良好，不防尘，不防干扰（见图 6—24）；托盘桥架安装方便、散热、透气性好（见图 6—25）。

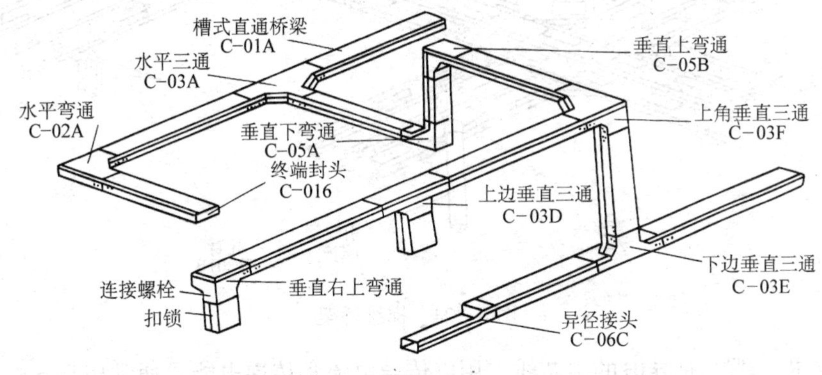

图 6—22　槽式直通桥架

六、电力电缆施工

1. 电缆的构造

电力电缆主要由缆芯、绝缘层、防护层（有的还有屏蔽层）等部分组成（见图 6—26）。

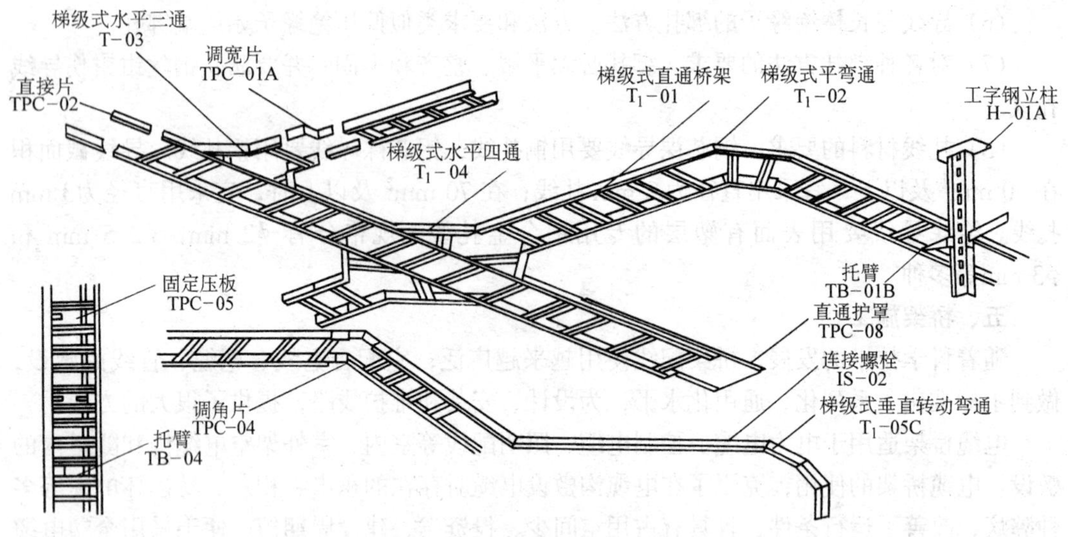

图 6—23　组合式桥架

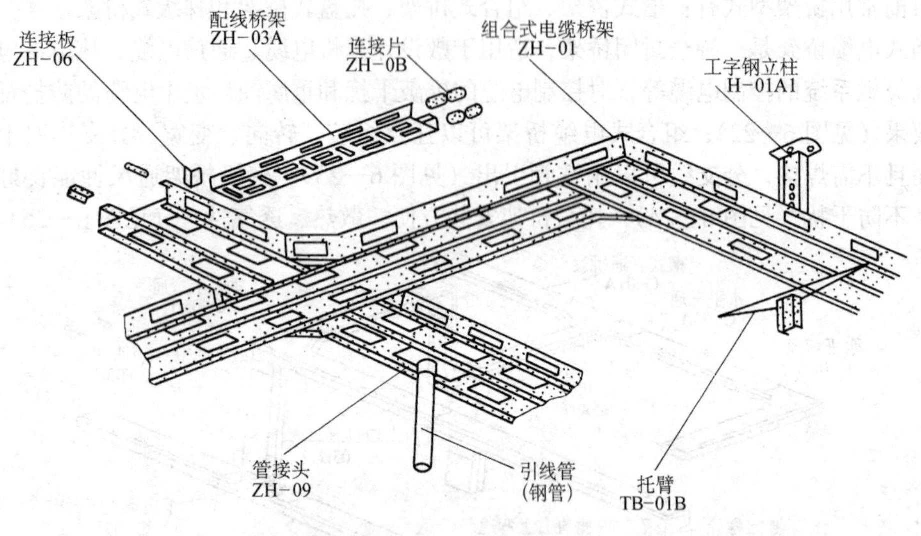

图 6—24　梯级桥架

（1）缆芯。缆芯是导电的主芯线，用以传导电流和传递电能。通常用高导电率的铜制成，以此减小电能损耗和有利于散发热量。

（2）绝缘层。电缆绝缘层使缆芯与缆芯以及与大地之间保持绝缘，保证了电缆在长期工作条件下不降低原有的电气性能。

（3）防护层。防护层又称护套，用以保护缆芯不受机械拉力和外界机械损伤，一般是铅包或铝包。

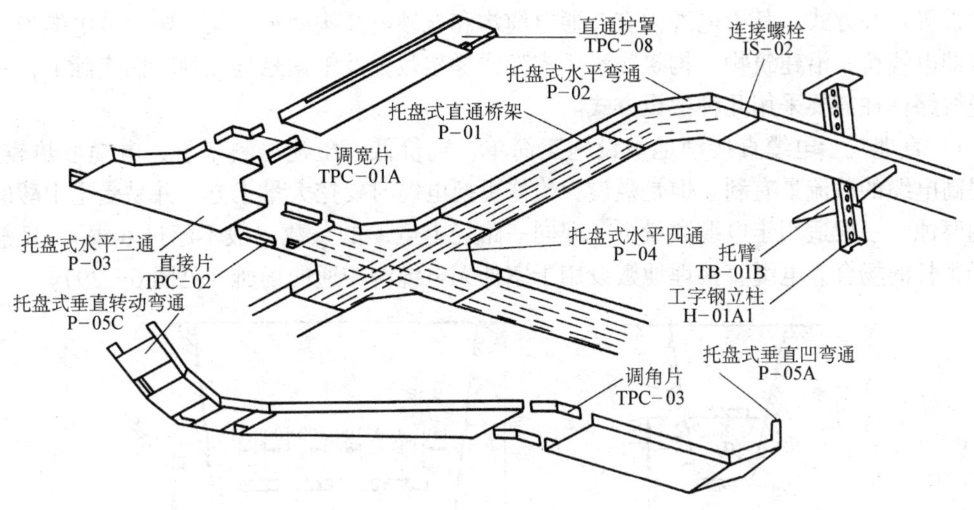

图 6—25　托盘式桥架

2. 电缆的种类

根据绝缘材料的不同，电力电缆可分为油浸纸绝缘电力电缆、塑料绝缘电力电缆和橡胶绝缘电力电缆。而油浸纸绝缘电力电缆中应用最多的是干包型纸绝缘电缆（见图 6—27）；塑料绝缘电力电缆中应用最多的是三芯交联聚乙烯电缆（见图 6—28）。

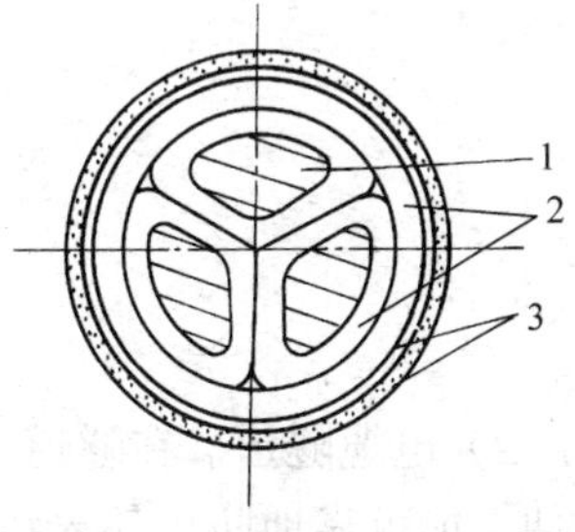

图 6—26　电力电缆剖面图

1—缆芯　2—绝缘层　3—防护层

3. 电力电缆敷设方式

（1）电力电缆常用的敷设方式。电力电缆常用的敷设方式基本可分为：直接埋地、隧道、沟道、排管、穿管及悬

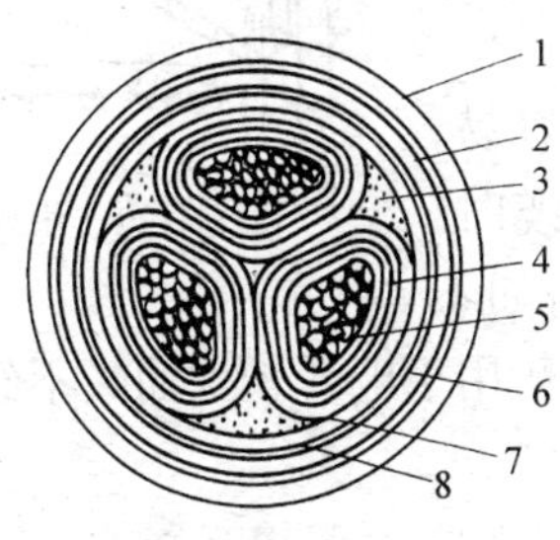

图 6—27　干包型纸绝缘电缆

1—聚氯乙烯护套　2—钢甲　3—填料　4—相绝缘　5—线芯　6—统包绝缘　7—铅包　8—半导体纸

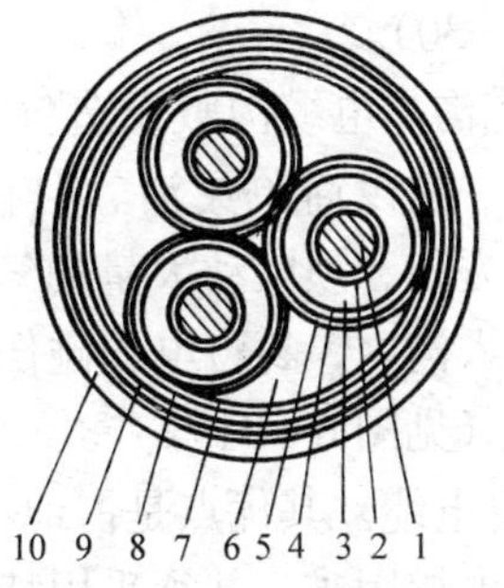

图 6—28　三芯交联聚乙烯电缆

1—导线线芯　2—半导体屏蔽层　3—交联聚氯乙烯绝缘　4—半导体屏蔽层　5—钢屏蔽层　6—不吸潮绝缘　7—内衬层　8—内护套　9—两层钢带　10—外护套

吊敷设等六种方式。其中电缆沟有普通电缆沟和充砂电缆沟两种。架空敷设分电缆架空廊道（即电缆桥）沿建筑物、构筑物采用支架或梯架敷设及钢索悬挂几种。而实际上，一条电缆线路往往需要采用几种敷设方式。

1）直埋式。电缆直接埋地敷设施工简单，选价低，土建材料最省，电缆散热较好，对提高电缆的载流量有利。但是敷设、检修更换电缆时要挖大量土方，并易受土中酸碱物质的腐蚀。一般适用于电缆数量少（即同一路径上电缆的条数一般不超过 6 根），且敷设路径很长的场合。电缆直接埋地敷设用于室外无电缆沟相通的场所（见图 6—29）。

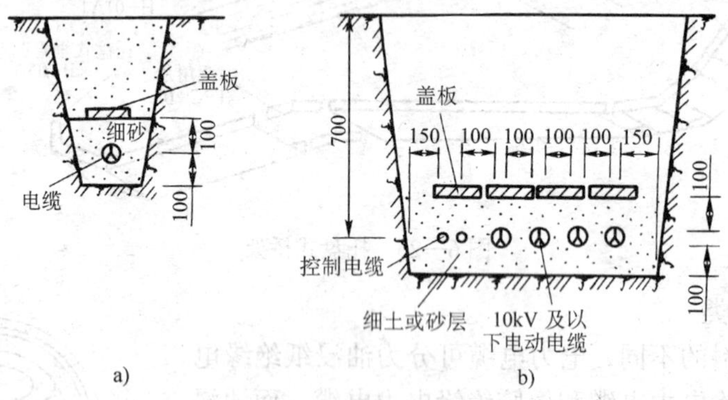

图 6—29　电缆直埋在地下

a）单根电缆　b）多根电缆

2）电缆隧道。在隧道中敷设电缆，维护、检修及更换电缆方便，能可靠地防止外界机械性损伤，电缆敷设时不受外界条件影响，可以容纳大量电缆。缺点是费工、费料、投资多、占地面积大，与其他建筑物交叉时不易避让，在工厂中使用往往还得加深厂房基础。适用于敷设大量电缆（即 30 根以上）的区域（见图 6—30）。

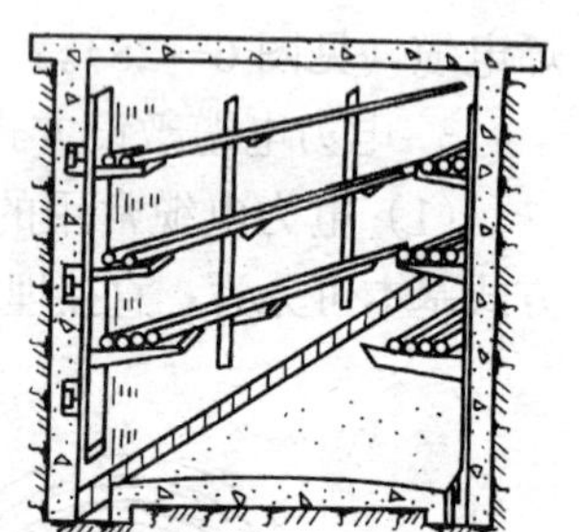

图 6—30　电缆隧道

3）电缆沟。电缆沟敷设造价低，检修、更换电缆较容易，占地面积小、敷设简单灵活。但在施工、检查及更换电缆时，沟内活动地方小，须搬动大量的笨重盖板，尤其在施工时如不慎使异物落入沟内，易将电缆碰伤，且容易积尘积水。一般用于电缆较少而又不经常更换电缆的区域（见图 6—31）。

4）排管电缆。其优点是占地小，能承受大的荷重，电缆之间无相互影响。其缺点是敷设及更换电缆困难，并须采用特制的加厚铅层的电缆以免擦伤，电缆散热不良使载流量受到限制。一般用在与其他建筑物、公路或铁路相交叉的地方，或建筑物较多的厂区内（见图 6—32）。

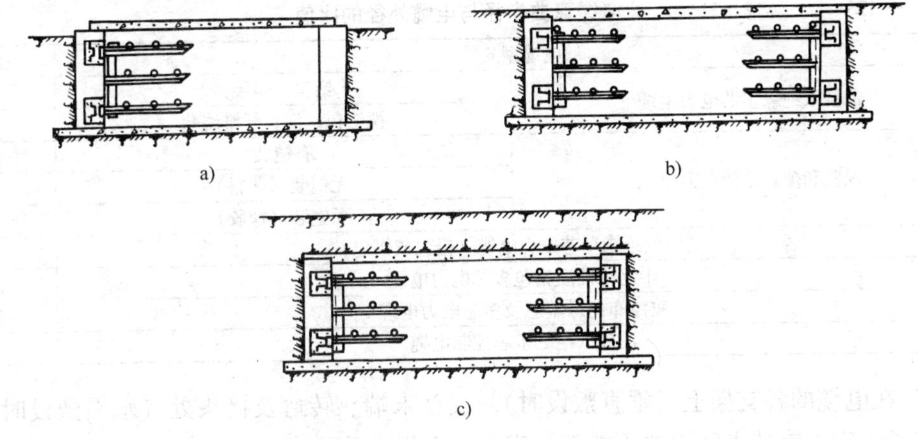

图 6—31　电缆沟

a）电缆沟顶高出地面　b）电缆沟顶与地面同一平面　c）电缆沟顶低于地面

5）穿管电缆。这是一种比较新的电缆敷设方式，其优点是受外伤机会较少，可预留备用以供将来敷设电缆用。缺点是管子材料消耗较多，电缆载流量减少，在有弯头及障碍物较多的场合敷设有困难。这种敷设方式主要应用于塑料电缆（见图 6—33）。

6）悬挂电缆。其优点是结构简单，不需挖掘土方；敷设地位宽畅，不会受地下水的侵蚀。缺点是楼板上预埋铁件的工作量较大，灰尘堆积严重，容易受周围环境的影响。使用的场合一般应具有可以依附的土建结构。主要应用于一般厂房内（见图 6—34）。

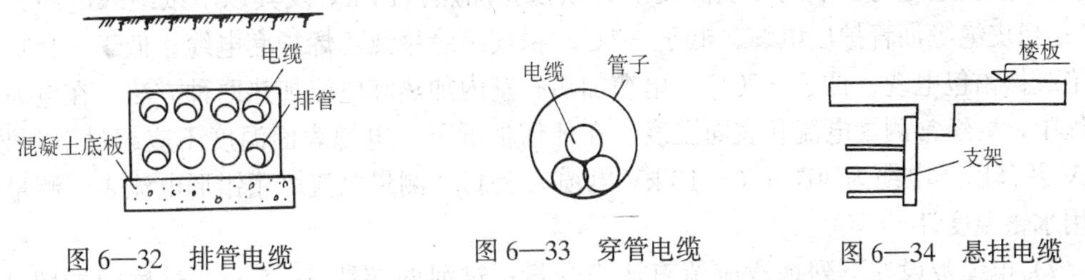

图 6—32　排管电缆　　图 6—33　穿管电缆　　图 6—34　悬挂电缆

（2）电缆敷设的基本要求。电缆敷设有三个方面基本要求：即节约投资、方便施工和安全运行。

节约投资就是电缆应选择最短、最佳路径；方便施工就是电缆应尽量避免穿越各种管道、铁路、公路、电信电缆、河流和渠道。这两点应在设计时加以注意和考虑。安全运行是敷设电缆的最终目的。

在电缆敷设施工过程中，有以下几个基本要求：

1）直埋地下的电缆应有铠装和防腐层保护。

2）电缆在敷设前应做绝缘情况检查。

3）严格防止电缆扭伤和过分弯曲，电缆的弯曲半径与电缆外径的比值，不得小于表 6—12 所列的数值。

表 6—12　　电缆弯曲半径与电缆外径的比值

电缆型式		比值
油浸纸绝缘多芯电力电缆	铅包、铠装	15
	裸铅包、沥青纤维绕包	20
橡胶和塑料绝缘电力电缆	有铠装	10
	无铠装（塑料）	8
	无铠装（橡胶）	6
油浸纸绝缘单芯电力电缆（铅包或铝包）		25
干绝缘油质铅包多芯电力电缆		25
胶漆布绝缘单芯及多芯电力电缆		25
油浸纸绝缘多芯控制电缆		16

4）在电缆的各支架上（垂直敷设时），或首末端、转弯及接头处（水平敷设时），皆须用卡子固定，支持点间距离不能超过表 6—13 规定的数值。

表 6—13　　电缆支持点最大允许距离　　m

敷设方式	钢带铠装电缆		钢丝铠装电缆
	电力电缆	控制电缆	
水平敷设	1 000	800	5 000
垂直敷设	1 500	1 000	6 000

5）在钢索上悬吊电缆的固定点距离。水平敷设时不超过 0.75 m，垂直敷设不超过 1.5 m。

6）敷设电缆时在下列环境温度下必须预先加热：10 kV 及其以下纸绝缘电缆，低于 0℃；橡皮绝缘沥青护层电缆，低于 −7℃；橡皮绝缘聚氯乙烯护套电缆，低于 −15℃；橡皮绝缘裸铅包电缆，低于 −20℃。电缆加热有室内加热和电流加热两种方法。在电缆加热过程中，要经常测量电流和表面温度。在任何情况下，电缆表面温度不应超过下列数值：3 kV 及其以下电缆为 40℃；6～10 kV 电缆为 35℃。测量电流可用钳形电流表，测量温度可用水银温度计。

7）电缆敷设在下列地段应留有适当余量：过河两端留 3～5 m，过桥两端留 0.3～0.5 m。电缆终端处留 1～1.5 m。

8）电缆从地下引出地面时，露出地面上 2 m 以上的应穿在钢管内，以防结构损伤。穿过楼板或墙壁的地方，也要加设保护管。

9）电缆的金属外皮、金属电缆头及保护钢管均应可靠接地。并列敷设的电缆接头盒的位置要相互错开。

4．10 kV 及以下电缆终端头和中间头的安装

10 kV 以下的电力电缆终端头的种类很多，目前常用的电缆终端头主要有绕包型、热收缩型、预制型和冷收缩型四大类，而其中热收缩型应用最为广泛。

（1）热收缩型终端头。热收缩型电缆终端头是利用高分子材料在经过“交联”工艺改变分子结构后具有的“弹性记忆”效应的特点制成的。这类电缆头的材料（如分支手套、

绝缘管）在经过“交联”工艺后再扩张定型成安装前的尺寸。安装时，当加热温度达 120～140℃时，即开始收缩，趋于恢复到未扩张前的形状。

热收缩型户外终端头的结构（见图 6—35），主要部件有分支手套、应力控制管和绝缘管。其主要特点是：在线芯的绝缘屏蔽断口处不是采用常规的应力锥来改善电场分布，而是采用具有特定的介电常数为 20～30 和体积电阻系数为 $1\times10^{7\sim8}\ \Omega\cdot m$ 的应力控制管来改善电场分布；用绝缘管、手套和密封胶来保证电缆头的密封；用绝缘管来保证外绝缘。用于户外时，为适应户外恶劣的气候条件，采用了无泄漏痕迹的耐气候老化的绝缘管，为加大爬距用提高抗污闪性能，还可根据电压等级加 1～5 个防雨裙。

（2）热收缩型户外终端头的安装

1）剥除外护套、钢甲、内护套及填料，按尺寸（见图 6—36）及基本安装工艺要求，分别剥除外护套、钢甲、内护套及填料。

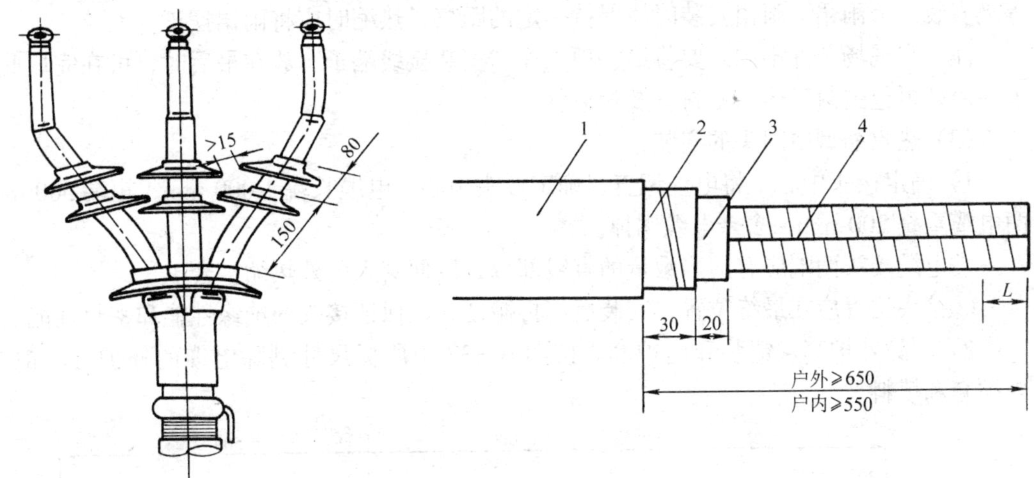

图 6—35　10 kV 热收缩型户外终端头

图 6—36　热缩终端头剥切尺寸

1—外护套　2—钢甲　3—内护套　4—线芯

L—接线端子孔深 + 5 mm

2）焊接地线。按要求焊好接地和做好防潮段。在电缆的钢甲部位热缩一绝缘箍，使铜屏蔽层接地线与钢甲绝缘。

3）安装分支手套

①擦净电缆外护套的手套部位并用粗砂纸将外护套打毛。

②在接地线的防潮段（手套与外护套的重叠部位）包缠密封胶带一层。

③将手套套至根部用喷灯热缩手套，从中部开始往下收缩，然后再往上收缩，使手套均匀地热缩于电缆上。

④剥除铜屏蔽层及外半导电层。剥切时不应损伤半导电层和绝缘层，对绝缘表面残留的半导电材料应用细砂布打磨干净，然后用清洁剂擦净。

⑤安装接线端子。确定尾线长度，按接线端子孔深 + 5 mm 剥除线芯端部绝缘、压接接线端子，用平锉和砂布压接后的毛刺锉来打磨光滑，清洁其表面。

⑥安装应力控制管。在清洁绝缘表面，确保绝缘表面无碳迹后，在半导电层断口包缠应力疏散胶填平断口，包缠长度为 15 mm（压外半导电层 5 mm，绝缘层 10 mm），在套应力管部位的绝缘表面涂上一层硅脂，套入应力管，下端压铜屏蔽层 20 mm，用微火烘烤，与铜屏蔽重叠部位向末端热缩应力管。

⑦安装绝缘管。清洁接线端子、线芯、应力管和手套，用密封胶填充线芯绝缘与端子之间的空隙，与绝缘搭接 5 mm，并在端子压接部位包缠一层套入绝缘管，将绝缘管的涂胶部位套至手套的手指上，从下往上加热收缩。

⑧标相色。将相色管按系统相位套至接线端子下端，加热收缩相色管，标明相色。

⑨安装雨裙。户外终端头为提高其性能和增加爬距，应在每相线芯上根据不同的电压等级安装三个雨裙，雨裙安装时应保持一定的距离，热缩时应将雨裙摆正。

注：当现场条件不同，要将第⑤项工序“安装接线端子”放在最后时，可在完成此项工序后，再包密封胶热缩密封管及相色管。

（3）热收缩型中间头的安装

1）确定接头中心　将电缆调直，确定接头中心，电缆长端 1 000 mm，短端 500 mm，两电缆重叠 200 mm，多余电缆锯掉。

①电缆接头两端应有适当数量的直线部分，以便套入内外热缩护套。

②接头位置应在最终位置，安装后不再搬动，以保证接头的绝缘性能和密封性能。

2）剥除外护套、铠装和内护套。按图 6—37 中所标尺寸剥除电缆的外护套、铠装、内护套和填料。

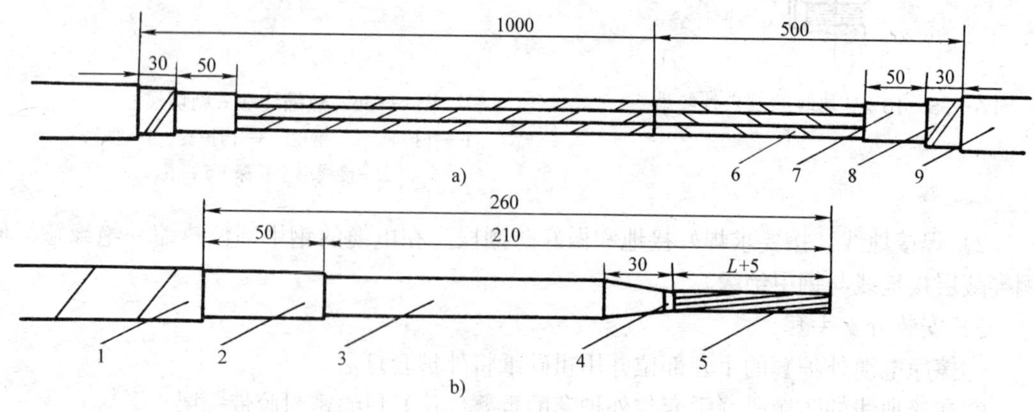

图 6—37　热收缩型接头剥切尺寸

1—铜屏蔽带　2—外半导电层　3—绝缘层　4—内半导电层　5—导体　6—线芯　7—内护套　8—钢甲　9—外护套

3）套入电缆接头的内、外护套　将电缆接头两端的外护套擦净，分别套入内、外护套，护套两端应包好，防止尘土脏物掉入。

4）锯线芯。按相色要求将各对应线芯绑好，把多余电缆线芯锯掉。

5）剥除铜屏蔽层和外半导电层。按图 6—37 所标尺寸剥除各相的铜屏蔽层和外半导电层。绝缘层表面不应有伤痕和半导电残留物，表面不光滑平整时应用细砂布打磨打滑。

6）剥切绝缘层和削铅笔头。从线芯端部量取 1/2 接管长 + 5 mm，将绝缘剥除，并在绝缘端部削一长 30 mm 的铅笔头，铅笔头应圆整对称，表面用砂纸打磨光滑，末端微露线芯上的内半导电层。

7）套入管材和铜屏蔽网。在接头每相线芯的长端套入应力管、内绝缘管、外绝缘管和屏蔽管，在短端套入铜屏蔽网和应力管。

8）连接导体、包绕应力疏散胶或 J30 绝缘带。

①按原定的相色将线芯套入连接管进行压接，然后用砂布打磨光滑连接管表面，并清洗干净。

②在导电线芯及连接管表面包半导电层带两层。先从连接管中部开始，以半重叠法包半导电带至一端线芯铅笔头端部的内半导电层上，返回包至连接管中部结束。

③包应力疏散胶。先将连接管两端填平，再将铅笔头连接管包平，其直径略大于电缆绝缘直径（铅笔头连接管部位也可在包好导电带后用 J30 绝缘带包缠填平）。

9）包应力疏散胶。将棱形黄色应力胶片尖端拉细拉薄，缠绕在半导电层断口，压半导电层 5 mm，压绝缘层 10 mm。在电缆绝缘表面薄薄涂一层硅脂，包括连接管部位，但不要涂到外半导电层上。

10）热缩应力管。将各相线芯上的应力管套至绝缘上，与外半导电层重叠 20 mm，从外半导电层断口向末端收缩。

11）热缩内绝缘管。先在 6 根应力管端部断口处的绝缘上，用应力疏散胶将断口间隙填平，包缠长度约 5～10 mm，然后将三根绝缘管套入，从中部向两端热缩（可三根同时收缩）。

12）热缩外绝缘管。将三根外绝缘管套入，两端长度对称，从中部向两端加热收缩。

13）包密封胶带。从铜屏蔽层断口至外绝缘管端部包红色弹性密封胶带，将间隙填平成圆锥形。

14）热缩屏蔽管。将三相屏蔽管套至接头中央，两端对称，从中部向两端收缩。

15）焊铜屏蔽接地线。在每一相线芯上平敷一条 10 mm^2 的铜编织带并临时固定，将预选套入的铜网套拉至接头上，拉紧并压在铜编织带上，两端用 $\phi 1.0$ mm 的铜丝两匝扎紧，用烙铁焊牢。

16）热缩内护套。将三相线芯并拢，用白布带扎紧。用粗砂布打毛内护套并包一层红色密封胶带，将接头的内护套拉至接头上与红色密封带搭接，从红色密封带处中间收缩。用同一方法收缩另一内护套，两护套接口处也应打毛，并包 100 mm 的红色密封胶带。

17）连接钢甲地线。用 10 mm^2 的铜编织带连接两端钢甲，用铜线绑紧并焊牢。

18）热缩外护套。其程序、方法与热缩内护套相同。

按有关规定进行电气试验合格后即可投入运行。电缆终端头制作的规定尺寸见图 6—

38，表 6—14，表 6—15 所示。

5. 电力电缆测试要求

电力电缆的绝缘状态以及其他性能参数直接影响电力系统发电和供电的安全性，因此必须按规定对电缆进行电气测试。电力电缆的测试必须按要求对各个规定试验项目进行测试（见表 6—16）。

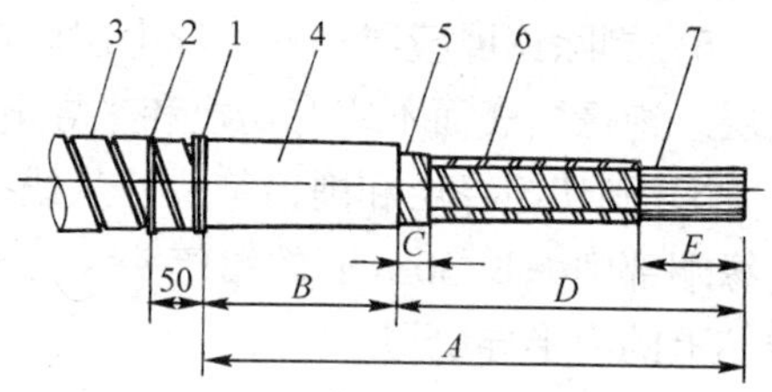

图 6—38 电缆终端头剥切尺寸

1—扎线Ⅰ 2—扎线Ⅱ 3—铠装 4—铅（铝）包 5—统包绝缘 6—线芯绝缘 7—线芯

6. 电缆线路常见故障

（1）电缆线路常见故障的原因。引起电缆线路故障的原因可分为内部和外部两个方面。外部因素比较明显，如敷有电缆的地面被破坏而伤及电缆，造成短路。内部因素则较难判断。

表 6—14　　电缆终端头剥切尺寸表

项目		剥切尺寸（mm）				
		A	B	C	D	E
环氧头	压接	由安装位置决定，但不得小于 440＋E	100	25	由安装位置决定，但不得小于 340＋E	接线端子孔深＋5
	焊接					接线端子孔深＋15
干包头	压接	由安装位置决定，但不得小于 465＋E	100	50	由安装位置决定，但不得小于 365＋E	接线端子孔深＋5
	焊接					接线端子孔深＋15
尼龙头	压接	由安装位置决定，但不得小于 640＋E	230	25	由安装位置决定，但不得小于 410＋E	接线端子孔深＋5
	焊接					接线端子孔深＋15

表 6—15　　聚丙烯外壳适用规格表

三芯终端头外壳规格				四芯终端头外壳规格		
壳体序号	线芯截面（mm）		壳体高度（mm）	壳体序号	线芯截面（mm）	壳体高度（mm）
	1 kV	10 kV	H		1 kV 及以下	H
1	10～50	—	148	1	10～50	148
2	70～120	16～50	167	2	70～95	167
3	50～240	70～150	190	3	120～185	190
4	—	185～240	210			

（2）常见故障

1）短路。遭外界机械损伤造成相间和对地短路。

2）断线。由于外界机械破坏使线芯断裂和整个电缆断裂。

3）受潮。由于电缆中间接头或终端接头的密封不严或者因安装质量不良而引起。

表 6—16　　电力电缆的试验项目、周期和标准

<table>
<tr><th>序号</th><th>项目</th><th>周期</th><th colspan="4">标准</th></tr>
<tr><td>1</td><td>测量绝缘电阻</td><td>1. 交接时
2. 1～2 年 1 次</td><td colspan="4">绝缘电阻自行规定</td></tr>
<tr><td rowspan="7">2</td><td rowspan="7">直流耐压试验并测量泄漏电流</td><td rowspan="7">1. 交接时
2. 运行中 110 kV 及以下的电缆 2～3 年一次，110 kV以下的电缆 1～3 年一次，发电厂、变电所的主干线每年一次
3. 重包电缆头时</td><td colspan="4">1. 试验电压标准如下：</td></tr>
<tr><td colspan="2" rowspan="2">电缆类型及额定电压（kV）</td><td colspan="2">试验电压</td></tr>
<tr><td>交接时</td><td>运行中</td></tr>
<tr><td>油浸纸绝缘电缆</td><td>2～10
15～35
35～110
110 及以上</td><td>6 倍额定电压
5 倍额定电压
—
按制造厂规定</td><td>5 倍额定电压
4 倍额定电压
3 倍额定电压
按制造厂规定</td></tr>
<tr><td>橡胶绝缘电缆</td><td>2～10</td><td>4 倍额定电压</td><td>3.5 倍额定电压</td></tr>
<tr><td colspan="2">塑料绝缘电缆</td><td>按制造厂规定</td><td>按制造厂规定</td></tr>
<tr><td colspan="4">2. 试验持续时间：
交接、重包电缆头时为 10 min，运行中为 5 min
3. 三相不平衡系数：
工作电压为 3 kV 及以下者不大于 2.5，其余不大于 2</td></tr>
<tr><td>3</td><td>检查电缆线路的相位</td><td>1. 交接时
2. 运行中重装接线盒或拆过接线头</td><td colspan="4">两端相位应一致</td></tr>
</table>

第四节　10 kV，35 kV 及以下室内变电所

一、室内变电所的分类

室内变电所是将配电装置的全部电气设备置于室内，适用于 35 kV 以下电压等级。把 35 kV 电压降至 10 kV 电压，称为一次降压。而再把 10 kV 电压降至 380/220 V电压，称为二次降压。室内变电所一般分为独立变电所和分变电所。

1. 独立变电所

在小型工厂中，由于车间负荷小，且又分散，变电所不宜与某个车间建在一起，因而将变电所建在全厂的负荷中心，并设在单独的建筑物内，将供电所馈送来的 10 kV 电压降至 380/220 V 电压。所以这种变电所称为独立变电所（又称为一次降压变电所）。

2. 分变电所

在大、中型工业企业中，由于电力负荷比较大，需要较大的功率。所以将供电所馈送来

的 35 kV 电压先送至总变电所，由总变电所将 35 kV 电压降至 10 kV 电压，而后再送至车间室内变电所，由车间室内变电所将总变电所或总配电所馈线送来的 10 kV 电压降至 380/220 V电压，以适应用电设备的需要。所以我们把车间室内变电所称为分变电所（又称为二次降压变电所）。

二、室内变电所的组成、布置形式与要求

1. 室内变电所的组成

室内变电所通常由高压配电室、变压器室、低压配电室、配电装置、保护装置、操作机构、测量仪器等组成。

2. 室内变电所的布置形式

室内变电所一般采用箱式整体结构形式，分为三个单独部分，即高压室、变压器室和低压室。高、低压室分别位于变压器室的两端。高压室内装有电缆进线的高压负荷开关、高压熔断器、高压断路器、高压隔离开关、避雷器等；变压器室装有规定容量和规格的油浸变压器或干式变压器；低压室内装有低压配电箱（屏）若干台。

高、低压开关柜是电器的成套设备，分有断路器（或负荷开关）柜、隔离开关柜、互感器柜、继电器柜等多种。柜内具体结构按一次方案的不同而不同，每种产品型号各有许多固定的一次方案。高、低压开关柜的型号很多，随着生产的发展，高、低压开关柜的型号更在不断更新换代。在一般变电所中，高压开关柜主要用来控制和保护配电变压器的高压侧及有关设备或装置，通常还要求提供高压计量电能的二次出线系统。低压开关柜主要进行低压电源的配电控制和保护，同时要求具有分路的切换、监视和二次继电保护等功能。

（1）高压断路器。在各种电压等级的变电所中，高压断路器是最为重要的电气设备之一。高压断路器是用来接通或断开高压电路中的负载电流，以及自动断开短路和过载等故障电流。高压断路器本身具有强力消弧装置，故其不但可以带负荷切断各种电气和输、配电线路的电源，而且可以快速、可靠地切断各种短路故障。因此，断路器广泛应用在各发电厂、变电所和输、配电线路中。由于断路器所断开的负荷不同，对其要求也不同。国产常用高压断路器有多油路断路器、少油断路器、真空断路器、六氟化硫（SF_6）断路器等。

断路器的主要技术参数：额定电压；额定电流；开断电流；额定断流容量；热稳定电流；额定稳定电流；分闸时间；合闸时间；自动重合时间；燃弧时间；行程；合闸不同期性；分、合闸速度。

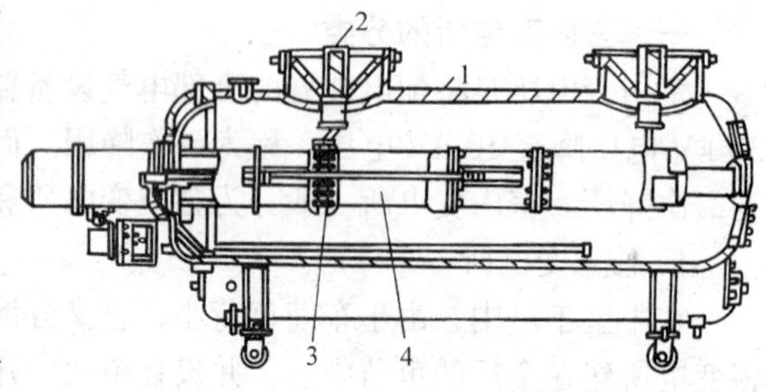

图 6—39　SF_6 断路器

1—铜筒外壳　2—引线端子　3—心柱　4—灭弧室

1）六氟化硫断路器。六氟化硫断路器是利用六氟化硫（SF_6）气体作为绝缘介质和灭弧介质的高压断路器（见图 6—39）。SF_6 气体有优异的绝缘和灭弧能力，与普通空气相比，它的绝缘能力约高 2.5～3 倍，灭弧能力则高近百倍。但它的电气性能受电场均匀程度及水分等杂质影响特别大，故对 SF_6 断路器的密封结构、元件结构和 SF_6 气体本身质量的要求相当严格。

2）少油断路器。少油断路器是用变压器油或专用断路器油作灭弧介质，对地绝缘采用支撑瓷柱。少油断路器用油量比多油断路器少（见图 6—40）。它有效地降低电弧与触点的温度，有利于把带电质点排出弧道，使弧介质强度得到迅速恢复，并且对熄灭小电流电弧很有利。但少油路断路器的电寿命较短，在额定短路开、断电流下的连接开、断能力仅为数次。目前已逐渐被六氟化硫（SF_6）断路器所取代。

3）真空断路器。真空断路器是三相交流户内式高压开关设备，它配有专用的、带有自由脱扣的直流操动机构（见图 6—41）。真空断路器适用于额定电压 10 kV 及以下的电缆户内配电系统，除作为普通配电保护断路器外，尤其适用于频繁操作及故障较多的场合。

(2) 高压隔离开关。隔离开关是高压开关的一种。它设有专门的灭弧机构，因此除规定允许断、合小电流外，严禁带负荷进行分闸和合闸操作，否则会在隔离开关的触点间形成很强的电弧，这不仅会损坏隔离开关及附近的电气设备，而且对工作人员也十分危险。所以，必须在有关的断路器切断负荷以后，才能拉开隔离开关。反之，在合闸时，应先合隔离开关，然后再合上断路器。隔离开关主要用于：检修与分段隔离；倒换母线；分、合空载电路。

目前常用的隔离开关的类型是 GN6—10/400 型三极隔离开关（见图 6—42），GN6 型隔离开关的闸刀如图 6—43 所示。

(3) 高压负荷开关。负荷开关是介于隔离开关和断路器之间的高压电器。其结构与隔离开关相似，在断开状态下有明显可见的断开点，但是它具有特殊的灭弧结构，可以分断和闭合负荷及规定的过负荷电流，也可以分断和闭合空载长线路、空载变压器及电容器的电流。由于它的灭弧结构是按接通和切断负荷电流而设计的，故不能切断系统的短路电流。所以在大多数情况下它和高压熔断器一同使用，切断短路电流的任务由熔断器来担任。

1）高压负荷开关的类型。高压负荷开关分户内式和户外式两大类。按灭弧方式分为产气式、压气式、SF_6 式、油浸式和真空灭弧式等。目前企业的变、配电所中最常用的为压气式的 FN2，FN3 等型号。

2）FN3—10 型户内压气式负荷开关。FN3—10 型户内压气式负荷开关的结构如图 6—44，图 6—45 所示。负荷开关合闸时，主回路与灭弧回路并联，电流大部分经主回路；而当负荷开关分闸瞬间，主回路先断开，电流只通过弧触点，此时气缸中已产生足量的压缩空气至弧动触点断开喷嘴处，由于电弧与喷嘴接触，喷嘴也产生一定的气体。当灭弧触点刚一断开，此时两种气体即强烈吹弧，使电弧迅速熄灭。负荷开关在框架上配有跳扣、凸轮与快速合闸弹簧，组成了开关的快速合闸动作。

3）FW5—10 型户外产气式负荷开关。FW5—10 型户外产气式负荷开关的外形和灭弧室的结构如图 6—46，图 6—47 所示。合闸时首先将合闸手柄轻轻拉下，使闸刀与电杆初步轻微接触，此时操作线路不通。再用力快速合闸，一次合闸使导电杆快速插入静触座，此时线路接通。在弹簧被压缩的情况下，机构保持合闸状态。分闸时将分闸拉环下拉，机

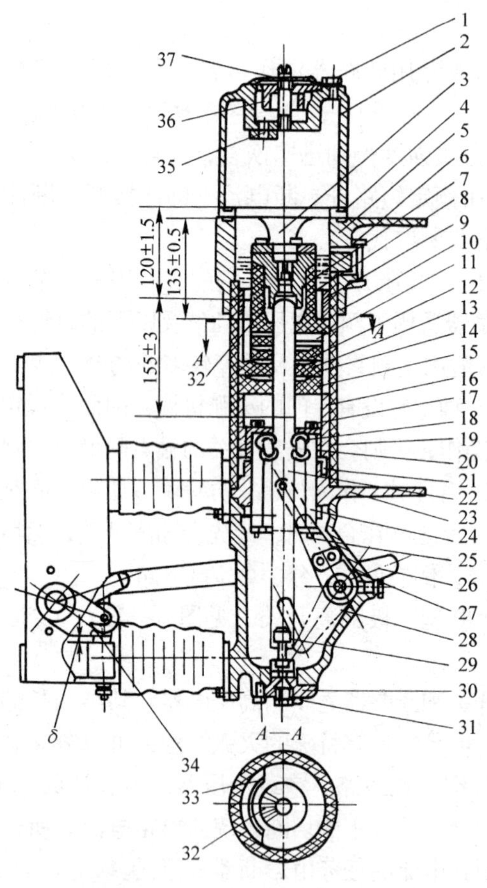

图 6—40　少油断路器单相剖视图

1—注油螺钉　2—帽　3—辫形触点　4—O 形密封圈　5—上出线座　6—油标　7—绝缘套筒　8—弹簧片　9—黄铜压圈　10—第一隔弧板　11—第二隔弧板　12—第三隔弧板　13—第四隔弧板　14—绝缘衬套　15—第五隔弧板　16—绝缘衬套　17—内六角螺钉　18—滚动触点　19—铝压圈　20—弹簧　21—绝缘筒　22—导电杆　23—下出线座　24—导电排　25—摇臂　26—转轴　27—定位螺钉　28—基座　29—阻尼件　30—阻尼器　31—放油螺钉　32—弧触指　33—隔弧室　34—缓冲件　35—逆止阀　36—分离器　37—帽盖

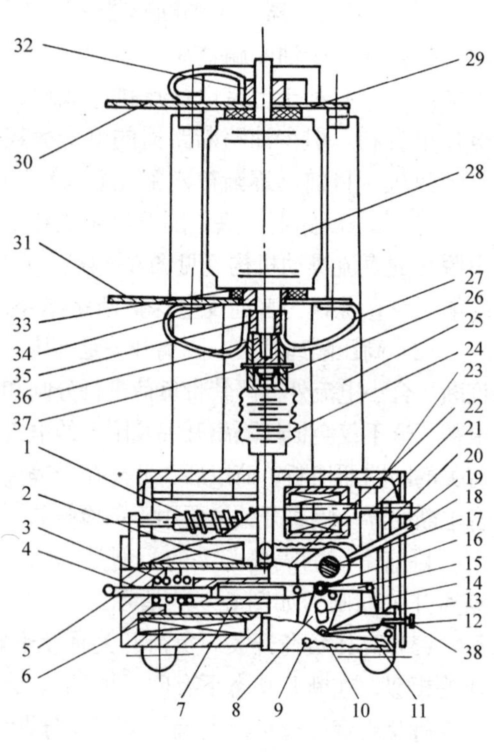

图 6—41　真空断路结构图

1—分闸弹簧　2—合闸线圈　3—复位弹簧　4—静铁心　5—拉杆　6—导套　7—合闸动铁心　8—抬杠　9—支架　10—拉簧　11—掣子　12—滚子　13—拉簧　14—轴销　15—掣子　16—滚子　17—主轴　18—合闸手柄　19—分闸按钮　20—分闸摇臂　21—分闸电磁铁　22—主轴拐臂　23—底座　24—绝缘子　25—绝缘支架　26—触点弹簧　27—软连接　28—真空灭弧室　29—橡胶垫　30—上压板　31—下压板　32—上导电夹　33—橡胶垫　34—导套　35—下导电夹　36—连接头　37—带孔销　38—调节螺钉

构脱扣，主轴在分闸弹簧作用下，带动拉杆瓷瓶和闸刀，导电杆在闸刀带动和推力弹簧推动下与静触座脱离，形成内断口产生电弧，随着导电杆的快速运动，电弧被迅速拉长，并在消弧管和消弧触点间的窄缝内燃烧。由于电弧作用，消弧材料分解产生大量气体沿喷口高速喷出，形成强烈的吹弧作用，使电弧很快熄灭，电路切断。闸刀继续运动，形成外断口。

（4）高压熔断器。熔断器在正常工作时，熔体通过不大于其额定值的负荷电流，其正常发热温度不会使它熔断。当过负荷电流或短路电流通过熔体时，熔体熔断。其过程可分为两个阶段：第一，熔体被电流加热到熔化并蒸发为金属蒸气；第二，发生电弧和灭弧而切断电流。高压熔断器按装置地点分有户外式和户内式两类。

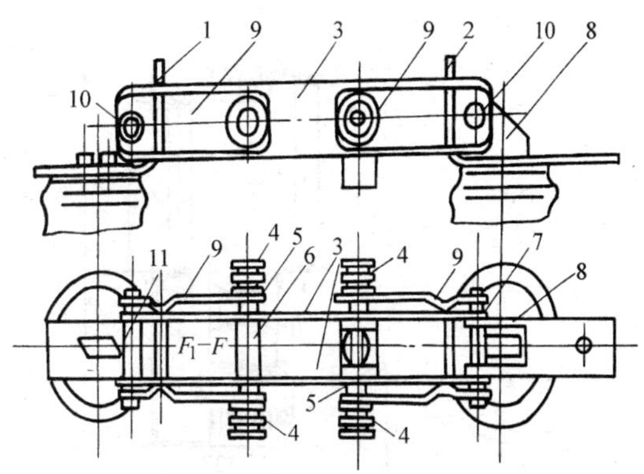

图 6—42　GN6—10/400 型三极隔离开关

1、2—静触点　3—接触点　4—弹簧　5—杆　6—套管　7、11—轴　8—轴承　9—钢片　10—缺口

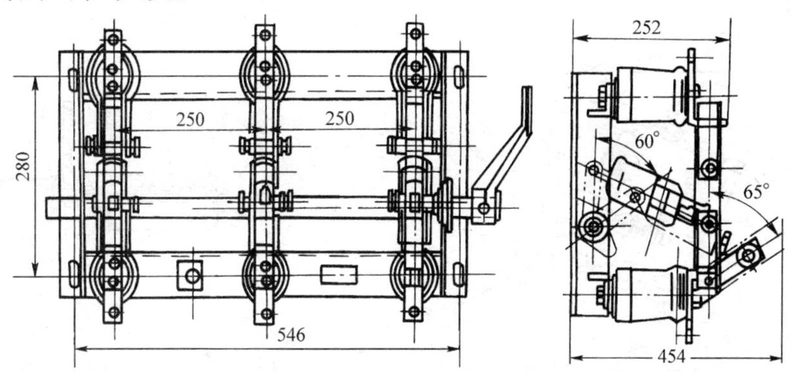

图 6—43　GN6 型隔离开关的闸刀

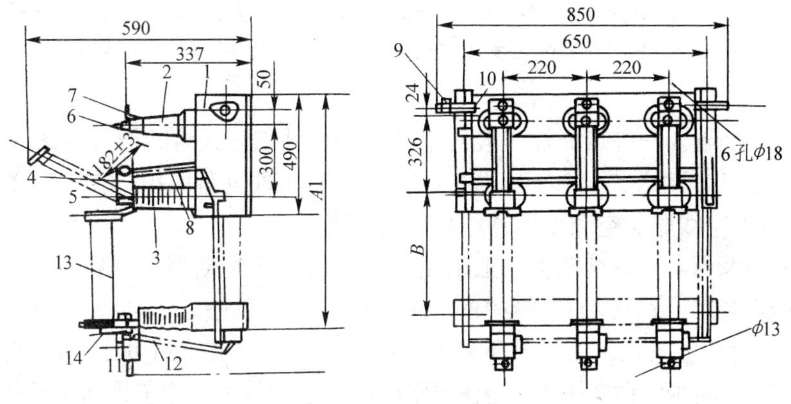

图 6—44　FN3—10 型结构图

1—框架　2—上绝缘子　3—下绝缘子　4—闸刀　5—下触点　6—弧动触点　7—主静触点　8—绝缘拉杆　9—拐臂　10—接地螺钉　11—熔断器　12—拉杆　13—熔断器　14—插座

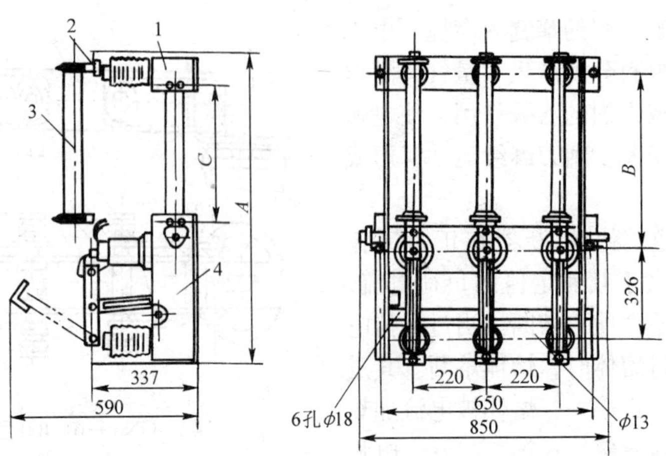

图 6—45　FN3—10/S 型户内压气式负荷开关

1—框架　2—插座　3—熔断器　4—负荷开关本体

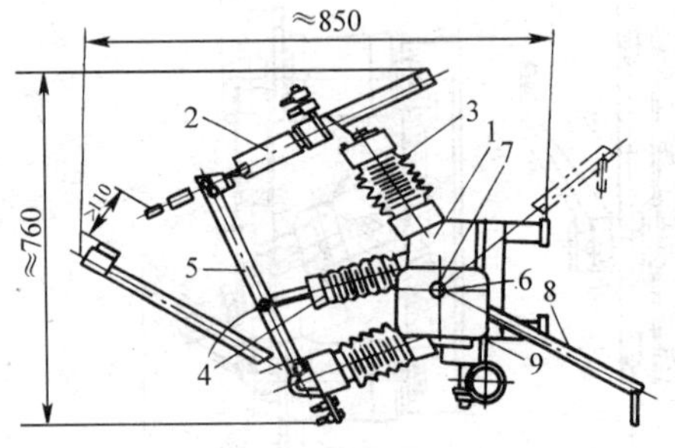

图 6—46　FW5—10 型灭弧室外型图

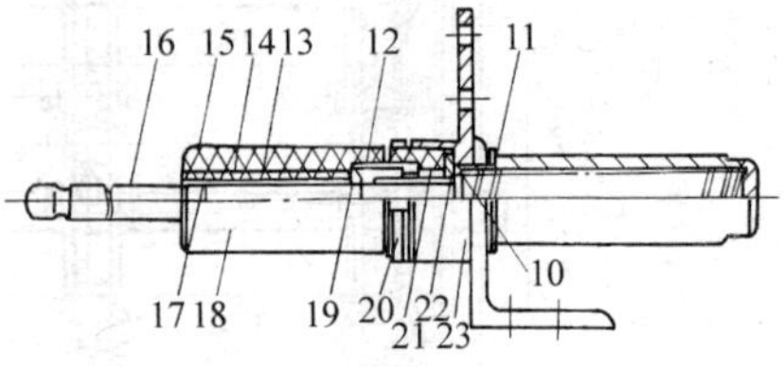

图 6—47　FW5—10 型灭弧室结构图

1—底架　2—灭弧室　3—支柱绝缘子　4—拉杆绝缘子　5—闸刀　6—机构　7—主轴　8—合闸手柄　9—分闸拉环　10—弹簧片　11—推力弹簧　12—静触座　13—消弧管　14—消弧触点　15—喷口　16—导电杆　17—保护环　18—保护管　19—保护环　20—锁紧螺帽　21—触点套　22—静触座　23—接线端子

1）户外熔断器。户外熔断器一般使用 RW 型户外跌落式熔断器（见图 6—48）。用于交流 50 Hz，10 kV 的送、配电变压器进线侧作短路和过负荷保护。在一定条件下可以分断与关合空载架空线路、空载变压器和小负荷电流。

2）户内熔断器。户内熔断器一般采用国产户内高压熔断器，主要有 RN 型系列，它是一种熔体装在充满石英砂的瓷管中的限流式熔断器（见图 6—49）。当过电流使熔体熔断时，在瓷管内产生电弧，由于石英砂对电弧的冷却和去游离子的作用，使电弧很快熄灭。限流式熔断器的灭弧能力强，能在短路电流未达到最大值之前即将电弧熄灭，可限制短路数值，降低对电路中的电气设备的动、热稳定性要求。

3. 配电装置的要求

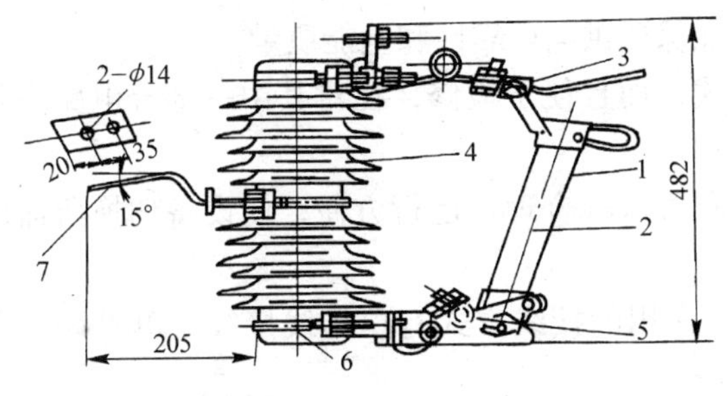

图 6—48 RW 型户外跌落式熔断器结构及外形尺寸图

1—熔管 2—熔丝元件 3—上触点 4—绝缘瓷套管 5—下触点 6—端部螺栓 7—紧固板

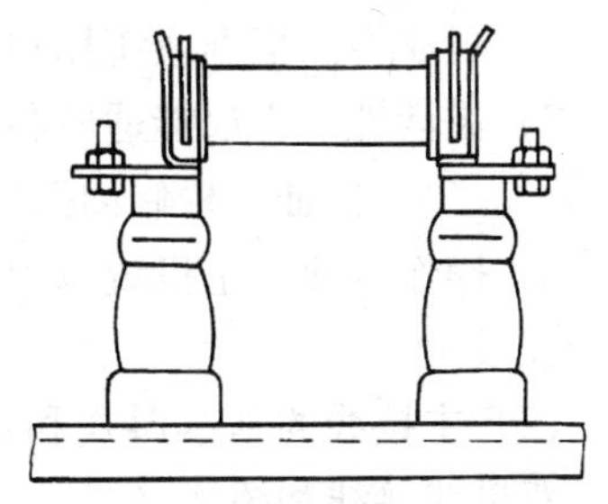

图 6—49 RN1 型限流式熔断器

配电装置是指接受和分配电能的电气装置，由母线、绝缘子、断路器、隔离开关、互感器、电力电容器、避雷器、熔断器、操作机构、测量仪表及其他辅助设备组成。

（1）配电装置的布置和要求。设备安装应满足正常、短路和过电压时的工作条件，并应不致危及人身安全和周围设备。

（2）配电装置的绝缘要求。配电装置的绝缘等级应和电力系统的额定电压相匹配（如电压比、电流比、支持绝缘子等），不宜过大更不宜小于额定电压。

绝缘电阻测试参考数值：220～500 V 电气设备测试在 0.2～0.5 MΩ 以上；3～6 kV 电气设备测试在 50～100 MΩ 以上。

（3）母线各相排位置及涂颜色规定。U 相（黄），V 相（绿），W 相（红）分别为：上、中、下，后、中、前或左、中、右。

（4）电气设备的安全间距见表 6—17。

表 6—17 **室内高压配电装置的最小间距：** mm

额定电压（kV）	10	35	110
带电部分至接地部分	125	300	950
不同相的带电部分之间	125	300	1 000
带电部分至栅栏之间	850	1 050	1 700
无遮栏裸露至地（楼板）	2 400	2 600	3 250

三、室内变电所的接线方式与高、低压侧母线的选择

变电所电气的主接线，是指变电所一次设备之间按一定顺序连接的接受电能和分配电能的电路。通常绘制为说明变电所的组合、连接顺序，表示电力输送和分配的接线图。接线图中用单线绘出开关、熔断器、互感器、变压器及其相互间的连接关系。

电气主接线的确定，对变、配电所电气设备的选择，配电装置以及运行的可靠性和经济性都有很密切的关系。

（1）主接线的基本要求

1）可靠性。根据系统用户的要求，能保证供电可靠性和电能质量。

2）灵活性。不仅能适应各种运行方式，而且便于检修，在对其中一部分电路进行检修时，应尽量保证未检修回路能继续供电。

3）操作方便。主接线应简单清晰，布置对称合理，运行方便，使设备切换所需的操作步骤最少。

（2）主接线的基本形式和适用范围。常用的接线方式有单母线接线、单母线分段接线、双母线接线和桥式接线。

1）单母线接线。适用于下述配电装置中：6～10 kV 配电装置，出线回数不超过 5 回时；35～60 kV 配电装置，出线回数不超过 3 回时；110～220 kV 配电装置，出线回数不超过 2 回时。

接线如图 6—50 所示。为了提高单母线接线供电的可靠性，可用断路器 QF 将母线分段。采用单母线分段供电，可使故障或检修的范围缩小。

这种接线系统的主要特点是：接线简单，使用设备少，维护简单，操作方便。但线路或变压器发生故障或检修时需整个系统停电，供电不可靠，只适用负荷性质不重要，容量小的场所。

2）单母线分段接线。当出现回路增多时，单母线供电不够可靠，需用断路器将母线分段，形成单母线分段接线。

适用于下列配电装置中：6～10 kV 配电装置，出线回数为 6 回及以上时；35～60 kV 配电装置，出线回数为 4～8 回时；110～220 kV 配电装置，出线回数为 4 回时。

3）双母线接线。我国各级电压配电装置采用双母线接线的具体条件如下：出线带电抗器的 6～10 kV 配电装置；35～60 kV 配电装置，出线回数超过 8 回时，或连接电源较多、负荷较大时，可采用双母线；110～220 kV 配电装置，出线回数超过 5 回时，一般采用双母线接线。

应用范围：当配电装置的进线和出线总数为 12～16 回时，在一组母线上设置分段断路器；当配电装置的进、出线总数达到 17 回时及以上时，在母线上设置分段断路器。

双母接线可克服单母线接线的缺点，具有较高的可靠性，而且便于扩建（见图 6—51）。电源和每条线路都经过一台断路器和两组隔离开关分别接在两组母线一、二上。一组为工作母线，另一组为备用母线。这种接线方法使任意一组母线都有可以作为工作母线或备用母线，两组母线用联络断路器 QF_M 进行连接。正常工作时，母线联络断路器是断开的。双母线接线适用于有双电源进线，用电设备多为一二类负荷的大型工厂变电所。

4）桥式接线。桥式接线实质上是单母线分段接线的变形接线。它适用于具有双电源进线、两台变压器终端的工厂变电所。其特点是在两条电源进线之间有一条跨接的“桥”。它比单母线分段接线简单，可减少断路器的数量。根据“桥”的连接位置不同，可分为内桥接线和外桥接线两种（见图 6—52）。

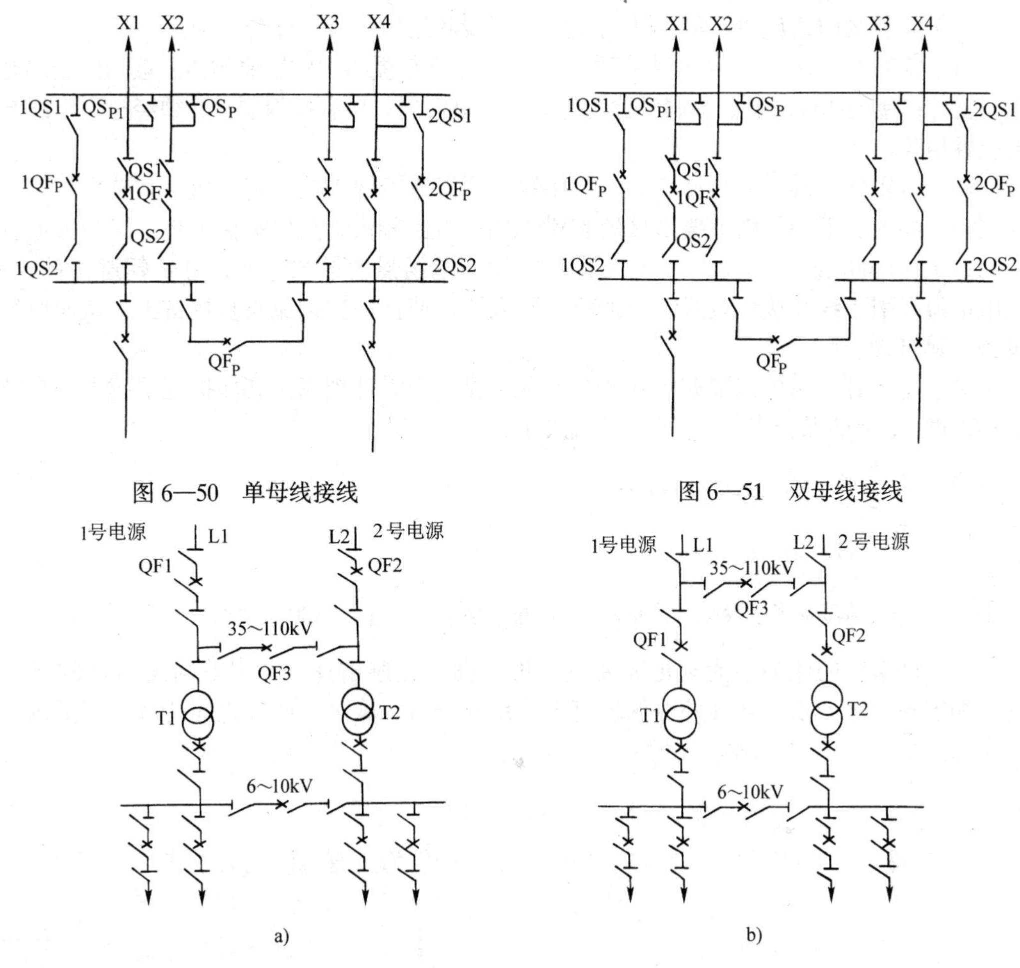

图 6—50　单母线接线

图 6—51　双母线接线

图 6—52　桥式接线

a）内桥接线　b）外桥接线

第五节　避 雷 装 置

一、避雷装置的基本要求

雷电流是一种电流，具有很大的破坏力。避雷装置是用来防止雷电产生的大电流沿线路侵入变配电所或其他建筑物内，以避免高电压、大电流危害破坏被保护的设备的绝缘。

二、避雷针

1. 避雷针的组成

一个完整的防雷设备一般由接闪器、引下线和接地体等三部分组成。

（1）接闪器的种类及作用。接闪器就是专门用来接受雷闪的金属物体。接闪的金属杆称为避雷针；接闪的金属带、金属网称为避雷带、避雷网。所有接闪器都必须经过引下线与接地装置相连。

（2）避雷针。避雷针为针状，一般用镀锌圆钢或镀锌焊接钢管制成。它装在构架、支柱或建筑物上，下端经引下线与接地装置焊接。由于避雷针高出被保护物，又与大地有良好的连接，因此当雷云接近时，它与雷云之间的电场强度最大，雷云总是朝避雷针放电，放电电流经引下线和接地装置安全地泄放到大地，使被保护物免受直接雷击，从而保护了设备及建筑物。

单根避雷针的保护范围如图6—53所示。显然避雷针越高，其保护范围越大。在被保护物高度 h_x 上的保护半径 r_x 可由下式决定：

当 $h_x \geqslant \frac{h}{2}$ 时：$r_x = (h - h_x)p$

当 $h_x < \frac{h}{2}$ 时：$r_x = (1.5h - 2h_x)p$

式中　p ——高度影响系数。当 $h \leqslant 30$ m时，$p=1$；当 $h > 30$ m时，$p = \frac{5.5}{\sqrt{h}}$。

单支避雷针的保护不能满足需要时，可装设多支避雷针。两根等高避雷针的保护范围，如图6—54所示。两针外侧保护范围按单根避雷针确定，两针之间的保护范围按两针顶点B，A及O的圆弧确定高度 h_0：

$$h_0 = h - \frac{D}{7p}$$

避雷针适用于保护集中的物体，如建筑物、构筑物及露天的电力设施。

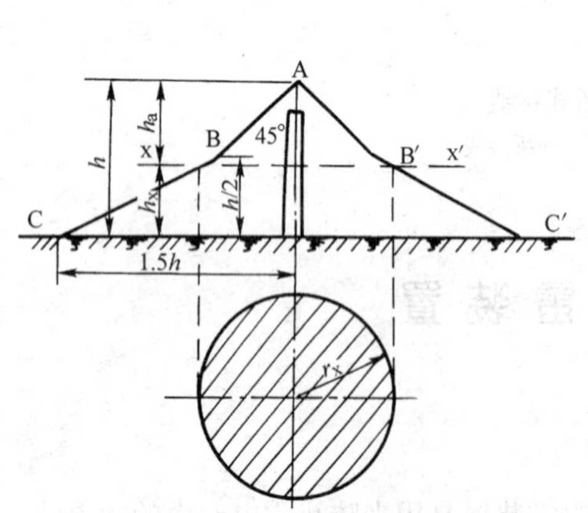

图6—53　单支避雷针的保护范围

h—避雷针高度　h_x—被保护物高度

r_x—在 h_x 水平上保护范围的截面

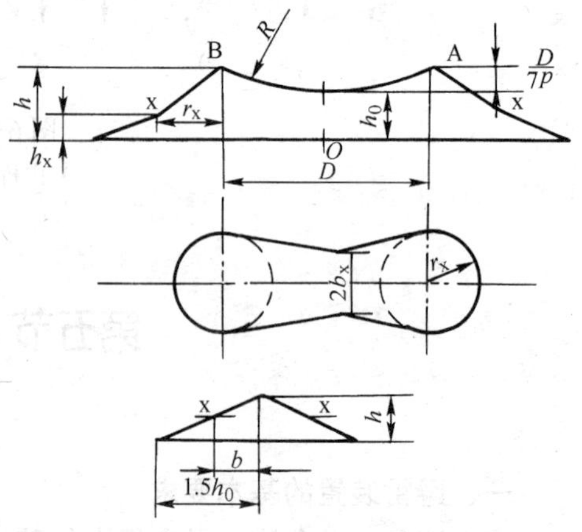

图6—54　两支等高避雷针的保护范围

p—高度影响系数　D—两针之间距离（m）

2. 避雷针的安装要求

避雷针安装主要包括安装位置、接地电阻、安装距离、引下线及接地线安装。

(1) 避雷针的安装位置要求。安装位置应满足防止"反击"的要求。反击是指雷击避雷针时，变化陡度和幅度值都很大的雷击电流通过避雷针使之产生高电压，在避雷针与被保护设备之间发生放电现象。为了防止反击，要求避雷针与被保护设备之间的空气距离 S_a 不小于 5 m，避雷针接地装置与被保护电气设备接地装置沿地中距离不小于 3 m。不允许在 35 kV 及以下的配电装置的构架上装设避雷针，更不允许在避雷针或其构架上架设线路或无线电天线。

(2) 避雷针的接地电阻一般不得大于 10 Ω。

(3) 避雷针的安装距离。为了防止雷击避雷针时跨步电压和接触电压对人体的伤害，防直击雷的接地装置距离建筑物入口及人行道应不小于 3 m。

(4) 引下线的安装要求。引下线一般采用扁钢或圆钢，其尺寸要求：扁钢厚度为4 mm，截面为 48 mm^2；圆钢直径为 ϕ19 mm；引下线的固定支撑点，间隔不得大于 1.5～2 m，引下线的敷设应保持一定的松紧度，不能拉得太紧；距离地面 2 m 以内的引下线，应有良好的绝缘覆盖物，避免与人触及。

(5) 接地线的安装要求。接地线的安装施工包括接地体之间连接用的金属导体，接地干线与接地支线的敷设。接地线必须有足够的截面积，以保证连接可靠，并有一定的机械强度。一般应采用扁钢或圆钢。扁钢厚度不小于 3 mm，截面积不小于 24 mm^2；圆钢直径不小于 5 mm。

3. 避雷针的安装方法

避雷针一般有独立式避雷针、烟囱避雷针等多种。

独立避雷针的安装结构如图 6—55，图 6—56 所示。各部尺寸见表 6—18，表 6—19。

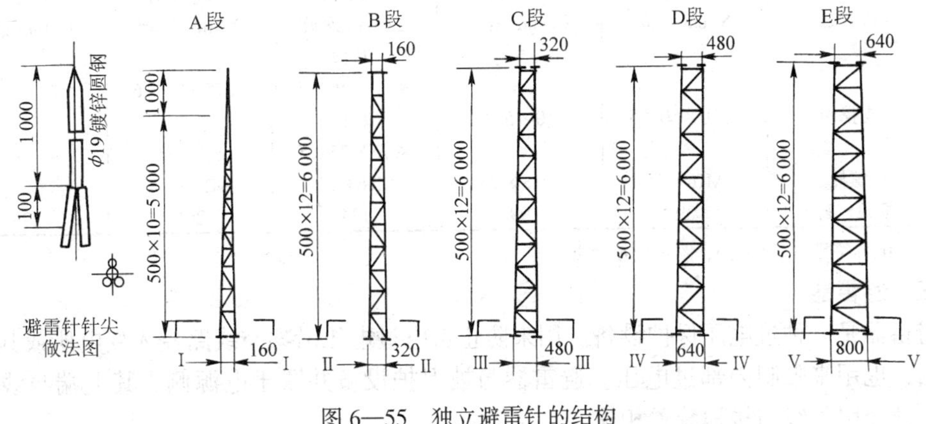

图 6—55 独立避雷针的结构

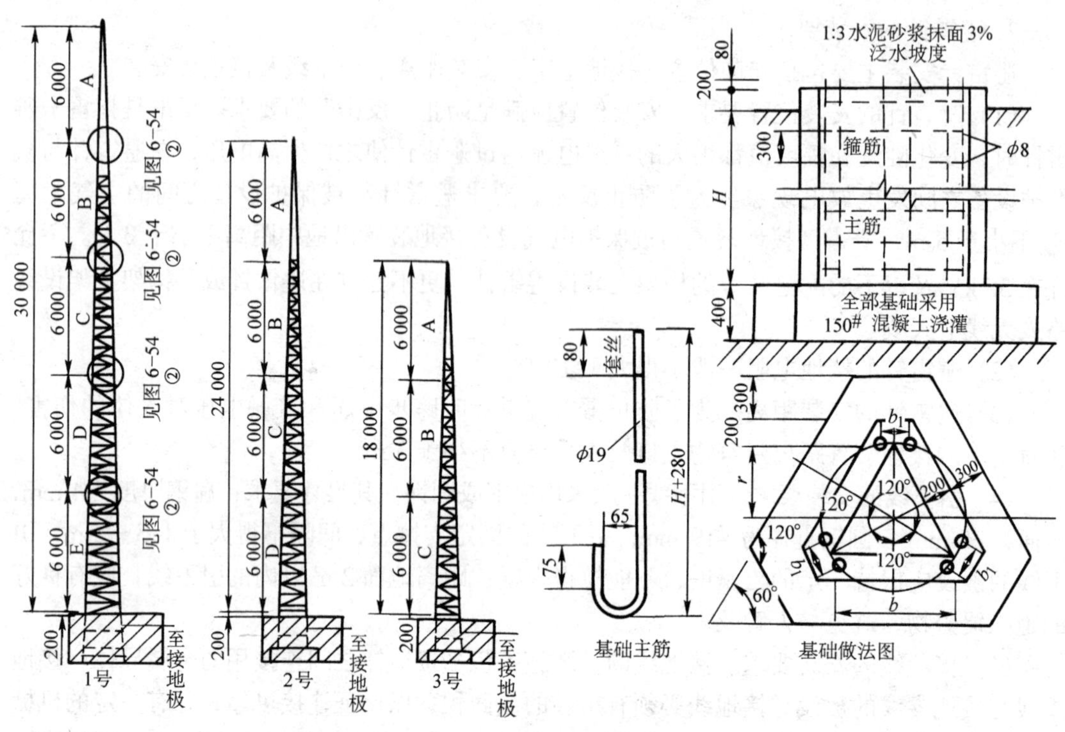

图 6—56　独立避雷针基础做法及安装

表 6—18　　**独立避雷针各段尺寸**　　mm

段别		A段	B段	C段	D段	E段
各段材料规格	主材	ϕ16 圆钢	ϕ19 圆钢	ϕ22 圆钢	ϕ25 圆钢	ϕ25 圆钢
	横材	ϕ12 圆钢	ϕ16 圆钢	ϕ16 圆钢	ϕ19 圆钢	ϕ19 圆钢
	斜材	ϕ12 圆钢	ϕ16 圆钢	ϕ16 圆钢	ϕ19 圆钢	ϕ19 圆钢
	接合板厚度	8 mm 钢板	12 mm 钢板	12 mm 钢板	12 mm 钢板	12 mm 钢板
	支撑板	<50×50×5	<50×50×5	BC段 <50×50×5 CD段 <75×75×5	<75×75×6	<75×75×6
	螺栓	M16×75	M18×75	M18×75	M18×75	
	质量（kg）	39	99	134	206	229

注：表中各符号与图 6—55，图 6—56 对应。

三、避雷器

避雷器是一种过电压保护设备。用来防止雷电过电压沿架空线路侵入变电所或其他建筑物内，也用来限制内部过电压。避雷器与被保护设备并联于电源侧，其上端与线路连接，下端经引下线与接地装置相连。

1. 避雷器的安装与维护

表 6—19　　独立避雷针基础各部尺寸　　mm

型	基础距离（b）	接合板		埋设深度 H
		代号	孔距（b_1）	
1号	800	DE	160	2 200
2号	640	BC·CD	100	2 000
3号	480	BC·CD	100	1 800
针尖	320	AB	80	1 600

注：表中各符号与图 6—56 对应。

避雷器一般安装在变电所（站）的母线上。如果母线能分段运行，则每段上都要装避雷器。避雷器的安装部位、间隔距离、引线等应符合规定，其接地电阻应小于或等于 4 Ω，超高压时应不小于 10 Ω。运行中的避雷器每年投入运行前，应做预防性试验；检查避雷器瓷套管表面有无损伤、污垢及有无放电痕迹；检查两端的接线，有无烧伤痕迹和断裂现象及接合处密封是否良好。雷电后应检查避雷器整体瓷管完整情况，器件有无松动，放电计数器的动作情况。避雷器应按规定连接（见图 6—57）。

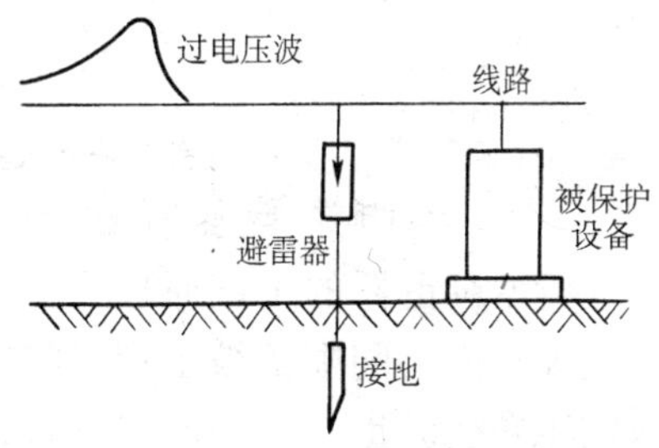

图 6—57　避雷器的连接

2. 避雷器的种类

避雷器一般可以分为保护间隙、管型避雷器、阀型避雷器、磁吹阀型避雷器。

（1）保护间隙。保护间隙是最为简单经济的防雷设备。结构十分简单。常见的两种角形间隙结构如图 6—58 所示。这种角形间隙又称羊角避雷器。其中一个电极接于线路，另一个电极接地。当线路过电压超过一定数值时，角间隙被击穿放电，将雷电流泄入大地。角间隙上部倾角应大于下部倾角，使角下部的距离大一些，便于电弧往上拉长。两角间的距离随线路额定电压而定（见表 6—20）。

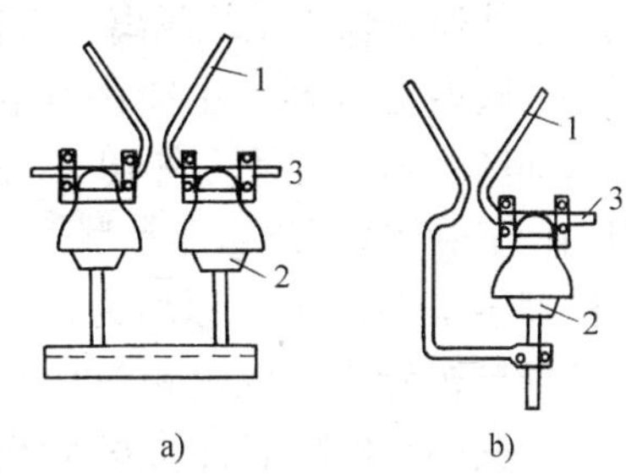

图 6—58　角形间隙

a）装在铁横担上　b）装在木横担上

1—羊角电极　2—支持绝缘子　3—接线路端子

表 6—20　　保护间隙的间隙最小值

额定电压（kV）	3	6	10	35
主间隙最小值（mm）	8	15	25	210
辅助间隙最小值（mm）	5	10	15	20

（2）管型避雷器。管型避雷器又称为排气式避雷器。由产气管、内间隙和外间隙三部分组成（见图 6—59）。它主要用来保护线路中的绝缘弱点和发电厂、变电所的进线段，以及雷雨季节经常断开其线路侧有电压的隔离开关或熔断器。

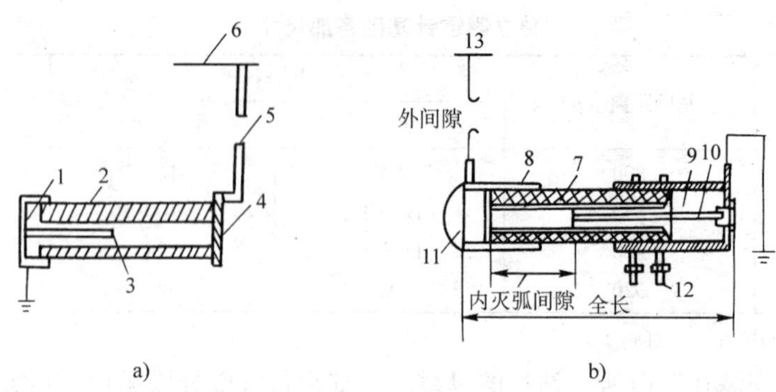

图 6—59 管型避雷器

a）原理 b）结构

1—吹气室 2—产气室 3—内间隙 4—喷口 5—外间隙 6—高压线
7—纤维管 8—胶木管 9—吹气室 10—电极 11—动作指示器 12—支架 13—高压线

管型避雷器的工作原理为：当线路发生过电压时，外部间隙和内部间隙都被击穿，将雷电流泄入大地。随之而来的工频续流也在管内产生电弧，使产气管在电弧高温作用下产生高压气体并从环形管口喷出，强烈吹弧，在电流第一次过零时，电弧即可熄灭。这时外部间隙的空气恢复了绝缘，使避雷器与系统隔离，恢复正常运行。

（3）阀型避雷器。主要由火花间隙和阀片电阻组成。其结构如图 6—60 所示。在 10 kV 及以下变、配电所中通常使用国产 FS 型阀型避雷器等型号。

阀型避雷器的工作原理为：当冲击过电压出现时，火花间隙即被击穿，雷电流通过阀片电阻泄入大地。雷电流通过后，其阀片电阻值自动变大将间隙里的电弧可靠熄灭，从而恢复正常状态，起到保护变配电设备的作用。

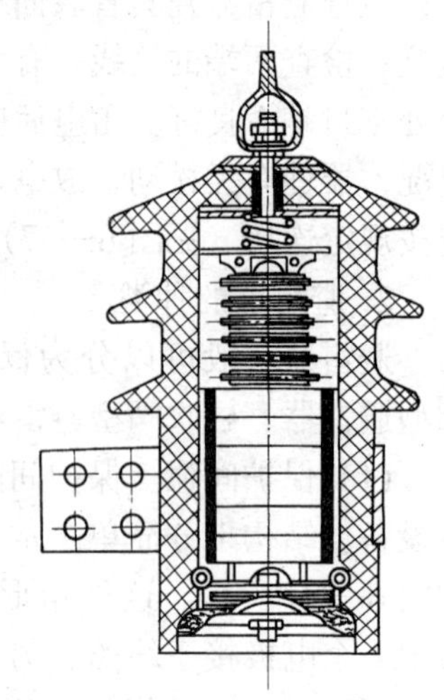

图 6—60 阀型避雷器结构图

阀型避雷器的安装：变配电所的阀型避雷器可以安装在架空线路终端杆上，也可安装在高压进户装置的室外墙壁支架上，也有安装在高压开关柜内。

安装中应注意阀型避雷器应尽量靠近变压器安装。10 kV 及以下的变电所，当只有一路进线时，FS 型阀型避雷器与主变压器的最大电气距离为 15 m，二路进线时为 23 m。避雷器对支持物应保持垂直，水平间距应在 0.35 mm 以上，线间距离应在 0.8 m 以上，倾斜应≤15°。避雷器上下引线的截面不得小于规定值 25 mm^2，引线不许有接头。避雷针的接地电阻不应大于 4 Ω，变压器容量在 100 kW 以下时不大于 10 Ω。

（4）磁吹阀型避雷器。磁吹阀型避雷器系保护旋转电机用的避雷器。其特点是利用磁场对电弧产生的电动力，使电弧运动来提高间隙的灭弧能力，从而增大续流，起到保护的目的。由于磁场线圈串联在间隙中，它对冲击电流有很大感抗，因此在阀片残压之外还要加上线圈的电压降，这样会使避雷特性变坏。为了解决这个矛盾，在磁场线圈上并联一个分流间隙。当雷电流通过时，线圈两端压降很大，分流间隙动作线圈短路，工频续流通过时，线圈两端压降很小，分流间隙来弧，于是续流通过线圈产生磁场使电弧运动。由于磁吹避雷器增大了续流，提高了火花间隙的灭弧能力，所以它对内部过电压的保护范围也扩大了。

单元测试题

（一）填空题（请将正确的答案填在横线空白处）

1. 电力系统是由________、________、________和电力用户所组成的整体。

2. 常用的低压配电方式有三种：即________、________和________接线。

3. 目前常用桥架型式有：槽式桥架、组合式桥架、________和________。

4. 电力电缆主要由________、________、保护层（有的还有屏蔽层）等部分组成。

5. 电缆常见故障有：________、________和________。

6. 一个完整的防雷设备一般由________、________和________等三部分组成。

7. 避雷针的安装主要包括________、________、________、引下线及接地线安装。

8. 避雷器主要有________、________、________等几种。

（二）判断题（下列判断正确的请打“√”，错误的打“×”）

1. 突然中断停电会在政治上造成影响，但不会大量减产和造成大量废品的供电用户的负荷称为一级负荷。 （ ）

2. 放射式与树干式混合，可应用在向多层厂房的动力或照明供电，或用来向多层住宅供电。 （ ）

3. 所谓电压损失，是指线路始端电压与末端电压的代数差。 （ ）

4. 电压过高或过低都会影响用电设备的正常运行，但不会烧坏其用电设备。 （ ）

5. 导线和电缆的截面的选择应按发热条件、经济电流密度、机械强度和功率大小条件来选。 （ ）

6. 按经济电流密度选择的导线和电缆截面称为导线截面。 （ ）

7. 通常照明电压的允许偏移在 +5%～−10%。 （ ）

8. 电缆常见故障有：短路、断线和受潮三种。 （ ）

9. 常用的低压配线方式有：放射式、树干式、混合式和环形接线四种。 （ ）

10. 根据用户的性质和要求不同，供电部门把用户的负荷（也称为负载）分为二级。 （ ）

11. 立杆主要有三个步骤，即立杆、杆身调整、涂防腐油及夯实。 （ ）

12. 为了防止反击，要求避雷针与被保护设备之间的空气距离不小于 3 m。 （ ）

13. 为了防止雷击必须在 35 kV 的配电装置的构架上架设避雷针。 （ ）

（三）单项选择题（下列每题的4个选项中，只有1个是正确的，请将其代号填在横线空白处）

1. 中断________的供电将造成人为死亡，或者将在政治上、经济上造成重大损失。

A. 一级负荷　B. 二级负荷　C. 三级负荷　D. 二、三级负荷

2. 突然停电将造成较大经济损失的，属于________负荷。

A. 一级　B. 二级　C. 三级　D. 无级

3. 我国电力系统的额定频率为________。

A. 100 Hz　B. 1 000 Hz　C. 50 Hz　D. 60 Hz

4. 从经济观点来选择导线截面，应从降低电能损耗。减少投资和节约________等方面来衡量。

A. 资金　B. 有色金属　C. 时间　D. 电能

5. 电力线路的基本配线方式有三种为________。

A. 放射式，树干式和环形　B. 放射式，树干线，链式

C. 单电源供电，双电源供电　D. 单电源供电，环形供电

6. 在工厂供电中所谓低压是指________ V以下的电压。

A. 500　B. 380　C. 1 000　D. 1 200

7. 拉线与地面的夹角，有45°和60°两种。________为45°。

A. 承力拉线　B. 辅助拉线　C. 转角拉线　D. 终端拉线

8. 拉线与地面的夹角，有45°和60°两种。________为60°。

A. 承力拉线　B. 辅助拉线　C. 转角拉线　D. 终端拉线

9. 避雷器的接地电阻应小于或等于________ Ω。

A. 4　B. 6　C. 8　D. 10

10. 在电缆较少而又不经常更换的区域，通常采用________敷设电缆。

A. 沟道　B. 隧道　C. 直埋　D. 穿管

（四）多项选择题（下列每题的选项中，至少有2个是正确的，请将其代号填在横线空白处）

1. 工厂企业供电方式一般有________降压供电方式。

A. 一次　B. 二次　C. 三次　D. 四次

2. 放射式线路故障影响范围小，因此________，易于实现集中控制。

A. 可靠性较高　B. 操作方便　C. 经济合理　D. 控制灵活

3. 树干式接线适用于________。

A. 经济要求不高　B. 明敷线路　C. 可靠性要求不高　D. 较小容量设备

4. 车间配电线的基本要求是________。

A. 布局合理　B. 整齐美观　C. 安装牢固　D. 维修方便、安全可靠

5. 电力电缆发生故障的原因有________和过热等。

A. 机械受潮　　B. 腐蚀　　C. 老化　　D. 过电压

6. 避雷针由________组成。

A. 接闪器　　B. 金属物　　C. 支持物　　D. 导体

7. 一个完整的防雷设备一般有________组成。

A. 接闪器　　B. 避雷器　　C. 引下线　　D. 接地体

8. 电力电缆常用的敷设方式基本可分为：________、穿管及悬吊等方式。

A. 沟道　　B. 排管　　C. 直埋　　D. 隧道

9. 室内变电所通常由________、变压器室、保护装置、操作机构、测量仪器等组成。

A. 高压配电室　　B. 低压配电室　　C. 配电装置　　D. 接地线

单元测试题答案

（一）填空题

1. 发电　输电　变配电　2. 放射式　树干式　环形　3. 托盘式桥架　梯级式桥架　4. 缆芯　绝缘层　5. 短路　断线　受潮　6. 接闪器　引下线　接地体　7. 安装位置　接地电阻　安装距离　8. 管型避雷器　阀型避雷器　磁吹阀型避雷器

（二）判断题

1. ×　2. √　3. √　4. ×　5. ×　6. ×　7. √　8. √　9. √　10. ×　11. √　12. ×　13. ×

（三）单项选择题

1. A　2. B　3. C　4. B　5. A　6. C　7. A　8. B　9. A　10. A

（四）多项选择题

1. AB　2. AD　3. BCD　4. ABCD　5. ABCD　6. ACD　7. ACD　8. ABCD　9. ABC

第七单元　新型管道材料、阀门与水泵

第一节　新型管道材料及安装

近年来，随着科学技术的飞速发展，管道新材料日新月异，新工艺推陈出新。我们只有了解信息更新知识，掌握新技术、新工艺才能适应时代发展的需要。本节介绍两种新型管材的安装工艺。

一、建筑给水聚丙烯管道（PP－R）

建筑给水聚丙烯管道（PP－R）是国际上20世纪90年代开发的新型化学建材。PP－R管材是由耐热级聚丙烯高分子弹性体改性而成，它与钢管、铜管相比，具有卫生、质轻、耐压、耐腐蚀、阻力小、隔热保温、连接方便可靠、使用寿命长、废料可回收利用等特点，可广泛用于冷热水系统。近年来，我国许多大中型城市在新建民用住宅装修中几乎已取代其他给水管道材料。为使给水聚丙烯管道材料及安装做到技术先进、经济合理、安全卫生、确保质量，本节有关数据和规定引用上海市建筑产品推荐性应用标准（上海市工程建设标准化办公室推荐）。

建筑给水聚丙烯管道（PP－R）适用于工业与民用建筑内生活给水、热水和饮用净水管道系统，工作压力不大于0.6 MPa，工作水温不大于70℃的场合。

1. 管材

生活给水系统所选用的 PP－R 管材和管配件应有质量检验部门的产品合格证，并应具有省市有关卫生、建材等部门的认证文件。PP－R 管材和管件在外观上，内外壁应光滑平整，无气泡、裂口、裂纹、脱皮和明显的痕纹、凹陷，且色泽基本一致，冷水管、热水管必须有醒目的标志。管材的端面应垂直于管材的轴线。管件应完整、无缺损、无变形、合模缝浇口应平整、无开裂。

（1）管材规格。PP－R 管材规格用公称外径及壁厚表示。目前国内厂家仅生产六种公称大径的规格：*De*20，*De*25，*De*32，*De*40，*De*50 和 *De*63。根据国内市场的需要，现生产厂家已在开发公称外径为 *De*75，*De*90 和 *De*110 三种规格的产品。

PP－R 管材的壁厚按压力等级分为：*PN*1.0，*PN*1.25，*PN*1.6，*PN*2.0，*PN*2.5 和 *PN*3.2 六个系列。表 7—1 为 PP－R 管材规格尺寸及偏差。表 7—2 为 PP－R 管件承口尺寸及偏差。表 7—3 为 PP－R 管材和管件的物理力学性能。

表 7—1　　PP－R 管材规格尺寸及偏差

公称外径（*De*）	平均允许偏差	壁　厚（mm）											
		公称压力 MPa											
		*PN*1.0		*PN*1.25		*PN*1.6		*PN*2.0		*PN*2.5		*PN*3.2	
		基本尺寸	允许偏差	基本尺寸	允许偏差	基本尺寸	允许偏差	基本尺寸	允许偏差	基本尺寸	允许偏差	基本尺寸	允许偏差
20	+0.3 0					2.3	+0.5 0	2.8	+0.5 0	3.4	+0.6 0	4.1	+0.7 0
25	+0.3 0			2.3	+0.5 0	2.8	+0.5 0	3.5	+0.6 0	4.2	+0.7 0	5.1	+0.8 0
32	+0.3 0	2.4	+0.5 0	3.0	+0.5 0	3.6	+0.6 0	4.4	+0.7 0	5.4	+0.8 0	6.5	+0.9 0
40	+0.4 0	3.0	+0.5 0	3.7	+0.6 0	4.5	+0.7 0	5.5	+0.8 0	6.7	+0.9 0	8.1	+1.1 0
50	+0.5 0	3.7	+0.6 0	4.6	+0.7 0	5.6	+0.8 0	6.9	+0.9 0	8.4	+1.1 0	10.1	+1.3 0
63	+0.6 0	4.7	+0.7 0	5.8	+0.8 0	7.1	+1.0 0	8.7	+1.1 0	10.5	+1.3 0	12.7	+1.5 0
75	+0.7 0	5.7	+0.8 0	6.9	+0.9 0	8.4	+1.1 0	10.3	+1.3 0	12.5	+1.5 0	15.1	+1.7 0
90	+0.9 0	6.7	+0.9 0	8.2	+1.1 0	10.1	+1.3 0	12.3	+1.5 0	15.0	+1.7 0	18.1	+2.1 0
110	+1.0 0	8.1	+1.1 0	10.0	+1.2 0	12.3	+1.5 0	15.1	+1.8 0	18.3	+2.1 0	22.1	+2.5 0

表 7—2　　**PP－R 管件承口尺寸及偏差**　　mm

公称外径	承口内径		承口长度	承口壁厚
	基本尺寸	允许偏差		
20	19.3	0 −0.2	16	
25	24.3	0 −0.3	18	
32	31.3	0 −0.3	20	
40	39.2	0 −0.3	22	
50	49.2	0 −0.4	25	承口壁厚不应小于同规格管材的壁厚
63	62.1	0 −0.4	29	
75	73.95	0 −0.5	31	
90	88.85	0 −0.6	35.5	
110	108.65	0 −0.6	41.5	

注：本表系指热熔连接管件。

表 7—3　　**PP－R 管材和管件的物理力学性能**

项　目		指　标		试验方法
		管材	管件	
密度 g/cm^3（20℃）		0.89～0.91		GB 1033—86
导热系数 W/m·k（20℃）		0.23～0.24		GB 3399—82
线膨胀系数 mm/m·k		0.14～0.16		GB 1036—89
弹性模量 N/mm^2（20℃）		800		GB 1040—79
拉伸强度 MPa		≥20		GB 1040—79
纵向回缩率 135℃，2 h　%		≤2		GB 6671.3—86
摆捶冲击试验 15 J，0℃，2 h 破损率　%		<10		GB 1043—79
液压试验	短期 20℃，1 h，环应力 16 MPa	无渗漏	无渗漏	GB 6111—85
	长期 95℃，1 000 h，环应力 3.5 MPa	无渗漏	无渗漏	GB 6111—85
承插口密封试验	20℃，1 h，试验压力为 2.4 倍公称压力	无渗漏或无破坏	无渗漏或无破坏	GB 6111—85

（2）温度对给水 PP－R 管道的影响

1）随着输水温度的上升，其允许压力急剧下降。在某一介质温度下，确保一定使用寿命，管道系统可以承受的最大压力称为允许压力。

一般情况下，在允许压力内，管材使用水温为 20℃时，使用寿命为 50 年。但当管道使用水温从 20℃上升到 60℃时，同一压力等级管道其允许压力将下降 50%；当水温上升到 70℃时，管道的允许压力将下降 67%左右。表 7—4 为 PP－R 管材在不同温度及使用寿命下的允许压力。

表 7—4　　　　PP－R 管材在不同温度及使用寿命下的允许压力

使用温度（℃）	使用寿命（年）	公称压力（MPa）					
		1.0	1.25	1.6	2.0	2.5	3.2
20	1	1.43	1.96	2.27	2.86	3.60	4.53
	5	1.35	1.70	2.14	2.69	3.39	4.26
	10	1.31	1.65	2.08	2.62	3.30	4.15
	25	1.27	1.59	2.01	2.53	3.18	4.01
	50	1.23	1.55	1.96	2.46	3.10	3.90
40	1	1.04	1.30	1.64	2.07	2.60	3.26
	5	0.97	1.22	1.54	1.93	2.43	3.06
	10	0.94	1.18	1.49	1.88	2.36	2.97
	25	0.91	1.14	1.43	1.81	2.27	2.86
	50	0.88	1.11	1.39	1.76	2.21	2.78
60	1	0.74	0.93	1.17	1.47	1.86	2.34
	5	0.69	0.87	1.09	1.37	1.73	2.17
	10	0.67	0.84	1.05	1.33	1.67	2.10
	25	0.64	0.80	1.01	1.28	1.61	2.02
	50	0.62	0.78	0.98	1.23	1.55	1.96
70	1	0.62	0.78	0.98	1.24	1.56	1.96
	5	0.58	0.73	0.91	1.15	1.45	1.82
	10	0.56	0.70	0.88	1.11	1.40	1.76
	25	0.49	0.61	0.77	0.97	1.22	1.54
	50	0.41	0.52	0.65	0.82	1.03	1.30
80	1	0.52	0.66	0.83	1.04	1.31	1.65
	5	0.48	0.61	0.76	0.96	1.21	1.52
	10	0.39	0.49	0.62	0.78	0.98	1.23
	25	0.31	0.39	0.50	0.62	0.79	0.99
95	1	0.37	0.47	0.59	0.74	0.93	1.17
	5	0.25	0.31	0.40	0.50	0.63	0.79
	(10)	(0.21)	(0.27)	(0.34)	(0.42)	(0.53)	(0.67)

注：1. 表中公称压力是指环应力为 PP－R 管 80 系列的对应数值。

2. 表中数值为允许压力。工作压力应将表中对应数值除以 1.25～1.5。

3. 括号内数值不推荐使用。

2）当温度升高时，随着承压时间增长，其允许压力也明显下降。以输水温度为60℃时为例。当承压时间为1 000 h时，同一压力等级管道的允许压力将下降约27%，当承压时间为1年时，管道的允许压力将下降约34%。

3）给水PP－R管道随温度的变化，管道长度将发生显著的变化。自由管道因温差引起的轴向变形量可按下列公式确定。

$$\Delta L = \Delta T \cdot L \cdot \alpha$$

$$\Delta T = 0.65\Delta t_s + 0.10\Delta t_g$$

式中 ΔL ——管道伸缩长度，mm；

ΔT ——计算温差，℃；

Δt_s ——管道内水的最大变化温差，℃；

Δt_g ——管道外空气的最大变化温差，℃；

L ——自由管段长度，m；

α ——线膨胀系数，mm/m·k，$\alpha = 0.16$。

由于给水PP－R管道的线膨胀系数比钢管大10多倍，当温差大时，其伸缩量很大，因此必要时需设置滑动支架或补偿装置，以减小管道变形而产生的应力。图7—1为滑动支架示意图。

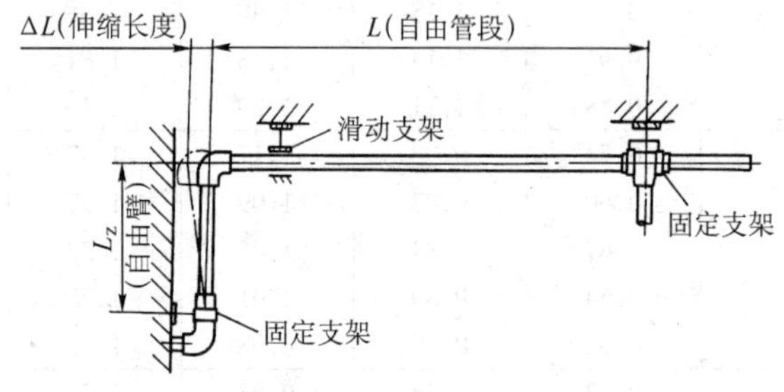

图7—1 滑动支架示意图

（3）给水PP－R管道选用原则。给水PP－R管道的选用依据输送水温、工作压力和使用寿命三大因素。

从管道长期使用寿命以及施工和实际使用中非正常因素及安全需要，冷水管选用的公称压力等级应按系统最大工作压力乘以1.5倍的安全系数，冷水管压力等级最小为*PN*1.0 MPa；热水管选用的公称压力等级应按系统最大工作压力乘以3.0倍的安全系数，热水管压力等级最小为*PN*2.0 MPa，同时应注意热水管经常使用温度不宜超过60℃，最高为70℃，瞬时温度不得超过95℃。

2．管道连接

（1）热熔连接。由相同热塑性塑料的管材与管件互相连接时，采用专用热熔工具加热到一定时间后熔化两连接件并使两部件结合，冷却后连接成一个整体的连接方式称为热熔连接。热熔连接有对接式、承插式和电熔连接等几种。影响热熔连接质量的三个重要因素为：温度、加热时间和接缝压力。

热熔连接应按下列步骤进行：

1）切割管材，必须使端面垂直于管轴线且断面应无毛边和毛刺。

2）管材与管件连接端面必须清洁、干燥、无油。

3）应在管端测量并标绘出热熔深度，热熔深度应符合表 7—5 热熔连接技术要求。

4）热熔工具接通电源，到达工作温度指示灯亮后方能开始操作。

5）熔接弯头或三通时，应注意其方向，通常在管件和管材的直线方向上，用辅助标志标出其位置。

6）连接时，无旋转地把管端导入加热套内，插到所标志的深度。同时，无旋转地把管件推到加热头上，达到规定标志处，加热时间应满足表 7—5 的规定（也可按热熔工具生产厂家的规定）。

7）达到加热时间后，立即把管材与管件从加热套与加热头上同时取下，迅速无旋转地直线均匀插入到所标深度，使接头处形成均匀凸缘。

8）在表 7—5 规定的加工时间内，刚熔接好的接头还可校正，但严禁旋转。

表 7—5　　PP－R 热熔连接技术要求

公称外径（mm）	热熔深度（mm）	加热时间（s）	加工时间（s）	冷却时间（min）
20	14	5	4	3
25	16	7	4	3
32	20	8	4	4
40	21	12	6	4
50	22.5	18	6	5
63	24	24	6	6
75	26	30	10	8
90	32	40	10	8
110	38.5	50	15	10

注：若环境温度小于 5℃，加热时间应延长 50%。

（2）法兰连接。由金属法兰盘及 PP－R 过渡接头组成，过渡接头与管材用热熔连接，套入法兰盘形成法兰连接件的连接方式称法兰连接。

法兰连接部位应设置支吊架固定，支吊架管卡的最小尺寸应按管径确定。当公称外径小于 *De*63 时，最小管卡宽度为 16 mm，公称外径为 *De*75 和 *De*90 时，最小管卡宽度为 20 mm，公称外径为 *De*110 时，最小管卡宽度为 22 mm。表 7—6 为 PP－R 冷水管支吊架最大间距，表 7—7 为 PP－R 热水管支吊架最大间距。

表 7—6 **PP－R 冷水管支吊架最大间距**

公称外径 *De*（mm）	20	25	32	40	50	63
横管（mm）	650	800	950	1 100	1 250	1 400
立管（mm）	1 000	1 200	1 500	1 700	1 800	2 000

表 7—7 **PP－R 热水管支吊架最大间距**

公称外径 *De*（mm）	20	25	32	40	50	63
横管（mm）	500	600	700	800	900	1 000
立管（mm）	900	1 000	1 200	1 400	1 600	1 700

注：冷、热水管共用支吊架时应根据热水管支吊架间距确定。暗敷直埋管道的支架间距可采用 1 000～1 500 mm。

给水 PP－R 法兰连接件与市场上普通法兰盘不同，安装时，其法兰连接件应由管道生产厂家配套供应。图 7—2 为法兰连接示意图。

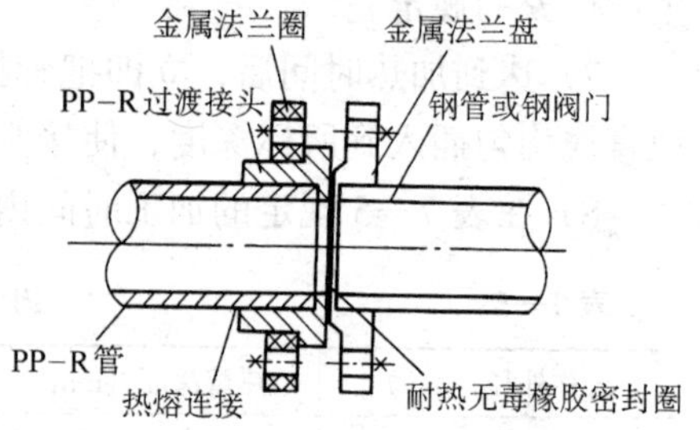

图 7—2 法兰连接示意图

（3）给水 PP－R 管道连接方式的应用场合

1）同种材质的给水 PP－R 管及管配件之间应采用热熔连接。

2）暗敷墙体、地坪面层内的管道不得采用丝扣或法兰连接。

3）给水 PP－R 管与金属管件连接，应采用带金属嵌件的 PP－R 管件作为过渡，该管件与塑料管采用热熔连接，与金属管件或卫生洁具五金配件采用丝扣连接。

4）热熔承插式连接和电熔连接，一般以热熔承插式为主要连接方式，电熔连接一般用在受安装部位限制，无法实施热熔承插式连接的地方。

5）法兰连接适用于设备的连接部位，以及管道上需经常拆卸的部位。

3. 管道敷设安装

建筑给水 PP－R 管道宜采用暗敷形式。其好处是容易解决热膨胀问题，同时有利于隔热和防火。暗敷有直埋式和非直埋式两种形式。直埋式一般是嵌墙敷设和埋地敷设。非直埋式一般是管道井内、吊顶内、技术层等部位敷设。明敷给水管不得穿越卧室、储藏室以及烟道、风道且应远离热源。

给水 PP－R 立管距热水器或灶边净距不得小于 400 mm，当条件不具备时，应加隔热防护措施，但最小净距不得小于 200 mm。

直埋于墙体或地坪面层内的管道，因为墙体或地坪内的水泥砂浆限制住了管道的热膨胀，故可不考虑纵向伸缩补偿。

管道嵌墙暗敷时，墙槽尺寸深度为 *De*＋20 mm，宽度为 *De*＋40～60 mm。凹槽表面必须平整、管道试压合格后，墙槽用 M7.5 级水泥砂浆填补密实。

管道穿越楼板、基础墙时，应设置钢套管保护。

采用金属管卡或吊架时，金属管卡与管道之间应采用塑料袋或橡胶等软物隔垫，当有金属件时，管卡应设在金属配件一端。

4. 管道试压

冷水管试验压力应为管道系统工作压力的 1.5 倍，但不得小于 1.0 MPa；热水管试验压力应为管道系统工作压力的 2.0 倍，但不得小于 1.5 MPa。

热熔连接管道水压试验应在管道连接完成 24 h 后进行。

加压宜用手动泵，升压时间不小于 10 min。在 30 min 内，允许两次补压升压至试验压力，稳压 1 h，测试压力降不得超过 0.06 MPa。在工作压力的 1.15 倍状态下，稳压 2 h，压力降不得超过 0.03 MPa，同时检查各连接处不得渗漏。

二、建筑给水铝塑复合管

铝塑复合管是继金属管、非金属管及塑料管之后的第四代新型管材。其五层紧密结合的结构及塑料与铝层的原料性能决定了其具有质轻、化学性能稳定、机械强度高、保温性能佳、耐热性能好，脆化温度低、无毒、耐腐蚀及使用寿命长等特点。

建筑给水铝塑复合管适用于工业与民用建筑内的生活给水管道、热水供应管道和饮用净水管道。适用于系统的工作压力不大于 0.6 MPa，水温不高于 40℃（冷水管道）和 75℃（热水管道）的场合。铝塑复合管不得用于消防系统或与消防给水管道相连的场合。

1. 管材

铝塑复合管是以焊接铝管为中间层，内外层均为聚乙烯塑料或交联聚乙烯塑料，采用专用溶胶，通过挤出成型方法复合成一体的管材。采用聚乙烯塑料的为铝塑复合管，缩写 PAP；采用交联聚乙烯塑料的为交联铝塑复合管，缩写 XPAP。图 7—3 为铝塑复合管结构示意图。

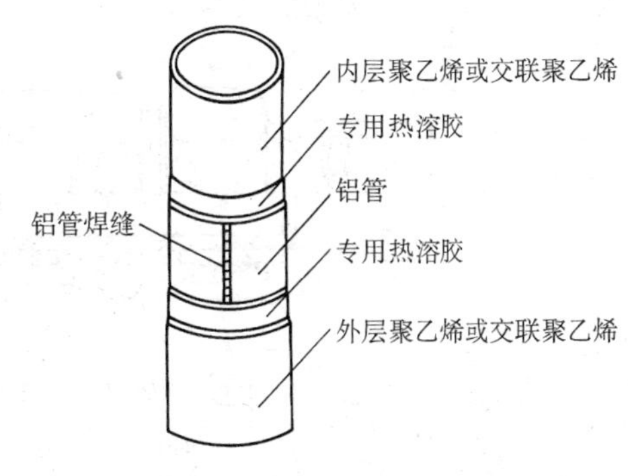

图 7—3　铝塑复合管结构图

铝塑复合管管材应标明产品标记、生产企业名称、商标、产品性能（工作压力、工作温度）、生产日期或生产批号。管件应标明型号或规格、商标或识别标记等。用于饮用水的管材应有卫生检测部门标记或检验证书号或许可证号。铝塑复合管的外观质量在外表面应色泽均匀，无气泡、无针眼、无脱皮、无明显划痕和其他不良缺陷。内壁应光滑、无异味。冷水用管应为蓝色或白色上有蓝线条，热水用管应为橘红色。

（1）管材规格。铝塑复合管的管材规格以公称外径 *De* 来表示。表 7—8 为铝塑复合管管材规格尺寸。

表 7—8　　铝塑复合管管材规格尺寸

规格	外径 De（mm）		推荐内径 d（mm）	壁厚（mm）		内层聚乙烯或交联聚乙烯最小壁厚（mm）	外层聚乙烯或交联聚乙烯最小壁厚（mm）	铝材最小厚度（mm）
	最小值	偏差		最小值	偏差			
0912	12	+0.30	9	1.60	+0.40	0.70	0.40	0.18
1014	14	+0.30	10	1.60	+0.40	0.80	0.40	0.18
1216	16	+0.30	12	1.65	+0.40	0.90	0.40	0.18
（1418）	18	+0.30	14	1.90	+0.40	1.00	0.40	0.23
1620	20	+0.30	16	1.90	+0.40	1.00	0.40	0.23
2025	25	+0.30	20	2.25	+0.50	1.10	0.40	0.23
2632	32	+0.30	26	2.90	+0.50	1.20	0.40	0.28
3240	40	+0.40	32	4.00	+0.60	1.80	0.70	0.35
4150	50	+0.50	41	4.50	+0.70	2.00	0.80	0.45
5163	63	+0.60	51	6.00	+0.80	3.00	1.00	0.55
6075	75	+0.70	60	7.50	+1.00	3.00	1.00	0.65

注：1. 括弧内尺寸规格为行业标准 CJ/T 108—1999 规定外的尺寸规格。

2. 本表为搭接焊铝塑复合管规格尺寸，对接焊铝塑复合管规格尺寸可作相应调整。

（2）管件。铝塑复合管的管件材质应为不锈钢或铜，其中卡套式管接头管件应为铜质，承插式管接头管件应为不锈钢或铜质。图 7—4 为卡套式铜质管接头结构图。表 7—9 为卡套式铜质管接头的代号及基本尺寸（mm）。图 7—5 为承插式管接头结构图。

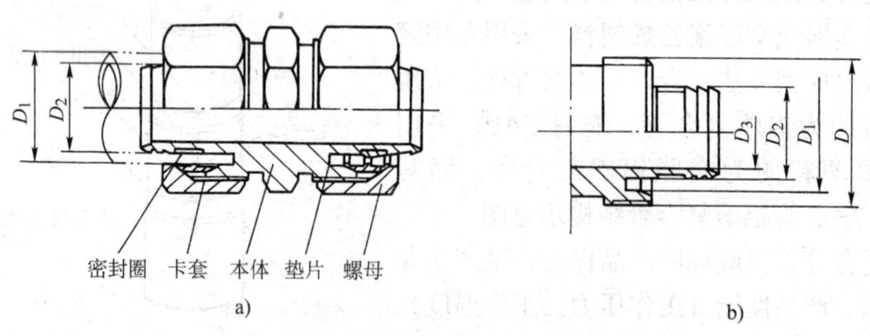

图 7—4　卡套式铜质管接头结构图

a）卡套式铜质管接头　b）管接头头部结构及基本尺寸

管件的外观应光滑、色泽均匀，锐角倒钝且不得有裂纹和凹凸不平。铸件无气孔、夹渣和砂眼。管件端面应垂直管件轴线。型号、规格、代号应标注清晰。螺纹应无断扣、压伤和毛刺。螺纹配合应松紧适宜，同一规格的管件螺纹尺寸应一致，并能互换。有镀层的接头其镀层应均匀无斑痕、脱落等缺陷。

表 7—9 卡套式铜质管接头的代号及基本尺寸 mm

接头代号	公称外径 De	D	D_1	D_2	D_3
1	12	M18×1.5	12.5	8.8	5
2	14	M20×1.5	14.5	9.8	6
3	16	M22×1.5	16.5	11.8	8
4	18	M24×1.5	18.5	13.8	10
5	20	M26×1.5	20.5	15.8	12
6	25	M32×1.5	25.5	19.8	15
7	32	M39×1.5	32.5	25.8	21

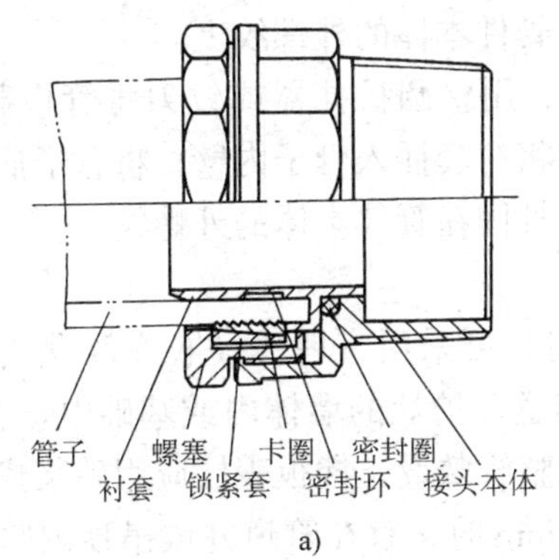

a)

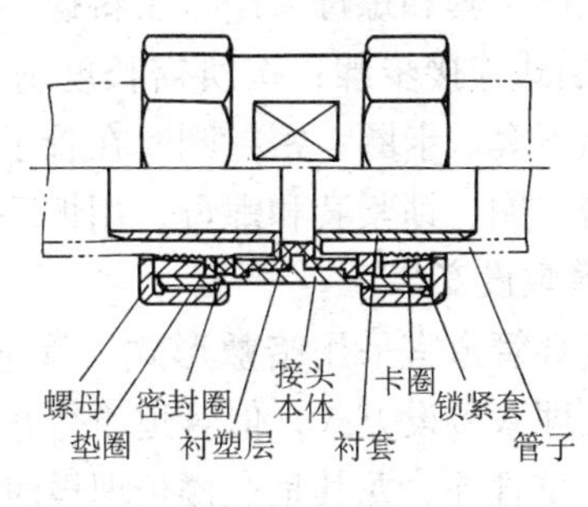

b)

图 7—5 承插式管接头结构图

a）内螺纹锁紧的管接头 b）外螺纹锁紧的管接头

铝塑复合管的冷水管和热水管的公称压力、工作压力和输水温度应符合表 7—10 要求。

表 7—10 铝塑复合管道输水温度、公称压力和工作压力要求

用 途	代 号	温度（℃）	公称压力（MPa）	工作压力（MPa）
冷水	L	≤40	1.0	≤0.6
热水	R	≤75	1.0	≤0.6

2．管道连接

（1）卡套式连接。由铜质接头本体、螺母、堵头、卡套和橡胶密封圈等组成。安装时，将管道插入管件后，拧动螺母，压紧密封圈卡套，起到管材与管件的连接和密封作用，这样的连接方式称为卡套式连接。

卡套式连接适用于公称外径 $De \leqslant 32$ mm 的复合管道连接。

（2）承插式连接。由铸钢、不锈钢或铜质接头本体、螺母、卡套、衬套和橡胶密封圈等组成。安装时，将管道插入管件后，拧动螺母，压紧密封圈和垫圈，起到管材与管件的连接和密封作用，这样的连接方式称为承插式连接。

承插式连接适用于公称外径 De：40 mm$\leqslant De \leqslant$75 mm 的复合管道连接。

管件与被连接的管子应连接可靠。在常温下，应能承受表 7—11 中的拉拔力，持续 60 min 连接部分无松动、断裂，零件应无裂缝或损坏。

表 7—11　　铝塑复合管管接头组件最小拉拔力

管材外径 De（mm）	≤20	25	32	40	50	63	75
拉拔力（N）	610	754	1 930	3 016	4 710	7 480	10 602

（3）管道连接步骤

1）卡套式连接步骤：按所需长度剪切管道；用整圆扩孔器或铰刀将管口整圆扩孔；将螺母和卡套套在管子端头，将套有密封圈的管件本体内芯插在管口内，并将内芯全长全部压入；拉回卡套和螺母，用扳手将螺母拧固在管件本体的外螺纹上。

2）承插式连接步骤：按所需长度剪切管道；用整圆扩孔器或铰刀将管口整圆扩孔；将螺母、锁紧套、卡圈、密封圈套在管子端头；将衬套插入管子内壁；将管子插入管件本体；拉回密封圈、锁紧套和螺母，用扳手将螺母拧固在管件本体的外螺纹上。

3. 管道敷设安装

铝塑复合管道宜采用暗敷形式。管道暗敷时，可采用直埋式（嵌墙敷设或直埋于楼板）或非直埋式敷设方式，但管道不得直埋在烟道、炉灶的墙体内或基础内。直埋管道，宜用整管不设管件。尤其是在楼板埋设时必须用整管敷设，楼板表层应用砂浆找平，管道保护层厚度不得小于 20 mm。管道外径 De≥32 mm 时，宜在管道井或吊顶内暗设。管道沿墙敷设时应横平竖直。热水管道应与冷水管道平行敷设，不同标高时，热水管应在冷水管上方，相同标高时热水管宜在外侧。嵌墙管道安装时，管槽断面尺寸深度应为 De + 20 mm，宽度应为 De + 40～60 mm。管道在槽内宜设管卡，间距为 1.0～1.2 m。嵌槽应采用 M10 水泥砂浆，分二次窝牢、嵌平。管道明设时，应用管扣座固定。表 7—12 为管扣座最大支承间距。在三通、四通、弯头等管件处，管道弯曲和阀门位置应增设支架固定。

表 7—12　　管扣座最大支承间距　　mm

公称外径 De	横管	立管
14	500	700
16	600	900
20	800	1 300
25	1 000	1 600
32	1 300	2 000
40	1 400	2 200
50	1 600	2 400
63	1 800	2 600
75	2 000	2 800

4. 管道试压

在管道工程隐蔽前，必须进行水压试验。

对系统加压，宜用手动泵，升压时间不宜少于 10 min。

试验压力应为工作压力的 1.5 倍，且不得小于 0.60 MPa。升压至规定的试验压力值后，停止加压，稳压 1 h，观察接点部位渗漏现象，进行水密性试验。

管接头在常温下，其密封性试验应在 1.0 MPa，保持 5 min 不得渗漏。

生活饮用水管道试压合格后，应按规定对管道进行消毒。

5. 小结

生活给水复合管材随着新材料、新技术、新工艺的开发和应用，正不断地推陈出新，如铸铁管内涂水泥层复合管材；铸铁、钢管、不锈钢管内复合塑料管材；铝塑 PP－R 复合管材；无缝铝合金衬塑管材，等等。这里就不一一介绍，学员通过上述学习，对给水管的各种管材有了全面的认识，在实际工作中可以根据具体情况合理地选用管材。

第二节　阀　　门

学习管道工程中的重要附件阀门，主要是了解和掌握阀门的种类、型号、规格、阀门的命名方法以及如何正确选用阀门。

一、阀门型号表示方法及名称命名方法

1. 阀门型号

阀门的型号是根据阀门的种类、传动方式、连接形式、结构形式、密封或衬里材料、公称压力、阀体材料分别用汉语拼音字母及数字表示的，根据国家有关标准规定，阀门的型号由 7 个单元组成，其各单元意义见图 7—6 所示。

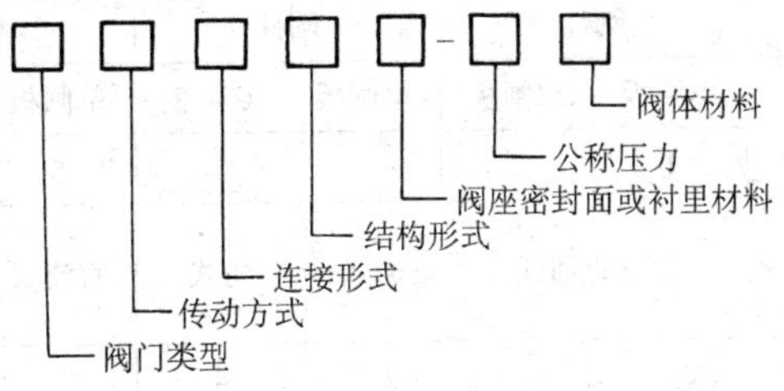

图 7—6　阀门型号各单元意义

2. 阀门种类

阀门的种类有多种。按用途可分为通用阀门和专用阀门；按耐压强度可分为低压阀、中压阀、高压阀和超高压阀；按介质工作温度可分为超冷温阀、深冷阀、低温阀、常温阀、中温阀、高温阀及耐热阀；按材料可分为铸铁阀、铜阀、不锈钢阀、铝合金阀和塑料阀等。

阀门的各种表示方法，见表 7—13～表 7—18 所示。

表 7—13　　阀门类型表示方法

类型	闸阀	截止阀	节流阀	球阀	蝶阀	隔膜阀	旋塞阀	止回阀和底阀	安全阀	减压阀	疏水阀	柱塞阀	排污阀
代号	Z	J	L	Q	D	G	X	H	A	Y	S	U	P

注：用于低温（低于－40℃）、保温（带加热套）和带波纹管的阀门，应在类型代号前分别加注代号“D”“B”和“W”。

表 7—14　　阀门传动方式表示方法

传动方式	电－磁动	电磁－液动	电－液动	蜗轮	正齿轮	锥齿轮	气动	液动	气－液动	电动
代号	0	1	2	3	4	5	6	7	8	9

注：1. 用手轮、手柄或扳手传动的阀门以及安全阀、减压阀、疏水阀，省略本代号。

2. 对于气动或液动：常开式用 6_K、7_K 表示，常闭式用 6_B、7_B 表示，气动带手动用 6s 表示，防爆电动用 9_B 表示。

表 7—15　　阀门连接形式表示方法

连接形式	内螺纹	外螺纹	法兰	焊接	对夹	卡箍	卡套
代号	1	2	4	6	7	8	9

注：焊接包括对焊和插焊。

表 7—16　　结构形式表示方法

<table>
<tr><td rowspan="5">闸阀</td><td rowspan="4">结构形式</td><td colspan="5">明　杆</td><td colspan="4">暗　杆</td></tr>
<tr><td colspan="3">楔式</td><td colspan="2">平行式</td><td colspan="2">楔式</td><td colspan="2">平行式</td></tr>
<tr><td rowspan="2">弹性闸板</td><td colspan="2">刚性</td><td colspan="2">刚性</td><td colspan="2">刚性</td><td colspan="2">刚性</td></tr>
<tr><td>单闸板</td><td>双闸板</td><td>单闸板</td><td>双闸板</td><td>单闸板</td><td>双闸板</td><td>单闸板</td><td>双闸板</td></tr>
<tr><td>代号</td><td>0</td><td>1</td><td>2</td><td>3</td><td>4</td><td>5</td><td>6</td><td>7</td><td>8</td></tr>
</table>

<table>
<tr><td rowspan="3">截止阀
柱塞阀
节流阀</td><td rowspan="2">结构形式</td><td rowspan="2">直通式</td><td rowspan="2">Z 形直通式</td><td rowspan="2">三通式</td><td rowspan="2">角式</td><td rowspan="2">直流式（Y 形）</td><td colspan="2">平衡</td></tr>
<tr><td>直通式</td><td>角式</td></tr>
<tr><td>代号</td><td>1</td><td>2</td><td>3</td><td>4</td><td>5</td><td>6</td><td>7</td></tr>
</table>

<table>
<tr><td rowspan="4">球阀</td><td rowspan="3">结构形式</td><td colspan="4">浮　动　阀</td><td colspan="5">固　定　球</td></tr>
<tr><td rowspan="2">直通式</td><td colspan="3">三通式</td><td rowspan="2">四通式</td><td rowspan="2">直通式</td><td colspan="2">三通式</td><td rowspan="2">半球直通</td></tr>
<tr><td>Y 形</td><td>L 形</td><td>T 形</td><td>T 形</td><td>L 形</td></tr>
<tr><td>代号</td><td>1</td><td>2</td><td>4</td><td>5</td><td>6</td><td>7</td><td>8</td><td>9</td><td>0</td></tr>
</table>

续表

<table>
<tr><td rowspan="2">蝶阀</td><td>结构形式</td><td>杠杆式</td><td>垂直板式</td><td>斜板式</td></tr>
<tr><td>代号</td><td>0</td><td>1</td><td>3</td></tr>
<tr><td rowspan="2">隔膜阀</td><td>结构形式</td><td>屋脊式</td><td>截止式</td><td>直流板式</td><td>直通式</td><td>闸板式</td><td>角式 Y 形</td><td>角式 T 形</td></tr>
<tr><td>代号</td><td>1</td><td>3</td><td>5</td><td>6</td><td>7</td><td>8</td><td>9</td></tr>
<tr><td rowspan="3">旋塞阀</td><td rowspan="2">结构形式</td><td colspan="4">填料密封</td><td colspan="3">油封密封</td><td colspan="2">静配</td></tr>
<tr><td>L 形</td><td>直通</td><td>T 形三通</td><td>四通</td><td>L 形</td><td>直通</td><td>T 形三通</td><td>直通</td><td>T 形三通</td></tr>
<tr><td>代号</td><td>2</td><td>3</td><td>4</td><td>5</td><td>6</td><td>7</td><td>8</td><td>9</td><td>0</td></tr>
<tr><td rowspan="3">止回阀
底阀</td><td rowspan="2">结构形式</td><td colspan="3">升　降</td><td colspan="3">旋　启</td><td rowspan="2">回转蝶形止回式</td><td rowspan="2">截止止回式</td></tr>
<tr><td>直通式</td><td>立式</td><td>角式</td><td>单瓣式</td><td>多瓣式</td><td>双瓣式</td></tr>
<tr><td>代号</td><td>1</td><td>2</td><td>3</td><td>4</td><td>5</td><td>6</td><td>7</td><td>8</td></tr>
<tr><td rowspan="5">安全阀</td><td rowspan="4">结构形式</td><td colspan="8">弹 簧 式</td><td rowspan="4">脉冲式</td><td rowspan="4">杠杆式</td></tr>
<tr><td colspan="4">封　闭</td><td colspan="4">不 封 闭</td></tr>
<tr><td rowspan="2">带散热片全启式</td><td rowspan="2">微启式</td><td rowspan="2">全启式</td><td rowspan="2">带扳手全启式</td><td colspan="3">带 扳 手</td><td rowspan="2">带控制机构全启式</td></tr>
<tr><td>双弹簧微启式</td><td>微启式</td><td>全启式</td></tr>
<tr><td>代号</td><td>0</td><td>1</td><td>2</td><td>4</td><td>3</td><td>7</td><td>8</td><td>6</td><td>9</td><td>5</td></tr>
<tr><td rowspan="2">减压阀</td><td>结构形式</td><td>薄膜式</td><td>弹簧薄膜式</td><td>活塞式</td><td>波纹管式</td><td>杠杆式</td></tr>
<tr><td>代号</td><td>1</td><td>2</td><td>3</td><td>4</td><td>5</td></tr>
<tr><td rowspan="2">疏水阀</td><td>结构形式</td><td>浮球式</td><td>迷宫式或孔板式</td><td>浮桶式</td><td>液体或固体膨胀式</td><td>钟形浮子式</td><td>蒸汽压力式</td><td>双金属片式或弹簧式</td><td>脉冲式</td><td>圆盘式</td></tr>
<tr><td>代号</td><td>1</td><td>2</td><td>3</td><td>4</td><td>5</td><td>6</td><td>7</td><td>8</td><td>9</td></tr>
<tr><td rowspan="3">排污阀</td><td rowspan="2">结构形式</td><td colspan="2">液面连续</td><td colspan="4">液底间断</td></tr>
<tr><td>截止型直通式</td><td>截止型角式</td><td>截止型直流式</td><td>截止型直通式</td><td>截止型角式</td><td>浮动闸板型直通式</td></tr>
<tr><td>代号</td><td>1</td><td>2</td><td>5</td><td>6</td><td>7</td><td>8</td></tr>
</table>

表 7—17　　阀座密封面或衬里材料表示方法

阀座密封面或衬里材料	代号	阀座密封面或衬里材料	代号	阀座密封面或衬里材料	代号
铜合金	T	渗硼钢	P	氟塑料	F
蒙乃而合金	M	锡基轴承合金	B	衬胶	J
18－8 系不锈钢	E	硬质合金	Y	衬铅	Q
Cr13 系不锈钢	H	橡胶	X	搪瓷	C
Mo2Ti 系不锈钢	R	塑料	S	玻璃	G
渗氮钢	D	尼龙塑料	N		

注：1. 由阀体直接加工的阀座密封面材料代号用“W”表示。

2. 当阀座和阀瓣（闸板）密封面材料不同时，用低硬度材料代号表示（隔膜阀除外）。

表 7—18　　阀体材料表示方法

阀体材料	代号	阀体材料	代号	阀体材料	代号
灰铸铁	Z	Cr13 系不锈钢	H	铝合金	L
可锻铸铁	K	18－8 系不锈钢	P	钛及钛合金	A
球墨铸铁	Q	Mo2Ti 系不锈钢	R	塑料	S
铜及铜合金	T	铬钼钢	I		
碳素钢	C	铬钼钒钢	V		

注：对于 $PN \leqslant 1.6$ MPa 的灰铸铁阀体和 $PN \geqslant 2.5$ MPa 的碳素钢阀体，省略本单元。

阀门公称压力表示方法用压力数值 MPa 的 10 倍表示，并用短横线与前五个单元分开。

3. 阀门名称命名方法

阀门名称按阀门类型、传动方式、连接形式、结构形式和衬里材料命名。阀门命名时下列内容可省略：

（1）连接形式中的法兰。

（2）结构形式中：闸阀的“明杆”“弹性”“刚性”和“闸板”，截止阀和节流阀的“直通式”，球阀的“浮动”和“直通式”，蝶阀的“中线式”，隔膜阀的“屋脊式”，旋塞阀的“填料”和“直通式”，止回阀的“直通式”和“单瓣式”，安全阀的“不封闭”。

（3）阀座密封面材料。

4. 阀门型号的识读

识读阀门型号时应注意省略掉的部分。例如：J11T－16K 类型为截止阀，传动方式为手动省略，连接形式为内螺纹连接，结构形式为直通式，密封面材料为铜合金，公称压力为 PN1.6 MPa，阀体材料为可锻铸铁。又如 Z44W－10K 类型为闸阀，传动方式为手动省略，连接形式为法兰连接，结构形式为明杆、平行式、双闸板，密封面为阀体直接加工的，公称压力为 PN1.0 MPa，阀体材料为可锻铸铁。

5. 阀门的标志与识别

阀门的类别、驱动方式和连接形式可以从阀门的外形来识别。阀门的公称直径、公称压力和介质流的流向在阀门的正面可以直接读出。对于阀体材料、密封圈材料及带有衬里的材料，必须根据阀门各部位所涂油漆的颜色来识别。

（1）阀体材料识别颜色。表示阀体材料的颜色漆是涂在不加工的表面上。耐酸钢或不锈钢制的阀门，允许不涂漆发送。特殊情况下可根据用户需要，改变涂漆颜色。一般情况下应根据表 7—19 来识别阀体的材料。

（2）密封面材料识别颜色。表示密封圈材料的颜色漆是涂在手轮、手柄或自动阀门的阀盖上。关闭件的密封零件材料与阀体上密封零件材料不同时，应按关闭件密封零件材料涂漆。表 7—20 为密封面材料识别颜色。

表 7—19 阀体材料识别颜色

阀体材料	识别涂漆颜色	阀体材料	识别涂漆颜色
灰铸铁、可锻铸铁	黑色	耐酸钢 不锈钢	浅蓝色 或不涂色
球墨铸铁	银色		
碳素钢	灰色	合金钢	蓝色

表 7—20 密封面材料识别颜色

密封材料	识别涂漆颜色	密封材料	识别涂漆颜色
青铜或黄铜	红色	硬质合金	灰色周边带红色条
巴氏合金	黄色	塑料	灰色周边带蓝色条
铝	铝白色	皮革	棕色
耐酸钢或不锈钢	浅蓝色	硬橡皮	绿色
渗氮钢	浅紫色	直接在阀体上作密封面	同阀体的涂色

(3) 衬里材料识别颜色。当阀门有衬里时，表示衬里材料的颜色漆是涂在阀门法兰的外圆表面上。表 7—21 为衬里材料识别颜色。

表 7—21 衬里材料识别颜色

衬里材料	识别涂漆颜色	衬里材料	识别涂漆颜色
搪瓷	红色	铅锑合金	黄色
橡胶及硬橡胶	绿色	铝	铝白色
塑料	蓝色		

二、常用阀门

这里主要介绍常用阀门的规格和用途。

1. 闸阀

闸阀是工程中应用最为广泛的一种开关阀门。图 7—7 为闸阀示意图。

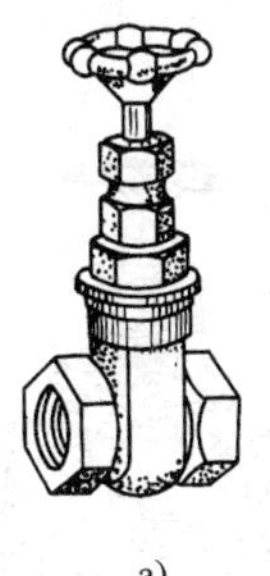
a)

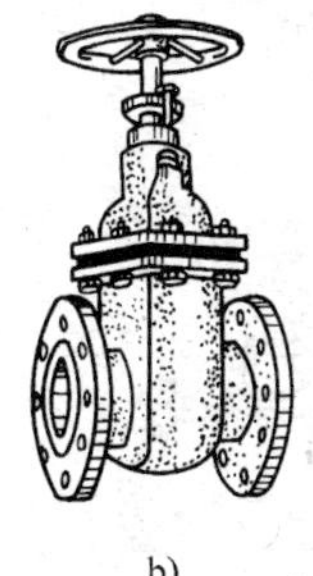
b)

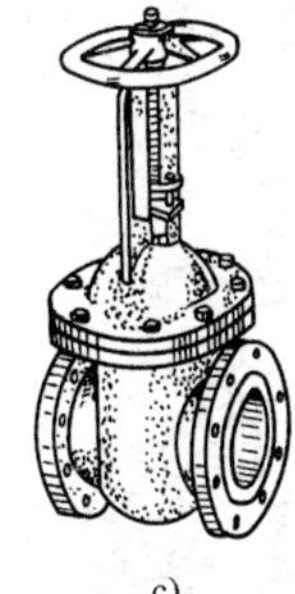
c)

图 7—7 闸阀示意图

a) 内螺纹连接暗杆楔式单闸板闸阀 b) 法兰连接暗杆楔式单闸板闸阀

c) 法兰连接明杆平行式双闸板闸阀

（1）规格。表 7—22 为闸阀规格。

（2）用途。用于管路上作开关（启闭）。其特点是介质通过时阻力小。暗杆闸阀的阀杆不作升降运动，适用于高度受限制的地方；明杆闸阀的阀杆作升降运动，只能用于高度不受限制的地方。

表 7—22　　闸阀规格

型　号	阀体材料	密封面材料	适用介质	适用温度（℃）≤	公称压力 *PN*（MPa）	公称通径 *DN*（mm）
内螺纹暗杆楔式闸阀						
Z15W－10T	铜合金	铜合金	水	100	1.0	15～100
Z15T－10	灰铸铁	铜合金	水	100	1.0	15～80
Z15T－10K	可锻铸铁	铜合金	水	100	1.0	15～100
Z15W－10	灰铸铁	灰铸铁	煤气、油品	100	1.0	15～80
Z15W－10K	可锻铸铁	可锻铸铁	煤气、油品	100	1.0	15～50
暗杆楔式闸阀						
Z45W－10	灰铸铁	灰铸铁	煤气、油品	100	1.0	40～700
Z45T－10	灰铸铁	铜合金	水	100	1.0	40～700
楔式闸阀						
Z41W－10	灰铸铁	灰铸铁	煤气、油品	100	1.0	40～500
Z41T－10	灰铸铁	铜合金	水、蒸汽	200	1.0	40～500
平行式双闸板闸阀（JB 309—75）						
Z44W－10	灰铸铁	灰铸铁	煤气、油品	100	1.0	40～500
Z44T－10	灰铸铁	铜合金	水、蒸汽	200	1.0	40～500
Z44T－16	灰铸铁	铜合金	水、蒸汽	200	1.6	50～150

注：公称通径系列 *DN*（mm）：15，20，25，32，40，50，65，80，100，125，150，200，250，300，350，400，450，500，600，700。

2．截止阀

截止阀和闸阀一样，也是工程中应用最为广泛的一种开关阀门。图 7—8 为截止阀示意图。

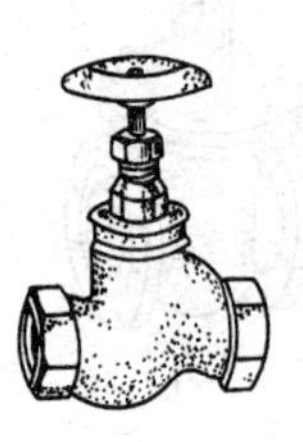
a）

b）

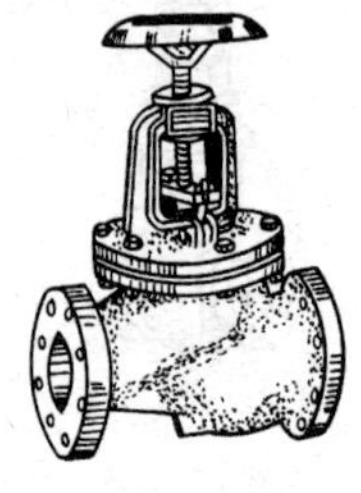
c）

图 7—8　截止阀示意图

a）内螺纹连接　b）法兰连接（*DN*≤50）

c）法兰连接（*DN*≥65）

（1）规格。表 7—23 为截止阀规格。

（2）用途。用于管路上作开关（启闭）作用。角式截止阀适用于管路成 90°相交处。

表 7—23　　**截止阀规格**

型　　号	阀体材料	密封面材料	适用介质	适用温度（℃）≤	公称压力 *PN*（MPa）	公称通径 *DN*（mm）
内螺纹截止阀						
J11X－10K	可锻铸铁	橡胶	水	50	1.0	15～25
J11W－10T	铜合金	铜合金	水、蒸汽	200	1.0	6～65
J11F－10T	铜合金	聚四氟乙烯	水、蒸汽	200	1.0	6～65
J11T－16K	可锻铸铁	铜合金	水、蒸汽	200	1.6	15～65
J11F－16K	可锻铸铁	聚四氟乙烯	水、蒸汽	200	1.6	15～65
J11H－16K	可锻铸铁	不锈钢	水、蒸汽、油品	200	1.6	15～65
J11W－16K	可锻铸铁	可锻铸铁	油品、煤气	100	1.6	15～65
J11T－16	灰铸铁	铜合金	水、蒸汽	200	1.6	15～65
J11W－16	灰铸铁	灰铸铁	油品、煤气	100	1.6	15～65
截止阀						
J41T－16	灰铸铁	铜合金	水、蒸汽	200	1.6	15～200
J41W－16	灰铸铁	灰铸铁	油品、煤气	100	1.6	15～200
J41T－16K	可锻铸铁	铜合金	水、蒸汽	200	1.6	15～65
J41F－16K	可锻铸铁	聚四氟乙烯	水、蒸汽	200	1.6	15～65
内螺纹角式截止阀						
J14F－10T	铜合金	聚四氟乙烯	水、蒸汽	200	1.0	15～50

注：公称通径系列 *DN*（mm）：6，10，15，20，25，32，40，50，65，80，100，125，150，200。

3．球阀

球阀目前在民用建筑上得到广泛应用。市场上种类很多，这里只列举几种型号。图 7—9 为球阀示意图。

a）

b）

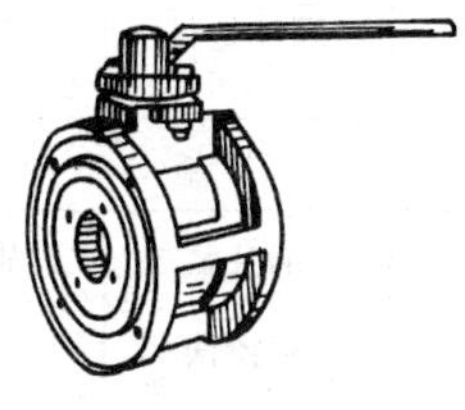

c）

图 7—9　球阀示意图

a）内螺纹连接　b）法兰连接　c）法兰连接

（1）规格。表 7—24 为球阀规格。

（2）用途。用于管道上作开关（启闭）作用。其特点是结构简单、开关迅速。

表 7—24　球阀规格

型　　号	阀体材料	密封面材料	适用介质	适用温度（℃）≤	公称压力 *PN*（MPa）	公称通径 *DN*（mm）
内　螺　纹　球　阀						
Q11F－16T	铜合金	聚四氟乙烯	水、蒸汽、油品	150	1.6	6～50
Q11F－16	灰铸铁	聚四氟乙烯	水、蒸汽、油品	150	1.6	15～65
球　　阀						
Q41F－16	灰铸铁	聚四氟乙烯	水、蒸汽、油品	150	1.6	15～200
Q41F－6CⅢ	铸钢衬聚四氟乙烯	聚四氟乙烯	酸、碱性液体或气体	100	0.6	25，40，50

注：公称通径系列 *DN*（mm）：6，10，15，20，25，32，40，50，65，80，100，150，200。

4．旋塞阀

旋塞阀种类多，分直通旋塞阀、三通旋塞阀、放水用旋塞、煤气用旋塞、压力表用旋塞等。

（1）直通旋塞阀。直通旋塞阀又称为旋塞阀或轧兰泗汀角、压盖转心门、考克等。图 7—10 为直通旋塞阀示意图。

1）规格。表 7—25 为直通旋塞阀规格。

2）用途。用于管道上作开关（启闭）作用。其特点是开关迅速。

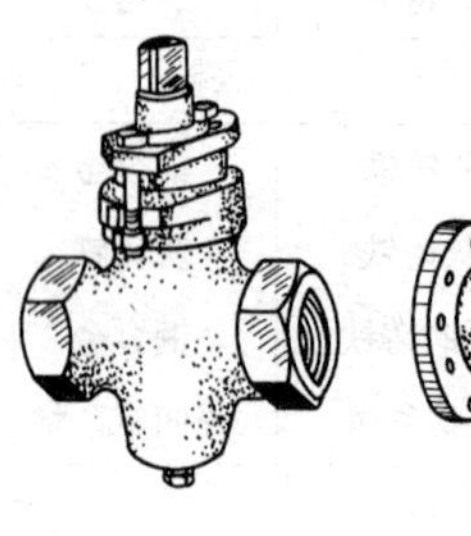

a)

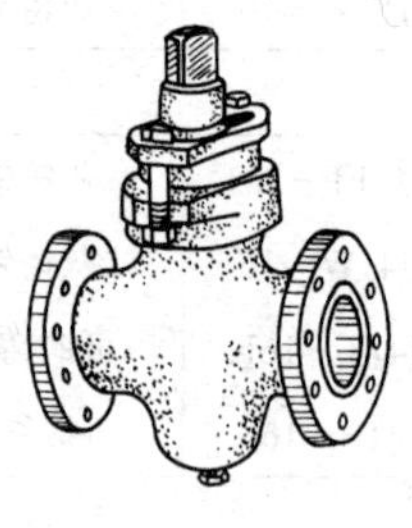

b)

图 7—10　直通旋塞阀示意图

a）内螺纹连接　b）法兰连接

表 7—25　直通旋塞阀规格

型　　号	阀体材料	密封面材料	适用介质	适用温度（℃）≤	公称压力 *PN*（MPa）	公称通径 *DN*（mm）
内　螺　纹　旋　塞　阀						
X13W－10T	铜合金	铜合金	水、蒸汽	100	1.0	15～50
X13W－10	灰铸铁	灰铸铁	煤气、油品	100	1.0	15～50
X13T－10	灰铸铁	铜合金	水、蒸汽	100	1.0	15～50
X13T－10K	可锻铸铁	铜合金	水、蒸汽	100	1.0	15～65
X13W－10K	可锻铸铁	可锻铸铁	煤气、油品	100	1.0	15～65

续表

型　　号	阀体材料	密封面材料	适用介质	适用温度（℃）≤	公称压力 *PN*（MPa）	公称通径 *DN*（mm）
旋　塞　阀						
X43T-6	灰铸铁	铜合金	水、蒸汽	100	0.6	32～150
X43W-6T	铜合金	铜合金	水、蒸汽	100	0.6	32～150
X43W-6	灰铸铁	灰铸铁	煤气、油品	100	0.6	100～150
X43W-10	灰铸铁	灰铸铁	煤气、油品	100	1.0	25～200
X43T-10	灰铸铁	铜合金	水、蒸汽	100	1.0	25～200
内螺纹三通旋塞阀						
X14W-6T	铜合金	铜合金	水、蒸汽	100	0.6	15～65
三　通　旋　塞　阀						
X44W-6T	铜合金	铜合金	水、蒸汽	100	0.6	25～100
X44T-6	灰铸铁	铜合金	水、蒸汽	100	0.6	25～100
X44W-6	灰铸铁	灰铸铁	煤气、油品	100	0.6	25～100

注：公称通径系列 *DN*（mm）：15，20，25，32，40，50，65，80，100，125，150，200。

（2）三通旋塞阀。三通旋塞阀又称三通填料旋塞、三路轧兰泗汀角、三路压盖转心门。图 7—11 为三通旋塞阀示意图。

1）规格。表 7—25 为三通旋塞阀规格。

2）用途。除用于 T 形管路上作管路开关设备外，还具有分配、换向作用。

（3）压力表旋塞。压力表旋塞又称压力表开关、汽表角。图 7—12 为压力表旋塞示意图。

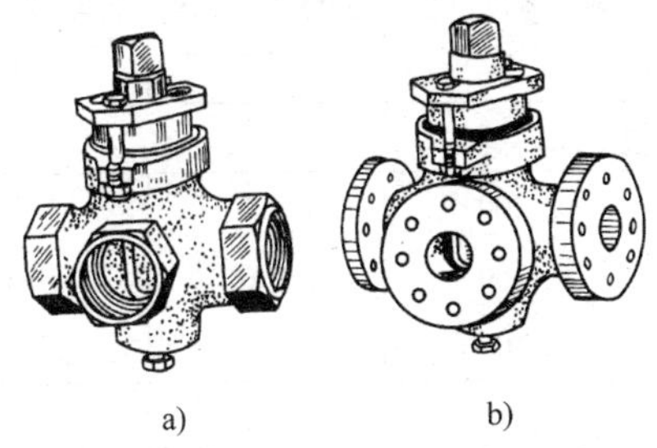

a)　　b)

图 7—11　三通旋塞阀示意图

a）内螺纹连接　b）法兰连接

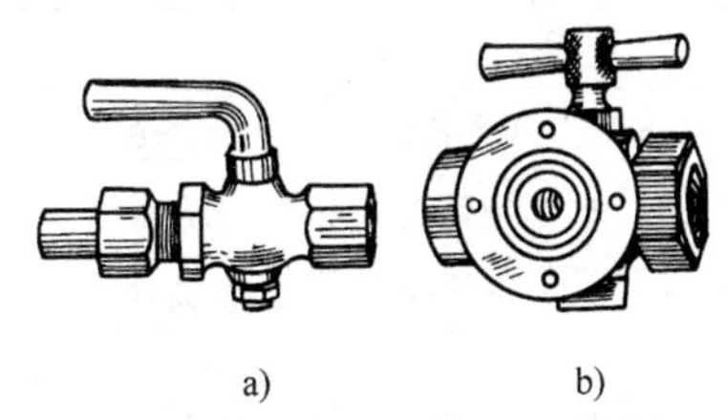

a)　　b)

图 7—12　压力表旋塞示意图

a）带活接头直通式　b）三通式

1）规格。表 7—26 为压力表旋塞规格。

2）用途。用于安装在管道、设备与压力表之间，作为控制压力表的开关设备。三通式旋塞多一个控制法兰，可供安装检验压力表用。

表 7—26　　压力表旋塞规格

种类	适用介质	适用温度（℃）≤	公称压力 PN（MPa）	公称通径系列 DN（mm）
带活接头式	水、蒸汽、空气	200	0.6	8，10，15
三通式			1.6	15

5．止回阀

止回阀又称单流阀、逆止阀。根据结构可分为升降式和旋启式；根据安装位置可分直式和横式（立式和卧式）；根据功能可分普通止回阀、消声止回阀和耐污球形止回阀等。图 7—13 为止回阀示意图。

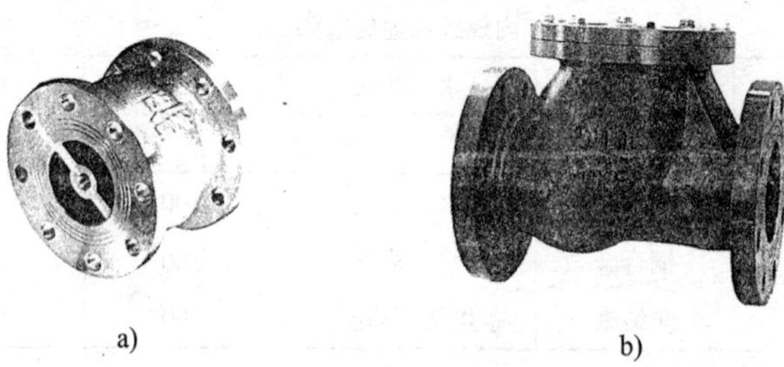

图 7—13　止回阀示意图

a）消声止回阀　b）耐污球形止回阀

（1）规格。表 7—27 为普通止回阀规格。

（2）用途。用于安装在水平或垂直的管路上，以阻止管路中介质倒流。

表 7—27　　普通止回阀规格

型　号	阀体材料	密封面材料	适用介质	适用温度（℃）≤	公称压力 PN（MPa）	公称通径 DN（mm）
内螺纹升降式止回阀						
H11T－16K	可锻铸铁	铜合金	水、蒸汽	200	1.6	15～65
H11T－16	灰铸铁	铜合金	水、蒸汽	200	1.6	15～65
H11W－16	灰铸铁	灰铸铁	煤气、油品	100	1.6	15～65
升降式止回阀						
H41T－16K	可锻铸铁	铜合金	水、蒸汽	200	1.6	25～100
H41T－16	灰铸铁	铜合金	水、蒸汽	200	1.6	15～150
H41W－16	灰铸铁	灰铸铁	煤气、油品	100	1.6	15～150
内螺纹旋启式止回阀						
H14W－10T	铜合金	铜合金	水、蒸汽	200	1.0	15～65
H14T－16K	可锻铸铁	铜合金	水、蒸汽	200	1.6	15～65

续表

型　号	阀体材料	密封面材料	适用介质	适用温度（℃）≤	公称压力 PN（MPa）	公称通径 DN（mm）
旋启式止回阀						
H44X-10	灰铸铁	橡胶	水	50	1.0	50～600
H44T-10	灰铸铁	铜合金	水、蒸汽	200	1.0	50～600
H44W-10	灰铸铁	灰铸铁	煤气、油品	100	1.0	50～600

注：公称通径系列 DN（mm）：15，20，25，32，40，50，65，80，100，125，150，200，250，300，350，400，450，500，600。

消声止回阀与其他形式的止回阀相比较，最突出的优点是能消除阀门关闭时水锤冲击声，且无振动和噪声。图 7—14 为结构示意图，图 7—15 为安装示意图，表 7—28 为消声止回阀规格。

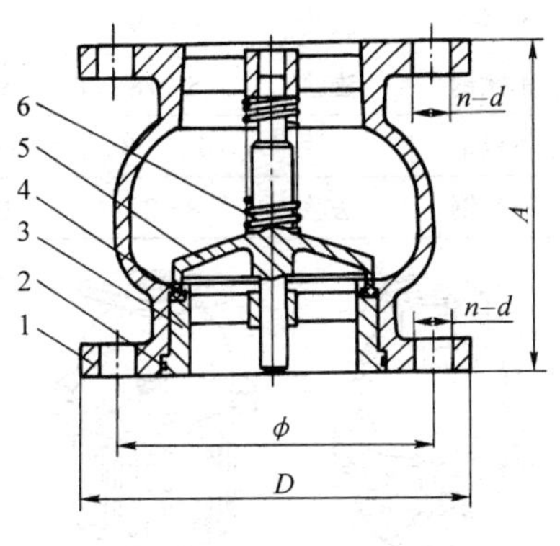

图 7—14　结构示意图

1—阀体　2—O 形密封圈　3—阀盖　4—密封圈　5—阀瓣　6—弹簧

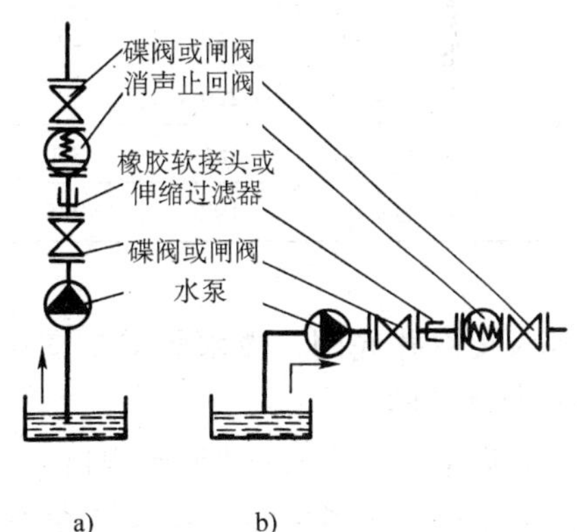

图 7—15　安装示意图

a）垂直安装　b）水平安装

表 7—28　　消声止回阀规格

型　号	规格	A（mm）	D（mm）	ϕ（mm）	阀体材料	连接形式	$n-d$（mm）	质量（kg）
H41X-16T	DN40	115	150	110	铸铜	法兰	4-19	5
	DN50	120	165	125	铸铜	法兰	4-19	7
	DN65	140	185	145	铸铜	法兰	4-19	10
	DN80	150	200	160	铸铜	法兰	8-19	12.5
	DN100	180	220	180	铸铜	法兰	8-19	18
	DN125	210	250	210	铸铜	法兰	8-19	23
	DN150	220	285	240	铸铜	法兰	8-23	29

续表

型　号	规格	A（mm）	D（mm）	ϕ（mm）	阀体材料	连接形式	n－d（mm）	质量（kg）
H41X－16	DN200	258	340	295	铁壳铜芯	法兰	12－23	56
	DN250	332	405	355	铁壳铜芯	法兰	12－28	105
	DN300	370	460	410	铁壳铜芯	法兰	12－28	165
H41X－16C	DN200	258	340	295	铸钢铜芯	法兰	12－23	56
	DN250	332	405	355	铸钢铜芯	法兰	12－28	105
	DN300	370	460	410	铸钢铜芯	法兰	12－28	165
	DN350	430	520	470	铸钢铜芯	法兰	16－28	280
	DN400	490	580	525	铸钢铜芯	法兰	16－31	320
	DN450	545	640	585	铸钢铜芯	法兰	20－31	
	DN500	580	715	650	铸钢铜芯	法兰	20－34	
H41X－25P	DN80	150	200	160	不锈钢	法兰	8－19	14
	DN150	220	300	250	不锈钢	法兰	8－28	39
	DN200	266	360	310	不锈钢	法兰	12－28	60
	DN100	197	235	190	不锈钢	法兰	8－23	22

6. 底阀

底阀又称井底阀、吸水阀等。图 7—16 为底阀示意图。

（1）规格。表 7—29 为底阀规格。

（2）用途。底阀实际上是一种专用的止回阀，安装于水泵的进水管末端，用以阻止管路中水倒流，保证停泵时，吸水管内充满水以及防止杂物进入水泵内。

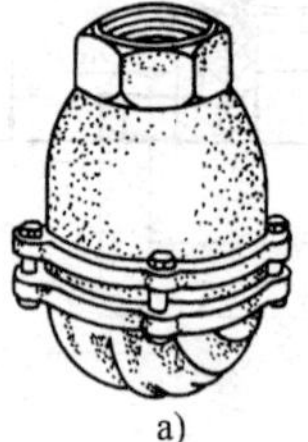

a)

b)

图 7—16　底阀示意图

a）升降式内螺纹连接　b）升降式或旋启式法兰连接

表 7—29　　底阀规格

型　号	阀体材料	密封面材料	适用介质	适用温度（℃）≤	公称压力 PN（MPa）	公称通径 DN（mm）
内螺纹升降式底阀						
H12X－2.5	灰铸铁	橡胶	水	50	0.25	50～80
升降式底阀						
H42X－2.5	灰铸铁	橡胶	水	50	0.25	50～200
旋启双瓣式底阀						
H46X－2.5	灰铸铁	橡胶	水	50	0.25	250～500

注：公称通径系列 DN（mm）：25，32，40，50，65，80，100，125，150，200，250，300，350，400，450，500。

6．减压阀

减压阀的作用是将进口压力减至某一需要的出口压力，并自动地将阀后压力维持在一定范围内。按作用原理可分为活塞式、薄膜式、波纹管式和先导式等。按进出口压比又可分为定比式（比例式）和可调式。图 7—17 为减压阀示意图。

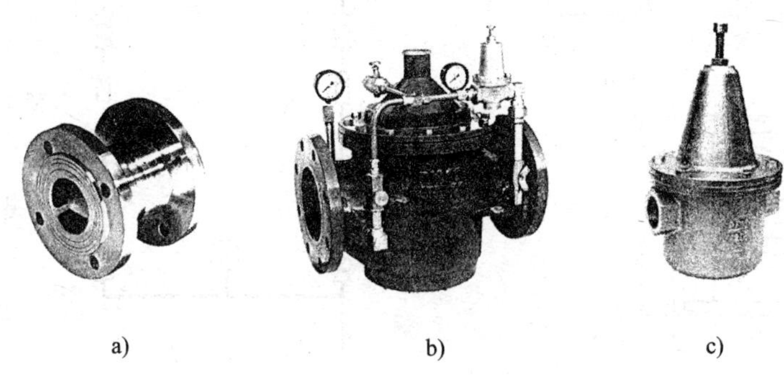

a)　　b)　　c)

图 7—17　减压阀示意图

a）比例减压阀　b）先导式可调减压阀　c）可调式减压阀

（1）比例减压阀。比例减压阀的减压比常为 1.5∶1，2∶1，3∶1，4∶1 和 5∶1。图 7—18 为比例减压阀外形图。表 7—30 为比例减压阀规格。

（2）比例减压阀安装要求

1）比例减压阀安装之前应将管道内杂物冲洗干净。

2）安装时，其进口端应加过滤器，并应定期清洗滤芯。

以上两点必须做到，因为密封口处决不允许有杂物，哪怕是比较细小的杂物，否则比例阀就关不严，造成只减动压，不减静压的现象。

3）比例减压阀可水平及垂直安装，更适合垂直安装。因为垂直安装其密封圈外径磨损比较均匀。

4）安装时应注意方向，不能装反。

5）比例减压阀应并联安装，并应经常轮换工作。

6）应设置橡胶软接头或伸缩连接法兰。若减压阀接口为管螺纹，则应安装活接头。

7）应在减压阀的进出口两端各装置一个压力表，最起码在出口端应装置一个。

8）减压阀两端应安装闸阀或蝶阀，以安装蝶阀为宜。

9）阀前供水管道应适当放大，减小阀后水压波动。

10）消防系统中，减压阀出口应设置泄水阀并定期泄水。

11）安装时，呼吸孔面向易观察方向。水平安装时，呼吸孔应向下。图 7—19 为安装示意图。

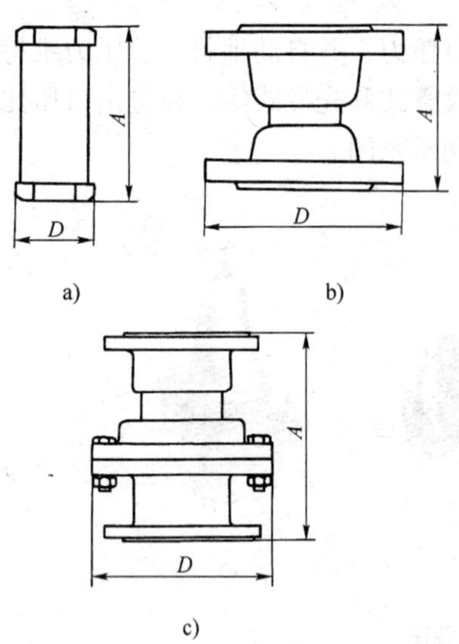

图 7—18　比例减压阀外形图

a) Y13X-16T　Y13X-16P　b) Y43X-16T　Y43X-16P　Y43X-16Q　c) Y43X-16T-B　Y43X-16P-B　Y43X-16Q-B

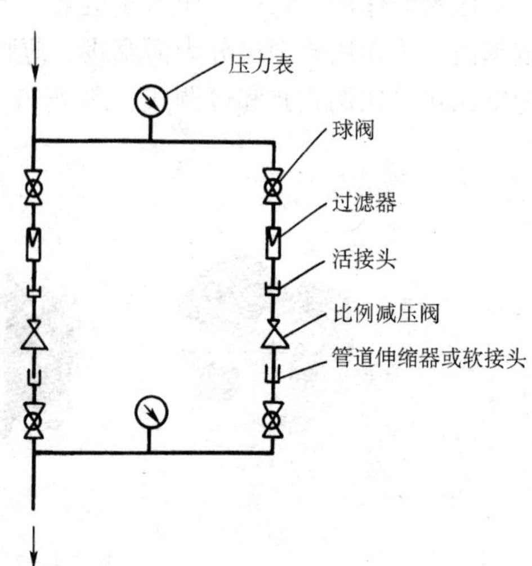

图 7—19　安装示意图

表 7—30　　比例减压阀规格

型号	规格 mm（in）	A mm	D mm	质量 kg	连接形式	使用压力 MPa	介质温度 ℃	材质
Y13X-16T Y13X-16P 3:1　2:1 1.5:1	15（1/2）	82	48	0.5	管螺纹	0.2～1.6	≤60	铜、球墨铸铁、不锈钢
	20（3/4）	105	53	1.0				
	25（1）	130	75	2.5				
	32（1 1/4）	130	88	3.4				
	40（1 1/2）	154	88	3.8				
	50（2）	166	104	5.0				
Y13X-16T-B Y13X-16P-B 5:1　4:1	32（1 1/4）	150	123	4.6				
	40（1 1/2）	154	128	5.8				
Y43X-16T Y43X-16Q Y43X-16P 3:1　2:1　1.5:1	50（2）	132	165	7.4	1.6 MPa 标准法兰			
	65（2 1/2）	140	185	11.0				
	80（3）	155	200	13.2				
	100（4）	200	220	20.1				

续表

型号	规格 mm（in）	A mm	D mm	质量 kg	连接形式	使用压力 MPa	介质温度 ℃	材质
Y43X－16P Y43X－16Q 3∶1　2∶1　1.5∶1	125（5）	210	250	31.0	1.6 MPa 标准法兰	0.2～1.6	≤60	铜、球墨铸铁、不锈钢
	150（6）	230	285	42.0				
	200（8）	320	340	70.0				
Y43X－16T－B Y43X－16Q－B 5∶1 4∶1	50（2）	254	220	18.0				
	65（2 1/2）	255	210	25.0				
	80（3）	287	235	30.0				
	100（4）	314	258	42.0				
Y43X－16P－B Y43X－16Q－B 5∶1　4∶1	125（5）	350	275	61.0				
	150（6）	352	300	70.0				
	200（8）	450	385	100.0				
Y43X－25P 3∶1 2∶1	100（4）	200	235	26.0	2.5 MPa 标准法兰	0.2～2.5		不锈钢
	150（6）	270	300	42.0				
	200（8）	320	360	70.0				
Y23X－16P 3∶1 2∶1 1.5∶1	15（1/2）	258	63	1.5	管螺纹	0.2～1.6		
	20（3/4）	258	63	1.6				
	25（1）	300	87	2.9				
	32（1 1/4）	304	88	3.5				
	40（1 1/2）	361	100	4.7				
	50（2）	377	110	6.7				

7. 浮球阀

浮球阀种类较多，一般可分为普通浮球阀、配重球浮球阀、电动浮球阀、遥控浮球阀等。主要应用于工矿企业、民用建筑中各种水箱、水池、水塔的水位自动控制。图 7—20 为普通浮球阀结构示意图。表 7—31 为普通浮球阀规格。

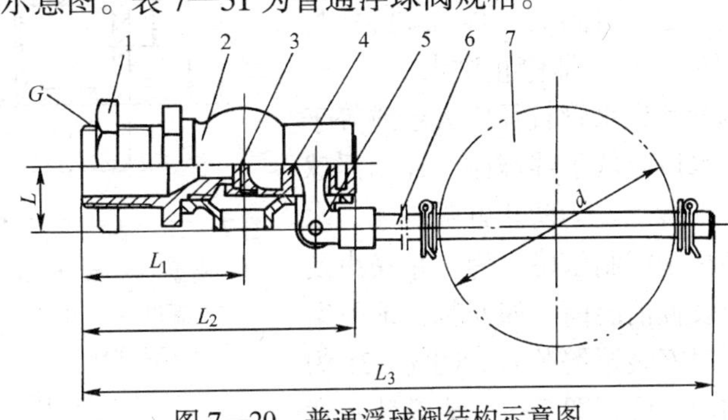

图 7—20　普通浮球阀结构示意图

1—螺帽　2—阀体　3—密封垫　4—活塞　5—弯头　6—阀杆　7—浮球

表 7—31　　普通浮球阀规格

型　号	公称通径（DN）	配给管螺纹尺寸（in）	L（mm）	L_1（mm）	L_2（mm）	L_3（mm）	d（mm）	质量（kg）
H724X-4T（全铜）	15	1/2	20	56	86	286	100	0.5
	20	1/2	20	56	86	286	125	0.6
	25	1	26	64	109	479	180	1.5
H724X-4T（全铜）	32	1 1/4	32	71	126	530	218	2.3
	40	1 1/2	40	70	135	659	250	3.4
	50	2	48	76	147	866	300	4.8
	65	2 1/2	55	86	169	857	380	7.3
	80	3	60	96	186	1 011	450	13
	100	4	84	118	250	1 280	550	27
H724X-4 铁壳铜芯	40	1 1/2	40	91	159	683	250	3.4
	50	2	48	103	177	897	300	4.8
	65	2 1/2	55	115	199	887	380	7.3
	80	3	60	138	240	1 059	450	13
	100	4	84	170	311	1 341	550	27

注：DN15-20 浮球装于阀杆末端总长为 L_3+d。

8. 液压水位控制阀

液压水位控制阀适用于各种水箱、水池、水塔的自动供水系统。并可作常压锅炉循环供水控制阀。

1）活塞式液压水位控制阀工作原理。当水箱水位下降，控制浮球阀开启排水时，进水管内水的压力将阀内活塞托起，密封面打开，阀门即开启供水。当水位上升到控制阀时，浮球阀关闭，活塞下移将密封面封闭，阀门即停止供水。

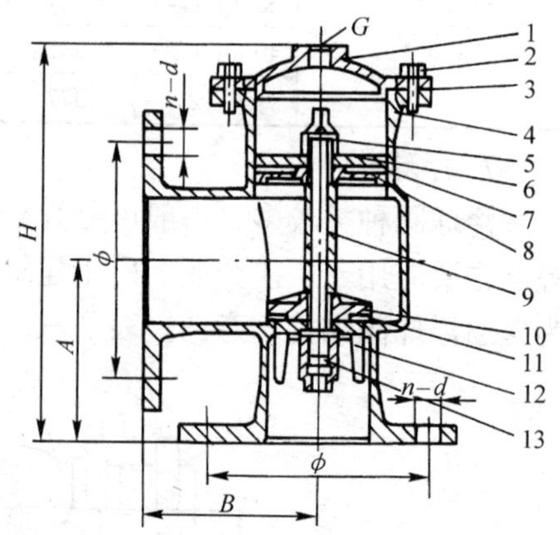

图 7—21　活塞式液压水位控制阀结构示意图
1—阀盖　2—螺栓　3—O 形密封圈　4—阀体　5—螺母　6—压盖　7—密封圈　8—压盖　9—活塞杆　10—阀瓣　11—密封垫　12—导向压盖　13—螺母

安装要求。进水管和出水管直径应大于或等于阀门公称直通径，出水口应低于浮球阀。控制浮球阀安装应距离水管 1 m 以上。为防止虹吸现象，水箱内出水管管口应略高于控制水位。为防止噪声及水位波动，出水口应设置消能筒。如安装在地下室水池，则应在地下泵房安装报警装置。图 7—21 为液压水位控制阀结构示意图，图 7—22 为安装示意图，表 7—32 为液压水位控制阀规格。

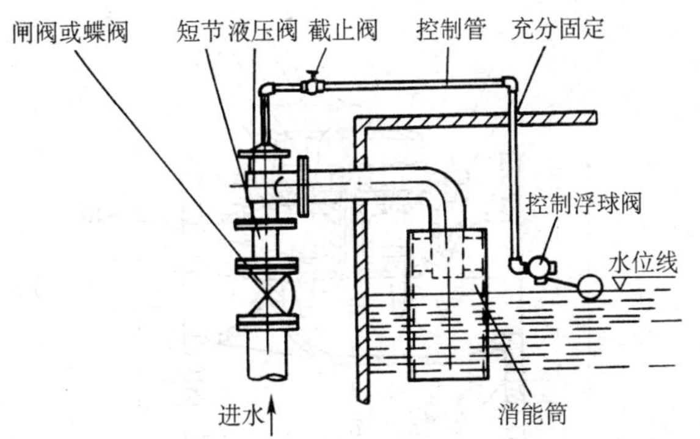

图 7—22　活塞式液压水位控制阀安装示意图

表 7—32　　**液压水位控制阀规格**

型　　号	规格 (*DN*)	*G*（in）	*ϕ*（mm）	*A*（mm）	*B*（mm）	*H*（mm）	*n*－*d* (mm)	质量（kg）	阀体材料
H142X－4T－A	65	1/2	130	100	110	220	4－14	11	铸铜
	80	1/2	150	115	120	255	4－19	16	
	100	1/2	170	132	150	294		24	
H142X－4－A	150	3/4	225	140	200	370	8－19	50	铸铁
	200	3/4	280	190	210	455		82	
	250	3/4	335	220	240	525	12－19	144	
H142X－10－A	80	1/2	160	145	145	328	8－19	20	铸铁
	100	1/2	180	160	160	357		29	
	150	3/4	240	180	200	415	8－23	60	
	200	1	295	215	230	482	8－23	95	
	250	1	350	245	260	555	12－23	160	
	300	1 1/4	400	260	290	620	12－23	210	
	350	1 1/4	460	310	310	715	16－23	280	
	400	1 1/4	515	370	370	845	16－28	420	

2）薄膜式液压水位控制阀工作原理。当水箱水位下降，控制浮球阀开启排水时，进水管内水的压力将阀内阀瓣托起，密封面打开，阀门即开启供水。当水位上升到控制液位时，控制浮球阀关闭，阀瓣下移密封面封闭，阀门即停止供水。图 7—23 为结构示意图，图 7—24 为安装示意图，表 7—33 为薄膜式液压水位控制阀规格。

9．塑料阀门

塑料阀门是目前市场上应用较为广泛的一种新型阀门，阀门种类繁多，其特点是外形美观、结构简单、安装使用方便，耐腐蚀、抗酸碱、寿命长等优点。图 7—25 为塑料阀门。

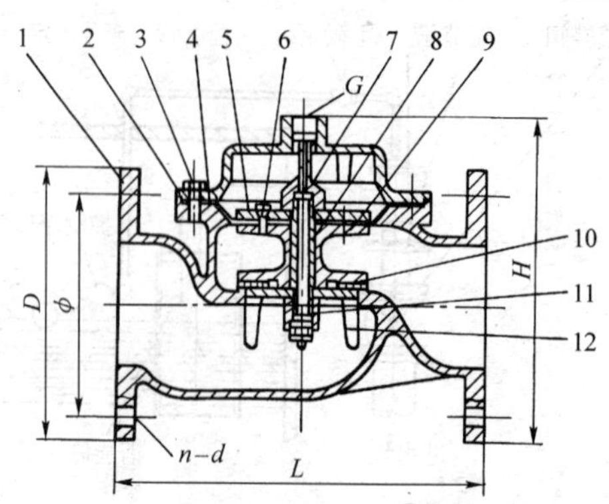

图 7—23　薄膜式液压水位控制阀结构示意图

1—阀体　2—阀盖　3—螺栓　4—膜片　5—上压盖　6—螺栓　7—节流螺母
8—阀杆　9—阀瓣　10—阀瓣垫　11—过滤器　12—导向压盖

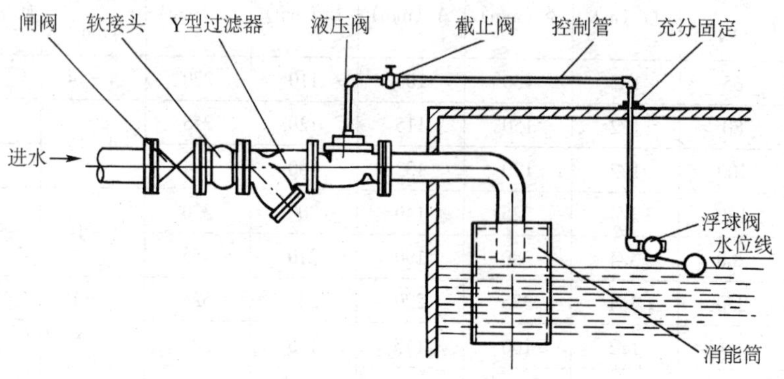

图 7—24　薄膜式液压水位控制阀安装示意图

表 7—33　　薄膜式液压水位控制阀规格

型　号	规格（DN）(mm)	G（in）	ϕ（mm）	D（mm）	L（mm）	H（mm）	$n-d$ (mm)	阀体材料	质量 (kg)	流量 Q (L/s)
H142X-10T-B	80	1/2	160	200	250	245	8-19	铸铜	18	20
H142X-10T-B	100	1/2	180	220	296	263	8-19	铸铜	26	25
H142X-10-B	150	3/4	240	285	480	432	8-23	铸铁	80	35
	200	1	295	340	585	505	8-23	铸铁	100	60

（1）塑料球阀规格尺寸有 15 mm，20 mm，25 mm，32 mm，40 mm，50 mm，65 mm，80 mm 和 90 mm 等。有冷水型和热水型。有粘接、螺纹连接和法兰连接等连接方式。

（2）塑料止回阀规格尺寸较齐全。有卧式和立式；结构上有球型和弹簧型；有终端过滤型和经济型等几种类型。

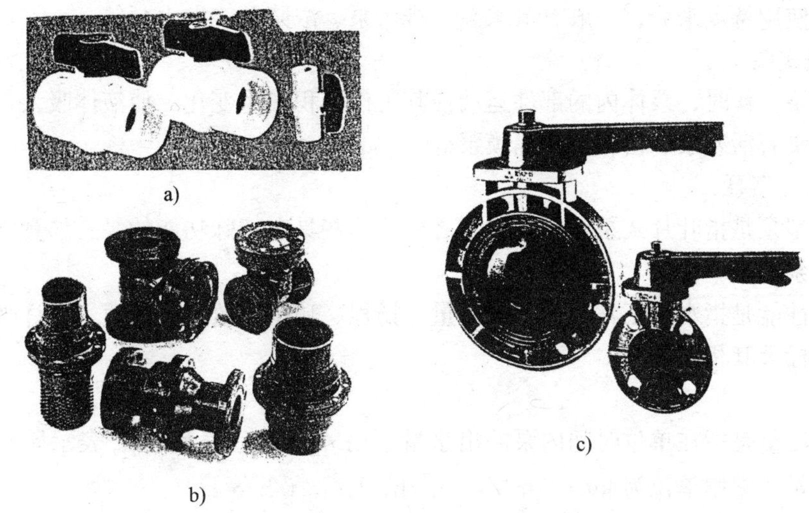

图 7—25　塑料阀门

a）球阀　b）止回阀　c）蝶阀

(3) 塑料蝶阀一般应用在管道尺寸较大的地方。其尺寸规格有 50 mm，65 mm，80 mm，100 mm，150 mm 和 200 mm 等规格。

第三节　水　　泵

水泵是建筑给排水工程中常用的一种设备，它是通过电动机使电能转为机械能，再通过水泵使液体获得能量，产生压力和速度。

一、水泵的分类

水泵的种类很多，按工作原理一般可分为三类。

1. 叶片式水泵

叶片式水泵是由装在转轴上的叶轮高速旋转，对液体作用，使其获得能量，产生运动。属于这一类的有离心泵、轴流泵和混流泵。

叶片式水泵按照性能、结构和使用特点又可分为下列几种类型。

(1) 按叶轮的数量多少，可分为单级和多级。多级水泵是在同一泵轴上同时安有几个叶轮，水在泵中顺序地流过各叶轮。多级水泵送水的高度要比单级水泵高。事实上，多级水泵相当于多个单级水泵的串联。

(2) 按泵轴位置的不同，可分为立式和卧式。立式的转动轴与水平面垂直，特点是泵占地面积小。卧式的转动轴与水平面平行。

(3) 按使用特点来分，一般有清水泵、排污泵、浓浆泵、潜水泵等。

2. 容积式泵

容积式泵工作时，泵体内的部件运动使其工作容积产生变化，使液体吸入、排出。属于这一类的泵有活塞泵、齿轮泵和隔膜泵等。

3. 特殊类型泵

特殊类型泵是指叶片式泵和容积式泵之外的一些具有特殊功能的泵，如真空泵等。

二、水泵的基本性能

水泵的性能是指水泵正常工作时的流量、扬程、功率、效率、转速、允许吸上真空高度等性能指标及其相互关系。

1. 流量

水泵的流量是指在单位时间内泵的出水量。用 q_m 或 q_v 表示，q_m 表示质量流量，q_v 表示体积流量。常用单位为 kg/s，m^3/s，m^3/h，L/s，t/h 等。

水泵铭牌上的流量是指水泵在额定转速下最佳工作状态时的流量，又称额定流量。实际工作时，由于环境因素，一般实际流量不等于额定流量。

2. 扬程

扬程是指水泵能把水扬高的能力。用 H 表示。常用单位为米水柱（m·H_2O），简称米。

水泵铭牌上的扬程是指水泵在额定转速下最佳工作状态时的扬程，又称额定扬程。实际工作时，由于管道内的黏滞力存在而产生压力损失。因此实际扬程不等于额定扬程。一般情况下，实际扬程略小于额定扬程，其关系为：

$$H = H_{实际} + H_{损失}$$

或：

$$H = H_{实际} + H_{吸损} + H_{压损}$$

式中 H——额定扬程；

$H_{实际}$——水泵工作时的实际扬程；

$H_{损失}$——水泵工作时的压力损失；

$H_{吸损}$——水泵在吸水过程中的压力损失；

$H_{压损}$——水泵在出水管道中的压力损失。

3. 功率

水泵的功率一般是指有效功率、轴功率和配用功率，用 N 表示，常用单位为 kW。

(1) 有效功率。有效功率是指水泵的输出功率，用 $N_{效}$ 表示。

(2) 轴功率。轴功率是指水泵的输入功率，用 $N_{轴}$ 表示。水泵的轴功率等于水泵的有效功率加水泵内损失功率。

(3) 配用功率（配套功率）。配用功率是指水泵所选配的动力机（一般为电动机）所具有的功率，用 $N_{配}$ 表示。选择动力机功率时必须考虑功率损失，因此要增加保险量使功率有所储备。三者之间关系为：有效功率＜轴功率＜配用功率。

4. 效率

水泵的效率是指泵的有效功率和轴功率的比值，即水泵输出功率和水泵输入功率之比。用 η 表示。

$$\eta=\frac{N_{效}}{N_{轴}}\times 100\%$$

水泵的效率是水泵性能的一个重要技术指标。效率高的水泵，说明设计先进、制造精良、经济性好。

5. 转速

水泵的转速是指水泵轴在每分钟内所旋转的次数。用 n 表示，单位为 r/min。

水泵铭牌上标出的转速是该水泵工作时的额定转速。因此在选用电动机时，应保证电动机转速与之相匹配，以保障水泵的正常运行。

6. 允许吸上真空度（允许汽蚀余量）

允许吸上真空度是指为了避免水泵里的水发生汽蚀现象而规定的水泵进口处允许的最大真空限制值。用 $H_{允}$ 表示，单位用 Pa、kPa 或 m·H_2O 等表示。

水泵运转时，水面离水泵进水口过低，则水泵必须用较大的真空度才能把水吸入水泵。如这一吸入真空度高于某一值时，就有可能使水在常温下产生汽化现象，从而使水流中产生大量气泡。这些气泡在高速高压的水流中，不断破裂，使泵和管道产生较大的噪声和振动，降低设备使用寿命，这种现象称为水泵的汽蚀。为此水泵铭牌标出了允许吸上真空高度。水泵使用时应注意进水面与水泵进水口处的高度不能大于此值。

7. 型号

水泵型号很多，有旧型号，有新型号，尤其目前泵业市场发展很快，新产品、新型号不断被开发和应用，这里只列举几种型号的水泵加以介绍。

(1) SG 系列管道泵。

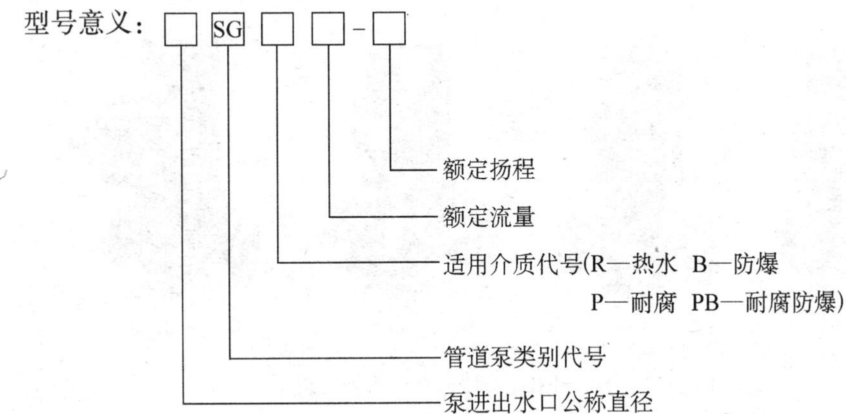

例如水泵型号为 50SGR10－15，表示此泵为热水型管道泵，水泵进出口直径为 50 mm，额定流量 10 m^3/h，额定扬程 15 m。

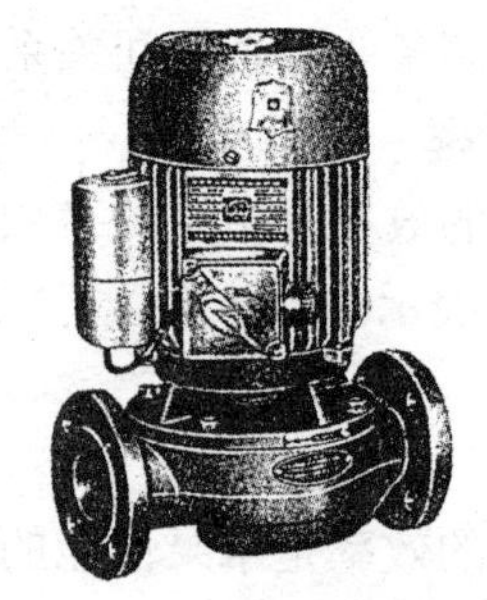
图 7—26　SG 系列管道泵

SG 系列管道泵主要适用于管道增压，冷热水循环，易燃易爆液体与腐蚀性液体输送，图 7—26 为 SG 系列管道泵外形图。

（2）ISG，IRG，GRG，YG 型管道泵。该系列管道泵是根据国际 ISO 2858 标准设计的新型水泵，成为 SG 型系列管道泵的替代产品。

型号意义：

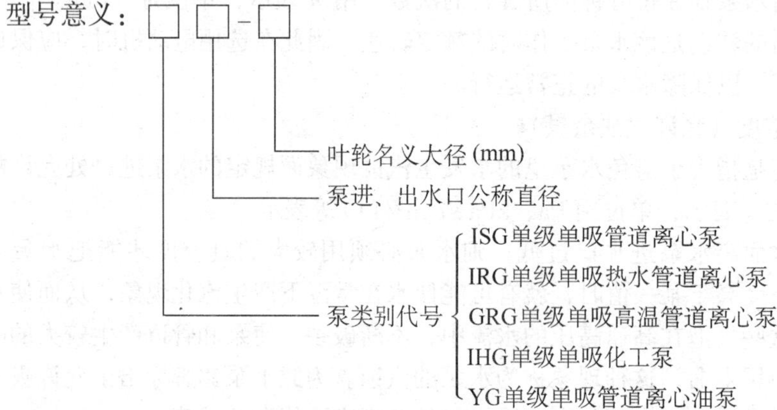

例如水泵型号为 ISG50－160，表示此泵为单级单吸管道离心泵，水泵进出水口直径为 50 mm，叶轮大径为 160 mm。又如水泵型号为 ISG50－160A（B），A 或 B 表示叶轮经第一次切割或第二次切割，说明切割次数多时，水泵流量、扬程和配用电动机功率均降低。图 7—27 为该系列管道泵外形图。

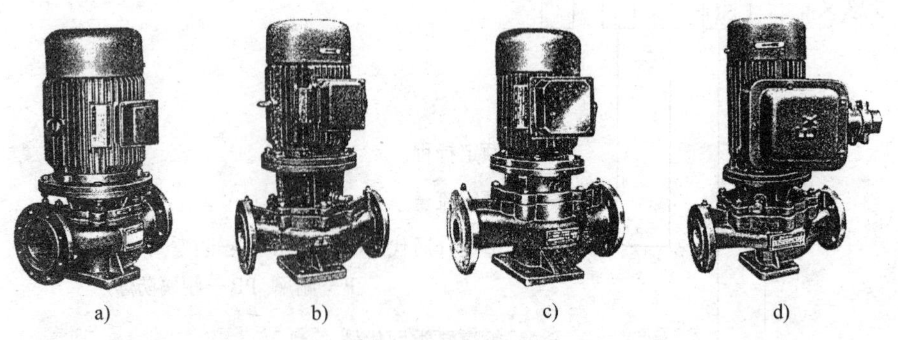
a)　b)　c)　d)

图 7—27　ISG，IRG，GRG，YG 系列管道泵

a）ISG 型清水泵　b）IRG 型热水泵　c）IHG 型化工泵　d）YG 型油泵

(3) IS，IH单级单吸离心泵。IS型单级单吸清水离心泵，可适用于工业和城市给水、高层建筑增压送水等。IH型化工泵，供输送防腐或物理及化学性质类似硝酸、醋酸的其他液体之用，具有防腐蚀性能。

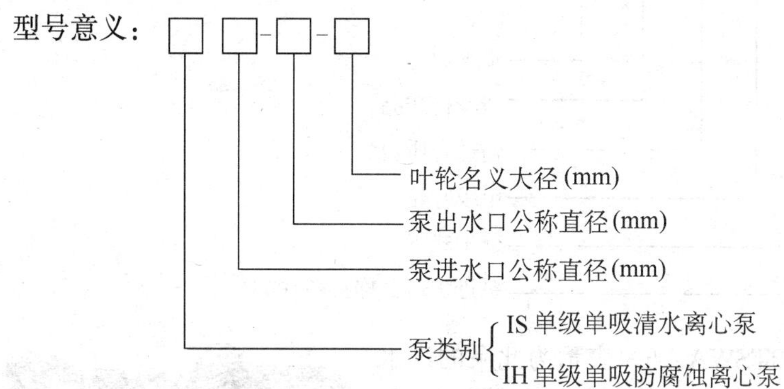

例如水泵型号为IS65－40－200，表示此泵为进水口径为65 mm，出水口径为40 mm，叶轮名义大径为200 mm的单级单吸清水离心泵。图7—28为IS，IH型离心外形图。

图7—28　IS，IH型离心泵

(4) FB型不锈钢耐腐蚀泵。FB型泵是单级单吸悬臂式耐腐蚀离心泵。具有高效节能、结构紧凑、性能稳定、使用可靠等优点。适用于输送不含固体颗粒、有腐蚀性液体。广泛用于化工、制药、食品等部门，也可供工厂、城市给排水之用。

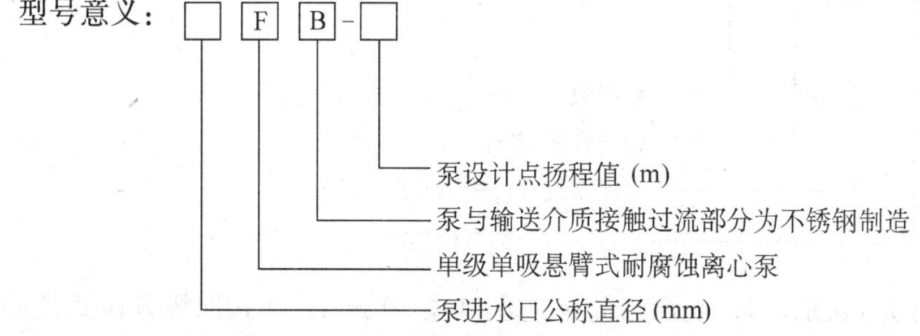

例如水泵型号为100FB－40，表示此泵扬程为40 m，进水口径为100 mm，不锈钢单级单吸悬臂式耐腐蚀离心泵。图7—29为FB型不锈钢耐腐蚀泵外形图。

图7—29　FB型不锈钢耐腐蚀泵

(5) TSWA型系列多级离心泵。TSWA型系列多级离心泵可供输送80℃以下的清水或物理化学性质类似于水的液体。广泛适用于城市建筑、工厂、矿山的给排水，尤其适用于宾馆、饭店等场所的制冷、空调给水。

型号意义：

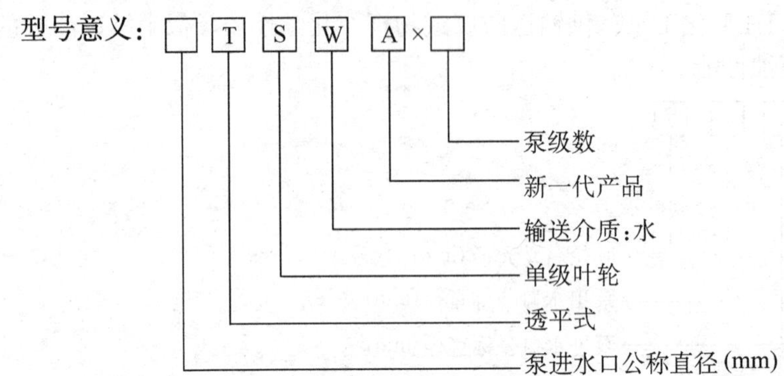

例如水泵型号为100TSWA×5，表示为此泵的进水口径100 mm，新一代卧式五级单级叶轮清水离心泵。图7—30为TSWA型卧式多级离心泵外形图。

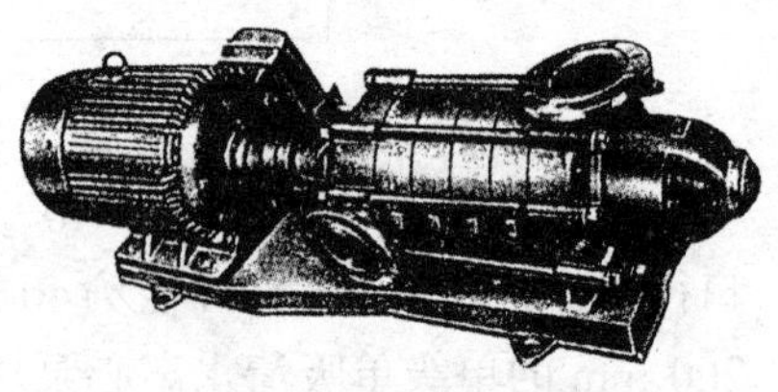
图7—30　TSWA卧式多级离心泵

（6）DL，DLR型系列立式多级离心泵。DL型系列泵系立式、单吸多级、分段式离心泵。适用于输送80℃以下清水及物理化学性质类似于水的液体。DLR型热水泵，输送介质温度为150℃以下。

立式多级泵与卧式多级泵相比，立式多级泵运行平稳、振动小、噪声低，并具有结构紧凑、占地面积小、安装方便的特点。

型号意义：

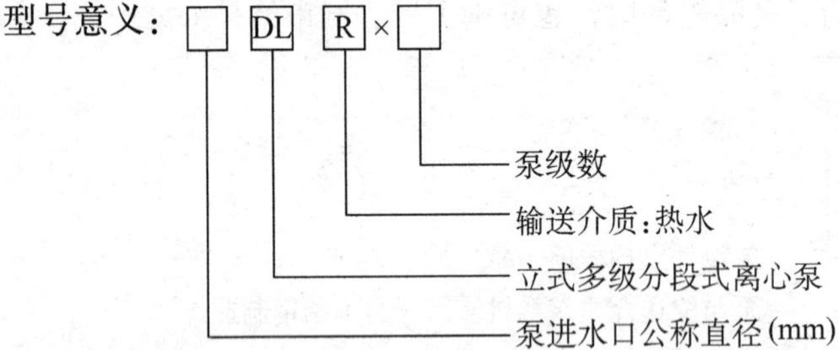

例如水泵型号为80DL×4，表示为此泵进水口径80 mm，立式四级分段式离心泵。图7—31为DL，DLR型立式多级离心泵外形图。

三、离心泵的结构及工作原理

离心泵按叶轮的进水方式分为单吸泵和双吸泵；按叶轮的数量分为单级泵（一个叶轮）和多级泵（两个及两个以上叶轮）。

1. 泵的结构

泵的种类多种多样，这里只以ISG型单级单吸管道离心泵来说明其结构。图7—32为ISG型（普通型）管道泵结构图。

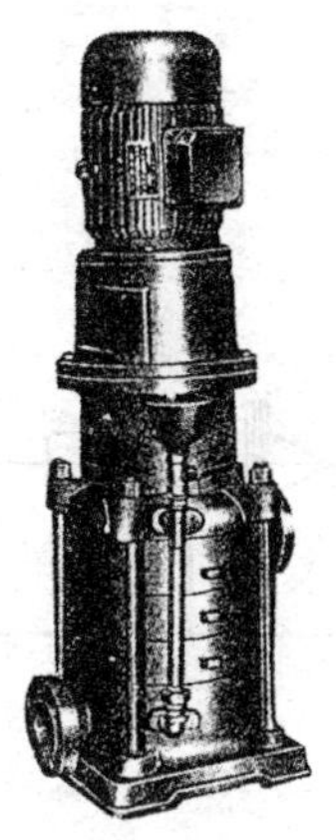

图 7—31　DL，DLR 立式多级离心泵

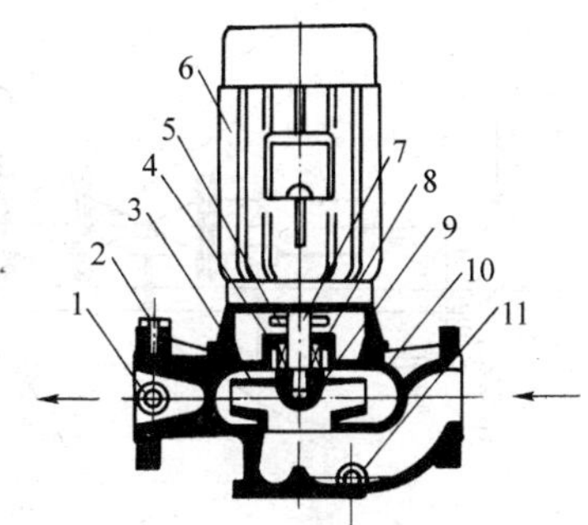

图 7—32　ISG 型（普通型）管道泵结构图

1—取压塞　2—排气阀　3—叶轮　4—机械密封　5—挡水圈　6—电动机　7—轴　8—联体座　9—叶轮螺母　10—泵体　11—放水阀

在图 7—32 中，泵与电动机同端盖，轴向尺寸缩短，结构简单。泵体上设有取压孔和放水孔，还设有排气阀，以便工作前能排放泵内空气。泵体底部设有安装底板和螺栓孔，保证整体机组安装稳固。

2. 离心泵工作原理

水泵驱动前，泵壳和吸水管内必须都充满水，在电动机的驱动下，使泵轴带动叶轮和水作高速旋转运动。水在离心力作用下甩向叶轮外缘，汇集到泵壳内，经蜗壳形流道流入压水管路。此时，水泵叶轮中心由于水被甩出而形成真空，通过吸水管将吸水池中的水吸入叶轮。叶轮不停地运转，水不断地被甩出，又不断地被吸进，形成了离心泵的连续输水。

四、水泵安装

1. 管道泵安装方式

(1) 水泵采用隔振措施，管道连接采用低进低出低位敷设方式。如图 7—33 所示。

(2) 水泵采用隔振措施，管道连接采用高进高出高位敷设方式。如图 7—34 所示。

(3) 水泵采用隔振措施，管道连接采用低进高出敷设方式。如图 7—35 所示。

(4) 水泵采用隔振措施，管道连接采用高进低出敷设方式。如图 7—36 所示。

(5) 水泵采用混凝土基础安装。上述四种安装图中，将连接板基础改为混凝土基础安装，如图 7—37 所示。图 7—33～图 7—37 同样适用 IRG 型，IHG 型，GRG 型，DFG 型，DFB 型管道泵的安装。

2. 隔振器（减振器）

隔振器类型较多，一般可分为 ZD 型，ZDG 型，DFG 型，JG 型，PA 型，PB 型和 YZG 型等几种，这里只介绍两种。

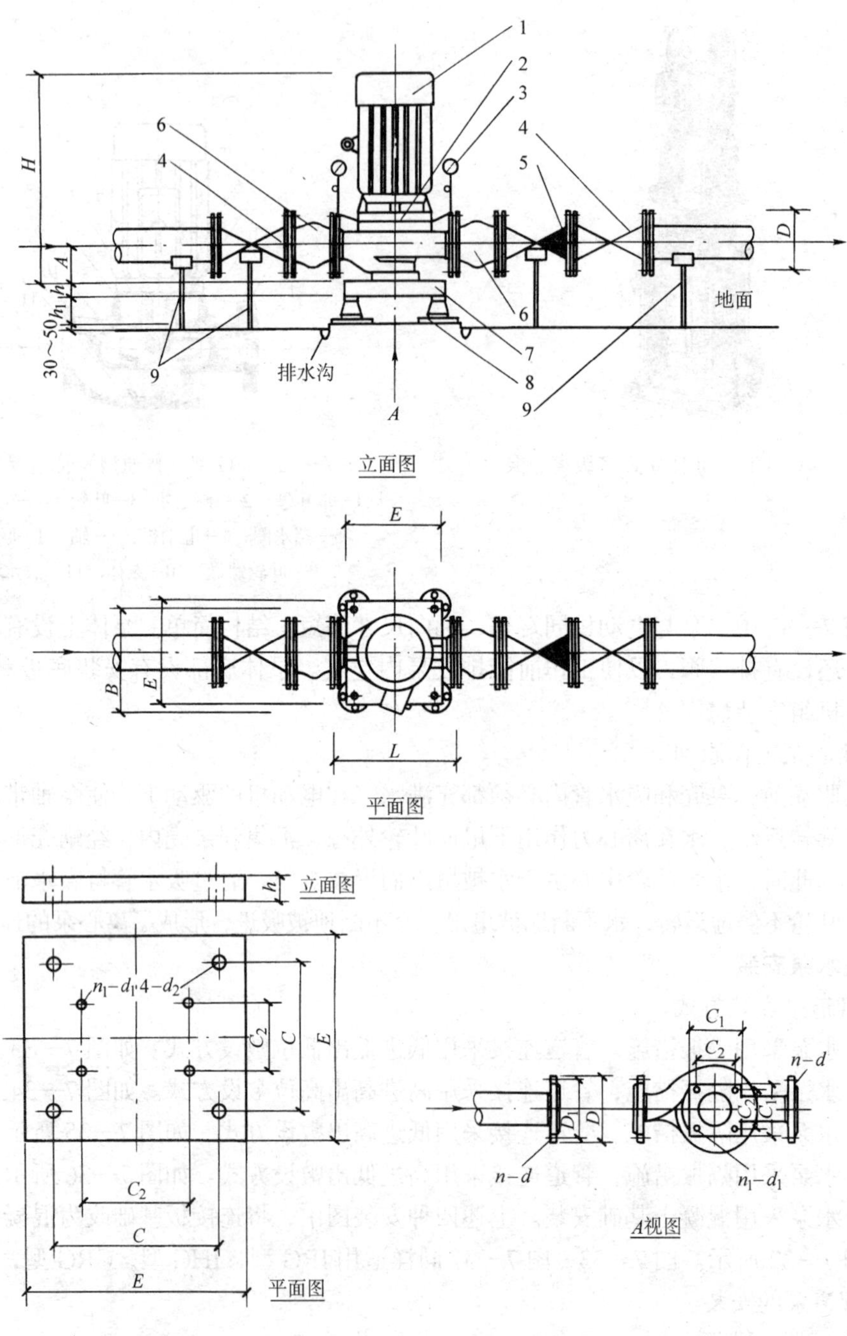

图 7—33 ISG型管道泵安装图（一）

1—电动机 2—水泵 3—压力表 4—阀门 5—止回阀 6—可曲挠橡胶接头 7—连接板 8—隔振器 9—弹性托架

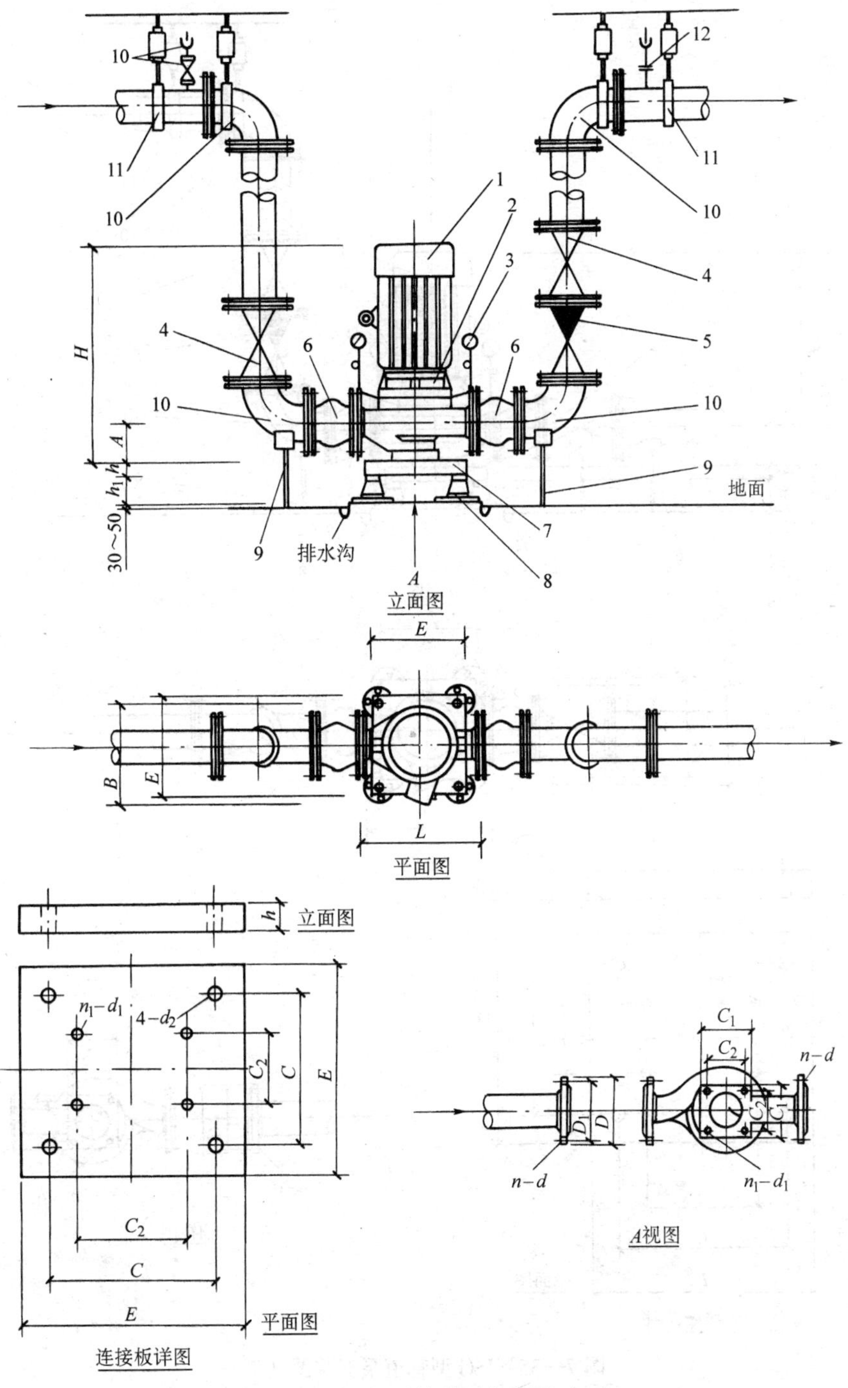

图 7—34　ISG 型管道泵安装图（二）

1—电动机　2—水泵　3—压力表　4—阀门　5—止回阀　6—可曲挠橡胶接头　7—连接板　8—隔振器　9—弹性托架　10—90°弯头　11—弹性吊架　12—自动排气阀

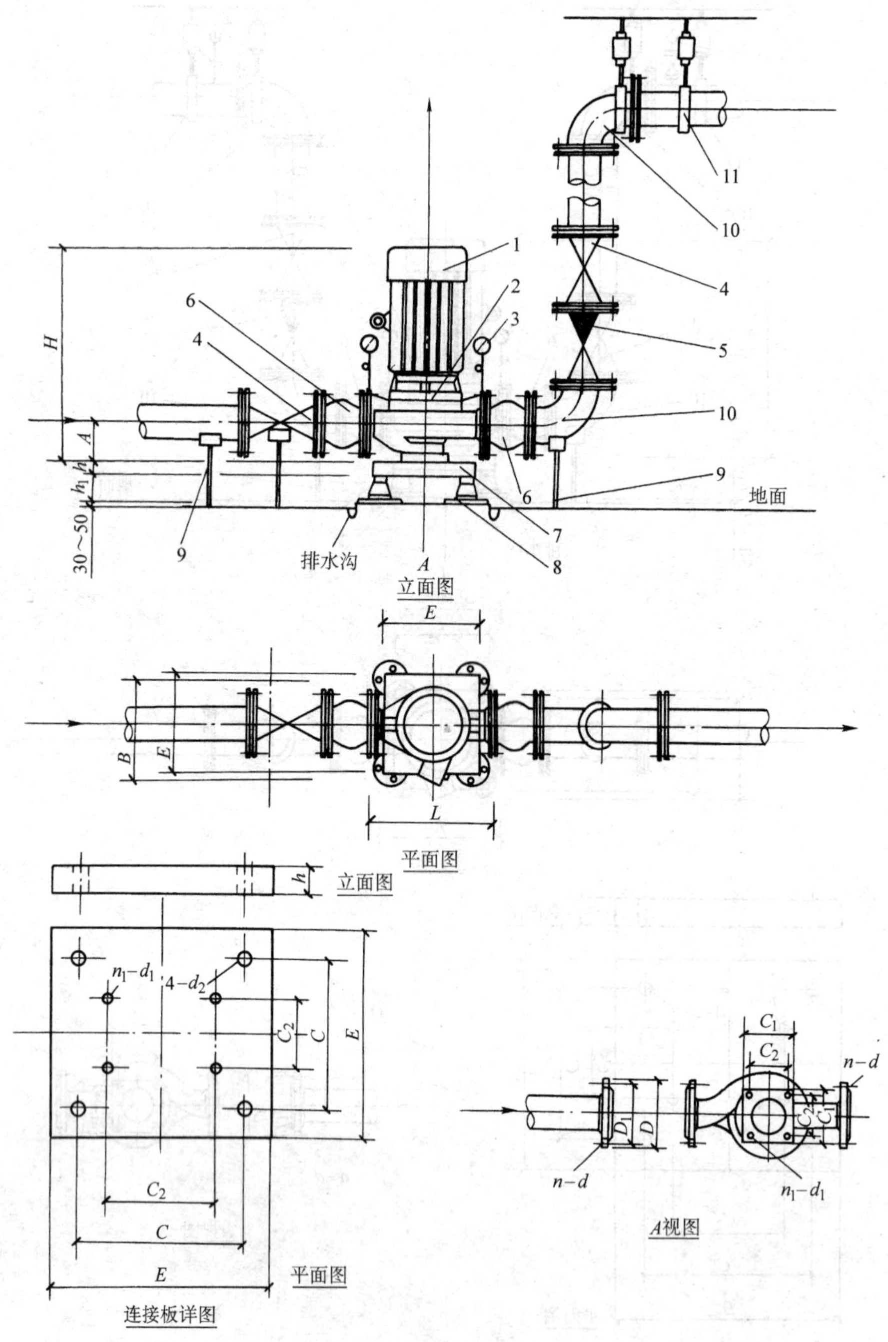

图 7—35　ISG 型管道泵安装图（三）

1—电动机　2—水泵　3—压力表　4—阀门　5—止回阀　6—可曲挠橡胶接头　7—连接板　8—隔振器　9—弹性托架　10—90°弯头　11—弹性吊架

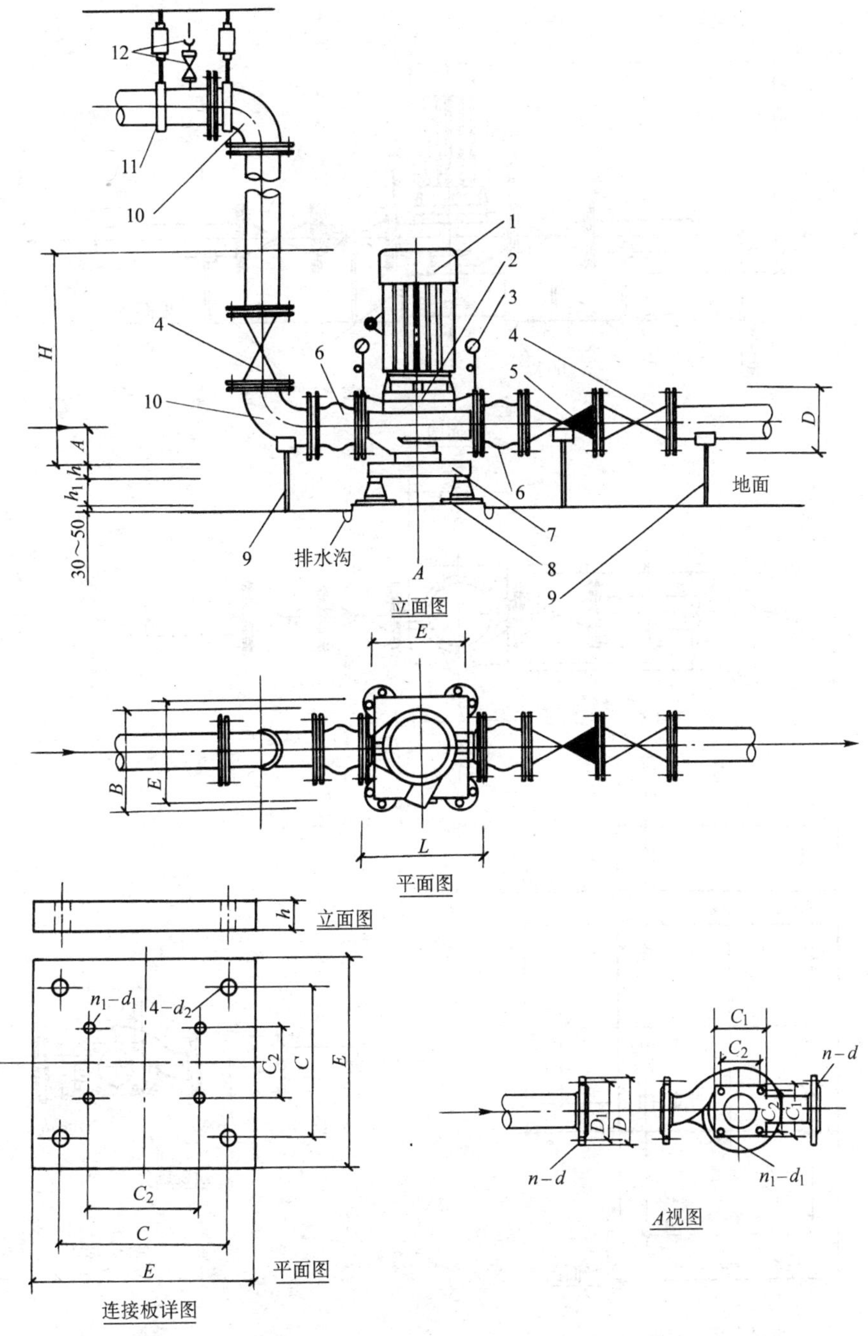

图 7—36　ISG 型管道泵安装图（四）

1—电动机　2—水泵　3—压力表　4—阀门　5—止回阀　6—可曲挠橡胶接头　7—连接板　8—隔振器　9—弹性托架　10—90°弯头　11—弹性吊架　12—自动排气阀

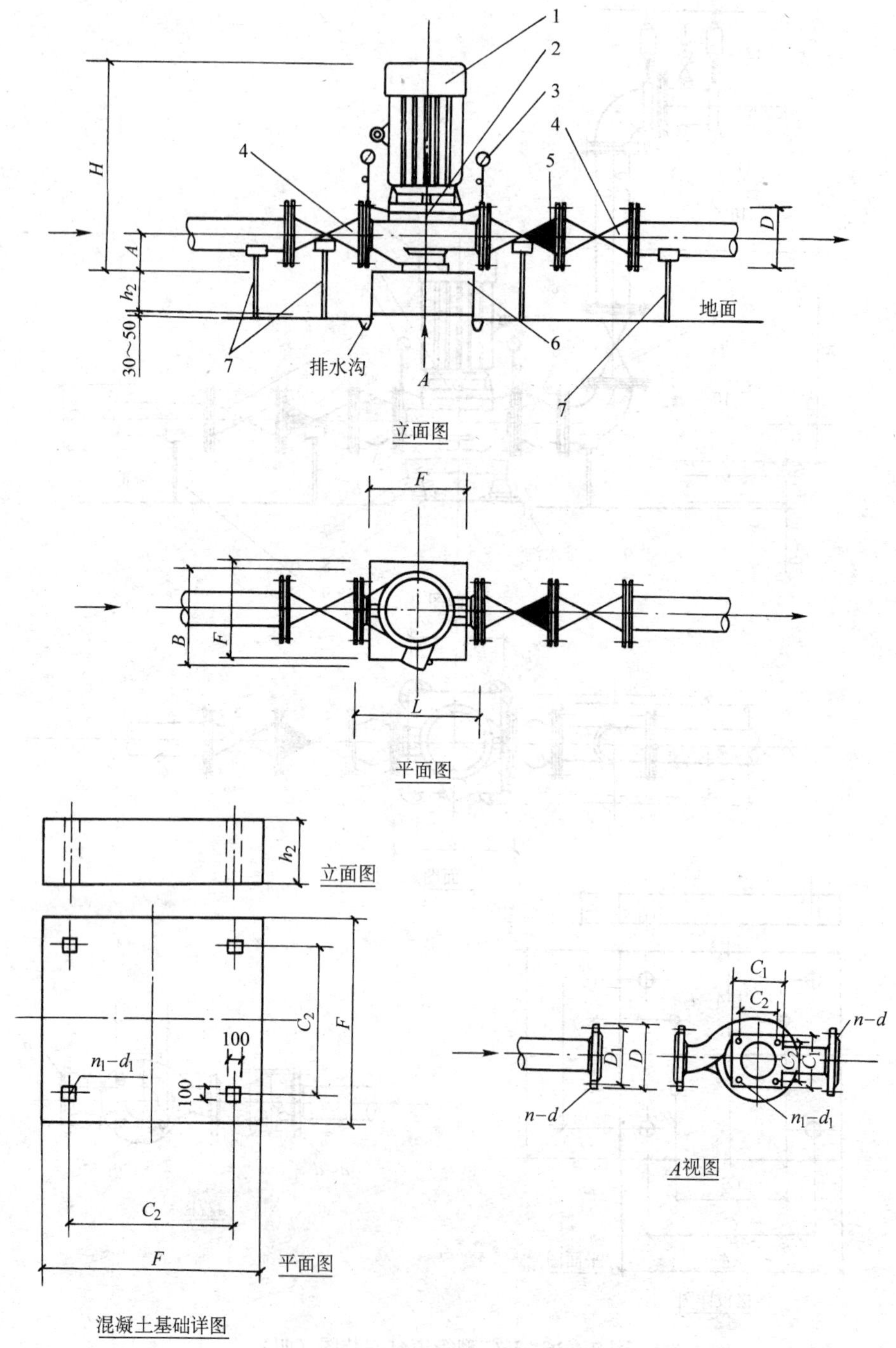

图 7—37 ISG 型管道泵安装图（五）

1—电动机 2—水泵 3—压力表 4—阀门 5—止回阀 6—混凝土基础 7—托架

（1）ZD 型阻尼弹簧减振器

型号意义：

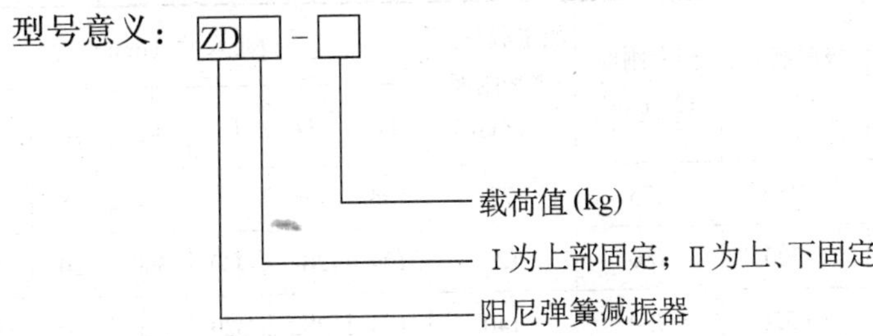

图 7—38 为 ZD_{II} 型阻尼弹簧减振器，表 7—34 为 ZD_{II} 型减振器技术特性及外形尺寸。

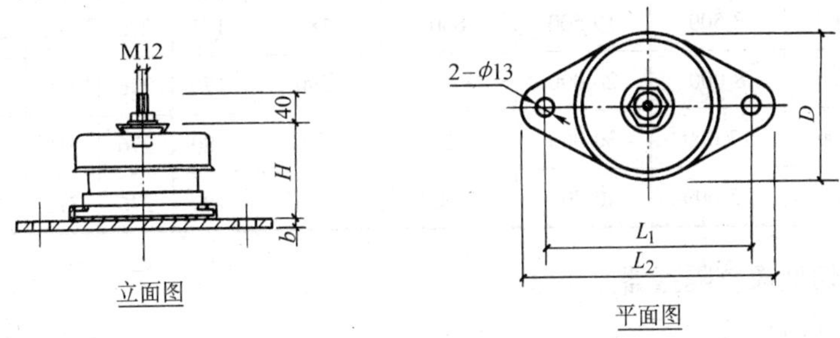

图 7—38　ZD_{II} 型阻尼弹簧减振器

表 7—34　　ZD_{II} 型减振器技术特性及外形尺寸

型　号	最佳载荷（N）	预压载荷（N）	极限载荷（N）	竖向刚度（N/mm）	额定载荷点水平刚度（N/mm）	外形尺寸（mm）					
						H	D	L_1	L_2	d	b
$ZD_{II}-12$	120	90	168	7.5	5.4	70	84	110	140	10	5
$ZD_{II}-18$	180	115	218	9.5	14	65	128	160	195	10	5
$ZD_{II}-25$	250	153	288	12.5	19	65	128	160	195	10	5
$ZD_{II}-40$	400	262	518	22	16	72	144	175	210	10	6
$ZD_{II}-55$	550	336	680	30	21.6	72	144	175	210	10	6
$ZD_{II}-80$	800	545	1 050	41	28.7	88	163	195	230	10	6
$ZD_{II}-120$	1 200	800	1 560	44	31	104	185	225	265	10	8
$ZD_{II}-160$	1 600	1 150	2 180	63	33	104	185	225	265	10	8
$ZD_{II}-240$	2 400	1 600	3 100	85	35.6	120	210	250	295	14	8
$ZD_{II}-320$	3 200	2 150	4 220	127	70	144	230	270	310	18	8

续表

型　号	最佳载荷 (N)	预压载荷 (N)	极限载荷 (N)	竖向刚度 (N/mm)	额定载荷点水平刚度 (N/mm)	外形尺寸（mm）					
						H	D	L_1	L_2	d	b
$ZD_{II}-480$	4 800	2 950	5 750	175	77	144	230	270	310	18	8
$ZD_{II}-640$	6 400	4 170	8 300	180	125	154	282	320	360	20	8
$ZD_{II}-820$	8 200	5 300	10 550	230	140	154	282	320	360	20	8
$ZD_{II}-1000$	10 000	6 050	11 580	222	154	176	325	360	400	20	8
$ZD_{II}-1280$	12 800	8 300	16 550	305	190	176	325	360	400	20	8
$ZD_{II}-1500$	15 000	8 500	19 500	800	180	175	276	316	356	30	10
$ZD_{II}-2000$	20 000	8 000	28 000	1 480	290	175	276	316	356	30	10
$ZD_{II}-2700$	27 000	13 000	30 000	2 160	430	180	276	316	356	30	10
$ZD_{II}-3500$	35 000	15 000	40 000	2 700	570	180	276	316	356	30	10

2. JG 型剪切型橡胶隔振器

型号意义：

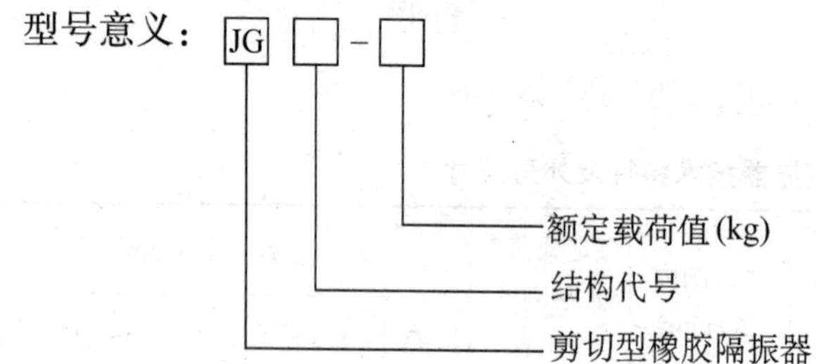

图 7—39 为 JG 型剪切型橡胶隔振器，表 7—35 为 JG 型剪切型橡胶隔振器主要性能及外形尺寸。

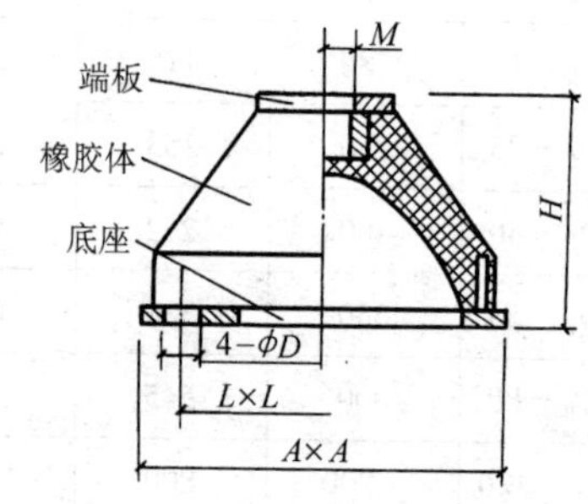

图 7—39　JG 型剪切型橡胶隔振器

3. 可曲挠性橡胶接头

可曲挠性橡胶接头是用耐热橡胶、尼龙帘布作内衬，硬质钢丝骨架制成，分单球形和双球形两种。其特点是减振能力好，降低噪声，能补偿因温差而引起的伸缩，具有刚性大，弹性好，可承受较高压力等特点。图 7—40 所示为 XGD_I 型橡胶挠性接头。表 7—36 为 XGD_I 型接头技术性能。表 7—37 为 XGD_I 型接头尺寸表。

表 7—35 **JG 型剪切型橡胶隔振器主要性能及外形尺寸表**

型号＼性能	额定载荷 (kg)	载荷范围 (kg)	额定静变形 (mm)	额定固有频率 (Hz)	阻尼比 C/C_0	安装方式	外形尺寸 (mm)					
							H	A	B	M	L	D
JG1－1	10	5－10	5±2	9±2	>0.05	平置式	50	75	75	M10	61	ϕ7
JG1－2	20	10－20	6±2	8±2	>0.05	平置式	50	75	75	M10	61	ϕ7
JG2－1	40	20－40	7±2	7±2	>0.05	平置式	60	95	95	M12	75	ϕ10
JG2－2	80	40－80	7±2	7±2	>0.05	平置式	60	95	95	M12	75	ϕ10
JG3－1	160	80－160	7±2	7±2	>0.05	平置式	80	132	132	M16	106	ϕ13
JG3－2	320	160－320	7±2	7±2	>0.05	平置式	80	132	132	M16	106	ϕ13
JG4－1	640	320－640	8±2.5	7±2	>0.05	平置式	110	195	195	M20	160	ϕ16
JG4－2	1 280	640－1 280	8±2.5	7±2	>0.05	平置式	110	195	195	M20	160	ϕ16

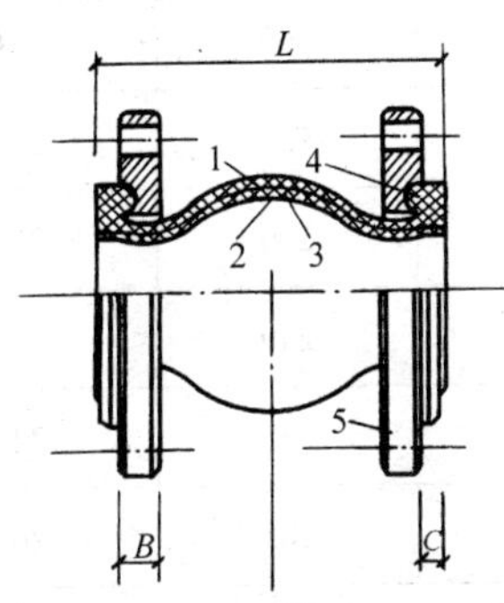

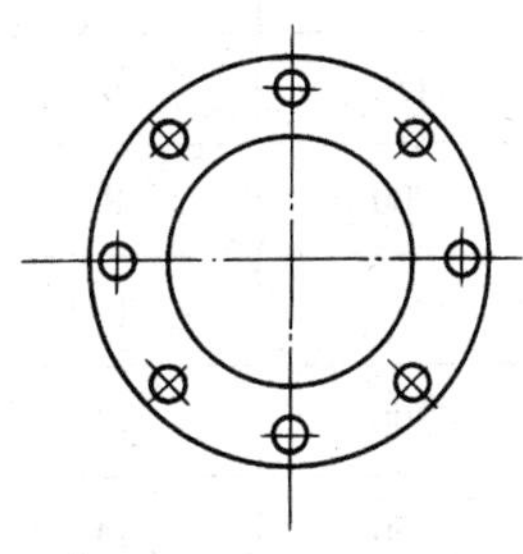

图 7—40 XGD_I 型橡胶挠性接头

1—外胶层 2—内胶层 3—骨架层 4—钢丝圈 5—法兰

表 7—36 **XGD_I 接头技术性能**

项目＼型号	XGD_I－XX－Ⅰ	XGD_I－XX－Ⅱ	XGD_I－XX－Ⅲ
工作压力 MPa (kg/cm^2)	0.8 (≈8)	1.2 (≈12)	2.0 (≈20)
爆破压力 MPa (kg/cm^2)	2.4 (≈24)	3.6 (≈36)	6.0 (≈60)
配用法兰 MPa (kg/cm^2)	1.0 (≈10)	1.6 (≈16)	2.5 (≈25)
真空度 mm·Hg	650	650	750
适用温度	－20℃～115℃		
偏转角	15°		
适用介质	空气、压缩空气、水、海水、热水、弱酸、油、碱		

4. 管道泵性能参数、安装尺寸和隔振器的选用

表 7—38 为部分管道泵性能参数和安装尺寸表。表 7—39 为部分减振器的选用表。

表 7—37　　XGD$_{I}$ 型接头尺寸表

型　号	通径（DN）		长　度		许可位移	
	公制（mm）	英制（in）	C（mm）	L（mm）	压缩（mm）	拉伸（mm）
XGD$_{I}$－32	32	1½	8	95	10	10
XGD$_{I}$－40	40	1½	8	95	10	10
XGD$_{I}$－50	50	2	8	105	11	11
XGD$_{I}$－65	65	2½	8	115	12	12
XGD$_{I}$－80	80	3	9	135	14	14
XGD$_{I}$－100	100	4	9	150	16	16
XGD$_{I}$－125	125	5	9	165	18	18
XGD$_{I}$－150	150	6	10	185	20	20
XGD$_{I}$－200	200	8	10	200	21	21
XGD$_{I}$－250	250	10	11	240	21	21
XGD$_{I}$－300	300	12	11	255	24	24
XGD$_{I}$－350	350	14	12	265	26	28
XGD$_{I}$－400	400	16	12	265	26	28
XGD$_{I}$－450	450	18	12	265	26	28
XGD$_{I}$－500	500	20	12	265	26	28
XGD$_{I}$－600	600	24	12	260	24	18
XGD$_{I}$－700	700	28	14	260	22	15
XGD$_{I}$－800	800	32	14	260	20	15
XGD$_{I}$－900	900	36	16	260	20	15
XGD$_{I}$－1000	1 000	40	16	260	20	15
XGD$_{I}$－1200	1 200	48	18	260	18	14

5. 建筑给水工程水泵的一般规定

生活给水系统的水泵，宜设一台备用机组。生产给水系统的水泵备用机组，应按工艺要求确定。不允许断水的给水系统的水泵，应有不间断的动力供应。

表 7—38　ISG 型、IRG 型、GRG 型、IHG 型管道泵性能参数和安装尺寸表

水泵型号	流量 Q		扬程 H	效率 η	转速 N	电机型号	电机功率	允许汽蚀余量	安装尺寸（mm）										质量	连接板尺寸（mm）				混凝土基础尺寸（mm）	
	(m^3/h)	(L/s)	(m)	(%)	(r.p.m)		(kW)	(m)	L	B	H	A	D	D_1	$n-d$	$C_1\times C_1$	$C_2\times C_2$	n_1-d_1	(kg)	E	C	h	d_2	F	h_2
ISG40－100	4.4 6.3 8.3	1.22 1.75 2.31	13.2 12.5 11.3	48 54 53	2 900		0.55	2.5	260	230	370	85	ϕ150	ϕ110	4－ϕ18	150×150	115×115	4－ϕ12	28	350	300	75	16	400	200
ISG40－125	4.4 6.3 8.3	1.22 1.75 2.31	20.5 20 18.5	36 46 43	2 900	Y802－2	1.1	2.5	300	250	431	85	ϕ150	ϕ110	4－ϕ18	150×150	115×115	4－ϕ12	33	350	300	75	16	400	200
ISG50－100	8.8 12.5 16.3	2.44 3.47 4.53	13.2 12.5 11.3	55 62 60	2 900	Y802－2	1.1	2.5	320	240	441	95	ϕ165	ϕ125	4－ϕ18	165×165	130×130	4－ϕ14	35	350	300	75	16	450	200
ISG50－100A	8 11 14	2.22 3.05 3.89	10.7 10 9	52 57 57	2 900	Y801－2	0.75	2.5	320	240	441	95	ϕ165	ϕ125	4－ϕ18	165×165	130×130	4－ϕ14	35	350	300	75	16	450	200
ISG65－200	17.5 25 32.5	4.86 6.94 9.03	52.7 50 45.5	49 57 60	2 900	Y132M_2－2	7.5	3.0	400	355	646	105	ϕ185	ϕ145	4－ϕ18	185×185	150×150	4－ϕ14	97	400	340	75	16	450	200
ISG65－200A	16 22 28	4.44 6.11 7.78	46.2 44.2 41	52 55 57	2 900	Y132M_1－2	5.5	3.0	400	355	646	105	ϕ185	ϕ145	4－ϕ18	185×185	150×150	4－ϕ14	97	400	340	75	16	450	200

续表

水泵型号	流量 Q		扬程 H (m)	效率 η (%)	转速 N (r.p.m)	电机型号	电机功率 (kW)	允许汽蚀余量 (m)	安装尺寸（mm）										质量 (kg)	连接板尺寸 (mm)				混凝土基础尺寸 (mm)	
	(m^3/h)	(L/s)							L	B	H	A	D	D_1	$n-d$	$C_1\times C_1$	$C_2\times C_2$	n_1-d_1		E	C	h	d_2	F	h_2
ISG80－100	35 50 65	9.72 13.9 18.1	13.8 12.5 10	67 73 70	2 900	Y100L－2	3.0	3.5	400	295	563	120	ϕ200	ϕ160	8－ϕ18	200×200	165×165	4－ϕ16	59	400	340	75	16	500	200
ISG80－100A	32 44 56	8.89 12.2 15.6	11 10 8.5	67 72 71	2 900	Y90L－2	2.2	3.5	400	295	563	120	ϕ200	ϕ160	8－ϕ18	200×200	165×165	4－ϕ16	59	400	340	75	16	500	200
ISG100－100	70 100 130	19.4 27.8 36.1	13.6 12.5 11	66 76 75	2 900	$Y132S_1-2$	5.5	4.5	460	331	665	140	ϕ220	ϕ180	8－ϕ18	220×220	185×185	4－ϕ18	107	500	440	75	18	500	200
ISG100－100A	64 88 112	17.8 24.4 31.1	11 10 8.5	67 75 76	2 900	Y112M－2	4.0	4.5	460	331	665	140	ϕ220	ϕ180	8－ϕ18	220×220	185×185	4－ϕ18	107	500	440	75	18	500	200
ISG125－125	110 160 200	30.6 44.4 55.6	22 20 17	72 76 78	2 900	$Y160M_1-2$	11	4.0	600	385	825	160	ϕ250	ϕ210	8－ϕ18	260×260	220×220	4－ϕ20	205	500	440	75	18	550	200
ISG125－125A	105 150 187	29.2 41.7 51.9	18 16 13	74	2 900	$Y132S_2-2$	7.5	4.0	600	385	825	160	ϕ250	ϕ210	8－ϕ18	260×260	220×220	4－ϕ20	205	500	440	75	18	550	200

表 7—39 ISG 型、IRG 型、GRG 型、IHG 型管道泵隔振器选用表

水泵型号	电机型号	转速 N (r.p.m)	机组质量 (kg)	总质量 (kg)	支承点数	ZD_{II} 型阻尼弹簧减振器		DFG 型低频弹簧橡胶复合隔振器		JG 型橡胶剪切隔振器		PB 型板式橡胶隔振器		YZG 型低频橡胶隔振器	
						型号	h_1	型号	h_1	型号	h_1	型号	h_1	型号	h_1
ISG40－100		2 900	28	90	4	ZD_{II}－40	68	DFG－30	56	JG2－1	56	PB－40	53	YZG－30	45
ISG40－125	Y802S－2	2 900	33	95	4	ZD_{II}－40	68	DFG－30	56	JG2－1	56	PB－40	53	YZG－30	45
ISG50－100	Y802－2	2 900	35	97	4	ZD_{II}－40	68	DFG－30	56	JG2－1	56	PB－40	53	YZG－30	45
ISG50－100A	Y801－2	2 900	35	97	4	ZD_{II}－40	68	DFG－30	56	JG2－1	56	PB－40	53	YZG－30	45
ISG65－200	$Y132M_2$－2	2 900	97	177	4	ZD_{II}－55	65	DFG－50	57	JG2－2	57	PB－60	52	YZG－80	46
ISG65－200A	$Y132M_1$－2	2 900	97	177	4	ZD_{II}－55	65	DFG－50	57	JG2－2	57	PB－60	52	YZG－80	46
ISG80－100	Y100L－2	2 900	59	139	4	ZD_{II}－40	64	DFG－50	60	JG2－2	58	PB－40	52	YZG－80	47
ISG80－100A	Y90L－2	2 900	59	139	4	ZD_{II}－40	64	DFG－50	60	JG2－2	58	PB－40	52	YZG－80	47
ISG100－100	$Y132S_1$－2	2 900	107	187	4	ZD_{II}－55	64	DFG－50	57	JG2－2	57	PB－60	52	YZG－80	47
ISG100－100A	Y112M－2	2 900	107	187	4	ZD_{II}－55	64	DFG－50	57	JG2－2	57	PB－60	52	YZG－80	47
ISG125－125	$Y160M_1$－2	2 900	205	285	4	ZD_{II}－80	80	DFG－80	73	JG3－1	76	PB－80	58	YZG－150	46
ISG125－125A	$Y132S_2$－2	2 900	205	285	4	ZD_{II}－80	80	DFG－80	73	JG3－1	76	PB－80	58	YZG－150	46

水泵装置宜采用自灌式充水。

室外给水管网允许直接吸水时，水泵宜直接从室外给水管网吸水。但室外给水管网的压力，不得低于 100 kPa（从地面算起）。

如有防振或有安静要求的房间，在其上下和毗邻的房间内，不得设置水泵；在其他房间设置水泵，应采用下列措施。

（1）应采用低噪声水泵。

（2）吸水管和出水管上，应设隔振防噪装置。

（3）水泵基础应设隔振装置。

（4）管道支架和管道穿墙和穿楼板处，应采取防固体传声措施。

（5）必要时，在建筑上还可采取隔声吸音措施。

每台水泵宜设单独吸水管。水泵吸水管管内水流速度宜采用 1.0～1.2 m/s。

水泵基础高出地面，不得小于 0.1 m。

五、水泵维修保养

水泵维修保养分为一级保养、二级保养和大修三种。一级保养以日常维修为主，主要内容有设备清洁、检查设备振动、检查紧固件、加油、加盘根或紧盘根、常备用水泵互换、检查泵房管道阀门是否漏水、更换电气触点等。日常保养一般一至二周一次，消防泵每月必须起动一次，做好保养记录。二级保养以拆修为主，清洗泵体、叶轮、更换轴套、衬垫等。大修时应更换全部易损件，修理更换泵轴、叶轮等并对水泵做平衡检查、涂漆。

下面是住宅小区给水泵设备常见的几种故障及判断处理方法。

1. 某住宅小区有生活泵两台，一台常用、一台备用，泵间内有 3 只止回阀。水泵工作时，水从低位水箱供向高位水箱。某日，楼上发生断水。修理人员检查发现生活常用泵运转正常，低位水箱浮球阀进水，而高位水箱不进水。

分析：低位水箱浮球阀进水，说明水泵工作正常。那么水泵抽出的水不进高位水箱，就必然供向其他地方，而现在低位水箱进水，说明低位水箱进水管与水泵之间的止回阀失去作用。如图 2—12 中的止回阀 5 或图 2—13 中接室外给水管道上的止回阀。当水泵工作时此阀没有关闭，致使低位水箱抽出的水通过止回阀返回到城市管网或低位水箱。这种情况常发生于多层住宅小区。判断方法为：关闭进水管上止回阀处的开关阀门，如果高位水箱进水，就说明止回阀坏。停泵后，修理或更换止回阀即可。

2. 某住宅大楼，有两台生活水泵，一台常用、一台备用，每台水泵出水管上有一只止回阀。某日大楼停水，修理人员发现水泵运转，低位水箱表面平静（浮球阀不进水），高位水箱不进水。

分析：出现这种情况一般有三种可能。一种是泵体内有空气。判断方法是用手摸摸泵体，发现泵体温度很高，说明水泵在没有充满水的状态下运行。停泵后，放出泵体内空气至出水后即可。第二种是备用泵管道上止回阀失去作用。判断方法是先用手摸摸泵体，泵体温度正常，说明泵内没有空气。再关闭备用泵上阀门后，低位水箱浮球阀进水，说明备用泵出水管上止回阀失去作用。停泵后，修理或更换止回阀即可。第三种情况一般不易发生，即水泵内部损坏，如叶轮损坏等。

3. 水泵运转，低位水箱和高位水箱进水量小。

分析：首先要排除止回阀问题，即关闭有关可能出现问题的串联在止回阀旁的开关阀门，如果情况没有发生变化，此时一般有两种常见故障：一种是电动机倒转，另一种是管道上有一只阀门处于半关闭状态。

4. 多层住宅小区，采用电接点压力表控制水泵，水泵从低位水箱抽水向高位水箱供水，在电源、控制箱内电气正常运行时，故障一：水泵不能起动，故障二：水泵不能自动停止。

分析：首先必须对电接点压力表有所了解。压力表上有黑、绿、红三个指针，分别表示工作压力、低位压力设定值和高位压力设定值。只有当工作压力低于低位压力设定值时，水泵才能起动。故调整绿针使其设定值高于工作压力，即超过黑针所指压力，水泵即能起动。水泵不能自动停止，有两种情况。一种是红针高位压力值设得偏高；另一种情况是高位水箱中浮球阀不能关闭，这种情况常发生于清洗水箱后。判断方法是：屋面雨水管出现大量出水，说明屋顶上面水箱浮球阀被卡住或破坏不能关闭，使工作压力上不去，即黑针所指压力一直低于红针所指压力。

水泵修理和故障排除需要很多专业知识和经验，需要细心观察和分析，只有这样，在遇到问题时才能够迅速解决。

单元测试题

（一）填空题（请将正确的答案填在横线空白处）

1. 一般情况下，给水 PP－R 管道在允许压力内，管材使用水温为________时，使用寿命为 50 年。

2. 当________升高时，给水 PP－R 管道随着承压时间增长，其允许压力也明显下降。

3. 给水 PP－R 管道热熔连接时，影响其质量的三个重要因素为：温度、________和接缝压力。

4. 给水铝塑复合管用卡套式连接时，其适用范围为：公称外径 $De \leqslant$________ mm。

5. 阀门公称压力表示方法为压力数值 MPa 的________表示。

6. 消声止回阀与其他止回阀相比，最突出的优点是能消除阀门关闭时________冲击，且无振动和噪声。

7. 水泵的功率是指有效功率、轴功率和配用功率，其中有效功率是指水泵的________功率。

8. 水泵型号为 ISG50－160，其中 160 表示为________。

9. 水泵隔振器 JGH 型的安装方式为________式。

10. 水泵采用电接点压力表控制时，工作压力指针为________色。

（二）判断题（下列判断正确的请打“√”，错误的打“×”）

1. 给水 PP－R 管道随输水温度的上升，其允许压力基本不变。（ ）

2. 给水 PP－R 管道的选用原则是依据输送水温和工作压力这两个因素决定的。（ ）

3. 给水 PP－R 管道冷水管和热水管的压力等级最小分别为 *PN*1.0 MPa 和 *PN* 2.0 MPa。（ ）

4. 给水铝塑复合管用承插式连接时，其适用范围为公称大径 *De*：40 mm≤*De*≤75 mm。（ ）

5. 暗杆闸阀的阀杆作升降运动，它一般用于高度不受限制的地方。（ ）

6. 阀门的类别、驱动方式和连接形式可以从阀门的外形来识别。（ ）

7. 多级水泵相当于多个单级水泵串联，目的是增大流量。（ ）

8. 水泵的转数越大，表示扬程、流量也越大。（ ）

9. 可曲挠性橡胶接头分单球形和双球形两种。（ ）

10. 日常生活水泵保养，一般为每月 1 次。（ ）

（三）选择题（下列每题的 4 个选项中，只有 1 个是正确的，请将其代号填在横线的空白处）

1. 给水 PP－R 管材规格用________表示。

A. 公称外径　B. 公称内径　C. 公称压力　D. 公径外径×壁厚

2. 给水 PP－R 管道的线膨胀系数比钢管大________倍多。

A. 10　B. 5　C. 2　D. 1

3. 给水 PP－R 管道冷水管选用的公称压力等级应按系统最大工作压力乘以________倍的安全系数。

A. 1　B. 1.5　C. 2　D. 2.5

4. 给水铝塑复合管的规格用________表示。

A. 公称外径　B. 公称内径　C. 公称压力　D. 公称外径×壁厚

5. 阀门型号为 J11T－16K，其中 11 表示为________。

A. 外螺纹连接、直通式　B. 内螺纹连接、直通式

C. 外螺纹连接、直流式　D. 内螺纹连接、直流式

6. 阀体的材料的颜色漆是涂在不加工表面上的，当阀体材料为球墨铸铁时，其颜色为________。

A. 黑色　B. 灰色　C. 银色　D. 蓝色

7. 扬程是指水泵能把水扬高的能力。水泵工作时，实际扬程________额定扬程。

A. 大于　B. 大于等于　C. 小于　D. 小于等于

8. 水泵型号为 50SGR10－15，其中 10－15 表示为________。

A. 流量 10 m^3/h，扬程 15 m　B. 公称压力 1.0 MPa，流量 15 m^3/h

C. 扬程 10 m，流量 15 m^3/h　　D. 扬程 10 m，公称压力 1.5 MPa

9. 水泵减振器型号为 ZD_{II} －1000 型，其中 1 000 表示________。

A. 极限载荷 1 000 kg　　B. 极限载荷 1 000 N

C. 最佳载荷 1 000 kg　　D. 最佳载荷 1 000 N

10. 消防水泵保养时，应________必须起动 1 次。

A. 每天　　B. 每周　　C. 二周　　D. 每月

（四）简答题

1. 在给水管道工程中，何为允许压力，影响允许压力的因素有哪些？

2. 叙述铝塑复合管道用卡套式连接时的操作步骤。

3. 阀门的型号由哪几部分组成？

4. 在维修保养水泵和管道时，怎样判别止回阀已坏？

单元测试题答案

（一）填空题

1. 20℃　2. 温度　3. 加热时间　4. 32　5. 10 倍　6. 水锤　7. 输出　8. 叶轮外径　9. 平置　10. 黑

（二）判断题

1. ×　2. ×　3. √　4. √　5. ×　6. √　7. ×　8. ×　9. √　10. ×

（三）选择题

1. D　2. A　3. B　4. A　5. B　6. C　7. C　8. A　9. D　10. D

（四）简答题

1. 答：在某一介质温度下，确保一定使用寿命，管道可以承受的最大压力称为允许压力。影响允许压力的两个重要因素为：输水温度和承压时间。

2. 答：按所需长度剪切管材，用整圆扩孔器或铰刀将管口整圆扩孔；将螺母和卡套套在管子端头；将套有密封圈的管件本体内芯插在管口内，并将内芯全长全部压入；拉回卡套和螺母，用扳手将螺母拧固在管件本体的外螺纹上。

3. 答：阀门型号由七个单元组成。它们分别表示为：阀门类型、传动方式、连接形式、结构形式、阀座密封面或衬里材料、公称压力和阀体材料。

4. 答：止回阀的功能是防止管道内介质回流。其工作状态只有两种，一是打开，另一就是关闭。一般情况下，止回阀不能打开这种情况几乎没有。出现最多的是止回阀不能关闭。根据管路正常工作时的介质流向来分析哪只止回阀应当关闭。否则只需关闭串联在止回阀旁的开关阀门，当开关阀门关闭后，符合正常工作状态时，则被关闭阀门旁的止回阀坏。

知识考核模拟试卷

（一）判断题（下列判断正确的请打“√”，错误的打“×”；每题1分，共50分）

1. 几个元件串联构成中间有分支的连接方式称为支路。（ ）
2. 直流电路中每一条支路中的元件，不一定是电阻。（ ）
3. 一个理想电流源的内阻 R_0 等于无穷大。（ ）
4. 一个理想电流源可以转换成一个理想电压源。（ ）
5. 楞次定律表明，感生电流产生的磁场方向总是与外磁场方向相反。（ ）
6. 在磁场中，运动速度快的导体一定比运动速度慢的导体所产生的感生电动势大。（ ）
7. 线圈中无论通入什么电流，都会引起自感现象。（ ）
8. 通电导体在磁场中所受到的电磁力方向可用左手定则来确定。（ ）
9. 在感性负载中，电流相位可以滞后电压相位大于0°小于90°。（ ）
10. 三相四线制供电系统中，三根相线和一根中性线上都要安装熔断器。（ ）
11. 在对称三相交流电路中，三个线电流矢量和一定为零。（ ）
12. 三相负载的相电流就是电源相线上流过的电流。（ ）
13. 穿越楼板的垂直管道，平面图上用O表示。（ ）
14. 水暖施工图的平面图采用投影法绘制。（ ）
15. 平行安装冷热水管道，规定“上热下冷”。（ ）
16. 管道施工图上，标高、管径的单位都是毫米。（ ）
17. 温度升高，流体的容重减小。（ ）
18. 单位体积流体的重量叫质量。（ ）
19. 流体的密度用 ρ 表示。（ ）
20. 水在静止状态的压力叫静水压力。（ ）
21. 绝对压强以大气压力为零作基准。（ ）
22. 离心泵能把水从低处吸到一定高度，是利用了真空原理。（ ）
23. 局部水头损失与流速无关。（ ）
24. 任何物体的导热速度都是一样的。（ ）
25. 热辐射的速度与光速相等。（ ）
26. 二极管的特性曲线就是PN结的伏安特性曲线。（ ）
27. 测量硅稳压管稳压电压时必须使其反向击穿，电流达到规定的稳定电流后方可读数。（ ）

28. 三极管的 β 值越大，管子的稳定性越好。（　）

29. 半波整流中，流经二极管的平均电流与负载电流相等。（　）

30. 晶闸管无论加多大正向阳极电压，均不导通。（　）

31. 异步电动机的主要特性包括机械特性和工作特性。（　）

32. 异步电动机在 $s=1$ 时，电磁转矩称最大转矩。（　）

33. 绕线式异步电动机转子回路中串附加电阻后的机械特性曲线叫人工机械特性曲线。（　）

34. 三相笼型电动机可以通过改变电动机磁极对数来调速。（　）

35. 改变笼型电动机定子电源频率会使转子转速升高或降低。（　）

36. 异步电动机反接制动是利用改变电源的电压极性来实现的。（　）

37. 异步电动机反接制动对拖动设备冲击较大。（　）

38. 在起重机机械上采用断电制动器。（　）

39. 芯式变压器一次侧、二次侧绕组套装在铁心的两个铁心柱上。其特点是铁心包围绕组。（　）

40. 变压器的绝缘套管由外部的瓷套和中心导电杆组成。（　）

41. 电流互感器与线路连接时，必须并接于电路两端。（　）

42. 电流互感器的二次侧不允许短路。（　）

43. 变压器的容量是指变压器的视在功率。（　）

44. 突然中断供电将造成较大的经济损失称为一级负荷。（　）

45. 导线和电缆的截面的选择应按发热条件、经济电流密度、机械强度和按功率大小条件来选。（　）

46. 水泵按抽送水质不同可分为清水泵、污水泵和耐腐蚀泵等。（　）

47. 阀门的作用，一般是通过改变阀门通道的截面积来实现的。（　）

48. 室内灯具的平开关安装高度为 1.25 m。（　）

49. 气压试验一般用惰性气体。（　）

50. 室内外排水管一般为无压管道，试验时只试水不加压力，称为闭水试验。（　）

（二）单项选择题（下列每题的选项中，只有 1 个是正确的，请将其代号填在横线空白处；每题 1 分，共 30 分）

1. 平面图中 L 表示管道______。

A. 直线　　B. 斜线　　C. 变坡　　D. 转弯

2. 室外供水压力大于室内供水所需压力，可采用______给水系统。

A. 直接　　B. 水箱　　C. 水泵　　D. 联合

3. 静水内部任何一点各方向的压强大小是______。

A. 变化的　　B. 不相等的　　C. 相等的　　D. 不确定

4. 借助于不同波长的各种电磁波来传递内能的传热方式，称为______。

A. 传导　　B. 对流　　C. 辐射

5. 在电流电压不变的情况下，并联型稳压电路的负载电流如减少 5 mA，则稳定管电流______。

A. 保持不变　　B. 无法确定　　C. 增加 5 mA　　D. 减少 5 mA

6. 小功率硅二极管的反向电流比锗二极管______。

A. 略小　　B. 略大　　C. 大得多　　D. 小得多

7. 室温增加时三极管的 I_{CEO}______。

A. 不变　　B. 增大　　C. 减小　　D. 趋于 0

8. 二极管用于半波整流时其最大整流，应______负载电流。

A. 等于　　B. 略小于　　C. 小于　　D. 大于

9. 在交流电的负半周期间，桥式整流电路的二极管中有______个是导通状态。

A. 1　　B. 2　　C. 3　　D. 4

10. 单结晶体管触发电路第一个输出脉冲的______决定了晶闸管的导通角。

A. 幅度　　B. 波形　　C. 相位　　D. 频率

11. 电力拖动是指用______来拖动生产机械。

A. 发动机　　B. 汽油机　　C. 电动机　　D. 汽轮机

12. 绕线式异步电动机转子回路中串附加电阻后机械特性将______。

A. 变软　　B. 变硬　　C. 变成直线　　D. 变为不稳定

13. 人为地改变异步电动机的转速称______。

A. 变转差率　　B. 变极　　C. 调速　　D. 变频

14. 异步电动机反接制动是利用改变______来实现制动的。

A. 电源电压大小　　B. 电源相序　　C. 电源的频率　　D. 电源的初相位

15. 变压器的主要组成部分是______组成的。

A. 储油柜　　B. 安全气道　　C. 气体继电器　　D. 铁心和绕组

16. 变压器是利用______原理来工作的。

A. 电磁感应　　B. 电流的磁效应　　C. 楞次定律　　D. 磁路欧姆定律

17. 衡量供电质量指标是______。

A. 电流、功率　　B. 电压、频率　　C. 电流、电压　　D. 电压、功率

18. 我国电力系统的额定频率为______。

A. 100 Hz　　B. 1 000 Hz　　C. 50 Hz　　D. 60 Hz

19. 避雷装置有避雷器、引下线和______组成。

A. 熔断器　　B. 接地体　　C. 断路器　　D. 放大器

20. 止回阀可分为升降式和______两种。

A. 调节式　　B. 旋启式　　C. 直通式　　D. 旋转式

21. 白铁管的连接______焊接。

A. 允许　B. 经过处理允许　C. 绝不允许　D. 可根据需要

22. 给水 PP—R 管道的选用原则是依据除______外的三大因素决定的。

A. 承压时间　B. 输送水温　C. 工作压力　D. 使用寿命

23. 一般铸铁管是用______铸造而成的。

A. 球墨铸铁　B. 可锻铸铁　C. 灰铸铁　D. 白口铁

24. 铸铁管连接方法为承插式和______两种。

A. 法兰式　B. 丝口　C. 焊接　D. 套接

25. 给水管应敷设在排水管______。

A. 上面　B. 下面　C. 平行　D. 交叉

26. 油毡防潮层做法是______。

A. 二毡三油　B. 一毡二油　C. 一毡一油　D. 二毡一油

27. 用电设备的额定电压为 380 V，应选用______ V 电压等级的兆欧表。

A. 2 500　B. 1 500　C. 500　D. 250

28. 测量交流电流时要扩大电流表量程，可采用______。

A. 电压互感器　B. 电流互感器　C. 分流电阻　D. 分压电阻

29. 焊接作业时，乙炔气瓶与氧气瓶的距离应大于______ m。

A. 3　B. 5　C. 10　D. 15

30. 消防水泵保养时，应______必须起动 1 次。

A. 每天　B. 每周　C. 二周　D. 每月

（三）多项选择题（下列每题的选项中，至少有 2 个是正确的，请将其代号填在横线空白处；每题 2 分；共 20 分）

1. 根据基尔霍夫节点电流定律，下列关系式中正确的是______。

A. $\sum I=0$　B. $\sum I_{进}=0$　C. $\sum I_{出}=0$　D. $\sum I_{进}=\sum I_{出}$

2. 水流局部损失与______有关。

A. 流过弯头　B. 流过三通　C. 流过直管　D. 流过阀门

3. 共集电极放大电路中，三极管的 β 越大，则放大器的______。

A. 输入电阻越大　B. 输出电阻越大

C. 输出电阻越小　D. 偏置电阻越小

4. 异步电动机常用制动方法有______。

A. 能耗制动　B. 机械制动

C. 变转差率制动　D. 串限流电阻制动

5. 电压互感器在运行时______。

A. 一、二次侧加熔断器　B. 铁心要接地

C. 二次侧要接地　D. 一次侧加隔离开关

6. 避雷器包括______等几种。

A. 保护间隙　　B. 管型避雷器　　C. 阀型避雷器　　D. 避雷带

7. 判别三极管 PNP 和 NPN 类型的方法有______。

A. 看管脚位置　　B. 看型号　　C. 用万用表测量　　D. 看管壳形状

8. 异步电动机的工作特性指在额定电压及频率下______等关系。

A. 输入功率 P_1 与输出功率 P_2　　B. 频率 f 与输出功率 P_2

C. 输入电流 I_1 与输出功率 P_2　　D. 定子电压 U 与输出功率 P_2

9. 共集电极放大电路特性______。

A. 电压放大　　B. 电流放大　　C. 倒相　　D. 带负载能力强

10. 在 RL 串联电路中，下列关系式错误的是______。

A. $\cos\phi = Q/S$　　B. $\cos\phi = R/Z$　　C. $\cos\phi = U_L/U$　　D. $\cos\phi = X_L/R$

知识考核模拟试卷答案

（一）判断题

1. × 2. √ 3. √ 4. × 5. × 6. × 7. × 8. √ 9. √
10. × 11. √ 12. × 13. √ 14. × 15. √ 16. × 17. √
18. × 19. √ 20. √ 21. × 22. √ 23. × 24. × 25. √
26. √ 27. √ 28. × 29. √ 30. × 31. √ 32. × 33. √
34. √ 35. √ 36. × 37. √ 38. √ 39. × 40. √ 41. ×
42. × 43. √ 44. × 45. × 46. √ 47. √ 48. × 49. ×
50. √

（二）单项选择题

1. D 2. A 3. A 4. C 5. C 6. D 7. B 8. D 9. B
10. C 11. C 12. A 13. C 14. B 15. D 16. D 17. A 18. B
19. C 20. B 21. B 22. C 23. A 24. C 25. A 26. A 27. B
28. C 29. B 30. D

（三）多项选择题

1. AD 2. ABD 3. AC 4. AB 5. ABCD 6. ABC 7. BC
8. AC 9. BD 10. ACD

附录 1

给水管段设计秒流量计算表

附表 1—1　　给水管段设计秒流量计算表［U：（%）；q：（L/s）］

U_o	1.0		1.5		2.0		2.5	
N_g	U	q	U	q	U	q	U	q
1	100.00	0.20	100.00	0.20	100.00	0.20	100.00	0.20
2	70.94	0.28	71.20	0.28	71.49	0.29	71.78	0.29
3	58.00	0.35	58.30	0.35	58.62	0.35	58.96	0.35
4	50.28	0.40	50.60	0.40	50.94	0.41	51.30	0.41
5	45.01	0.45	45.34	0.45	45.69	0.46	46.06	0.46
6	41.12	0.49	41.45	0.50	41.81	0.50	42.18	0.51
7	38.09	0.53	38.43	0.54	38.79	0.54	39.17	0.55
8	35.65	0.57	35.99	0.58	36.36	0.58	36.74	0.59
9	33.63	0.61	33.98	0.61	34.35	0.62	34.73	0.63
10	31.92	0.64	32.27	0.65	32.64	0.65	33.03	0.66
11	30.45	0.67	30.80	0.68	31.17	0.69	31.56	0.69
12	29.17	0.70	29.52	0.71	29.89	0.72	30.28	0.73
13	28.04	0.73	28.39	0.74	28.76	0.75	29.15	0.76
14	27.03	0.76	27.38	0.77	27.76	0.78	28.15	0.79
15	26.12	0.78	26.48	0.79	26.85	0.81	27.24	0.82
16	25.30	0.81	25.66	0.82	26.03	0.83	26.42	0.85
17	24.56	0.83	24.91	0.85	25.29	0.86	25.68	0.87
18	23.88	0.86	24.23	0.87	24.61	0.89	25.00	0.90
19	23.25	0.88	23.60	0.90	23.98	0.91	24.37	0.93
20	22.67	0.91	23.02	0.92	23.40	0.94	23.79	0.95
22	21.63	0.95	21.98	0.97	22.36	0.98	22.75	1.00
24	20.72	0.99	21.07	1.01	21.45	1.03	21.85	1.05
26	19.92	1.04	20.27	1.05	20.65	1.07	21.05	1.09
28	19.21	1.08	19.56	1.10	19.94	1.12	20.33	1.14
30	18.56	1.11	18.92	1.14	19.30	1.16	19.69	1.18
32	17.99	1.15	18.34	1.17	18.72	1.20	19.12	1.22
34	17.46	1.19	17.81	1.21	18.19	1.24	18.59	1.26

续表

U_o	1.0		1.5		2.0		2.5	
N_g	U	q	U	q	U	q	U	q
36	16.97	1.22	17.33	1.25	17.71	1.28	18.11	1.30
38	16.53	1.26	16.89	1.28	17.27	1.31	17.66	1.34
40	16.12	1.29	16.48	1.32	16.86	1.35	17.25	1.38
42	15.74	1.32	16.09	1.35	16.47	1.38	16.87	1.42
44	15.38	1.35	15.74	1.39	16.12	1.42	16.52	1.45
46	15.05	1.38	15.41	1.42	15.79	1.45	16.18	1.49
48	14.74	1.42	15.10	1.45	15.48	1.49	15.87	1.52
50	14.45	1.45	14.81	1.48	15.19	1.52	15.58	1.56
55	13.79	1.52	14.15	1.56	14.53	1.60	14.92	1.64
60	13.22	1.59	13.57	1.63	13.95	1.67	14.35	1.72
65	12.71	1.65	13.07	1.70	13.45	1.75	13.84	1.80
70	12.26	1.72	12.62	1.77	13.00	1.82	13.39	1.87
75	11.85	1.78	12.21	1.83	12.59	1.89	12.99	1.95
80	11.49	1.84	11.84	1.89	12.22	1.96	12.62	2.02
85	11.15	1.90	11.51	1.96	11.89	2.02	12.28	2.09
90	10.85	1.95	11.20	2.02	11.58	2.09	11.98	2.16
95	10.57	2.01	10.92	2.08	11.30	2.15	11.70	2.22
100	10.31	2.06	10.66	2.13	11.04	2.21	11.44	2.29
110	9.84	2.17	10.20	2.24	10.58	2.33	10.97	2.41
120	9.44	2.26	9.79	2.35	10.17	2.44	10.56	2.54
130	9.08	2.36	9.43	2.45	9.81	2.55	10.21	2.65
140	8.76	2.45	9.11	2.55	9.49	2.66	9.89	2.77
150	8.47	2.54	8.83	2.65	9.20	2.76	9.60	2.88
160	8.21	2.63	8.57	2.74	8.94	2.86	9.34	2.99
170	7.98	2.71	8.33	2.83	8.71	2.96	9.10	3.09
180	7.76	2.79	8.11	2.92	8.49	3.06	8.89	3.20
190	7.56	2.87	7.91	3.01	8.29	3.15	8.69	3.30
200	7.38	2.95	7.73	3.09	8.11	3.24	8.50	3.40
220	7.05	3.10	7.40	3.26	7.78	3.42	8.17	3.60
240	6.76	3.25	7.11	3.41	7.49	3.60	7.88	3.78
260	6.51	3.28	6.86	3.57	7.24	3.76	7.63	3.97

续表

U_o	1.0		1.5		2.0		2.5	
N_g	U	q	U	q	U	q	U	q
280	6.28	3.52	6.63	3.72	7.01	3.93	7.40	4.15
300	6.08	3.65	6.43	3.86	6.81	4.08	7.20	4.32
320	5.89	3.77	6.25	4.00	6.62	4.24	7.02	4.49
340	5.73	3.89	6.08	4.13	6.46	4.39	6.85	4.66
360	5.57	4.01	5.93	4.27	6.30	4.54	6.69	4.82
380	5.43	4.13	5.79	4.40	6.16	4.68	6.55	4.98
400	5.30	4.24	5.66	4.52	6.03	4.83	6.42	5.14
420	5.18	4.35	5.54	4.65	5.91	4.96	6.30	5.29
440	5.07	4.46	5.42	4.77	5.80	5.10	6.19	5.45
460	4.97	4.57	5.32	4.89	5.69	5.24	6.08	5.60
480	4.87	4.67	5.22	5.01	5.59	5.37	5.98	5.75
500	4.78	4.78	5.13	5.13	5.50	5.50	5.89	5.89
550	4.57	5.02	4.92	5.41	5.29	5.82	5.68	6.25
600	4.39	5.26	4.74	5.68	5.11	6.13	5.50	6.60
650	4.23	5.49	4.58	5.95	4.95	6.43	5.34	6.94
700	4.08	5.72	4.43	6.20	4.81	6.73	5.19	7.27
750	3.95	5.93	4.30	6.46	4.68	7.02	5.07	7.60
800	3.84	6.14	4.19	6.70	4.56	7.30	4.95	7.92
850	3.73	6.34	4.08	6.94	4.45	7.57	4.84	8.23
900	3.64	6.54	3.98	7.17	4.36	7.84	4.75	8.54
950	3.55	6.74	3.90	7.40	4.27	8.11	4.66	8.85
1 000	3.46	6.93	3.81	7.63	4.19	8.37	4.57	9.15
1 100	3.32	7.30	3.66	8.06	4.04	8.88	4.42	9.73
1 200	3.09	7.65	3.54	8.49	3.91	9.38	4.29	10.31
1 300	3.07	7.99	3.42	8.90	3.79	9.86	4.18	10.87
1 400	2.97	8.33	3.32	9.30	3.69	10.34	4.08	11.42
1 500	2.88	8.65	3.23	9.69	3.60	10.80	3.99	11.96
1 600	2.80	8.96	3.15	10.07	3.52	11.26	3.90	12.49
1 700	2.73	9.27	3.07	10.45	3.44	11.71	3.83	13.02
1 800	2.66	9.57	3.00	10.81	3.37	12.15	3.76	13.53
1 900	2.59	9.86	2.94	11.17	3.31	12.58	3.70	14.04

续表

U_o	1.0		1.5		2.0		2.5	
N_g	U	q	U	q	U	q	U	q
2 000	2.54	10.14	2.88	11.53	3.25	13.01	3.64	14.55
2 200	2.43	10.70	2.78	12.22	3.15	13.85	3.53	15.54
2 400	2.34	11.23	2.69	12.89	3.06	14.67	3.44	16.51
2 600	2.26	11.75	2.61	13.55	2.97	15.47	3.36	17.46
2 800	2.19	12.26	2.53	14.19	2.90	16.25	3.29	18.40
3 000	2.12	12.75	2.47	14.81	2.84	17.03	3.22	19.33
3 200	2.07	13.22	2.41	15.43	2.78	17.79	3.16	20.24
3 400	2.01	13.69	2.36	16.03	2.73	18.54	3.11	21.14
3 600	1.96	14.15	2.13	16.62	2.68	19.27	3.06	22.03
3 800	1.92	14.59	2.26	17.21	2.63	20.00	3.01	22.91
4 000	1.88	15.03	2.22	17.78	2.59	20.72	2.97	23.78
4 200	1.84	15.46	2.18	18.35	2.55	21.43	2.93	24.64
4 400	1.80	15.88	2.15	18.91	2.52	22.14	2.90	25.50
4 600	1.77	16.30	2.12	19.46	2.48	22.84	2.86	26.35
4 800	1.74	16.71	2.08	20.00	2.45	23.53	2.83	27.19
5 000	1.71	17.11	2.05	20.54	2.42	24.21	2.80	28.03
5 500	1.65	18.10	1.99	21.87	2.35	25.90	2.74	30.09
6 000	1.59	19.05	1.93	23.16	2.30	27.55	2.68	32.12
6 500	1.54	19.97	1.88	24.43	2.24	29.18	2.63	34.13
7 000	1.49	20.88	1.83	25.67	2.20	30.78	2.58	36.11
7 500	1.45	21.76	1.79	26.88	2.16	32.36	2.54	38.06
8 000	1.41	22.62	1.76	28.08	2.12	33.92	2.50	40.00
8 500	1.38	23.46	1.72	29.26	2.09	35.47		
9 000	1.35	24.29	1.69	30.43	2.06	36.99		
9 500	1.32	25.10	1.66	31.58	2.03	38.50		
10 000	1.29	25.90	1.64	32.72	2.00	40.00		
11 000	1.25	27.46	1.59	34.95				
12 000	1.21	28.97	1.55	37.14				
13 000	1.17	30.45	1.51	39.29				

续表

U_o	1.0		1.5		2.0		2.5	
N_g	U	q	U	q	U	q	U	q
14 000	1.14	31.89	$N_g=13\ 333$ $U=1.5$ $q=40$					
15 000	1.11	33.31						
16 000	1.08	34.69						
17 000	1.06	36.05						
18 000	1.04	37.39						
19 000	1.02	38.70						
20 000	1.00	40.00						

附表 1—2　　给水管段设计秒流量计算表［U：（%）；q：（L/s）］

U_o	3.0		3.5		4.0		4.5	
N_g	U	q	U	q	U	q	U	q
1	100.00	0.20	100.00	0.20	100.00	0.20	100.00	0.20
2	72.08	0.29	72.39	0.29	72.70	0.29	73.02	0.29
3	59.31	0.36	59.66	0.36	60.02	0.36	60.38	0.36
4	51.66	0.41	52.03	0.42	52.41	0.42	52.80	0.42
5	46.43	0.46	46.82	0.47	47.21	0.47	47.60	0.48
6	42.57	0.51	42.96	0.52	43.35	0.52	43.76	0.53
7	39.56	0.55	39.96	0.56	40.36	0.57	40.76	0.57
8	37.13	0.59	37.53	0.60	37.94	0.61	38.35	0.61
9	35.12	0.63	35.53	0.64	35.93	0.65	36.35	0.65
10	33.42	0.67	33.83	0.68	34.24	0.68	34.65	0.69
11	31.96	0.70	32.36	0.71	32.77	0.72	33.19	0.73
12	30.68	0.74	31.09	0.75	31.50	0.76	31.92	0.77
13	29.55	0.77	29.96	0.78	30.37	0.79	30.79	0.80
14	28.55	0.80	28.96	0.81	29.37	0.82	29.79	0.83
15	27.64	0.83	28.05	0.84	28.47	0.85	28.89	0.87
16	26.83	0.86	27.24	0.87	27.65	0.88	28.08	0.90
17	26.08	0.89	26.49	0.90	26.91	0.91	27.33	0.93
18	25.40	0.91	25.81	0.93	26.23	0.94	26.65	0.96
19	24.77	0.94	25.19	0.96	25.60	0.97	26.03	0.99
20	24.20	0.97	24.61	0.98	25.03	1.00	25.45	1.02

续表

U_o	3.0		3.5		4.0		4.5	
N_g	U	q	U	q	U	q	U	q
22	23.16	1.02	23.57	1.04	23.99	1.06	24.41	1.07
24	22.25	1.07	22.66	1.09	23.08	1.11	23.51	1.13
26	21.45	1.12	21.87	1.14	22.29	1.16	22.71	1.18
28	20.74	1.16	21.15	1.18	21.57	1.21	22.00	1.23
30	20.10	1.21	20.51	1.23	20.93	1.26	21.36	1.28
32	19.52	1.25	19.94	1.28	20.36	1.30	20.78	1.33
34	18.99	1.29	19.41	1.32	19.83	1.35	20.25	1.38
36	18.51	1.33	18.93	1.36	19.35	1.39	19.77	1.42
38	18.07	1.37	18.48	1.40	18.90	1.44	19.33	1.47
40	17.66	1.41	18.07	1.45	18.49	1.48	18.92	1.51
42	17.28	1.45	17.69	1.49	18.11	1.52	18.54	1.56
44	16.92	1.49	17.34	1.53	17.76	1.56	18.18	1.60
46	16.59	1.53	17.00	1.56	17.43	1.60	17.85	1.64
48	16.28	1.56	16.69	1.60	17.11	1.64	17.54	1.68
50	15.99	1.60	16.40	1.64	16.82	1.68	17.25	1.73
55	15.33	1.69	15.74	1.73	16.17	1.78	16.59	1.82
60	14.76	1.77	15.17	1.82	15.59	1.87	16.02	1.92
65	14.25	1.85	14.66	1.91	15.08	1.96	15.51	2.02
70	13.80	1.93	14.21	1.99	14.63	2.05	15.06	2.11
75	13.39	2.01	13.81	2.07	14.23	2.13	14.65	2.20
80	13.02	2.08	13.44	2.15	13.86	2.22	14.28	2.29
85	12.69	2.16	13.10	2.23	13.52	2.30	13.95	2.37
90	12.38	2.23	12.80	2.30	13.22	2.38	13.64	2.46
95	12.10	2.30	12.52	2.38	12.94	2.46	13.36	2.54
100	11.84	2.37	12.26	2.45	12.68	2.54	13.10	2.62
110	11.38	2.50	11.79	2.59	12.21	2.69	12.63	2.78
120	10.97	2.63	11.38	2.73	11.80	2.83	12.23	2.93
130	10.61	2.76	11.02	2.87	11.44	2.98	11.87	3.09
140	10.29	2.88	10.70	3.00	11.12	3.11	11.55	3.23
150	10.00	3.00	10.42	3.12	10.83	3.25	11.26	3.38
160	9.74	3.12	10.16	3.25	10.57	3.38	11.00	3.52

续表

U_o	3.0		3.5		4.0		4.5	
N_g	U	q	U	q	U	q	U	q
170	9.51	3.23	9.92	3.37	10.34	3.51	10.76	3.66
180	9.29	3.34	9.70	3.49	10.12	3.64	10.54	3.80
190	9.09	3.45	9.50	3.61	9.92	3.77	10.34	3.93
200	8.91	3.56	9.32	3.73	9.74	3.89	10.16	4.06
220	8.57	3.77	8.99	3.95	9.40	4.14	9.83	4.32
240	8.29	3.98	8.70	4.17	9.12	4.38	9.54	4.58
260	8.03	4.18	8.44	4.39	8.86	4.61	9.28	4.83
280	7.81	4.37	8.22	4.60	8.63	4.83	9.06	5.07
300	7.60	4.56	8.01	4.81	8.43	5.06	8.85	5.31
320	7.42	4.75	7.83	5.01	8.24	5.28	8.67	5.55
340	7.25	4.93	7.66	5.21	8.08	5.49	8.50	5.78
360	7.10	5.11	7.51	5.40	7.92	5.70	8.34	6.01
380	6.95	5.29	7.36	5.60	7.78	5.91	8.20	6.23
400	6.82	5.46	7.23	5.79	7.65	6.12	8.07	6.46
420	6.70	5.63	7.11	5.97	7.53	6.32	7.95	6.68
440	6.59	5.80	7.00	6.16	7.41	6.52	7.83	6.89
460	6.48	5.97	6.89	6.34	7.31	6.72	7.73	7.11
480	6.39	6.13	6.79	6.52	7.21	6.92	7.63	7.32
500	6.29	6.29	6.70	6.70	7.12	7.12	7.54	7.54
550	6.08	6.69	6.49	7.14	6.91	7.60	7.32	8.06
600	5.90	7.08	6.31	7.57	6.72	8.07	7.14	8.57
650	5.74	7.46	6.15	7.99	6.56	8.53	6.98	9.07
700	5.59	7.83	6.00	8.40	6.42	8.98	6.83	9.57
750	5.46	8.20	5.87	8.81	6.29	9.43	6.70	10.06
800	5.35	8.56	5.75	9.21	6.17	9.87	6.59	10.54
850	5.24	8.91	5.65	9.60	6.06	10.30	6.48	11.01
900	5.14	9.26	5.55	9.99	5.96	10.73	6.38	11.48
950	5.05	9.60	5.46	10.37	5.87	11.16	6.29	11.95
1 000	4.97	9.94	5.38	10.75	5.79	11.58	6.21	12.41
1 100	4.82	10.61	5.23	11.50	5.64	12.41	6.06	13.32
1 200	4.69	11.26	5.10	12.23	5.51	13.22	5.93	14.22

续表

U_o	3.0		3.5		4.0		4.5	
N_g	U	q	U	q	U	q	U	q
1 300	4.58	11.90	4.98	12.95	5.39	14.02	5.81	15.11
1 400	4.48	12.53	4.88	13.66	5.29	14.81	5.71	15.98
1 500	4.38	13.15	4.79	14.36	5.20	15.60	5.61	16.84
1 600	4.30	13.76	4.70	15.05	5.11	16.37	5.53	17.70
1 700	4.22	14.36	4.63	15.74	5.04	17.13	5.45	18.54
1 800	4.16	14.96	4.56	16.41	4.97	17.89	5.38	19.38
1 900	4.09	15.55	4.49	17.08	4.90	18.64	5.32	20.21
2 000	4.03	16.13	4.44	17.74	4.85	19.38	5.26	21.04
2 200	3.93	17.28	4.33	19.05	4.74	20.85	5.15	22.67
2 400	3.83	18.41	4.24	20.34	4.65	22.30	5.06	24.29
2 600	3.75	19.52	4.16	21.61	4.56	23.73	4.98	25.88
2 800	3.68	20.61	4.08	22.86	4.49	25.15	4.90	27.46
3 000	3.62	21.69	4.02	24.10	4.42	26.55	4.84	29.02
3 200	3.56	22.76	3.96	25.33	4.36	27.94	4.78	30.58
3 400	3.50	23.81	3.90	26.54	4.31	29.31	4.72	32.12
3 600	3.45	24.86	3.85	27.75	4.26	30.68	4.67	33.64
3 800	3.41	25.90	3.81	28.94	4.22	32.03	4.63	35.16
4 000	3.37	26.92	3.77	30.13	4.17	33.38	4.58	36.67
4 200	3.33	27.94	3.73	31.30	4.13	34.72	4.54	38.17
4 400	3.29	28.95	3.69	32.47	4.10	36.05	4.51	39.67
4 600	3.26	29.96	3.66	33.64	4.06	37.37	$N_g=4\ 444$ $U=4.5\%$ $q=40.00$	
4 800	3.22	30.95	3.62	34.79	4.03	38.69		
5 000	3.19	31.95	3.59	35.94	4.00	40.00		
5 500	3.13	34.40	3.53	38.79				
6 000	3.07	36.82	$N_g=5\ 714$ $U=3.5\%$ $q=40.00$					
6 500	3.02	39.21						
6 667	3.00	40.00						

附表 1—3　　给水管段设计秒流量计算表［U：（%）；q：（L/s）］

U_o	5.0		6.0		7.0		8.0	
N_g	U	q	U	q	U	q	U	q
1	100.00	0.20	100.00	0.20	100.00	0.20	100.00	0.20
2	73.33	0.29	73.98	0.30	74.64	0.30	75.30	0.30
3	60.75	0.36	61.49	0.37	62.24	0.37	63.00	0.38
4	53.18	0.43	53.97	0.43	54.76	0.44	55.56	0.44
5	48.00	0.48	48.80	0.49	49.62	0.50	50.45	0.50
6	44.16	0.53	44.98	0.54	45.81	0.55	46.65	0.56
7	41.17	0.58	42.01	0.59	42.85	0.60	43.70	0.61
8	38.76	0.62	39.60	0.63	40.45	0.65	41.31	0.66
9	36.76	0.66	37.61	0.68	38.46	0.69	39.33	0.71
10	35.07	0.70	35.92	0.72	36.78	0.74	37.65	0.75
11	33.61	0.74	34.46	0.76	35.33	0.78	36.20	0.80
12	32.34	0.78	33.19	0.80	34.06	0.82	34.93	0.84
13	31.22	0.81	32.07	0.83	32.94	0.86	33.82	0.88
14	30.22	0.85	31.07	0.87	31.94	0.89	32.82	0.92
15	29.32	0.88	30.18	0.91	31.05	0.93	31.93	0.96
16	28.50	0.91	29.36	0.94	30.23	0.97	31.12	1.00
17	27.76	0.94	28.62	0.97	29.50	1.00	30.38	1.03
18	27.08	0.97	27.94	1.01	28.82	1.04	29.70	1.07
19	26.45	1.01	27.32	1.04	28.19	1.07	29.08	1.10
20	25.88	1.04	26.74	1.07	27.62	1.10	28.50	1.14
22	24.84	1.09	25.71	1.13	26.58	1.17	27.47	1.21
24	23.94	1.15	24.80	1.19	25.68	1.23	26.57	1.28
26	23.14	1.20	24.01	1.25	24.98	1.29	25.77	1.34
28	22.43	1.26	23.30	1.30	24.18	1.35	25.06	1.40
30	21.79	1.31	22.66	1.36	23.54	1.41	24.43	1.47
32	21.21	1.36	22.08	1.41	22.96	1.47	23.85	1.53
34	20.68	1.41	21.55	1.47	22.43	1.53	23.32	1.59
36	20.20	1.45	21.07	1.52	21.95	1.58	22.84	1.64
38	19.76	1.50	20.63	1.57	21.51	1.63	22.40	1.70
40	19.35	1.55	20.22	1.62	21.10	1.69	21.99	1.76
42	18.97	1.59	19.84	1.67	20.72	1.74	21.61	1.82

续表

U_o	5.0		6.0		7.0		8.0	
N_g	U	q	U	q	U	q	U	q
44	18.61	1.64	19.48	1.71	20.36	1.79	21.25	1.87
46	18.28	1.68	19.15	1.76	20.03	1.84	20.92	1.92
48	17.97	1.73	18.84	1.81	19.72	1.89	20.61	1.98
50	17.68	1.77	18.55	1.86	19.43	1.94	20.32	2.03
55	17.02	1.87	17.89	1.97	18.77	2.07	19.66	2.16
60	16.45	1.97	17.32	2.08	18.20	2.18	19.08	2.29
65	15.94	2.07	16.81	2.19	17.69	2.30	18.58	2.42
70	15.49	2.17	16.36	2.29	17.24	2.41	18.13	2.54
75	15.08	2.26	15.95	2.39	16.83	2.52	17.72	2.66
80	14.71	2.35	15.58	2.49	16.46	2.63	17.35	2.78
85	14.38	2.44	15.25	2.59	16.13	2.74	17.02	2.89
90	14.07	2.53	14.94	2.69	15.82	2.85	16.71	3.01
95	13.79	2.62	14.66	2.79	15.54	2.95	16.43	3.12
100	13.53	2.71	14.40	2.88	15.28	3.06	16.17	3.23
110	13.06	2.87	13.93	3.06	14.81	3.26	15.70	3.45
120	12.66	3.01	13.52	3.25	14.40	3.46	15.29	3.67
130	12.30	3.20	13.16	3.42	14.01	3.65	14.93	3.88
140	11.97	3.35	12.84	3.60	13.72	3.84	14.61	4.09
150	11.69	3.51	12.55	3.77	13.43	4.03	14.32	4.30
160	11.43	3.66	12.29	3.93	13.17	4.21	14.06	4.50
170	11.19	3.80	12.05	4.10	12.93	4.40	13.82	4.70
180	10.97	3.95	11.84	4.26	12.71	4.58	13.60	4.90
190	10.77	4.09	11.64	4.42	12.51	4.75	13.40	5.09
200	10.59	4.23	11.45	4.58	12.33	4.93	13.21	5.28
220	10.25	4.51	11.12	4.89	11.99	5.28	12.88	5.67
240	9.96	4.78	10.83	5.20	11.70	5.62	12.59	6.04
260	9.71	5.05	10.57	5.50	11.45	5.95	12.33	6.41
280	9.48	5.31	10.34	5.79	11.22	6.28	12.10	6.78
300	9.28	5.57	10.14	6.08	11.01	6.61	11.89	7.14
320	9.09	5.82	9.95	6.37	10.83	6.93	11.71	7.49
340	8.92	6.07	9.78	6.65	10.66	7.25	11.54	7.84

续表

U_o	5.0		6.0		7.0		8.0	
N_g	U	q	U	q	U	q	U	q
360	8.77	6.31	9.63	6.93	10.50	7.56	11.38	8.19
380	8.63	6.56	9.49	7.21	10.36	7.87	11.24	8.54
400	8.49	6.80	9.35	7.84	10.23	8.18	11.10	8.88
420	8.37	7.03	9.23	7.76	10.10	8.49	10.98	9.22
440	8.26	7.27	9.12	8.02	9.99	8.79	10.87	9.56
460	8.15	7.50	9.01	8.29	9.88	9.09	10.76	9.90
480	8.05	7.73	8.91	8.56	9.78	9.39	10.66	10.23
500	7.96	7.96	8.82	8.82	9.69	9.69	10.56	10.56
550	7.75	8.52	8.61	9.47	9.47	10.42	10.35	11.39
600	7.56	9.08	8.42	10.11	9.29	11.15	10.16	12.20
650	7.40	9.62	8.26	10.74	9.12	11.86	10.00	13.00
700	7.26	10.16	8.11	11.36	8.98	12.57	9.85	13.79
750	7.13	10.69	7.98	11.97	8.85	13.27	9.72	14.58
800	7.01	11.21	7.86	12.58	8.73	13.96	9.60	15.36
850	6.90	11.73	7.75	13.18	8.62	14.65	9.49	16.14
900	6.80	12.24	7.66	13.78	8.52	15.34	9.39	16.91
950	6.71	12.75	7.56	14.37	8.43	16.01	9.30	17.67
1 000	6.63	13.26	7.48	14.96	8.34	16.69	9.22	18.43
1 100	6.48	14.25	7.33	16.12	8.19	18.02	9.06	19.94
1 200	6.35	15.23	7.20	17.27	8.06	19.34	8.93	21.43
1 300	6.23	16.20	7.08	18.41	7.94	20.65	8.81	22.91
1 400	6.13	17.15	6.98	19.53	7.84	21.95	8.71	24.38
1 500	6.03	18.10	6.88	20.65	7.74	23.23	8.61	25.84
1 600	5.95	19.04	6.80	21.76	7.66	24.51	8.53	27.28
1 700	5.87	19.97	6.72	22.85	7.58	25.77	8.45	28.72
1 800	5.80	20.89	6.65	23.94	7.51	27.03	8.38	30.15
1 900	5.74	21.80	6.59	25.03	7.44	28.29	8.31	31.58
2 000	5.68	22.71	6.53	26.10	7.38	29.53	8.25	33.00
2 200	5.57	24.51	6.42	28.24	7.27	32.01	8.14	35.81
2 400	5.48	26.29	6.32	30.35	7.18	34.46	8.04	38.60

续表

<table>
<tr><td>U_o</td><td colspan="2">5.0</td><td colspan="2">6.0</td><td colspan="2">7.0</td><td colspan="2">8.0</td></tr>
<tr><td>N_g</td><td>U</td><td>q</td><td>U</td><td>q</td><td>U</td><td>q</td><td>U</td><td>q</td></tr>
<tr><td>2 600</td><td>5.39</td><td>28.05</td><td>6.24</td><td>32.45</td><td>7.10</td><td>36.89</td><td colspan="2" rowspan="3">$N_g=2\ 500$
$U=8.0\%$
$q=40.00$</td></tr>
<tr><td>2 800</td><td>5.32</td><td>29.80</td><td>6.17</td><td>34.52</td><td>7.02</td><td>39.31</td></tr>
<tr><td>3 000</td><td>5.25</td><td>31.53</td><td>6.10</td><td>36.59</td><td colspan="2" rowspan="3">$N_g=2\ 857$
$U=7.0\%$
$q=40.00$</td></tr>
<tr><td>3 200</td><td>5.19</td><td>33.24</td><td>6.04</td><td>38.64</td><td></td><td></td></tr>
<tr><td>3 400</td><td>5.14</td><td>34.95</td><td colspan="2" rowspan="3">$N_g=3\ 333$
$U=6.0\%$
$q=40.00$</td><td></td><td></td></tr>
<tr><td>3 600</td><td>5.09</td><td>36.64</td><td></td><td></td><td></td><td></td></tr>
<tr><td>3 800</td><td>5.04</td><td>38.33</td><td></td><td></td><td></td><td></td></tr>
<tr><td>4 000</td><td>5.00</td><td>40.00</td><td></td><td></td><td></td><td></td><td></td><td></td></tr>
</table>

附录 2

三相异步电动机的主要技术参数

功 率 (kW)	型号	电流 (A)	转速 (r/min)	效率 (%)	功率因数 (cosϕ)	堵转转矩/额定转矩	堵转电流/额定电流	最大转矩/额定转矩
同步转速 3 000 r/min（2 极）、50 Hz、380 V。								
0.75	Y801－2	1.8	2 825	75	0.84	2.2	7.0	2.2
1.1	Y802－2	2.5	2 825	77	0.86	2.2	7.0	2.2
1.5	Y90S－2	3.4	2 840	78	0.85	2.2	7.0	2.2
2.2	Y90L－2	4.7	2 840	32	0.86	2.2	7.0	2.2
3	Y100L－2	6.4	2 880	82	0.87	2.2	7.0	2.2
4	Y112M－2	8.2	2 890	85.5	0.87	2.2	7.0	2.2
5.5	Y132S_1－2	11.1	2 900	85.5	0.88	2.0	7.0	2.2
7.5	Y132S_2－2	15.0	2 900	86.2	0.88	2.0	7.0	2.2
11	Y160M_1－2	21.8	2 930	87.2	0.88	2.0	7.0	2.2
15	Y160M_2－2	29.4	2 930	88.2	0.88	2.0	7.0	2.2
18.5	Y160L－2	35.5	2 930	89	0.89	2.0	7.0	2.2
22	Y180M－2	42.2	2 940	89	0.89	2.0	7.0	2.2
30	Y200L_1－2	56.9	2 950	90	0.89	2.0	7.0	2.2
37	Y200L_2－2	69.8	2 950	90.5	0.89	2.0	7.0	2.2
45	Y225M－2	83.9	2 970	91.5	0.89	2.0	7.0	2.2
55	Y250M－2	102.7	2 970	91.5	0.89	2.0	7.0	2.2
75	Y280S－2	140.1	2 970	91.5	0.89	2.0	7.0	2.2
90	Y280M－2	167	2 970	92	0.89	2.0	7.0	2.2
110	Y315S－2	206.4	2 970	91	0.89	1.6	7.0	2.2
132	Y315M_1－2	247.6	2 970	91	0.89	1.6	7.0	2.2
160	Y315M_2－2	298.5	2 970	91.5	0.89	1.6	7.0	2.2
同步转速 1 500 r/min（4 极）、50 Hz、380 V。								
0.55	Y801－4	1.5	1 390	73	0.76	2.2	6.5	2.2
0.75	Y802－4	2.0	1 390	74.5	0.76	2.2	6.5	2.2

续表

功 率 (kW)	型号	电流 (A)	转速 (r/min)	效率 (%)	功率因数 (cosϕ)	堵转转矩/额定转矩	堵转电流/额定电流	最大转矩/额定转矩
1.1	Y90S－4	2.7	1 400	78	0.78	2.2	6.5	2.2
1.5	Y90L－4	3.7	1 400	79	0.79	2.2	6.5	2.2
2.2	Y100L_1－4	5.0	1 420	81	0.82	2.2	7.0	2.2
3	Y100L_2－4	6.8	1 420	82.5	0.81	2.2	7.0	2.2
4	Y112M－4	8.8	1 440	84.5	0.82	2.2	7.0	2.2
5.5	Y132S－4	11.6	1 440	85.5	0.84	2.2	7.0	2.2
7.5	Y132M－4	15.4	1 440	87	0.85	2.2	7.0	2.2
11	Y160M－4	22.6	1 460	88	0.84	2.2	7.0	2.2
15	Y160L－4	30.3	1 460	88.5	0.85	2.2	7.0	2.2
18.5	Y180M－4	35.9	1 470	91	0.86	2.0	7.0	2.2
22	Y180L－4	42.5	1 470	91.5	0.86	2.0	7.0	2.2
30	Y200L－4	56.8	1 470	92.2	0.87	2.0	7.0	2.2
37	Y225S－4	69.8	1 480	91.8	0.87	1.9	7.0	2.2
45	Y225M－4	84.2	1 480	92.3	0.88	1.9	7.0	2.2
55	Y250M－4	102.5	1 480	92.6	0.88	2.0	7.0	2.2
75	Y280S－4	139.7	1 480	92.7	0.88	1.9	7.0	2.2
90	Y280M－4	164.3	1 480	93.6	0.89	1.9	7.0	2.2
110	Y315S－4	201.9	1 480	93	0.89	1.8	7.0	2.2
132	Y315M_1－4	242.3	1 480	93	0.89	1.8	7.0	2.2
160	Y315M_2－4	293.7	1 480	93	0.89	1.8	7.0	2.2
同步转速 1 000 r/min（6 极），50 Hz，380 V。								
0.75	Y90S－6	2.3	910	72.5	0.70	2.0	6.0	2.0
1.1	Y90L－6	3.2	910	73.5	0.72	2.0	6.0	2.0
1.5	Y100L－6	4.0	940	77.5	0.74	2.0	6.0	2.0
2.2	Y112M－6	5.6	940	80.5	0.74	2.0	6.0	2.0
3	Y132S－6	7.2	960	83	0.76	2.0	6.5	2.0
4	Y132M_1－6	9.4	960	84	0.77	2.0	6.5	2.0
5.5	Y132M_2－6	12.6	960	85.3	0.78	2.0	6.5	2.0
7.5	Y160M－6	17.0	970	86	0.78	2.0	6.5	2.0
11	Y160L－6	24.6	970	87	0.78	2.0	6.5	2.0

续表

功率（kW）	型号	电流（A）	转速（r/min）	效率（%）	功率因数（cosϕ）	堵转转矩/额定转矩	堵转电流/额定电流	最大转矩/额定转矩
15	Y180L－6	31.5	970	89.5	0.81	1.8	6.5	2.0
18.5	$Y200L_1-6$	37.7	970	89.8	0.83	1.8	6.5	2.0
22	$Y200L_2-6$	44.6	970	90.2	0.83	1.8	6.5	2.0
30	Y225M－6	59.5	980	90.2	0.85	1.7	6.5	2.0
37	Y250M－6	72	980	90.8	0.86	1.8	6.5	2.0
45	Y280S－6	85.4	980	92	0.87	1.8	6.5	2.0
55	Y280M－6	104.4	980	92	0.87	1.8	6.5	2.0
75	Y315S－6	142.4	980	92	0.87	1.6	7.0	2.0
90	$Y315M_1-6$	170.8	980	92	0.87	1.6	7.0	2.0
110	$Y315M_2-6$	207.7	980	92.5	0.87	1.6	7.0	2.0
132	$Y315M_3-6$	249.2	980	92.5	0.87	1.6	7.0	2.0
同步转速 750 r/min（8 极）、50 Hz、380 V。								
2.2	Y132S－8	5.8	710	81	0.71	2.0	5.5	2.0
3	Y132M－8	7.7	710	82	0.72	2.0	5.5	2.0
4	$Y160M_1-8$	9.9	720	84	0.73	2.0	6.0	2.0
5.5	$Y160M_2-8$	13.3	720	85	0.74	2.0	6.0	2.0
7.5	Y160L－8	17.7	720	86	0.75	2.0	5.5	2.0
11	Y180L－8	25.1	730	86.5	0.77	1.7	6.0	2.0
15	Y200L－8	34.1	730	88	0.76	1.8	6.0	2.0
18.5	Y225S－8	41.3	730	89.5	0.76	1.7	6.0	2.0
22	Y225M－8	47.6	730	90	0.78	1.8	6.0	2.0
30	Y250M－8	63	730	90.5	0.80	1.8	6.0	2.0
37	Y280S－8	78.2	740	91	0.79	1.8	6.0	2.0
45	Y280M－8	93.2	740	91.7	0.80	1.8	6.0	2.0
55	Y315S－8	112.1	740	92	0.81	1.6	6.5	2.0
75	$Y315M_1-8$	152.9	740	92	0.81	1.6	6.5	2.0
90	$Y315M_2-8$	180.3	740	92.5	0.82	1.6	6.5	2.0
110	$Y315M_3-8$	220.3	740	92.5	0.82	1.6	6.5	2.0

附录 3

单相异步电动机的主要技术参数

• BO_2 系列单相电阻起动异步电动机

型号	电压(V)	频率(Hz)	功率(W)	转速(r/min)	电流(A)	效率%	功率因数 cosϕ	Mst/Mn	I_{st}(A)	Mmax/Mn
BO_2-6314	220	50	60	1 400	1.23	39	0.57	1.7	9	1.8
BO_2-6324			90		1.64	43	0.58	1.5	12	
BO_2-7114			120		1.88	50	0.58	1.5	14	
BO_2-7124			180		2.49	53	0.62	1.4	17	
BO_2-8014			250		3.11	58	0.63	1.2	22	
BO_2-8024			370		4.24	62	0.64	1.2	30	
BO_2-6312			90	2 800	1.09	56	0.67	1.5	12	
BO_2-6322			120		1.36	58	0.69	1.4	14	
BO_2-7112			180		1.89	60	0.72	1.3	17	
BO_2-7122			250		2.40	64	0.74	1.1	22	
BO_2-8012			370		3.36	65	0.77	1.1	30	

• CO_2 系列单相电容起动异步电动机

型号	电压(V)	频率(Hz)	功率(W)	转速(r/min)	电流(A)	效率%	功率因数 cosϕ	Mst/Mn	I_{st}(A)	Mmax/Mn
CO_2-7114	220	50	120	1 400	1.88	50	0.58	3.0	9	1.8
CO_2-7124			180		2.49	53	0.62	3.0	12	
CO_2-8014			250		3.11	58	0.63	2.8	15	
CO_2-8024			370		4.24	62	0.64	2.5	21	
CO_2-90S4			550		5.57	65	0.69	2.5	29	
CO_2-90L4			750		6.77	69	0.73	2.5	37	
CO_2-7112			180	2 800	1.89	60	0.72	3.0	12	
CO_2-7122			250		2.40	64	0.74	3.0	15	
CO_2-8012			370		3.36	65	0.77	2.8	21	
CO_2-8022			550		4.65	68	0.79	2.8	29	
CO_2-90S2			750		5.94	70	0.82	2.5	37	

• DO_2 系列单相电容运转异步电动机

型号	电压（V）	频率（Hz）	功率（W）	转速（r/min）	电流（A）	效率%	功率因数 cosϕ	Mst/Mn	I_{st}（A）	Mmax/Mn
DO_2-4514			6		0.20	17	0.80	1	0.5	
DO_2-4524			10		0.24	24	0.80	0.60	0.8	
DO_2-5014			16	1 400	0.28	33	0.80	0.60	1.0	
DO_2-5024			25		0.36	38	0.82	0.50	1.5	
DO_2-5614			40		0.49	45	0.82	0.50	2.0	
DO_2-5624			60		0.64	50	0.85	0.50	2.5	
DO_2-6314			90		0.94	51	0.85	0.35	3.2	
DO_2-6324			120		1.17	55	0.85	0.35	5.0	
DO_2-7114			180		1.58	59	0.88	0.35	7.0	
DO_2-7124	220	50	250		2.04	62	0.90	0.35	10	1.8
DO_2-4512			10		0.20	28	0.80	0.60	0.8	
DO_2-4522			16		0.26	35	0.80	0.60	1.0	
DO_2-5012			25	2 800	0.33	40	0.85	0.60	1.5	
DO_2-5022			40		0.48	42	0.90	0.50	2.0	
DO_2-5612			60		0.57	53	0.90	0.50	2.5	
DO_2-5622			90		0.81	56	0.90	0.35	3.2	
DO_2-6312			120		0.91	63	0.95	0.35	5.0	
DO_2-6322			180		1.29	67	0.95	0.35	7.0	
DO_2-7112			250		1.73	69	0.95	0.35	10	

■外形及安装尺寸

• IMB3 型（卧式）

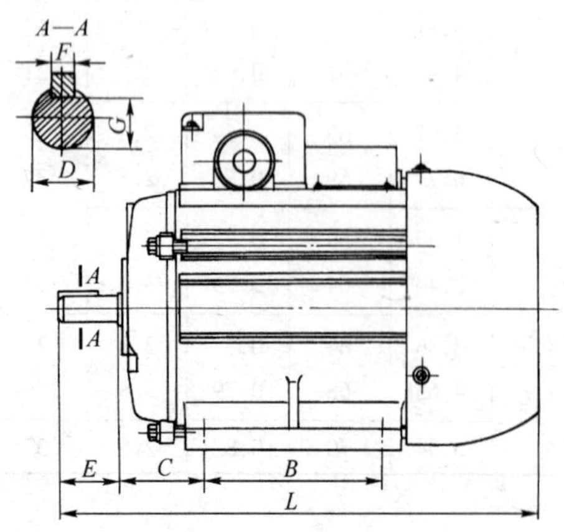

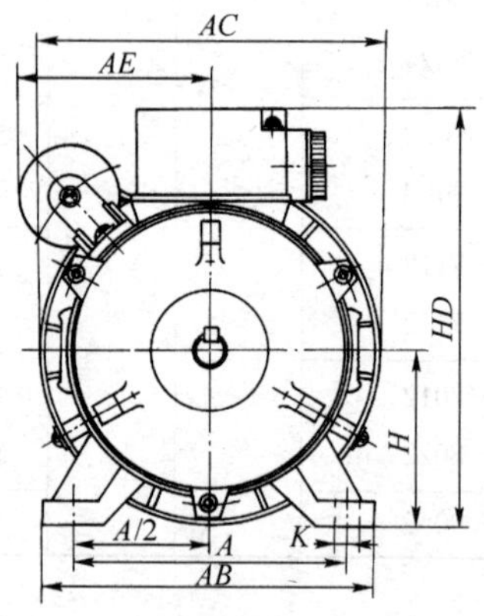

• IMB14 型（立式）

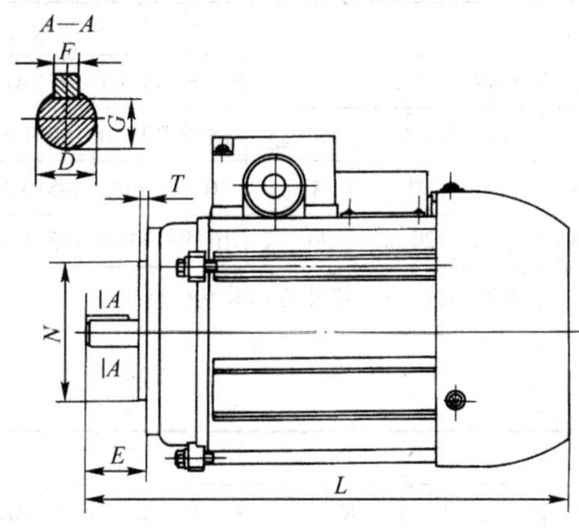

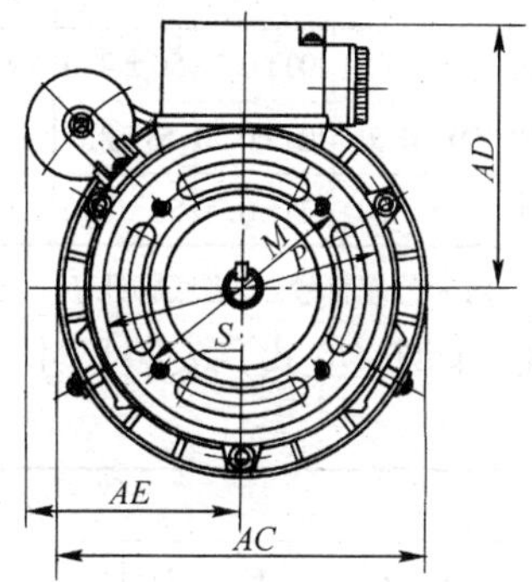

• IMB34 型（立卧式）

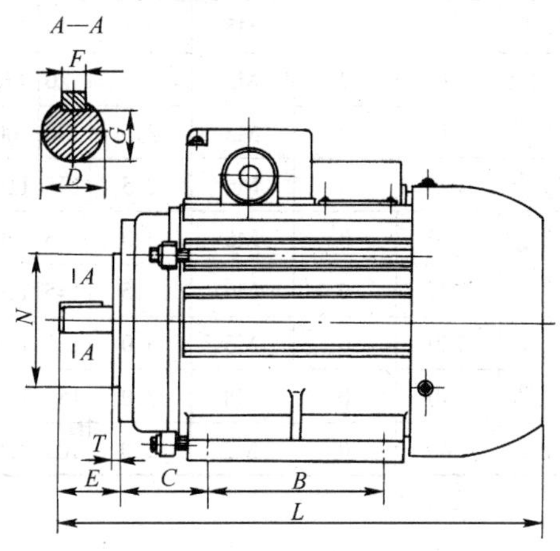

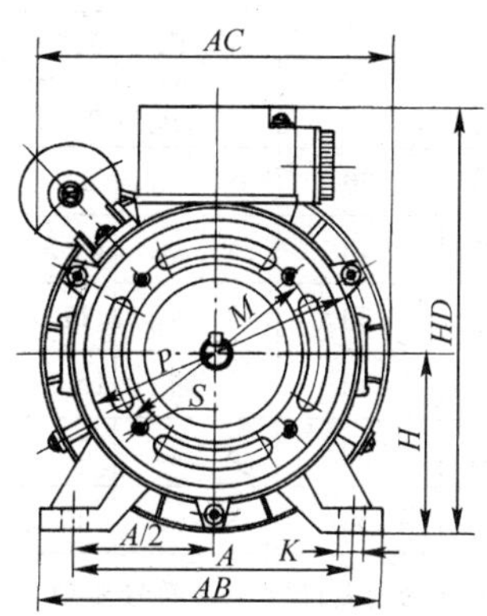

• IMB3 型（卧式）安装尺寸

mm

机座号	安装尺寸										外形尺寸不大于				
	A	*A*/2	*B*	*C*	*D*（j6）	*E*	*F*（N9）	*G*	*H*	*K*（H14）	*AB*	*AC*	*AE*	*HD*	*L*
45	71±0.28	35.5±0.20	56±0.28	28±2.0	$9^{+0.007}_{-0.002}$	20	$3^{-0.004}_{-0.029}$	$7.2_{-0.1}$	$45_{-0.5}$	$4.8^{+0.30}$	90	100		115	150
50	80±0.28	40±0.20	63±0.28	32±2.0	$9^{+0.007}_{-0.002}$	20	$3^{-0.004}_{-0.029}$	$7.2_{-0.1}$	$50_{-0.5}$	$5.8^{+0.30}$	100	110		125	155
56	90±0.28	45±0.20	71±0.28	36±2.0	$9^{+0.007}_{-0.002}$	20	$3^{-0.004}_{-0.029}$	$7.2_{-0.1}$	$56_{-0.5}$	$5.8^{+0.30}$	115	120		135	170
63	100±0.35	50±0.25	80±0.35	40±2.0	$11^{+0.008}_{-0.003}$	23	$4_{-0.030}$	$8.5_{-0.1}$	$63_{-0.5}$	$7^{+0.36}$	130	130		165	230
71	112±0.35	56±0.25	90±0.35	45±2.0	$14^{+0.008}_{-0.003}$	30	$5_{-0.030}$	$11_{-0.1}$	$71_{-0.5}$	$7^{+0.36}$	145	145		180	255
80	125±0.70	62.5±0.50	100±0.70	50±2.0	$19^{+0.009}_{-0.004}$	40	$6_{-0.030}$	$15.5_{-0.1}$	$80_{-0.5}$	$10^{+0.36}$	160	165		200	295
*71	112±0.35	56±0.25	90±0.35	45±2.0	$14^{+0.008}_{-0.003}$	30	$5_{-0.030}$	$11_{-0.1}$	$71_{-0.5}$	$7^{+0.36}$	145	145	95	180	255

续表

机座号	安装尺寸										外形尺寸不大于				
	A	$A/2$	B	C	D（j6）	E	F（N9）	G	H	K（H14）	AB	AC	AE	HD	L
*80	125±0.70	62.5±0.50	100±0.70	50±2.0	$19^{+0.008}_{-0.003}$	40	$6_{-0.030}$	$15.5_{-0.1}$	$80_{-0.5}$	$10^{+0.36}$	160	165	110	200	295
*90S	140±0.70	70±0.50	100±0.70	56±2.0	$24^{+0.009}_{-0.004}$	50	$8_{-0.036}$	$20_{-0.2}$	$90_{-0.5}$	$10^{+0.36}$	180	185	120	220	310
*90L	140±0.70	70±0.50	125±0.70	56±2.0	$24^{+0.009}_{-0.004}$	50	$8_{-0.036}$	$20_{-0.2}$	$90_{-0.5}$	$10^{+0.36}$	180	185	120	120	335

注：·括号内为公差符号。·当底脚孔 K 为长圆孔时，不考核 $A/2$。·*符号为 CO_2 系列尺寸。

• IMB14 型（立式）安装尺寸

mm

机座号	安装尺寸										外形尺寸不大于			
	D（j6）	E	F（N9）	G	M	N（j6）	P	R	S	T	AC	AD	AE	L
45	$9^{+0.007}_{-0.002}$	20	$3^{-0.004}_{-0.029}$	$7.2_{-0.1}$	45	$32^{+0.011}_{-0.005}$	60	0	M5	2.5	100	70		150
50	$9^{+0.007}_{-0.002}$	20	3	$7.2_{-0.1}$	55	$40^{+0.011}_{-0.005}$	70	0	M5	2.5	110	75		155
56	$9^{+0.007}_{-0.002}$	20	$3^{-0.004}_{-0.029}$	$7.2_{-0.1}$	65	$50^{+0.011}_{-0.005}$	80	0	M5	2.5	120	80		170
63	$11^{+0.008}_{-0.003}$	23	$4_{-0.030}$	$8.5_{-0.1}$	75	$60^{+0.012}_{-0.007}$	90	0	M5	2.5	130	100		230
71	$14^{+0.008}_{-0.003}$	30	$5_{-0.030}$	$11_{-0.1}$	85	$70^{+0.012}_{-0.007}$	105	0	M6	2.5	145	110		255
80	$19^{+0.009}_{-0.004}$	40	$6_{-0.030}$	$15.5_{-0.1}$	100	$80^{+0.012}_{-0.007}$	120	0	M6	3.0	165	120		295
*71	$14^{+0.008}_{-0.003}$	30	$5_{-0.030}$	$11_{-0.1}$	85	$70^{+0.012}_{-0.007}$	105	0	M6	2.5	145	110	95	255
*80	$19^{+0.009}_{-0.004}$	40	$6_{-0.030}$	$15.5_{-0.1}$	100	$80^{+0.012}_{-0.007}$	120	0	M6	3.0	165	129	110	295
*90S	$24^{+0.009}_{-0.004}$	50	$8_{-0.036}$	$20_{-0.2}$	115	$95^{+0.013}_{-0.009}$	140	0	M8	3.0	185	130	120	310
*90L	$24^{+0.009}_{-0.004}$	50	$8_{-0.036}$	$20_{-0.2}$	115	$95^{+0.013}_{-0.009}$	140	0	M8	3.0	185	130	120	335

注：·括号内为公差符号。·*符号为 CO_2 系列尺寸。